国家级高等学校特色专业建设丛书
总主编：单承彬

幼学琼林笺注

刘富伟　笺注

山东大学出版社

总　序

2007 年，教育部设立国家高等师范院校特色专业建设点，第一批遴选 50 个，曲阜师范大学汉语言文学专业有幸入围。根据国家特色专业建设要求，结合曲阜特有的地理、文化环境和我校的实际情况，经多方论证，我们最终确立了曲阜师范大学汉语言文学专业的特色建设目标：紧紧围绕中国传统文化特别是儒家文化这一宏大课题，各学科、各方向分工协作，把研究和弘扬传统文化尤其是儒家文化、儒家思想这一工作渗透到每一门课程、每一个研究课题中去，突出师范性和人文性两个特色，最终将汉语言文学专业打造成全国同类院校中有较高知名度的品牌专业。

目标明确之后，我们将特色专业建设任务分解为教学改革和教育理念创新、课堂教学和师资队伍建设、课外实践实训和学生素质养成三个模块。在教学改革和教育理念创新模块中，重点突出人文性特色，探索利用特有的区域文化资源推动高等教育的新思路，将以儒家文化为主干的优秀传统文化引入课程教学和人才培养各环节。在课堂教学和师资队伍建设模块中，重点突出综合课程和小课程建设，引导教师在一个较小的专业点上寻求突破，避免大而全、大而空。例如，像“红楼梦研究”这样的选修课，采用一名教师为主、多名教师参与的模式，主讲教师利用课程 1/2 的时间，系统介绍《红楼梦》和“红学”研究，其他教师每人安排一两次课，侧重个人对《红楼梦》的独特理解。设置像“孔子”“曲阜名胜古迹”这样的小课程，安排 9 个课时，三次讲完，类似三场专题报告。课外实践实训和学生素质养成模块中，重点突出师范性，延聘海内外语文教育名家和山东省语文教学名师，从不同专题、不同角度对学生进行职业素质辅导，结合各种类型的教育教学实践基地，进一步将素质、知识转化为教育教学能力。

按照最初的计划安排，特色专业建设的所有工作，在最终结项的时候要形成专题著述或资料文献汇编。当时我们拟定了一个编撰、出版规划，列出了如下目录：

第一，人文素质教育研究系列，包括《龙文鞭影笺注》《幼学琼林笺注》《三字经百家姓千字文笺注》《增广贤文笺注》《〈声律启蒙〉解析》《古代山东文化大家》《孔子与曲阜》《齐鲁文化与山东人》《节日民俗事象与文学书写》《传统文化与现代中国文学名家》等10种。

第二，专业技能教育研究系列，包括《现代汉语教与学的新探索》《古代汉语教学与研究》《国际汉语教师自主发展的理论与实践》《山东方言区普通话"被试"的语音面貌研究》以及各学科自学自修指南类等10种。

第三，教学与社会实践研究系列，包括《汉语言文学专业教学研究与改革探索》《走进中学语文教学》《语文教材研究成果选萃》《大学生优秀教育教学实习报告集》《大学生社会实践调查报告选萃》《语文新课程名家访谈》《语文教学名师演讲录》《优秀毕业生学习体会交流文集》《实践实习基地开发建设资料汇编》等10种。

所有工作都是依据教育部特色专业建设指导意见论证、规划的。只是后来出现了一些变化，总体建设经费80万元，最终到位了一半，许多任务半途而废，有些甚至来不及开展，编撰出版规划也只落实了12种。每念及此，总是感到十分遗憾。

今天，距离国家级首批特色专业设立已近七年，感谢各位同仁在这么漫长的时间里依然坚守着当初的承诺，对自己承担的任务不离不弃。这部分成果能够按计划出版，完全是他们努力的结果。请允许我不吝篇幅，写下这些编著者和著作的名字：

单承彬《龙文鞭影笺注》

刘富伟《幼学琼林笺注》

杨峰《〈三字经〉考辨溯源》

徐雪辉、单天罡《节日民俗事象与文学书写》

李钧《传统文化与现代中国文学名家》

李彦苓《现代汉语教与学的新探索》

王群《古代汉语教学与研究》

王恩旭《国际汉语教师自主发展的理论与实践》

秦海燕《山东方言区普通话"被试"的语音面貌研究》

曹志平《汉语言文学专业教学研究与改革探索》

桑文波《走进中学语文教学》

许怀祥《大学生社会实践调查报告选萃》

桑哲《语文新课程名家访谈》

这些著作是我们在国家特色专业建设过程中的工作总结，粗疏、讹误在所难免，恳请大家批评、指正。

单承彬

2014年5月21日于曲阜师范大学文学院

导 读

一

中华人民共和国建立之前，曾广泛流传着这样的说法："读了《增广》会说话，读了《幼学》走天下"，"读了《增广》会做人，读了《幼学》会作文"。此处的《增广》为《增广贤文》，《幼学》即是《幼学琼林》。在古代汗牛充栋的蒙学读本中，《幼学琼林》确实是出乎类拔乎萃的佼佼者。它自从问世之后，便风行全国，直到新式学堂兴起之前，始终是流行最广的蒙学教材之一。1904年，中国近代第一个正式学制——癸卯学制开始颁布实施，教材编撰者亦顺应社会发展潮流，与时俱进，推陈出新，刊印了《绘图详注幼学新读本》（上海点石斋书局 1906 年）、《绘图重增幼学故事琼林》（会文堂 1920 年）等改良版读物。它们在原有基础上增补了不少新思想、新道德、新知识，成为新式教育的有效载体，促进了启蒙教育的近代化进程。近些年来，随着国学热的持续升温，读经热、私塾热、蒙学热亦悄然兴起，《幼学琼林》又趁势走红，再度热销。当然，对读经热、私塾热、蒙学热这些现象我们应予以理性看待，对《幼学琼林》这本启蒙教材我们同样要给出客观公正的评价。这里，我们不妨先看看几位学术大师与《幼学琼林》的各种因缘以及他们对该书的不同态度。

鲁迅先生（1881～1936）在 1933 年发表的《我们怎样教育儿童的?》一文中说："现在自然是各式各样的教科书，但在村塾里也还有《三字经》和《百家姓》。"他还讲到清朝末年，有些人读的仍然是"'混沌初开，乾坤始奠，轻清者上浮而为天，重浊者下凝而为地'的《幼学琼林》，教着做古文的滥调"[①]。先生本人其实就是读着、背着《幼学琼林》长大的，他在另一名篇《从百草园到三味书屋》，曾对自己早年的书塾生涯"旧事重提"："于是大家放开喉咙读一阵书，真是人声鼎沸。有念'仁远乎哉我欲仁斯仁至矣'的，有念'笑人齿缺曰狗窦大开'的，有念'上九潜龙勿用'的，有念'厥土下上上错厥贡苞茅橘柚'的……"[②]其中"笑人齿缺曰狗窦大开"这一典故就出自《幼学琼林》卷二"身体"。从行文口吻可以窥测出，鲁迅似乎对《幼学琼林》等旧式启蒙教材颇不以为然，但作为从传统文化阵营里冲杀出来的巨擘，他无疑是相当熟悉这些读物的，以至于萦绕于心，随手拈来。

无独有偶，自学成才的典范沈从文先生（1902～1988），同样体验过传统私塾的教育，他也像鲁迅一样对《幼学琼林》抱有"剪不断，理还乱"的矛盾心结。沈从文在描写自己幼年的读书经历时说，"我读一本小书同时又读一本大书"，"大书"是指社会、自然，"小书"当然是指课本、教材。那么，他读的"小书"有哪些呢？沈先生说："来去学校我得拿一个书篮。内中有十多本破书，由《包句杂志》、《幼学琼林》到《论语》、《诗经》、《尚书》，通常得背诵，分量相当沉重。"[③]相对于呆板枯燥的旧式学堂而言，丰富多彩的大千世界无疑对沈从文更具有诱惑力和吸引力，于是他想方设法逃学，常常把书篮寄存到一个土地庙里。幼年的沈从文天资聪颖，他曾经这样说："我从不用心念书，但我从不在应当背诵时节无法对付。许多书总是临时来读十遍八遍，背诵时节却居然琅琅上口，一字不遗。"[④]当年童子功打下的底子，不能说对沈从文以后走向文学创作之路，尤其是晚年从事中国古代服饰研究，就没有产生过丝毫影响。要知道，《幼学琼林》卷二可是专设了"衣服"这一门类的。

如果说鲁迅、沈从文两位新文学大师对《幼学琼林》还存在着"爱恨交加难自弃"的纠葛的话，那么，有些学人却从这座看似寻常的矿脉中挖掘出无穷的宝藏，学有所成，乃至受益终身。

著名建筑学家、园林艺术家陈从周先生（1918～2000），十分难忘童年的

---

① 鲁迅：《我们怎样教育儿童的？》，《鲁迅全集》第5卷，人民文学出版社2005年版，第271页。笔者按：先生记忆与原文略有出入，原文作"气之轻清上浮者为天，气之重浊下凝者为地"，见《幼学琼林》卷一"天文"。

② 鲁迅：《从百草园到三味书屋》，《鲁迅全集》第2卷，第290页。

③ 沈从文：《从文自传》，吴景明编选：《沈从文散文精选》，北京工业大学出版社2012年版，第10页。笔者按：《沈从文全集》收录《从文自传》时只保留了"来去学校我得拿一个书篮"；另外，引文中的《包句杂志》应为《包举杂字》，《包举杂字》为蒙学识字课本。

④ 沈从文：《从文自传》，《沈从文全集》第13卷，北岳文艺出版社2002年版，第260页。

启蒙经历，认为正是这一时期的勤学苦读夯实了自己为人为学的基石，他尤其对《幼学琼林》青睐有加。他说："记得我幼年读的第一本书就是《千家诗》，至今篇篇都很熟悉，那是得益于当年的背诵。当时有些篇章也一知半解，但我都背出来，等以后再理解。比如《幼学琼林》这本书，就是我在私塾中由老姑丈（笔者按：即陈儒英先生，老秀才出身）亲授的，书中有许多人物传略、历史、地理常识等。那时我虽然不完全懂得其中的内容，但总觉得音节很美，上口容易，我就天天背诵，长大后就豁然贯通了。想不到就是这本《幼学琼林》对我后来研究建筑史及园林艺术起了很重要的作用，它是一本最概括的索引。要不是我孩提时代背熟了这本书，长大后需要检索类书就十分不方便了。"①

再如著名历史学家来新夏先生（1923～2014），他在回答"读书是如何入门的"这一问题时，曾结合早年经历和切身感受给出了自己的解答："我很幸运，七岁以前，在祖父（笔者按：即来裕恂先生，为清末经学大师俞樾的弟子）身边生活。祖父是位饱学之士，既有深厚的国学根底，又是清末的留日生，学识渊博，著述闳富，家中也有些藏书。我从小生活在这样的环境中，对书容易有好感。祖父除要求我读三、百、千（《三字经》《百家姓》《千字文》）等蒙学书外，还用《幼学琼林》为课本，讲许多有趣的历史故事，诱发我的读书兴趣，逐渐养成读书习惯，所以我读书不是挨手心打出来的。如果见书就头痛，那是读不好书的。我常听长辈用'学海无涯苦作舟'来教育子弟苦读，但我认为应改成'学海无涯乐作舟'。读书的起步要乐于读书。整天愁眉苦脸，如坐针毡，那是读不好书的。"②

总的来说，无论是爱之深，还是责之切，都从不同角度、不同侧面反映出《幼学琼林》普及之全面、传播之广泛、影响力之深远、生命力之持久。因而，在处于"千年未有之变局"的当今社会，重新解读《幼学琼林》既是一件很有益的事，也是一件很有趣的事。它不仅可以有效地拓展学生的知识面（如陈从周先生所言），极大地提升他们的兴趣度（如来新夏先生所言），而且在培养学生道德人格、文明礼仪方面，也发挥着独特的作用。这样的一部蒙书是不是很值得当今的学子、家长先睹为快呢？那么，就让我们了解一下《幼学琼林》的编撰情况、书名含义与显著特征吧。

---

① 陈从周：《读书的回忆》，《陈从周园林随笔》，人民文学出版社 2008 年版，第 198 页。

② 来新夏：《闲话读书》，《博览群书》2009 年第 4 期。

二

《幼学琼林》原名《幼学须知》，之后又有《成语考》《故事寻源》等多种名称[1]。它的最初编著者，一般认为是明末的程登吉。程登吉(1601～1648)[2]，字允升，号退斋，西昌(即今天的江西省新建县望城镇青山程村)人。登吉出身于书香门第，天性淡泊，与世无争，不愿走科举仕进之路，以布衣而终老。他主要依靠设帐教书来维持生计，教育童蒙之余，博览典籍，著书立说，《幼学须知》就是他教育智慧、教学经验的结晶。由于家境贫寒，此书在他生前并未刊行，而是以手抄的形式流传于家乡一带。康熙二十七年(1688)，著名文学家、藏书家宋荦任江西巡抚，下车伊始，即派人深入民间寻访当地名流的著述，《幼学须知》才得以重见天日。此后付梓问世，逐渐流布四方，成为蒙学必备读物之一。

《幼学须知》的最初编著者，也有说是明代学者邱濬的。凡是书名带有《成语考》字眼的版本系统，署名几乎都是"旧题明邱濬撰"(或"邱琼山先生原本""内阁邱文庄公原本")，如 19 世纪末 20 世纪初广州聚贤堂《幼学须知成语考》、佛山高文堂刊《较正幼学须知成语考》、佛镇英文堂校梓行《较正幼学须知成语考》等，皆标明为"内阁邱文庄公原本"。邱濬(1421～1495)[3]，字仲深，号琼山，广东琼山(今海南琼山)人。景泰五年(1454)进士，选庶吉士，授翰林院编修。历官国子祭酒、礼部尚书、太子太保兼文渊阁大学士。去世后，赠太傅，谥号"文庄"。邱濬不仅是弘治时期的内阁重臣，还是当时的理学名臣。他过目成诵，嗜学不倦，晚年右眼失明，犹披览不辍，以博综多闻著称于世，著有《大学衍义补》《朱子学的》《家礼仪节》等。在目前两种说法都未能进一步提出确凿的证据之前，我们还是采用通行说法，将程登吉暂定为《幼学须知》的编著者。

《幼学须知》刊行以后，曾涌现出多种书坊刻本。清代乾隆年间，邹圣脉在原本基础上加以增补注释，并更名为《幼学故事琼林》，后世遂简称《幼学琼林》。《幼学故事琼林》通行版本的署名是"西昌程允升先生原本、雾阁邹圣脉梧冈氏增补，清溪谢梅林砚傭氏、男邹可庭涉园氏参订"。其中的谢梅

---

① 由于版本不同，《幼学琼林》的名称也有变化，其异名还有《幼学求源》《幼学群芳》《故事寻芳》《幼学故事群芳》《幼学故事寻源》《幼学故事聚锦》《幼学故事汇览》《幼学故事珠玑》等，这也反映出此书流行之广。

② 参见王容臣：《程登吉生平及其著作〈幼学琼林〉》，江西历史名人研究会编：《江西历史名人研究》，中国人事出版社 1995 年版。

③ 参见张廷玉等撰：《明史》卷一八一《邱濬传》，中华书局 1974 年点校本。

林是邹圣脉的姻亲兼朋友，邹可庭则系邹圣脉的次子、谢梅林的女婿。卷首还有一篇序言，交待了此序的写作时间、地点："时乾隆二十五年，岁在庚辰仲春上浣，雾阁邹圣脉梧冈氏书于寄傲山房。"由此可以推定最迟在乾隆二十五年(1760)，此书书稿已经完成或接近完成。至于最初刊印是什么时间，还有待进一步考证。

邹圣脉(1691～1762)[①]，字宜彦，号梧冈，长汀(即今天的福建省连城县四堡乡雾阁村)人。他躬逢康乾盛世，涉猎广泛，学识渊博，精通经史，工于诗文，却科场失意，功名蹭蹬，遂归隐乡里，潜心著述。圣脉出身于刻书世家，并以之为业，编辑刊印有《诗经备旨》《书经备旨》《礼记备旨》《易经备旨》《春秋备旨》(后结集为《五经备旨》)等儒学类书籍、《新增幼学故事琼林》《鉴史琼林》等蒙学类书籍，还创作有《寄傲山房诗文集》等。50 岁时，曾自筑别墅，命名为"寄傲山房"，他纂辑刊行的作品多题为"寄傲山房塾课"，"寄傲山房塾课"也随之成为识别邹氏家族刻本的重要标志。

邹圣脉对《幼学须知》主要进行了两方面的加工整理。

一是增补内容。邹氏对"坊刻所补，殊不雅驯"的现状颇为不满，又感到"但碎金积玉，原属无多；则摘艳熏香，应增未备"[②]，于是在保持程登吉分类原则的前提下，在原著各编后增添相应的内容，也就是序言中所说的"爰采汇书，各增编末"。邹氏还在每一部分都标明了"新增文"的具体数目。据统计，邹氏共增补了 362 联，比原书的 960 余联增加了大约 37％的篇幅。在增补过程中，邹圣脉也汲取了前代尤其是当代类书的成果，如清代康熙年间华希闵编撰的《广事类赋》、姚之骃编撰的《类林新咏》等[③]。笔者曾把邹圣脉的"新增文"与《广事类赋》进行了抽样比对，发现两者无论是正文、还是注释，都具有高度的雷同。

二是重新注释。邹圣脉对坊间刻本的诠注也很不满意，认为它们支离漫漶，繁简失据，于是"汰旧注之支离，易新诠之确当"，"详所当详，而不厌其繁；略所当略，而不嫌其简"[④]。邹氏的注释主要是注明正文语词、典故的来

① 参见谢江飞：《蒙学大家邹圣脉考论》，《龙岩学院学报》2006 年第 5 期。

② 邹圣脉：《幼学故事琼林・序》，《新镌幼学故事琼林》，光绪十四年(1888)寄傲山房塾课刊本。

③ 邹圣脉《幼学故事琼林・序》云："华子之《类赋》，姚氏之《类林》，卷帙浩繁，艰于记忆。""华子之《类赋》"，是指清代无锡人华希闵编著的《广事类赋》(又名《增广事类赋》)，系编者在宋代吴淑《事类赋》的基础上扩编而成，共 40 卷，凡 27 门，291 子目，亦如吴氏体例自加注释。"姚氏之《类林》"，是指清代钱塘人姚之骃编著的《类林新咏》，共 36 卷，凡 22 部，分题咏物，各成排律一首，并加以注释。

④ 邹圣脉：《幼学故事琼林・序》，《新镌幼学故事琼林》，光绪十四年(1888)寄傲山房塾课刊本。

源出处，其引文若仍有不易理解之处，则再加释说明。经过邹圣脉增补注释的《幼学故事琼林》，内容更为完备、充实，注释更为凝练、准确，确实达到了“务归明晰，一阅了然”的目的。因此，邹氏的《幼学故事琼林》很快脱颖而出，成为最为流行的版本。此后的注释本、增补本、续增本层出不穷，如费有容、叶玉麟、蔡东藩等人都在邹本的基础上进行了增补，但是均无法取代其权威地位。

三

这里再解释一下《幼学故事琼林》书名的涵义。

先说“幼学”一词。它出自《礼记・曲礼上》：“人生十年曰‘幼’，学。”郑玄注云：“名曰幼，时始可学也。《内则》曰：‘十年出就外傅，居宿于外，学书计。’”大意是说，男孩子长到十岁叫做“幼”，这时候就要离开家人跟随老师去学习，在外边的小学里住宿，主要是学习文字和筹算（类似于现在的语文和数学）。“亚圣”孟子也曾说过：“夫人幼而学之，壮而欲行之。”（《孟子・梁惠王下》）后来就以“幼学”代指初入学的学童，也引申为幼时的学业。顾名思义，作者是将此书定位于面向少年儿童的启蒙读物的。

再说“故事”一词。《幼学琼林》的很多版本都带有“故事”二字，但这个“故事”并不是我们通常理解的“故事”。现代所说的“故事”属于文学体裁的一种，它侧重于事件过程的叙述，如民间故事、神话故事等。古代“故事”的含义有很多，此处是“典故、掌故”的意思，这也是古人的习惯用法。不言而喻，该书编撰的一大宗旨就是追溯当时常见的成语典故的来历出处，并对它们的意蕴作简明扼要的解释，所以它又名《成语考》《故事寻源》等。当然，《幼学琼林》中的成语典故有些也不乏情节性、戏剧性和趣味性，已具备现代意义上“故事”的要素与蕴涵，因而能对启蒙幼童产生强烈的亲和力、吸引力与感染力。

最后说“琼林”一词，它包含两层意思。第一层意思是作者的自我期许。在序言中，邹圣脉标榜说：“（此书）如蓝田之琬琰，元圃之琳琅，能令见者宝之，各欲私为枕秘，因颜之曰‘琼林’。”[①]意谓《幼学》博采众长，精华荟萃，好像蓝田美玉、玄圃珍宝一样，琳琅满目，美不胜收，希望能成为人人珍藏于枕函中的秘传宝书，因而题名为“琼林”。第二层意思是作者的良好祝愿。北宋东京（今河南开封）的皇家园林有琼林苑，从宋太宗太平兴国九年（984）至

① 邹圣脉：《幼学故事琼林・序》，《新镌幼学故事琼林》，光绪十四年（1888）寄傲山房塾课刊本。

宋徽宗政和二年(1112),宋朝天子均于琼林苑赐宴新科进士,故称"琼林宴"(参见《幼学琼林》卷四"科第""琼林赐宴");明清赐宴新科进士,仍然袭用其名。因此,后世往往以"琼林"比喻考中进士。故以"琼林"命名,既表明了此书的编撰目的是在于为学生将来的科举应试做好储备、打下基础,同时也饱含着作者对学童的拳拳深情与殷殷期盼,意在鼓励他们刻苦攻读、奋发有为,期望他们尽快学业有成、早日题名金榜。

四

《幼学琼林》在很长一段时期内之所以家喻户晓,人手必备,确实是有其戛戛独造的成就的,下面就从内容、体制、功能、语言等方面分别加以阐述。

在内容上,《幼学琼林》体现出德智兼备的编撰理念,注重初步的道德行为训练和基本的文化知识技能学习。

宋代理学家、教育家朱熹认为,八至十五岁为小学教育阶段,这一阶段是"打坯璞"的阶段,其主要任务就是培养"圣贤坯璞"。他说:"古者小学已自养得小儿子这里定,已自是圣贤坯璞了,但未有圣贤许多知见。及其长也,令入大学,使之格物、致知,长许多知见。"[①]并由此提出了小学应以"教事"为主、学童应以"学事"为主的教育理念。朱熹曾说:"古者初年入小学,只是教之以事,如礼乐射御书数及孝弟忠信之事。"[②]在《小学·序》中,他又强调指出:"古者小学,教人以洒扫、应对、进退之节,爱亲、敬长、隆师、亲友之道。皆所以为修身、齐家、治国、平天下之本,而必使其讲而习之于幼稚之时。"[③]《幼学琼林》的编撰体系贯彻体现了朱夫子的教育理念,致力于对蒙童进行日常伦理观念的灌输、道德行为习惯的养成和文化知识体系的培育。

《幼学琼林》十分重视培养学生的"洒扫、应对、进退之节",也就是我们现在常说的待人接物之法,主要包括礼貌、礼节、礼仪等言行规范。这对蒙童日常习性、生活习惯、社会习俗的形成都是很有必要,也是大有裨益的。此书卷三"人事"开篇即云:"《大学》首重夫明新,小子莫先于应对。""其容固宜有度,出言尤贵有章。"书中很多地方都介绍了日常交往、社会交际中的称谓,如"天使,誉称行人;司成,尊称祭酒""钧座、台座,皆称仕宦;帐下、麾下,并美武官""东家曰东主,师傅曰西宾""父所交游,尊为父执;己所共事,谓之同袍""大掾史,推美吏员;大柱石,尊称乡宦"等,都是古时交际应酬中不可

---

① 黎靖德编、王星贤点校:《朱子语类》,中华书局 1986 年版,第 124 页。

② 黎靖德编、王星贤点校:《朱子语类》,第 124 页。

③ 朱熹:《小学·序》,《朱文公文集》卷七六,商务印书馆《四部丛刊》1926 年版,第 21 页。

斯须去身的礼貌用语。又如“谢人厚礼曰厚贶，自谦礼薄曰菲仪”“望人寄信，曰早赐玉音；谢人许物，曰已蒙金诺”“望开茅塞，是求人之教导；多蒙药石，是谢人之箴规”“贺人有喜，曰门阑蔼瑞；谢人过访，曰蓬荜生辉”等，皆为古人迎来送往中不可或缺的基本礼节。再如“称人生日，曰初度之辰”“贺人生子，曰嵩岳降神”“贺人娶妻，曰荣偕伉俪”“贺登科，曰荣膺鹗荐”“问人病曰贵体违和”“节哀顺变，劝孝子之惜身”等，也都是婚丧嫁娶、生日寿诞、升迁升学等社会习俗的必备准则。孔子云“不学礼，无以立”，在一定程度上说，《幼学琼林》就是封建社会的一部礼仪大全，它教育、引导蒙童自觉遵守社会习俗规约与社交礼仪规范，使之养成文明的生活习惯和良好的日常习性，以便将来能在社会上站得住、立得牢、行得正、吃得开。

《幼学琼林》也相当注重造就学生的“爱亲、敬长、隆师、亲友之道”，即我们通常所讲的立身处世之本，大体上包括宗法观念、伦理制度、道德规范等意识形态。这对蒙童世界观、人生观、价值观的养成起着不可忽视的作用，具有无可估量的意义。孟子提出学校的教育目的为“明人伦”，所谓“明人伦”就是“父子有亲，君臣有义，夫妇有别，长幼有叙，朋友有信”(《孟子·滕文公上》)。后世学者也继承了这一教育思想，朱熹强调说：“先王之学以明人伦为本。”(《近思录》卷九注文)王守仁更是鲜明地指出：“古圣贤之学，明伦而已”，“明伦之外无学矣”(《万松书院记》)。我们发现，《幼学琼林》总共设有 33 个类目，其中有 13 个类目从标题中即可看出其中心要旨是在于“明人伦”。如卷一的“朝廷”“文臣”“武职”3 个类目，阐明了“君臣有义”“家国一体”的道德理念；卷二的“祖孙父子”“兄弟”“夫妇”“叔侄”“师生”“朋友宾主”“婚姻”“女子”“外戚”“老幼寿诞”10 个类目，则揭示了“父子有亲，夫妇有别，长幼有叙，朋友有信”的伦理原则，也就是朱熹所说的“爱亲、敬长、隆师、亲友之道”。其他类目也程度不同地涉及这一问题，如卷三“疾病死丧”中的“天子死曰崩，诸侯死曰薨，大夫死曰卒，士人死曰不禄，庶人死曰死”“不缉曰斩衰，缉之曰齐衰，论丧之有轻重；九月为大功，五月为小功，言服之有等伦”“孙承祖服，嫡孙杖期；长子已死，嫡孙承重”等，同样体现了定亲疏、别尊卑、明贵贱、辨是非的宗法观念和伦理思想。“国无德不兴，人无德不立”，中国传统伦理道德向来讲究德教为先、修身为本，《幼学琼林》把通行已久、约定俗成的道德守则、伦理规则、宗法原则渗入到教材编撰之内，就能使学生紧紧把握住人生的方向盘，以免在未来的漫长旅程中迷失方向。

无论是“洒扫、应对、进退之节”，还是“爱亲、敬长、隆师、亲友之道”，《幼学琼林》都体现了“蒙以养正”的编撰原则，这也是古代蒙学教材的优秀传统。在一定意义上说，古代蒙学教育是一种回归本真的教育，即“人之为人”

的教育，它回应并解答了做什么人以及怎样做人的问题，其最基本的目的是使学生不逾越道德红线、不违背伦理底线、不触犯法律高压线，更高的要求是成就君子人格，最高的目标则是达到圣贤境界。这就为培养健全的社会人、合格的文明人打下了坚实基础。中国现代教育家、北大掌校最久的校长蒋梦麟先生（1886～1964）曾说："在老式私塾里死背古书似乎乏味又愚蠢，但是背古书倒也有背古书的好处。一个人到了成年时，常常可以从背得的古书里找到立身处事的指南针。在一个安定的社会里，一切守旧成风，行为准则也很少变化。因此我觉得我国的老式教学方法似乎已足以应付当时的实际需要。"[①]蒋先生提到的"老式私塾"是在"乡土中国"的环境里应运而生的，在那种几乎一成不变的社会制度下，传统的礼仪礼节、伦理道德、社会习俗等就具有了恒定价值与普世价值，"与天壤而同久，共三光而永光"。因而，以此为重要载体的蒙学读物成为待人接物的通行证、"立身处事的指南针"，自是顺理成章，水到渠成。成年之后，依然可以从中温故知新，未雨绸缪，也是不言而喻、不足为奇的。

至于朱熹所说的"礼、乐、射、御、书、数之文"，也是《幼学琼林》内容的大宗，下文会有详细论说，此处不再赘述。总的来看，《幼学琼林》德智兼备、文道并重的编撰理念是有其积极意义和重要价值的。历史和现实一再证明，伦理道德观念和科学文化知识如"鸟之两翼、车之两轮"，是人类社会健康持续发展不可或缺的两大要素。此书以成语典故为载体，将道德品格的塑造渗透在人文知识的传授中，使学生在知识能力增长的同时，思想品质亦得到同步发展，从而顺利实现进德修业、博文达理的教育目标。这也就是贾谊所说的"习与智长""化与心成"（《新书·保傅》，朱熹《小学·序》曾引用）。这种编撰理念还和"广陈法戒，杂以俗语"的格言类蒙书有所区别。《弟子规》《小儿语》《女小儿语》等多采用训诫式、命令式的口吻，教训儿童应该怎样做、不应该怎样做，充满了浓重的说教意味，体现出强行灌输、当头棒喝的"硬式教育"特征。而《幼学琼林》则将历史人文元素植入伦理道德基因之中，让封建社会核心价值观内化于心、外化于形，更多地体现为春风化雨、润物无声的特点。平心而论，在当下道德信仰沦丧、人文精神缺失的社会转型期，《幼学琼林》的编撰理念仍不失其借鉴价值。

五

在体制上，《幼学琼林》采取了传统类书的编撰方式，兼具分别部居的类

① 蒋梦麟：《西潮与新潮》，人民出版社2012年版，第32页。

书特点和取便童蒙的蒙书属性。

所谓“类书”，原称“类事”，是我国古代摘录、汇辑各种古籍的有关资料，并依据内容或字、韵分门别类地编排组织，以供寻检和征引的工具书。它以杂见称，以博取胜，非经、史、子、集四部可收容，正如《四库全书总目》类书类《小叙》云：“类事之书，兼收四部，而非经、非史、非子、非集；四部之内，乃无类可归。”胡道静曾指出类书性质的特点为“兼‘百科全书’与‘资料汇编’两者而有之”①，这无疑是十分精到的概括。他还以编录的体裁为标准来划分正宗类书的类型，其中提到“编成韵语的如《蒙求》、《幼学琼林》等，目的在帮助童蒙记忆”②。邓嗣禹编著的《燕京大学图书馆目录初稿·类书之部》，把类书分为十门，其中《幼学琼林》归属于蒙求门；《续修四库全书总目提要》则收此书入子部类书类。

学者们之所以将《幼学琼林》视作类书，是因为：首先，在体例编排上，它“明分部类，据物标目”；其次，在内容涵量上，它“囊括古今，包罗巨细”（《千顷堂新增绘图幼学故事琼林·序》）。清人钱元龙曾评论《幼学琼林》说：“门分类别，比事属辞，经史子集，纷披腕下。如入五都之市，而百货充牣。挟所求而来者，无弗如其意以去。”③可以说是道中了此书的类书特点。全书正文按内容性质据类编排，分为 4 卷 33 部，共 1320 余条。其部类编目如下：卷一，天文、地舆、岁时、朝廷、文臣、武职；卷二，祖孙父子、兄弟、夫妇、叔侄、师生、朋友宾主、婚姻、女子、外戚、老幼寿诞、身体、衣服；卷三，人事、饮食、宫室、器用、珍宝、贫富、疾病死丧；卷四，文事、科第、制作、技艺、讼狱、释道鬼神、鸟兽、花木。客观地说，《幼学琼林》的成书也借鉴吸收了前代类书的成果，如唐代徐坚等编撰的《初学记》就对其有一定影响。笔者通过对二书部类的比照发现，《幼学琼林》的类目基本上是承袭《初学记》④而来，只是“前修未密，后出转精”，《幼学琼林》的分类显然更为科学、更为细密。另外，《初学记》每一子目内均设“叙事”“事对”“诗文”三部分，其中“事对”的特点是隶事为对，下注出处，这一方法也为《幼学琼林》所继承。

《幼学琼林》肴馔经史，渔猎子集，囊括六合，包罗万象，几乎涵盖了中国

---

① 胡道静：《中国古代的类书》，中华书局 1982 年版，第 1 页。

② 胡道静：《中国古代的类书》，第 10 页。

③ 钱元龙：《重订幼学须知句解·序》，《重订幼学须知句解》，道光二十七年（1847）慈溪养正堂刻本。

④ 《初学记》30 卷，共分 23 部，313 个子目。其部类为天部、岁时部、地部、州郡部、帝王部、中宫部、储宫部、帝戚部、职官部、礼部、乐部、人部、政理部、文部、武部、道释部、居处部、器物部、服馔部、宝器部（花草附）、果木部、兽部、鸟部（鳞介、虫附）。

传统文化的知识谱系，故有研究者称之为“中国文化常识的小百科”或“中国文化知识的小百科全书”。就此来说，蒋梦麟先生的看法无疑颇具代表性。他既接受过老式私塾的熏染，也领略过欧风美雨的洗礼，所以对中、西教育的认识比较客观、全面。“中国的传统教育似乎很褊狭，但是在这种教育的范围之内也包罗万象，有如百科全书。这种表面褊狭的教育，事实上恰是广泛知识的基础。我对知识的兴趣很广泛，可能就是传统思想训练的结果。中国古书包括各方面的知识，例如历史、哲学、文学、政治经济、政府制度、军事、外交等等。事实上绝不褊狭。古书之外，学生们还接受农业、灌溉、天文、数学等实用科学的知识。可见中国的传统学者绝非褊狭的专家，相反地，他具备学问的广泛基础。”[①]蒋梦麟先生举出的例证就是《幼学琼林》：“幼时曾经读过一本押韵的书，书名《幼学琼林》，里面包括的问题非常广泛，从天文地理到草木虫鱼无所不包，中间还夹杂着城市、商业、耕作、游记、发明、哲学、政治等等题材。押韵的书容易背诵，到现在为止，我仍旧能够背出那本书的大部分。”[②]正如先生所言，《幼学琼林》无所不包，涉及广泛，既涵盖了我们现在所说的人文科学、社会科学（即引文中的历史、哲学等），也包括了自然科学、应用科学（即引文中的实用科学），确实“有如百科全书”，因而奠定了蒙童“广泛知识的基础”，激发了他们学习广泛知识的兴趣，也在一定程度上提高了学生的综合素质，促进了学生的全面发展。同时，蒋先生也借此反驳了中国传统教育为褊狭教育这一似是而非的论调，诚为高屋建瓴之论，非学贯中西、知兼古今者而不能发。

如上所述，传统目录学往往把《幼学琼林》归为类书，但就本质属性而言，它又是一本地地道道的蒙学读物。也就是说，它兼有蒙书、类书两种特性，所以我们不妨将它视作蒙书性质的类书，也有学者称它为“综合性的蒙书”（如张志公先生）。其实，蒙书与类书早已结下不解之缘，两者在体例形式与功能作用上颇有交叉、关联之处，以至于在归类问题上纠结难辨，不易区分。比如前文提到的《初学记》向来被视为“正宗类书”，同时又是为唐玄宗诸子作文时检索事类而编著的蒙书，故名《初学记》。又如宋元时期的《碎金》，也同样如此。对这一现象，著名目录学家余嘉锡先生曾有精辟的论述：“诸家目录皆收此书（笔者按：指《碎金》）入类书类，盖以其上自乾象、坤仪，下至禽兽、草木、居处、器用，皆分别部居，不相杂厕，颇类书钞（笔者按：即《北堂书钞》）、御览（笔者按：即《太平御览》）之体。然既无所引证，又不尽涉

① 蒋梦麟：《西潮与新潮》，第 84 页。
② 蒋梦麟：《西潮与新潮》，第 84 页。

词藻，其意在使人即物以辨其言，审音以知其字，有益多识，取便童蒙，盖小学书也。"①

应当说，同为"小学书"的《幼学琼林》跟《碎金》的编撰颇为类似，既在体制形式上体现出"分别部居，不相杂厕"的类书特点，又在功能建构上具备了"有益多识，取便童蒙"的蒙书属性。因此，相较于一般类书而言，《幼学琼林》又有自己鲜明的蒙书特色。像《艺文类聚》《太平御览》《永乐大典》《古今图书集成》等类书，以搜罗完备、资料齐全而见长，少则百卷、千卷，多则万卷、两万卷，贪多务得，细大不捐。如此大部头的类书，"不仅可以作为了解古代知识全貌的一种工具，而且也是古代文献资料的渊薮"②。可谓为益甚巨，功德无量。但是任何事物都有两面性，可以说，追大逐全是这些类书的优点也是其劣势。它们不仅"部帙既大，寻讨稍难"(《大唐新语》卷九唐玄宗语)，而且往往"博而寡要，劳而少功"(司马谈《论六家要旨》)。这对于心智未开的蒙童而言，是无法把握、也无力接受的。《幼学琼林》等综合性蒙书的出现，就在类书与学生之间架设起一座方便之桥，使天堑变通途。与一般类书的大而全、广而博相比，《幼学琼林》更注重少而精、简而赅的编选策略，捃摭要义，挈领提纲，简洁明了，通俗易懂。既让学生在较短时间内占有广泛的知识，又为学生减轻了不必要的负担。蔡东藩云："读《幼学》一书，大知不足，小知有余，此其所以受海内之欢迎，而为一般乡塾儿童所日夕披诵而不辍者也。"③"大知不足，小知有余"可谓是一针见血之言，也从一个侧面反映了《幼学琼林》少而精编选策略的行之有效。毕竟教育、学习都是一个循序渐进的过程，每一阶段都有每一阶段的目标与任务，"小知有余"对于幼童来说已经足够，至于"大知"则为今后学业精进之所在。这也符合朱熹所倡导的"小学教之以事""大学教之以理"的教育理念。

无论是编撰体制，还是编选策略，《幼学琼林》均是以"取便童蒙"为出发点，以"易见成就"为落脚处，因而充分考虑到了学龄儿童的认知水平与接受能力。《幼学琼林》之所以采用区分胪列、以类相从的编纂体制，是考虑到"盖无纲条，率难记诵"(吴淑《进注事类赋状》)；同时，33个部类又建构起一个个主题单元或专题门类，便于学生形成系统化、条理化的知识框架与知识体系。它之所以采取化繁为简、提要钩玄的编选策略，是考虑到"卷帙浩繁，艰于记忆"(邹圣脉《幼学故事琼林·序》)；同时，内容编排的简约化、纲目

① 余嘉锡：《内阁大库本碎金跋》，《余嘉锡论学杂著》下册，中华书局1963年版，第605页。

② 胡道静：《中国古代的类书》，第1页。

③ 蔡东藩：《绘图重增幼学故事琼林·序》，《绘图重增幼学故事琼林》，会文堂书局1920年版。

化，可突出重点，彰显典型，通过关键少数的突破和发展带动学生综合能力的整体提升。这种“务取省便”的安排与设计，就十分便于学生的背诵、记忆和检索，使学生易学、易知、易用，也易出成果、易见成效。

葛兆光先生曾说：“从思想史的角度看，类书是这样一些文本，它在把经过确认的共识，经过简约化方式表现出来，并以最便于携带、背诵的形式充斥人们的记忆，也充当每一个受教育的人的启蒙读物，从一开始就成为他们知识思想和信仰的底色，今后无论如何皴染，它都将顽强地显现出来，它不仅是童年经验，也是基本知识。”①这里所说的类书，主要是针对那些兼有童蒙课本性质的小型类书而言，与《幼学琼林》若合符节。

六

在功能上，《幼学琼林》具有辞书解字释词的效用，发挥着诠释、辨析词义，溯源、注解典故的多重功效。

所谓“辞书”，是字典、词典、辞典的统称。众所周知，古汉语大多是单音节词，字和词没有明显的界限，故我国古代亦无字典与词典的区别，而统称为“字书”。值得注意的是，蒙书不仅跟类书结下了不解之缘，与字书也渊源颇深。相传周宣王时曾以籀文（又称“大篆”）编有《史籀篇》，为中国最古老的字书。秦始皇统一全国后，曾令李斯作《苍颉篇》（亦称《仓颉篇》）、赵高作《爰历篇》、胡毋敬作《博学篇》，三书皆用小篆字体写成，后世称为“三苍”（亦称“三仓”）。汉代学者陆有续作，如司马相如编有《凡将篇》、史游编有《急就篇》（亦称《急就章》）等，其中《急就篇》一直流传到现在，其余则大都亡佚。这些著作，既是字书，同时也是面向儿童的识字课本。

清初著名学者顾炎武云：“盖小学之书，自古有之。李斯以下，号为《三苍》，而《急就篇》最行于世。”（《吕氏千字文序》）顾氏此言不虚。余嘉锡先生曾从辨章学术、考镜源流的角度，梳理了各类蒙书与《三仓》《急就》之间的关系，对我们深有启迪：

> 《三仓》既亡，《急就》亦不行，然在学校未兴以前，村塾小儿所读之书，即古之小学，未尝绝也。析而言之，可分三派。一曰字书，其源出于周兴嗣（笔者按：周兴嗣编有《千字文》），积字成篇，篇无复字，初学籀诵其文词，临摹其形体。其后有《百家姓》《杂字》之类，此《三仓》《急就》之嫡嗣，小学之正宗也。二曰蒙求，其源出于李翰（笔者按：李翰编有《蒙

① 葛兆光：《中国思想史》第2卷，复旦大学出版社2001年版，第18页。

求》),属对类事,编成音韵,易于讽诵,不出卷而知天下。其后有《三字经》《幼学琼林》《龙文鞭影》之类,此《三仓》《急就》之别子,小学之支流余裔也。三曰格言,其源出于《太公家教》,广陈法戒,杂以俗语,使童蒙于次养正,浅识资为蓍蔡。其后有《神童诗》《女儿经》《增广》之类,此则因《三仓》《急就》之体推广之,于古者幼童读《孝经》之意弥近,小学之滥觞也。盖自唐、宋以来,幼童之所讽诵,不出三者。①

余嘉锡将《幼学琼林》视作"《三仓》《急就》之别子,小学之支流余裔",这一定位无疑是十分恰当的,同时也为《幼学琼林》寻找到了历史渊源与学术渊源。客观地说,《幼学琼林》的编撰的确从古代字书那里颇有借镜,受益良多。这首先体现在字义来源上。中国第一部词典《尔雅》、第一部字典《说文解字》、第一部声训词典《释名》等字书向来被奉为圭臬,《幼学琼林》在解词释义时同样将它们作为取资之武库、采撷之林薮。其次体现在释义方式上。《幼学琼林》所采用的以今语释古词、以常用语释生僻词、以浅显语释艰深词以及同义互训、反义为训、加以界定等方法,也是从古代字书那里承继而来的。再次体现在韵语结撰上。章太炎云:"《急就》《三仓》,由章句以组成,由此上推《史籀篇》,以教学童,必为韵语,若《弟子职》之伦。……至后世以韵语编字之书,实无不祖《仓颉》者。"(《论篇章》)就此来说,《幼学琼林》的整合章句、"编成音韵"同样是祖述《仓颉》、宪章《急就》的。最后体现在编排体例上。如《急就篇》的"包括品类,错综古今"(颜师古《急就篇注叙》),《尔雅》的"明分部类,据物标目"(张舜徽语),《释名》的以类相从、排列有序等,均对《幼学》的编撰体式产生了一定影响。

如果再将余嘉锡的蒙书分类加以现代解读的话,"字书"一派实际上是以识字教育为主,"蒙求""格言"则分别以知识教育、道德教育为主。清代文字学家王筠十分重视识字教育,曾编写有识字课本《文字蒙求》,他提出:"蒙养之时,识字为先,不必遽读书。"(《教童子法》)当代语言学家、教育家张志公先生也指出,传统语文教育"开头是启蒙阶段,以识字教育为中心","以识字教育为中心的启蒙阶段,有的又分作两个步骤。第一步是集中识字。第二步是把识字教育和初步的知识教育以及封建思想的教育结合起来,巩固已识的字,继续学习新字,开始熟习文言的语言特点,同时学到一些必要的常识,为第二阶段进行读写训练打下基础"。② 可以说,《幼学琼林》是在"三、

① 余嘉锡:《内阁大库本碎金跋》,《余嘉锡论学杂著》下册,第605~606页。

② 张志公:《传统语文教育教材论》,《张志公自选集》,北京大学出版社1998年版,第12页。

百、千”集中识字的底子上，进一步扩大识字范围，并夯实前期识字根基的。[①]不仅如此，它还在很大程度上承担起古代字书解字释词、称名辨物的职责功能。比如：“无言曰缄默，息怒曰霁威。”“仇深曰切齿，人笑曰解颐。”“曰弁曰冔曰冕，皆冠之号；曰履曰舄曰屣，悉鞋之名。”“上服曰衣，下服曰裳；衣前曰襟，衣后曰裾。”“纸曰剡藤，又曰玉版；墨曰陈玄，又曰龙剂。”“茶曰酪奴，又曰瑞草；米曰白粲，又曰长腰。”皆用浅显之语、简明之言，解释了相关词目的意义、概念，很便于学生的理解与接受。同时，这也是对《千字文》《百家姓》等“字书”派的有益补充与有力拓展，能更有效地克服阅读古籍时所遇到的文字障碍。

与“小学之正宗”的《千字文》《百家姓》等识字课本相比，作为“小学之支流余裔”的《幼学琼林》也有自己的鲜明特点。仅从其解字释词的方法上即可窥见一斑。此书的释义方式灵活自由，多种多样，又两两相对，取便讽诵。有的是同义词的排比，如“畴昔、曩者，俱前日之谓”“黎明、昧爽，皆将曙之时”“分首、判袂，叙别之辞”“拥篲、扫门，迎迓之敬”“期期、艾艾，口讷之称”“喋喋、便便，言多之状”。有的是近义词的辨析，如“人微笑曰莞尔，掩口笑曰胡卢”“大笑曰绝倒，众笑曰哄堂”“以财物助丧家，谓之赙；以车马助丧家，谓之赗”“以衣殓死者之身，谓之襚；以玉实死者之口，谓之琀”。有的是同类事物（状态）的罗列，如“手足并行曰匍匐，俯首而思曰低徊”“铭心镂骨，感德难忘；结草衔环，知恩必报”“木屑竹头，皆为有用之物；牛溲马渤，可备药用之资”“羊曰柔毛，又曰长髯主簿；豕名刚鬣，又曰乌喙将军”。有的是相反义项（情状）的组合，如“貌丑曰不飏，貌美曰冠玉”“敝衣曰褴褛，美服曰华裾”“战胜而回，谓之凯旋；战败而走，谓之奔北”“土木方兴曰经始；创造已毕曰落成”。不一而足，不胜枚举，又无不言简意赅，曲尽其妙。读者在吟诵涵咏之时，自能领会其间风味。清人唐彪云：“于迪训幼童之事，正复井井有条，循循易入。”（《父师善诱法》）《幼学琼林》按照词汇（包括下文所讲的成语）的类似性、相关性或相反性进行排列，正体现出“井井有条”的有序性特征，也很容易达到“循循易入”的教学效果。这也是充分符合当代教育所倡导的有序性原则的。

---

① 据张志公统计，“三、百、千”合起来，单字恰好在2000个左右。据笔者统计，《幼学琼林》共用单字近3300个。《义务教育语文课程标准》（2011年版）规定：第一学段（1～2年级），认识常用汉字1600个左右；第二学段（3～4年级），累积认识常用汉字2500个左右；第三学段（5～6年级），累积认识常用汉字3000个左右。“三、百、千”的识字量处于第一学段与第二学段之间，《幼学琼林》则已超过了第三学段的标准。

《幼学琼林》不仅承载着解字释词、称名辨物的字书功能，同时它还是一部常用成语典故小词典，发挥着溯源、注解典故的功效。这也是我们万万不可忽视的。仅从卷三“人事”来看，成语典故就呈高密度分布，俯拾即是，如：“一日三秋，言思慕之甚切；渴尘万斛，言想望之久殷。”“睽违教命，乃云鄙吝复萌；来往无凭，则曰萍踪靡定。”“小过必察，谓之吹毛求疵；乘患相攻，谓之落井下石。”“自惹其灾，谓之解衣抱火；幸离其害，真如脱网就渊。”“明珠投暗，大屈才能；入室操戈，自相鱼肉。”“求教于愚人，是问道于盲；枉道以干主，是衒玉求售。”“班门弄斧，不知分量；岑楼齐末，不识高卑。”“势延莫遏，谓之滋蔓难图；包藏祸心，谓之人心叵测。”“作舍道旁，议论多而难成；一国三公，权柄分而不一。”“管中窥豹，所见不多；坐井观天，知识不广。”“见事极真，曰明若观火；对敌易胜，曰势若摧枯。”凡引文中标注横线者皆为成语，恕不一一列举。《幼学》对典故的解释可谓是言简意赅、辞浅义明，往往寥寥数字，就把其内在涵义解说得一清二楚。为了能有一个直观的了解，我们不妨从《幼学琼林》中随手拈出五个成语，与现在通用的工具书《现代汉语词典》《辞源》作一下比对：

成语典故	释义		
	《幼学琼林》	《现代汉语词典》	《辞源》
明日黄花	过时之物	原指重阳节一过，赏菊的节令就过去了，菊花日渐枯萎，没什么好玩赏的了。后来用“明日黄花”比喻已失去新闻价值的报道或已失去应时作用的事物。	明日，指重阳节后；黄花，菊花。古人多于重阳赏菊，明日黄花兼寓迟暮不遇之意。后人因用来比喻已过时的事物。
奇货可居	事有大利	商人把难得的货物囤积起来，等待高价出售。也比喻凭借某种独特的技能或成就，作为要求名利地位的本钱。	指珍奇的货物可以囤积起来以待高价。……清黄生谓“奇”当作“奇偶”之“奇”，言此货独一无二，得居之以获重利。
杞人忧天	心多过虑	借指为不必要忧虑的事情而忧虑。	没有根据或不必要的忧虑。
得陇望蜀	贪心无厌	比喻贪得无厌。	泛指贪心不足。
破釜沉舟	志在必胜	比喻下决心，不顾一切干到底。	比喻下定决心，义无反顾。

从表格中可以看出，《幼学琼林》采取的是以少总多、以简驭繁的释义策略，简洁明白，一目了然；即使就准确性而言，其释义亦与两部权威性工具书不遑多让。

值得注意的是，这些成语典故就像内存巨大的“压缩包”，一旦将它们解压，就会释放扩展出海量的信息，足以满足蒙童们的好奇心和求知欲。如“老当益壮，宁知白首之心；穷且益坚，不坠青云之志”，出自唐代王勃脍炙人口的佳作《滕王阁序》。又如“晋公堂下植三槐，相臣地位；靖节门前栽五柳，隐士家风”，上联来自宋代文豪苏轼的名篇《三槐堂铭并序》，下联源于东晋大家陶渊明的自传性散文《五柳先生传》。再如“明日黄花，过时之物；岁寒松柏，有节之称”，上联可让人联想到苏轼的《九日次韵王巩》“相逢不用忙归去，明日黄花蝶也愁”及南宋一文士的《和徐渊子九日》“呼儿为我整乌纱，不是无心学孟嘉。要摘金英满头插，明朝还是过时花”；下联则使人想起《论语・子罕》中的“子曰：岁寒，然后知松柏之后凋也”。此外，像钜鹿之战“破釜沉舟”的慷慨激烈、御沟之边“红叶题诗”的风花雪月、“夸父追日”的神奇壮丽、“鸠笑大鹏”的恢诡谲怪、蔺公“怒发冲冠”的阳刚之气、丽娟“吐气如兰”的阴柔之美……都令人如行山阴道上，目不暇接；如进琅嬛福地，美不胜收。这些典故不仅可以使学子获得丰富的人文知识、涵养深厚的人文情怀，同时还能使学子在“沉浸醲郁，含英咀华”中受到美好情感的熏染、风雅情趣的滋润、高尚情操的陶冶，并形成初步的文学鉴赏能力和艺术审美能力。

在一定意义上说，《幼学琼林》是以学生的内在需求为导向而建构辞书体制的。古代典籍浩如烟海，郁若邓林，一般的成年人即使焚膏继晷、皓首穷经，也无法通读一过，更何况是心智正处于成长发育期的幼龄蒙童呢？他们还不可能对大量的古籍进行系统的阅读、消化，也不具备与之相匹配的知识体系和思维能力。而《幼学琼林》作为一部简捷方便的袖珍辞书，能有效地化解这一问题，其解字释词的简明扼要、成语典故的高度浓缩，特别有利于小学生迅速建立起基本的知识结构，为今后进一步深入了解传统文化打下基础。与之同时，那些成语（包括部分词汇）的语源还往往具有强烈的故事性、传奇性和较高的文学性、艺术性，也十分契合低龄期学童的心理趣味与审美期待，正如来新夏先生所说的能“诱发我的读书兴趣，逐渐养成读书习惯”，这也为下一步的读写训练做好了准备。

这里需要着重强调的是，《幼学琼林》的编撰还体现了工具性与人文性的高度统一。《义务教育语文课程标准》（2011 年版）明确指出：“语言文字是人类最重要的交际工具和信息载体，是人类文化的重要组成部分。”“工具性与人文性的统一，是语文课程的基本特点。”从上文的论述中，我们不难看出

《幼学琼林》既注重词汇的积累、语言的应用——这是由其辞书功能所决定的，又注重文化知识的传授、基本技能的培养——这是由其类书特点所决定的，也不忽视日常伦理观念的灌输、道德行为习惯的养成——这是由其编撰理念所决定的。同时，以上三个方面并非截然对立，而是交互渗透的。可以说，三者水乳交融的关系造就了工具性与人文性的水乳交融、相得益彰。前面亦曾提及《幼学琼林》是一部综合性的蒙书，其综合性也体现在各个方面。在教材内容上，它将识字教育、知识教育、思想教育结合在一起；在教材功能上，它将认知功能、教化功能、审美功能结合在一起；在教材目标上，它将启智、求真、向善、尚美结合在一起。这种综合性、统一性也造成了工具性与人文性的高度统一、和谐共生。仅此一点而言，《幼学琼林》即自有其文化史和教育史的价值，也可为当下的语文课程改革、语文教材建设提供参照与借鉴。

七

在语言上，《幼学琼林》运用了骈俪文体，对仗工整，声律谐和，在一定程度上达到了“文必绝佳”“语期可诵”的艺术效果。

《四库全书总目·〈事类赋〉提要》在分析类书源流时说：“今所见者，唐以来诸本骈青妃白，排比对偶者，自徐坚《初学记》始。镕铸故实，谐以声律者，自李峤《单题诗》始。”同样是在唐代，李翰的《蒙求》进行了“编成音韵，属对类事”（李良《荐〈蒙求〉表》）的探索与尝试。以此为起点，之后的蒙书大多采取对偶、押韵的形式。大量的教育实践证明，这确实是一种非常有效的方法。《幼学琼林》汲取了以往类书、蒙书的宝贵经验，兼收并蓄，博采众长，既有《初学记》的“骈青妃白，排比对偶”，也有《单题诗》的“镕铸故实，谐以声律”，还有《蒙求》的“编成音韵，属对类事”。它不仅具有集大成的性质，也形成了自己的独特风格与文体特色。

《幼学琼林》不像《千字文》《百家姓》《蒙求》《龙文鞭影》那样通篇使用四言韵文，而是广泛运用“杂言”的形式，将句式、词性、声调等进行巧妙组合，对偶成句，雅俗兼备，同时根据表达的需要变换句型，当长则长，该短则短，并不强求一律。从内容上看，正对互相补充，相辅相成；反对彼此映衬，对照鲜明；串对衔接自然，相承相连。从形式上看，全书句式长短不一，又两两成对，呈现出错落中见整齐、整齐中寓变化的特点；既富于均衡对称之美，又兼具参差错落之致。从声律上看，玉润珠圆，音韵谐美，抑扬顿挫，节奏分明，而又变化有致，不拘一格，读起来琅琅上口，听起来生动悦耳，富有音乐性、流动感。这样的表现手法，同样是以幼童的学习能力与内在需求为导向的，便于朗读、背诵与记忆。像蒋梦麟、陈从周等时至耄耋之年，仍旧能够背出大部分的《幼学琼林》，显然与《幼学琼林》对仗、押韵的特点有着密切的关系。

《幼学琼林》之所以运用骈俪文体，重视声律、对偶，也是有其强烈的实用目的与功利目的的。

第一，为下一阶段的属对训练夯实功底。学童经过识字、写字等系统训练后，就要正式进行读写基础训练，其间的一个重要环节为属对教学。属对，俗称“对对子”，是汉语言特有的艺术形式，它要求字数相等、词性相对、句法相同、平仄协调等。属对教学是明清时期蒙学的必修课程。“中国考古学之父”李济说：“中国的儿童在发蒙时期，甚至发蒙以前，就要学对对子，是人所习知的；真是四海之内，各府、各县、各乡、各镇、各村，只要是有教化的地方，有读书种子的地方，总可以看见白胡子的祖父带着三四岁的孙儿，学对对子。”[①]那么，为什么传统蒙学会对属对格外青睐呢？张志公解答说：“属对是一种实际的语音、语汇的训练和语法训练，同时包含修辞训练和逻辑训练的因素。可以说，是一种综合的语文基础训练。”[②]张氏之言道出了个中三昧。国学大师陈寅恪曾在清华大学入学考试中将对对子作为试题，他给出的理由是：“(甲)对子可以测验应试者，能否知分别虚实字及其应用。……(乙)对子可以测验应试者，能否分别平仄声。……(丙)对子可以测验读书之多少及语藏之贫富。……(丁)对子可以测验思想条理。”[③]陈氏认为对对子可检测应试者的语法应用、语音知识、语汇储备与逻辑思维。陈、张两位学者可谓英雄所见略同。《幼学琼林》虽然不像《声律启蒙》《笠翁对韵》那样专门用来指导属对，但是其隶事为对的主体结构及运作思路，却能对学童产生耳濡目染、潜移默化的效应，使之在吟读、背诵的过程中逐步领悟到属对的妙处。可以说，《幼学琼林》在识字教育与读写教育之间起到了承前启后的过渡作用，为之后属对的正式训练铺平了道路。

第二，为将来的科举应试做好准备。邹圣脉云：“欣逢至治，擢取鸿才，时艺之外，兼命赋诗。”[④]邹氏所言的“擢取鸿才”即科举考试，“时艺”即八股文，又称“制义”等；“赋诗”即试帖诗。八股文为明清科举考试的必备文体，

① 李济：《关于在中国如何推进科学思想的几个问题》，刘梦溪主编：《中国现代学术经典·李济卷》，河北教育出版社1996年版，第726页。

② 张志公：《传统语文教育教材论》，《张志公自选集》，第96页。

③ 陈寅恪：《与刘叔雅论国文试题书》，《金明馆丛稿二编》，三联书店2001年版，第253～255页。

④ 邹圣脉：《幼学故事琼林·序》，《新镌幼学故事琼林》，光绪十四年(1888)寄傲山房塾课刊本。

由破题、承题、起讲、入题、起股、中股、后股、束股等固定格式组成。其中后四部分各有两股排比对偶的文字，句型、字数都完全对应，四部分共八股，等于写出四副长对子，故称“八股文”，也有人称之为“排偶词章”。清代科举考试中，除八股文之外，还有一种试帖诗，又称“五言八韵诗”。试帖诗的首尾两联可以不用对偶，其余各联必须对仗工整，并限定以某字为韵。它的结构形式和八股文大体相同，首联“破题”，次联“承题”，三联“起股”，四、五联“中股”，六、七联“后股”，结联“束股”。《幼学琼林》等明清蒙书之所以大多采用对偶、韵语，想必亦是对学生进行最基本的八股文启蒙和试帖诗启蒙。更为重要的是，《幼学琼林》在每一部类的行文设计上，都始终贯穿着八股章法。试以卷二“朋友宾主”为例加以分析。这里不妨把“朋友宾主”视为八股文中的截搭题。开头两句“取善辅仁，皆资朋友；往来交际，迭为主宾”，首言朋友，次言主宾，以提挽钓渡之法将两者巧妙地绾系在一起，并起到点明题意、总括全篇的作用，是为“破题”。接下来三联则起到申述题意、承上启下的作用，是为“承题”。以下转入正文，主要是借历史典故来阐明主旨、发挥大义。其中从“心志相孚为莫逆，老幼相交曰忘年”至“陆凯折梅逢驿使，聊寄江南一枝春；王维折柳赠行人，遂唱阳关三叠曲”，是针对“朋友”而发。从“频来无忌，乃云入幕之宾；不请自来，谓之不速之客”至“陈蕃器重徐稚，下榻相延；孔子道遇程生，倾盖而语”，是针对“宾主”而论。“伯牙绝弦失子期，更无知音之辈；管宁割席拒华歆，谓非同志之人”“分金多与，鲍叔独知管仲之贫；绨袍垂爱，须贾深怜范叔之窘”两联则是正式议论的收束。这一部分有事对有言对，有分述有合论，有正面典型有反面事例，可视作“起股、中股、后股、束股”，为全篇之中坚。最后两句“要知主宾联以情，须尽东南之美；朋友合以义，当展切偲之诚”，以“要知”提示结束全文，再次把“主宾”“朋友”合提，既与开篇遥相呼应，又起到升华主题、画龙点睛的作用，是为“大结”。从中可以看出，《幼学琼林》“属对事类，编成音韵”的设置是有其现实考量的，故邹圣脉视之为“制科度津之筏”，也就在情理之中了。

第三，为今后的写诗作文扎牢根基。“学界泰斗”蔡元培先生说：“（对课）这一种功课，不但是作文的开始，并且也是作诗的基础。”[①]李济更是张大其词：“两千年来中国的文学——自汉朝的词赋到清末的八股——只是一连串的好对子；我们可以看出来，读了书的中国人的思想，也只是一连串的对

① 蔡元培：《蔡元培自述》，河南人民出版社 2004 年版，第 7 页。

子思想。”[①]李先生的说法不免有夸张成分，但也道出了古代文学与属对之间的密切关系。可以说，传统蒙学重视属对训练，不仅是紧盯着科举考试这根“指挥棒”，而且也是着眼于提高学生的文学素养，为将来走向社会积蓄能量。我们知道，随着经济的发展与文化的普及，明清时期的文学创作愈来愈普泛化、世俗化，诗文辞赋逐渐从以往的言志、载道、缘情转化为一种可供操练的课目、技艺或学问，蜕变成日常生活中交际应酬的工具。因此，吟诗作赋已不再仅仅是文人士子的固有特权，也成为很多普通民众的一种必修科目与必备技能，就像柴米油盐一样，构成了世俗社会的重要底色。这样一来，从小抓紧抓好对仗、声律的训练就显得尤为紧要，可收到事半功倍的效果。否则，错过这一关键期，再施以专业训练必将是事倍功半，甚至会造成终身难以弥补的遗憾。再推而广之，当时的民间应用文乃至官方公用文通常采用“骈四俪六，锦心绣口”的骈体写作，同样要依仗于声韵、对偶的娴熟运用。总起来看，《幼学琼林》等蒙书之所以采用骈文（韵文）形式，就是要让幼童经过天长日久的反复训练、持之以恒的用心揣摩，将声律、对仗、用典等内化成一种语言习惯，写诗作文时自然不会犯忕。这就是孔子所说的“少成若天性，习贯（惯）若自然”（贾谊《新书·保傅》引），也是孔子后人孔斌所谓的“作之不变，习与体成；习与体成，则自然矣”（《孔丛子·执节》）。

《续修四库全书总目提要》在评论《幼学琼林》时说：“是书为其（笔者按：指程登吉）家塾读本，课子弟之作也。按课本诸书，主在发蒙，故士夫君子往往不厕著述之林。然撰作之难，莫过于是。盖不惟赡博简赅之间，平易艰深之际，悉须斟酌得中，发声遣韵，亦必琅琅上口，使诵读如流水，乃能黯记不失。”陈寅恪先生曾云：“对于古人之学说，应具了解之同情，方可下笔。”[②]可以说，《提要》对传统蒙学是具有真正的、深入的了解的，因而能对其著述“所以不得不如是之苦心孤诣，表一种之同情”，由此得出的结论便比较客观公允。我们也应当对古代蒙学抱有一种“温情与敬意”，而不是一味苛责、一概抹煞。

需要说明的是，我们今天整理、研究《幼学琼林》并不是为了返回到明清的蒙学社会、八股时代，那是“可怜无补费精神”的徒劳之举。鲁迅先生曾说：“倘有人作一部历史，将中国历来教育儿童的方法，用书，作一个明确的记录，给人明白我们的古人以至我们，是怎样的被熏陶下来的，则其功德，当

---

① 李济：《关于在中国如何推进科学思想的几个问题》，刘梦溪主编：《中国现代学术经典·李济卷》，第726页。

② 陈寅恪：《冯友兰中国哲学史上册审查报告》，《金明馆丛稿二编》，第279页。

不在禹（虽然他也许不过是一条虫）下。”[①]笔者以菲薄之力对《幼学琼林》重加笺注，也是为了“立此存照”，留下它在历史长河中的雪泥鸿爪。习近平总书记在纪念孔子诞辰2565周年国际学术研讨会暨国际儒学联合会第五届会员大会开幕会上强调：“不忘历史才能开辟未来，善于继承才能善于创新。只有坚持从历史走向未来，从延续民族文化血脉中开拓前进，我们才能做好今天的事业。”[②]中华优秀传统文化中蕴含着丰富的蒙学智慧，我们应坚定文化自信，增强文化自觉，肩负起传承中华文脉的历史重任，认真汲取优秀传统蒙学中的思想精华和道德精髓，推动传统蒙学的创造性转化、创新性发展。笔者笺注《幼学琼林》的目的也是以史为镜、以古鉴今，为当今的语文教育、语文课改提供一个参照坐标和发展思路。

八

如前所述，较之于他人，邹圣脉对《幼学琼林》的注释应该是颇为出色的，他也为《幼学琼林》的流播广远做出了很大的贡献。毋庸讳言，邹圣脉的注释也存在着一定的问题，如应注未注、注释有误、未注出处、误注出处、注文与标题不合、有的注文过于简略等。因此，对《幼学琼林》重加笺注很有必要，也很有意义。

这次笺注以清光绪十四年（1888）邹圣脉所编定的《新镌幼学故事琼林》（寄傲山房塾课）为底本，并参校其他版本。原书前有邹圣脉所作序，今照录。原书首卷诸图及书内天头处所附的“历代帝王纪”等，均删去。正文部分照录，若有明显错误，则径予改正，不加说明。邹圣脉增补的部分按照原样，置程氏原文之后，以“[新增文]某联”标明。注文部分则在参照邹圣脉注释的基础上，予以重新笺注。兹将笺注所作工作，举要说明如下：

第一，邹圣脉原有的注文全部予以更换，重加引文、解释。引文务必注明出处，其次摘录原文。一时未能查到原出处的，或邹注另有所据，则保留原注，加以说明。

第二，引文主要摘录与正文相关的部分，如引文确实较长，或事件跨度较大，则采取概述的方式，在文前以“略云”标明，不加引号。

第三，正文中的词语如有一定难度，或古今意义发生较大变化，则在引文前予以解释。为便于阅读，引文一般不作注释，确实难以理解的则略加疏

---

① 鲁迅：《我们怎样教育儿童的？》，《鲁迅全集》第5卷，第271页。

② 《习近平在纪念孔子诞辰2565周年国际学术研讨会暨国际儒学联合会第五届会员大会开幕会上的讲话》，2014年9月25日《人民日报》。

解，并用括号标明。

第四，对不同说法需要加以辨析，或对有关问题需要加以说明的，则在引文末以“今按”标明。

第五，本书的生僻字、多音字，一律采用直音法注音，不再加注汉语拼音，并以括号标明。引文中需要补充的相关信息，如姓氏、姓名、年月等，亦以括号标明。

日居月诸，时作时辍，竭心力之数载，成刍荛之一见。自揆生性疏懒，才智驽劣，末学肤受，孤陋寡闻，疏漏谬误亦在所难免，所谓贻笑于大方之家，正此之谓也。惟恳博学君子，不吝垂教焉。

目　录

邹圣脉序

欣逢至治，擢取鸿才，时艺之外，兼命赋诗，使非典籍先悉于胸中，未有挥毫不窘于腕下者。然华子之《类赋》，姚氏之《类林》，卷帙浩繁，艰于记忆。惟程允升先生《幼学》一书，诚多士馈贫之粮，而制科度津之筏也。但碎金积玉，原属无多，则摘艳熏香，应增未备。庶几文人，足供驱使。奈坊刻所补，殊不雅驯，在老成能知去取，固诮续貂；若初学未识从违，反云全璧。一经习染，俗不可医，即用针砭，难痊痼疾矣。爰采汇书，各增编末。文必绝佳，片笺片玉；语期可诵，一字一缣。并汰旧注之支离，易新诠之确当。详所当详，而不厌其繁；略所当略，而不嫌其简。务归明晰，一阅了然，如蓝田之琬琰，元圃之琳琅，能令见者宝之，各欲私为枕秘，因颜之曰“琼林”。览是书者，其以余言为不谬否？

时乾隆二十五年岁在庚辰仲春上浣，雾阁邹圣脉梧冈氏书于寄傲山房

卷一

天　文

混沌初开，乾坤始奠。

混沌，又作“浑沌”“浑沦”，是指古人想象中的天地开辟之前的“元气”，即气、形、质都未分离出来的混然一片的状态。《易纬·乾凿度》(《四库本》)：“昔者圣人因阴阳定消息，立乾坤以统天地也。夫有形生于无形，乾坤安从生？故曰有太易、有太初、有太始、有太素也。太易者，未见气也；太初者，气之始也；太始者，形之始也；太素者，质之始也。气、形、质具而未离，故曰浑沦。浑沦者，言万物相浑成而未相离。视之不见，听之不闻，循之不得。故曰易也。易无形畔。易变而为一，一变而为七，七变而为九。九者，气变之究也，乃复变而为一。一者，形变之始，清轻者上为天，浊重者下为地。”亦见于《列子·天瑞》。

乾坤，原为《周易》中的两个卦名，后用为天地的代称。《周易·说卦》：“乾，天也，故称乎父；坤，地也，故称乎母。”又《周易·系辞上》：“天尊地卑，乾坤定矣。”

气之轻清上浮者为天，气之重浊下凝者为地。

唐欧阳询《艺文类聚》卷一："徐整《三五历纪》曰：'天地混沌如鸡子，盘古生其中，万八千岁，天地开辟，阳清为天，阴浊为地。盘古在其中，一日九变，神于天，圣于地。天日高一丈，地日厚一丈，盘古日长一丈。如此万八千岁，天数极高，地数极深，盘古极长。'"

日月五星，谓之七政；天地与人，谓之三才。

五星，指金、木、水、火、土。〇七政，说法不一，《尚书大传·舜典》谓春、秋、冬、夏、天文、地理、人道为"七政"。《尚书·舜典》："在璇玑玉衡，以齐七政。"孔安国传："璇，美玉。玑、衡，王者正天文之器，可运转者。七政，日月五星各异政。舜察天文，齐七政，以审已当天心与否。"又西汉司马迁《史记·五帝本纪》："舜乃在璇玑玉衡，以齐七政。"裴骃集解："郑玄曰：'璇玑玉衡，浑天仪也；七政，日月五星也。'"

三才，指天、地、人。天能覆盖万物，地能承载万物，而人为万物之灵，助天地之所不及，故合称"三才"。《周易·系辞下》："《易》之为书也，广大悉备。有天道焉，有人道焉，有地道焉。兼三才而两之，故六。"又《周易·说卦》："昔者圣人之作《易》也，将以顺性命之理，是以立天之道，曰阴与阳；立地之道，曰柔与刚；立人之道，曰仁与义。兼三才而两之，故《易》六画而成卦。"

日为众阳之宗，月乃太阴之象。

东汉许慎《说文解字》："日，实也，太阳之精。"又《艺文类聚》卷一："皇甫谧《年历》曰：'日者，众阳之宗，阳精外发，故日以昼明，名曰曜灵。'"又东汉班固《汉书·孝成许皇后传》："夫日者，众阳之宗，天光之贵，王者之象，人君之位也。"《汉书·孔光传》："臣闻：日者，众阳之宗，人君之表，至尊之象。"

太阴，即月亮。日月对举，日称"太阳"，故月称"太阴"。《说文解字》："月，阙也，太阴之精。"又《艺文类聚》卷一："皇甫谧《年历》曰：'月，群阴之宗，光内日影以宵曜，名曰夜光。'"又唐房玄龄《晋书·天文志中》："日为太阳之精，主生养恩德，人君之象也。人君有瑕，必露其慝以告示焉。……月为太阴之精，以之配日，女主之象；以之比德，刑罚之义；列之朝廷，诸侯大臣之类。"

虹名螮蝀，乃天地之淫气；月里蟾蜍，是月魄之精光。

天地之淫气，指虹霓。古人认为虹有雌雄之别，色鲜盛者为雄，色暗淡者为雌；雄者曰“虹”，雌者曰“霓”，合称“虹霓”。古人还认为虹霓的出现多与邪祟、灾害、男女淫事等有关，故称“天地之淫气”。《尔雅·释天》：“螮蝀（音帝东），虹也。”郭璞注：“俗名为美人虹，江东呼雩。”又东汉刘熙《释名·释天》：“虹，阳气之动也。虹，攻也，纯阳攻阴气也。又曰蝃蝀，其见每于日在西而见于东，啜饮东方之水气也。见于西方曰升朝，日始升而出见也。又曰美人。阴阳不和，婚姻错乱，淫风流行，男美于女，女美于男，互相奔随之时，则此气盛，故以其盛时名之也。”

蟾蜍，亦作“蟾蠩”，俗称“癞蛤蟆”。传说月中有蟾蜍，故古人以蟾蜍指代月亮。北宋李昉等《太平御览》卷四引《春秋纬·演孔图》：“蟾蠩，月精也。”同卷引东汉张衡《灵宪》：“羿请不死药于西王母，羿妻姮娥窃以奔月，托身于月，是为蟾蜍。”又唐徐坚《初学记》卷一引《淮南子》（今本无）：“羿请不死之药于西王母。羿妻姮娥窃之奔月，托身于月，是为蟾蠩，而为月精。”

风欲起而石燕飞，天将雨而商羊舞。

北魏郦道元《水经注·湘水》：“湘水又东北得浥口，水出永昌县北罗山。东南流，径石燕山东。其山有石，绀而状燕，因以名山。其石或大或小，若母子焉。及其雷风相薄，则石燕群飞，颉颃如真燕矣。罗君章云：‘今燕不必复飞也。’”又《初学记》卷二引庾仲雍《湘州记》：“零陵山有石燕，遇风雨即飞，止还为石。”今按：石燕山、零陵山实为一地。

商羊，传说中的鸟名。《孔子家语·辩政》：“齐有一足之鸟，飞集于宫朝，下止于殿前，舒翅而跳。齐侯大怪之，使使聘鲁，问孔子。孔子曰：‘此鸟名曰商羊，水祥也。昔童儿有屈其一脚，振讯两眉而跳。且谣曰：“天将大雨，商羊鼓舞。”今齐有之，其应至矣。急告民趋治沟渠，修堤防，将有大水为灾。’顷之，大霖雨，水溢泛诸国，伤害民人，唯齐有备，不败。景公曰：‘圣人之言，信而有征矣。’”亦见于西汉刘向《说苑·辨物》。

旋风名为羊角，闪电号曰雷鞭。

《庄子·逍遥游》：“有鸟焉，其名为鹏，背若泰山，翼若垂天之云，抟扶摇羊角而上者九万里，绝云气，负青天。”陆德明释文：“司马（彪）云：‘风曲上行若羊角。’”今按：扶摇、羊角，均为旋风名，故后人怀疑“羊角”是古注文而误入正文。

西汉刘安《淮南子·原道训》:“令雨师洒道,使风伯扫尘,电以为鞭策,雷以为车轮。”又西汉扬雄《河东赋》:“奋电鞭,骖雷辎,鸣洪钟,建五旗。”

青女乃霜之神,素娥即月之号。

《淮南子·天文训》:“至秋三月,地气不藏,乃收其杀。百虫蛰伏,静居闭户。青女乃出,以降霜雪。”高诱注:“青女,天神,青霄玉女,主霜雪也。”

素娥,即嫦娥。南朝谢庄《月赋》:“引玄兔于帝台,集素娥于后庭。”李善注:“《淮南子》曰:‘羿请不死之药于西王母,常娥窃而奔月。’注曰:‘常娥,羿妻也。’”李周翰注:“月色白,故云素娥。”又唐李商隐《霜月》诗:“青女素娥俱耐冷,月中霜里斗婵娟。”

雷部至捷之鬼曰律令,雷部推车之女曰阿香。

律令,道教用以称呼迅速善走之神。唐李匡乂(一作“李匡文”)《资暇集》卷中:“符祝之类,末句‘急急如律令’者,人皆以为如饮酒之律令,速去不得滞也。一说汉朝每行下文书,皆云‘如律令’。言非律非令之文书行下,当亦如律令。故符祝之类,末句有‘如律令’之言。并非也。案:‘律令’之‘令’字,宜平声,读为‘零’。律令是雷边捷鬼,学者岂不知之? 此鬼善走,与雷相疾速,故云如此鬼之疾走也。”又《道藏》第六十册引东晋干宝《搜神记》“律令”条曰:“雷部健儿,善走,与雷相疾速,故符咒云:‘急急如律令’,谓此。”

旧题东晋陶潜《搜神后记》卷五:“永和中,义兴人姓周,出都,乘马,从两人行。未至村,日暮。道边有一新草小屋,一女子出门,年可十六七,姿容端正,衣服鲜洁。望见周过,谓曰:‘日已向暮,前村尚远。临贺讵得至?’周便求寄宿。此女为燃火作食。向一更中,闻外有小儿唤‘阿香’声,女应诺。寻云:‘官唤汝推雷车。’女乃辞行,云:‘今有事当去。’夜遂大雷雨。向晓,女还。周既上马,看昨所宿处,止见一新冢。冢口有马尿及余草。周甚惊惋。后五年,果作临贺太守。”

云师系是丰隆,雪神乃是滕六。

《楚辞·离骚》:“吾令丰隆乘云兮,求宓妃之所在。”王逸注:“丰隆,云师,一曰雷师。”

唐牛僧孺《玄怪录》卷三《萧至忠》略云:唐中书令萧至忠,景云元年为晋州刺史,将以腊日畋游,大事置罗。有樵者闻玄冥使者宣言诸兽合死,群兽皆俯伏战惧,哀求救命。使者指点群兽求救于东谷严含质。黄冠严含质曰:“萧使君每役人,必恤其饥寒,若祈滕六降雪,巽二起风,即不复游猎矣!”天未明，风雪暴至，竟日乃罢，而萧使君不复猎矣。今按：滕六，“六”取雪花六出之意；巽二，“巽”在八卦中象征风，故以此分别代表雪神、风神。

欻火、谢仙，俱掌雷火；飞廉、箕伯，悉是风神。

欻（音需）火，掌管雷火之神，道教有九天欻火律令大神邓伯温，号为雷霆都总管。古人有“雷者火也”的普遍认识，欻火即火光疾闪之意，故以此为雷神之代称。〇谢仙，掌管雷火之鬼名。北宋欧阳修《集古录跋尾》卷一〇：“右‘谢仙火’字，在今岳州华容县废玉真宫柱上，倒书而刻之，不知何人书也。传云大中祥符中，玉真宫为天火所焚，惟留一柱，有此字，好事者遂模于石。庆历中，衡山女子号何仙姑者，能绝粒轻身，人皆以为仙也。有以此字问之者，辄曰：‘谢仙者，雷部中鬼也。夫妇皆长三尺，其色如玉，掌行火于世间。’后有闻其说者，于道藏中检之，云实有谢仙名字，主行火，而余说则无之。由是益以仙姑为真仙矣。近见衡州奏云：仙姑死矣，都无神异。客有自衡来者，云仙姑晚年羸瘦，面皮皱黑，第一衰媪也。向时苏州有一丐者卧道中，相传云是得仙者也。自天圣中，余已闻之，后二十余年尚在。其人姓沈，举世皆传为‘沈卧仙’，云卧而饮食不漏。州县吏屡使人监守，或潜伺察之，皆实卧而不起，亦不漏，遂相传以为神。既而亦以病死。虽素信惑其事，喜为之称说者，亦不云死时有异也。斯二人者，皆今世人以为仙者如此，故并载之。治平元年上元日书。”又南宋周密《齐东野语》卷一二：“神而不可名，变化而不可测者，莫如雷霆。《淮南子》曰：‘阴阳相薄，感而为雷，激而为电。’故先儒为之说曰：‘阴气凝聚，阳在内而不得出，则奋击而为雷霆。声，阳也；光，亦阳也。光发而声随之，阳气奋击欲出之势也。’或问世所得雷斧何物也？曰：‘此犹星陨而为石也。本乎天者，气而非形，偶陨于地，则成形矣。’或问人有不善为雷震死者何也？曰：‘人作恶有恶气，霹雳乃天地之怒气，是怒气亦恶气也，怒气与恶气相感故尔。’或问雷之破山、坏屋、折树、杀畜何也？曰：‘此气郁而怒，方尔奋击，偶或值之，则遭震矣。’康节（邵雍）尝问伊川（程颐）曰：‘子以雷起于何处？’伊川曰：‘起于起处。’然则先儒之所言者，非不精详，而余犹谓有不可晓者焉。大中祥符间，岳州玉真观为火所焚，惟留一柱，有‘谢仙火’三字，倒书而刻之。庆历中，有以此字问何仙姑者，云：‘谢仙者，雷部中鬼也，掌行火于世间。’后有于道藏经中得谢仙事，验以为神。又吴中慧聚寺大殿二柱，尝因雷震，有天书‘绩溪火’三字，余若符篆不可晓。及近岁德清县新市镇觉海寺佛殿柱，亦为雷震，有字径五寸余，若汉隶者云：‘收利火谢均思通。’又云：‘酉异李汮火。’此乃得之目击者。又宜兴善权广教寺殿柱，亦有雷书‘骆审火及谢均火’者。华亭县天王寺亦有雷书

'高洞扬雅一十六人火令章'凡一十一字，皆倒书。内'令章'二字特奇劲，类唐人书法，然则雷之神，真有谢姓者邪?"亦见于北宋沈括《梦溪笔谈》卷二一、北宋刘攽《中山诗话》等。

《楚辞·离骚》："前望舒使先驱兮，后飞廉使奔属。"王逸注："飞廉，风伯也。"洪兴祖补注："《吕氏春秋》曰：'风师曰飞廉。'应劭曰：'飞廉，神禽，能致风气。'晋灼曰：'飞廉，鹿身，头如雀，有角，而蛇尾豹文。'"○东汉张衡《思玄赋》："属箕伯以函风兮，惩澒涊(污浊)而为清。"李善注："《风俗通》曰：'风师者，箕星也，主簸物，能致风气也。'《易》曰：'巽为长女。长者伯之，故曰风伯也。'"

列缺乃电之神，望舒是月之御。

列缺，亦作"烈缺"，天顶之裂隙，古人谓闪电由此漏出，故又称闪电为"列缺"。《史记·司马相如列传》载《大人赋》："贯列缺之倒景兮，涉丰隆之滂沛。"裴骃集解："《汉书音义》曰：'列缺，天闪也。倒景，日在下。'"又《汉书·扬雄传上》载《羽猎赋》："辟历列缺，吐火施鞭。"颜师古注："应劭曰：'辟历，雷也。列缺，天隙电照也。'"又《艺文类聚》卷二："《山海经》曰：'列缺，电名。'"

《楚辞·离骚》："前望舒使先驱兮。"王逸注："望舒，月御也。"洪兴祖补注："《淮南子》曰：'月御曰望舒，亦曰纤阿。'"

甘霖、甘澍，俱指时雨；玄穹、彼苍，悉称上天。

甘霖，指久旱后下的雨；甘澍(音树)，指时雨滋润万物。二者皆含甘雨、及时雨之意。元方回《次韵金汉臣喜雨》诗："甘霖三尺透，病体十分轻。"○南朝宋范晔《后汉书·段颎传》："臣动兵涉夏，连获甘澍，岁时丰稔，人无疵疫。"又《尔雅·释天》："暴雨谓之涷，小雨谓之霡霂(音麦木)，久雨谓之霪，霪谓之霖，济谓之霁。"

玄穹，犹言高天。玄，言其色；穹，言其形。西晋张华《壮士篇》诗："长剑横九野，高冠拂玄穹。"○彼苍，上天的代称。苍，天之青色。《诗经·秦风·黄鸟》："彼苍者天，歼我良人。"孔颖达疏："彼苍苍者，是在上之天。"

雪花飞六出，先兆丰年；日上已三竿，乃云时晏。

雪花成六角形，后因此称雪花为"六出"。古人认为冬雪有利于农作物的生长，是应时之瑞雪，便把冬雪视为来年丰收的预兆，故俗谚有"瑞雪兆丰年"之说。《太平御览》卷一二引西汉韩婴《韩诗外传》："凡草木花多五出，雪花独六出。雪花曰霙。"

日上三竿，亦作"日出三竿"，日出离地面有三根竹竿之高，约为午前八九点钟；形容时候不早了。南朝梁萧子显《南齐书·天文志上》："永明五年十一月丁亥，日出高三竿，朱色赤黄，日晕，虹抱珥直背。"又唐刘禹锡《竹枝词》："日出三竿春雾消，江头蜀客驻兰桡。"

蜀犬吠日，比人所见甚稀；吴牛喘月，笑人畏惧过甚。

蜀犬吠日，意同"越犬吠雪"，比喻少见多怪。唐柳宗元《答韦中立论师道书》："屈子赋曰：'邑犬群吠，吠所怪也。'仆往闻庸、蜀之南，恒雨少日，日出则犬吠。余以为过言。前六七年，仆来南。二年冬，幸大雪逾岭，被南越中数州。数州之犬，皆苍黄（仓皇）吠噬，狂走者累日，至无雪乃已。然后始信前所闻者。"

吴牛喘月，比喻遇见类似的情况而畏惧胆怯。《太平御览》卷四引东汉应劭《风俗通》："吴牛望见月则喘，彼之苦于日，见月怖喘矣。"又南朝宋刘义庆《世说新语·言语》："满奋畏风，在晋武帝坐。北窗作琉璃屏，实密似疏。奋有难色。帝笑之，奋答曰：'臣犹吴牛，见月而喘。'"刘孝标注："今之水牛，唯生江淮间，故谓之吴牛也。南土多暑，而此牛畏热，见月疑是日，所以见月则喘。"

望切者，若云霓之望；恩深者，如雨露之恩。

云霓，下雨的征兆。云霓之望，比喻渴望解除困境。《孟子·梁惠王下》："（汤）东面而征，西夷怨；南面而征，北狄怨，曰：'奚为后我？'民望之，若大旱之望云霓也。"

雨露，因雨和露能滋长万物，故多用以比喻恩泽、恩情。唐李白《书情》诗："愧无横草功，虚负雨露恩。"又唐白居易《初到江州寄翰林张、李、杜三学士》诗："雨露施恩无厚薄，蓬蒿随分有荣枯。"

参、商二星，其出没不相见；牛、女两宿，惟七夕一相逢。

参（音深）、商，参星出西方，商星出东方，此出则彼没，永不相见，后用以比喻亲友隔绝。《左传·昭公元年》："昔高辛氏有二子，伯曰阏伯，季曰实沉，居于旷林，不相能也。日寻干戈，以相征讨。后帝不臧，迁阏伯于商丘，主辰。商人是因，故辰为商星。迁实沉于大夏，主参。唐人是因，以服事夏商。"又唐杜甫《赠卫八处士》诗："人生不相见，动如参与商。"

牛、女，即牵牛星与织女星。明冯应京《月令广义·七月令》引南朝梁殷芸《小说》："天河之东有织女，天帝之子也。年年机杼劳役，织成云锦天衣，容貌不暇整。帝怜其独处，许嫁河西牵牛郎。嫁后遂废织纴。天帝怒，责令归河东，但使一年一度相会。”又唐韩鄂《岁华纪丽》卷三引《风俗通》：“织女七夕当渡河，使鹊为桥。”

后羿妻，奔月宫而为嫦娥；傅说死，其精神托于箕尾。

嫦娥，亦作“姮娥”“常娥”等。《淮南子・览冥训》：“羿请不死之药于西王母，姮娥窃以奔月，怅然有丧，无以续之。”高诱注：“姮娥，羿妻。羿请不死之药于西王母，未及服之，姮娥盗食之，得仙，奔入月中为月精。”

傅说，商王武丁相。《庄子・大宗师》：“夫道……傅说得之，以相武丁，奄有天下，乘东维，骑箕尾，而比于列星。”陆德明释文：“司马(彪)云：‘傅说，殷相也。武丁，殷王高宗也。东维，箕、斗之间；天汉，津之东维也。’《星经》曰：‘傅说一星在尾上，言其乘东维，骑箕尾之间也。’崔(譔)云：‘傅说死，其精神乘东维，托龙尾，乃列宿。今尾上有傅说星。’”

披星戴月，谓早夜之奔驰；沐雨栉风，谓风尘之劳苦。

披星戴月，形容早出晚归或星夜奔波，备极辛劳。秦吕不韦《吕氏春秋・开春论・察贤》：“宓子贱治单父，弹鸣琴，身不下堂，而单父治。巫马期以星出，以星入，日夜不居，以身亲之，而单父亦治。巫马期问其故于宓子。宓子曰：‘我之谓任人，子之谓任力。任力者故劳，任人者故逸。’宓子则君子矣，逸四肢，全耳目，平心气，而百官以治，义矣，任其数而已矣。巫马期则不然，弊生事精，劳手足，烦教诏，虽治犹未至也。”亦见于《韩诗外传》卷二、《说苑・政理》。又唐吕岩《七言》诗之九四：“击剑夜深归甚处，披星带月折麒麟。”

沐雨栉风，指以雨洗头，以风梳发，形容不顾风雨，奔波劳苦。《庄子・天下》：“禹亲自操橐耜，而九杂(汇合)天下之川；腓无胈(音拔)，胫无毛，沐甚雨(骤雨)，栉疾风，置万国。禹大圣也，而形劳天下也如此。”

事非有意，譬如云出无心；恩可遍施，乃曰阳春有脚。

东晋陶渊明《归去来兮辞》：“云无心以出岫，鸟倦飞而知还。”

五代王仁裕《开元天宝遗事》卷下：“宋璟爱民恤物，朝野归美。时人咸谓璟为‘有脚阳春’，言所至之处，如阳春煦物也。”

馈物致敬，曰敢效献曝之忱；托人转移，曰全赖回天之力。

馈，馈赠。献曝，为所献之物不足珍贵或建议菲薄浅陋的谦辞。《列子・杨朱》：“昔者宋国有田夫，常衣缊黂(音坟)，仅以过冬。暨春东作，自曝于日，不知天下之有广厦隩室，绵纩狐貉。顾谓其妻曰：‘负日之暄，人莫知者，以献吾君，将有重赏。'里之富室告之曰：'昔人有美戎菽、甘枲茎、芹萍子者，对乡豪称之。乡豪取而尝之，蜇于口，惨于腹，众哂而怨之，其人大惭。子，此类也。'"张湛注："缊黂，谓分弊麻絮衣也。《韩诗外传》云：'异色之衣也。'"

回天，古时以帝为天，能谏止皇帝某种行动者称"回天"，亦称能扭转难以挽回的局势。北宋欧阳修《新唐书·张玄素传》："贞观四年，诏发卒治洛阳宫乾阳殿，且东幸。玄素上书曰：'……今民力未及隋日，而役残创之人，袭亡国弊，臣恐陛下之过，甚于炀帝。'帝（唐太宗）曰：'卿谓我不如炀帝，何如桀、纣？'对曰：'若此殿卒兴，同归于乱。臣闻东都始平，太上皇诏宫室过度者焚之，陛下谓瓦木可用，请赐贫人，事虽不从，天下称为盛德。今复度而宫之，是隋役又兴。不五六年间，一舍一取，天下谓何？'帝顾房玄龄曰：'洛阳朝贡天下中，朕营之，意欲便四方百姓。今玄素言如此，使后必往，虽露坐，庸何苦？'即诏罢役，赐彩二百匹。魏徵名梗挺，闻玄素言，叹曰：'张公论事，有回天之力，可谓仁人之言哉。'"亦见于唐吴兢《贞观政要·纳谏》。又《后汉书·梁统传论》："商协回天之势，属雕弱（衰落）之期，而匡朝恤患，未闻上术，憔悴之音，载谣人口。"

感救死之恩，曰再造；诵再生之德，曰二天。

再造，重新获得生命，多用于表达对重大恩惠的感激。南朝梁沈约《宋书·王僧达传》："内虑于己，外访于亲，以为天地之仁，施不期报，再造之恩，不可妄属。"又《新唐书·郭子仪传》："（郭子仪）遂收东都，于是河东、河西、河南州县悉平。以功加司徒，封代国公，食邑千户。入朝，帝遣具军容迎灞上，劳之曰：'国家再造，卿力也。'子仪顿首陈谢。有诏还东都，经略北讨。"今按：后晋刘昫《旧唐书·郭子仪传》作："虽吾之家国，实由卿再造。"

二天，如同两个上天在庇佑，常用为感恩之词，亦用作称颂地方官吏。《后汉书·苏章传》："苏章字孺文，扶风平陵人也。……顺帝时，迁冀州刺史。故人为清河太守，章行部案其奸臧（赃）。乃请太守，为设酒肴，陈平生之好甚欢。太守喜曰：'人皆有一天，我独有二天。'章曰：'今夕苏孺文与故人饮者，私恩也；明日冀州刺史案事者，公法也。'遂举正其罪。州境知章无私，望风畏肃。"

势易尽者若冰山，事相悬者如天壤。

《开元天宝遗事》卷上："杨国忠权倾天下，四方之士争诣其门。进士张彖者，陕州人也，力学有大名，志气高大，未尝低折于人。人有劝彖令修谒国忠，可图显荣。象曰：'尔辈以谓杨公之势，倚靠如太山，以吾所见，乃冰山也。或皎日大明之际，则此山当误人尔！'后果如其言。时人美张生见几。"亦见于北宋司马光《资治通鉴》卷二一六。

天壤，犹言天地；比喻两者相隔悬殊。东晋葛洪《抱朴子·内篇·论仙》："而其贤愚邪正，好丑修短，清浊贞淫，缓急迟速，趋舍所尚，耳目所欲，其为不同，已有天壤之觉，冰炭之乖矣。"又唐李延寿《南史·陆厥传》："一人之思，迟速天悬；一家之文，工拙壤隔。何独宫商律吕，必责其如一邪？"

晨星谓贤人寥落，雷同谓言语相符。

晨星，早晨天空的星星；寥落，稀疏的样子。南朝谢朓《京路夜发》诗："晓星正寥落，晨光复泱漭。"李善注："寥落，星稀之貌也。"又唐刘禹锡《送张盥赴举序》："吾不幸，向所谓同年友，当其盛时，连辔举镳，互绝九衢，若屏风然。今来落落，如晨星之相望。"

雷同，随声附和。《礼记·曲礼上》："毋剿说，毋雷同。"郑玄注："雷之发声，物无不同时应者。人之言当各由己，不当然也。"又《后汉书·桓谭传》："陛下宜垂明听，发圣意，屏群小之曲说，述五经之正义，略雷同之俗语，详通人之雅谋。"李贤注："雷之发声，众物同应。俗人无是非之心，出言同者谓之雷同。《礼记》曰：'无雷同。'"

心多过虑，何异杞人忧天；事不量力，不殊夸父追日。

《列子·天瑞》："杞国有人忧天地崩坠，身亡所寄，废寝食者。又有忧彼之所忧者，因往晓之，曰：'天，积气耳，亡处亡气。若屈伸呼吸，终日在天中行止，奈何忧崩坠乎？'其人曰：'天果积气，日月星宿，不当坠耶？'晓之者曰：'日月星宿，亦积气中之有光耀者；只使坠，亦不能有所中伤。'其人曰：'奈地坏何？'晓之者曰：'地，积块耳，充塞四虚，亡处亡块。若躇步跐蹈，终日在地上行止，奈何忧其坏？'其人舍(释)然大喜，晓之者亦舍然大喜。"

《山海经·海外北经》："夸父与日逐走，入日。渴，欲得饮，饮于河渭，河渭不足，北饮大泽。未至，道渴而死。弃其杖，化为邓林。"又《山海经·大荒北经》："大荒之中，有山名曰成都载天。有人，珥两黄蛇，把两黄蛇，名曰夸父。后土生信，信生夸父。夸父不量力，欲追日景(影)，逮之于禺谷。将饮河而不足也，将走大泽，未至，死于此。"亦见于《列子·汤问》。

如夏日之可畏，是谓赵盾；如冬日之可爱，是谓赵衰。

《左传·文公七年》："酆舒问于贾季曰：'赵衰、赵盾孰贤？'对曰：'赵衰，冬日之日也；赵盾，夏日之日也。'"杜预注："冬日可爱，夏日可畏。"今按：赵盾为春秋时期晋国之贤臣，赵衰为赵盾之父。

齐妇含冤，三年不雨；邹衍下狱，六月飞霜。

《汉书·于定国传》："东海有孝妇，少寡，亡子，养姑甚谨。姑欲嫁之，终不肯。姑谓邻人曰：'孝妇事我勤苦，哀其亡子守寡。我老，久累丁壮，奈何？'其后姑自经死。姑女告吏：'妇杀我母。'吏捕孝妇，孝妇辞不杀姑。吏验治，孝妇自诬服，具狱上府。于公以为此妇养姑十余年，以孝闻，必不杀也。太守不听，于公争之，弗能得，乃抱其具狱，哭于府上，因辞疾去。太守竟论杀孝妇。郡中枯旱三年。后太守至，卜筮其故，于公曰：'孝妇不当死，前太守强断之，咎党(倘)在是乎？'于是太守杀牛自祭孝妇冢，因表其墓，天立大雨，岁孰(熟)。郡中以此大敬重于公。"亦见于《搜神记》卷一一。

六月飞霜，亦作"五月飞霜"，与"三年不雨"皆成为后世冤狱之典。东汉王充《论衡·感虚》："邹衍无罪，见拘于燕，当夏五月，仰天而叹，天为陨霜。"又南朝江淹《诣建平王上书》："昔者贱臣叩心，飞霜击于燕地。"李善注："《淮南子》曰：'邹衍尽忠于燕惠王，惠王信谮而系之。邹子仰天而哭，正夏而天为之降霜。'"

父仇不共戴天，子道须当爱日。

不共戴天，谓不愿和仇敌在一个天底下并存；形容仇恨极深，誓不两立。《礼记·曲礼上》："父之仇，弗与共戴天。兄弟之仇，不反兵。交游之仇，不同国。"

爱日，称子女奉侍父母之日。西汉扬雄《法言·孝至》："父母，子之天地欤！无天何生，无地何形，天地裕于万物乎？万物裕于天地乎？裕父母之裕，不裕矣。事父母自知不足者，其舜乎？不可得而久者，事亲之谓也。孝子爱日。"晋李轨注："无须臾懈于心。"

盛世黎民，嬉游于光天化日之下；太平天子，上召夫景星庆云之祥。

光天化日，本义指太平盛世，后多用以比喻大庭广众、人所共见的地方。

光天，光辉达于天下。《尚书·益稷》："俞哉！帝，光天之下，至于海隅苍生，万邦黎献（众贤），共惟帝臣，惟帝时（善）举。"〇化日，即"治国之日"，太平的日子。《后汉书·王符传》载《爱日篇》："化国之日舒以长，故其民闲暇而力有余；乱国之日促以短，故其民困务而力不足。"

景星庆云，传说太平之世始得见。景星，也称"瑞星""德星"。《史记·天官书》："天精而见景星。景星者，德星也。其状无常，常出于有道之国。"又《晋书·天文志中》："瑞星：一曰景星，如半月，生于晦朔，助月为明。或曰，星大而中空。或曰，有三星，在赤方气，与青方气相连，黄星在赤方气中，亦名德星。"〇庆云，亦称"景云""卿云"，即五色彩云，古时为祥瑞之气。《礼记·礼运》："故天降膏露，地出醴泉，山出器车，河出马图。"孔颖达疏："《孝经援神契》：'德及于天，斗极明，日月光，甘露降。德及于地，嘉禾生，蓂荚起，秬鬯出。德至八极，则景星见。德至草木，则朱草生，木连理。德至鸟兽，则凤皇来，鸾鸟舞，麒麟臻，白虎动，狐九尾，雉白首。德至山陵，则景云出。德至深泉，则黄龙见，醴泉涌，河出龙图，洛出龟书。'"又《晋书·天文志中》："瑞气：一曰庆云。若烟非烟，若云非云，郁郁纷纷，萧索轮囷，是谓庆云，亦曰景云。此喜气也，太平之应。"

夏时大禹在位，上天雨金；《春秋》《孝经》既成，赤虹化玉。

《竹书纪年·帝禹夏后氏》："八年春，会诸侯于会稽，杀防风氏。夏六月，雨金于夏邑。"

《搜神记》卷八："孔子修《春秋》，制《孝经》，既成，斋戒，向北辰（北极星）而拜，告备于天。天乃洪郁起白雾，摩地，赤虹自上而下，化为黄玉，长三尺，上有刻文。孔子跪受而读之，曰：'宝文出，刘季握。卯金刀，在轸北。字禾子，天下服。'"今按：刘季，即刘邦，"季"是他的字。卯金刀，即古"劉"的拆字。禾子，即"季"的拆字。

箕好风，毕好雨，比庶人愿欲不同；风从虎，云从龙，比君臣会合不偶。

箕、毕，古代二十八宿中的两个星座名称。古时认为月亮经过箕星座则多风，经过毕星座则多雨。箕好风，毕好雨，原意比喻人民好恶各有不同，后亦用来称赞执政者体恤民情，实行仁政。《尚书·洪范》："庶民惟星，星有好风，星有好雨。日月之行，则有冬有夏。月之从星，则以风雨。"孔安国传："星，民象，故众民惟若星。箕星好风，毕星好雨，亦民所好。……月经于箕则多风，离于毕则多雨。”

风从虎，云从龙，比喻明君贤臣意气相投。《周易·乾·文言》：“同声相应，同气相求。水流湿，火就燥，云从龙，风从虎，圣人作而万物睹。本乎天者亲上，本乎地者亲下，则各从其类也。”○不偶，此处指绝非偶然。

雨旸时若，系是休征；天地交泰，斯称盛世。

旸（音羊），晴天；若，好像。雨旸时若，该晴则晴，该雨则雨，谓风调雨顺。《尚书·洪范》：“曰休征。曰肃，时雨若。曰乂，时旸若。”孔安国传：“叙美行之验。君行敬，则时雨顺之。君行政治，则时旸顺之。”○休征，吉利的征兆。

泰，《周易》卦名，乾下坤上，为上下交通之象；后以天地交泰，引申为太平盛世。《周易·泰》：“《彖》曰：‘泰，小往大来。吉，亨。则是天地交而万物通也，上下交而其志同也。’”又《象》曰：“天地交，泰。后（君王）以财（裁）成天地之道，辅相天地之宜，以左右民。”王弼注：“泰者，物大通之时也。上下大通，则物失其节，故财成而辅相，以左右民也。”

[新增文]十一联

大圜乃天之号，阳德为日之称。

圜（音圆），天体，后世常以大圜、圜宰、圜焘指天。《周易·说卦》：“乾为天，为圜，为君，为父。”又《吕氏春秋·序意》：“爰有大圜在上，大矩在下，汝能法之，为民父母。”高诱注：“圜，天也。矩，方，地也。”又晋束皙《补亡诗六首·崇丘》：“恢恢大圜，茫茫九壤。资生仰化，于何不养？”

阳德，为太阳之代称。南朝宋谢庄《月赋》：“日以阳德，月以阴灵。”李善注：“《春秋说题辞》曰：‘阳精为日。’《易辩终备》曰：‘日之既，阳德消。’郑玄曰：‘日既蚀，明尽也。’《春秋感精符》云：‘月者，阴之精。’”

涿鹿野中之云，彩分华盖；柏梁台上之露，润浥金茎。

华盖，古代帝王所乘车子上伞形的遮蔽物。西晋崔豹《古今注·舆服》：“华盖，黄帝所作也。与蚩尤战于涿鹿之野，常有五色云气、金枝玉叶止于帝上，有花葩之象，故因而作华盖也。”

金茎，指铜柱，用以擎举承露盘。《汉书·郊祀志上》：“（汉武帝）其后又作柏梁、铜柱、承露仙人掌之属矣。”颜师古注：“苏林曰：‘仙人以手掌擎盘，承甘露。'师古曰:'《三辅故事》云建章宫承露盘高二十丈,大七围,以铜为之,上有仙人掌承露,和玉屑饮之。盖张衡《西京赋》所云"立修茎之仙掌,承云表之清露,屑琼蕊以朝餐,必性命之可度"也。'"又东汉班固《西都赋》:"抗仙掌以承露,擢双立之金茎。"李善注:"言承露之高也。《汉书》曰:'孝武又作柏梁、铜柱、承露仙人掌之属矣。'《方言》曰:'擢,抽也。金茎,铜柱也。'"亦见于《三辅黄图》卷三。

欲知孝子伤心,晨霜践履;每见雄军喜气,晚雪销融。

《太平御览》卷五一一引东汉蔡邕《琴操》:"尹吉甫,周卿也。子伯奇母早亡,吉甫更娶后妻。妻乃谮之于吉甫曰:'伯奇见妾美,欲有邪心。'吉甫曰:'伯奇慈仁,岂有此也?'妻曰:'置妾空房中,君登楼察之。'妻乃取毒蜂缀衣领,令伯奇掇之。于是吉甫大怒,放伯奇于野。宣王出游,吉甫从之,伯奇作歌以感之。宣王闻之,曰:'此放子之辞也。'吉甫乃求伯奇而感悟,遂射杀其妻。"又《初学记》卷二引《琴操》:"《履霜操》者,伯奇之所作也。伯奇,尹吉甫之子也。甫听其后妻之言,疑其孝子伯奇,遂逐之。伯奇编水荷而衣之,采苹花而食之。清朝履霜,而自伤无罪见放逐,乃援琴而鼓之。"亦见于北宋郭茂倩《乐府诗集》卷五七。

五代王定保《唐摭言》卷一三:"短李(李绅)镇扬州,请章孝标赋春雪诗,命题于台盘上。孝标唯然,索笔一挥云:'六出飞花处处飘,黏窗拂砌上寒条。朱门到晚难盈尺,尽是三军喜气消。'"亦见于旧题南宋尤袤《全唐诗话》卷三。

郑公风一往一来,御史雨既沾既足。

《后汉书·郑弘传》:"郑弘字巨君,会稽山阴人也。"李贤注:"孔灵符《会稽记》曰:'射的山南有白鹤山,此鹤为仙人取箭。汉太尉郑弘尝采薪,得一遗箭,顷有人觅,弘还之。问何所欲,弘识其神人也,曰:"常患若邪溪载薪为难,愿旦南风,暮北风。"后果然。故若邪溪风至今犹然,呼为"郑公风"也。'"

《新唐书·颜真卿传》:"颜真卿,字清臣,秘书监师古五世从孙。少孤,母殷躬加训导。既长,博学工辞章,事亲孝。开元中,举进士,又擢制科。调醴泉尉。再迁监察御史,使河、陇。时五原有冤狱久不决,天且旱,真卿辨狱而雨,郡人呼'御史雨'。"亦见于《旧唐书·颜真卿传》及北宋李昉等《太平广记》卷三二。

赤电绕枢而附宝孕，白虹贯日而荆轲歌。

《史记·五帝本纪》："黄帝者，少典之子，姓公孙，名曰轩辕。"张守节正义："黄帝有熊国君，乃少典国君之次子，号曰有熊氏，又曰缙云氏，又曰帝鸿氏，亦曰帝轩氏。母曰附宝，之祁野，见大电绕北斗枢星，感而怀孕，二十四月而生黄帝于寿丘。寿丘在鲁东门之北，今在兖州曲阜县东北六里。生日角龙颜，有景云之瑞，以土德王，故曰黄帝。"亦见于《太平御览》卷一三引《帝王世纪》。

《史记·鲁仲连邹阳列传》："昔者荆轲慕燕丹之义，白虹贯日，太子畏之。"裴骃集解："应劭曰：'燕太子丹质于秦，始皇遇之无礼。丹亡去，故厚养荆轲，令西刺秦王。精诚感天，白虹为之贯日也。'如淳曰：'白虹，兵象；日为君。'"又《艺文类聚》卷二："《列士传》曰：'荆轲为燕太子谋刺秦王，白虹贯日。'"

太子庶子之名，星分前后；旱年潦年之占，雷辨雌雄。

心宿，为古代二十八宿之一，苍龙七宿的第五宿，有星三颗。《汉书·五行志下》："心，大星，天王也。其前星，太子；后星，庶子也。"又《晋书·天文志上》："心，三星，天王正位也。中星曰明堂，天子位，为大辰，主天下之赏罚。天下变动，心星见祥。星明大，天下同。前星为太子，后星为庶子。心星直，则王失势。"

《太平御览》卷一三引《师旷占》："春雨初起，其音恪恪，霹雳者，所谓雄雷，旱气也。其鸣依依，音不大，霹雳者，谓之雌雷，水气也。"

中台为鼎鼐之司，东壁是图书之府。

古时有所谓的三台六星，两两而居。西近文昌二星曰"上台"，次二星曰"中台"，东二星曰"下台"。古时以星宿象征人事，称三公为"三台"；中台即对应人间之公卿大臣。《周礼·春官·大宗伯》贾公彦疏引《武陵太守星传》："三台一名天柱，上台司命，为太尉；中台司中，为司徒；下台司禄，为司空。"又《晋书·天文志上》："三台六星，两两而居，起文昌，列抵太微。一曰天柱，三公之位也。在人曰三公，在天曰三台，主开德宣符也。西近文昌二星曰上台，为司命，主寿。次二星曰中台，为司中，主宗室。东二星曰下台，为司禄，主兵，所以昭德塞违也。又曰三台为天阶，太一蹑以上下。一曰泰阶。上阶，上星为天子，下星为女主；中阶，上星为诸侯三公，下星为卿大夫；下阶，上星为士，下星为庶人；所以和阴阳而理万物也。君臣和集，如其常度，有变则占其人。”○鼎鼐，皆为烹饪之器。相传商武丁向傅说询问治国之方，傅说以调和鼎中之味比喻治理国家，遂辅佐武丁安邦治国，故后世以此喻宰辅之位。

东壁，壁宿别名，为玄武七宿之一，后以此指称藏书之所。《晋书·天文志上》：“东壁二星，主文章，天下图书之秘府也。”又唐张说《恩制赐食于丽正书院宴》诗：“东壁图书府，西园翰墨林。”

鲁阳苦战挥西日，日返戈头；诸葛神机祭东风，风回纛下。

《淮南子·览冥训》：“鲁阳公与韩构难，战酣，日暮，援戈而㧑(挥)之，日为之反三舍。”高诱注：“鲁阳，楚之县公。㧑，挥也。舍，次宿也。”

明罗贯中《三国志演义》(毛评本)第四十九回《七星坛诸葛祭风》略云：赤壁之战，周瑜定好用火攻破曹之计，一切均已准备妥当。但时至隆冬，缺少东南风，周瑜焦急得病。诸葛亮前去探望，密书十六字，指出其病源：“欲破曹公，宜用火攻；万事俱备，只欠东风。”诸葛亮于是施展法术，登坛祭风。将近三更时分，忽听风声响起，吹得旗幡哗哗转动。周瑜急忙出帐观看，旗脚竟飘西北，霎时间东南风大起。

束先生精神毕至，可祷三日之霖；张道士法术颇神，能作五里之雾。

《晋书·束皙传》：“太康中，郡界大旱，皙为邑人请雨，三日而雨注。众谓皙诚感，为作歌曰：‘束先生，通神明，请天三日甘雨零。我黍以育，我稷以生。何以畴(酬)之，报束长生。’”

五里之雾，指代“浓雾”，也用以形容对事物迷惑不清。《后汉书·张霸传》附张楷略云：楷字公超，通《严氏春秋》《古文尚书》，门徒常百人。宾客慕之，自父党夙儒，偕造门焉。隐居弘农山中，学者随之，所居成市，后华阴山南遂有公超市。性好道术，能作五里雾。时关西人裴优亦能为三里雾，自以不如楷，从学之，楷避不肯见。

儿童争日，如盘如汤；辩士论天，有头有足。

《列子·汤问》：“孔子东游，见两小儿辩斗，问其故。一儿曰：‘我以日始出时去人近，而日中时远也。’一儿以日初出远，而日中时近也。一儿曰：‘日初出大如车盖，及日中则如盘盂。此不为远者小而近者大乎？’一儿曰：‘日初出沧沧凉凉，及其日中如探汤。此不为近者热而远者凉乎？’孔子不能决也。两小儿笑曰：‘孰为汝多知乎？’”

西晋陈寿《三国志·蜀书·秦宓传》：“吴遣使张温来聘，百官皆往饯焉。众人皆集而宓未往，(诸葛)亮累遣使促之，温曰：‘彼何人也？’亮曰：‘益州学士也。’及至，温问曰：‘君学乎？’宓曰：‘五尺童子皆学，何必小人！’温复问曰：‘天有头乎？’宓曰：‘有之。’温曰：‘在何方也？’宓曰：‘在西方。《诗》曰：“乃眷西顾。”以此推之，头在西方。’温曰：‘天有耳乎？’宓曰：‘天处高而听卑，《诗》云：“鹤鸣于九皋，声闻于天。”若其无耳，何以听之？’温曰：‘天有足乎？’宓曰：‘有。《诗》云：“天步艰难，之子不犹。”若其无足，何以步之？’温曰：‘天有姓乎？’宓曰：‘有。’温曰：‘何姓？’宓曰：‘姓刘。’温曰：‘何以知之？’答曰：‘天子姓刘，故以此知之。’温曰：‘日生于东乎？’宓曰：‘虽生于东而没于西。’答问如响，应声而出，于是温大敬服。”

月离毕而雨候将征，星孛辰而火灾乃见。

《诗经·小雅·渐渐之石》：“月离于毕，俾滂沱矣。”孔颖达疏：“以毕为月所离(靠近)而雨，是阴雨之星，故谓之阴星。‘月离于毕’，即言‘俾滂沱矣’，故知月离阴星则雨也。”

孛，彗星的别称；辰，辰星。星孛辰，即彗星在大火星旁出现，古人认为是将要发生火灾的预兆。《左传·昭公十七年》：“冬，有星孛于大辰，西及汉。申须曰：‘彗所以除旧布新也。天事恒象，今除于火，火出必布焉。诸侯其有火灾乎？’……郑裨灶言于子产曰：‘宋、卫、陈、郑将同日火，若我用瓘斝(音甲)玉瓒，郑必不火。’子产弗与。”

地　舆

黄帝画野，始分都邑；夏禹治水，初奠山川。

《汉书·地理志上》：“昔在黄帝，作舟车以济不通，旁行天下，方制万里，画野分州，得百里之国万区。是故《易》称‘先王建万国，亲诸侯’，《书》云‘协和万国’，此之谓也。尧遭洪水，怀山襄陵，天下分绝，为十二州，使禹治之。水土既平，更制九州，列五服，任土作贡。曰：‘禹敷土，随山刊木，奠高山大川。’”○唐杜佑《通典·食货典·乡党》：“昔黄帝始经土设井，以塞争端，立步制亩，以防不足。使八家为井，井开四道，而分八宅，凿井于中。……既牧之于邑，故井一为邻，邻三为朋，朋三为里，里五为邑，邑十为都，都十为师，师十为州。夫始分之于井则地著，计之于州则数详，迄乎夏、殷，不易其制。”

《尚书·禹贡》：“禹敷（分）土，随山刊木，奠（定）高山大川。”南宋蔡沈《书集传》卷二：“敷，分也，分别土地以为九州也。奠，定也，定高山大川以别州境也。……方洪水横流，不辨区域，禹分九州之地，随山之势，相其便宜，斩木通道以治之。又定其山之高者，与其川之大者，以为之纪纲。此三者，禹治水之要，故作《书》者首述之。”

宇宙之江山不改，古今之称谓各殊。

此联意谓天地间的山河面貌不会改变，但古今地域的名称却有所不同。《淮南子·原道训》：“横四维而含阴阳，纮宇宙而章三光。”高诱注：“四方上下曰宇，古往今来曰宙，以喻天地。”又《淮南子·齐俗训》：“往古来今谓之宙，四方上下谓之宇。”

北京原属幽燕，金台是其异号；南京原为建业，金陵又是别名。

《尔雅·释地》：“燕曰幽州。”周代之幽州，春秋战国之燕国，其区划范围大致相当于北京之域。辽时称“燕京”，为陪都；金建都于此，曰“中都”；元代定都于此，名“大都”。明永乐时迁都于此，改北京为“京师”，清代沿袭之。但习惯上仍称北京。〇相传战国燕昭王曾在燕地筑台，置千金于台上，延请天下名士豪杰，后人名曰“黄金台”，又称“金台”“燕台”，故北京别称“金台”，“金台夕照”即为北京八景之一。

建业，古县名。东汉末年，孙权改秣陵县置，吴黄龙元年由京口（镇江）迁都于此，命名“建业”。晋建兴初年改名为“建康”，东晋于此建都。南朝宋、齐、梁、陈均定都于此。建业遂有“六朝古都”之称。明代洪武元年建都于此，定名为“南京”。〇金陵，南京古称。《太平御览》卷一七〇引《金陵图》云：“昔楚威王见此有王气，因埋金以镇之，故曰金陵。秦并天下，望气者言江东有天子气，凿地断连冈，因改金陵为秣陵。”又南朝齐谢朓《鼓吹曲》：“江南佳丽地，金陵帝王州。”

浙江是武林之区，原为越国；江西是豫章之郡，又曰吴皋。

浙江，因其境内最大的河流钱塘江多曲折，故称“浙江”。浙江，《禹贡》扬州之域，春秋时为吴、越属地，战国时归于楚国。明置浙江布政使司，清为浙江省。浙江首府为杭州，五代十国时吴越国于此建都；南宋时定都于此，改称“临安”。○杭州西有虎林山，后因避唐高祖李渊祖父李虎（即唐太祖）之讳，改名“武林”，后多用武林代指杭州。

江西，《禹贡》扬州之域，战国时为楚地，唐属江南西道，宋属江南西路。元置江西行中书省，因有“江西省”之称。明置江西布政使司，清为江西省。江西首府南昌，为汉豫章郡治，故别称“豫章”；因其境内赣江纵贯其间，故江西省今简称“赣”。○吴皋，江西春秋时属于吴国，唐天祐二年，江西丰城曾改名“吴皋”，后唐同光元年，又复名为“丰城”，故江西别名“吴皋”。

福建省属闽中，湖广地名三楚。

福建，《禹贡》扬州之域，周为七闽地，秦为闽中郡。汉初为闽越王国，唐属江南道，宋为福建路。元置福建行中书省，明置福建布政使司，清为福建省。福建首府福州，又称“闽侯”。○闽中，秦时郡名，治所东冶（今福建福州），其区划范围大致相当于福建之域，秦末废除，故福建又称“闽中”。

湖广，《禹贡》荆州之域，春秋战国属楚地。宋有荆湖北路、荆湖南路；元时置湖广行中书省，相当于今两湖、两广。明分为湖广、广东、广西三布政使司，湖广始专指两湖之地。清初设湖广省，康熙时分为湖南、湖北二省。湖广首府武昌，亦称“鄂渚”。○三楚，秦、汉时分战国楚地为西楚、东楚、南楚，合称“三楚”，后世多以此泛指长江中游以南，今湖南、湖北一带地域。《史记·货殖列传》：“夫自淮北沛、陈、汝南、南郡，此西楚也；彭城以东，东海、吴、广陵，此东楚也；衡山、九江、江南、豫章、长沙，是南楚也。”《汉书·高帝纪上》：“羽自立为西楚霸王。”颜师古注：“孟康曰：‘旧名江陵为南楚，吴为东楚，彭城为西楚。’”

东鲁、西鲁，即山东、山西之分；东粤、西粤，乃广东、广西之域。

山东，旧以在太行山之东而得名。《禹贡》青州、兖州之域，春秋为齐、鲁之地，战国归齐，兼属楚、赵。唐属河南、河北道，宋属京东路，金改京东为“山东”。明置山东布政使司，清为山东省。山东首府济南，别称“泉城”。○山西，旧以在太行山之西而得名。《禹贡》冀州之域，春秋为晋地，战国为赵地，兼属韩、魏。唐属河东道，宋属河东路。元置河东山西道宣慰使司及肃政廉访使，明置山西布政使司，清为山西省。山西首府太原，别称“晋阳”。

广东，《禹贡》扬州之南境，春秋战国时为百越（百粤）之地，秦置南海郡。唐贞观年间置岭南道，宋置广南东路。明置广东布政使司，清为广东省。广东首府广州，别称“羊城”。○广西，《禹贡》荆州之域，春秋战国时为百越之地，秦置桂林、象郡二郡。唐初属岭南西道，宋置广南西路。明置广西布政使司，清为广西省。广西首府为桂林。

河南在华夏之中，故曰中州；陕西即长安之地，原为秦境。

河南，《禹贡》豫州之域，春秋为周王畿地及宋、郑、卫等国地，战国为韩、赵、魏等地。明置河南布政使司，清为河南省。河南首府开封，战国时魏国于此设都，称为“大梁”；五代时期，后梁、后晋、后汉、后周均在此建都，称为“东京”；北宋时于此设都，亦称“东京”。故开封别称“汴京”“汴梁”。又《尔雅·释地》：“河南曰豫州。”故河南省今简称“豫”。古豫州又地处九州中间，因此河南亦称为“中州”“中原”。

陕西，《禹贡》雍州之域，西周畿地，春秋战国为秦地。宋置陕西路，因在陕原以西而得名，陕西之名始于此。元时置陕西行中书省，明改为陕西布政使司，清为陕西省。陕西首府为西安，西周即在此附近建都，名曰“镐京”。西汉高祖定都于此，名曰“长安”（又曰“京兆”），取“长治久安”之意。隋唐亦建都于此。明代洪武二年设西安府，西安之名始此。

四川为西蜀，云南为古滇。

四川，一说因境内有岷（岷江）、泸（金沙江）、雒（沱江）、巴（嘉陵江）四条大川而得名；另一说，宋代分益州路、梓州路、利州路、夔州路，总称“川峡四路”，因此得名四川。夏、商、周时期，古代蜀族曾在四川西部建古蜀国，后被秦灭，秦于其地置蜀郡，汉因之，属益州，故四川别称“蜀”或“西蜀”。东汉末，刘备据益州（成都）称帝，国号汉，史称“蜀汉”或“蜀”。五代时，王建、孟知祥先后在成都称帝，史称“前蜀”“后蜀”，亦称“西蜀”。明代置四川布政使司，清改为四川省。

云南，因在云岭之南而得名，古为百濮之地。战国时楚威王派遣庄跻以兵定夜郎诸国，至滇池，据地为王，号滇国。汉武帝时，滇王降，以其地置益州郡。唐时为南诏蒙氏所有。明洪武十五年置云南布政使司，清改为云南省。〇云南因境内有滇池，又为古滇国所在地，故别称“滇”。《史记·西南夷列传》：“（庄）跻至滇池，方三百里。”张守节正义引《括地志》云：“滇池泽，在昆州晋宁县西南三十里。其水源深广而（末）更浅狭，有似倒流，故谓滇池。”

贵州省近蛮方，自古名为黔地。

贵州，原商、周鬼方地，战国属楚，为黔中地，兼有夜郎、且兰诸国。秦置黔中郡，汉置牂牁郡，唐开元二十一年置黔中道，为开元十五道之一。故贵州别称“黔”。明设贵州都指挥使司，清改为贵州省。

东岳泰山，西岳华山，南岳衡山，北岳恒山，中岳嵩山，此为天下之五岳；饶州之鄱阳，岳州之青草，润州之丹阳，鄂州之洞庭，苏州之太湖，此为天下之五湖。

五岳，东岳泰山、西岳华山、南岳衡山、北岳恒山、中岳嵩山等中国五大名山的总称。传说为群神居所，历代帝王多往祭祀。今按：先秦古籍只有四岳之名，无中岳，至《周礼》方有五岳之说。《尔雅·释山》有两种关于五岳的说法，后世对它有不同的解释。汉宣帝确定以今河南的嵩山为中岳，山东的泰山为东岳，陕西的华山为西岳，安徽的天柱山为南岳，河北曲阳的恒山为北岳。其后又改今湖南的衡山为南岳，隋以后遂成定制。明代始以今山西浑源的恒山为北岳，清代移祀北岳于此。

五湖，古代关于五湖的说法不一，其中一说是五个大湖的总称，但具体所指，亦有不同。一般是指今江西的鄱阳湖、湖北的青草湖、江苏的丹阳湖、湖南的洞庭湖、江苏无锡的太湖。

金城汤池，谓城池之巩固；砺山带河，乃封建之誓盟。

金城汤池，指金属铸成的城墙和沸水浇成的护城河，比喻城防坚固，难以攻破。《汉书·蒯通传》："（范阳令）先下君，而君不利之，则边地之城皆将相告曰"范阳令先降而身死"，必将婴城固守，皆为金城汤池，不可攻也。"颜师古注："金以喻坚，汤喻沸热不可近。"又唐李延寿《北史·唐邕传》："文宣尝登并州童子佛寺，望并州城，曰：'此何等城？'或曰：'金城汤池，天府之国。'帝云：'我谓唐邕是金城，此非也。'"亦见于唐李百药《北齐书·唐邕传》。

砺山带河，意谓即使泰山小得像块磨刀石，黄河细得像条衣带，封国也依然存在。《史记·高祖功臣侯者年表》："封爵之誓曰：'使河如带，泰山若厉（砺）。国以永宁，爰及苗裔。'"裴骃集解："应劭曰：'封爵之誓，国家欲使功臣传祚无穷。带，衣带也；厉，砥石也。河当何时如衣带，山当何时如厉石，言如带厉，国乃绝耳。'"

帝都曰京师，故乡曰梓里。

京师，即国都、帝都。《公羊传·桓公九年》："京师者何？天子之居也。京者何？大也。师者何？众也。天子之居，必以众大之辞言之。"

梓里，"桑梓之里"的省称。桑树与梓树为古代住宅旁常栽之树木，东汉以来遂用以代指故乡。《诗经·小雅·小弁》："维桑与梓，必恭敬止。"毛传：

“父之所树，己尚不敢不恭敬。”清方玉润《诗经原始》：“桑可给蚕食，梓可具器用。古者田园皆种之，故多先人手植以遗子孙者，后人赖其利用，又为祖宗父母所遗，是以过其下必恭敬止。今称父母之邦为‘桑梓’，即此意。”

蓬莱弱水，惟飞仙可渡；方壶员峤，乃仙子所居。

旧题西汉东方朔《十洲记》：“蓬丘，蓬莱山是也。对东海之东北岸，周回五千里。外别有圆海绕山。圆海水正黑，而谓之冥海也。无风而洪波百丈，不可得往来。上有九老丈人，九天真王宫，盖太上真人所居。唯飞仙有能到其处耳。”○《十洲记》：“凤麟洲在西海之中央，地方一千五百里。洲四面有弱水绕之，鸿毛不浮，不可越也。洲上多凤麟，数万各为群。又有山川池泽，及神药百种，亦多仙家。”

《列子·汤问》：“渤海之东，不知几亿万里，有大壑焉，实惟无底之谷。其下无底，名曰归墟。八纮九野之水，天汉之流，莫不注之，而无增减焉。其中有五山焉：一曰岱舆，二曰员峤，三曰方壶，四曰瀛洲，五曰蓬莱。其山高下周旋三万里，其顶平处九千里。山之中间相去七万里，以为邻居焉。其上台观皆金玉，其上禽兽皆纯缟。珠玕之树皆丛生，华实皆有滋味，食之皆不老不死。所居之人皆仙圣之种，一日一夕飞相往来者，不可数焉。”

沧海桑田，谓世事之多变；河清海晏，兆天下之升平。

沧海桑田，比喻世事变迁很大。《太平广记》卷六十引东晋葛洪《神仙传》：“麻姑自说云：‘接侍以来，已见东海三为桑田。向到蓬莱，水又浅于往者会时略半也。岂将复还为陵陆乎？’方平笑曰：‘圣人皆言海中复扬尘也。’”又北宋苏轼《东坡志林》卷二：“尝有三老人相遇，或问之年。一人曰：‘吾年不可记，但忆少年时与盘古有旧。’一人曰：‘海水变桑田时，吾辄下一筹，尔(迩)来吾筹已满十间屋。’一人曰：‘吾所食蟠桃，弃其核于昆仑山下，今已与昆仑齐矣。’”

晏，平静。河清海晏，意思是黄河水清，海不扬波，古人认为是天下太平之瑞。《初学记》卷六引《易乾凿度》：“天降嘉应，河水先清三日。”又东晋王嘉《拾遗记》卷一：“又有丹丘千年一烧，黄河千年一清，至圣之君，以为大瑞。”又唐郑锡《日中有王字赋》：“河清海晏，时和岁丰。”

水神曰冯夷，又曰阳侯；火神曰祝融，又曰回禄。

冯(音平)夷，亦作“冰夷”“无夷”，即河伯。张衡《思玄赋》：“号冯夷俾清津兮，棹龙舟以济予。”李善注：“《青令传》曰：‘河伯，华阴潼乡人也。姓冯氏，名夷。浴于河中而溺死，是为河伯。'《太公金匮》曰：'河伯姓冯，名脩。裴氏《新语》谓为冯夷。'《淮南子》曰：'冯夷服夷石而水仙。'注曰：'冯夷，河伯也。华阴潼乡陧首人，服八石而水仙。'"又《楚辞·九歌·河伯》洪兴祖补注："《抱朴子·释鬼篇》曰：'冯夷以八月上庚日渡河溺死，天帝署为河伯。'"〇阳侯，波涛之神。《楚辞·九章·哀郢》："凌阳侯之泛滥兮，忽翱翔之焉薄。"王逸注："阳侯，大波之神。"洪兴祖补注："应劭曰：'阳侯，古之诸侯，有罪，自投江，其神为大波。'"又《淮南子·览冥训》："武王伐纣，渡于孟津，阳侯之波，逆流而击。"高诱注："阳侯，陵阳国侯也。其国近水，溺水而死。其神能为大波，有所伤害，因谓之阳侯之波。"

《山海经·海外南经》："南方祝融，兽身人面，乘两龙。"郭璞注："火神也。"〇《左传·昭公十八年》："禳火于玄冥、回禄。"杜预注："玄冥，水神；回禄，火神。"孔颖达疏："楚之先，吴回为祝融，或云回禄即吴回也。"今按：回禄又称吴回，相传吴回与祝融是兄弟关系。《山海经·大荒西经》："有人名曰吴回，奇左，是无右臂。"郭璞注："吴回，祝融弟，亦火正也。"一说吴回即是祝融。《吕氏春秋·孟夏纪·孟夏》："其帝炎帝，其神祝融。"高诱注："祝融，颛顼氏后，老童之子吴回也。为高辛氏火正，死为火官之神。"参见南宋吴曾《能改斋漫录》卷一《回禄为火神》。

海神曰海若，海眼曰尾闾。

《楚辞·远游》："使湘灵鼓瑟兮，令海若舞冯夷。"王逸注："海若，海神名也。冯夷，水仙人。"洪兴祖补注："海若，庄子所称北海若也。冯夷，河伯也。"今按：北海若，出自《庄子·秋水》。

南唐刘崇远《金华子杂编》卷下："北海县中门前，有一处地形微高，若小堆阜隐起。如是积有岁华，人莫敢铲凿。有一县宰，乃特令平之。既去数尺土，即得小铁钱散实其下。如是渐广，众力运取，仅深尺余。东西袤延，西面际乃得一记云：'此是海眼，故铸钱以镇压之。'量其数不可胜计，又不明叙时代，其钱大小如五铢。阖县惧悚，虑致灾变，乃备祭酹，却以所取钱皆填筑如故，其后亦无他祥。"〇尾闾，神话中海水汇归之处。《庄子·秋水》："天下之水，莫大于海，万川归之，不知何时止而不盈；尾闾泄之，不知何时已而不虚。"又三国魏嵇康《养生论》："或益之以畎浍，而泄之以尾闾。"李善注："司马彪曰：'尾闾，水之从海水出者也。一名沃燋，在东大海之中。尾者，在百川之下，故称尾；闾者，聚也，水聚族之处，故称闾也。在扶桑之东，有一石，方圆四万里，厚四万里，海水注者无不燋尽，故名沃燋。'"今按：海眼与尾闾本是两回事，但因二者皆有泄水的石孔之意，故原书作者称"海眼曰尾闾"。

望人包容，曰海涵；谢人恩泽，曰河润。

海涵，谓气量大，能容物，如海之能纳百川。常用作请人原谅之词。《艺文类聚》卷四六："梁王僧孺《为临川王让太尉表》曰：'陛下海涵春育，日镜云伸，追大道之无私，惜微臣之宜极。'"又北宋苏轼《湖州谢上表》："此盖伏遇皇帝陛下，天覆群生，海涵万族。"

河润，意为恩泽及人，如河水之浸湿土地。后比喻施恩于人为河润，称恩泽为河泽。《庄子·列御寇》："河润九里，泽及三族。"

无系累者，曰江湖散人；负豪气者，曰湖海之士。

《新唐书·隐逸传·陆龟蒙》略云：陆龟蒙字鲁望，少高放，通六经大义，尤明《春秋》。举进士不中，居松江甫里，多所论撰，虽幽忧疾痛，赀无十日计，不少辍也。得书熟诵乃录，雠比(校雠)勤勤，朱黄不去手。所藏虽少，其精皆可传。有田数百亩，屋三十楹。田苦下，雨潦则与江通，故常苦饥。身畚锸，薅刺无休时。嗜茶，置园顾渚山下，岁取租茶，自判品第。不喜与流俗交，虽造门不肯见。不乘马，升舟设蓬席，赍束书、茶灶、笔床、钓具往来。时谓江湖散人，或号天随子、甫里先生，自比涪翁、渔父、江上丈人。亦见于元辛文房《唐才子传》卷八。

《三国志·魏书·吕布传》附陈登："陈登者，字元龙，在广陵有威名。又掎角吕布有功，加伏波将军，年三十九卒。后许汜与刘备并在荆州牧刘表坐，表与备共论天下人，汜曰：'陈元龙湖海之士，豪气不除。'备谓表曰：'许君论是非？'表曰：'欲言非，此君为善士，不宜虚言；欲言是，元龙名重天下。'备问汜：'君言豪，宁有事邪？'汜曰：'昔遭乱过下邳，见元龙。元龙无客主之意，久不相与语，自上大床卧，使客卧下床。'备曰：'君有国士之名，今天下大乱，帝主失所，望君忧国忘家，有救世之意，而君求田问舍，言无可采，是元龙所讳也，何缘当与君语？如小人，欲卧百尺楼上，卧君于地，何但上下床之间邪？'表大笑。备因言曰：'若元龙文武胆志，当求之于古耳，造次难得比也。'"

问舍求田，原无大志；掀天揭地，方是奇才。

问舍求田，指只知道买田置房，为个人利益打算，没有远大的志向。注详见《地舆》"负豪气者，曰湖海之士"条。

掀天揭地，意同翻天覆地。宋辛敩《寇忠愍诗集后序》："莱公两朝大臣，勋业之盛，掀天揭地。"今按：寇忠愍、莱公皆指寇准。

凭空起事，谓之平地风波；独立不移，谓之中流砥柱。

平地风波，比喻意想不到的事故或变化。唐刘禹锡《竹枝词九首》之七："瞿塘嘈嘈十二滩，人言道路古来难。长恨人心不如水，等闲平地起波澜。"又北宋苏辙《思归》诗："儿言世情恶，平地风波起。"

砥柱，山名，屹立在三门峡附近的黄河中流。后常用中流砥柱比喻能担当重任、起支柱作用的坚强力量。北魏郦道元《水经注·河水四》："砥柱，山名也。昔禹治洪水，山陵当水者凿之，故破山以通河。河水分流，包山而过，山见水中，若柱然，故曰砥柱也。三穿既决，水流疏分，指状表目，亦谓之三门矣。山在虢城东北，大阳城东也。"

黑子弹丸，极言至小之邑；咽喉右臂，皆言要害之区。

黑子弹丸，比喻狭小。北周庾信《哀江南赋》："地惟黑子，城犹弹丸。"又元脱脱等《宋史·赵普传》："太祖数微行过功臣家，普每退朝，不敢便衣冠。一日，大雪向夜，普意帝不出。久之，闻叩门声，普亟出，帝立风雪中，普惶惧迎拜。帝曰：'已约晋王矣。'已而太宗至，设重裀地坐堂中，炽炭烧肉。普妻行酒，帝以嫂呼之。因与普计下太原(北汉政权)。普曰：'太原当西北二面，太原既下，则我独当之，不如姑俟削平诸国，则弹丸黑子之地，将安逃乎？'帝笑曰：'吾意正如此，特试卿尔。'"

咽喉，比喻扼要之地。《三国志·蜀书·杨洪传》："先主争汉中，急书发兵，军师将军诸葛亮以问洪，洪曰：'汉中则益州咽喉，存亡之机会，若无汉中则无蜀矣，此家门之祸也。方今之事，男子当战，女子当运，发兵何疑？'"○右臂，人习惯于用右手做事，故以右臂喻事物之要害部分。《战国策·赵策二》："张仪为秦连横说赵王曰：'今楚与秦为昆弟之国，而韩、魏称为东蕃之臣，齐献鱼盐之利，此断赵之右臂也。夫断右臂而求与人斗，失其党而孤居，求欲无危，岂可得哉！'"

独立难持，曰一木焉能支大厦；英雄自恃，曰丸泥亦可封函关。

一木难支，比喻大势已去，非一人之力所能挽回。《南史·袁粲传》："先是，齐高帝遣将薛深、苏烈、王天生等领兵戍石头，云以助粲，实御之也。又令腹心王敬则为直阁，与(卜)伯兴共总禁兵。王蕴闻彦节已奔，叹曰：'今年事败矣。'乃狼狈率部曲向石头，薛深等据门射之。蕴谓粲已败，乃便散走。齐高帝以报敬则，敬则诛韫并伯兴，又遣军主戴僧静向石头助薛深自仓门入。时粲与彦节等列兵登东门，僧静分兵攻府西门，彦节与儿逾城出。粲还坐，列烛自照，谓其子最曰：‘本知一木不能止大厦之崩，但以名义至此耳。’僧静挺身暗往，奋刀直前欲斩之。子最觉有异，大叫抱父乞先死，兵士人人莫不陨涕。粲曰：‘我不失忠臣，汝不失孝子。’仍求笔作启云：‘臣义奉大宋，策名两毕，今便归魂坟垅，永就山丘。’僧静乃并斩之。”

《艺文类聚》卷二五引《东观汉记》曰：“隗嚣将王元说嚣曰：‘昔更始西都，四方响应，天下喁喁，谓之太平。一旦坏败，大王几无所厝。今南有子阳，北有文伯，江湖海岱，王公十数，而欲牵儒生之说，弃千乘之基，计之不可者也。今天水见富，士马最强，北取西河，东收三辅，案秦旧迹，表里山河，元请以一丸泥，为大王东封函谷关，此万世一时也。若计不及此，且畜养士马，据隘自守，旷日持久，以待四方之变，图王不成，其弊犹足以霸。’嚣然其计。”亦见于《后汉书·隗嚣传》。

事先败而后成，曰失之东隅，收之桑榆；事将成而终止，曰为山九仞，功亏一篑。

失之东隅，收之桑榆，比喻事情初虽有失，而终得成功。东隅，东方日出处，指早上；桑榆，日落时太阳的余晖照在桑树、榆树树梢上，指傍晚。《后汉书·冯异传》：“(汉光武帝)玺书劳异曰：‘赤眉破平，士吏劳苦。始虽垂翅回溪，终能奋翼黾池，可谓失之东隅，收之桑榆。方论功赏，以答大勋。’”

为山九仞，功亏一篑，意谓堆九仞高的土山，只因差一筐土而没有完成。比喻事情即将成功，而最终失败。《伪古文尚书·旅獒》：“不矜细行，终累大德。为山九仞，功亏一篑。”

以蠡测海，喻人之见小；精卫衔石，比人之徒劳。

以蠡测海，意为用瓢量海，比喻见识狭小短浅。《汉书·东方朔传》：“以管窥天，以蠡测海。”颜师古注：“张晏曰：‘蠡，瓠瓢也。’”

精卫衔石，比喻徒劳无益，后世多用以形容一个人意志坚定，百折不挠。《山海经·北山经》：“又北二百里曰发鸠之山，其上多柘木。有鸟焉，其状如乌，文首、白喙、赤足，名曰精卫，其鸣自诶(叫)。是炎帝之少女，名曰女娃，女娃游于东海，溺而不返，故为精卫，常衔西山之木石，以堙于东海。”

跋涉谓行路艰难，康庄谓道路平坦。

跋涉，形容远行的艰辛劳苦。《诗经·鄘风·载驰》：“大夫跋涉，我心则忧。”毛传：“草行曰跋，水行曰涉。”

康庄，形容四通八达、宽阔平坦的大路，亦比喻前途光明。《尔雅·释宫》："四达谓之衢，五达谓之康，六达谓之庄。"郭璞注："交道，四出；《史记》所谓康庄之衢；《左传》曰：'得应氏之木百车于庄。'"

硗地曰不毛之地，美田曰膏腴之田。

硗（音敲）地，指坚硬而瘠薄的土地。《汉书·贾山传》："地之硗者，虽有善种，不能生焉；江皋河濒，虽有恶种，无不猥（盛）大。"颜师古注："硗，埆，瘠薄也。"又唐慧琳《一切经音义》卷六二："顾野王云：'硗，坚也。地坚则瘦，不宜五谷。'"〇不毛，指不生长庄稼。《左传·宣公十二年》："锡（赐）之不毛之地。"又三国蜀诸葛亮《出师表》："故五月渡泸，深入不毛。"

膏腴，极言土地肥沃。秦李斯《谏逐客书》："（秦）惠王用张仪之计，拔三川之地，西并巴、蜀，北收上郡，南取汉中，包九夷，制鄢、郢，东据成皋之险，割膏腴之壤，遂散六国之从，使之西面事秦，功施到今。"

得物无所用，曰如获石田；为学已大成，曰诞登道岸。

石田，指多石不可耕的田，比喻无用。《左传·哀公十一年》："吴将伐齐。越子率其众以朝焉，王及列士，皆有馈赂。吴人皆喜，惟子胥惧，曰：'是豢吴也夫！'谏曰：'越在我，心腹之疾也。壤地同，而有欲于我。夫其柔服，求济其欲也，不如早从事焉。得志于齐，犹获石田也，无所用之。越不为沼，吴其泯矣。'"

诞登道岸，比喻学有所成。诞，发语词，无实义。《诗经·大雅·皇矣》："诞先登于岸。"毛传："岸，高位也。"清姚际恒《诗经通论》："谓先据高以制下也。"

淄渑之滋味可辨，泾渭之清浊当分。

淄、渑，皆水名，在今山东境内。相传二水味异，合则难辨，惟春秋齐国的易牙能加以辨别。《列子·说符》："淄、渑之合，易牙尝而知之。"张湛注："复为善味者所别也。"又《淮南子·道应训》："淄、渑之水合，易牙尝而知之。"

泾、渭，皆河名，在今甘肃、陕西境内。泾河水清，渭河水浊，两水交汇之前，清浊判然有别。后以泾渭之清浊比喻人品的清浊。《诗经·邶风·谷风》："泾以渭浊，湜湜其沚。"毛传："泾渭相入而清浊异。"孔颖达疏："言泾水以有渭水清，故见泾水浊。"今按：泾河、渭河孰清孰浊，古今看法不一，大概是和它们的清浊在不同时代发生变化有关。

泌水乐饥，隐居不仕；东山高卧，谢职求安。

泌（音必）水，指涌出的泉水。一说指泌邱下的河水。乐饥，乐道忘饥。一说“疗饥、充饥”，乐通“疗”。《诗经·陈风·衡门》：“衡门之下，可以栖迟。泌之洋洋，可以乐饥。”南宋朱熹《诗集传》卷三：“此隐居自乐而无求者之词。言衡门虽浅陋，然亦可以游息。泌水虽不可饱，然亦可以玩乐而忘饥也。”参见《宫室》“衡门乃隐逸之宅”条。

东山，山名，在今浙江上虞县西南，谢安早年隐居地，后因以东山指隐居。《世说新语·排调》：“谢公（谢安）在东山，朝命屡降而不动。后出为桓宣武（桓温）司马，将发新亭，朝士咸出瞻送。高灵时为中丞，亦往相祖，先时多少饮酒，因倚如醉，戏曰：‘卿屡违朝旨，高卧东山，诸人每相与言：“安石不肯出，将如苍生何！”今亦苍生将如卿何？’谢笑而不答。”亦见于《晋书·谢安传》。

圣人出则黄河清，太守廉则越石见。

三国魏李康《运命论》：“夫黄河清而圣人生，里社鸣而圣人出，群龙见而圣人用。”李善注：“《易乾凿度》曰：‘圣人受命，瑞应先见于河。河水先清，清变白，白变赤，赤变黑，黑变黄，各三日。’”李周翰注：“黄河千年一清，清则圣人生于时也。”又北周庾信《周五声调曲·徵调曲》：“圣人千年始一生，黄河千年始一清。”

《南齐书·良政传·虞愿》：“虞愿字士恭，会稽余姚人也。……出为晋平太守，在郡不治生产。前政与民交关，质录其儿妇，愿遣人于道夺取将还。在郡立学堂教授。郡旧出髯蛇，胆可为药，有饷愿蛇者，愿不忍杀，放二十里外山中，一夜蛇还床下。复送四十里外山，经宿，复还故处。愿更令远，乃不复归，论者以为仁心所致也。海边有越王石，常隐云雾。相传云：‘清廉太守乃得见’，愿往观视，清彻无隐蔽。后琅邪王秀之为郡，与朝士书曰：‘此郡承虞公之后，善政犹存，遗风易遵，差得无事。’”亦见于《南史·循吏传·虞愿》。

美俗曰仁里，恶俗曰互乡。

《论语·里仁》：“里仁为美。择不处仁，焉得知？”邢昺疏：“‘里仁为美’者，里，居也。仁者之所居处，谓之里仁。凡人之择居，居于仁者之里，是为美也。”

《论语·述而》：“互乡难与言，童子见，门人惑。”何晏集解：“郑（玄）曰：互乡，乡名也。其乡人言语自专，不达时宜，而有童子来见孔子，门人怪孔子见之。”

里名胜母，曾子不入；邑号朝歌，墨翟回车。

胜母，里名，一说县名；朝(音招)歌，商纣王之都。《史记·鲁仲连邹阳列传》："臣闻盛饰入朝者不以利污义，砥厉名号者不以欲伤行。故县名胜母，而曾子不入；邑号朝歌，而墨子回车。"司马贞索隐："按：《淮南子》及《盐铁论》并云'里名胜母，曾子不入'，盖以名不顺故也。"○《汉书·邹阳传》："故里名胜母，曾子不入；邑号朝歌，墨子回车。"颜师古注："曾子至孝，以胜母之名不顺，故不入也。晋灼曰：'纣作朝歌之音。朝歌者，不时也。'师古曰：'朝歌，殷之邑名也。'《淮南子》云：'墨子非乐，不入朝歌。'"今按：《淮南子·说山训》："曾子立孝，不过胜母之闾。墨子非乐，不入朝歌之邑。"

击壤而歌，尧帝黎民之自得；让畔而耕，文王百姓之相推。

击壤，古代的一种投掷游戏。《艺文类聚》卷一一引《帝王世纪》曰："(帝尧时)天下大和，百姓无事，有五十老人，击壤于道。观者叹曰：'大哉，帝之德也！'老人曰：'吾日出而作，日入而息。凿井而饮，耕田而食。帝何力于我哉？'"亦见于《论衡·艺增》《论衡·感虚》。

《史记·周本纪》："西伯(周文王)阴行善，诸侯皆来决平。于是虞、芮之人，有狱不能决，乃如周。入界，耕者皆让畔，民俗皆让长。虞、芮之人未见西伯，皆惭，相谓曰：'吾所争，周人所耻，何往为？只取辱耳。'遂还。俱让而去。"亦见于《诗经·大雅·緜》毛传。

费长房有缩地之方，秦始皇有鞭石之法。

《太平广记》卷一二引《神仙传》："(费长房)有神术，能缩地脉，千里存在目前宛然，放之复舒如旧也。"又《太平御览》卷八六二引《列异传》："费长房又能缩地脉，坐客在家，至市买鲊，一日之间，人见之千里外者数处。"

《艺文类聚》卷七九："《三齐略记》曰：'始皇作石桥，欲过海观日出处。于时有神人能驱石下海，城阳一山石，尽起立，嶷嶷东倾，状似相随而去。云石去不速，神人辄鞭之，尽流血，石莫不悉赤，至今犹尔。'"又《太平御览》卷七三引《齐地记》："秦始皇作石桥，欲渡海观日出处。旧说始皇以术召石，石自行，至今皆东首，隐轸似鞭挞痕，形似驰逐。"

尧有九年之水患，汤有七年之旱灾。

《尚书·尧典》记帝尧任用鲧治水，"九载，绩用弗成"，此后以禹平水土，故云"尧有九年之水患"。

《淮南子·主术训》："汤之时，七年旱，以身祷于桑林之际，而四海之云凑，千里之雨至。"又《艺文类聚》卷一二引《帝王世纪》曰："汤自伐桀后，大旱七年，殷史卜曰：'当以人祷。'汤曰：'吾所为请雨者，民也。若必以人祷，吾请自当。'遂斋戒，剪发断爪，以身为牲，祷于桑林之社。言未已而大雨，方数千里。"

商鞅不仁而阡陌开，夏桀无道而伊洛竭。

《史记·范雎蔡泽列传》："夫商君为秦孝公明法令，禁奸本，尊爵必赏，有罪必罚，平权衡，正度量，调轻重，决裂阡陌，以静生民之业而一其俗，劝民耕农利土，一室无二事，力田稸积，习战陈之事，是以兵动而地广，兵休而国富，故秦无敌于天下，立威诸侯，成秦国之业。功已成矣，而遂以车裂。"今按：商鞅实行变法，废井田，开阡陌，奖励军功、耕织，推行县制，是有其进步意义的。但旧时的史学家认为其措施不合传统的周礼，故称商鞅为"不仁"。

《国语·周语上》："幽王二年，西周三川皆震。伯阳父曰：'周将亡矣！……昔伊、洛竭而夏亡，河竭而商亡。今周德若二代之季矣，其川源又塞，塞必竭。夫国必依山川，山崩川竭，亡之征也。川竭，山必崩。若国亡不过十年，数之纪也。夫天之所弃，不过其纪。'是岁也，三川竭，岐山崩。十一年，幽王乃灭，周乃东迁。"韦昭注："禹都阳城，伊、洛所近。商人都卫，河水所经。"亦见于《史记·周本纪》。

道不拾遗，由在上有善政；海不扬波，知中国有圣人。

拾遗，拾取别人丢失的东西。道不拾遗，亦作"路不拾遗""路无拾遗"，用以称颂太平盛世。《史记·商君列传》："行之十年，秦民大悦，道不拾遗，山无盗贼。"又《孔子家语·相鲁》："孔子初仕，为中都宰，制为养生送死之节：长幼异食，强弱异任，男女别涂（途），路无拾遗，器不雕伪。为四寸之棺、五寸之椁，因丘陵为坟，不封不树。行之一年，而西方诸侯则焉。"

《韩诗外传》卷五："成王之时，有三苗贯桑而生，同为一秀，大几满车，长几充箱，民得而上诸成王。成王问周公曰：'此何物也？'周公曰：'三苗同为一秀，意者天下殆同一也。'比几三年，果有越裳氏重九译而至，献白雉于周公。曰：'道路悠远，山川幽深，恐使人之未达也，故重译而来。'周公曰：'吾何以见赐也？'译曰：'吾受命国之黄发曰："久矣天之不迅风疾雨也，海之不波溢也，三年于兹矣。意者中国殆有圣人，盍往朝之？"于是来也。'周公乃敬求其所以来。"

[新增文]十联

神州曰赤县，边地曰穹庐。

神州、赤县，皆中国之别称。《史记·孟子荀卿列传》："驺衍以为儒者所谓中国者，于天下乃八十一分居其一分耳。中国名曰赤县神州。赤县神州内自有九州，禹之序九州是也，不得为州数。中国外如赤县神州者九，乃所谓九州也。"

穹庐，毡帐，为北方少数民族所居处，故用以指代边疆地区。《史记·匈奴列传》："匈奴父子乃同穹庐而卧。"裴骃集解："《汉书音义》曰：'穹庐，旃帐。'"又北朝民歌《敕勒歌》："敕勒川，阴山下，天似穹庐，笼盖四野。天苍苍，野茫茫，风吹草低见牛羊。"

白鹭洲，二水中分吴壮丽；金牛路，五丁凿破蜀空虚。

白鹭洲，在南京西南的长江中，秦淮河由城西入长江，白鹭洲横截其间，形成了二水中分的景色。唐李白《登金陵凤凰台》诗："三山半落青天外，二水中分白鹭洲。"

金牛路，亦称"石牛道"。《水经注·沔水上》引来敏《本蜀论》云："秦惠王欲伐蜀，而不知道，作五石牛，以金置尾下，言能屎金。蜀王负力，令五丁引之成道。秦使张仪、司马错寻路灭蜀，因曰石牛道。"《艺文类聚》卷九四引西汉扬雄《蜀王本纪》略同。〇唐胡曾《金牛驿》诗："五丁不凿金牛道，秦惠何由得并吞。"

瀑布岭头悬，苍碧空中垂白练；君山湖内翠，水晶盘里拥青螺。

白练，本义是指白色的熟绢，此处比喻银白色的瀑布。唐李白《望庐山瀑布》诗："日照香炉生紫烟，遥看瀑布挂前川。飞流直下三千尺，疑是银河落九天。"〇唐徐凝《庐山瀑布》诗："虚空落泉千仞直，雷奔入江不暂息。千古长如白练飞，一条界破青山色。"

君山，在湖南洞庭湖中，又名"湘山""湖山"等。传说舜帝的二妃娥皇、女英死后葬于此处，二妃被视为湘水女神，屈原曾作《湘君》《湘夫人》纪念她们，故后人称之为"君山"。唐刘禹锡《望洞庭》诗："湖光秋月两相和，潭面无风镜未磨。遥望洞庭山水色（一作"翠"），白银盘里一青螺。"

浩荡吴江，险称天堑；嵯峨秦岭，高谓坤维。

天堑，指天然的壕沟，比喻地形险要，多指长江。《南史·恩幸传·孔范》："隋师将济江，群官请为备防，文庆沮坏之，后主未决。范奏曰：'长江天堑，古来限隔，虏军岂能飞度？边将欲作功劳，妄言事急。臣自恨位卑，虏若能来，定作太尉公矣。'"

嵯峨，山高峻的样子。秦岭，是横亘于我国中部的东西走向的巨大山脉，也是我国东部的南北分界线。〇坤维，即地维，此处似指维系天地之间的天柱。

雪浪涌鞋山，洗清步武；彩云笼笔岫，绚出文章。

鞋山，即大孤山，在江西鄱阳湖中，因山形如鞋，故名。据原注：宋人有诗吟鞋山："飞琼乘醉出天阍，堕下弓鞋千古存。若使当年添一只，雪花浪里浴双鸳。"

笔岫，即笔山，因山形如笔（或笔架）而得名，全国各地多有。据原注：宋人有诗吟笔山："紫雾凝成应濡墨，彩云笼处便生花。一天星斗晴光岫，绚出文章自一家。"今按：以上两条出处不详。

金谷园中，花卉俱备；平泉庄上，木石皆奇。

西晋太康年间，石崇在洛阳附近的金谷涧筑园，世称"金谷园"。《世说新语·品藻》："谢公云：'金谷中苏绍最胜。'绍是石崇姊夫，苏则孙，愉子也。"刘孝标注："石崇《金谷诗叙》曰：'余以元康六年，从太仆卿出为使，持节监青徐诸军事、征虏将军。有别庐在河南县界金谷涧中，或高或下，有清泉茂林，众果、竹柏、药草之属，莫不毕备。又有水碓、鱼池、土窟，其为娱目欢心之物备矣。时征西大将军祭酒王诩当还长安，余与众贤共送往涧中，昼夜游宴，屡迁其坐，或登高临下，或列坐水滨。时琴瑟笙筑，合载车中，道路并作。及住，令与鼓吹递奏。遂各赋诗，以叙中怀，或不能者，罚酒三斗。感性命之不永，惧凋落之无期。故具列时人官号、姓名、年纪，又写诗著后。后之好事者，其览之哉！凡三十人，吴王师、议郎、关中侯、始平武功苏绍，字世嗣，年五十，为首。'"

唐代李德裕在洛阳郊外建有平泉别墅，世称"平泉庄"。北宋张洎《贾氏谈录》："李德裕平泉庄，台榭百余所，天下奇花异草，珍松怪石，靡不毕具。"〇唐康骈《剧谈录》卷下："平泉庄去洛城三十里，卉木台榭，若造仙府。有虚槛，前引泉水，萦回穿凿，像巴峡、洞庭、十二峰、九派，迄于海门……皆隐隐见云霞龙凤草树之形。初，德裕之营平泉也，远方之人多以土产异物奉之，故数年之间无物不有。”

滩之凶无如虎臂，路之险莫若羊肠。

《水经注·江水一》：“(江水)又东径羊肠虎臂滩。杨亮为益州，至此舟覆。惩其波澜，蜀人至今犹名之为使君滩。”

羊肠，本为地名，后形容山路狭窄、曲折而险峻。《楚辞·大招》：“西薄羊肠，东穷海只。”王逸注：“羊肠，山名。”洪兴祖补注：“《战国策》注云：‘羊肠，赵险塞名，山形屈辟，状如羊肠。’今在太原晋阳之西北。”

烟树晴岚，潇湘可纪；武乡文里，汉郡堪夸。

相传潇水和湘水附近有八处胜景，称为“潇湘八景”。北宋沈括《梦溪笔谈》卷一七：“度支员外郎宋迪工画，尤善为平远山水，其得意者，有平沙落雁、远浦归帆、山市晴岚、江天暮雪、洞庭秋月、潇湘夜雨、烟寺晚钟、渔村落照，谓之八景，好事者多传之。”

武乡文里，比喻风土淳美之地。《南史·胡谐之传》附范柏年：“柏年本梓潼人，土断属梁州华阳郡。初为州将，刘亮使出都谘事，见宋明帝。帝言次及广州贪泉，因问柏年：‘卿州复有此水不?’答曰：‘梁州唯有文川、武乡，廉泉、让水。’又问：‘卿宅在何处?’曰：‘臣所居廉、让之间。’帝嗟其善答，因见知。”

七里滩是严光乐地，九折坂乃王阳畏途。

七里滩，亦称“七里濑”，在今浙江桐庐严陵山之西，为严光(字子陵)隐居渔钓处。《后汉书·逸民传·严光》：“除为谏议大夫，不屈，乃耕于富春山，后人名其钓处为严陵濑焉。”李贤注：“顾野王《舆地志》曰：‘七里濑在东阳江下，与严陵濑相接，有严山。桐庐县南有严子陵渔钓处，今山边有石，上平，可坐十人，临水，名为严陵钓处也。’”

九折坂，在今四川西邛崃山，山路险阻回曲，须九折乃得上，故名。《汉书·王尊传》：“上以尊为郿令，迁益州刺史。先是，琅邪王阳为益州刺史，行部至邛郲九折阪，叹曰：‘奉先人遗体，奈何数乘此险?’后以病去。及尊为刺史，至其阪，问吏曰：‘此非王阳所畏道邪?’吏对曰：‘是。’尊叱其驭曰：‘驱之！王阳为孝子，王尊为忠臣。’”

将军征战之场，雁门紫塞；仙子遨游之境，玄圃阆风。

雁门，在今山西代县，东西山岩峭拔，绝顶置关，名“雁门关”，自古就是戍守重地。〇紫塞，指长城。《古今注·都邑》：“秦筑长城，土色皆紫，汉塞亦然，故称紫塞也。塞者，塞也，所以拥塞夷狄也。”又南朝宋鲍照《芜城赋》：“南驰苍梧涨海，北走紫塞雁门。”

玄圃，亦作“悬圃”，传说中昆仑山顶的神仙居处。东汉张衡《二京赋》：“左瞰阳谷，右睨玄圃。”李善注：“《淮南子》曰：……悬圃在昆仑阊阖之中。‘玄’与‘悬’古字通。”又《水经注·河水一》：“昆仑之山三级：下曰樊桐，一名板桐；二曰玄圃，一名阆风；上曰层城，一名天庭，是谓太帝之居。”〇阆风，山名，相传为仙人所居，在昆仑之巅。《楚辞·离骚》：“朝吾将济于白水兮，登阆风而緤马。”王逸注：“阆风，山名，在昆仑之上。”又《十洲记》：“上有三角，方广万里，形似偃盆，下狭上广，故名曰昆仑山三角。其一角正北，干辰之辉，名曰阆风巅；其一角正西，名曰玄圃堂；其一角正东，名曰昆仑宫；其一角有积金，为天墉城，面方千里。”

岁　时

爆竹一声除旧，桃符万户更新。

上述两句源于宋王安石《元日》诗：“爆竹声中一岁除，春风送暖入屠苏。千门万户曈曈日，总把新桃换旧符。”爆竹，古时在节庆之日，以火燃竹，毕剥有声，称为“爆竹”，用以驱除山鬼。后世用纸卷火药，点燃发声，也称“爆竹”，亦叫“爆仗”“爆竿”。南朝梁宗懔《荆楚岁时记》：“正月一日，是三元之日也，《春秋》谓之端月。鸡鸣而起，先于庭前爆竹，以辟山臊恶鬼。”又《太平御览》卷八八三引西汉东方朔《神异经》：“西方深山有人焉，长尺余，袒身捕虾蟹。性不畏人，止宿喜依其火，以炙虾蟹，伺人不在而盗人盐以食蟹，名曰山臊，其音自叫。人常以竹着火中，烞熚有声，而山臊皆惊。犯之令人寒热。’”

桃符，为古时习俗，农历元旦用桃木板画神荼与郁垒二神像，悬于门首，以驱鬼辟邪，是为桃符。自五代以后，始于桃木板上书写春联。《论衡·订鬼》：“《山海经》又曰：沧海之中，有度朔之山，上有大桃木，其屈蟠三千里，其枝间东北曰鬼门，万鬼所出入也。上有二神人，一曰神荼，一曰郁垒，主阅领万鬼。恶害之鬼，执以苇索而以食虎。于是黄帝乃作礼，以时驱之，立大桃人，门户画神荼、郁垒与虎，悬苇索以御。”亦见于《风俗通》卷八引《黄帝书》。○《荆楚岁时记》：“帖(贴)画鸡户上，悬苇索于其上，插桃符其旁，百鬼畏之。”又南宋陈元靓《岁时广记》卷五引《皇朝岁时杂记》：“桃符之制，以薄木版长二三尺，大四五寸，上画神像狻猊、白泽之属，下书左郁垒、右神荼，或写春词，或书祝祷之语，岁旦则更之。王介甫诗云：‘总把新桃换旧符。’东坡诗云：‘退闲拟学旧桃符。’”

履端是初一元旦，人日是初七灵辰。

履端，原指推算年历的起点，后指一年之开始，亦泛指事物的开始。《左传·文公元年》：“先王之正时也，履端于始，举正于中，归余于终。履端于始，序则不愆。举正于中，民则不惑。归余于终，事则不悖。”孔颖达疏：“履，步也。谓推步历之初始，以为术历之端首。举月之正半在于中气，归其余分置于终末，言于终末乃置闰也。”

人日，亦称“人辰”“灵辰”“人生日”“人胜节”等，节期在每年农历的正月初七。《荆楚岁时记》：“正月七日为人日。”杜公瞻注：“按董勋《问礼俗》曰：‘正月一日为鸡，二日为狗，三日为羊，四日为猪，五日为牛，六日为马，七日为人。正旦画鸡于门，七日帖(贴)人于帐。’今一日不杀鸡，二日不杀狗，三日不杀羊，四日不杀猪，五日不杀牛，六日不杀马，七日不行刑，亦此义也。”又《北史·魏收传》：“魏帝宴百僚，问何故名‘人日’，皆莫能知。收对曰：‘晋议郎董勋《答问礼俗》云：正月一日为鸡，二日为狗，三日为猪，四日为羊，五日为牛，六日为马，七日为人。’”亦见于北宋高承《事物纪原》卷一引《东方朔占书》，《艺文类聚》卷四引董勋《问礼俗》。

元日献君以椒花颂，为祝遐龄；元日饮人以屠苏酒，可除疠疫。

椒花颂，旧时用作新年祝词之典。《晋书·列女传·刘臻妻陈氏》：“刘臻妻陈氏者，亦聪辩能属文。尝正旦献《椒花颂》，其词曰：‘旋穹周回，三朝肇建。青阳散辉，澄景载焕。标美灵葩，爰采爰献。圣容映之，永寿于万。’又撰元日及冬至进见之仪，行于世。”

《岁华纪丽》卷一：“俗说屠苏乃草庵之名。昔有人居草庵之中，每岁除夜遗闾里一药贴，令囊浸井中，至元日取水，置于酒樽，合家饮之，不病瘟疫。今人得其方而不知其人姓名，但曰屠苏而已。”又南宋葛立方《韵语阳秋》卷一九：“岁时有祓除不祥之具，而元日尤多，如桃版、苇索、磔鸡之类是也。饮屠苏酒亦所以袚瘟禳恶，而法必自幼饮，何邪？顾况《岁日口号》云：'还丹寂寞羞明镜，手把屠苏先少年。'白乐天《元日赠刘梦得诗》亦云：'与君同甲子，岁酒合谁先？'元日饮酒，则先卑而后尊，自唐以来已如此矣。《四时月令》云：'进椒酒次第当从小起。'而董勋告晋海西令云：'小者得岁，故先酒贺之；老者失岁，故后与酒。'似亦不为无理。"又元王罃《群书类编故事》卷二："唐人孙思邈有道术，除夕遗闾里药囊，浸井中，元日取水置酒，名屠苏酒。合家饮之，不染瘟疫。饮必自幼，云少者得岁，故先饮；老者失岁，故后饮。"

新岁曰王春，去年曰客岁。

王春，《春秋》用"春，王正月"表示新的一年的一月份；后以之称新的一年。《公羊传·隐公元年》："元年，春，王正月。元年者何？君之始年也。春者何？岁之始也。王者孰谓？谓文王也。曷为先言王而后言正月？王正月也。何言乎王正月？大一统也。"

客，过去。客岁，过去的一年。

火树银花合，谓元宵灯火之辉煌；星桥铁锁开，谓元夕金吾之不禁。

元宵，又称"元夕""元夜""上元"等，节期在每年农历的正月十五。金吾，汉置官名，掌管京城戒备，禁人夜行。惟正月十五夜敕许金吾开放夜禁，前后各一日。后遂指元宵节彻夜游乐为金吾不禁。唐苏味道《正月十五日夜》诗："火树银花合，星桥铁锁开。暗尘随马去，明月逐人来。游妓皆秾李，行歌尽《落梅》。金吾不禁夜，玉漏莫相催。"

二月朔为中和节，三月三为上巳辰。

中和节，节期在农历二月初一，始于唐德宗贞元五年。《新唐书·李泌传》："帝以'前世上巳、九日，皆大宴集，而寒食多与上巳同时，欲以二月名节，自我为古，若何而可？'泌谓：'废正月晦，以二月朔为中和节，因赐大臣戚里尺，谓之裁度。民间以青囊盛百谷瓜果种相问遗，号为献生子。里闾酿宜春酒，以祭勾芒神，祈丰年。百官进农书，以示务本。'帝悦，乃著令，与上巳、九日为三令节，中外皆赐缗钱燕会。"亦见于《旧唐书·德宗纪下》。

上巳，古代节日名，每年三月上巳日，到水边嬉游采兰，洗濯身体，传说可以袚除不祥。汉代以前，以阴历三月上旬巳日为上巳。魏晋以后，一般习用三月三日，而不定为巳日。《后汉书·礼仪志上》："是月上巳，官民皆絜于东流水上，曰洗濯祓除，去宿垢疢，为大絜。”又《晋书·礼志下》：“汉仪，季春上巳，官及百姓皆禊于东流水上，洗濯祓除宿垢。而自魏以后，但用三日，不以上巳也。晋中朝公卿以下至于庶人，皆禊洛水之侧。”又南宋吴自牧《梦粱录》卷二：“三月三日上巳之辰，曲水流觞故事，起于晋时。唐朝赐宴曲江，倾都禊饮踏青，亦是此意。”

冬至百六是清明，立春五戊为春社。

《荆楚岁时记》：“去冬节一百五日，即有疾风甚雨，谓之寒食。”杜公瞻注：“按据历合在清明前二日，亦有去冬至一百六日者。”又《韵语阳秋》卷一九：“自冬至一百有五日至寒食，故世言寒食皆称一百五。杜子美《一百五日夜对月》云：‘无家对寒食，有泪如金波。’姚合《寒食书事》诗：‘今朝一百五，出户雨初晴。’则是诗人例以百五日为寒食也。或者乃谓自冬至至清明凡七气，至寒食止百三日。殊不知历家以余分演之也。司马彪《续汉书》云：‘介子推焚林而死，故寒食不忍举火，至今有禁烟之说。’卢象所谓‘子推言避世，山火遂焚身。四海同寒食，千秋为一人’是也。太原一郡，旧俗禁烟一月。周举为郡守，以人多死，移书子推，只禁烟三日。子美《清明诗》云：‘朝来新火起。’又云：‘家人钻火用青枫。’皆在寒食三日之后，则知禁烟止于三日也。而韩翃有《寒食即事》诗，乃云：‘春城无处不飞花，寒食东风御柳斜。日暮汉宫传蜡烛，轻烟散入五侯家。’不待清明而已传新火，何邪？元微之《连昌宫词》云：‘初过寒食一百六，店舍无烟宫树绿。’‘念奴觅得又连催，特敕宫中许燃烛。’乃一时之权宜。《尔雅》云：龙星，木之位也，春属东方，心为大火，惧火盛故禁火，是以寒食有龙忌之禁。则所谓禁烟，又未必为子推设也。”今按：冬节即冬至日，寒食距离冬至有一百零五天，而清明节又在寒食后一日（一说“后两日”），则清明去冬至当为一百零六或一百零七天。

春社，是春季祭祀土地神的日子。社日古无定日，先秦、汉、魏、晋各代皆不相同。自宋代起，以立春后第五个戊日为社日。《岁时广记》卷一四：“《统天万年历》曰：‘立春后五戊为春社，立秋后五戊为秋社。如戊日立春立秋，则不算也。’一云：‘春分日时在午时以前，用六戊；在午时以后，用五戊。’国朝乃以五戊为定法。”

寒食节是清明前一日，初伏日是夏至第三庚。

《荆楚岁时记》：“去冬节一百五日，即有疾风甚雨，谓之寒食，禁火三日，造饧、大麦粥。”杜公瞻注：“按据历合在清明前二日，亦有去冬至一百六日者。《琴操》曰：‘晋文公与介子绥俱亡，子绥割股以啖文公。文公复国，子绥独无所得。子绥作《龙蛇之歌》而隐。文公求之，不肯出。乃燔左右木，子绥抱木而死。文公哀之，令人五月五日不得举火。'又周举《移书》及魏武《明罚令》、陆翙《邺中记》并云寒食断火起于子推。《琴操》所云子绥，即推也。又云五月五日，与今有异，皆因流俗所传。据《左传》及《史记》，并无介子推被焚之事。"

伏，即伏天，亦称"三伏"，为一年中最炎热的时候。《初学记》卷四引《阴阳书》："从夏至后第三庚为初伏，第四庚为中伏，立秋后初庚为后伏，谓之三伏。"

四月乃是麦秋，端午却为蒲节。

孟夏之月即农历四月，此时为麦子成熟收获的季节，故称为"麦秋"。《礼记·月令·孟夏之月》："靡草死，麦秋至。"东汉蔡邕《月令章句》："百谷各以其初生为春，熟为秋，故麦以孟夏为秋。"又《能改斋漫录》卷一："黄朝英《缃素杂记》云：'宋子京有《帝幸南园观刈麦》诗云："农扈方迎夏，官田首告秋。"注云："臣谨按，物成熟者谓之秋，取揫敛之义。故谓四月为麦秋。"余按：《北史·苏绰传》云："布种既讫，嘉苗须理。麦秋在野，蚕停于室。"则麦秋之说，其来旧矣。'已上皆朝英说。予考麦秋之始，在《礼记·月令》，自有成说，何必引苏绰说耶？释其义，则景文之说尤尽。及观王荆公绝句云：'荷叶初开笋渐抽，东陂南荡正堪游，无端陇上翛翛麦，横起寒风占作秋。'此又何也？然景文所注，本出蔡邕《月令章句》曰：'百谷各以其初生为春，熟为秋。故麦以孟夏为秋。'"

端午，又称"端阳""重午""重五"等，节期在每年农历的五月初五。旧俗五月端午节，用菖蒲叶作剑，与艾叶等并扎悬于门首，用以辟邪，因称端午节为"蒲节"，称农历五月为"蒲月"。

六月六日，节名天贶；五月五日，节号天中。

贶，赐。《宋史·真宗纪三》："大中祥符四年春正月丙申，诏以六月六日天书再降日为天贶节。丁酉，奉天书发京师。日上有黄气如匹素，五色云如盖，紫气翼仗。"又《岁时广记》卷二四引《国朝会要》曰："祥符四年正月，诏以六月六日天书再降日为天贶节。在京禁屠宰九日，诏诸路并禁。从欧阳彪之请也。"

唐宋以来以农历五月五日午时为天中节。《岁时广记》卷二一："《提要录》：'五月五日，乃符天数也，午时为天中节。'王沂公端五帖子云：'明朝知是天中节。'万俟公词云：'梅夏暗丝雨，麦秋扇浪风。香芦结黍趁天中。五日凄凉，今古与谁同。'"

端阳竞渡,吊屈原之溺水;重九登高,效桓景之避灾。

端阳,即端午。《荆楚岁时记》:“是日,竞渡,采杂药。”杜公瞻注:“按五月五日竞渡,俗为屈原投汨罗日,伤其死,故并命舟楫以拯之。舸舟取其轻利,谓之‘飞凫’,一自以为‘水军’,一自以为‘水马’,州将及土人悉临水而观之。”

重九,亦称“重阳”,节期在每年农历的九月初九。《荆楚岁时记》:“九月九日,四民并籍野饮宴。”杜公瞻注:“九月九日宴会,未知起于何代,然自汉至宋未改。今北人亦重此节,佩茱萸,食饵,饮菊花酒,云令人长寿。近代皆宴设于台榭。”〇南朝梁吴均《续齐谐记》:“汝南桓景随费长房游学累年,长房谓曰:‘九月九日汝家中当有灾,宜急去,令家人各作绛囊盛茱萸以系臂,登高,饮菊花酒,此祸可除。’景如言,举家登山。夕还,见鸡犬牛羊一时暴死。长房闻之曰:‘此可代也。’今世人九日登高饮酒,妇人带茱萸囊,盖始于此。”

五戊鸡豚宴社,处处饮治聋之酒;七夕牛女渡河,家家穿乞巧之针。

五戊,立春五戊,即春社之日。《岁时广记》卷一四引《嘉泰事类》云:“诸州县春秋社日祭社稷。社以后土勾龙配,稷以后稷氏配。牲用羊一豕一,黑币二。官司假宁一日。”又《岁时广记》卷一四:“韩文公(韩愈)诗:‘愿为同社人,鸡豚宴春秋。’陈简斋(陈与义)诗云:‘盍簪共结鸡豚社,一笑相从万事休。’又云:‘要为同社宴春秋。’方伯休(方士繇)诗云:‘稻叶青青水满塍,夕阳林下赛田神。投身便入鸡豚社,老去人间懒问津。’”〇治聋酒,传说社日饮酒可以治耳聋,因称社日酒为“治聋酒”。南宋叶梦得《石林诗话》卷上:“世言社日饮酒治聋,不知其何据。五代李涛有《春社从李昉求酒诗》云:‘社公今日没心情,为乞治聋酒一瓶。恼乱玉堂将欲遍,依稀巡到第三厅。’昉时为翰林学士,有日给内库酒,故涛从乞之,则其传亦已久矣。社公,涛小字也。唐人在庆侍下,虽达官高年,皆称小字。涛性疏达不羁,善谐谑,与朝士言,亦多以社公自名,闻者无不以为笑。然亮直敢言,后官亦至宰相。”又《岁时广记》卷一四:“《海录碎事》:‘俗言社日酒治聋。’《倦游录》云:‘杨尚书以耳聋致仕,居鄠县别业。同里高氏赀厚,有二子,小字大马、小马。一日,里中社饮,小马携酒一榼,就杨公曰:“此社酒善治聋,愿侍杯杓之余沥。”杨书绝句与之云:“数十年来聋耳聩,可将社酒便能医。一心更愿青盲了,免见高家小马儿。”’杜《社日》诗云:‘共醉治聋酒。’兵部李涛诗云:‘社翁今日没心情,为乏治聋酒一瓶。’李涛,字社翁。”

《岁华纪丽》卷三引《风俗通》："织女七夕当渡河，使鹊为桥。"又南宋罗愿《尔雅翼》卷一三："涉秋七日，(鹊)首无故皆髡。相传以为是日河鼓与织女会于汉东，役乌鹊为梁以渡，故毛皆脱去。"○《荆楚岁时记》："七月七日，为牵牛、织女聚会之夜。是夕，人家妇女结彩缕，穿七孔针，或以金、银、鍮石(黄铜)为针，陈瓜果于庭中以乞巧。有喜子(一作"蟢蛛")网于瓜上，则以为符应。"

中秋月朗，明皇亲游于月殿；九日风高，孟嘉帽落于龙山。

北宋张君房《云笈七签》卷一一三："罗公远，八月十五夜侍明皇于宫中玩月。公远曰：'陛下莫要月宫中看否？'帝唯之。乃以拄杖向空掷之，化为大桥，桥道如银。与明皇升桥，行若十数里，精光夺目，寒气侵人，遂至大城。公远曰：'此月宫也。'见仙女数百，皆素练霓衣，舞于广庭上。问其曲名，曰《霓裳羽衣》也，乃密记其声调。旋为冷气所逼，遂复蹑银桥回。返顾银桥，随步而灭。明日召乐工，依其调作《霓裳羽衣曲》，遂行于世。"

《晋书·桓温传》附孟嘉："(嘉)后为征西桓温参军，温甚重之。九月九日，温燕龙山，僚佐毕集。时佐吏并著戎服，有风至，吹嘉帽堕落，嘉不之觉。温使左右勿言，欲观其举止。嘉良久如厕，温令取还之。命孙盛作文嘲嘉，著嘉坐处。嘉还见，即答之。其文甚美，四坐嗟叹。"亦见于东晋陶渊明《晋故征西大将军长史孟府君传》。

秦人岁终祭神曰腊，故至今以十二月为腊；始皇当年御讳曰政，故至今读正月为征。

腊，古时岁终祭祀百神之名，始于周代。秦汉时腊祭行于农历十二月，故后世以十二月为腊月。《左传·僖公五年》："宫之奇以其族行，曰：'虞不腊矣。'"杜预注："腊，岁终祭众神之名。"

正月，农历每年的第一个月。《史记·秦始皇本纪》："(始皇)以秦昭王四十八年正月生于邯郸。及生，名为政，姓赵氏。"张守节正义："正，音政，周正建子之正也。始皇以正月旦生于赵，因为政。后以始皇讳，故音征。"今按：夏历以建寅之月为正月，周历以建子之月为正月。今农历沿用夏历。

东方之神曰太皞，乘震而司春。甲乙属木，木则旺于春，其色青，故春帝曰青帝。

《吕氏春秋·孟春纪·孟春》："孟春之月：其日甲乙。其帝太皞。其神句芒。"高诱注："甲乙，木日也。太皞，伏羲氏，以木德王天下之号，死，祀于东方，为木德之帝。句芒，少皞氏之裔子曰重，佐木德之帝，死为木官之神。”亦见于《礼记·月令》。今按：按照古人的传统看法以及下文的行文规律来看，此处的东方之神应为句芒，太皞是东方之帝。

南方之神曰祝融，居离而司夏。丙丁属火，火则旺于夏，其色赤，故夏帝曰赤帝。

《吕氏春秋·孟夏纪·孟夏》：“孟夏之月：其日丙丁。其帝炎帝。其神祝融。”高诱注：“丙丁，火日也。炎帝，少典之子，姓姜氏，以火德王天下，是为炎帝，号曰神农，死托祀于南方，为火德之帝。祝融，颛顼氏后，老童之子吴回也，为高辛氏火正，死为火官之神。”亦见于《礼记·月令》。

西方之神曰蓐收，当兑而司秋。庚辛属金，金则旺于秋，其色白，故秋帝曰白帝。

《吕氏春秋·孟秋纪·孟秋》：“孟秋之月：其日庚辛。其帝少皞。其神蓐收。”高诱注：“庚辛，金日也。少皞，帝喾之子挚兄也，以金德王天下，号为金天氏，死配金，为西方金德之帝。蓐收，少皞氏裔子曰该，皆有金德，死托祀为金神。”亦见于《礼记·月令》。

北方之神曰玄冥，乘坎而司冬。壬癸属水，水则旺于冬，其色黑，故冬帝曰黑帝。

《吕氏春秋·孟冬纪·孟冬》：“孟冬之月：其日壬癸。其帝颛顼。其神玄冥。”高诱注：“壬癸，水日。颛顼，黄帝之孙，昌意之子，以水德王天下，号高阳氏，死祀为北方水德之帝。玄冥，官也。少皞氏之子曰循，为玄冥师，死祀为水神。”亦见于《礼记·月令》。

中央戊己属土，其色黄，故中央帝曰黄帝。

《吕氏春秋·季夏纪·季夏》：“中央土，其日戊己。其帝黄帝。其神后土。”高诱注：“戊己，土日。土，王中央也。黄帝，少典之子，以土德王天下，号轩辕氏，死托祀为中央之帝。后土，官。共工氏子句龙，能平九土，死托祀为后土之神。”亦见于《礼记·月令》。今按：古人相信阴阳五行说，往往以金、木、水、火、土之五行与东南西北中之五方、青赤黄白黑之五色、宫商角徵羽之五声、酸苦咸辛甘之五味、太皞炎帝黄帝少皞颛顼之五帝、句芒祝融后土蓐收玄冥之五神等等一一比附、对应，乃至于把数目不是五的春夏秋冬之四时、甲乙丙丁……十天干之类，也要通过添加、割裂等方式分为五类。

夏至一阴生，是以天时渐短；冬至一阳生，是以日晷初长。

一阴生，夏至北半球昼最长，夜最短，此后夜渐长，昼渐短；古人认为是阴气初动，故曰一阴生。一阳生，冬至北半球夜最长，昼最短，此后昼渐长，夜渐短；古人认为是阳气初动，故曰一阳生。《周易·复》："《象》曰：'雷在地中，复。先王以至日闭关，商旅不行，后（君主）不省方。'"孔颖达疏："冬至一阳生，是阳动用而阴复于静也。夏至一阴生，是阴动用而阳复于静也。"

冬至到而葭灰飞，立秋至而梧叶落。

葭灰，葭莩之灰。古人烧苇膜成灰，置于十二律管中，放密室内，以占气候。某一节候至，某律管中的葭灰即飞出，表示该节候已到。如冬至节至，则与之相应的黄钟律管内的葭灰飞动。参见《后汉书·律历志上》。

《淮南子·说山训》："见一叶落，而知岁之将暮；睹瓶中之冰，而知天下之寒：以近论远。"宋唐庚撰、强行父辑《唐子西文录》："唐人有诗云：'山僧不解数甲子，一叶落知天下秋。'"今按：古人常于金井（井栏上有雕饰的井）旁种植梧桐，也常用梧桐金井说明时至秋天。唐李白《赠别舍人弟台卿之江南》诗："去国客行远，还山秋梦长。梧桐落金井，一叶飞银床。"

上弦谓月圆其半，系初八九；下弦谓月缺其半，系廿二三。

上弦、下弦，皆为月亮盈亏现象。月亮绕地球运转时，当农历初七、初八前后，从地球上看，月亮形状约为满月的一半，缺上半，叫"上弦"；二十二、三前后，月亮缺下半，叫"下弦"。《诗经·小雅·天保》："如月之恒（音更去声，弦）。"孔颖达疏："弦有上下……日月在朔交会，俱右行于天，日迟月疾。从朔而分，至三日，月去日已当一次，始死魄而出，渐渐远日，而月光稍长。八日、九日，大率月体正半，昏而中，似弓之张而弦直，谓上弦也。后渐进，至十五、十六日，月体满，与日正相当，谓之望，云体满而相望也。从此后渐亏，至二十三日、二十四日，亦正半在，谓之下弦。于后亦渐亏，至晦而尽也。"

月光都尽谓之晦，三十日之名；月光复苏谓之朔，初一日之号；月与日对谓之望，十五日之称。

晦，农历每月的最后一日。朔，农历每月初一。望，月圆之时，常指农历每月十五日。《释名·释天》:“晦,月尽之名也。晦,灰也,火死为灰,月光尽似之也。朔,月初之名也。朔,苏也,月死复苏生也。弦,月半之名也。其形一旁曲,一旁直,若张弓施弦也。望,月满之名也。月大十六日,小十五日,日在东,月在西,遥相望也。”

初一是死魄,初二旁死魄,初三哉生明,十六始生魄。

死魄,农历每月朔日称“死魄”;望日称“生魄”。魄,通“霸”,月初生时或将没时的微光。《伪古文尚书·武成》:“惟一月壬辰,旁死魄。”孔颖达疏:“魄者,形也,谓月之轮郭无光之处名魄也。朔后明生而魄死,望后明死而魄生。”〇旁,接近。西汉刘歆《三统历》以死魄为初一,以旁死魄为初二。

哉生明,即始生明,谓月亮开始有光,古时常用作农历每月初三的代称。哉,通“才”,始。〇始生魄,亦作“哉生魄”,谓月亮开始有缺;古时常用作农历每月十六的代称。今按:王国维《生霸死霸考》:古人纪时月分四期:一曰初吉,二曰既生霸,三曰既望,四月既死霸。又有哉生霸、旁生霸、旁死霸三名。盖月之一日至七八日为初吉,而月之二或三日又名哉生霸,三日以后亦得通称哉生霸,故哉生霸亦可有五日或六日也。旁生霸谓月之九日或十日,旁死霸谓月之二十四日或二十五日,亦各可有五日或六日也。

翌日、诘朝,皆言明日;穀旦、吉旦,悉是良辰。

翌日,亦作“翼日”,明天。《尔雅·释言》:“翌,明也。”〇诘朝,明朝。《左传·成公二年》:“齐侯使请战,曰:‘子以君师辱于敝邑,不腆敝赋,诘朝请见。’”

穀旦,晴朗美好的日子。穀,善、良好。《诗经·陈风·东门之枌》:“穀旦于差,南方之原。“孔颖达疏:“见朝日善明,无阴云风雨,则曰可以相择而行乐矣。”〇吉旦,美好的早晨。吉,善、美。

片晌即谓片时,日曛乃云日暮。

片晌,极短的时间。晌,片刻,不多久的时间。南唐李煜《浪淘沙令》词:“梦里不知身是客,一晌(一作“饷”)贪欢。”

日曛,黄昏时。曛,日落时的余光。

畴昔、曩者,俱前日之谓;黎明、昧爽,皆将曙之时。

畴昔,往日。畴,助词,无实义。《左传·宣公二年》:“将战,华元杀羊食士,其御羊斟不与。及战,曰:‘畴昔之羊,子为政;今日之事,我为政。’”杜预注:“畴昔,犹前日也。”〇曩者,往昔,从前。《左传·襄公二十四年》:“曩者志入而已，今则怯也。”

黎明，天快要亮或刚亮之时。《史记·高祖本纪》：“于是沛公乃夜引兵从他道还，更旗帜，黎明，围宛城三匝。”司马贞索隐：“黎，犹比也，谓比至天明也。”○昧爽，拂晓，天将亮未亮之时。《伪古文尚书·太甲上》：“先王昧爽丕显，坐以待旦。”南宋程大昌《演繁露》卷一○：“黎明犹曰昧爽也。昧，暗也；爽，明也。亦明暗相杂也。”

月有三浣：初旬十日为上浣，中旬十日为中浣，下旬十日为下浣；学足三余：夜者日之余，冬者岁之余，雨者晴之余。

唐代官制，官吏每十日休息沐浴一次，沐谓浣洗，故一月有三浣。后因称每月的上旬、中旬、下旬为“上浣”“中浣”“下浣”。

《三国志·魏书·王肃传》裴松之注引《魏略》曰：“董遇善治《老子》，为《老子》作训注；又善《左氏传》，更为作朱墨别异。人有从学者，遇不肯教，而云‘必当先读百遍’，言‘读书百遍而义自见’。从学者云：‘苦渴无日。’遇言‘当以三余。’或问三余之意，遇言：‘冬者岁之余，夜者日之余，阴雨者时之余也。’由是诸生少从遇学，无传其朱墨者。”

以术愚人，曰朝三暮四；为学求益，曰日就月将。

朝三暮四，本指实质不变，用改换名目的手法，使人上当。后常用来指变化多端或反复无常。《庄子·齐物论》：“狙公赋芧，曰：‘朝三而暮四。’众狙皆怒。曰：‘然则朝四而暮三。’众狙皆悦。名实未亏而喜怒为用，亦因是也。”亦见于《列子·黄帝》。

日就月将，日有所得，月有所进。将，进步。《诗经·周颂·敬之》：“日就月将，学有缉熙于光明。”孔颖达疏：“日就，谓学之使每日有成就；月将，谓至于一月则有可行。言当习之以积渐也。”

焚膏继晷，日夜辛勤；俾昼作夜，晨昏颠倒。

焚膏继晷，谓夜以继日地勤奋学习。唐韩愈《进学解》：“先生口不绝吟于六艺之文，手不停披于百家之编。纪事者必提其要，纂言者必钩其玄，贪多务得，细大不捐。焚膏油以继晷，恒兀兀以穷年。先生之业，可谓勤矣。”

俾昼作夜，以白昼作黑夜，指晨昏颠倒，常用于无限制地享乐。俾，使。《诗经·大雅·荡》：“式号式呼，俾昼作夜。”

自愧无成，曰虚延岁月；与人共语，曰少叙寒暄。

虚延岁月，意谓无所事事，白白地让时光流逝。

寒暄，相见时互道天气冷暖之类的应酬之词。南宋陆游《南唐书·孙忌传》："忌口吃，初与人接，不能道寒暄；坐定，辞辩锋起。"

可憎者，人情冷暖；可厌者，世态炎凉。

人情冷暖，人心、世情的冷淡和温暖，多指趋炎附势的势利。唐白居易《迂叟》诗："冷暖俗情谙世路，是非闲论任交亲。"又《齐东野语》卷一一："姚孝锡字仲纯，丰县人。登宣和六年第，调代州兵曹。……七言如'节物后先南北异，人情冷暖古今同'，'久客交情谙冷暖，衰年病骨识阴晴'，'玄晏暮年常抱病，子山终日苦思归'……皆佳句也。"

世态炎凉，比喻人情的冷暖，在别人得势时就百般趋奉，在别人失势时就冷漠疏远。

周末无寒年，因东周之懦弱；秦亡无燠岁，由嬴氏之凶残。

燠（音遇），暖。《汉书·五行志中之下》："渐将日甚，善恶不明，诛罚不行。周失之舒，秦失之急，故周衰亡寒岁，秦灭亡奥年。"又《晋书·五行志下》："（晋安帝）元兴二年十二月，酷寒过甚。是时，桓玄篡位，政事烦苛。识者以为朝政失在舒缓，玄则反之以酷。案刘向曰：'周衰无寒岁，秦灭无燠年。'此之谓也。"亦见于《宋书·五行志四》。

泰阶星平曰泰平，时序调和曰玉烛。

泰阶，古星名，即三台。《汉书·东方朔传》："愿陈《泰阶六符》，以观天变，不可不省。"颜师古注："孟康曰：'泰阶，三台也。每台二星，凡六星。符，六星之符验也。'应劭曰：'《黄帝泰阶六符经》曰：泰阶者，天之三阶也。上阶为天子，中阶为诸侯公卿大夫，下阶为士庶人。上阶上星为男主，下星为女主；中阶上星为诸侯三公，下星为卿大夫；下阶上星为元士，下星为庶人。三阶平则阴阳和，风雨时，社稷神祇咸获其宜，天下大安，是为太平。'"

《尔雅·释天》："四气和谓之玉烛。"邢昺疏："言四时和气，温润明照，故曰玉烛。"

岁歉曰饥馑之岁，年丰曰大有之年。

《诗经·大雅·云汉》："天降丧乱，饥馑荐臻。"《尔雅·释天》："谷不熟为饥，蔬不熟为馑，果不熟为荒，仍饥为荐。”又《穀梁传·襄公二十四年》：“一谷不升谓之嗛，二谷不升谓之饥，三谷不升谓之馑，四谷不升谓之康，五谷不升谓之大侵。”

大有年，大丰收之年。《穀梁传·宣公十六年》：“五谷大熟，为大有年。”又北宋苏轼《喜雨亭记》：“余至扶风之明年，始治官舍，为亭于堂之北，而凿池其南，引流种木，以为休息之所。是岁之春，雨麦于岐山之阳，其占为有年。”

唐德宗之饥年，醉人为瑞；梁惠王之凶岁，野莩堪怜。

《资治通鉴》卷二三二：“(唐德宗贞元二年)关中仓廪竭，禁军或自脱巾呼于道曰：‘拘吾于军而不给粮，吾罪人也！’上忧之甚，会韩滉运米三万斛至陕，李泌即奏之。上喜，遽至东宫，谓太子曰：‘米已至陕，吾父子得生矣！’时禁中不酿，命于坊市取酒为乐。又遣中使谕神策六军，军士皆呼万岁。时比岁饥馑，兵民率皆瘦黑，至是麦始熟，市有醉人，当时以为嘉瑞。人乍饱食，死者复伍之一。数月，人肤色乃复故。”又南宋曾慥《类说》卷二引《邺侯家传》：“德宗播迁，人多乏食，无酿酒者。后京师稍宁，有一醉人，聚观以为祥瑞。”

野莩(音瞟)，即野殍，饿死者的尸体。《孟子·梁惠王上》：“庖有肥肉，厩有肥马，民有饥色，野有饿莩，此率兽而食人也。”

丰年玉，荒年谷，言人品之可珍；薪如桂，食如玉，言薪米之腾贵。

《世说新语·赏誉》：“世称庾文康为丰年玉，稚恭为荒年谷。庾家论云：‘是文康称恭为荒年谷，庾长仁为丰年玉。’”

《战国策·楚策三》：“苏秦之楚，三日(一说“三月”)乃得见乎王，谈卒，辞而行。楚王曰：‘寡人闻先生若闻古人，今先生乃不远千里而临寡人，曾不肯留，愿闻其说。’对曰：‘楚国之食贵于玉，薪贵于桂，谒者难得见如鬼，王难得见如天帝。今令臣食玉炊桂，因鬼见帝。’王曰：‘先生就舍，寡人闻命矣。’”

春祈秋报，农夫之常规；夜寐夙兴，吾人之勤事。

春祈秋报，春秋季节乡里的社祭。古人春耕时祈祷丰年，秋收后报答神功。《毛诗序》：“《载芟》，春藉田而祈社稷也。”又《毛诗序》：“《良耜》，秋报社稷也。”《诗经·周颂谱》孔颖达疏：“既谋事求助，致敬民神，春祈秋报，故次《载芟》《良耜》也。”

夜寐夙兴，早起晚睡，比喻非常勤劳。《诗经·小雅·小宛》："夙兴夜寐，毋忝尔所生。"又《诗经·卫风·氓》："夙兴夜寐，靡有朝矣。"《诗集传》卷二："早起夜卧，无有朝旦之暇。"

韶华不再，吾辈须当惜阴；日月其除，志士正宜待旦。

韶华，美好的时光，亦指美好的年华。唐李贺《嘲少年》诗："莫道韶华镇长在，发白面皱专相待。"○《晋书·陶侃传》："(侃)常语人曰：'大禹圣者，乃惜寸阴，至于众人，当惜分阴，岂可逸游荒醉？生无益于时，死无闻于后，是自弃也。'诸参佐或以谈戏废事者，乃命取其酒器、蒲博之具，悉投之于江。吏将则加鞭扑，曰：'樗蒱者，牧猪奴戏耳！'"

日月其除，光阴流逝。《诗经·唐风·蟋蟀》："蟋蟀在堂，岁聿其莫；今我不乐，日月其除。"○《晋书·刘琨传》："琨少负志气，有纵横之才，善交胜己，而颇浮夸。与范阳祖逖为友，闻逖被用，与亲故书曰：'吾枕戈待旦，志枭逆虏，常恐祖生先吾著鞭！'其意气相期如此。"

[新增文]十联

寒暑代迁，居诸迭运。

寒暑代迁，寒暑相互更替。

日居月诸，本指日月，后用以指时光流逝。居、诸，语气助词。《诗经·邶风·日月》："日居月诸，照临下土。"

九秋授御寒之服，自古已然；三月上踏青之鞋，于今不改。

授衣，古代九月制备寒衣。《诗经·豳风·七月》："七月流火，九月授衣。"毛传："九月霜始降，妇功成，可以授冬衣矣。"

踏青，指春日郊游。古代踏青节的日期，因时地而异，有在正月初八的，也有在二月二日、三月三日的。后世多以清明节为"踏青节"。《岁时广记》卷一八引《辇下岁时记》："三月上巳，有锡宴群臣，即在曲江，倾都人物，于江头禊饮踏青。豪家缚棚相接，至于杏园。"又清秦嘉谟《月令粹编》卷六引李淖《秦中岁时记》："上巳赐宴曲江，都人于江头禊饮，践踏青草，谓之曰踏青履。"

双柑斗酒，雅称春游；对影三人，仅堪夜饮。

双柑斗酒，本指春游所备酒食，后借指游春。唐冯贽《云仙杂记》卷二引《高隐外书》："戴颙春携双柑斗酒，人问何之。曰：'往听黄鹂声，此俗耳针砭，诗肠鼓吹，汝知之乎？'"

唐李白《月下独酌》诗："花间一壶酒，独酌无相亲。举杯邀明月，对影成三人。"

五月孤军渡泸水，蜀丞相何等忠勤；上元三鼓夺昆仑，狄将军更多妙算。

三国蜀诸葛亮《出师表》："受命以来，夙夜忧叹，恐托付不效，以伤先帝之明。故五月渡泸，深入不毛。"

《梦溪笔谈》卷一三："狄青为枢密副使，宣抚广西。时侬智高守昆仑关。青至宾州，值上元节，令大张灯烛，首夜燕将佐，次夜燕从军官，三夜飨军校。首夜乐饮彻晓。次夜二鼓时，青忽称疾，暂起如内。久之，使人谕孙元规，令暂主席行酒，少服药乃出，数使人劝劳座客。至晓，各未敢退。忽有驰报者云，是夜三鼓，青已夺昆仑矣。"亦见于南宋朱熹《五朝名臣言行录》卷八、元张光祖《言行龟鉴》卷八。

二月扑蝶之会，洵可乐焉；元正磔鸡之朝，必有取尔。

清汪灏等《广群芳谱·天时谱二》引杨万里《诚斋诗话》："东京二月十二日曰花朝，为扑蝶会。"又明田汝成《西湖游览志余·熙朝乐事》："二月十五日为花朝节，盖花朝月夕。世俗恒言二、八两月为春、秋之中，故以二月半为花朝，八月半为月夕也。是日，宋时有扑蝶之戏。"

磔（音哲），指古代祭祀时分裂祭牲。《艺文类聚》卷四引裴玄《新语》曰："正朝，县官杀羊，悬其头于门。又磔鸡以副之，俗说以厌疠气。玄以问河南伏君，伏君曰：'是土气上升，草木萌动，羊啮百草，鸡啄五谷，故杀之以助生气。'"

吴质浮瓜避暑，陂塘九夏为秋；葛仙吐火驱寒，户牖三冬亦暖。

三国魏曹丕《与朝歌令吴质书》："每念昔日南皮之游，诚不可忘。既妙思六经，逍遥百氏，弹棋间设，终以六博，高谈娱心，哀筝顺耳。驰骋北场，旅食南馆，浮甘瓜于清泉，沉朱李于寒水。"

葛仙，即三国吴葛玄，有道术，人称"葛仙翁"。《艺文类聚》卷五引《葛仙公别传》曰："公与客谈语，时天大寒，仙公谓客曰：'居贫，不能人人得炉火，请作一大火，共致暖者。'仙公因吐气，火赫然从口中出，须臾大满屋，客皆热，脱衣矣。"亦见于《神仙传》卷七、《太平御览》卷三四引《葛仙公别传》。

豪吟释子，夜敲咏月之钟；胜赏君王，春击催花之鼓。

《岁时广记》卷三一引《漫叟诗话》："南唐金轮寺有僧曰明光者，先一年中秋玩月，得诗一联云：'团团离海角，渐渐出云衢。'竟思下联不就。次年中秋，再得一联云：'此夜一轮满，清光何处无？'遂不胜其喜，径登寺楼鸣钟。时有善听者闻之：'此钟发声通畅，若非诗人得句，即是禅僧悟道。'验之果然。好事者有诗云：'为思银汉中秋月，误击金轮半夜钟。'"又北宋阮阅《诗话总龟》前集卷一一引《江南野录》："李昪受禅之初，忽半夜寺僧撞钟，满城皆惊，召将斩之。对曰：'夜来偶得《月诗》。'乃曰：'徐徐东海出，渐渐上天衢。此夕一轮满，清光何处无！'喜而释之。"

唐南卓《羯鼓录》："（唐玄宗）尝遇二月初，诘旦，巾栉方毕，时当宿雨初晴，景色明丽，小殿内庭，柳杏将吐。睹而叹曰：'对此景物，岂得不为他判断之乎！'左右相目，将命备酒，独高力士遣取羯鼓。上旋命之，临轩纵击一曲，曲名《春光好》，神思自得。及顾柳杏，皆已发拆。上指而笑谓嫔御曰：'此一事不唤我作天公，可乎？'嫔御侍官，皆呼万岁。"

清秋汾水，歌传汉武之词；上巳兰亭，事记右军之迹。

南朝梁萧统编《文选》卷四五之汉武帝《秋风辞并序》："上行幸河东，祠后土，顾视帝京欣然，中流与群臣饮燕。上欢甚，乃自作《秋风辞》曰：'秋风起兮白云飞，草木黄落兮雁南归。兰有秀兮菊有芳，携佳人兮不能忘。泛楼舡兮济汾河，横中流兮扬素波。箫鼓鸣兮发棹歌，欢乐极兮哀情多，少壮几时兮奈老何！'"亦见于《太平御览》卷八八引《汉武故事》。

右军，即晋代的王羲之，因其曾任右军将军，故世称"王右军"。晋穆帝永和九年三月三日上巳节，王羲之与谢安、孙绰等四十一人，在会稽山阴县的兰亭集会，行修禊之事，并临流赋诗，后将诗汇编成集，题名为《兰亭集》，由王羲之为之作序，这就是书法史上有名的法帖《兰亭集序》。

人日卧含章檐下，寿阳试学梅妆；中秋过牛渚矶头，谢尚细吹竹笛。

《太平御览》卷三〇："《杂五行书》曰：'宋武帝女寿阳公主，人日卧于含章殿檐下，梅花落公主额上，成五出花，拂之不去。皇后留之，看得几时。经三日，洗之乃落。宫女奇其异，竞效之，今梅花妆是也。'"亦见于《岁华纪丽》卷一《人日》。

《世说新语·文学》："袁虎少贫，尝为人佣载运租。谢镇西经船行，其夜清风朗月，闻江渚间估客船上有咏诗声，甚有情致。所诵五言，又其所未尝闻，叹美不能已。即遣委曲讯问，乃是袁自咏其所作《咏史》诗。因此相要，大相赏得。"刘孝标注："《续晋阳秋》曰：'虎少有逸才，文章绝丽。曾为《咏史》诗，是其风情所寄。少孤而贫，以运租为业。镇西谢尚时镇牛渚，乘秋佳风月，率尔与左右微服泛江。会虎在运租船中讽咏，声既清会，辞又藻拔，非尚所曾闻，遂往听之。乃遣问讯，答曰："是袁临汝郎，诵诗即其《咏史》之作也。"尚佳其率有胜致，即遣要迎，谈话申旦。自此名誉日茂。'"又《艺文类聚》卷四四引《俗说》曰："谢仁祖妾阿妃，有国色，甚善吹笛。谢死，阿妃誓不嫁。郗昙时为北中郎，设权计，遂得阿妃为妾，阿妃终身不与昙言。"今按：此条似将谢尚月夜遇袁宏事与谢尚妾善吹笛事捏合为一。

寇公《春色》诗，真可喜也；欧子《秋声赋》，何其凄然。

北宋文莹《湘山野录》卷上："寇莱公诗'野水无人渡，孤舟尽日横'之句，深入唐人风格。初，授归州巴东令，人皆以寇巴东呼之，以比前赵渭南、韦苏州之类。然富贵之时，所作诗皆凄楚愁怨，尝为《江南春》二绝，云：'波淼淼，柳依依，孤村芳草远，斜日杏花飞。江南春尽离肠断，蘋满汀州人未归。'又曰：'杳杳烟波隔千里，白蘋香散东风起。日落汀洲一望时，愁情不断如春水。'"

北宋欧阳修《秋声赋》："欧阳子方夜读书，闻有声自西南来者，悚然而听之，曰：'异哉！'初淅沥以萧飒，忽奔腾而砰湃，如波涛夜惊，风雨骤至。其触于物也，鏦鏦铮铮，金铁皆鸣；又如赴敌之兵，衔枚疾走，不闻号令，但闻人马之行声。余谓童子：'此何声也？汝出视之。'童子曰：'星月皎洁，明河在天，四无人声，声在树间。'余曰：'噫嘻悲哉！此秋声也，胡为而来哉？……念谁为之戕贼，亦何恨乎秋声！'童子莫对，垂头而睡。但闻四壁虫声唧唧，如助余之叹息。"

朝　廷

三皇为皇，五帝为帝。

《周礼·春官·外史》："掌三皇五帝之书。"三皇，传说中的三位远古帝王，其说法不一。《世本》《帝王世纪》、孔安国《尚书序》谓伏羲、神农、黄帝；《风俗通·皇霸》等谓伏羲、女娲、神农。又《史记·秦始皇本纪》谓天皇、地皇、泰皇；《史记·补三皇本纪》引《河图》谓天皇、地皇、人皇，等等。

五帝，古史传说中的五位帝王，其说法不一。《世本·五帝谱》《大戴礼记·五帝德》《史记·五帝本纪》谓黄帝、颛顼、帝喾、尧、舜；《周易·系辞下》谓伏羲(太皞)、神农(炎帝)、黄帝、尧、舜；《帝王世纪》谓少昊、颛顼、高辛(帝喾)、尧、舜。

以德行仁者王，以力假仁者霸。

《孟子·公孙丑上》："以力假仁者霸，霸必有大国；以德行仁者王，王不待大。汤以七十里，文王以百里。以力服人者，非心服也，力不赡也；以德服人者，中心悦而诚服也，如七十子之服孔子也。"

天子天下之主，诸侯一国之君。

古人相信君权神授，认为君主是秉承天意治理人民，故称"天子"。《礼记·曲礼下》："君天下曰天子。"又东汉班固等《白虎通·爵篇》："天子者，爵称也。爵所以称天子何？王者父天母地，为天之子也。故《援神契》曰：'天覆地载，谓之天子，上法斗极。'《钩命决》曰：'天子，爵称也。'帝王之德有优劣，所以俱称天子者何？以其俱命于天，而王治五千里内也。《尚书》曰：'天子作民父母，以为天下王。'"

诸侯，古代对中央政权所分封各国国君的通称。周分公、侯、伯、子、男五等，汉分王、侯二等。《礼记·王制》："王者之制禄爵：公、侯、伯、子、男，凡五等。诸侯之上大夫卿、下大夫、上士、中士、下士，凡五等。天子之田方千里，公、侯田方百里，伯七十里，子、男五十里。不能五十里者，不合于天子，附于诸侯，曰附庸。"

官天下，乃以位让贤；家天下，是以位传子。

官家，古时对皇帝的称呼。《事物纪原》卷一："官家：刘向《说苑》：'鲍白令之对秦始皇曰："天下官则让贤，天下家则世继，故曰五帝以天下为官，三王以天下为家。"'蒋济《万机论》曰：'五帝官天下，故传之贤；三王家天下，故传之子。'今指天子为官家，则犹言帝王也。其义始诸此。僧文莹《湘山野录》曰：'真宗问李仲容："何故谓天子曰官家？"遽对云："蒋济言三皇官天下，五帝家天下，兼三、五之德，故曰官家。"'为小异尔。按《晋书·五行志》：'安帝义熙初，童谣曰："官家养芦化作荻。"'则晋末之语已云然矣。隋、唐之前，稍云大家，自兹世以称至尊也。"又《资治通鉴》卷九五："（赵太子）邃私谓中庶子李颜等曰：'官家难称，吾欲行冒顿之事，卿从我乎？'颜等伏不敢对。"胡三省注："称天子为官家，始见于此。西汉谓天子为县官，东汉谓天子为国家，故兼而称之。或曰：'五帝官天下，三王家天下，故兼称之。'"今按：三王，谓夏禹，商汤，周文王、周武王（父子合称）。

陛下尊称天子，殿下尊重宗藩。

陛下，对帝王的尊称。东汉蔡邕《独断》卷上："陛下者：陛，阶也，所由升堂也。天子必有近臣，执兵陈于陛侧，以戒不虞。谓之陛下者，群臣与天子言，不敢指斥天子，故呼在陛下者而告之，因卑达尊之意也。上书亦如之。"

殿下，汉代以后对太子、亲王的尊称。《事物纪原》卷二："汉以来，皇太子、诸王称殿下，汉之前未闻。唐初，百官于皇太后亦称之，百官洎东宫官对皇太子亦呼之。今虽亲王亦避也。始于汉。《续事始》曰：'汉以前，未有此呼。'《魏志》：'太祖定汉中，杜袭始呼之，时曹封魏王，故袭呼殿下。'按此，自杜袭始也。《酉阳杂俎》曰：'秦、汉以来，于天子言陛下，皇太子言殿下，将言麾下，使者言节下、毂下，二千石长吏言阁下，父母言膝下，通类相呼言足下。'"又南宋叶梦得《石林燕语》卷二："然秦制独天子称陛下。汉鲁有灵光殿，而司马仲达称曹操，范缜称竟陵王子良，皆曰殿下，则诸侯王汉以来，皆通称殿下矣。至唐初制令，惟皇太后、皇后，百官上疏称殿下，至今循用之。"○宗藩，宗为皇帝宗室，藩为屏卫；宗藩即受分封的皇族。《史记·太史公自序》："（汉高祖）乃封弟交为楚王，爰都彭城，以强淮、泗，为汉宗藩。"

皇帝即位曰龙飞，人臣觐君曰虎拜。

龙飞，借指帝王，喻其居高位而临下，如飞龙在天。《周易·乾》："九五：飞龙在天，利见大人。"孔颖达疏："言九五阳气盛至于天，故云飞龙在天。此自然之象，犹若圣人有龙德飞腾而居天位，德备天下，为万物所瞻睹，故天下利见此居王位之大人。”

虎拜，西周大臣召穆公名虎，奉周宣王命，征伐淮夷有功，宣王赏予土地礼器，召公稽首拜谢。后因称臣子、大将朝见君主为虎拜。《诗经·大雅·江汉》：“虎拜稽首：天子万年！”

皇帝之言，谓之纶音；皇后之命，乃称懿旨。

纶音，亦作“丝纶”“纶言”“纶綍（音扶）”等，古时指皇帝的诏书、制令。《礼记·缁衣》：“王言如丝，其出如纶；王言如纶，其出如綍。”孔颖达疏：“王言初出微细如丝，及其出行于外，言更渐大如纶也。”

懿旨，古代称皇帝的命令为圣旨，称皇太后或皇后的命令为懿旨。懿，美、美德；魏晋以后多用作妇女的美称。

椒房是皇后所居，枫宸乃人君所莅。

椒房，指汉代皇后所居的宫殿，因以椒和泥涂壁而得名，取“温、香、多子”之义。后因以“椒房”“椒室”“椒殿”等称后妃所住宫室，亦用作后妃的代称。《汉书·车千秋传》：“曩者，江充先治甘泉宫人，转至未央椒房……今丞相亲掘兰台蛊验，所明知也。”颜师古注：“椒房，殿名，皇后所居也。”

枫宸，汉代宫殿多种植枫树，故后世称帝王之宫殿、朝廷为“枫宸”“枫陛”。宸，北辰所居，此处代指帝王。三国魏何晏《景福殿赋》：“芸若充庭，槐枫被宸。”吕延济注：“帝居曰宸，言植此草木满于宸中。”

天子尊崇，故称元首；臣邻辅翼，故曰股肱。

元首，本义是头，后引申专指君王。今用以代称国家的最高领导人。《尚书·益稷》：“乃歌曰：‘股肱喜哉！元首起哉！百工熙哉！’”孔安国传：“元首，君也。”

臣邻，指亲近的大臣。《尚书·益稷》：“帝曰：‘吁！臣哉邻哉！邻哉臣哉！’”孔安国传：“邻，近也。言君臣道近，相须而成。”○股肱，股指大腿，肱指胳膊，常用以比喻辅佐君主的大臣。《汉书·魏相丙吉传赞》：“古之制名，必由象类，远取诸物，近取诸身。故经谓君为元首，臣为股肱，明其一体，相待而成也。”

龙之种，麟之角，俱誉宗藩；君之储，国之贰，皆称太子。

龙之种，指帝王子孙。《史记·高祖本纪》：“父曰太公，母曰刘媪。其先刘媪尝息大泽之陂，梦与神遇。是时雷电晦冥，太公往视，则见蛟龙于其上。已而有身，遂产高祖。”〇麟之角，意同麟之趾，皆为颂扬宗室子弟之词。《诗经·周南·麟之趾》：“麟之角，振振公族。”

储、贰，皆有副职之意。储贰，亦称“储君”“储副”“储两”，意谓君主之副，为太子之别称。《晋书·礼志下》：“皇太子虽国之储贰，犹在臣位。”

帝子爰立青宫，帝印乃是玉玺。

青宫，古代制度，太子居住东宫，东方属木，于色为青，于季为春，故亦称太子宫或太子为“青宫”“春宫”。旧题西汉东方朔《神异经·中荒经》：“东方有宫，青石为墙，高三仞。左右阙高百尺，画以五色。门有银榜，以青石碧镂，题曰‘天地长男之宫’。”

玉玺，皇帝的玉印。古代印、玺通称，以金或玉为之。自秦以后，以玉为玺，为皇帝所专用。《独断》卷上：“玺者，印也。印者，信也。天子玺以玉，螭虎纽。古者尊卑共之。《月令》曰：‘固封玺。’《春秋左氏传》曰：‘鲁襄公在楚，季武子使公冶问玺书，追而与之。’此诸侯大夫印称玺者也。卫宏曰：‘秦以前，民皆以金玉为印，龙虎纽，唯其所好。’然则秦以来，天子独以印称玺，又独以玉，群臣莫敢用也。”又《能改斋漫录》卷四：“孔经父《杂说》记天子八宝，其一曰受命宝，所以修封禅、礼神祇也。徐令《玉玺记》：‘玉玺者，传国宝也，秦始皇取蓝田玉，刻而为之。面文曰：“受命于天，既受永昌。”玺上隐起蟠龙文曰：“受天之命，皇帝寿昌。”方四寸，纽五龙盘。’”参见《能改斋漫录》卷一《印名玺》、卷四《国玺》。

宗室之派，演于天潢；帝胄之谱，名为玉牒。

天潢，犹天池。古时称皇族宗室为天潢，谓皇族支分派别，如导源于天池，故称。北周庾信《故周大将军义兴公萧公墓志铭》：“派别天潢，支分若木。”

玉牒，即帝王族谱，以编年体形式记述帝王族系并叙其继承的次序。唐代宗正寺有修玉牒官，宋淳化六年置玉牒所，并建玉牒殿。

前星耀彩，共祝太子以千秋；嵩岳效灵，三呼天子以万岁。

前星，指太子。《汉书·五行志下》：“心，大星，天王也。其前星，太子；后星，庶子也。”〇千秋，犹“千岁”；亦作生日敬辞。旧时称皇帝为“万岁”，称太子、王公等为“千岁”。《旧唐书·玄宗纪上》：“（开元十七年）八月癸亥，上以降诞日，宴百僚于花萼楼下。百僚表请以每年八月五日为千秋节，王公已下献镜及承露囊，天下诸州咸令宴乐，休暇三日，仍编为令，从之。”

《汉书·武帝纪》：“（元封元年）（汉武帝）亲登崇嵩，御史乘属，在庙旁吏卒咸闻呼万岁者三。”

神器大宝，皆言帝位；妃嫔媵嫱，总是宫娥。

《老子》：“天下神器，不可为也。”又东汉班彪《王命论》：“游说之士，至比天下于逐鹿，幸捷而得之，不知神器有命，不可以智力求也。”〇《周易·系辞下》：“天地之大德曰生，圣人之大宝曰位。”

媵（音硬），先秦时期汉族婚姻制度的一种习俗，诸侯的女儿出嫁，有姪娣相从陪嫁，称为“媵”。《左传·哀公元年》：“今闻夫差次有台榭陂池焉，宿有妃嫱嫔御焉。”杜预注：“妃嫱，贵者；嫔御，贱者。皆内官。”又唐杜牧《阿房宫赋》：“妃嫔媵嫱，王子皇孙，辞楼下殿，辇来于秦，朝歌夜弦，为秦宫人。”

姜后脱簪而待罪，世称哲后；马后练服以鸣俭，共仰贤妃。

脱簪，摘去首饰。西汉刘向《列女传·贤明传》：“周宣姜后者，齐侯之女也。贤而有德，事非礼不言，行非礼不动。宣王常早卧晏起，后夫人不出房。姜后脱簪珥，待罪于永巷，使其傅母通言于王曰：‘妾之不才。妾之淫心见矣，至使君王失礼而晏朝，以见君王乐色而忘德也。夫苟乐色，必好奢穷欲，乱之所兴也。原乱之兴，从婢子起，敢请婢子之罪。’王曰：‘寡人不德，实自生过，非夫人之罪也。’遂复姜后而勤于政事，早朝晏退，卒成中兴之名。”

练服，白服。《后汉书·马皇后纪》：“明德马皇后讳某，伏波将军援之小女也。……常衣大练，裙不加缘。朔望诸姬主朝请，望见后袍衣疏粗，反以为绮縠，就视，乃笑。后辞曰：‘此缯特宜染色，故用之耳。’六宫莫不叹息。”

唐放勋德配昊天，遂动华封之三祝；汉太子恩覃少海，乃兴乐府之四歌。

放勋，帝尧名。一说，放，至也；勋，功也。言尧之功大而无所不至。《庄子·天地》：“尧观乎华，华封人曰：‘嘻！圣人！请祝圣人。’‘使圣人寿。’尧曰：‘辞。’‘使圣人富。’尧曰：‘辞。’‘使圣人多男子。’‘尧曰：‘辞。’”

少海，比喻太子。南宋叶廷珪《海录碎事》卷一〇下：“天子比大海，太子比少海。”又唐柳宗元《贺皇太子笺》：“瑞星照临，示重轮之发辉；恩波下济，见少海之增澜。”〇《古今注·音乐》：“《日重光》、《月重轮》，群臣为汉明帝所作也。明帝为太子，乐人作歌诗四章，以赞太子之德：其一曰《日重光》，其二曰《月重轮》，其三曰《星重辉》，其四曰《海重润》。汉末丧乱后，其二章亡。旧说云：'天子之德，光明如日，规轮如月，众辉如星，沾润如海，太子皆比德焉，故云重尔。'”

[新增文]十联

德奉三无，功安九有。

《礼记·孔子闲居》：“子夏曰：'三王之德参于天地，敢问何如斯可谓参于天地矣？'孔子曰：'奉三无私，以劳天下。'子夏曰：'敢问何谓三无私？'孔子曰：'天无私覆，地无私载，日月无私照。奉斯三者，以劳天下，此之谓三无私。'”亦见于《孔子家语·论礼》。

九有，即九州，后亦泛指中国。《诗经·商颂·玄鸟》：“奄有九有。”毛传：“九有，九州也。”

陈桥驿军兵欲变，独日重轮；舂陵城圣哲诞生，一禾九穗。

《宋史·太祖纪一》：“(后周显德)七年春，北汉结契丹入寇，命出师御之。次陈桥驿，军中知星者苗训引门吏楚昭辅视日下复有一日，黑光摩荡者久之。夜五鼓，军士集驿门，宣言策点检为天子。或止之，众不听。迟明，逼寝所，太宗入白，太祖起。诸校露刃列于庭，曰：'诸军无主，愿策太尉为天子。'未及对，有以黄衣加太祖身，众皆罗拜，呼万岁，即掖太祖乘马。”今按：赵匡胤此时为殿前都点检，兼宋州归德军节度使、检校太尉。

《后汉书·光武帝纪一下》：“皇考南顿君，初为济阳令，以建平元年十二月甲子夜生光武于县舍，有赤光照室中。钦异焉，使卜者王长占之。长辟左右曰：'此兆吉不可言。'是岁，县界有嘉禾生，一茎九穗，因名光武曰秀。”

祥钟汉代，禁中卧柳生枝；瑞蔼宋廷，榻下灵芝生叶。

《汉书·五行志中之下》：“昭帝时，上林苑中大柳树断仆地，一朝起立，生枝叶，有虫食其叶，成文字，曰：'公孙病已立。'又昌邑王国社有枯树复生枝叶。眭孟以为木阴类，下民象，当有故废之家公孙氏从民间受命为天子者。昭帝富于春秋，霍光秉政，以孟妖言，诛之。后昭帝崩，无子。征昌邑王贺嗣位，狂乱失道，光废之，更立昭帝兄卫太子之孙，是为宣帝。帝本名病已。京房《易传》曰：'枯杨生稊，枯木复生，人君亡子。'”亦见于《搜神记》卷六。

宋邵博《邵氏闻见后录》卷一：“《符瑞志》：仁皇帝诞降，章懿后榻下生灵芝，一本四十二叶，以应享国四十二年之瑞云。仁皇帝四时衣夹，冬不御炉，夏不御扇，禀天地中和之气故也。”

设鼓悬钟，千古仰夏王之乐善；释旄结袜，万年钦西伯之尊贤。

《鬻子·上禹政》：“禹之治天下也，以五声听。门悬钟、鼓、铎、磬而置鞀，以得四海之士。为铭于簨簴，曰：‘教寡人以道者击鼓，教寡人以义者击钟，教寡人以事者振铎，语寡人以忧者击磬，教寡人以狱讼者挥鞀。’此之谓五声。是以禹尝据一馈而七十（“十”，疑为衍文）起，日中而不暇饱食，曰：‘吾犹恐四海之士留于道路。’是以四海之士皆至，是以禹当朝廷间也，可以罗爵（雀）。”亦见于《淮南子·氾论训》。

《韩非子·外储说左下》：“文王伐崇，至凤黄虚，袜系解，因自结。太公望曰：‘何为也？’王曰：‘上，君与处皆其师；中，皆其友；下，尽其使也。今皆先君之臣，故无可使也。’”

信天命攸归，驰王骤帝；知人心爱戴，冠道履仁。

《白虎通·号篇》：“《钩命决》曰：‘三皇步，五帝趋。三王驰，五伯骛。’”陈立疏：“《古微书·钩命决》又云：‘三皇步，五帝骤，三王驰，五伯骤，七雄僵。’宋均注云：‘道德隆备，日月为步；时事弥顺，日月为之骤；勤思不已，日月乃驰。’与此大同。盖谓世愈降，德愈卑，政愈促也。”

西汉王褒《四子讲德论》：“今圣主冠道德，履纯仁，被六艺，佩礼文，屡下明诏，举贤良，求术士，招异伦，拔俊茂。是以海内欢慕，莫不风驰雨集，袭杂并至，填庭溢阙。”

帝尧用心，哀孺子又哀妇人；武王伐暴，廉货财还廉女色。

《庄子·天道》：“昔者舜问于尧曰：‘天王之用心何如？’尧曰：‘吾不敖无告，不废穷民，苦死者，嘉孺子而哀妇人。此吾所以用心已。’舜曰：‘美则美矣，而未大也。’尧曰：‘然则何如？’舜曰：‘天德而土宁，日月照而四时行，若昼夜之有经，云行而雨施矣！’尧曰：‘胶胶扰扰乎！子，天之合也；我，人之合也。’”

《说苑·指武》：“（周武王）乃起众举师，与殷战于牧之野，大败殷人。上堂见玉，曰：‘谁之玉也？’曰：‘诸侯之玉。’即取而归之于诸侯。天下闻之，曰：‘武王廉于财矣。’入室见女，曰：‘谁之女也？’曰：‘诸侯之女也。’即取而归之于诸侯。天下闻之，曰：‘武王廉于色也。’于是发巨桥之粟，散鹿台之财，金钱以与士民，黜其战车而不乘，弛其甲兵而弗用，纵马华山，放牛桃林，示不复用。天下闻者，咸谓武王行义于天下。”

六宫无丽服，玄宗罢织锦之坊；万姓有余粮，周祖建绘农之阁。

《新唐书·玄宗纪》："（开元二年）七月乙未，焚锦绣珠玉于前殿。戊戌，禁采珠玉及为刻镂器玩、珠绳帖绦服者，废织锦坊。"

《资治通鉴》卷二九四："（周世宗显德五年十月），诏左散骑常侍须城艾颖等三十四人分行诸州，均定田租。庚子，诏诸州并乡村，率以百户为团，团置耆长三人。帝留心农事，刻木为耕夫、蚕妇，置之殿庭。"

仁宗味淡而撤蟹，晋武尚朴而焚裘。

《邵氏闻见后录》卷一："仁皇帝内宴，十门分各进馔。有新蟹一品，二十八枚。帝曰：'吾尚未尝，枚直几钱？'左右对：'直一千。'帝不悦，曰：'数戒汝辈无侈靡，一下箸为钱二十八千，吾不忍也。'置不食。"

《晋书·武帝纪》："（咸宁四年）十一月辛巳，太医司马程据献雉头裘。帝以奇技异服典礼所禁，焚之于殿前。"

汉文除肉刑，仁昭法外；周武分宝玉，恩溢伦中。

《资治通鉴》卷一五："天子怜悲其（缇萦）意，五月，诏曰：'《诗》曰："恺弟君子，民之父母。"今人有过，教未施而刑已加焉，或欲改行为善而道无由至，朕甚怜之！夫刑至断支体，刻肌肤，终身不息，何其刑之痛而不德也！岂为民父母之意哉！其除肉刑，有以易之；及令罪人各以轻重，不亡逃，有年而免。具为令！'丞相张苍、御史大夫冯敬奏请定律曰：'诸当髡者为城旦、舂；当黥髡者钳为城旦、舂；当劓者笞三百；当斩左止者笞五百；当斩右止及杀人先自告及吏坐受赇、枉法、守县官财物而即盗之、已论而复有笞罪者，皆弃市。罪人狱已决为城旦、舂者，各有岁数以免。'制曰：'可。'"亦见于《史记·孝文本纪》。

《伪古文尚书·旅獒》："王乃昭德之致于异姓之邦，无替厥服；分宝玉于伯叔之国，时庸展亲。人不易物，惟德其物。"

要知唐主颂成功，舞扬七德；且仰汉高颁令典，约法三章。

《新唐书·礼乐志十一》："《七德舞》者，本名《秦王破阵乐》。太宗为秦王，破刘武周，军中相与作《秦王破阵乐》曲。及即位，宴会必奏之，谓侍臣曰：'虽发扬蹈厉，异乎文容，然功业由之，被于乐章，示不忘本也。'"今按：后唐太宗令魏徵、虞世南改制歌辞，更名为《七德舞》。七德，取《左传·宣公十二年》"武有七德"之意："夫武，禁暴、戢兵、保大、定功、安民、和众、丰财者也。"参见《旧唐书·音乐志二》。

《史记·高祖本纪》:“(沛公西入咸阳)召诸县父老豪杰曰:‘父老苦秦苛法久矣,诽谤者族,偶语者弃市。吾与诸侯约,先入关者王之,吾当王关中。与父老约,法三章耳:杀人者死,伤人及盗抵罪。余悉除去秦法。’”

文　臣

帝王有出震向离之象,大臣有补天浴日之功。

《周易·说卦》:“帝出乎震,齐乎巽,相见乎离,致役乎坤。”

补天浴日,古代神话有女娲补天(见《淮南子·览冥训》)、羲和浴日(见《山海经·大荒南经》)之传说。后用以比喻力挽危局,功勋极大。《宋史·赵鼎传》:“鼎上疏言:‘顷张浚出使川陕,国势百倍于今。浚有补天浴日之功,陛下有砺山带河之誓,君臣相信,古今无二,而终致物议,以被窜逐。今臣无浚之功而当其任,远去朝廷,其能免于纷纷乎?’”

三公上应三台,郎官上应列宿。

三公,辅助国君掌握军政大权的最高官员。周代以太师、太傅、太保为三公;西汉时以大司徒(丞相)、大司马(太尉)、大司空(御史大夫)为三公;东汉以太尉、司徒、司空为三公。唐宋仍称“三公”,惟已无实际职务。明清虽亦以太师、太傅、太保为三公,但只用作大臣的最高荣衔。〇三台,星名。参见《天文》“中台为鼎鼐之司”条。

郎官,汉称中郎、侍郎、郎中为“郎官”。《后汉书·明帝纪》:“馆陶公主为子求郎,(明帝)不许,而赐钱千万。谓群臣曰:‘郎官上应列宿,出宰百里,苟非其人,则民受其殃,是以难之。’故吏称其官,民安其业,远近肃服,户口滋殖焉。”

宰相位居台铉,吏部职掌铨衡。

台铉,犹“台鼎”。铉,鼎耳。台指三台星,鼎有三足。故用以比喻三公之位,也泛指宰辅等执政大臣。西晋潘岳《西征赋》:“纳旌弓于铉台,赞庶绩于帝室。”

铨衡,指铨选之事及执掌铨选之职位。隋唐以后,吏部即职掌全国官吏的任免、考课、升降、调动等事。《初学记》卷一一引晋傅玄《吏部尚书箴》:“处喉舌者,患铨衡之无常,不患于不明。”

吏部天官大冢宰，户部地官大司徒。

冢宰，古代六卿之一。后世常以“大冢宰”“大宰（太宰）”作为吏部尚书的通称，其侍郎则称“少宰”，并以“天官”为吏部的别称，以“天卿”称吏部长官。《伪古文尚书·周官》：“冢宰掌邦治，统百官，均四海。司徒掌邦教，敷五典，扰兆民。宗伯掌邦礼，治神人，和上下。司马掌邦政，统六师，平邦国。司寇掌邦禁，诘奸慝，刑暴乱。司空掌邦土，居四民，时地利。”又《周礼·天官·冢宰》：“乃立天官冢宰，使帅其属而掌邦治，以佐王均邦国。治官之属。”

司徒，古代六卿之一。后世常以“大司徒（大司农）”为户部尚书的别称，其侍郎则称“少司徒”，并以“地官”为户部的别称，以“地卿”称户部长官。《周礼·地官·司徒》：“乃立地官司徒，使帅其属而掌邦教，以佐王安扰（安抚）邦国。教官之属。”

礼部春官大宗伯，兵部夏官大司马。

宗伯，古代六卿之一。后世常以“宗伯”或“大宗伯”为礼部尚书的别称，其侍郎则称“少宗伯”，并以“春官”为礼部的别称，以“春卿”称礼部长官。《周礼·春官·宗伯》：“乃立春官宗伯，使帅其属而掌邦礼，以佐王和邦国。礼官之属。”

司马，古代六卿之一。后世常以“大司马”为兵部尚书的别称，其侍郎则称“少司马”，并以“夏官”为兵部的别称，以“夏卿”称兵部长官。《周礼·夏官·司马》：“乃立夏官司马，使帅其属而掌邦政，以佐王平邦国。政官之属。”

刑部秋官大司寇，工部冬官大司空。

司寇，古代六卿之一。后世常以“大司寇”为刑部尚书的别称，其侍郎则称“少司寇”，并以“秋官”为刑部的别称，以“秋卿”称刑部长官。《周礼·秋官·司寇》：“乃立秋官司寇，使帅其属而掌邦禁，以佐王刑邦国。刑官之属。”

司寇，古代六卿之一。《周礼》以冬官司空掌百工之事。后世遂以“大司空”为工部尚书的别称，其侍郎则称“少司空”，并以“冬官”为工部的别称，以“冬卿”称工部长官。

都宪、中丞，都御史之号；内翰、学士，翰林院之称。

都御史，明洪武十三年改御史台为都察院，以都御史为长官，总领各道监察御史，掌规谏皇帝、评论政务、纠弹百官之职。清承明制，更以六科给事中并入都察院，置左都御史满汉各一人，左副都御史满汉各二人，右都御史及右副都御史则专作总督、巡抚的加衔。〇都宪，汉御史府，后汉改称“宪台”，故后世称都御史（御史）为“都宪”“宪台”“宪臣”等。又中丞，西汉以御史中丞为御史大夫之佐；东汉后御史大夫转为大司空，御史中丞遂成为御史台长官。明代都察院的副职副都御史即相当于前代的御史中丞，故分别称都御史、副都御史为“大中丞”“中丞”。清代巡抚例兼右副都御史衔，因此亦称“中丞”。

北宋王溥《唐会要》卷五七：“翰林院，开元初置。已前掌内文书。……至德已后，军国务殷，其人直者，并以文词共掌诏敕，自此翰林院始有学士之名。”

天使，誉称行人；司成，尊称祭酒。

天使，即天子的使者，传达皇帝诏令的官员。〇行人，《周礼·秋官》有行人之属，掌管朝觐聘问，春秋战国时各国均置。汉代为大鸿胪官，后改为大行令。汉以后无记载。明代设行人司，掌传旨、册封、捧节、奉使等事。

《周礼·地官》有师氏之属，《礼记·文王世子》亦云“乐正司业，父师司成”，可见司成掌管教育贵族子弟的事宜，相当于汉以后的国子监祭酒。唐高宗时一度改国子监为司成馆，祭酒为大司成，不久复旧。后世遂用作祭酒的别称。

称都堂曰大抚台，称巡按曰大柱史。

都堂，明代官制，都察院的都御史、副都御史、佥都御史称“都堂”；差遣在外、兼领此衔的总督、巡抚亦称“都堂”。清代改称“部堂”。〇巡抚，明代宣德时在关中、江南等处专门设置巡抚。清代定制以巡抚为一省之最高行政长官，总揽一省军、政、司法大权，职位略次于总督，仍属平行，别称“抚台”。因兼兵部侍郎衔，故称“抚军”；又以例兼都察院右都御史或右副都御史衔，亦称“抚院”。

巡按，明永乐元年遣御史至各地巡视，考察吏治得失，三年一换，称“巡按御史”。其品级虽不高，但威权颇重。清初沿置，后废。〇柱史，柱下史的简称，周秦官名。相当于汉以后的御史，以其职掌及侍立在殿柱之下而得名。据《史记·张苍传》云，张苍为秦御史，主柱下方书。后世遂以柱史为御史的代称；巡按始为御史担任，故亦有此称。

方伯、藩侯，左右布政之号；宪台、廉宪，提刑按察之称。

布政使，明代改元行中书省为承宣布政使司，共十三司，每司置左右布政使各一人，为一省的最高行政长官。宣德以后职权渐轻。至清代仅为督抚的僚属，专管一省的财赋和人事，俗称“藩司”和“藩台”。〇方伯，殷周时对一方诸侯之长的称呼；藩侯，古时谓诸侯以其藩篱屏蔽王室，故称。明清布政使为一方之长，略似于昔时的诸侯、藩镇，故亦称“方伯”“藩侯”，又称“大方岳”“大岳牧”“大节度”等。

提刑按察使，明代于各省建提刑按察使司，以按察使为一省的司法长官；明中叶后成为巡抚的属官。清代因之，俗称“臬司”。〇宪台，宋初于各路设提点刑狱公事，主管所属各州的司法、刑狱和监察，兼管农桑，即后世的按察司之职。其官署称司，号“宪司”，也简称“宪”，故明清时称提刑按察为“宪台”（另御史亦通称“宪台”）。又廉宪，元代至元二十八年，改诸道提刑按察司为肃政廉访司，职掌与明清按察使略同，故亦称其为“廉宪”“廉访”。

宗师称为大文衡，副使称为大宪副。

明清时期由朝廷委派负责考察府县童生的学政（明代为提学道，清代为提督学政），称为“宗师”或“大宗师”。〇文衡，旧时以文章试士的取舍权衡。评文如以秤称物，故曰“文衡”。明清学政掌管一省的教育、童生应试等事务，故称为“大文衡”。

副使，正使的属官和助手。〇宪，封建社会属吏称上司为“宪”，如称“大宪”“宪台”。宪副，亦专指廉宪之副。

郡侯、邦伯，知府名尊；郡丞、贰侯，同知誉美。

知府，唐代京、都之州称“府”，至宋则广为增设，升府之州，命朝臣出任长官，称为“知某府事”，简称“知府”。明清时径以知府为各府之长官名称，管辖州、县。〇郡侯，本为爵名，晋朝始置，历代因之，亦谓之“开国郡侯”。明以后废除，但俗称知府为“郡侯”。又《尚书·盘庚》下：“邦伯师长。”孔颖达疏：“殷之州长曰伯，虞、夏及周皆曰牧。”后世因称州刺史及知府为“邦伯”。

同知，宋代府、州、军的副贰设有同知府事、同知州事、同知军事等，金、元时每府或州设同知一员。明清定为知府、知州的佐官，分掌督粮、缉捕、海防、江防、水利等，分驻指定地点。清代知州的同知则称为“州同”。〇郡丞，秦时郡守的佐官。汉以后，历代多因之，至唐废。明清时于府置同知，亦是郡丞之任。又贰侯，明、清两代，地方佐治之官如同知、州判、县丞等皆为佐贰（官之副职），故尊称同知为“贰侯”。

郡宰、别驾，乃称通判；司理、豸史，赞美推官。

通判，宋初始于诸州设置通判，即共同处理政务之意，其地位略次于州府长官，但握有连署州府公事和监察官吏的实权，号称“监州”。明清时置于各府，分掌粮运及农田水利等事务，尊称“郡宰”。〇别驾，汉置别驾从事史，为刺史之佐官，刺史行部，别乘传车从行，故名。魏晋以后均承汉制，诸州置别驾，总理众务，职权甚重，当时论者称其居刺史之半。隋改为“长史”。唐中期以后，诸州别驾、长史并置，然职权已轻。宋于诸州设置通判，相当于从前之别驾，后世因称通判为“别驾”。

推官，唐代始置，为观察使、节度使僚属，掌管勘问刑狱。宋沿其制，元明清初于各府亦置推官。〇司理，亦作“司李”，宋太祖开宝六年设置诸州司寇参军，后改为“司理参军”，主管狱讼，简称“司理”。相当于明代的推官，故俗称推官为“司理（司李）”。又豸史，相传古有异兽獬豸，能辨曲直，见人争斗，即以角触不直者；后楚王获之为冠，称作“獬豸冠”，为执法者所服，故以豸史称美推官。

刺史、州牧，乃知州之两号；豸史、台谏，即知县之尊称。

知州，宋代派朝臣为州一级之行政长官，称“权知军州事”，简称“知州”，意为暂行主持本军本州事务。明清时径以知州为各州之长官名称。其知州有两种：一为直隶州知州，其地位稍微低于知府；一为散州知州，其职权与知县同。〇刺史，官职名称。西汉武帝时，分全国为十三部（州），每部置刺史一人；至元代，刺史之名始废，但明清时仍用作知州的别称。又《礼记·曲礼下》：“九州之长，入于天子之国曰牧。”后世因称知州为“州牧”。

知县，唐代称县之佐官代理县令者为“知县事”；宋代派遣朝臣为县之长官，称“知某县事”，简称“知县”。明清时径以知县为各县之长官名称。〇豸史本是掌管司法审判的廷尉的别称，台谏本是御史的别称，此处用以称呼知县，表示尊敬。

乡宦曰乡绅，农官曰田畯。

乡宦，旧称乡村中做过官又回乡居住的人。〇乡绅，指乡里的官吏或读书人。

田畯，周代劝农之官。《诗经·豳风·七月》：“馌彼南亩，田畯至喜。”毛传：“田畯，田大夫也。”

钧座、台座，皆称仕宦；帐下、麾下，并美武官。

钧座，对长官的尊称。《诗经·小雅·节南山》：“尹氏大师，维周之氐，秉国之均。”陈奂传疏：“均，《汉书·律历志》引《诗》作‘钧’。均、钧同。”国钧，本义为国家政务的权柄，引申为国家重臣，故以“钧座”尊称高官。○台座，也是对达官权臣或上级官员的敬称。台，取三台之意。

帐下，指将帅或将帅的部下。帐，行军所用之营帐。○麾下，对将帅的美称。麾，旌旗之属，作指挥用。

秩官既分九品，命妇亦有七阶。

明清时期，文武官员的职位、品级大致分为九个等级。文官具体如下：正一品，初授特进荣禄大夫，升授、加授俱特进光禄大夫、左右柱国，月俸（米）八十七石。从一品，初授荣禄大夫，升授、加授俱光禄大夫、柱国，月俸七十二石。正二品，初授资善大夫，升授资政大夫，加授资德大夫、正治上卿，月俸六十一石。从二品，初授中奉大夫，升授通奉大夫，加授正奉大夫、正治卿，月俸四十八石。正三品，初授嘉议大夫，升授通议大夫，加授正议大夫、资治尹，月俸三十五石。从三品，初授亚中大夫，升授正中大夫，加授大中大夫、资治少尹，月俸二十六石。正四品，初授中顺大夫，升授中宪大夫，加授中议大夫、赞治尹，月俸二十四石。从四品，初授朝列大夫，升授朝议大夫，加授朝请大夫、赞治少尹，月俸二十石。正五品，初授奉议大夫，升授、加授俱奉政大夫、修正庶尹，月俸十六石。从五品，初授奉训大夫，升授、加授俱奉直大夫、协正庶尹，月俸十四石。正六品，初授承直郎，升授承德郎，月俸十石。从六品，初授承务郎，升授儒林郎（儒士出身）、宣德郎（吏员才干出身），月俸八石。正七品，初授承事郎，升授文林郎（儒士出身）、宣议郎（吏员才干出身），月俸七石五斗。从七品，初授从仕郎，升授征仕郎，月俸七石。正八品，初授迪功郎，升授修职郎，月俸六石六斗。从八品，初授迪功佐郎，升授修职佐郎，月俸六石。正九品，初授将仕郎，升授登仕郎，月俸五石五斗。从九品，初授将仕佐郎，升授登仕佐郎，月俸五石。未入流，月俸三石。○武官：正一品，初授特进荣禄大夫，升授、加授俱特进光禄大夫、左右柱国。从一品，初授荣禄大夫，升授、加授俱光禄大夫、柱国。正二品，初授骠骑将军，升授金吾将军，加授龙虎将军、上护军。从二品，初授镇国将军，升授定国将军，加授奉国将军、护军。正三品，初授昭勇将军，升授昭毅将军，加授昭武将军、上轻车都尉。从三品，初授怀远将军，升授定远将军，加授安远将军、轻车都尉。正四品，初授明威将军，升授宣威将军，加授广威将军、上骑都尉。从四品，初授宣武将军，升授显武将军，加授信武将军、骑都尉。正五品，初授武德将军，升授武节将军，加骁骑尉。从五品，初授武备将军，升授武毅将军，加飞骑尉。正六品，初授昭信校尉，升授承信校尉，加云骑尉。从六品，初授忠显校尉，升授忠武校尉，加武骑尉。正七品，初授忠翊校尉，升授忠勇校尉。从七品，初授毅武校尉，升授修武校尉。正八品，初授进义校尉，升授保义校尉。凡月俸俱与文官同。

命妇，指受有封号的妇女。凡官员有品级者，其母亲、妻子皆授诰命，共分为七个等级。参见下一条。

一品曰夫人，二品亦夫人，三品曰淑人，四品曰恭人，五品曰宜人，六品曰安人，七品曰孺人。

凡品级官员封及其母妻者，正从一品，母、妻封一品夫人；正从二品，母、妻封夫人；正从三品，母、妻封淑人；正从四品，母、妻封恭人；正从五品，母、妻封宜人；正从六品，母、妻封安人；正从七品，母、妻封孺人。

妇人受封曰金花诰，状元报捷曰紫泥封。

金花诰，古代以金花绫罗纸书制的赐爵封赠的诰书。宋胡继宗《书言故事·命妇类》："妇人诰，谓金花诰。"

古人封书函，用泥封于绳端打结处，上盖印章，称"泥封"。皇帝诏书用紫泥，封禅玉简用金泥，一般书简则用青泥。《开元天宝遗事》卷下："新进士才及第，以泥金书帖子附于家书中，用报登科之喜。至文宗朝，遂寝削此仪也。"又同篇："新进士每及第，以泥金书帖子附于家书中，至乡曲，亲戚例以声乐相庆，谓之喜信也。"

唐玄宗以金瓯覆宰相之名，宋真宗以美珠箝谏臣之口。

《新唐书·崔义玄传》附崔琳："初，玄宗每命相，皆先书其名。一日书(崔)琳等名，覆以金瓯，会太子入，帝谓曰：'此宰相名，若自意之，谁乎？即中，且赐酒。'太子曰：'非崔琳、卢从愿乎？'帝曰：'然。'赐太子酒。时两人有宰相望，帝欲相之数矣，以族大，恐附离者众，卒不用。"

《宋史·王旦传》："(王钦若劝宋真宗封禅)帝思久之，乃可，而心惮旦，曰：'王旦得无不可乎？'钦若曰：'臣得以圣意喻之，宜无不可。'乘间为旦言，旦黾勉而从。帝犹尤豫,莫与筹之者。会幸秘阁,骤问杜镐曰:‘古所谓河出图、洛出书,果何事耶?’镐老儒,不测其旨,漫应之曰:‘此圣人以神道设教尔。’帝由此意决,遂召旦饮,欢甚,赐以尊酒,曰:‘此酒极佳,归与妻孥共之。’既归发之,皆珠也。由是凡天书、封禅等事,旦不复异议。”

金马玉堂,羡翰林之声价;朱幡皂盖,仰郡守之威仪。

金马玉堂,本指汉代金马门、玉堂殿,二者均为学士待诏之处,后沿用为翰林院或翰林学士的代称。金马门,汉武帝得大宛马,乃命东门京以铜铸像,立马于鲁班门外,因称“金马门”,东方朔、主父偃、严安、徐乐等皆尝待诏于此。玉堂殿,为未央宫的属殿。赵宋之时,因翰林学士院地在宫禁,待遇优厚,故亦称“玉堂”“玉署”。《汉书·扬雄传下》:“今子幸得遭明盛之世,处不讳之朝,与群贤同行,历金门上玉堂有日矣。”颜师古注:“应劭曰:‘金门,金马门也。’晋灼曰:‘《黄图》有大玉堂、小玉堂殿也。’”《宋史·苏易简传》:“先是,曲宴将相,翰林学士皆预坐,梁迥启太祖罢之;又皇帝御丹凤楼,翰林承旨侍从升楼西南隅,礼亦废。至是,易简请之,皆复旧制。易简续唐李肇《翰林志》二卷以献,帝赐诗以嘉之。帝尝以轻绡飞白大书‘玉堂之署’四字,令易简榜于厅额。易简会韩伾、毕士安、李至等往观。上闻,遣中使赐宴甚盛,至等各赋诗纪其事,宰相李昉等亦作诗颂美之。”又南宋李焘《续资治通鉴长编》卷三二:“(宋太宗淳化二年十月)辛巳,翰林学士承旨苏易简续《翰林志》二卷以献,上嘉之,赐诗二章,纸尾批云:‘诗意美卿居清华之地也。’易简愿以所赐诗刻石,昭示无穷。上复为真、草、行三体书书其诗,命待诏吴文赏刻之,因遍赐近臣。又飞白书‘玉堂之署’四大字,令中书召易简付之,榜于厅额。上曰:‘此永为翰林中美事。’易简曰:‘自有翰林,未有如今日之荣也。’”

朱幡皂盖,红色的车障和黑色的车盖。汉时太守秩二千石,坐皂盖车,后因以朱幡皂盖代指州郡长官。《后汉书·舆服志上》:“中二千石、二千石皆皂盖,朱两轓。”

台辅曰紫阁明公,知府曰黄堂太守。

台辅,即宰相,取“位列三台,职居宰辅”之意。〇紫阁,唐开元年间改中书省为“紫微省”,中书令为“紫微令”,后因称宰相府第为“紫阁”,称宰相为“紫阁明公”。

黄堂,本指太守办事的厅堂,明清知府为太守之职,故后世亦称知府为“黄堂”。南宋范成大《吴郡志》卷六:“黄堂,《郡国志》:‘在鸡陂之侧,春申君子假君之殿也。后太守居之,以数失火,涂以雌黄,遂名黄堂,即今太守之正厅是也。今天下郡治,皆名黄堂,昉此。’”

府尹之禄二千石，太守之马五花骢。

府尹，京府之最高行政长管。〇二千石，汉代郡守、国相的俸禄为二千石，故以为代称。《汉书·循吏传》："庶民所以安其田里而亡叹息愁恨之心者，政平讼理也。与我共此者，其唯良二千石乎！"颜师古注："谓郡守、诸侯相。"

骢（音聪），青白色的马。南宋胡仔《苕溪渔隐丛话》前集卷六："《遯斋闲览》云：'世谓太守为五马，人罕知其故事。或言《诗》云："孑孑干旟（音鱼，军旗），在浚之都，素丝组之，良马五之。"郑注谓："《周礼》：州长建旟。"汉太守比州长，故云。后见庞几先云："古乘驷马车，至汉时，太守出则增一马，事见《汉官仪》也。"'"同卷："《学林新编》云：'古《陌上桑罗敷行》曰："使君从南来，五马立踟蹰。"子美诗用五马甚多，注诗者引《陌上桑》五马以释之，非也。案《陌上桑》亦用五马为使君事者也。说者谓《汉官仪》"朝臣出使以驷马，太守加一马为五马。"又谓《诗》"孑孑干旟，在浚之都，素丝组之，良马五之"，注云："《周礼》：州里建旟，谓州长之属。"因呼太守为五马。然《诗》云"良马四之""良马五之""良马六之"，盖言素丝纰组所见之数，非太守之五马也。'苕溪渔隐曰：'五马事当以《遯斋》、《学林》二说出《汉官仪》者为是。余尝细考《诗》注，"孑孑干旟"，鸟隼曰旟。后人多用隼旟为太守事，又见注云："州长之属"，因以诗之五马为太守，误矣。'"

代天巡狩，赞称巡按；指日高升，预贺官僚。

巡狩，亦作"巡守"，帝王离开国都巡行境内。《孟子·梁惠王下》："天子适诸侯曰巡狩。巡狩者，巡所守也。"又巡按，古代官职名。天宝五载，唐玄宗派官员分道巡按天下风俗及黜陟官吏，巡按之名始此。明永乐元年，遣监察御史分赴各地巡视，考察吏治，称"巡按御史"，三年一换。巡按御史品级虽低（监察御史为正七品官），但号称"代天子巡狩"，各省及府、州、县行政长官皆其考察对象，大事奏请皇帝裁决，小事即时处理，事权颇重。清初因之，后废。

指日高升，官职很快就可升迁。旧时官场预祝之词。指日，不日，意为为期不远。

初到任曰下车，告致仕曰解组。

下车，新官初到任。《后汉书·循吏传·刘宠》："刘宠字祖荣，东莱牟平人，齐悼惠王之后也。……后四迁为豫章太守，又三迁拜会稽太守……宠简除烦苛，禁察非法，郡中大化。征为将作大匠。山阴县有五六老叟，龙眉皓发，自若邪山谷间出，人赍百钱以送宠。宠劳之曰：‘父老何自苦？’对曰：‘山谷鄙生，未尝识郡朝。它守时吏发求民间，至夜不绝，或狗吠竟夕，民不得安。自明府下车以来，狗不夜吠，民不见吏。年老遭值圣明，今闻当见弃去，故自扶奉送。’宠曰：‘吾政何能及公言邪？勤苦父老！’为人选一大钱受之。”

致仕，辞官归居。○解组，解下印绶，亦指辞去官职。北宋欧阳修《蔡州再乞致仕第二表》：“俾其解组官庭，还车故里。披裘散发，逍遥垂尽之年；凿井耕田，歌咏太平之乐。”

藩垣屏翰，方伯犹古诸侯之国；墨绶铜章，令尹即古子男之邦。

藩垣屏翰，诸侯为国之藩篱屏障，故喻指藩国。《诗经·大雅·板》：“价人维藩，大师维垣，大邦维屏，大宗维翰。”○方伯，本谓一方诸侯之长。后泛称地方长官。汉以来之刺史，唐之采访使、观察使，明、清之布政使，皆可尊称为“方伯”。《礼记·王制》：“千里之外设方伯。”

墨绶，结在印环上的黑色丝带。铜章，铜质之印章。《后汉书·蔡邕传》：“墨绶长吏，职典理人，皆当以惠利为绩，日月为劳。”李贤注：“《汉官仪》曰‘秩六百石，铜章墨绶’也。”今按：汉代官制，凡相国、丞相、太尉，皆金印紫绶；吏秩比二千石以上，皆银印青绶；六百石以上，皆铜印黑绶。县令，秩六百石至千石，为铜印黑绶，故后世以“墨绶铜章”作为县官的代称。○令尹，秦汉以来一县之长叫“县令”，元代叫“县尹”，因而亦合称“令尹”，以作为县官的别名。

太监掌阍门之禁令，故曰阍宦；朝臣皆搢笏于绅间，故曰搢绅。

阍宦，本指看守宫门的太监，后泛指宦官。《说文解字》：“阍，门竖也，宫中奄、昏闭门者。”清朱骏声《说文通训定声》：“宦者皆谓之奄，司阍则谓之阍。”

搢绅，亦作“缙绅”，插笏于带间。搢，插。绅，束腰的大带。古时仕宦者都垂绅插笏，因此称其为“搢绅”“缙绅”。《晋书·舆服志》：“笏，古者贵贱皆执笏，其有事则搢之于腰带，所谓搢绅之士者，搢笏而垂绅带也。绅垂长三尺。”

萧曹相汉高，曾为刀笔吏；汲黯相汉武，真是社稷臣。

萧何，曾为秦沛县吏，秦末辅佐刘邦起义；汉定国后，为高祖丞相，定律令制度，协助高祖灭异姓王。曹参，曾为秦沛县狱吏，秦末随刘邦起义；汉朝建立后，继萧何为惠帝丞相。《汉书·萧何曹参传赞》：“萧何、曹参皆起秦刀笔吏，当时录录未有奇节。汉兴，依日月之末光，何以信谨守管籥，参与韩信俱征伐。天下既定，因民之疾秦法，顺流与之更始，二人同心，遂安海内。淮阴、黥布等已灭，唯何、参擅功名，位冠群臣，声施后世，为一代之宗臣，庆流苗裔，盛矣哉！”颜师古注：“刀所以削书也，古者用简牒，故吏皆以刀笔自随也。”

《史记·汲郑列传》：“黯为人性倨，少礼，面折，不能容人之过。合己者善待之，不合己者不能忍见，士亦以此不附焉。然好学，游侠，任气节，内行修洁，好直谏，数犯主之颜色，常慕傅柏、袁盎之为人也。……黯多病，病且满三月，上常赐告者数，终不愈。最后病，庄助为请告，上曰：‘汲黯何如人哉？’助曰：‘使黯任职居官，无以逾人。然至其辅少主，守城深坚，招之不来，麾之不去。虽自谓贲、育，亦不能夺之矣。’上曰：‘然。古有社稷之臣，至如黯，近之矣。’”

召伯布文王之政，尝舍甘棠之下，后人思其遗爱，不忍伐其树；孔明有王佐之才，尝隐草庐之中，先主慕其令名，乃三顾其庐。

《史记·燕召公世家》：“召公之治西方，甚得兆民和。召公巡行乡邑，有棠树，决狱政事其下，自侯伯至庶人各得其所，无失职者。召公卒，而民人思召公之政，怀棠树不敢伐，哥咏之，作《甘棠》之诗。”

《三国志·蜀书·诸葛亮传》：“诸葛亮字孔明，琅邪阳都人也。……亮躬耕陇亩，好为《梁父吟》。身长八尺，每自比于管仲、乐毅，时人莫之许也。惟博陵崔州平、颍川徐庶元直与亮友善，谓为信然。时先主屯新野。徐庶见先主，先主器之，谓先主曰：‘诸葛孔明者，卧龙也，将军岂愿见之乎？’先主曰：‘君与俱来。’庶曰：‘此人可就见，不可屈致也。将军宜枉驾顾之。’由是先主遂诣亮，凡三往，乃见。”

鱼头参政，鲁宗道秉性骨鲠；伴食宰相，卢怀慎居位无能。

《宋史·鲁宗道传》：“时执政多任子于馆阁读书，宗道曰：‘馆阁育天下英才，岂纨袴子弟得以恩泽处邪？’枢密使曹利用恃权骄横，宗道屡于帝前折之。自贵戚用事者皆惮之，目为‘鱼头参政’，因其姓，且言骨鲠如鱼头也。”

《旧唐书·卢怀慎传》：“开元三年，迁黄门监。怀慎与紫微令姚崇对掌枢密，怀慎自以为吏道不及崇，每事皆推让之，时人谓之‘伴食宰相’。”

王德用，人称黑王相公；赵清献，世号铁面御史。

《宋史·王德用传》：“德用状貌雄毅，面黑，颈以下白皙，人皆异之。言者论德用貌类艺祖。……德用将家子，习知军中情伪，善以恩抚下，故多得士心。虽屡临边境，未尝亲矢石、督攻战，而名闻四夷，虽闾阎妇女小儿，皆呼德用曰'黑王相公'。"

《宋史·赵抃传》："翰林学士曾公亮未之识，荐为殿中侍御史，弹劾不避权幸，声称凛然，京师目为'铁面御史'。"亦见于北宋苏轼《赵清献公神道碑》。今按：赵抃谥号清献。

汉刘宽责民，蒲鞭示辱；项仲山洁己，饮马投钱。

蒲鞭，以蒲草为鞭，聊以示辱。常用以表示刑罚宽仁。《后汉书·刘宽传》："延熹八年，征拜尚书令，迁南阳太守。典历三郡，温仁多恕，虽在仓卒，未尝疾言遽色。常以为'齐之以刑，民免而无耻'。吏人有过，但用蒲鞭罚之，示辱而已，终不加苦。事有功善，推之自下；灾异或见，引躬克责。"

饮马投钱，比喻人廉洁不苟。《初学记》卷六："赵岐《三辅决录》曰：'安陵清者有项仲山，饮马渭水，每投三钱。'"又《太平御览》卷八三六："《风俗通》曰：'颍川黄子廉，每饮马，辄投钱与水。'"

李善感直言不讳，竞称鸣凤朝阳；汉张纲弹劾无私，直斥豺狼当道。

鸣凤朝阳，出自《诗经·大雅·卷阿》："凤皇鸣矣，于彼高冈。梧桐生矣，于彼朝阳。"北宋欧阳修《新唐书·韩瑗传》："自瑗与遂良相继死，内外以言为讳将二十年。帝造奉天宫，御史李善感始上疏极言，时人喜之，谓为'凤鸣朝阳'。"亦见于北宋孔平仲《续世说·直谏》。

《后汉书·张纲传》："汉安元年，选遣八使徇行风俗，皆耆儒知名，多历显位。唯纲年少，官次最微。余人受命之部，而纲独埋其车轮于洛阳都亭，曰：'豺狼当路，安问狐狸！'遂奏曰：'大将军冀，河南尹不疑，蒙外戚之援，荷国厚恩，以刍荛之资，居阿衡之任。不能敷扬五教，翼赞日月，而专为封豕长蛇，肆其贪叨，甘心好货，纵恣无底，多树谄谀，以害忠良。诚天威所不赦，大辟所宜加也。谨条其无君之心十五事，斯皆臣子所切齿者也。'书御，京师震竦。"

民爱邓侯之政，挽之不留；人嫌谢令之贪，推之不去。

《晋书·良吏传·邓攸》："时吴郡阙守，人多欲之，帝以授攸。攸载米之郡，俸禄无所受，唯饮吴水而已。时郡中大饥，攸表振贷，未报，乃辄开仓救之。……攸在郡刑政清明，百姓欢悦，为中兴良守。后称疾去职。郡常有送迎钱数百万，攸去郡，不受一钱。百姓数千人留牵攸船，不得进，攸乃小停，夜中发去。吴人歌之曰：'紞（音胆，击鼓声）如打五鼓，鸡鸣天欲曙。邓侯挽不留，谢令推不去。'百姓诣台乞留一岁，不听。拜侍中。"

廉范守蜀郡，民歌五袴；张堪守渔阳，麦穗两歧。

《后汉书·廉范传》："廉范字叔度，京兆杜陵人，赵将廉颇之后也。……建初中，迁蜀郡太守。其俗尚文辩，好相持短长。范每厉以淳厚，不受偷薄之说。成都民物丰盛，邑宇逼侧，旧制禁民夜作，以防火灾，而更相隐蔽，烧者日属。范乃毁削先令，但严使储水而已。百姓为便，乃歌之曰：'廉叔度，来何暮！不禁火，民安作。平生无襦今五绔。'"

麦穗两歧（亦作"岐"），指禾麦一生两穗，表示粮食丰收。《后汉书·张堪传》："张堪字君游，南阳宛人也，为郡族姓。堪早孤，让先父余财数百万与兄子。年十六，受业长安，志美行厉，诸儒号曰'圣童'。……在郡二年，征拜骑都尉，后领票骑将军杜茂营，击破匈奴于高柳，拜渔阳太守。捕击奸猾，赏罚必信，吏民皆乐为用。匈奴尝以万骑入渔阳，堪率数千骑奔击，大破之，郡界以静。乃于狐奴开稻田八千余顷，劝民耕种，以致殷富。百姓歌曰：'桑无附枝，麦穗两岐。张君为政，乐不可支。'视事八年，匈奴不敢犯塞。"

鲁恭为中牟令，桑下有驯雉之异；郭伋为并州守，儿童有竹马之迎。

《后汉书·鲁恭传》："（赵）熹复举恭直言，待诏公车，拜中牟令。恭专以德化为理，不任刑罚。……建初七年，郡国螟伤稼，犬牙缘界，不入中牟。河南尹袁安闻之，疑其不实，使仁恕掾肥亲往廉之。恭随行阡陌，俱坐桑下，有雉过，止其傍。傍有童儿，亲曰：'儿何不捕之？'儿言：'雉方将雏。'亲瞿然而起，与恭诀曰：'所以来者，欲察君之政迹耳。今虫不犯境，此一异也；化及鸟兽，此二异也；竖子有仁心，此三异也。久留，徒扰贤者耳！'还府，具以状白安。"

《后汉书·郭伋传》："（建武）十一年，省朔方刺史属并州。帝以卢芳据北土，乃调伋为并州牧。……伋前在并州，素结恩德，及后入界，所到县邑，老幼相携，逢迎道路。所过问民疾苦，聘求耆德雄俊，设几杖之礼，朝夕与参政事。始至行部，到西河美稷，有童儿数百，各骑竹马，道次迎拜。伋问：'儿曹何自远来？'对曰：'闻使君到，喜，故来奉迎。'伋辞谢之。及事讫，诸儿复送至郭外，问：'使君何日当还？'伋谓别驾从事，计日告之。行部既还，先期一日，伋为违信于诸儿，遂止于野亭，须期乃入。"

鲜于子骏，宁非一路福星；司马温公，真是万家生佛。

一路福星，原指为民谋福祉的贤明官吏。后亦用作祝人旅途平安之语。路，本为宋代的行政区域单位。福星，即岁星，据说岁星照临能降福于民。北宋秦观《淮海集·鲜于子骏行状》："复除公（鲜于侁）为京东转运使，温公曰：'子骏不当使外，顾东土承使者聚敛之后，民不聊生，烦子骏往救之耳。'比公行，又谓所亲曰：'福星往矣，安得百子骏布在天下乎！'"又《续资治通鉴长编》卷三六一："（元丰八年）十一月丁酉，朝议大夫鲜于侁为京东转运使。熙宁末，侁已尝为京东转运使，于是司马光语人曰：'今复以子骏为转运使，诚非所宜。然朝廷欲救东土之弊，非子骏不可。此一路福星也，可以为诸路转运使模范矣。'又曰：'安得百子骏布在天下乎！'"

万家生佛，万户人家的活佛，旧时用为称颂亲民、爱民的官吏。《宋史·司马光传》："（元祐元年）九月薨，年六十八。太皇太后闻之恸，与帝即临其丧，明堂礼成不贺，赠太师、温国公，襚以一品礼服，赙银绢七千。诏户部侍郎赵瞻、内侍省押班冯宗道护其丧，归葬陕州。谥曰文正，赐碑曰'忠清粹德'。京师人罢市往吊，鬻衣以致奠，巷哭以过车。及葬，哭者如哭其私亲。岭南封州父老，亦相率具祭，都中及四方皆画像以祀，饮食必祝。"又南宋戴翼《贺陈待制启》："福星一路之歌谣，生佛万家之香火。"

鸾凤不栖枳棘，羡仇香之为主簿；河阳遍种桃花，乃潘岳之为县官。

《后汉书·循吏传·仇览》："仇览字季智，一名香，陈留考城人也。少为书生淳默，乡里无知者。年四十，县召补吏，选为蒲亭长。……览初到亭，人有陈元者，独与母居，而母诣览告元不孝。览惊曰：'吾近日过舍，庐落整顿，耕耘以时。此非恶人，当是教化未及至耳。母守寡养孤，苦身投老，奈何肆忿于一朝，欲致子以不义乎？'母闻感悔，涕泣而去。览乃亲到元家，与其母子饮，因为陈人伦孝行，譬以祸福之言。元卒成孝子。乡邑为之谚曰：'父母何在在我庭，化我鸤枭哺所生。'时考城令河内王涣，政尚严猛，闻览以德化人，署为主簿。谓览曰：'主簿闻陈元之过，不罪而化之，得无少鹰鹯之志邪？'览曰：'以为鹰鹯，不若鸾凤。'涣谢遣曰：'枳棘非鸾凤所栖，百里岂大贤之路？今日太学曳长裾，飞名誉，皆主簿后耳。以一月奉为资，勉卒景行。'览入太学。"

唐白居易撰、宋孔传续撰《白孔六帖》卷七七:“潘岳为河阳令,树桃李花,人号曰‘河阳一县花’。”

刘昆宰江陵,昔日反风灭火;龚遂守渤海,令民卖刀买牛。

《后汉书·儒林传上·刘昆》:“刘昆字桓公,陈留东昏人,梁孝王之胤也。少习容礼。平帝时,受《施氏易》于沛人戴宾。能弹雅琴,知清角之操。……建武五年,举孝廉,不行,遂逃,教授于江陵。光武闻之,即除为江陵令。时县连年火灾,昆辄向火叩头,多能降雨止风。征拜议郎,稍迁侍中、弘农太守。先是崤、黾驿道多虎灾,行旅不通。昆为政三年,仁化大行,虎皆负子度河。帝闻而异之。二十二年,征代杜林为光禄勋。诏问昆曰:‘前在江陵,反风灭火;后守弘农,虎北度河。行何德政而致是事?’昆对曰:‘偶然耳。’左右皆笑其质讷。帝叹曰:‘此乃长者之言也。’顾命书诸策。”

《汉书·循吏传·龚遂》:“宣帝即位,久之,渤海左右郡岁饥,盗贼并起,二千石不能禽制。上选能治者,丞相御史举遂可用,上以为渤海太守。……至渤海界,郡闻新太守至,发兵以迎,遂皆遣还,移书敕属县悉罢逐捕盗贼吏。诸持锄钩田器者皆为良民,吏无得问,持兵者乃为盗贼。遂单车独行至府,郡中翕然,盗贼亦皆罢。渤海又多劫略相随,闻遂教令,即时解散,弃其兵弩而持钩锄。盗贼于是悉平,民安土乐业。遂乃开仓廪假贫民,选用良吏,尉安牧养焉。遂见齐俗奢侈,好末技,不田作,乃躬率以俭约,劝民务农桑,令口种一树榆、百本薤、五十本葱、一畦韭,家二母彘、五鸡。民有带持刀剑者,使卖剑买牛,卖刀买犊,曰:‘何为带牛佩犊!’春夏不得不趋田亩,秋冬课收敛,益蓄果实菱芡。劳来循行,郡中皆有畜积,吏民皆富实。狱讼止息。”

此皆德政可歌,是以令名攸著。

以上所说的这些官员的德行仁政都值得歌颂,所以他们的美名世代传扬。

[新增文]十三联

太守称为紫马,邑宰地号雷封。

南宋李刘《四六标准》卷八:“飞紫马之英声,奉黄龙之宽诏。”明孙云翼笺释:“杜诗‘使君骑紫马’,注:‘谢灵运守永嘉,人曰:“骑紫马者太守也。”’按:谢灵运事不见正史,盖附会也。”又明姜准《岐海琐谈》卷一六:“谢灵运出守永嘉，人曰：'骑紫马者太守也。'杜少陵有诗云：'使君骑紫马，捧拥从西来。'此事人知者罕，故特拈之。"今按：杜甫诗题为《山寺》。

雷封，古称县令管辖之地。《白孔六帖》卷七七："雷霆百里，县令象之，分土百里。"又《太平御览》卷一三："《论语谶》曰：'雷震百里声相附。'宋均注云：'雷动百里，故因以制国也。雷声，谓诸侯之政教所至皆附也。'"

槐位棘垣，三公及孤卿异秩；棱官紧职，拾遗与御史别称。

槐、棘，周时，朝廷种三槐九棘，公卿大夫分坐其下，后因以槐、棘指称三公九卿。《周礼·秋官·朝士》："朝士：掌建邦外朝之法。左九棘，孤、卿、大夫位焉，群士在其后；右九棘，公、侯、伯、子、男位焉，群吏在其后；面三槐，三公位焉，州长众庶在其后。"郑玄注："树棘以为位者，取其赤心而外刺，象以赤心三刺也。槐之言怀也，怀来人于此，欲与之谋。"

棱官，亦称"稜官"，因御史有威棱，故称。清梁章钜《称谓录》卷一四："《汉官仪》：'御史执法称稜官。'"〇紧职，拾遗之别称。南宋潘自牧《记纂渊海》卷二九引《杂记》："传记拾遗立紧，以其行立在北省之次，献可替否也。"又明陈耀文《天中记》卷三三引《两京杂记》："吏部铨注拾遗、评事、赤尉才望清高，标格孤秀者署为之，俗号'三紧官'。拾遗立紧，以其行立在北省之次，献可替否也。评事出紧，以其衔恩按覆，弹射不法也。赤尉坐紧，以剧县决遣，权豪畏威也。入仕之路历是三官者，时辈共以为荣也。"

给事谓之夕郎，黄门批敕；翰林名为仙掖，紫禁宣麻。

秦及西汉郎官给事于黄闼（宫门）之内，称"黄门侍郎"。东汉始设为专官，称"给事黄门侍郎"，其职为侍从皇帝，传达诏命。唐人多以夕郎为给事中的别称。《初学记》卷一二："应劭曰：'黄门郎每日暮向青琐门拜，谓之夕郎。'"

仙掖，唐代翰林院在皇宫（宫掖）附近，翰林学士又被认为是清要的职位，故称翰林院为"仙掖"。〇宣麻，唐宋时诏书用黄、白麻纸书写，因称诏书曰"麻"。据宋代程大昌《演繁露·黄麻白麻》云，诏书旧皆用白纸，唐高宗上元间，以白纸易蠹，改用麻纸。凡由翰林院学士草制，立皇后太子、施赦、讨伐、除免三公将相等，皆用白麻书。唐姚合《和卢给事酬裴员外》诗："夕郎夜直吟仙掖，天乐和声下禁楼。"

饱卿睡卿，名号自别；铨部祠部，政事攸分。

北宋苏轼《用旧韵送鲁元翰知洺州》诗："道馆虽云乐，冷卿当复温。"王文诰注："(孙)倬曰：'世传，京师谓光禄为饱卿，卫尉为暖卿，鸿胪为睡卿，司农为走卿，宗正为冷卿。暖卿谓其管仪銮供帐之类，冷卿谓其管玉牒所。'"又北宋王得臣《麈史》卷下："七寺闲剧不同。太府为忙卿，司农为走卿，光禄为饱卿，鸿胪为睡卿。盖忙卿所隶场务，走卿仓庾，饱卿祠祭数颁胙醴，睡卿掌四夷宾贡之事。"

铨部，旧以吏部专司铨选官吏，故称吏部为"铨部"。又祠部，三国曹魏始置祠部曹，掌礼制，晋以后因之，北周改为礼部。隋唐另置祠部曹，属于礼部，专掌祠祀、享祭、天文、漏刻、国忌、庙讳、卜筮、医药、僧尼之事。

俗美化醇，尹翁归去思蜀郡；名高望重，汲长孺卧治淮阳。

《汉书·循吏传·文翁》："文翁，庐江舒人也。少好学，通《春秋》，以郡县吏察举。景帝末，为蜀郡守，仁爱好教化。见蜀地辟陋有蛮夷风，文翁欲诱进之，乃选郡县小吏开敏有材者张叔等十余人亲自饬厉，遣诣京师，受业博士，或学律令。减省少府用度，买刀布蜀物，赍计吏以遗博士。数岁，蜀生皆成就还归，文翁以为右职，用次察举，官有至郡守刺史者。又修起学官于成都市中，招下县子弟以为学官弟子，为除更徭，高者以补郡县吏，次为孝弟力田。常选学官僮子，使在便坐受事。每出行县，益从学官诸生明经饬行者与俱，使传教令，出入闺阁。县邑吏民见而荣之，数年，争欲为学官弟子，富人至出钱以求之。由是大化，蜀地学于京师者比齐鲁焉。至武帝时，乃令天下郡国皆立学校官，自文翁为之始云。文翁终于蜀，吏民为立祠堂，岁时祭祀不绝。至今巴蜀好文雅，文翁之化也。"今按：尹翁归从未在蜀郡任职，应为文翁。

《史记·汲郑列传》："上(汉武帝)以为淮阳，楚地之郊，乃召拜黯为淮阳太守。黯伏谢不受印，诏数强予，然后奉诏。诏召见黯，黯为上泣曰：'……臣常有狗马病，力不能任郡事。臣愿为中郎，出入禁闼，补过拾遗，臣之愿也。'上曰：'君薄淮阳邪？吾今召君矣，顾淮阳吏民不相得，吾徒得君之重，卧而治之。'"

张魏公作冲天羽翼，李长吉为瑞世琼瑶。

张魏公，即张浚，曾封为魏国公。《宋史·张浚传》："时乘舆在扬州，浚言：'中原天下之根本，愿下诏葺东京、关陕、襄邓以待巡幸。'咈(音扶，违逆)宰相意，除集英殿修撰、知兴元府。未行，擢礼部侍郎，高宗召谕曰：'卿知无不言，言无不尽，朕将有为，正如欲一飞冲天而无羽翼，卿勉留辅朕。'"

《新唐书·文艺传下·李贺》："李贺字长吉，系出郑王后。七岁能辞章，韩愈、皇甫湜始闻未信，过其家，使贺赋诗，援笔辄就如素构，自目曰《高轩过》，二人大惊，自是有名。为人纤瘦，通眉，长指爪，能疾书。每旦日出，骑弱马，从小奚奴，背古锦囊，遇所得，书投囊中。未始先立题然后为诗，如它人牵合程课者。及暮归，足成之。非大醉、吊丧日率如此。过亦不甚省。母使婢探囊中，见所书多，即怒曰：'是儿要呕出心乃已耳。'以父名晋肃，不肯举进士，愈为作《讳辨》，然卒亦不就举。辞尚奇诡，所得皆惊迈，绝去翰墨畦迳，当时无能效者。乐府数十篇，云韶诸工皆合之弦管。"

士仰直声，汉世喜多二鲍；民歌善政，江东闻有三岑。

《后汉书·鲍永传》："建武十一年，征为司隶校尉。帝叔父赵王良尊戚贵重，永以事劾良大不敬，由是朝廷肃然，莫不戒慎。乃辟扶风鲍恢为都官从事，恢亦抗直不避强御。帝常曰：'贵戚且宜敛手，以避二鲍。'其见惮如此。"

《新唐书·岑羲传》："羲字伯华，第进士……迁金坛令。时弟仲翔为长洲令，仲休为溧水令，皆有治绩。宰相宗楚客语本道巡察御史：'毋遗江东三岑。'"

棠棣理政多能，刘氏兄弟守南郡；桥梓治县有谱，傅家父子宰山阴。

棠棣，指兄弟。唐姚思廉《梁书·刘之亨传》："之亨字嘉会，之遴弟也。少有令名。举秀才，拜太学博士，稍迁兼中书通事舍人，步兵校尉，司农卿。又代兄之遴为安西湘东王长史、南郡太守。在郡有异绩。数年卒于官，时年五十。荆土至今怀之，不忍斥其名，号为'大南郡''小南郡'云。"

桥梓，指父子。《南史·循吏传·傅琰》："傅琰字季珪，北地灵州人也。父僧祐，山阴令，有能名。琰美姿仪，仕宋为武康令，迁山阴令，并著能名，二县皆谓之傅圣。齐高帝辅政，以山阴狱讼烦积，复以琰为山阴令。……琰父子并著奇绩，时云诸傅有《理县谱》，子孙相传，不以示人。"

政简刑清，姜謩号太平官府；身修行洁，裴侠称独立使君。

《新唐书·姜謩传》："姜謩，秦州上邽人。……擢秦州刺史。帝曰：'昔人称衣锦故乡，今以本州相授，所以偿功。凉州荒梗，宜有以靖之。'謩至，抚边俗以恩信，盗贼衰止。人喜曰：'不意复见太平官府。'"

唐令德狐棻《周书·裴侠传》："(裴侠)除河北郡守。侠躬履俭素，爱民如子，所食唯菽麦盐菜而已。吏民莫不怀之。此郡旧制，有渔猎夫三十人以供郡守。侠曰：'以口腹役人，吾所不为也。'乃悉罢之。又有丁三十人，供郡守役使。侠亦不以入私，并收庸直，为官市马。岁月既积，马遂成群。去职之日，一无所取。民歌之曰：'肥鲜不食，丁庸不取，裴公贞惠，为世规矩。'侠尝与诸牧守俱谒太祖。太祖命侠别立，谓诸牧守曰：'裴侠清慎奉公，为天下之最，今众中有如侠者，可与之俱立。'众皆默然，无敢应者。太祖乃厚赐侠。朝野叹服，号为独立君。"亦见于《北史·裴侠传》，惟"独立君"作"独立使君"。

袁尚书学问深宏，不愧魏朝杜预；寇丞相事功彪炳，真为宋代谢安。

北齐魏收《魏书·袁翻传》："后拜度支尚书，加抚军将军。肃宗、灵太后曾燕于华林园，举觞谓群臣曰：'袁尚书，朕之杜预。欲以此杯敬属元凯，今为尽之。'侍座者莫不羡仰。翻名位俱重，当时贤达咸推与之，然独善其身，无所奖拔，排抑后进，惧其凌己，论者鄙之。"今按：据《晋书·杜预传》，杜预，字元凯，曾拜度支尚书，"在内七年，损益万机，不可胜数，朝野称美，号曰'杜武库'，言其无所不有也"。

《梦溪笔谈》卷九："景德中，河北用兵，车驾欲幸澶渊，中外之论不一，独寇忠愍（寇准）赞成上意。乘舆方渡河，虏骑充斥，至于城下，人情恟恟。上使人微觇准所为，而准方酣寝于中书，鼻息如雷。人以其一时镇物，比之谢安。"今按：《晋书·谢安传》："坚后率众，号百万，次于淮肥，京师震恐。加安征讨大都督。玄入问计，安夷然无惧色，答曰：'已别有旨。'既而寂然。玄不敢复言，乃令张玄重请。安遂命驾出山墅，亲朋毕集，方与玄围棋赌别墅。安常棋劣于玄，是日玄惧，便为敌手而又不胜。安顾谓其甥羊昙曰：'以墅乞汝。'安遂游涉，至夜乃还，指授将帅，各当其任。玄等既破坚，有驿书至，安方对客围棋，看书既竟，便摄放床上，了无喜色，棋如故。客问之，徐答云：'小儿辈遂已破贼。'既罢，还内，过户限，心喜甚，不觉屐齿之折，其矫情镇物如此。"

熙宁三舍人，乃一朝硕彦；庆历四谏士，实千古良臣。

《宋史·苏颂传》："（宋神宗熙宁三年）大臣荐秀州判官李定，召见，擢太子中允，除监察御史里行。宋敏求知制诰，封还词头。复下，颂当制，颂奏：'祖宗朝，天下初定，故不起孤远而登显要者。真宗以来，虽有幽人异行，亦不至超越资品。今定不由铨考，擢授朝列；不缘御史，荐置宪台。虽朝廷急于用才，度越常格，然隳紊法制，所益者小，所损者大，未敢具草。'次至李大临，亦封还。……执奏不已，于是并落知制诰，归工部郎中班，天下谓颂及敏求、大临为‘三舍人’。”又《宋史·李大临传》：“大临清整有守，论议识大体，因争李定后名益重，世并宋敏求、苏颂称为‘熙宁三舍人’云。”

北宋魏泰《东轩笔录》卷一三：“庆历中，余靖、欧阳修、蔡襄、王素为谏官，时谓之四谏。”

宰相必用读书人，舍窦可象谁当鼎轴；状元曾是渴睡汉，惟吕文穆乃占魁名。

南宋江少虞《宋朝事实类苑》卷一：“太祖将改年号，谓宰臣等曰：‘须求古来未尝有者。’宰臣以乾德为请。三年正月平蜀，宫人有入掖庭者，太祖因阅奁具，得鉴，背字云：‘乾德四年铸。’大惊曰：‘安得四年铸此鉴？’以出示宰相，皆不能对。乃召学士陶穀、窦仪问之，仪曰：‘蜀主曾有此号，鉴必蜀中所得。’太祖大喜曰：‘作宰相必用读书人。’自是大重儒臣矣。”亦见于《续资治通鉴长编》卷七、《宋史·太祖纪三》。今按：窦仪，字可象，《宋史》有传。

北宋欧阳修《六一诗话》：“吕文穆公未第时，薄游一县。胡大监旦方随其父宰是邑，遇吕甚薄。客有誉吕曰：‘吕君工于诗，宜少加礼。’胡问诗之警句，客举一篇，其卒章云：‘挑尽寒灯梦不成。’胡笑曰：‘乃是一渴睡汉耳。’吕闻之，甚恨而去。明年，首中甲科，使人寄声语胡曰：‘渴睡汉状元及第矣。’胡答曰：‘待我明年第二人及第，输君一筹。’既而次榜亦中首选。”亦见于北宋孔平仲《孔氏谈苑》卷三。

谁云公种生公，或谓相门有相。

《晋书·文苑传·王沈》：“王沈字彦伯，高平人也。少有俊才，出于寒素，不能随俗沉浮，为时豪所抑。仕郡文学掾，郁郁不得志，乃作《释时论》，其辞曰：‘……今则不然。上圣下明，时隆道宁，群后逸豫，宴安守平。百辟君子，奕世相生，公门有公，卿门有卿。’”

《史记·孟尝君列传》：“文闻将门必有将，相门必有相。”又《梁书·王训传》：“训字怀范，幼聪警有识量，征士何胤见而奇之。年十三，暕亡忧毁，家人莫之识。十六，召见文德殿，应对爽彻。上目送久之，顾谓朱异曰：‘可谓相门有相矣。’”

武　职

韩柳欧苏，固文人之最著；起翦颇牧，乃武将之多奇。

韩愈字退之，唐河内河阳（今河南孟州）人。自谓郡望昌黎，世称"韩昌黎"；晚年任吏部侍郎，又称"韩吏部"；谥号"文"，亦称"韩文公"。德宗贞元八年登进士第。宪宗时，随同裴度平定淮西藩镇之乱，因功升任刑部侍郎；后因上疏谏迎佛骨，触怒宪宗，被贬为潮州刺史。穆宗时，召为国子监祭酒，历任京兆尹及兵部、吏部侍郎。他是唐代著名的散文家和重要诗人，系唐代古文运动的倡导者，苏轼称他为"文起八代之衰"，明人推他为"唐宋八大家"之首，与柳宗元并称"韩柳"。事迹见新、旧《唐书》本传。○柳宗元，字子厚，祖籍河东（今山西永济），世称"柳河东"。又因官终柳州刺史，亦称"柳柳州"。少有才名，早怀大志。德宗贞元九年登进士第，十四年登博学鸿词科，授集贤殿正字。积极参与王叔文集团政治革新，迁礼部员外郎。永贞元年九月，革新失败，贬为邵州刺史；是年十一月再贬为永州司马。宪宗元和十年春回京师，又出为柳州刺史，卒于柳州任所。他是唐代著名的文学家和思想家，与韩愈共同倡导唐代古文运动。事迹见新、旧《唐书》本传及唐韩愈《柳子厚墓志铭》。○欧阳修字永叔，号醉翁，晚年又号六一居士。北宋庐陵（今江西吉安）人。因谥号文忠，世称"欧阳文忠公"。仁宗天圣八年进士及第，次年到洛阳任西京留守推官。后入京任职，因勇于言事，一度被贬为夷陵县令。仁宗庆历年间，积极参加范仲淹领导的庆历新政，又被贬至滁州等地。晚年官至参知政事。他是北宋诗文革新运动的领导者，在诗文词赋等方面都取得了很高的成就，苏轼称他为"今之韩愈"。事迹见《宋史》本传。○苏轼字子瞻，号东坡居士，北宋眉州（今四川眉山）人。仁宗嘉祐二年，与弟苏辙同登进士。授大理评事，签书凤翔府判官。后出任杭州通判、密州知州等职务。神宗元丰二年，遭遇乌台诗案，责授黄州团练副使。哲宗立，接连迁为礼部郎中、中书舍人，又迁翰林学士知制诰，知礼部贡举。后出知杭州等地方官职。哲宗亲政后，远贬惠州，再贬儋州，卒于北归途中。苏轼是北宋文学的最杰出代表，也是中国文学艺术史上公认的天才、全才。他与父亲苏洵、弟弟苏辙皆名列"唐宋八大家"；在散文方面，与欧阳修并称"欧苏"；

诗与黄庭坚并称“苏黄”；词与辛弃疾并称“苏辛“；书法名列“北宋四大书法家”之一。事迹见《宋史》本传。

白起，战国时秦国著名将领，他素以深通韬略著称，屡战屡胜。秦昭王十四年，出兵攻打韩、魏，全歼韩魏联军于伊阙，斩获首级二十四万。二十八年，攻楚，拔鄢、邓等五座城池。次年，攻陷楚国的都城郢，焚毁夷陵，向东进兵至竟陵，楚王逃离都城，避难于陈。秦国以郢都为南郡，白起受封为武安君。四十七年，攻打赵国，采取后退诱敌、分割围歼的战术，取得长平之战大捷，坑杀赵军降卒四十万。事迹见《史记·白起王翦列传》。〇王翦，战国时秦国著名将领，他深谙用兵之道，与其子王贲在秦国兼并天下的过程中立下赫赫战功。秦王政十八年，攻打赵国，历时一年，攻陷赵都，俘获赵王，定赵地为秦郡。次年，率兵攻打燕国，平定燕蓟，大胜而还。接着，秦使王翦子王贲击楚，还击魏国，魏王投降，遂定魏地。二十三年，王翦率领六十万大军伐楚，一举攻破楚国，俘虏荆王负刍，平荆地为郡县。因战功显著而封武成侯。事迹见《史记·白起王翦列传》。〇廉颇，战国时赵国著名将领，以勇气闻于诸侯。他曾为蔺相如公而忘私的精神所折服，向蔺负荆请罪。赵孝成王七年，秦与赵兵相距长平，廉颇固垒坚守，秦军无法取胜。后赵王中了秦之离间计，以赵括取代廉颇，遭到惨败。孝成王十五年，廉颇于鄗地击破入侵之燕军，杀死统帅栗腹，围攻燕国。赵王以尉文封廉颇为信平君，任代理相国。赵悼襄王立，使乐乘代廉颇。廉颇怒，攻乐乘，乐乘逃走。廉颇遂奔魏之大梁。后来赵国数困于秦兵，赵王思复得廉颇，廉颇亦思复用于赵。赵王派遣使者视廉颇尚可用否。廉颇之仇郭开多与使者金，令毁之。赵使者既见廉颇，廉颇为之一饭斗米，肉十斤，被甲上马，以示尚可用。赵使还报王曰：“廉将军虽老，尚善饭，然与臣坐，顷之三遗矢矣。”赵王以为老，终不见召。事迹见《史记·廉颇蔺相如列传》。〇李牧，战国时赵国著名将领。他前期为赵国北边之良将，常居代、雁门，守备匈奴。曾采取诱敌深入、设伏包歼的计谋，大破匈奴十余万骑。又接连灭掉襜褴，攻破东胡，降服林胡，致使单于落荒而逃，之后十余年，匈奴不敢接近赵国边城。后期主要是抵御强秦，先后两次击败秦军，因战功显著而封为武安君。后赵王中秦国反间计，杀死李牧。事迹见《史记·廉颇蔺相如列传》。

范仲淹胸中具数万甲兵，楚项羽江东有八千子弟。

《五朝名臣言行录》卷七引《名臣传》：“仲淹领延安，阅兵选将，日夕训练。又请戒诸路养兵畜锐，毋得轻动。夏人闻之，相戒曰：‘无以延州为意，今小范老子腹中自有数万甲兵，不比大范老子可欺也！’戎人呼知州为老子，大范谓雍也。”

《史记·项羽本纪》:“项籍者,下相人也,字羽。初起时,年二十四。其季父项梁。……秦二世元年七月,陈涉等起大泽中。其九月,会稽守通谓梁曰:‘江西皆反,此亦天亡秦之时也。吾闻:“先即制人,后则为人所制。”吾欲发兵,使公及桓楚将。’是时,桓楚亡在泽中。梁曰:‘桓楚亡,人莫知其处,独籍知之耳。’梁乃出,诫籍持剑居外待。梁复入,与守坐,曰:‘请召籍,使受命召桓楚。’守曰:‘诺。’梁召籍入。须臾,梁眴籍曰:‘可行矣。’于是籍遂拔剑斩守头。项梁持守头,佩其印绶。门下大惊,扰乱,籍所击杀数十百人。一府中皆慑伏,莫敢起。梁乃召故所知豪吏,谕以所为起大事。遂举吴中兵。使人收下县,得精兵八千人。”

孙膑吴起,将略堪夸;穰苴尉缭,兵机莫测。

《史记·孙子吴起列传》:“膑生阿、鄄之间,膑亦孙武之后世子孙也。孙膑尝与庞涓俱学兵法。庞涓既事魏,得为惠王将军,而自以为能不及孙膑,乃阴使召孙膑。膑至,庞涓恐其贤于己,疾之,则以法刑断其两足而黥之,欲隐勿见。齐使者如梁,孙膑以刑徒阴见,说齐使。齐使以为奇,窃载与之齐。齐将田忌善而客待之。……于是忌进孙子于威王。威王问兵法,遂以为师。其后魏伐赵,赵急,请救于齐。齐威王乃以田忌为将,而孙子为师,居辎车中,坐为计谋。田忌欲引兵之赵,孙子曰:‘夫解杂乱纷纠者不控卷,救斗者不搏撠,批亢捣虚,形格势禁,则自为解耳。今梁赵相攻,轻兵锐卒必竭于外,老弱罢于内。君不若引兵疾走大梁,据其街路,冲其方虚,彼必释赵而自救。是我一举解赵之围,而收弊于魏也。’田忌从之,魏果去邯郸,与齐战于桂陵,大破梁军。后十三岁,魏与赵攻韩,韩告急于齐。齐使田忌将而往,直走大梁。魏将庞涓闻之,去韩而归,齐军既已过而西矣。孙子谓田忌曰:‘彼三晋之兵,素悍勇而轻齐,齐号为怯,善战者因其势而利导之。兵法:“百里而趣利者蹶上将,五十里而趣利者军半至。”使齐军入魏地为十万灶,明日为五万灶,又明日为三万灶。’庞涓行三日,大喜,曰:‘我固知齐军怯,入吾地三日,士卒亡者过半矣。’乃弃其步军,与其轻锐倍日并行逐之。孙子度其行,暮当至马陵。马陵道狭,而旁多阻隘,可伏兵,乃斫大树,白而书之曰:‘庞涓死于此树之下。’于是令齐军善射者万弩,夹道而伏,期曰:‘暮见火举而俱发。’庞涓果夜至斫木下,见白书,乃钻火烛之。读其书未毕,齐军万弩俱发,魏军大乱相失。庞涓自知智穷兵败,乃自刭,曰:‘遂成竖子之名!’齐因乘胜尽破其军,虏魏太子申以归。孙膑以此名显天下,世传其兵法。”〇《史记·孙子吴起列传》:“吴起者,卫人也,好用兵。尝学于曾子,事鲁君。齐人攻鲁,鲁欲将吴起,吴起取齐女为妻,而鲁疑之。吴起于是欲就名,遂杀其妻,以明不与齐也。鲁卒以为将。将而攻齐,大破之。……吴起于是闻魏文侯贤,欲事之。文侯问李克曰:'吴起何如人哉?'李克曰:'起贪而好色,然用兵司马穰苴不能过也。'于是魏文侯以为将,击秦,拔五城。起之为将,与士卒最下者同衣食。卧不设席,行不骑乘,亲裹羸粮,与士卒分劳苦。文侯以吴起善用兵,廉平,尽能得士心,乃以为西河守,以拒秦、韩。……楚悼王素闻起贤,至则相楚。明法审令,捐不急之官,废公族疏远者,以抚养战斗之士。要在强兵,破驰说之言从横者。于是南平百越;北并陈蔡,却三晋;西伐秦。诸侯患楚之强。故楚之贵戚尽欲害吴起。及悼王死,宗室大臣作乱而攻吴起,吴起走之王尸而伏之。击起之徒,因射刺吴起并中悼王。悼王既葬,太子立,乃使令尹尽诛射吴起而并中王尸者。坐射起而夷宗死者,七十余家。"

《史记·司马穰苴列传》:"司马穰苴者,田完之苗裔也。齐景公时,晋伐阿、甄,而燕侵河上,齐师败绩。景公患之。晏婴乃荐田穰苴曰:'穰苴虽田氏庶孽,然其人文能附众,武能威敌,愿君试之。'景公召穰苴,与语兵事,大说之,以为将军,将兵捍燕晋之师。……士卒次舍井灶饮食,问疾医药,身自拊循之。悉取将军之资粮享士卒,身与士卒平分粮食。最比其羸弱者,三日而后勒兵。病者皆求行,争奋出,为之赴战。晋师闻之,为罢去。燕师闻之,度水而解。于是追击之,遂取所亡封内故境,而引兵归。未至国,释兵旅,解约束,誓盟而后入邑。景公与诸大夫郊迎,劳师成礼,然后反归寝。既见穰苴,尊为大司马。田氏日以益尊于齐。已而大夫鲍氏、高、国之属害之,谮于景公。景公退穰苴,苴发疾而死。至齐威王用兵行威,大放穰苴之法,而诸侯朝齐。齐威王使大夫追论古者司马兵法,而附穰苴于其中,因号曰《司马穰苴兵法》。"〇尉缭,战国中期军事家,相传为魏国人,著有兵书《尉缭子》。《汉书·艺文志·兵书略》"兵形势"类著录有《尉缭》三十一篇,今存《尉缭子》五卷二十四篇。北宋神宗元丰年间,《尉缭子》与《司马穰苴兵法》皆被列为《武经七书》。

姜太公有《六韬》,黄石公有《三略》。

《六韬》,又称《太公六韬》《太公兵法》,相传为周初太公望(即吕尚)所著,分为文韬、武韬、龙韬、虎韬、豹韬、犬韬六个部分。北宋神宗元丰年间,《六韬》被列为《武经七书》之一,为武学必读书目。

三国魏李康《运命论》:"张良受黄石之符,诵三略之说。以游于群雄,其言也,如以水投石,莫之受也;及其遭汉祖,其言也,如以石投水,莫之逆也。"李善注:"《黄石公记序》曰:'黄石者,神人也,有《上略》《中略》《下略》。'《河图》曰：‘黄石公谓张良曰：“读此，为刘帝师。”’”今按：唐魏徵《隋书·经籍志三》著录《黄石公三略》三卷，题“下邳神人撰”，属兵家类，后以三略泛指兵法。

韩信将兵，多多益善；毛遂讥众，碌碌无奇。

多多益善，越多越好。《史记·淮阴侯列传》：“上常从容与信言诸将能不，各有差。上问曰：‘如我能将几何？’信曰：‘陛下不过能将十万。’上曰：‘于君何如？’曰：‘臣多多而益善耳。’上笑曰：‘多多益善，何为为我禽？’信曰：‘陛下不能将兵，而善将将，此乃信之所以为陛下禽也。且陛下所谓天授，非人力也。’”

碌碌无奇，亦作“碌碌无能”，意为平庸无能。《史记·平原君虞卿列传》：“平原君与楚合从，言其利害，日出而言之，日中不决。十九人谓毛遂曰：‘先生上。’毛遂按剑历阶而上，谓平原君曰：‘从之利害，两言而决耳。今日出而言从，日中不决，何也？’楚王谓平原君曰：‘客何为者也？’平原君曰：‘是胜之舍人也。’楚王叱曰：‘胡不下？吾乃与而君言，汝何为者也？’毛遂按剑而前曰：‘王之所以叱遂者，以楚国之众也。今十步之内，王不得恃楚国之众也，王之命县于遂手。吾君在前，叱者何也？且遂闻汤以七十里之地王天下，文王以百里之壤而臣诸侯。岂其士卒众多哉？诚能据其势而奋其威。今楚地方五千里，持戟百万，此霸王之资也。以楚之强，天下弗能当。白起，小竖子耳，率数万之众，兴师以与楚战。一战而举鄢郢，再战而烧夷陵，三战而辱王之先人。此百世之怨，而赵之所羞，而王弗知恶焉。合从者为楚，非为赵也。吾君在前，叱者何也？’楚王曰：‘唯唯。诚若先生之言，谨奉社稷而以从。’毛遂曰：‘从定乎？’成王曰：‘定矣。’毛遂谓楚王之左右曰：‘取鸡狗马之血来！’毛遂奉铜盘而跪进之楚王曰：‘王当歃血而定从，次者吾君，次者遂。’遂定从于殿上。毛遂左手持盘血，而右手招十九人曰：‘公相与歃此血于堂下。公等录录（碌碌），所谓因人成事者也。’”

大将曰干城，武士曰武弁。

干城，比喻捍卫者或御敌立功的将领。干，盾。城，城郭。二者都起捍御防卫作用。《诗经·周南·兔罝》：“赳赳武夫，公侯干城。”孔颖达疏：“言以武夫自固，为捍蔽如盾，为防守如城然。”

弁（音变），皮弁，用以制冠。武弁，即武冠，为古代武士、武官所佩戴，故以此称武士。

都督称为大镇国，总兵称为大总戎。

都督，官名，为军事长官或领兵将帅，东汉末年始置。魏文帝始设都督诸州军事，或领刺史，以都督中外诸军及大都督权位为最重，系全国最高军事统帅，吴、蜀亦置之。两晋南北朝因之。后周改都督诸军为总管，又有大都督、帅都督、都督。至隋，三都督并为散官。唐武德七年，复为都督府，大都督常以宗王遥领而以长史代理其职，其余都督则分为上、中、下三等。元代设大都督府，置大都督，统辖钦察诸部侍卫军及地方镇戍军。明代至正二十一年，朱元璋改枢密院为大都督府，设大都督，节制中外兵马。后又改大都督府为中、左、右、前、后五军都督府，各府设左右都督及诸官，分领全国卫所。后各卫仅存空名，都督成为虚衔。清初沿用明制，乾隆十八年废止。〇镇国，使国家安定。宋元及明初有镇国大将军或镇国上将军，为武散官；清代有镇国将军，为宗室封爵名，位在辅国将军之上，分三等。

总兵，官名，明代始置。明初设有总兵官、副总兵官，为镇守边区的统兵官。总兵官本为差遣的名称，战时佩将印出战，事毕交还。以后军务日繁，总兵官统军镇守，遂成一方武官之重职，省称总兵官为“总兵”，副总兵官为“副将”。清代沿置，各省设提督，为地方武职最高长官。下分设总兵、副将等官，其中总兵所管辖的军队称“镇”，副将所辖者称“协”，故俗称总兵为“总镇”，副将为“协镇”。〇总戎，本指统管军事，或统率军队，后泛指主管军事的长官。清代则尊称各省提督下所设的总兵为“总戎”。

都阃即是都司，参戎即是参将。

都阃(音捆)，指统兵在外的将帅。清方还《旧边诗·大同》：“绕镇卫城分十五，沿边都阃辖西东。”自注：“明初设山西行都司，管辖东西二路一十五卫。”〇都司，为都指挥使司之简称。明代洪武八年设置，是设立于地方的军事指挥机关。掌一方军政，统率其所辖卫所，属五军都督府而听从兵部调令。至清代，绿营军于游击之下、千总之上置都司，分领营兵，为四品武职。

参戎，本义是指参谋军务；明清时期亦称武官参将为参戎。清方以智《通雅·官制·武职》：“今之参将，本参戎之意也。”〇参将，武官名。明代时为镇守边区的统兵官，无定员，位次于总兵、副总兵，分守各路。清代时为绿营军的统兵官，位次于副将，掌管本营军务。此外，明、清漕运官所辖武职设有参将，协同督催粮运；清代河道总督亦设参将，掌管调遣河工、守汛防险等事务。

千户有户侯之仰，百户有百宰之称。

千户，武官名，金初始置，为世袭军职，即女真语“猛安”之意译。统领谋克，隶属万户。元代沿置，其军制千户设“千夫之长”，也隶属万户。明代卫所兵制亦设千户所，千户为一所之长官。驻重要府州，统兵一千一百二十人，分为十个百户所。〇户侯，对千户的尊称。

百户，武官名，金初始置，为世袭军职。元代沿袭，其军制百户设“百夫之长”，隶属千户。明代卫所兵制亦设百户所，百户为百户所的长官。统兵一百二十人，隶属千户所。〇百宰，对百户的尊称。

以车为户曰辕门，显揭战功曰露布。

古代帝王巡狩田猎，止宿处围以车，作屏障；出入处仰放两车，使车辕相对以表示门户，称“辕门”。辕门，后来指军营营门。《史记·项羽本纪》：“于是已破秦军，项羽召见诸侯将，入辕门，无不膝行而前，莫敢仰视。”裴骃集解：“张晏曰：‘军行以车为陈，辕相向为门，故曰辕门。’”

露布，旧时用以称檄文、捷报等。南朝梁刘勰《文心雕龙·檄移》：“张仪檄楚，书以尺二，明白之文，或称露布，播诸视听也。”〇唐封演《封氏闻见记》卷四：“露布，捷书之别名也。诸军破贼，则以帛书建诸竿上，兵部谓之‘露布’。盖自汉以来有其名。所以名‘露布’者，谓不封检，露而宣布，欲四方速知。亦谓之‘露版’。魏武奏事云‘有警急，辄露版插羽’是也。”

下杀上谓之弑，上伐下谓之征。

弑，旧时谓以下杀上。《周易·坤·文言》：“臣弑其君，子弑其父，非一朝一夕之故，其所由来渐矣。”

《孟子·尽心下》：“征者，上伐下也；敌国不相征也。”

交锋为对垒，求和曰求成。

对垒，两军交战，各筑垒防御，故称双方相持为对垒。垒，营垒。《晋书·宣帝纪》：“亮数挑战，帝不出……与之对垒百余日。”

求成，求和。《左传·隐公元年》：“惠公之季年，败宋师于黄。公立而求成焉。”

战胜而回，谓之凯旋；战败而走，谓之奔北。

凯旋，得胜归来。凯，军队得胜所奏的乐曲；旋，返回。《晋书·乐志上》:“其有短箫之乐者,则所谓‘王师大捷,令军中凯歌’者也。”又唐宋之问《军中人日登高赠房明府》诗:“闻道凯旋乘骑入,看君走马见芳菲。”

奔北,战败而逃。奔,急走;北,败逃。《荀子·议兵》:“遇敌处战则必北。”杨倞注:“北,败走也。北者,乖背之名,故以败走为北也。”又《尚书·甘誓》:“弗用命,戮于社。”孔安国传:“不用命奔北者,则戮之于社主前。”孔颖达疏:“奔北,谓背阵走也。”

为君泄恨,曰敌忾;为国救难,曰勤王。

敌忾,抵抗其所恨怒者。《左传·文公四年》:“诸侯敌王所忾,而献其功。”杜预注:“敌,犹当也;忾,恨怒也。”

勤王,本指劝说支持出奔在外的周襄王,恢复天子的名义。后世对臣子起兵救援王朝亦叫“勤王”。《左传·僖公二十五年》:“狐偃言于晋侯曰:‘求诸侯,莫如勤王。诸侯信之,且大义也。’”杜预注:“勤,纳王也。”

胆破心寒,比敌人慑服之状;风声鹤唳,惊士卒败北之魂。

胆破心寒,形容十分害怕。《孔氏谈苑》卷三:“上以四路诸招讨委之,(范)仲淹与韩琦谋,必欲收复灵夏横山之地。边上谣曰:‘军中有一韩,西贼闻之心骨寒;军中有一范,西贼闻之惊破胆。’元昊闻而惧之,遂称臣。”亦见于《五朝名臣言行录》卷七引《名臣传》。

风声鹤唳,形容惊慌疑惧。《晋书·谢玄传》:“坚进屯寿阳,列阵临肥水,玄军不得渡。玄使谓苻融曰:‘君远涉吾境,而临水为阵,是不欲速战。诸君稍却,令将士得周旋,仆与诸君缓辔而观之,不亦乐乎!’坚众皆曰:‘宜阻肥水,莫令得上。我众彼寡,势必万全。’坚曰:‘但却军,令得过,而我以铁骑数十万向水,逼而杀之。’融亦以为然,遂麾使却阵,众因乱不能止。于是玄与琰、伊等以精锐八千涉渡肥水。石军距张蚝,小退。琰、玄仍进,决战肥水南。坚中流矢,临阵斩融。坚众奔溃,自相蹈藉投水死者不可胜计,肥水为之不流。余众弃甲宵遁,闻风声鹤唳,皆以为王师已至,草行露宿,重以饥冻,死者十七八。获坚乘舆云母车,仪服、器械、军资、珍宝山积,牛马驴骡骆驼十万余。诏遣殿中将军慰劳,进号前将军、假节,固让不受。赐钱百万,彩千匹。”

汉冯异当论功，独立大树下，不夸己绩；汉文帝尝劳军，亲幸细柳营，按辔徐行。

《后汉书·冯异传》："异为人谦退不伐，行与诸将相逢，辄引车避道。进止皆有表识，军中号为整齐。每所止舍，诸将并坐论功，异常独屏树下，军中号曰'大树将军'。"

《史记·绛侯周勃世家》："上自劳军，至霸上及棘门军，直驰入，将以下骑送迎。已而之细柳军，军士吏被甲，锐兵刃，彀弓弩持满。天子先驱至，不得入，先驱曰：'天子且至军门。'都尉曰：'将军令曰"军中闻将军令，不闻天子之诏。"'居无何，上至，又不得入。于是上乃使使持节诏将军：'吾欲入劳军。'(周)亚夫乃传言开壁门，壁门士吏谓从属车骑曰：'将军约"军中不得驱驰"。'于是天子乃按辔徐行。至营，将军亚夫持兵揖，曰：'介胄之士不拜，请以军礼见。'天子为动，改容式车，使人称谢：'皇帝敬劳将军。'成礼而去。既出军门，群臣皆惊。文帝曰：'嗟乎，此真将军矣！曩者霸上、棘门军，若儿戏耳，其将固可袭而虏也。至于亚夫，可得而犯邪？'称善者久之。"

苻坚自夸将广，投鞭可以断流；毛遂自荐才奇，处囊便当脱颖。

《晋书·苻坚载记下》略云：坚引群臣会议，曰："吾将躬先启行，薄伐南裔，于诸卿意何如？"太子左卫率石越对曰："国有长江之险，朝无昏贰之衅。臣愚以为利用修德，未宜动师。"坚曰："仲谋泽洽全吴，孙皓因三代之业，龙骧(指王濬)一呼，君臣面缚，虽有长江，其能固乎！以吾之众旅，投鞭于江，足断其流。"

脱颖，亦作"脱颖而出"，原指锥子放在布袋里，自己就会露出，比喻人的才能全部展示出来。《史记·平原君虞卿列传》："秦之围邯郸，赵使平原君求救，合从于楚。约与食客门下，有勇力文武备具者二十人偕。平原君曰：'使文能取胜，则善矣。文不能取胜，则歃血于华屋之下，必得定从而还。士不外索，取于食客门下足矣。'得十九人，余无可取者，无以满二十人。门下有毛遂者，前，自赞于平原君，曰：'遂闻君将合从于楚，约与食客门下二十人偕，不外索，今少一人。愿君即以遂备员而行矣。'平原君曰：'先生处胜之门下，几年于此矣？'毛遂曰：'三年于此矣。'平原君曰：'夫贤士之处世也，譬若锥之处囊中，其末立见。今先生处胜之门下，三年于此矣，左右未有所称诵，胜未有所闻，是先生无所有也。先生不能，先生留。'毛遂曰：'臣乃今日请处囊中耳。使遂蚤得处囊中，乃颖脱而出，非特其末见而已。'平原君竟与毛遂偕。十九人相与目笑之而未废也。"

羞与哙等伍，韩信降作淮阴；无面见江东，项羽羞归故里。

《史记·淮阴侯列传》："上曰：'人告公反。'遂械系信。至雒阳，赦信罪，以为淮阴侯。信知汉王畏恶其能，常称病不朝从。信由此日怨望，居常鞅鞅，羞与绛、灌等列。信尝过樊将军哙，哙跪拜送迎，言称臣，曰：'大王乃肯临臣。'信出门，笑曰：'生乃与哙等为伍。'"

《史记·项羽本纪》："于是项王乃欲东渡乌江。乌江亭长檥(音蚁)船待。谓项王曰：'江东虽小，地方千里，众数十万人，亦足王也。愿大王急渡！今独臣有船，汉军至，无以渡。'项王笑曰：'天之亡我，我何渡为？且籍与江东子弟八千人渡江而西，今无一人还。纵江东父兄怜而王我，我何面目见之？纵彼不言，籍独不愧于心乎！'乃谓亭长曰：'吾知公长者。吾骑此马五岁，所当无敌，尝一日行千里，不忍杀之，以赐公。'乃令骑皆下马步行，持短兵接战。独籍所杀汉军数百人。项王身亦被十余创。……乃自刎而死。"

韩信受胯下之辱，张良有进履之谦。

《史记·淮阴侯列传》："淮阴侯韩信者，淮阴人也。始为布衣时，贫无行，不得推择为吏，又不能治生商贾，常从人寄食饮，人多厌之者。……淮阴屠中少年有侮信者曰：'若虽长大，好带刀剑，中情怯耳！'众辱之曰：'信能死，刺我；不能死，出我袴(一作"胯")下。'于是信孰视之，俛出袴下，蒲伏，一市人皆笑信，以为怯。……汉五年正月，徙齐王信为楚王，都下邳。信至国，召辱己之少年令出袴下者，以为楚中尉，告诸将相曰：'此壮士也。方辱我时，我宁不能杀之邪？杀之无名，故忍而就于此。'"

《史记·留侯世家》："良乃更名姓，亡匿下邳。良尝闲从容步游下邳圯上。有一老父，衣褐，至良所，直堕其履圯下。顾谓良曰：'孺子，下取履！'良愕然，欲殴之；为其老，强忍，下取履。父曰：'履我。'良业为取履，因长跪履之。父以足受，笑而去。良殊大惊，随目之。父去里所，复还，曰：'孺子可教矣。后五日平明，与我会此。'良因怪之，跪曰：'诺。'五日平明，良往，父已先在，怒曰：'与老人期，后，何也？'去，曰：'后五日早会。'五日鸡鸣，良往。父又先在，复怒曰：'后，何也？'去，曰：'后五日复早来。'五日，良夜未半往。有顷，父亦来。喜曰：'当如是。'出一编书，曰：'读此，则为王者师矣。后十年，兴。十三年，孺子见我济北，穀城山下黄石即我矣。'遂去，无他言。不复见。旦日，视其书，乃《太公兵法》也。良因异之，常习诵读之。"

卫青为牧猪之奴，樊哙为屠狗之辈。

《史记·卫将军骠骑列传》："大将军卫青者，平阳人也。其父郑季为吏，给事平阳侯家，与侯妾卫媪通，生青。青同母兄卫长子，而姊卫子夫自平阳公主家得幸天子，故冒姓为卫氏。字仲卿。青为侯家人，少时归其父，其父使牧羊。先母之子皆奴畜之，不以为兄弟数。青尝从入至甘泉居室，有一钳徒相青曰：'贵人也，官至封侯。'青笑曰：'人奴之生，得毋笞骂即足矣，安得封侯事乎！'"亦见于《汉书·卫青霍去病传》。今按：卫青后征伐匈奴，汉武帝赐爵关内侯，拜为大将军。又标题中"牧猪之奴"应为"牧羊之奴"。

《史记·樊郦滕灌列传》："舞阳侯樊哙者，沛人也。以屠狗为事，与高祖俱隐。"

求士莫求全，毋以二卵弃干城之将；用人如用木，毋以寸朽弃连抱之材。

二卵，两个鸡蛋。干城之将，护国的将领。《孔丛子·居卫》："子思居卫，言苟变于卫君曰：'其材可将五百乘，君任军旅，率得此人，则无敌于天下矣。'卫君曰：'吾知其材可将，然变也尝为吏，赋于民，而食人二鸡子，以故勿用也。'子思曰：'夫圣人之官人，犹大匠之用木也，取其所长，弃其所短。故杞、梓连抱，而有数尺之朽，良工不弃，何也？知其所妨者细也，卒成不訾之器。今君处战国之世，选爪牙之士，而以二卵焉弃干城之将，此不可使闻于邻国者也。'卫君再拜曰：'谨受教矣。'"

总之，君子之身，可大可小；丈夫之志，能屈能伸。

上句谓有才能的君子要顺应时势变化，可大可小。《史记·老子韩非列传》："孔子适周，将问礼于老子。老子曰：'子所言者，其人与骨皆已朽矣，独其言在耳。且君子得其时则驾，不得其时则蓬累而行。吾闻之：良贾深藏若虚，君子盛德容貌若愚。'"张守节正义："蓬，沙碛上转蓬也；累，转行貌也。言君子得明主则驾车而事，不遭时则若蓬转流移而行，可止则止也。"

下句谓胸怀远大的大丈夫，能屈能伸，受到重视就施展抱负，不被任用就隐居不仕。《论语·述而》："子谓颜渊曰：'用之则行，舍之则藏，惟我与尔有是夫！'"又《孟子·尽心上》："古之人，得志，泽加于民；不得志，修身见于世。穷则独善其身，达则兼善天下。"

自古英雄，难以枚举；欲详将略，须读武经。

武经，指《武经七书》。宋神宗元丰三年，朝廷命国子监司业朱服等人组织力量校定、汇编《六韬》《孙子》《吴子》《司马法》《尉缭子》《三略》和《李卫公问对》等兵书七种，供武举之士研习。至元丰六年，完成了刊行的准备工作。校定后的这七部兵书被命名为《武经七书》，简称《七书》，共二十五卷。《七书》颁行后，成为宋朝以来军事学校和考选武举的基本教材。

[新增文]十二联

《书》曰桓桓武士，《诗》云矫矫虎臣。

桓桓，威武的样子。《尚书・牧誓》："勖哉夫子！尚桓桓，如虎如貔，如熊如罴，于商郊。"

矫矫，英勇的样子。《诗经・鲁颂・泮水》："矫矫虎臣，在泮献馘。"

黄骢少年，登先陷阵；白马长史，殿后摧锋。

《周书・裴果传》："裴果字戎昭，河东闻喜人也。果少慷慨，有志略。魏太昌初，起家前将军、乾河军主，除阳平郡丞。太祖曾使并州，与果相遇。果知非常人，密托附焉。永安末，盗贼蜂起。果从军征讨，乘黄骢马，衣青袍，每先登陷阵，时人号为'黄骢年少'。"

《后汉书・公孙瓒传》："诏拜瓒降虏校尉，封都亭侯，复兼领属国长史。职统戎马，连接边寇。每闻有警，瓒辄厉色愤怒，如赴仇敌，望尘奔逐，或继之以夜战。虏识瓒声，惮其勇，莫敢抗犯。瓒常与善射之士数十人，皆乘白马，以为左右翼，自号'白马义从'。乌桓更相告语，避白马长史。乃画作瓒形，驰骑射之，中者咸称万岁。虏自此之后，遂远窜塞外。"

天子遣赵将军，真得御边之策；路人问霍去病，速收绝漠之勋。

《汉书・赵充国传》："是岁，神爵元年春也。时，充国年七十余，上老之，使御史大夫丙吉问谁可将者，充国对曰：'亡逾于老臣者矣。'上遣问焉，曰：'将军度羌虏何如，当用几人？'充国曰：'百闻不如一见。兵难隃度，臣愿驰至金城，图上方略。然羌戎小夷，逆天背畔，灭亡不久，愿陛下以属老臣，勿以为忧。'上笑曰：'诺。'"

《南史・曹景宗传》："景宗振旅凯入，帝于华光殿宴饮连句，令左仆射沈约赋韵。景宗不得韵，意色不平，启求赋诗。帝曰：‘卿伎能甚多，人才英拔，何必止在一诗。’景宗已醉，求作不已，诏令约赋韵。时韵已尽，唯余‘竞’‘病’二字。景宗便操笔，斯须而成，其辞曰：‘去时儿女悲，归来笳鼓竞。借问行路人，何如霍去病。’帝叹不已。约及朝贤惊嗟竟日，诏令上左史。于是进爵为公，拜侍中、领军将军。”

北敌势方强，娄师德八遇八克；南蛮心未服，诸葛亮七纵七擒。

《新唐书·娄师德传》：“后募猛士讨吐蕃，乃自奋，戴红抹额来应诏，高宗假朝散大夫，使从军。有功，迁殿中侍御史，兼河源军司马，并知营田事。与虏战白水涧，八遇八克。”

《三国志·蜀书·诸葛亮传》：“（建兴）三年春，亮率众南征，其秋悉平。”裴松之注引《汉晋春秋》曰：“亮至南中，所在战捷。闻孟获者，为夷、汉所服，募生致之。既得，使观于营陈之间，问曰：‘此军何如？’获对曰：‘向者不知虚实，故败。今蒙赐观看营陈，若只如此，即定易胜耳。’亮笑，纵使更战，七纵七禽，而亮犹遣获。获止不去，曰：‘公，天威也，南人不复反矣。’遂至滇池。南中平，皆即其渠率而用之。”

卫将军一举而朔庭空，伏剑洗刘家日月；薛总管三箭而天山定，弯弓造李氏乾坤。

卫青是西汉名将，本为平阳公主家奴，后得到汉武帝重用，官至大将军，封长平侯。西汉初年起，匈奴不断袭扰北方诸郡。元朔二年，卫青率军大破匈奴，控制了河套地区，置朔方郡。元狩四年，又和霍去病共同打败匈奴主力。他先后七次出击匈奴，屡立战功，解除了匈奴对汉王朝的威胁，捍卫了刘家江山。事见《史记·卫将军骠骑列传》。

《新唐书·薛仁贵传》：“诏副郑仁泰为铁勒道行军总管。将行，宴内殿，帝曰：‘古善射有穿七札者，卿试以五甲射焉。’仁贵一发洞贯，帝大惊，更取坚甲赐之。时九姓众十余万，令骁骑数十来挑战，仁贵发三矢，辄杀三人，于是虏气慑，皆降。仁贵虑为后患，悉坑之。转讨碛北余众，擒伪叶护兄弟三人以归。军中歌曰：‘将军三箭定天山，壮士长歌入汉关。’九姓遂衰。”亦见于《旧唐书·薛仁贵传》。

韩信用木罂渡军，机谋叵测；田单以火牛出阵，势焰谁当。

《史记·淮阴侯列传》：“其八月，以信为左丞相，击魏。魏王盛兵蒲坂，塞临晋。信乃益为疑兵，陈船欲度临晋，而伏兵从夏阳以木罂缻渡军，袭安邑。魏王豹惊，引兵迎信，信遂虏豹，定魏为河东郡。”

《史记·田单列传》：“(燕将骑劫围即墨)田单乃收城中得千余牛，为绛缯衣，画以五彩龙文，束兵刃于其角，而灌脂束苇于尾，烧其端。凿城数十穴，夜纵牛，壮士五千人随其后。牛尾热，怒而奔燕军，燕军夜大惊。牛尾炬火光明炫耀，燕军视之皆龙文，所触尽死伤。五千人因衔枚击之，而城中鼓噪从之，老弱皆击铜器为声，声动天地。燕军大骇，败走。齐人遂夷杀其将骑劫。”

太史慈乃猿臂英雄，班定远实虎头豪杰。

《三国志·吴书·太史慈传》：“慈长七尺七寸，美须髯，猿臂善射，弦不虚发。尝从(孙)策讨麻保贼，贼于屯里缘楼上行詈，以手持楼棼，慈引弓射之，矢贯手著棼，围外万人莫不称善。其妙如此。”

《太平御览》卷七二九引《东观汉记》：“班超行诣相者，相者曰：‘祭酒，布衣诸生耳，而当封侯万里之外。’超问其状。相者指曰：‘生燕颔虎颈，飞而食肉，此万里侯相也。’”亦见于《太平御览》卷三六九，惟“燕颔虎颈”作“燕颔虎头”。今按：班超后封定远侯，邑千户，故世称“班定远”。

力强迈众，敬德避矟而复夺矟；胆略过人，张辽出阵而复入阵。

矟(音朔)，即槊，长矛。《新唐书·尉迟敬德传》：“其战，善避矟，每单骑入贼，虽群刺之不能伤，又能夺取贼矟还刺之。齐王元吉使去刃与之校，敬德请王加刃，而独去之，卒不能中。帝尝问：‘夺矟与避矟孰难？’对曰：‘夺矟难。’试使与齐王戏，少选，王三失矟，遂大愧服。”

《三国志·魏书·张辽传》：“(张辽等将七千余人屯合肥，俄而孙权率十万众围合肥)于是辽夜募敢从之士，得八百人，椎牛飨将士，明日大战。平旦，辽被甲持戟，先登陷阵，杀数十人，斩二将，大呼自名，冲垒入，至权麾下。权大惊，众不知所为，走登高冢，以长戟自守。辽叱权下战，权不敢动，望见辽所将众少，乃聚围辽数重。辽左右麾围，直前急击，围开，辽将麾下数十人得出，余众号呼曰：‘将军弃我乎！’辽复还突围，拔出余众。权人马皆披靡，无敢当者。自旦战至日中，吴人夺气，还修守备，众心乃安，诸将咸服。”

狄天使可例云长，高敖曹堪比项籍。

北宋孔平仲《孔氏谈苑》卷三：“狄青，字汉臣。元昊叛，屡将兵出战，四年间大小二十五阵，八中流矢，人呼为狄天使。上观其仪表，曰：‘朕之关、张也。’于是有敌万之称，谓以一足以敌万也。初，青在军伍间，韩魏公、范文正公一见之，皆称其有将相之器，果能为国立功，为时名将。”亦见于《类说》卷二引《名臣传》。

《北史·高昂传》：“及长，俶傥，胆力过人，龙犀豹颈，姿体雄异。其父为求严师，令加捶挞。昂不遵师训，专事驰骋，每言：‘男儿当横行天下，自取富贵，谁能端坐读书，作老博士也？’其父曰：‘此儿不灭吾族，当大吾门。’以其昂藏敖曹，故以名字之。……及闻庄帝见害，京师不守，遂与父兄据信都起兵。尔朱世隆从叔殷州刺史羽生，率五千人掩至龙尾坂。昂将十余骑，不擐甲而驰之。乾城守，缒下五百人追救，未及而昂已交兵，羽生败走。昂马矟绝世，左右无不一当百，时人比之项籍。”

紫髯会稽，振耀吴军武烈；黄须骁骑，奋扬曹氏威声。

《三国志·吴书·吴主传》：“权反自陆口，遂征合肥。合肥未下，徹军还。兵皆就路，权与凌统、甘宁等在津北为魏将张辽所袭，统等以死捍权，权乘骏马越津桥得去。”裴松之注引《献帝春秋》曰：“张辽问吴降人：‘向有紫髯将军，长上短下，便马善射，是谁？’降人答曰：‘是孙会稽。’辽及乐进相遇，言不早知之，急追自得，举军叹恨。”

《三国志·魏书·任城王传》略云：任城威王彰，字子文。少善射御，膂力过人，手格猛兽，不避险阻。数从征伐，志意慷慨。建安二十三年，代郡乌丸反，彰北征，入涿郡，叛胡数千骑卒至。时兵马未集，彰固守要隙，虏乃退散。彰追之，身自搏战，射胡骑，应弦而倒者前后相属。大破之，斩首获生以千数。时鲜卑大人轲比能将数万骑观望强弱，见彰力战，所向皆破，乃请服，北方悉平。太祖喜，持彰须曰：“黄须儿竟大奇也！”裴松之注引《魏略》曰：“彰须黄，故以呼之。”

鸦军雷军雁子军，鬼神褫魄；飞将锐将熊虎将，草木知名。

北宋欧阳修《新五代史·庄宗纪上》：“（李）克用少骁勇，军中号曰‘李鸦儿’；其一目眇，及其贵也，又号‘独眼龙’，其威名盖于代北。……黄巢已陷京师，中和元年，代北起军使陈景思发沙陀先所降者，与吐浑、安庆等万人赴京师，行至绛州，沙陀军乱，大掠而还。景思念沙陀非克用不可将，乃以诏书召克用于达靼，承制以为代州刺史、雁门以北行营节度使。率蕃汉万人出石岭关，过太原，求发军钱。节度使郑从谠与之钱千缗、米千石，克用怒，纵兵大掠而还。二年十一月，景思、克用复以步骑万七千赴京师。三年正月，出于河中，进屯乾坑。巢党惊曰：‘鸦儿军至矣！’”〇《新唐书·郑畋传》：“明年，（畋）为凤翔陇西节度使，募锐兵五百，号‘疾雷将’；境中盗不敢发，发辄得。”今按：疾雷，言其行动迅速，锐不可当。〇《新五代史·朱汉宾传》：“朱汉宾字绩臣，亳州谯人也。汉宾为人有胆力，梁太祖以其父死战，怜之，以为养子。是时，梁方东攻兖、郓，郓州朱瑾募其军中骁勇者，黥双雁于其颊，号“雁子都”。太祖闻之，乃更选勇士数百人，号‘落雁都’，以汉宾为指挥使。及汉宾贵，人犹以为‘朱落雁’。”今按：都是唐及五代的部队编制单位；《旧五代史·唐书·朱汉宾传》“颊”作“额”。

《三国志·魏书·吕布传》：“布便弓马，膂力过人，号为‘飞将’。”又《新唐书·单雄信传》：“单雄信，曹州济阴人。与翟让友善。能马上用枪，(李)密军中号‘飞将’。”〇《新唐书·马璘传》：“璘少学术，而武干绝伦。遭时屯棘，以忠力奋。在泾八年，缮屯壁，为战守具，令肃不残，人乐为用，虏不敢犯，为中兴锐将。”〇《三国志·吴书·周瑜传》：“刘备以左将军领荆州牧，治公安。备诣京见权，瑜上疏曰：‘刘备以枭雄之姿，而有关羽、张飞熊虎之将，必非久屈为人用者。愚谓大计宜徙备置吴，盛为筑宫室，多其美女玩好，以娱其耳目，分此二人，各置一方，使如瑜者得挟与攻战，大事可定也。今猥割土地以资业之，聚此三人，俱在疆埸，恐蛟龙得云雨，终非池中物也。’权以曹公在北方，当广揽英雄，又恐备难卒制，故不纳。”

圻父，王之爪牙，诗旨真可味也；将军，国之心膂，人言其不谬乎。

圻父，亦作“祈父”，周代官名，即司马。后泛指武将。爪牙，比喻武将。《诗经·小雅·祈父》：“祈父，予王之爪牙。”孔颖达疏：“鸟用爪，兽用牙，以防卫己身。此人自谓王之爪牙，以鸟兽为喻也。”又《汉书·李广传》：“将军者，国之爪牙也。”

心膂(音旅)，心和膂都是人体重要部分，因以喻亲信得力之人。膂，脊骨。《伪古文尚书·君牙》：“今命尔予翼，作股肱心膂。”又《三国志·吴书·周瑜传》载诸葛瑾等上疏：“臣窃以瑜昔见宠任，入作心膂，出为爪牙，衔命出征，身当矢石，尽节用命，视死如归。”

祖孙父子

何谓五伦：君臣、父子、兄弟、夫妇、朋友；何谓九族：高、曾、祖、考、己身、子、孙、曾、玄。

五伦，亦称“五常”，旧时称君臣、父子、兄弟、夫妻、朋友之间的五种关系。《孟子·滕文公上》：“使契为司徒，教以人伦：父子有亲，君臣有义，夫妇有别，长幼有叙，朋友有信。”

九族，指自己以上的父、祖、曾祖、高祖和以下的子、孙、曾孙、玄孙，共九代。旧时立宗法、定丧服，皆以此为准。也有包括异姓亲属而言的。《尚书·尧典》：“克明俊德，以亲九族。”陆德明释文：“九族，上自高祖，下至玄孙，凡九族。”孔颖达疏：“夏侯、欧阳等以为九族者，父族四、母族三、妻族二，皆据‘异姓有服’。”

始祖曰鼻祖，远孙曰耳孙。

鼻祖，始祖、初祖。《汉书·扬雄传上》载《反离骚》：“有周氏之蝉嫣兮，或鼻祖于汾隅。”颜师古注：“应劭曰：‘蝉嫣，连也，言与周氏亲连也。’刘德曰：'鼻，始也。'师古曰：'雄自言系出周氏而食采于扬，故云始祖于汾隅也。'"又西汉扬雄《方言》一三："鼻，始也。兽之初生谓之鼻，人之初生谓之首。梁、益之间谓鼻为初，或谓之祖。"郭璞注："鼻，祖，皆始之别名也。"

《汉书·惠帝纪》："上造以上及内外公孙、耳孙，有罪当刑及当为城旦舂者，皆耐为鬼薪、白粲。"颜师古注："应劭曰：'耳孙者，玄孙之子也，言去其曾高益远，但耳闻之也。'晋灼曰：'耳孙，玄孙之曾孙也。'"又南宋刘克庄《寄题小孤山二首》诗其一："鼻祖耳孙同嗜好，买山世世种梅花。"

父子创造，曰肯构肯堂；父子俱贤，曰是父是子。

肯构肯堂，原义是儿子连房屋的地基都不肯打，哪里还肯盖房子？后反其意而用之，比喻儿子能继承父亲的事业。构，盖屋；堂，奠立堂基。《尚书·大诰》："若考作室，既厎法，厥子乃弗肯堂，矧肯构？"孔安国传："以作室喻治政也。父已致法，子乃不肯为堂基，况肯构立屋乎？不为其易，则难者可知。"

《法言·孝至》："或问'子'。曰：'死生尽礼，可谓能子乎！'曰：'石奋、石建，父子之美也。无是父，无是子；无是子，无是父。'"

祖称王父，父曰严君。

《礼记·曲礼下》："祭王父曰皇祖考，王母曰皇祖妣，父曰皇考，母曰皇妣，夫曰皇辟。"孔颖达疏："王父，祖父也。皇，君也；考，成也。此言祖有君德已成之也。"又《尔雅·释亲》："父为考，母为妣。父之考为王父，父之妣为王母。"郭璞注："如王者尊之。"

严君，本为父母之通称，后多专指父亲。《周易·家人》："家人有严君焉，父母之谓也。"孔颖达疏："父母，一家之主，家人尊事，同于国有严君，故曰'家人有严君焉，父母之谓也'。"又《东轩笔录》卷一五："《易》曰：'家人有严君，父母之谓也。'范滂与母别曰：'惟愿大人割爱。'是母亦可称严君、大人也。近世书问自尊与卑，即曰：'不具。'自卑上尊，即曰：'不备。'朋友交驰，即曰：'不宣。'三字义皆同，而例无轻重之说，不知何人定为上下之分，而举世莫敢乱，亦可怪也。"

父母俱存，谓之椿萱并茂；子孙发达，谓之兰桂腾芳。

椿萱并茂，比喻父母健在。椿，椿庭，父亲之代称；萱，萱堂，母亲之代称。《庄子·逍遥游》："上古有大椿者，以八千岁为春，八千岁为秋。"○《诗经·卫风·伯兮》："焉得谖草，言树之背。"毛传："谖草令人善忘；背，北堂也。”今按：谖草，又名“萱草”，俗称“忘忧草”；北堂为古时母亲所居处，因以萱堂为母亲之代称。

兰桂，芝兰和丹桂，指代子孙一辈。《世说新语·言语》：“谢太傅问诸子侄：‘子弟亦何预人事，而正欲使其佳？’诸人莫有言者。车骑答曰：‘譬如芝兰玉树，欲使其生于阶庭耳。’”○《宋史·窦仪传》：“仪学问优博，风度峻整。弟俨、侃、偁、僖，皆相继登科。冯道与禹钧有旧，尝赠诗，有‘灵椿一株老，丹桂五枝芳’之句，缙绅多讽诵之。当时号为窦氏五龙。”

桥木高而仰，似父之道；梓木低而俯，如子之卑。

桥、梓，亦称“乔”“梓”，皆为树名，后以此喻父子。《世说新语·排调》：“伯禽之贵，尚不免挞，而况于卿！”刘孝标注引《尚书大传》曰：“伯禽与康叔见周公，三见而三笞。康叔有骇色，谓伯禽曰：‘有商子者，贤人也，与子见之。’乃见商子而问焉。商子曰：‘南山之阳有木焉，名乔。’二三子往观之，见乔，实高高然而上。反以告商子。商子曰：‘乔者，父道也。南山之阴有木焉，名曰梓。’二三子复往观焉，见梓，实晋晋然而俯。反以告商子。商子曰：‘梓者，子道也。’二三子明日见周公，入门而趋，登堂而跪。周公拂其首，劳而食之，曰：‘尔安见君子乎！’”亦见于《文选》卷四六任昉《王文宪集序》注引《尚书大传》。

不痴不聋，不作阿家阿翁；得亲顺亲，方可为人为子。

阿家（音姑）阿翁，指婆婆、公公。唐赵璘《因话录》卷一：“郭暧尝与升（一作“昇”）平公主琴瑟不调，暧骂公主：‘倚乃父为天子耶？我父嫌天子不作！’公主恚啼，奔车奏之。上曰：‘汝不知，他父实嫌天子不作。使不嫌，社稷岂汝家有也？’因泣下，但命公主还。尚父拘暧，自诣朝堂待罪。上召而慰之曰：‘谚云：“不痴不聋，不作阿家阿翁。”小儿女子闺帏之言，大臣安用听？’锡赉以遣之。尚父杖暧数十而已。”亦见于《资治通鉴》卷二二四。

《孟子·离娄上》：“不得乎亲，不可以为人；不顺乎亲，不可以为子。”

盖父愆，名为干蛊；育义子，乃曰螟蛉。

干蛊，意谓能矫正父母之过而处世有才能，后亦指儿子能承担父亲所不能胜任的事业。《周易·蛊》：“初六：干父之蛊，有子。”王弼注：“以柔巽之质，干父之事，能承先轨，堪其任者也，故曰‘有子’也。”

《诗经·小雅·小宛》：“螟蛉有子，蜾蠃负之。”毛传：“螟蛉，桑虫也。蜾蠃，蒲卢也。负，持也。”郑玄笺：“蒲卢取桑虫之子，负持而去，煦妪养之，以成其子。”今按：蜾蠃是一种寄生蜂，常捕捉螟蛉喂养其幼虫，古人误以为蜾蠃不产子，而代养螟蛉为子。后人因此以螟蛉指代养子或义子。

生子当如孙仲谋，曹操羡孙权之语；生子须如李亚子，朱温叹存勖之词。

《三国志·吴书·吴主传》：“曹公攻濡须，权与相拒月余。曹公望权军，叹其齐肃，乃退。”裴松之注引《吴历》：“曹公出濡须，作油船，夜渡洲上。权以水军围取，得三千余人，其没溺者亦数千人。权数挑战，公坚守不出。权乃自来，乘轻船，从濡须口入公军。诸将皆以为是挑战者，欲击之。公曰：‘此必孙权欲身见吾军部伍也。’敕军中皆精严，弓弩不得妄发。权行五六里，回还作鼓吹。公见舟船器仗军伍整肃，喟然叹曰：‘生子当如孙仲谋，刘景升儿子若豚犬耳！’”

李存勖，即后唐庄宗。少时曾与父亲李克用入觐献捷，迎驾还宫。唐昭宗见之曰：“此子可亚其父。”时人号曰“亚子”。北宋薛居正《旧五代史·唐书·庄宗纪一》：“（天祐五年）五月辛未朔，晨雾晦暝，帝率亲军伏三垂岗下。诘旦，天复昏雾，进军直抵夹城。时李嗣源总帐下亲军攻东北隅；李存璋、王霸率丁夫烧寨，劚夹城为二道；周德威、李存审各分道进攻，军士鼓噪，三道齐进。李嗣源坏夹城东北隅，率先掩击，梁军大恐，南向而奔，投戈委甲，噎塞行路，斩万余级，获其将副招讨使符道昭洎大将三百人，刍粟百万。梁招讨使康怀英得百余骑，出天井关而遁。梁祖闻其败也，既惧而叹曰：‘生子当如是，李氏不亡矣！吾家诸子乃豚犬尔。’”

菽水承欢，贫士养亲之乐；义方是训，父亲教子之严。

《礼记·檀弓下》：“子路曰：‘伤哉，贫也！生无以为养，死无以为礼也。’孔子曰：‘啜菽饮水，尽其欢，斯之谓孝。敛手足形，还葬而无椁，称其财，斯之谓礼。’”陆德明释文：“王云：‘熬豆而食曰啜菽。’”

《左传·隐公三年》：“公子州吁，嬖人之子也，有宠而好兵。公弗禁，庄姜恶之。石碏谏曰：‘臣闻爱子，教之以义方，弗纳于邪。’”

绍箕裘，子承父业；恢先绪，子振家声。

绍，继承。〇箕裘，代指世代相传之业。《礼记·学记》：“良冶之子，必学为裘；良弓之子，必学为箕。”孔颖达疏：“此为第一譬。良，善也。冶，谓铸冶也。裘，谓衣裘也。言善冶之家，其子弟见其父兄世业陶铸金铁，使之柔合，以补治破器，皆令全好，故其子弟仍能学为袍裘，补续兽皮，片片相合，以至完全也。'良弓之子，必学为箕'者，此第二譬，亦世业者。箕，柳箕也。言善为弓之家，使干角挠屈调和成其弓，故其子弟亦睹其父兄世业，仍学取柳和软挠之成箕也。"

恢，扩大、发扬。先绪，先人未竟的事业。

具庆下，父母俱存；重庆下，祖父俱在。

旧时应试或入仕时要书写履历，祖父母、父母俱存者，书重庆下；父母俱存者，书具庆下；父母俱亡者，书具感下。明宋濂《〈望云图诗〉序》："人之壮年有大父母、父母俱存而号重庆者矣；下此，则父与母无故而号具庆者矣。"又明陆容《菽园杂记》卷一："又次录进士甲第：第一甲三人，赐进士及第；第二甲若干人，赐进士出身；第三甲若干人，赐同进士出身。每人名下，各具家状。最后录第一甲三人所对策。其家状式，姓名下云：'贯某府某州某县某籍某生。治某经，字某，行几，年几岁，某月某日生。曾祖某，祖某，父某，母某氏。祖父母、父母俱存曰重庆下，父母俱存曰具庆下，父存母故曰严侍下，父故母存曰慈侍下，父母俱故曰永感下。兄某，弟某，娶某氏，某处乡试第几名，会试第几名。'"

燕翼诒谋，乃称裕后之祖；克绳祖武，是称象贤之孙。

燕翼，谓善为子孙后代谋划。诒谋，给子孙留下好的计谋；一说留下安定天下的谋略。《诗经·大雅·文王有声》："丰水有芑，武王岂不仕？诒厥孙谋，以燕翼子。"毛传："燕，安；翼，敬也。"孔颖达疏："言实以功业为事，思得泽及后人，故遗传其所以顺天下之谋，以安敬事之子孙。"陈奂传疏："言武王以安敬之谋遗其孙子也。"

祖武，祖先的事业。武，脚印。《诗经·大雅·下武》："昭兹来许，绳其祖武。"《诗集传》卷六："来，后世也。许，犹所也。绳，继。武，迹也。言武王之道昭明如此，来世能继其迹。"〇象贤，效法先人之贤德。《伪古文尚书·微子之命》："殷王元子，惟稽古，崇德象贤，统承先王。"孔安国传："惟考古典，有尊德象贤之义。言今法之。"

称人有令子，曰麟趾呈祥；称宦有贤郎，曰凤毛济美。

麟趾，用以称颂子孙众多而贤能。《诗经·周南·麟之趾》："麟之趾，振振公子。于嗟麟兮！麟之定，振振公姓，于嗟麟兮！麟之角，振振公族，于嗟麟兮！"《毛诗序》："《麟之趾》，《关雎》之应也。《关雎》之化行，则天下无犯非礼，虽衰世之公子，皆信厚如麟趾之时也。”

《南史·谢超宗传》：“(谢灵运子凤)凤子超宗。随父凤岭南，元嘉末得还。与慧休道人来往。好学有文辞，盛得名誉。选补新安王子鸾国常侍。王母殷淑仪卒，超宗作诔奏之。帝大嗟赏，谓谢庄曰：‘超宗殊有凤毛，灵运复出。’时右卫将军刘道隆在御坐，出候超宗曰：‘闻君有异物，可见乎？’超宗曰：‘悬磬之室，复有异物邪。’道隆武人无识，正触其父名，曰：‘旦侍宴，至尊说君有凤毛。’超宗徒跣还内。道隆谓检觅凤毛，至暗待不得，乃去”。

弑父自立，隋杨广之天性何存；杀子媚君，齐易牙之人心奚在。

《资治通鉴》卷一八〇：“杨素闻之，以白太子(杨广)，矫诏执(柳)述、(元)岩，系大理狱；追东宫兵士帖上台宿卫，门禁出入，并取宇文述、郭衍节度；令右庶子张衡入寝殿侍疾，尽遣后宫出就别室；俄而上崩。故中外颇有异论。”司马光《考异》曰：“马总《通历》曰：‘上有疾，于仁寿殿与百僚辞诀，并握手歔欷。是时唯太子及陈宣华夫人侍疾，太子无礼，宣华诉之。帝怒曰：“死狗，那可付后事！”遽令召勇，杨素秘不宣，乃屏左右，令张衡入拉帝，血溅屏风，冤痛之声闻于外，崩。’”

《管子·小称》：“管仲有病，桓公往问之曰：‘仲父之病病矣，若不可讳而不起此病也，仲父亦将何以诏寡人？’管仲对曰：‘微君之命臣也，故臣且谒之。虽然，君犹不能行也。’公曰：‘仲父命寡人东，寡人东；令寡人西，寡人西。仲父之命于寡人，寡人敢不从乎？’管仲摄衣冠起，对曰：‘臣愿君之远易牙、竖刁、堂巫、公子开方。夫易牙以调和事公，公曰：“惟烝婴儿之未尝。”于是烝其首子而献之公。人情非不爱其子也，于子之不爱，将何有于公？’”

分甘以娱目，王羲之弄孙自乐；问安惟点颔，郭子仪厥孙最多。

《晋书·王羲之传》：“初，羲之既优游无事，与吏部郎谢万书曰：‘古之辞世者，或被发阳狂，或污身秽迹，可谓艰矣。今仆坐而获逸，遂其宿心，其为庆幸，岂非天赐！违天不祥。顷东游还，修植桑果，今盛敷荣，率诸子，抱弱孙，游观其间，有一味之甘，割而分之，以娱目前。虽植德无殊邈，犹欲教养子孙以敦厚退让。或以轻薄，庶令举策数马，仿佛万石之风。君谓此何如？’”

《新唐书·郭子仪传》：“(子仪)以身为天下安危者二十年，校中书令考二十四。八子七婿，皆贵显朝廷。诸孙数十，不能尽识，至问安，但颔之而已。富贵寿考，哀荣终始，人臣之道无缺焉。”

和丸教子，仲郢母之贤；戏彩娱亲，老莱子之孝。

《新唐书·柳仲郢传》："仲郢字谕蒙。母韩，即皋女也，善训子，故仲郢幼嗜学。尝和熊胆丸，使夜咀咽以助勤。"亦见于北宋钱易《南部新书》丁集。

《艺文类聚》卷二〇："《列女传》曰：'老莱子孝养二亲，行年七十，婴儿自娱，著五色采衣。尝取浆上堂，跌仆，因卧地为小儿啼。或弄乌鸟于亲侧。'"又《太平御览》卷四一三引师觉授《孝子传》："老莱子者，楚人。行年七十，父母俱存，至孝蒸蒸。常着班兰之衣，为亲取饮。上堂脚跌，恐伤父母之心，因僵仆为婴儿啼。孔子曰：'父母老，常言不称老，为其伤老也。'若老莱子，可谓不失孺子之心矣。"

毛义捧檄，为亲之存；伯俞泣杖，因母之老。

《后汉书·刘平等传序》："庐江毛义少节，家贫，以孝行称。南阳人张奉慕其名，往候之。坐定而府檄适至，以义守令。义奉檄而入，喜动颜色。奉者，志尚士也，心贱之，自恨来，固辞而去。及义母死，去官行服。数辟公府，为县令，进退必以礼。后举贤良，公车征，遂不至。张奉叹曰：'贤者固不可测。往日之喜，乃为亲屈也。斯盖所谓"家贫亲老，不择官而仕"者也。'"

伯俞，一作"伯瑜"，姓韩，汉代人。《说苑·建本》："伯俞有过，其母笞之，泣。其母曰：'他日笞之，未尝见泣；今泣，何也？'对曰：'他日俞得罪，笞尝痛。今母之力衰，不能使痛，是以泣也。'"又三国魏曹植《灵芝篇》："伯瑜年七十，彩衣以娱亲。慈母笞不痛，歔欷涕沾巾。"

慈母望子，倚门倚闾；游子思亲，陟岵陟屺。

倚门倚闾，形容父母盼望子女归来的迫切心情。门，家门；闾，里巷的门。《战国策·齐策六》："王孙贾年十五，事闵王。王出走，失王之处。其母曰：'女早出而晚来，则吾倚门而望；女暮出而不还，则吾倚闾而望。女今事王，王出走，女不知其处，女尚何归？'"

陟岵（音户）陟屺（音启），指久居在外的人思念父母。陟，登、升；岵，无草木的山；屺，有草木的山。《诗经·魏风·陟岵》："陟彼岵兮，瞻望父兮。"郑玄笺："孝子行役，思其父之戒，乃登彼岵山，以遥瞻望其父所在之处。"同篇："陟彼屺兮，瞻望母兮。"郑玄笺："此又思母之戒，而登屺山而望之也。"又《毛诗序》："《陟岵》，孝子行役，思念父母也。国迫而数侵削，役乎大国，父母兄弟离散，而作是诗也。"

爱无差等，曰兄子如邻子；分有相同，曰吾翁即若翁。

《孟子·滕文公上》："夷子(墨者夷之)曰：'儒者之道，古之人若保赤子，此言何谓也？之则以为爱无差等，施由亲始。'徐子以告孟子。孟子曰：'夫夷子信以为人之亲其兄之子为若亲其邻之赤子乎？彼有取尔也。赤子匍匐将入井，非赤子之罪也。且天之生物也，使之一本，而夷子二本故也。盖上世尝有不葬其亲者，其亲死，则举而委之于壑。他日过之，狐狸食之，蝇蚋姑嘬之。其颡有泚，睨而不视。夫泚也，非为人泚，中心达于面目，盖归反蘽梩(音雷里，土筐铲子)而掩之。掩之诚是也，则孝子仁人之掩其亲，亦必有道矣。'徐子以告夷子。夷子怃然，为间，曰：'命之矣。'"

《史记·项羽本纪》："项王已定东海，来西，与汉俱临广武而军，相守数月。当此时，彭越数反梁地，绝楚粮食，项王患之。为高俎，置太公其上，告汉王曰：'今不急下，吾烹太公。'汉王曰：'吾与项羽俱北面受命怀王，曰"约为兄弟"，吾翁即若翁。必欲烹而翁，则幸分我一杯羹。'项王怒，欲杀之。项伯曰：'天下事未可知，且为天下者不顾家，虽杀之无益，只益祸耳。'项王从之。"

长男为主器，令子可克家。

主器，主持家庭或国家的祭器。《周易·序卦》："革物者莫若鼎，故受之以《鼎》。主器者莫若长子，故受之以《震》。"

克家，原指能担当家事，后把能继承父祖事业的子弟称为克家子。《周易·蒙》："九二：包蒙，吉。纳妇，吉。子克家。"孔颖达疏："此爻在下体之中，能包蒙纳妇，任内理中，幹了其任，即是子孙能克荷家事，故云'子克家'也。"

子光前曰充闾，子过父曰跨灶。

充闾，指光大门庭，亦用作贺人生子之词。《晋书·贾充传》："贾充字公闾，平阳襄陵人也。父逵，魏豫州刺史、阳里亭侯。逵晚始生充，言后当有充闾之庆，故以为名字焉。"

北宋苏轼《东坡集》续集卷一一《答陈季常书》："长子迈作吏，颇有父风。二子作诗骚殊胜。咄咄皆有跨灶之兴。"又清高士奇《天禄识余》卷上引《海客日谈》："马前蹄之上有两空处，名灶门。马之良者，后蹄印地之痕，反在前蹄印地之痕前，故名跨灶。言后步趱过前步也。人解跨灶之子，谓灶上有釜，釜字上父字，跨灶者越父也，殆为强说。"

宁馨英物，皆是羡人之儿；国器掌珠，悉是称人之子。

宁馨，晋宋时俗语，这样、如此。宁馨儿，犹言这样的孩子，后转指美好的孩子、子弟。《晋书·王衍传》："衍字夷甫，神情明秀，风姿详雅。总角尝造山涛，涛嗟叹良久，既去，目而送之曰：'何物老妪，生宁馨儿！然误天下苍生者，未必非此人也。'"〇英物，英俊杰出的人物。《晋书·桓温传》："桓温字元子，宣城太守彝之子也。生未期而太原温峤见之，曰：'此儿有奇骨，可试使啼。'及闻其声，曰：'真英物也！'彝以峤所赏，故遂名之曰温。峤笑曰：'果尔，后将易吾姓也。'"

国器，可使主持国政的人才。《新唐书·房玄龄传》："吏部侍郎高孝基名知人，谓裴矩曰：'仆观人多矣，未有如此郎者，当为国器，但恨不见其耸壑昂霄云。'"〇掌珠，比喻最珍爱的人或物品，后多比喻儿女。南朝梁江淹《伤爱子赋》："曾悯怜之惨凄，痛掌珠之爱子。"

可爱者子孙之多，若螽斯之蛰蛰；堪羡者后人之盛，如瓜瓞之绵绵。

螽斯，昆虫名。蛰蛰，多且繁盛的样子。后世则以"螽斯蛰蛰"比喻子孙众多。《诗经·周南·螽斯》："螽斯羽，诜诜兮，宜尔子孙，振振兮。螽斯羽，薨薨兮，宜尔子孙，绳绳兮。螽斯羽，揖揖兮，宜尔子孙，蛰蛰兮。"《毛诗序》："《螽斯》，后妃子孙众多也。言若螽斯不妒忌，则子孙众多也。"

瓜瓞，比喻子孙繁盛。《诗经·大雅·绵》："绵绵瓜瓞，民之初生，自土沮漆。"《诗集传》卷六："绵绵，不绝貌。大曰瓜，小曰瓞。瓜之近本初生者常小，其蔓不绝，至末而后大也。"

[新增文]十二联

经遗世训，韦玄成乐有贤父兄；书擅时名，王羲之却是佳子弟。

《汉书·韦贤传》略云：韦贤字长孺，鲁国邹人也，以明经官至丞相。贤四子：长子方山为高寝令，早终；次子弘，至东海太守；次子舜，留鲁守坟墓；少子玄成，复以明经历位至丞相。故邹鲁谚曰："遗子黄金满籝，不如一经。"颜师古注："如淳曰：'籝，竹器，受三四斗。今陈留俗有此器。'"

《晋书·王羲之传》："王羲之字逸少，司徒导之从子也。羲之幼讷于言，人未之奇。年十三，尝谒周顗，顗察而异之。时重牛心炙，坐客未啖，顗先割啖羲之，于是始知名。及长，辩赡，以骨鲠称，尤善隶书，为古今之冠，论者称其笔势，以为飘若浮云，矫若惊龙。深为从伯敦、导所器重。时陈留阮裕有重名，为敦主簿。敦尝谓羲之曰：'汝是吾家佳子弟，当不减阮主簿。'裕亦目羲之与王承、王悦为王氏三少。"

敬则应得鸣鼓角，母觇子荣；宗武更勿带罗囊，父规儿怠。

《南史·王敬则传》："王敬则，临淮射阳人也。侨居晋陵南沙县。母为女巫，常谓人云：'敬则生时胞衣紫色，应得鸣鼓角。'人笑之曰：'汝子得为人吹角可矣。'敬则年长，而两腋下生乳，各长数寸。梦骑五色师子。性倜傥不羁，好刀剑，尝与暨阳县吏斗，谓曰：'我若得暨阳县，当鞭汝小吏背。'吏唾其面曰：'汝得暨阳县，我亦得司徒公矣。'"按：永明二年，敬则果给鼓吹一部。

罗囊，亦作"紫罗囊"，古代诗文中常用为爱护、诱导子侄之意。《世说新语·假谲》："谢遏年少时，好著紫罗香囊，垂覆手。太傅患之，而不欲伤其意。乃谲与赌，得即烧之。"又杜甫《又示宗武》诗："觅句新知律，摊书解满床。试吟青玉案，莫带（一作"羡"）紫罗囊。"今按：宗武为杜甫之子。

宋之问能分父绝，作述重光；狄兼谟绰有祖风，后先辉映。

《新唐书·文艺传中·宋之问》："初，之问父令文，富文辞，且工书，有力绝人，世称'三绝'。都下有牛善触，人莫敢婴，令文直往拔取角，折其颈杀之。既之问以文章起，其弟之悌以趫勇闻，之悉精草隶，世谓皆得父一绝。"

《新唐书·狄仁杰传》附狄兼谟："兼谟字汝谐，及进士第。辟襄阳使府，刚正有祖风。……迁御史中丞。帝曰：'御史台，朝廷纲纪。一台正，则朝廷治；朝廷正，则天下治。畏忌顾望，则职业废矣。卿，梁公后，当嗣家声，不可不慎。'兼谟顿首谢。"今按：兼谟为狄仁杰从曾孙。

焚裘伏剑，罗母与陵母俱贤；跃鲤杀鸡，姜生与茅生并孝。

《世说新语·德行》："桓南郡既破殷荆州，收殷将佐十许人，咨议罗企生亦在焉。桓素待企生厚，将有所戮，先遣人语云：'若谢我，当释罪。'企生答曰：'为殷荆州吏，今荆州奔亡，存亡未判，我何颜谢桓公！'既出市，桓又遣人问欲何言。答曰：'昔晋文王杀嵇康，而嵇绍为晋忠臣。从公乞一弟以养老母。'桓亦如言宥之。桓先曾以一羔裘与企生母胡，胡时在豫章，企生问（凶信）至，即日焚裘。"亦见于《晋书·忠义传·罗企生》。〇《汉书·王陵传》："王陵，沛人也。始为县豪，高祖微时兄事陵。及高祖起沛，入咸阳，陵亦聚党数千人，居南阳，不肯从沛公。及汉王之还击项籍，陵乃以兵属汉。项羽取陵母置军中，陵使至，则东乡坐陵母，欲以招陵。陵母既私送使者，泣曰：'愿为老妾语陵，善事汉王。汉王长者，毋以老妾故持二心。妾以死送使者。'遂伏剑而死。项王怒，亨陵母。陵卒从汉王定天下。"

《后汉书·列女传·姜诗妻》："广汉姜诗妻者，同郡庞盛之女也。诗事母至孝，妻奉顺尤笃。……姑嗜鱼鲙，又不能独食，夫妇常力作供鲙，呼邻母共之。舍侧忽有涌泉，味如江水，每旦辄出双鲤鱼，常以供二母之膳。"○《后汉书·郭太传》："茅容字季伟，陈留人也。年四十余，耕于野，时与等辈避雨树下，众皆夷踞相对，容独危坐愈恭。林宗行见之而奇其异，遂与共言。因请寓宿。旦日，容杀鸡为馔，林宗谓为己设。既而以供其母，自以草蔬与客同饭。林宗起拜之曰：'卿贤乎哉！'因劝令学，卒以成德。"

灵运子孙多是凤，岂是阿私；僧虔后嗣半为龙，原非自侈。

注见《祖孙父子》"称宦有贤郎，曰凤毛济美"条。又苏轼《次前韵答马忠玉》诗："灵运子孙俱得凤，慈明兄弟孰非龙。"

《南齐书·王僧虔传》："僧虔宋世尝有书诫子曰：'舍中亦有少负令誉，弱冠越超清级者，于时王家门中，优者则龙凤，劣者犹虎豹。失荫之后，岂龙虎之议？况吾不能为汝荫，政应各自努力耳。'"

马援得璘能耀武，毕竟孙贤；祁奚举午不避亲，皆因子肖。

《新唐书·马璘传》："马璘，岐州扶风人。少孤，流荡无业所。年二十，读汉《马援传》，至'丈夫当死边野，以马革裹尸而归'，慨然曰：'使吾祖勋业坠于地乎？'开元末，挟策从安西节度府，以奇劳，累迁金吾卫将军。"

《左传·襄公三年》："祁奚请老，晋侯问嗣焉。称解狐，其仇也，将立之而卒。又问焉，对曰：'午也可。'于是羊舌职死矣，晋侯曰：'孰可以代之？'对曰：'赤也可。'于是使祁午为中军尉，羊舌赤佐之。君子谓：'祁奚于是能举善矣。称其仇，不为谄。立其子，不为比。举其偏，不为党。'"

触詟犹怜少子，乞清要于君前；萧仿喜见曾孙，效传呼于阶下。

《战国策·赵策四》："（左师触詟见赵太后）左师公曰：'老臣贱息舒祺，最少，不肖，而臣衰，窃爱怜之。愿令得补黑衣之数，以卫王宫，没死以闻。'太后曰：'敬诺。年几何矣？'对曰：'十五岁矣。虽少，愿及未填沟壑而托之。'太后曰：'丈夫亦爱怜其少子乎？'对曰：'甚于妇人。'"今按：触詟，《史记·赵世家》作"触龙"。

《旧五代史·周书·萧愿传》:“萧愿,字惟恭,梁宰相顷之子也。顷,明宗朝终于太子少保,《唐书》有传。初,愿之曾祖仿,唐僖宗朝入相,接客之次,愿为儿童戏,效传呼之声。仿谓客曰:‘余岂敢以得位而喜,所幸奕世寿考,吾今又有曾孙在目前矣。’”

王霸则曾惭贵客,张凭则戏说佳儿。

《后汉书·列女传·王霸妻》:“初,霸与同郡令狐子伯为友,后子伯为楚相,而其子为郡功曹。子伯乃令子奉书于霸,车马服从,雍容如也。霸子时方耕于野,闻宾至,投耒而归,见令狐子,沮怍不能仰视。霸目之,有愧容,客去而久卧不起。妻怪问其故,始不肯告,妻请罪,而后言曰:‘吾与子伯素不相若,向见其子容服甚光,举措有适,而我儿曹蓬发历齿,未知礼则,见客而有惭色。父子恩深,不觉自失耳。’妻曰:‘君少修清节,不顾荣禄。今子伯之贵孰与君之高?奈何忘宿志而惭儿女子乎?’霸屈起而笑曰:‘有是哉!’遂共终身隐遁。”

《世说新语·排调》:“张苍梧是张凭之祖,尝语凭父曰:‘我不如汝。’凭父未解所以,苍梧曰:‘汝有佳儿。’凭时年数岁,敛手曰:‘阿翁!讵宜以子戏父!’”

李峤贻讥,甘罗堪羡。

唐李濬(一作“韦濬”)《松窗杂录》:“中宗尝召宰相苏瓌、李峤子进见。二丞相子皆童年,上近抚于赭袍前,赐与甚厚。因语二儿曰:‘尔日忆所通书,可奏为吾者言之。’颋应曰:‘木从绳则正,后从谏则圣。’峤子(失其名)亦进曰:‘斮朝涉之胫,剖贤人之心。’上曰:‘苏瓌有子,李峤无儿。’”亦见于北宋王谠《唐语林·识鉴》。今按:“斮朝涉之胫,剖贤人之心”皆商纣事。

《史记·甘茂列传》略云:甘罗者,甘茂孙也。茂既死后,甘罗年十二,事秦相文信侯吕不韦。秦始皇使刚成君蔡泽于燕,三年而燕王喜使太子丹入质于秦。秦使张唐往相燕,欲与燕共伐赵,以广河间之地。张唐不肯行,于是甘罗往见唐,晓以利害,唐遂行。甘罗又自请使赵,说赵襄王割五城以广河间。秦、赵遂连横,赵攻燕,得上谷三十城,令秦有十一。甘罗还报,秦乃封甘罗为上卿,复以始甘茂田宅赐之。亦见于《战国策·秦策五》。

公才公望,喜说云仍;率祖率亲,宁云委蜕。

公才公望,指与公辅的职位相称的才识和名望。《梁书·王暕传》:“王暕字思晦,琅邪临沂人。父俭,齐太尉、南昌文宪公。暕年数岁,而风神警拔，有成人之度。时文宪作宰，宾客盈门，见暕相谓曰：'公才公望，复在此矣。'"今按：王俭与王暕是父子关系，而非云仍关系。〇云仍，亦作"云礽"，泛指远孙。《尔雅·释亲》："子之子为孙，孙之子为曾孙，曾孙之子为玄孙，玄孙之子为来孙，来孙之子为昆孙，昆孙之子为仍孙，仍孙之子为云孙。"郭璞注："仍，亦重也。云，言轻远如浮云。"

《礼记·大传》："自仁率亲，等而上之至于祖，名曰轻。自义率祖，顺而下之至于祢，名曰重。一轻一重，其义然也。"郑玄注："自，犹用也。率，循也。用恩则父母重而祖轻，用义则祖重而父母轻。恩重者为之三年，义重者为之齐衰。"〇委蜕，虫类蛹化所解脱的外皮，犹言自然留遗，与己无关。《庄子·知北游》："孙子（一作"子孙"）非汝有，是天地之委蜕也。"

杜氏之宝田斯在，薛家之磐石犹存。

清陈梦雷《古今图书集成·明伦汇编·氏族典·杜姓部》："杜孟：按《尚友录》：孟，普州人，读书太学，因童贯、蔡京用事，幡然而归。尝训子孙曰：'忠孝，吾家之宝；经史，吾家之田。'时号为'宝田杜氏'。"

《新唐书·薛收传》附薛元超："元超九岁袭爵。及长，好学，善属文。……高宗即位，迁给事中，数上书陈当世得失，帝嘉纳。转中书舍人、弘文馆学士。省中有盘石，道衡为侍郎时，常据以草制，元超每见辄泫然流涕。"今按：薛元超为薛道衡之孙、薛收之子。

词辨既见渊源，强项亦征风烈。

《新唐书·李泌传》："玄宗开元十六年，悉召能言佛、道、孔子者，相答难禁中。有员俶者，九岁升坐，词辩注射，坐人皆屈。帝异之，曰：'半千孙，固当然。'因问：'童子岂有类若者？'俶跪奏：'臣舅子李泌。'"

《后汉书·杨震传》："震五子，长子牧，富波相。牧孙奇，灵帝时为侍中，帝尝从容问奇曰：'朕何如桓帝？'对曰：'陛下之于桓帝，亦犹虞舜比德唐尧。'帝不悦曰：'卿强项，真杨震子孙，死后必复致大鸟矣。'"李贤注："强项，言不低屈也，光武谓董宣为'强项令'也。"今按：杨震下葬时，曾有大鸟高丈余，集震丧前，俯仰悲鸣，泪下沾地，葬毕，乃飞去。

兄弟

天下无不是底父母，世间最难得者兄弟。

《孟子·离娄上》："孟子曰：'天下大悦而将归己。视天下悦而归己，犹草芥也。惟舜为然。不得乎亲，不可以为人；不顺乎亲，不可以为子。舜尽事亲之道而瞽瞍厎豫，瞽瞍厎豫而天下化，瞽瞍厎豫而天下之为父子者定，此之谓大孝。'"朱熹集注："李氏曰：'舜之所以能使瞽瞍厎豫者，尽事亲之道，其为子职，不见父母之非而已。昔罗仲素语此云："只为天下无不是底父母。"了翁闻而善之曰："惟如此而后天下之为父子者定。彼臣弑其君、子弑其父者，常始于见其有不是处耳。"'"

《北史·循吏传·苏琼》："(琼)除南清河太守……有百姓乙普明，兄弟争田，积年不断，各相援据，乃至百人。琼召普明兄弟，对众人谕之曰：'天下难得者兄弟，易求者田地。假令得地失兄弟心，如何？'因而下泪，诸证人莫不洒泣。普明兄弟叩头，乞外更思，分异十年，遂还同住。"

须贻同气之光，毋伤手足之雅。

同气，有血缘关系的亲属，后来多指同胞兄弟。因兄弟都是父母血气所生，故曰同气。《后汉书·东平宪王苍传》："凡匹夫一介，尚不忘箪食之惠，况臣居宰相之位，同气之亲哉！"又南朝梁周兴嗣《千字文》："孔怀兄弟，同气连枝。"

手足，比喻兄弟。唐李华《吊古战场文》："谁无兄弟，如足如手。"

玉昆金友，羡兄弟之俱贤；伯埙仲篪，谓声气之相应。

玉昆金友，兄弟的美称。《南史·王铨传》："铨虽学业不及弟锡，而孝行齐焉。时人以为铨、锡二王，可谓玉昆金友。"又《太平御览》卷八〇四："崔鸿《十六国春秋·前凉录》曰：'辛攀，字怀远，陇西狄道人。兄鉴旷，弟宝迅，皆以才识知名。秦、雍为之语曰："三龙一门，金友玉昆。"'"

伯埙仲篪，比喻兄弟和睦。埙、篪，皆为古代乐器名。《诗经·小雅·何人斯》："伯氏吹埙，仲氏吹篪。"郑玄笺："伯仲，喻兄弟也。我与女恩如兄弟，其相应和如埙篪，以言俱为王臣，宜相亲爱。"

兄弟既翕，谓之花萼相辉；兄弟联芳，谓之棠棣竞秀。

《诗经·小雅·常棣》："兄弟既翕，和乐且湛。"毛传："翕，合也。"《毛诗序》："《常棣》，燕兄弟也。闵管、蔡之失道，故作《常棣》焉。"又《新唐书·三宗诸子传》："初，帝五子列第东都积善坊，号'五王子宅'。及赐第上都隆庆坊，亦号'五王宅'。玄宗为太子，尝制大衾长枕，将与诸王共之。睿宗知，喜甚。及先天后，尽以隆庆旧邸为兴庆宫，而赐宪及薛王第于胜业坊，申、岐二王居安兴坊，环列宫侧。天子于宫西、南置楼，其西署曰'花萼相辉之楼'，南曰'勤政务本之楼'，帝时时登之，闻诸王作乐，必亟召升楼，与同榻坐，或就幸第，赋诗燕嬉，赐金帛侑欢。诸王日朝侧门，既归，即具乐纵饮，击球、斗鸡、驰鹰犬为乐，如是岁月不绝，所至辄中使劳赐相踵，世谓天子友悌，古无有者。帝于敦睦盖天性然，虽谗邪乱其间，而卒无以摇。时有鹡鸰千数集麟德殿廷树，翔栖浃日。左清道率府长史魏光乘作颂，以为天子友悌之祥。帝喜，亦为作颂。"亦见于《旧唐书·让皇帝宪传》《开天传信记》及《唐语林·德行》等。

《诗经·小雅·常棣》："常棣之华，鄂不韡韡。"郑玄笺："承华者曰鄂。不当作拊；拊，鄂足也。鄂足得华之光明，则韡韡然盛。兴者，喻弟以敬事兄，兄以荣覆弟，恩义之显，亦韡韡然。"今按：常棣，亦称"棠棣"。鄂不，即萼柎，分别指花萼、花蒂。韡韡，光明貌。此用花萼、花蒂的相依，比喻兄弟的亲密关系。唐玄宗之花萼相辉楼，即取此义。

患难相顾，似鹡鸰之在原；手足分离，如雁行之折翼。

鹡鸰，又作"脊令"，比喻兄弟。《诗经·小雅·常棣》："脊令在原，兄弟急难。"毛传："脊令，雍渠也。"郑玄笺："雍渠，水鸟，而今在原，失其常处，则飞则鸣，求其类，天性也。犹兄弟之于急难。"

雁行，意即兄长弟幼，年齿有序，如雁之平行而有次序，后遂以称兄弟。《礼记·王制》："父之齿随行，兄之齿雁行，朋友不相逾。"

元方、季方俱盛德，祖太丘称为难弟难兄；宋郊、宋祁俱中元，当时人号为大宋小宋。

《世说新语·德行》："陈元方子长文，有英才，与季方子孝先，各论其父功德，争之不能决，咨于太丘。太丘曰：'元方难为兄，季方难为弟。'"今按：陈纪字元方，为陈寔长子；陈谌字季方，为陈寔少子。陈寔字仲弓，东汉末期颍川许人，曾为太丘长，故称“陈太丘”。

《宋史·宋庠传》：“宋庠字公序，安州安陆人，后徙开封之雍丘。庠天圣初举进士，开封试、礼部皆第一，擢大理评事、同判襄州。……祁字子京，与兄庠同时举进士，礼部奏祁第一，庠第三。章献太后不欲以弟先兄，乃擢庠第一，而置祁第十。人呼曰‘二宋’，以大小别之。”今按：宋庠原名郊。

荀氏兄弟，得八龙之佳誉；河东伯仲，有三凤之美名。

《后汉书·荀淑传》：“荀淑字季和，颍川颍阴人，荀卿十一世孙也。少有高行，博学而不好章句，多为俗儒所非，而州里称其知人。安帝时，征拜郎中，后再迁当涂长。去职还乡里。当世名贤李固、李膺等皆师宗之。及梁太后临朝，有日食地震之变，诏公卿举贤良方正，光禄勋杜乔、少府房植举淑对策，讥刺贵幸，为大将军梁冀所忌，出补朗陵侯相。莅事明理，称为神君。顷之，弃官归，闲居养志。产业每增，辄以赡宗族知友。年六十七，建和三年卒。李膺时为尚书，自表师丧。二县皆为立祠。有子八人：俭、绲、靖、焘、汪、爽、肃、专，并有名称，时人谓之‘八龙’。初，荀氏旧里名西豪，颍阴令勃海苑康以为昔高阳氏有才子八人，今荀氏亦有八子，故改其里曰高阳里。”

《新唐书·薛收传》：“（薛）元敬，隋选部郎迈之子，与收及收族兄德音齐名，世称‘河东三凤’。收为长离，德音为鹫鹭，元敬年最少，为鹓雏。”今按：薛元敬为薛收的从兄薛迈之子，三人并不是伯仲关系，故此处应是作者误记。

东征破斧，周公大义灭亲；遇贼争死，赵孝以身代弟。

《诗经·豳风·破斧》：“既破我斧，又缺我斨。周公东征，四国是皇。”《毛诗序》：“《破斧》，美周公也，周大夫以恶四国焉。”毛传谓：“四国，管、蔡、商、奄也。”

《后汉书·赵孝传》：“赵孝字长平，沛国蕲人也。……及天下乱，人相食。孝弟礼为饿贼所得，孝闻之，即自缚诣贼，曰：‘礼久饿羸瘦，不如孝肥饱。’贼大惊，并放之，谓曰：‘可且归，更持米糒来。’孝求不能得，复往报贼，愿就烹。众异之，遂不害。乡党服其义。”

煮豆燃萁，谓其相害；斗粟尺布，讥其不容。

《世说新语·文学》：“文帝尝令东阿王七步中作诗，不成者行大法。应声便为诗曰：‘煮豆持作羹，漉菽以为汁。萁在釜下燃，豆在釜中泣；本自同根生，相煎何太急！’帝深有惭色。”

斗粟尺布，比喻兄弟间因利害冲突而不和。《史记·淮南衡山列传》：

"孝文十二年,民有作歌歌淮南厉王曰:'一尺布,尚可缝;一斗粟,尚可舂。兄弟二人不能相容。'"裴骃集解:"《汉书音义》曰:'尺布斗粟犹尚不弃,况于兄弟而更相逐乎。'瓒曰:'一尺布尚可缝而共衣,一斗粟尚可舂而共食也,况以天下之广而不能相容。'"今按:淮南厉王刘长为汉文帝之弟,因谋反而被废置蜀郡,不食而死,故民作歌讽之。

兄弟阋墙,谓兄弟之斗狠;天生羽翼,谓兄弟之相亲。

阋(音隙)墙,谓兄弟相争于内,引申指内部争斗。阋,争吵。《诗经·小雅·常棣》:"兄弟阋于墙,外御其务。"毛传:"阋,很也。"郑玄笺:"御,禁。务,侮也。兄弟虽内阋,而外御侮也。"

天生羽翼,比喻兄弟的血缘关系。《旧唐书·让皇帝宪传》:"玄宗既笃于昆季,虽有谗言交构其间,而友爱如初。宪尤恭谨畏慎,未曾干议时政及与人交结,玄宗尤加信重之。尝与宪及岐王范等书曰:'昔魏文帝诗云:"西山一何高,高处殊无极。上有两仙童,不饮亦不食。赐我一丸药,光耀有五色。服药四五日,身轻生羽翼。"朕每思服药而求羽翼,何如骨肉兄弟天生之羽翼乎!陈思有超代之才,堪佐经纶之务,绝其朝谒,卒令忧死。魏祚未终,遭司马宣王之夺,岂神丸之效也!虞舜至圣,舍象傲之愆以亲九族,九族既睦,平章百姓。此为帝王之轨则,于今数千岁,天下归善焉。朕未尝不废寝忘食钦叹者也。顷因余暇,妙选仙经,得此神方,古老云"服之必验"。今分此药,愿与兄弟等同保长龄,永无限极。'"亦见于《新唐书·三宗诸子传》。

姜家大被以同眠,宋君灼艾而分痛。

《后汉书·姜肱传》:"姜肱字伯淮,彭城广戚人也。家世名族。肱与二弟仲海、季江,俱以孝行著闻。其友爱天至,常共卧起。及各娶妻,兄弟相恋,不能别寝,以系嗣当立,乃递往就室。"李贤注:"《谢承书》曰'肱性笃孝,事继母恪勤。母既年少,又严厉。肱感《恺风》之孝,兄弟同被而寝,不入房室,以慰母心'也。"

灼艾分痛,比喻兄弟关系亲密友爱。《宋史·太祖纪三》:"太宗尝病亟,帝往视之,亲为灼艾。太宗觉痛,帝亦取艾自灸。"

田氏分财,忽瘁庭前之荆树;夷齐让国,共采首阳之蕨薇。

《续齐谐记》:"京兆田真兄弟三人,共议分财,生资皆平均,惟堂前一株紫荆树,共议欲破三片,明日就截之。其树即枯死,状如火然。真往见之,大惊,谓诸弟曰:'树本同株,闻将分斫,所以憔悴,是人不如木也。'因悲不自胜，不复解树。树应声荣茂。兄弟相感，合财宝，遂为孝门。真仕至太中大夫。”

夷齐，指伯夷、叔齐。《史记·伯夷列传》：“伯夷、叔齐，孤竹君之二子也。父欲立叔齐，及父卒，叔齐让伯夷。伯夷曰：‘父命也。’遂逃去。叔齐亦不肯立而逃之。国人立其中子。于是伯夷、叔齐闻西伯昌善养老，盍往归焉。及至，西伯卒，武王载木主，号为文王，东伐纣。伯夷、叔齐叩马而谏曰：‘父死不葬，爰及干戈，可谓孝乎？以臣弑君，可谓仁乎？’左右欲兵之。太公曰：‘此义人也。’扶而去之。武王已平殷乱，天下宗周，而伯夷、叔齐耻之，义不食周粟，隐于首阳山，采薇而食之。及饿且死，作歌。其辞曰：‘登彼西山兮，采其薇矣。以暴易暴兮，不知其非矣。神农虞夏忽焉没兮，我安适归矣？于嗟徂兮，命之衰矣！’遂饿死于首阳山。”

虽曰安宁之日，不如友生；其实凡今之人，莫如兄弟。

《诗经·小雅·常棣》：“丧乱既平，既安且宁。虽有兄弟，不如友生。”孔颖达疏：“室家安宁，身无急难，则当与朋友交，切磋琢磨学问，修饰以立身成名。兄弟之多则尚恩，其聚集则熙熙然，不能相励以道。朋友之交则以义，其聚集切切节节然，相劝竞以道德，相勉励以立身，使其日有所得，故兄弟不如友生也。”

《诗经·小雅·常棣》：“常棣之华，鄂不韡韡。凡今之人，莫如兄弟。”

[新增文]十一联

《诗》歌绰绰，圣训怡怡。

绰绰，宽裕的样子。《诗经·小雅·角弓》：“此令兄弟，绰绰有裕。不令兄弟，交相为瘉。”孔颖达疏：“言天下若此令善之人，于兄弟恩义相与，绰绰然有饶裕也。其不善之人，于兄弟则无恩义，唯交更相诟病而已。”

怡怡，和顺的样子，后指兄弟情谊。《论语·子路》：“子路问曰：‘何如斯可谓之士矣？’子曰：‘切切、偲偲、怡怡如也，可谓士矣。朋友切切、偲偲，兄弟怡怡。’”朱熹集注：“胡氏曰：‘切切，恳到也。偲偲，详勉也。怡怡，和悦也。皆子路所不足，故告之。又恐其混于所施，则兄弟有贼恩之祸，朋友有善柔之损，故又别而言之。’”

羯末封胡，俱称彦秀；醍酥酪乳，并属珍奇。

《晋书·列女传·王凝之妻谢氏》："初适凝之，还，甚不乐。(谢)安曰：'王郎，逸少子，不恶，汝何恨也？'答曰：'一门叔父则有阿大、中郎，群从兄弟复有封、胡、羯、末，不意天壤之中乃有王郎！'封谓谢韶，胡谓谢朗，羯谓谢玄，末谓谢川，皆其小字也。"亦见于《世说新语·贤媛》。

唐李肇《唐国史补》卷中："穆氏兄弟四人，赞、质、员、赏。时人谓：赞俗而有格为酪；质美而多入为酥；员为醍醐，言粹而少用；赏为乳腐，言最凡固也。"又《新唐书·穆宁传》："(穆宁有)四子：赞、质、员、赏。……兄弟皆和粹，世以珍味目之：赞少俗，然有格，为'酪'；质美而多入，为'酥'；员为'醍醐'；赏为'乳腐'云。"

陆机、陆云，名共喧于洛邑；季心、季布，气并盖于关中。

《晋书·陆机传》："至太康末，(陆机)与弟云俱入洛，造太常张华。华素重其名，如旧相识，曰：'伐吴之役，利获二俊。'"

《史记·季布栾布列传》："季布者，楚人也。为气任侠，有名于楚。……季布弟季心，气盖关中，遇人恭谨，为任侠，方数千里，士皆争为之死。尝杀人，亡之吴，从袁丝匿。长事袁丝，弟畜灌夫、籍福之属。尝为中司马，中尉郅都不敢不加礼。少年多时时窃籍其名以行。当是时，季心以勇，布以诺，著闻关中。"

刘孝胜之绶方青，马季常之眉本白。

青绶，青色的印绶，汉官秩御史大夫用之；艾绶，艾色的印绶，即绿绶，汉官秩二千石以上者用之。南朝梁刘孝胜《冬日家园别阳羡始兴》诗："四鸟怨离群，三荆悦同处。如今腰艾绶，东南各殊举。且欣棠棣集，弥惜光阴遽。黠吏本须裁，豪民亦难御。愿勖千金水，思闻五湖誉。"今按：刘孝胜为孝仪弟，孝仪时为阳羡令。

《三国志·蜀书·马良传》："马良字季常，襄阳宜城人也。兄弟五人，并有才名，乡里为之谚曰：'马氏五常，白眉最良。'良眉中有白毛，故以称之。"

文采则眉山轼辙，才名则秦氏晞通。

《宋史·苏轼传》："苏轼字子瞻，眉州眉山人。生十年，父洵游学四方，母程氏亲授以书，闻古今成败，辄能语其要。……比冠，博通经史，属文日数千言，好贾谊、陆贽书。既而读《庄子》，叹曰：'吾昔有见，口未能言，今见是书，得吾心矣。'嘉祐二年，试礼部。方时文磔裂诡异之弊胜，主司欧阳修思有以救之，得轼《刑赏忠厚论》，惊喜，欲擢冠多士，犹疑其客曾巩所为，但置第二；复以《春秋》对义居第一，殿试中乙科。"《宋史·苏辙传》："苏辙字子由，年十九，与兄轼同登进士科，又同策制举。"又北宋王辟之《渑水燕谈录》卷四："苏氏文章擅天下，目其文曰'三苏'。盖洵为老苏、轼为大苏、辙为小苏也。"

《新唐书·儒学传上·秦景通》："景通者，晋陵人。与弟暐俱有名，皆精《汉书》，号'大秦君''小秦君'。当时治《汉书》，非其授者，以为无法云。"

欲成弟名，虽择肥美而何咎；中分财产，宁取荒顿以为安。

《后汉书·循吏传·许荆》："许荆字少张，会稽阳羡人也。祖父武，太守第五伦举为孝廉。武以二弟晏、普未显，欲令成名，乃请之曰：'礼有分异之义，家有别居之道。'于是共割财产以为三分，武自取肥田、广宅、奴婢强者，二弟所得并悉劣少。乡人皆称弟克让而鄙武贪婪，晏等以此并得选举。武乃会宗亲，泣曰：'吾为兄不肖，盗声窃位，二弟年长，未豫荣禄，所以求得分财，自取大讥。今理产所增，三倍于前，悉以推二弟，一无所留。'于是郡中翕然，远近称之。位至长乐少府。"

《后汉书·刘平等传序》："安帝时，汝南薛包孟尝，好学笃行，丧母，以至孝闻。及父娶后妻而憎包，分出之，包日夜号泣，不能去，至被欧杖。不得已，庐于舍外，旦入而洒扫，父怒，又逐之。乃庐于里门，昏晨不废。积岁余，父母惭而还之。后行六年服，丧过乎哀。既而弟子求分财异居，包不能止，乃中分其财。奴婢引其老者，曰：'与我共事久，若不能使也。'田庐取其荒顿者，曰：'吾少时所理，意所恋也。'器物取其朽败者，曰：'我素所服食，身口所安也。'弟子数破其产，辄复赈给。"

一家之桐木称荣，千里之龙驹谁匹。

南宋吴曾《能改斋漫录》卷一一："韩子华兄弟，皆为宰相。门有梧桐，京师人以桐木韩家呼之，以别魏公也。子华下世，陆农师作为挽章云：'棠棣行中排宰相，梧桐名上识韩家。'皆纪其实也。子华，其家呼为三相公，持国为五相公。"

《北史·卢昌衡传》："昌衡字子均，小字龙子。沈靖有才识，风神淡雅，容止可法。博涉经史，工草行书。从弟思道，小字释奴，宗中称英妙，昌衡与之俱被推重。故幽州语曰：'卢家千里，释奴、龙子。'"又《晋书·陆云传》："云字士龙，六岁能属文，性清正，有才理。少与兄机齐名，虽文章不及机，而持论过之，号曰‘二陆’。幼时吴尚书广陵闵鸿见而奇之，曰：‘此儿若非龙驹，当是凤雏。’后举云贤良，时年十六。”

上留田何如廉让江，闭户挝亦当唾面受。

《古今注·音乐》：“上留田，地名也。其地人有父母死，兄不字其孤弟者。邻人为其弟作悲歌，以讽其兄，故曰《上留田》。”〇《太平御览》卷六五：“《交州记》曰：‘慈廉江者，昔有李祖仁居此，兄弟十人，并慈孝廉让，因此名江。’”

《后汉书·独行传·缪肜》：“缪肜字豫公，汝南召陵人也。少孤，兄弟四人，皆同财业。及各娶妻，诸妇遂求分异，又数有斗争之言。肜深怀愤叹，乃掩户自挝曰：‘缪肜，汝修身谨行，学圣人之法，将以齐整风俗，奈何不能正其家乎！’弟及诸妇闻之，悉叩头谢罪，遂更为敦睦之行。”〇《新唐书·娄师德传》：“其弟守代州，辞之官，教之耐事。弟曰：‘人有唾面，洁之乃已。’师德曰：‘未也。洁之，是违其怒，正使自干耳。’”亦见于唐刘𫗧《隋唐嘉话》卷下、唐刘肃《大唐新语·容恕》。

推田相让，知延寿之化行；洒泪息争，感苏琼之言厚。

《汉书·韩延寿传》：“(入守左冯翊)行县至高陵，民有昆弟相与讼田自言，延寿大伤之，曰：‘幸得备位，为郡表率，不能宣明教化，至令民有骨肉争讼，既伤风化，重使贤长吏、啬夫、三老、孝弟受其耻，咎在冯翊，当先退。’是日，移病不听事，因入卧传舍，闭阁思过。一县莫知所为，令丞、啬夫、三老亦皆自系待罪。于是讼者宗族传相责让，此两昆弟深自悔，皆自髡肉袒谢，愿以田相移，终死不敢复争。”

注详见《兄弟》“世间最难得者兄弟”条。

三孔既推鼎立，五张亦号明经。

《宋史·孔文仲传》：“初，文仲与弟武仲、平仲皆以文声起江西，时号‘三孔’。”又明蒋一葵《尧山堂外纪》卷五六：“孔平仲，字毅甫。宣圣四十八世孙。建中靖国间为学士。兄文仲，字经甫；武仲，字常甫，俱以才名播天下。山谷有诗云：‘二苏上连璧，三孔立分鼎。天不坠斯文，俱来集台省。’”

《旧唐书·良吏传下·张知謇》：“张知謇，蒲州河东人也，徙家于岐。少与兄知玄、知晦，弟知泰、知默五人，励志读书，皆以明经擢第。”

爱敬宜法温公，恭让当师延寿。

南宋朱熹《小学·外篇·善行》："司马温公与其兄伯康友爱尤笃。伯康年将八十，公奉之如严父，保之如婴儿。每食少顷，则问曰：'得无饥乎？'天少冷，则拊其背曰：'衣得无薄乎？'"亦见于《言行龟鉴·家道门》。

《北史·杨播传》："播家世纯厚，并敦义让，昆季相事，有如父子。播性刚毅，椿、津恭谦，兄弟旦则聚于厅堂，终日相对，未曾入内。有一美味，不集不食。厅堂间，往往帏幔隔障，为寝息之所，时就休偃，还共谈笑。椿年老，曾他处醉归，津扶侍还室，仍假寝阁前，承候安否。椿、津年过六十，并登台鼎，而津常旦暮参问，子侄罗列阶下，椿不命坐，津不敢坐。椿每近出，或日斜不至，津不先饭；椿还，然后共食。食则津亲授匙箸，味皆先尝；椿命食，然后食。"今按：杨播字延庆；播弟椿，字延寿；播弟津字罗汉。

夫　妇

孤阴则不生，独阳则不长，故天地配以阴阳；男以女为室，女以男为家，故人生偶以夫妇。

北宋孙觉《春秋经解》："独阳不生，独阴不成。故有天则有地，有日则有月，男女之义，婚姻之礼，天地之道，人伦之本也。"又《后汉书·列女传·曹世叔妻》："夫妇之道，参配阴阳，通达神明，信天地之弘义，人伦之大节也。"

《孟子·滕文公下》："丈夫生而愿为之有室，女子生而愿为之有家，父母之心，人皆有之。"

阴阳和而后雨泽降，夫妇和而后家道成。

《诗经·邶风·谷风》："习习谷风，以阴以雨。黾勉同心，不宜有怒。采葑采菲，无以下体。德音莫违，及尔同死。"《诗集传》卷二："妇人为夫所弃，故作此诗，以叙其悲怨之情。言阴阳和而后雨泽降，如夫妇和而后家道成。故为夫妇者，当黾勉以同心，而不宜至于有怒。又言采葑菲者，不可以其根之恶，而弃其茎之美；如为夫妇者，不可以其颜色之衰，而弃其德音之善。但德音之不违，则可以与尔同死矣。"

夫谓妻曰拙荆，又曰内子；妻称夫曰藁砧，又曰良人。

拙荆，古代男子对自己的妻子的谦称，也可说“山荆”“寒荆”或“荆妻”“荆室”“荆妇”。拙，无能；荆，以荆枝为钗。《太平御览》卷七一八引《列女传》：“梁鸿妻孟光，荆钗布裙。”〇古代男主外，女主内，故以内子、内人作为妻子的代称。《左传·僖公二十四年》：“（赵姬）以盾为才，固请于公（晋文公），以为嫡子，而使其三子下之；以叔隗为内子，而己下之。”杜预注：“卿之嫡妻为内子。”

藁砧，古时行斩刑时用具。藁，稻草；砧，砧板。古代处死刑时，犯人席藁伏于砧上，以鈇斩之。鈇与“夫”同音，故隐语藁砧为夫也，后遂作为丈夫的代称。南朝陈徐陵《玉台新咏》卷一〇《古绝句四首》其一：“藁砧今何在，山上复有山。何当大刀头？破镜飞上天。”旧题唐吴兢《乐府古题要解》卷下：“‘藁砧今何在’，藁砧，趺也，问夫何处也。‘山上复有山’，重山为‘出’字，言夫不在也。‘何当大刀头’，刀头有环，问夫何时当还也。‘破镜飞上天’，言月半当还也。”〇良人，本是夫妻互称，后多用于妻子称丈夫。《仪礼·士昏礼》：“媵衽良席在东。”郑玄注：“妇人称夫曰良。”又《孟子·离娄下》：“良人者，所仰望而终身也，今若此！”

贺人娶妻，曰荣偕伉俪；留物与妻，曰归遗细君。

伉俪，先时多用指嫡妻，后亦用作夫妇的通称。《左传·昭公二年》：“晋少姜卒。公如晋，及河，晋侯使士文伯来辞，曰：‘非伉俪也，请君无辱。’”孔颖达疏：“伉，敌也。俪，耦也。言少姜是妾，非敌身对耦之人也。”

细君，妻子的代称。《汉书·东方朔传》：“久之，伏日，诏赐从官肉。大官丞日晏不来，朔独拔剑割肉，谓其同官曰：‘伏日当蚤归，请受赐。’即怀肉去。大官奏之。朔入，上曰：‘昨赐肉，不待诏，以剑割肉而去之，何也？’朔免冠谢。上曰：‘先生起，自责也。’朔再拜曰：‘朔来！朔来！受赐不待诏，何无礼也！拔剑割肉，壹何壮也！割之不多，又何廉也！归遗细君，又何仁也！’上笑曰：‘使先生自责，乃反自誉。’复赐酒一石，肉百斤，归遗细君。”颜师古注：“细君，朔妻之名。一说：细，小也。朔自比于诸侯，谓其妻曰小君。”

受室即是娶妻，纳宠谓人娶妾。

受室，娶妻。《左传·桓公六年》略云：齐僖公欲以文姜妻郑太子忽，太子忽辞。人问其故。太子曰：“人各有耦，齐大，非吾耦也。”及其败戎师也，齐侯又请妻之，固辞。人问其故。太子曰：“无事于齐，吾犹不敢。今以君命奔齐之急，而受室以归，是以师昏也。民其谓我何？”遂辞诸郑伯。

宠，爱，古时亦作妾的代称。

正妻谓之嫡，众妾谓之庶。

嫡，古作“適”，与“庶”相对，正妻。正妻所生子女系嫡生，妾生的子女称父亲的正妻为嫡母。《毛诗序》：“《江有汜》，美媵也。勤而无怨，嫡能悔过也。文王之时，江沱之间，有嫡不以其媵备数，媵遇劳而无怨，嫡亦自悔也。”孔颖达疏：“嫡谓妻也。媵谓妾也。谓之媵者，以其从嫡，以送为名，故《士昏礼》注云：‘媵，送也。’古者女嫁必侄娣从，谓之媵也。”

庶，小妾。妾所生之子叫庶子，嫡出子女称父妾为庶母。《尔雅·释亲》：“父之妾为庶母。”清郝懿行义疏：“庶者，众也；庶母，犹言诸母也。”

称人妻曰尊夫人，称人妾曰如夫人。

夫人，秦汉以前，本是对诸侯等贵族之妻的称呼。秦汉之后，也仍然是贵族与高级官员之妻的封号，但使用范围日渐扩大，在普通官绅家也可使用。

如夫人，原意谓同于夫人，后专指别人妾室。《左传·僖公十七年》：“齐侯好内，多内宠，内嬖如夫人者六人。”

结发系是初婚，续弦乃是再娶。

结发，古时汉族婚姻习俗，成婚之夕，男左女右共髻束发。后亦称元配为“结发”。三国魏曹植《种葛篇》诗：“与君初婚时，结发恩义深。”

续弦，古时以琴瑟喻夫妇感情和谐，故称妻死为“断弦”，再娶为“续弦”。“续胶”“鸾胶再续”也是此意。清翟灏《通俗编·妇女·续弦》：“今俗谓丧妻曰断弦，再娶曰续弦。”又《十洲记》略云：凤麟洲在西海之中央，洲上多凤麟，数万各为群。煮凤喙及麟角，合煎作膏，名之为续弦胶，或名连金泥。此胶能续弓弩已断之弦、刀剑断折之金，更以胶连续之，使力士掣之，他处乃断，所续之际终无断也。武帝天汉三年四月，西国王使至，献此胶四两。武帝幸华林园，射虎而弩弦断。使者时从驾，又上胶一分，使口濡以续弩弦。帝惊曰：“异物也！”乃使武士数人，共对掣引之，终日不脱，如未续时也。胶色青如碧玉。帝厚谢使者而遣去。

妇人重婚曰再醮，男子无偶曰鳏居。

醮，古代男女婚嫁时，父母给他们举行的酌酒仪式。故男女再娶、再嫁都可以称作“再醮”。元明以后专指女子夫死再嫁。

《孟子·梁惠王下》:“老而无妻曰鳏,老而无夫曰寡,老而无子曰独,幼而无父曰孤。此四者,天下之穷民而无告者。”

如鼓瑟琴,夫妻好合之谓;琴瑟不调,夫妻反目之词。

琴瑟,比喻夫妻感情融洽。好合,情投意合。《诗经·小雅·常棣》:“妻子好合,如鼓瑟琴。”

反目,多指夫妻不和。《周易·小畜》:“九三:舆说(脱)辐。夫妻反目。”孔颖达疏:“夫妻乖戾,故反目相视。”

牝鸡司晨,比妇人之主事;河东狮吼,讥男子之畏妻。

牝鸡司晨,原意为雌鸡掌管报晓,后指女性当政掌权。《尚书·牧誓》:“古人有言曰:‘牝鸡无晨。牝鸡司晨,惟家之索。’”孔安国传:“索,尽也。喻妇人知外事,雌代雄鸣则家尽,妇夺夫政则国亡。”

河东,古代郡名,柳姓为河东望族,此处用河东代指柳氏。南宋洪迈《容斋三笔》卷三:“陈慥,字季常,公弼之子,居于黄州之岐亭,自称龙丘先生,又曰方山子。好宾客,喜畜声妓,然其妻柳氏绝凶妒。故东坡有诗云:‘龙丘居士亦可怜,谈空说有夜不眠。忽闻河东师子吼,拄杖落手心茫然。’河东师子,指柳氏也。”今按:苏轼诗题为《寄吴德仁兼简陈季常》。

杀妻求将,吴起何其忍心;蒸梨出妻,曾子善全孝道。

《史记·孙子吴起列传》:“吴起者,卫人也,好用兵。尝学于曾子,事鲁君。齐人攻鲁,鲁欲将吴起。吴起取齐女为妻,而鲁疑之。吴起于是欲就名,遂杀其妻,以明不与齐也。鲁卒以为将,将而攻齐,大破之。”

《孔子家语·七十二弟子解》:“(曾)参后母,遇之无恩,而供养不衰。及其妻以藜烝(蒸)不熟,因出之。人曰:‘非七出也。’参曰:‘藜烝,小物耳。吾欲使熟,而不用吾命,况大事乎?’遂出之。终身不取妻。”今按:标题中“蒸梨”似应为“蒸藜”,藜者,灰菜也。

张敞为妻画眉,媚态可哂;董氏对夫封发,贞节堪夸。

《汉书·张敞传》:“敞为京兆,朝廷每有大议,引古今,处便宜,公卿皆服,天子数从之。然敞无威仪,时罢朝会,过走马章台街,使御吏驱,自以便面拊马。又为妇画眉,长安中传张京兆眉怃。有司以奏敞。上问之,对曰:‘臣闻闺房之内,夫妇之私,有过于画眉者。’上爱其能,弗备责也。”

《新唐书·列女传·贾直言妻》:“贾直言妻董。直言坐事,贬岭南,以妻少，乃诀曰：'生死不可期，吾去，可亟嫁，无须也。'董不答，引绳束发，封以帛，使直言署，曰：'非君手不解。'直言贬二十年乃还，署帛宛然。乃汤沐，发堕无余。"

冀郤缺夫妻，相敬如宾；陈仲子夫妇，灌园食力。

相敬如宾，形容夫妻之间互相敬爱。《左传·僖公三十三年》："初，臼季使过冀，见冀缺耨，其妻馌之。敬，相待如宾。"

西晋皇甫谧《高士传》卷中："陈仲子者，齐人也。其兄戴为齐卿，食禄万钟。仲子以为不义，将妻子适楚，居於陵，自谓於陵仲子。穷不苟求，不义之食不食。遭岁饥，乏粮三日，乃匍匐而食井上李实之虫者，三咽而能视身。自织履，妻擘纑(音卢，麻缕)以易衣食。楚王闻其贤，欲以为相，遣使持金百镒，至於陵聘仲子。仲子入谓妻曰：'楚王欲以我为相。今日为相，明日结驷连骑，食方丈于前，意可乎？'妻曰：'夫子左琴右书，乐在其中矣。结驷连骑，所安不过容膝，食方丈于前，所甘不过一肉。今以容膝之安，一肉之味，而怀楚国之忧。乱世多害，恐先生不保命也！'于是出谢使者，遂相与逃去，为人灌园。"

不弃糟糠，宋弘回光武之语；举案齐眉，梁鸿配孟光之贤。

糟糠，指旧时穷人用来充饥的酒渣、糠皮等粗劣的食物，后用来指共患难的妻子。《后汉书·宋弘传》："时帝姊湖阳公主新寡，帝与共论朝臣，微观其意。主曰：'宋公威容德器，群臣莫及。'帝曰：'方且图之。'后弘被引见，帝令主坐屏风后，因谓弘曰：'谚言："贵易交，富易妻"，人情乎？'弘曰：'臣闻贫贱之知不可忘，糟糠之妻不下堂。'帝顾谓主曰：'事不谐矣。'"

《后汉书·逸民传·梁鸿》："梁鸿字伯鸾，扶风平陵人也。……归乡里，势家慕其高节，多欲女之，鸿并绝不娶。同县孟氏有女，状肥丑而黑，力举石臼，择对不嫁，至年三十。父母问其故。女曰：'欲得贤如梁伯鸾者。'鸿闻而娉(聘)之。……及嫁，始以装饰入门，七日而鸿不答。妻乃跪床下请曰：'窃闻夫子高义，简斥数妇，妾亦偃蹇数夫矣。今而见择，敢不请罪。'鸿曰：'吾欲裘褐之人，可与俱隐深山者尔。今乃衣绮缟，傅粉墨，岂鸿所愿哉？'妻曰：'以观夫子之志耳。妾自有隐居之服。'乃更为椎髻，著布衣，操作而前。鸿大喜曰：'此真梁鸿妻也。能奉我矣！'字之曰德曜，名孟光。居有顷，妻曰：'常闻夫子欲隐居避患，今何为默默？无乃欲低头就之乎？'鸿曰：'诺！'乃共入霸陵山中，以耕织为业，咏《诗》《书》，弹琴以自娱。……遂至吴，依大家皋伯通，居庑下，为人赁舂。每归，妻为具食，不敢于鸿前仰视，举案齐眉。伯通察而异之，曰：'彼佣能使其妻敬之如此，非凡人也。'乃方舍之于家。"

苏蕙织回文，乐昌分破镜，是夫妇之生离；张瞻炊臼梦，庄子鼓盆歌，是夫妇之死别。

《晋书·列女传·窦滔妻苏氏》："窦滔妻苏氏，始平人也，名蕙，字若兰。善属文。滔，苻坚时为秦州刺史，被徙流沙。苏氏思之，织锦为回文旋图诗以赠滔。宛转循环以读之，词甚凄惋，凡八百四十字。"亦见于《太平御览》卷五二〇引《前秦录》、武则天《织锦回文记》。〇唐孟棨《本事诗·情感》："陈太子舍人徐德言之妻，后主叔宝之妹，封乐昌公主，才色冠绝。时陈政方乱，德言知不相保，谓其妻曰：'以君之才容，国亡必入权豪之家，斯永绝矣。傥情缘未断，犹冀相见，宜有以信之。'乃破一照，人执其半。约曰：'他日必以正月望日卖于都市，我当在，即以是日访之。'及陈亡，其妻果入越公杨素之家，宠嬖殊厚。德言流离辛苦，仅能至京。遂以正月望日访于都市。有苍头卖半照者，大高其价，人皆笑之。德言直引至其居，设食，具言其故，出半照以合之，仍题诗曰：'照与人俱去，照归人不归。无复嫦娥影，空留明月辉。'陈氏得诗，涕泣不食。素知之，怆然改容。即召德言，还其妻，仍厚遗之。闻者无不感叹。仍与德言、陈氏偕饮，令陈氏为诗，曰：'今日何迁次，新官对旧官。笑啼俱不敢，方验作人难。'遂与德言归江南，竟以终老。"

炊臼，代指丧妻。唐段成式《酉阳杂俎》前集卷八《梦》："卜人徐道昇言：江淮有王生者，榜言解梦。贾客张瞻将归，梦炊于臼中，问王生。生言：'君归不见妻矣，臼中炊，固无釜也。'贾客至家，妻果卒已数月，方知王生之言不诬矣。"今按："釜"与"妇"同音，故以"无釜"表示无妇。〇《庄子·至乐》："庄子妻死，惠子吊之，庄子则方箕踞鼓盆而歌。惠子曰：'与人居，长子、老、身死，不哭，亦足矣，又鼓盆而歌，不亦甚乎！'庄子曰：'不然。是其始死也，我独何能无概然！察其始而本无生，非徒无生也而本无形，非徒无形也而本无气。杂乎芒芴（恍惚）之间，变而有气，气变而有形，形变而有生，今有变而之死，是相与为春秋冬夏四时行也。人且偃然寝于巨室，而我嗷嗷然随而哭之，自以为不通乎命，故止也。'"

鲍宣之妻，提瓮出汲，雅得顺从之道；齐御之妻，窥御激夫，可称内助之贤。

《后汉书·列女传·鲍宣妻》："勃海鲍宣妻者，桓氏之女也，字少君。宣尝就少君父学，父奇其清苦，故以女妻之，装送资贿甚盛。宣不悦，谓妻曰：'少君生富骄，习美饰，而吾实贫贱，不敢当礼。'妻曰：'大人以先生修德守约,故使贱妾侍执巾栉。即奉承君子,唯命是从。'宣笑曰:'能如是,是吾志也。'妻乃悉归侍御服饰,更著短布裳,与宣共挽鹿车归乡里。拜姑礼毕,提瓮出汲。修行妇道,乡邦称之。"

《晏子春秋·内篇杂上》:"晏子为齐相,出,其御之妻从门间而窥。其夫为相御,拥大盖,策驷马,意气扬扬,甚自得也。既而归,其妻请去。夫问其故,妻曰:'晏子长不满六尺,相齐国,名显诸侯。今者妾观其出,志念深矣,常有以自下者。今子长八尺,乃为人仆御;然子之意,自以为足,妾是以求去也。'其后,夫自抑损。晏子怪而问之,御以实对,晏子荐以为大夫。"亦见于《史记·管晏列传》。

可怪者买臣之妻,因贫求去,不思覆水难收;可丑者相如之妻,夤夜私奔,但识丝桐有意。

《汉书·朱买臣传》略云:朱买臣字翁子,吴人也。家贫,好读书,不治产业,常艾薪樵,卖以给食。担束薪,行且诵书。其妻亦负戴相随,数止买臣毋歌讴道中。买臣愈益疾歌,妻羞之,求去。买臣笑曰:"我年五十当富贵,今已四十余矣。女苦日久,待我富贵报女功。"妻恚怒曰:"如公等,终饿死沟中耳,何能富贵?"买臣不能留,即听去。其后,买臣独行歌道中。后买臣拜为会稽太守,会稽闻太守且至,发民除道,县吏并送迎,车百余乘。入吴界,见其故妻、妻夫治道。买臣驻车,呼令后车载其夫妻,到太守舍,置园中,给食之。居一月,妻自经死,买臣乞其夫钱,令葬。今按:覆水难收之典,本出于姜太公与其妻马氏事;后亦附会于朱买臣身上,见元杂剧《朱太守风雪渔樵记》。

《史记·司马相如列传》略云:司马相如,字长卿,蜀郡成都人,曾随梁孝王游。孝王卒,相如归家,拜访临邛令王吉。临邛令缪为恭敬,日往朝相如。临邛富人卓王孙设宴款待之。酒酣,临邛令前奏琴曰:"窃闻长卿好之,愿以自娱。"相如辞谢,为鼓一再行。是时卓王孙有女文君新寡,好音,故相如缪与令相重,而以琴心挑之。相如之临邛,从车骑,雍容闲雅,甚都。及饮卓氏,弄琴,文君窃从户窥之,心悦而好之,恐不得当也。既罢,相如乃使人重赐文君侍者通殷勤。文君夜亡奔相如,相如乃与驰归成都。家居徒四壁立。亦见于《汉书·司马相如传上》。

要知身修而后家齐,夫义自然妇顺。

《礼记·大学》:"物格而后知至,知至而后意诚,意诚而后心正,心正而后身修,身修而后家齐,家齐而后国治,国治而后天下平。"

《礼记·礼运》："何谓人义？父慈，子孝，兄良，弟弟（悌），夫义，妇听，长惠，幼顺，君仁，臣忠，十者谓之人义。"又《礼记·昏义》："成妇礼，明妇顺，又申之以著代，所以重责妇顺焉也。妇顺者，顺于舅姑，和于室人，而后当于夫，以成丝麻布帛之事，以审守委积盖藏。是故妇顺备而后内和理，内和理而后家可长久也，故圣王重之。"

[新增文]八联

《诗》称偕老，《易》著家人。

偕老，指夫妇相伴到老。《诗经·邶风·击鼓》："死生契阔，与子成说。执子之手，与子偕老。"又《诗经·郑风·女曰鸡鸣》："宜言饮酒，与子偕老。"

家人，《周易》有《家人》卦。《周易·家人》："《家人》，利女贞。"《彖》曰："《家人》，女正位乎内，男正位乎外。男女正，天地之大义也。"

或穿墉以窥宾，或断机而勖学。

《世说新语·贤媛》："山公与嵇、阮一面，契若金兰。山妻韩氏，觉公与二人异于常交，问公，公曰：'我当年可以为友者，唯此二生耳。'妻曰：'负羁之妻亦亲观狐、赵；意欲窥之，可乎？'他日，二人来，妻劝公止之宿，具酒肉。夜穿墉以视之，达旦忘反。公入曰：'二人何如？'妻曰：'君才致殊不如，正当以识度相友耳。'公曰：'伊辈亦常以我度为胜。'"

《后汉书·列女传·乐羊子妻》："河南乐羊子妻者，不知何氏之女也。……而远寻师学。一年来归，妻跪问其故。羊子曰：'久行怀思，无它异也。'妻乃引刀趋机而言曰：'此织生自蚕茧，成于机杼，一丝而累，以至于寸，累寸不已，遂成丈匹。今若断斯织也，则捐失成功，稽废时月。夫子积学，当日知其所亡，以就懿德。若中道而归，何异断斯织乎？'羊子感其言，复还终业，遂七年不反。"

贾大夫之射雉，未足欢娱；百里奚之烹雌，何嫌寂寞。

《左传·昭公二十八年》："昔贾大夫恶，娶妻而美，三年不言不笑。御以如皋，射雉，获之。其妻始笑而言。贾大夫曰：'才之不可以已。我不能射，女遂不言不笑夫！'"

东汉应劭撰、王利器校注《风俗通义校注·佚文》："百里奚为秦相，堂上作乐，所赁浣妇，自言知音。呼之，搏髀援琴，抚弦而歌者三。其一曰：'百里奚，五羊皮。忆别时，烹伏雌，炊扊扅。今日富贵忘我为？'其二曰：'百里奚，初娶我时五羊皮。临当别时烹乳鸡。今适富贵忘我为？'其三曰：'百里奚！百里奚！母已死，葬南溪；坟以瓦，覆以柴。春黄藜，扼伏鸡；西入秦，五羖皮。今日富贵捐我为？'问之，乃其故妻，还为夫妇也。"亦见于《乐府诗集》卷六〇引《风俗通》。

仍求故剑，宣帝不忘许后于多年；忽著新衣，桓冲顿化成心于一旦。

《汉书·外戚传上·孝宣许皇后》略云：汉宣帝微时，娶许广汉女平君为妻。宣帝即位后，以平君为倢伃。是时，霍将军（霍光）有小女，与皇太后有亲。公卿议更立皇后，皆心仪霍将军女，亦未有言。上乃诏求微时故剑，大臣知指，白立许倢伃为皇后。

《世说新语·贤媛》："桓车骑不好著新衣，浴后，妇故送新衣与。车骑大怒，催使持去。妇更持还，传语云：'衣不经新，何由而故？'桓公大笑，著之。"

吴隐之得淑女，奚惜负薪；司马懿有贤妻，勿辞执爨。

《晋书·良吏传·吴隐之》："累迁晋陵太守，在郡清俭，妻自负薪。……迁左卫将军。虽居清显，禄赐皆班亲族，冬月无被，尝浣衣，乃披絮，勤苦同于贫庶。"

《晋书·后妃传上·宣穆张皇后》："宣穆张皇后，讳春华，河内平皋人也。后少有德行，智识过人。宣帝初辞魏武之命，托以风痹。尝暴书，遇暴雨，不觉自起收之。家惟有一婢见之，后乃恐事泄致祸，遂手杀之以灭口，而亲自执爨。帝由是重之。"

募死士以拒敌，谁同杨氏之坚持；提数骑以拔围，孰比邵姬之勇往。

《新唐书·列女传·杨烈妇》："杨烈妇者，李侃妻也。建中末，李希烈陷汴，谋袭陈州。侃为项城令，希烈分兵数千略定诸县，侃以城小贼锐，欲逃去。妇曰：'寇至当守，力不足，则死焉。君而逃，尚谁守？'侃曰：'兵少财乏，若何？'妇曰：'县不守，则地贼地也，仓廪府库皆其积也，百姓皆其战士也，于国家何有？请重赏募死士，尚可济。'侃乃召吏民入廷中曰：'令诚若主也，然满岁则去，非如吏民生此土也，坟墓存焉，宜相与死守，忍失身北面奉贼乎？'众泣，许诺。乃徇曰：'以瓦石击贼者，赏千钱；以刀矢杀贼者，万钱。'得数百人。侃率以乘城，妇身自爨以享众。报贼曰：'项城父老义不下贼，得吾城不足为威，宜亟去；徒失利，无益也。’贼大笑。侃中流矢，还家，妇责曰：‘君不在，人谁肯固？死于外，犹愈于床也。’侃遽登城。会贼将中矢死，遂引去，县卒完。诏迁侃太平令。”亦见于唐李翱《杨烈妇传》。

《晋书·刘遐传》：“刘遐字正长，广平易阳人也。性果毅，便弓马，开豁勇壮。值天下大乱，遐为坞主，每击贼，率壮士陷坚摧锋，冀方比之张飞、关羽。乡人冀州刺史邵续深器之，以女妻焉。……遐妻骁果有父风。遐尝为石季龙所围，妻单将数骑，拔遐出于万众之中。及田防等欲为乱，遐妻止之，不从，乃密起火烧甲杖都尽。”

李益设防妻之计，常撒冷灰；志坚摛送妇之词，任撩新发。

《旧唐书·李益传》：“（李益）少有痴病，而多猜忌。防闲妻妾，过为苛酷，而有散灰扃户之谭闻于时。故时谓妒痴为‘李益疾’；以是久之不调，而流辈皆居显位。”又《唐才子传》卷四：“益少有僻疾，多猜忌，防闲妻妾，过为苛酷，有散灰扃户之谈，时称为‘妒痴尚书李十郎’。”

唐范摅《云溪友议》卷上：“颜鲁公为临川内史，浇风莫竞，文教大行。康乐已来，用为嘉誉也。邑有杨志坚者，嗜学而居贫，乡人未之知也。山妻厌其饘（音毡，粥）臛（音获，肉羹）不足，索书求离。志坚以诗送之，曰：‘平生志业在琴诗，头上如今有二丝。渔父尚知溪谷暗，山妻不信出身迟。荆钗任意撩新鬓，明镜从他别画眉。今日便同行路客，相逢即是下山时。’其妻持诗诣州，请公牒以求别醮。颜公案其妻曰：‘杨志坚素为儒学，遍览九经，篇咏之间，风骚可摭。愚妻睹其未遇，遂有离心。王欢之廪既虚，岂遵黄卷；朱叟之妻必去，宁见锦衣？恶辱乡间，败伤风俗。若无褒贬，侥幸者多。阿王决二十后，任改嫁。杨志坚秀才，赠布绢各二十匹，禄米二十石，便署随军。仍令远近知委。’江左十数年来，莫有敢弃其夫者。”

苟《内则》之无忝，自中馈之称能。

《内则》，系《礼记》之篇名，杂记古代贵族妇女侍奉父母、舅姑的礼节，也兼及贵族家庭中子弟侍奉长上的礼节。《礼记·内则》，孔颖达疏：“按郑（玄）目录云：名曰《内则》者，以其记男女居室事父母舅姑之法，此于《别录》属《子法》。以闺门之内，轨仪可则，故曰《内则》。”

中馈，原意指妇女在家中住持饮食之事，后亦引申为妻子。《周易·家人》：“六二：无攸遂，在中馈，贞吉。”孔颖达疏：“六二履中居位，以阴应阳，尽妇人之义也。妇人之道，巽顺为常，无所必遂。其所职主，在于家中馈食供祭而已，得妇人之正吉，故曰‘无攸遂在中馈贞吉’也。”

叔侄

曰诸父、曰亚父，皆叔父之辈；曰犹子、曰比儿，俱侄儿之称。

诸父，对同宗族伯叔辈的通称。《诗经·小雅·伐木》："既有肥羜，以速诸父。"毛传："天子谓同姓诸侯，诸侯谓同姓大夫，皆曰父，异姓则称舅。"〇亚父，表示仅次于父亲。《史记·项羽本纪》："亚父者，范增也。"裴骃集解："如淳曰：'亚，次也。尊敬之次父，犹管仲为仲父。'"

犹子，侄子。犹，相同也。《礼记·檀弓上》："丧服，兄弟之子犹子也，盖引而进之也。"今按：此处本指丧服而言，兄弟的儿子和自己的儿子一样服期。后遂称兄弟之子为"犹子"，汉代人亦称为"从子"。〇比儿，谓侄与儿相并列。比，并列也。

阿大中郎，道韫雅称叔父；吾家龙文，杨素比美侄儿。

《世说新语·贤媛》："王凝之谢夫人既往王氏，大薄凝之。既还谢家，意大不说。太傅慰释之曰：'王郎，逸少之子，人身亦不恶，汝何以恨乃尔？'答曰：'一门叔父，则有阿大、中郎；群从兄弟，则有封、胡、遏、末。不意天壤之中，乃有王郎！'"今按：中郎，指谢道韫叔父谢据；阿大，不知何指。

龙文，骏马名，比喻才华出众的子弟。《北齐书·杨愔传》："杨愔字遵彦，小名秦王，弘农华阴人。愔儿童时口若不能言，而风度深敏，出入门闾，未尝戏弄。六岁学史书，十一受《诗》、《易》，好《左氏春秋》。……愔从父兄黄门侍郎昱特相器重，曾谓人曰：'此儿驹齿未落，已是我家龙文。更十岁后，当求之千里外。'昱尝与十余人赋诗，愔一览便诵，无所遗失。及长，能清言，美音制，风神俊悟，容止可观。人士见之，莫不敬异，有识者多以远大许之。"亦见于《北史·杨愔传》。今按：称赞杨愔的是杨昱，标题误作"杨素"；杨愔、杨昱是从兄弟关系，而非叔侄关系。

乌衣诸郎君，江东称王谢之子弟；吾家千里驹，苻坚羡苻朗为侄儿。

乌衣巷，东晋南朝时，王、谢两大世族居京城（今南京）乌衣巷，后因称两家为“乌衣门第”，两家子弟为“乌衣郎君”。《世说新语·雅量》：“有往来者云：庾公（庾亮）有东下意。或谓王公（王导）：‘可潜稍严，以备不虞。’王公曰：‘我与元规虽俱王臣，本怀布衣之好，若其欲来，吾角巾径还乌衣，何所稍严！’”刘孝标注：“《丹阳记》曰：‘乌衣之起，吴时乌衣营处所也。江左初立，琅邪（琅琊）诸王所居。’”又《宋书·谢弘微传》：“混风格高峻，少所交纳，唯与族子灵运、瞻、曜、弘微并以文义赏会。尝共宴处，居在乌衣巷，故谓之乌衣之游，混五言诗所云‘昔为乌衣游，戚戚皆亲侄’者也。其外虽复高流时誉，莫敢造门。”

吾家千里驹，比喻本家族子侄中可大有作为者。《晋书·苻坚载记下》附苻朗：“苻朗字元达，坚之从兄子也。性宏达，神气爽迈，幼怀远操，不屑时荣。坚尝目之曰：‘吾家千里驹也。’”

竹林叔侄之称，兰玉子侄之誉。

三国魏末，陈留阮籍、谯国嵇康、河内山涛、河内向秀、陈留阮咸、琅琊王戎、沛国刘伶相与友善，常宴集于竹林之下，时人号为“竹林七贤”。其中阮籍、阮咸为叔侄，故称叔侄为“贤竹林”。《晋书·阮咸传》：“咸任达不拘，与叔父籍为竹林之游，当世礼法者讥其所为。”

兰玉，芝兰、玉树之简称，比喻优秀子弟。《世说新语·言语》：“谢太傅问诸子侄：‘子弟亦何预人事，而正欲使其佳？’诸人莫有言者，车骑答曰：‘譬如芝兰玉树，欲使其生于阶庭耳。’”亦见于《晋书·谢玄传》。

存侄弃儿，悲伯道之无后；视叔犹父，羡公绰之居官。

《晋书·良吏传·邓攸》：“邓攸字伯道，平阳襄陵人也。攸七岁丧父，寻丧母及祖母，居丧九年，以孝致称。清和平简，贞正寡欲。少孤，与弟同居。……石勒过泗水，攸乃斫坏车，以牛马负妻子而逃。又遇贼，掠其牛马，步走，担其儿及其弟子绥。度不能两全，乃谓其妻曰：‘吾弟早亡，唯有一息，理不可绝，止应自弃我儿耳。幸而得存，我后当有子。’妻泣而从之，乃弃之。其子朝弃而暮及。明日，攸系之于树而去。……攸弃子之后，妻不复孕。过江，纳妾，甚宠之，讯其家属，说是北人遭乱，忆父母姓名，乃攸之甥。攸素有德行，闻之感恨，遂不复畜妾，卒以无嗣。时人义而哀之，为之语曰：‘天道无知，使邓伯道无儿。’弟子缞服攸丧三年。”亦见于《世说新语·德行》。

元胡炳文《纯正蒙求》卷上：“唐柳公绰有家法，诸子仲郢皆束带定省于中门之外。公绰卒，事公权如父，每见，未尝不束带。为京兆尹时，道遇公权，必下马端笏立。公权暮归，必束带迎侍。公权屡以为言，仲郢终不以官达少改。”今按：柳仲郢为公绰之子、公权之侄。亦见于《小学·外篇·善行》。

卢迈无儿，以侄而主身之后；张范遇贼，以子而代侄之生。

《新唐书·卢迈传》：“迈每有功、缌丧，必容称其服，而情有加焉。叔下邽令休沐过家，迈终日与群子姓均指使，无位貌之异。再娶无子，或劝畜姬媵，对曰：‘兄弟之子，犹子也，可以主后。’所得禀赐，皆赈姻旧之乏。”

《三国志·魏书·张范传》：“张范字公仪，河内修武人也。弟承，字公先，亦知名。……范子陵及承子戬为山东贼所得，范直诣贼请二子，贼以陵还范。范谢曰：‘诸君相还儿厚矣。夫人情虽爱其子，然吾怜戬之小，请以陵易之。’贼义其言，悉以还范。”

[新增文]六联

谢密能成佳器，刘孺可号明珠。

佳器，良材、有用之材。《宋书·谢弘微传》：“谢弘微，陈郡阳夏人也。父思，武昌太守。从叔峻，司空琰第二子也，无后，以弘微为嗣。弘微本名密，犯所继内讳，故以字行。童幼时，精神端审，时然后言。所继叔父混名知人，见而异之，谓思曰：‘此儿深中夙敏，方成佳器。有子如此，足矣。’年十岁出继。”亦见于《南史·谢弘微传》。

明珠，即珍珠。《梁书·刘孺传》：“刘孺字孝稚，彭城安上里人也。父悛，齐太常敬子。孺幼聪敏，七岁能属文。年十四，居父丧，毁瘠骨立，宗党咸异之。服阕，叔父瑱为义兴郡，携以之官，常置坐侧，谓宾客曰：‘此儿吾家之明珠也。’”

或献泛湖之图，或称招隐之寺。

《东轩笔录》卷八：“陈恭公再罢政，判亳州，年六十九。遇生日，亲族往往献《老人星图》以为寿，独其侄世修献《范蠡游五湖图》，且赞曰：‘贤哉陶朱，霸越平吴。名遂身退，扁舟五湖。'恭公甚喜，即日上表纳节。明年，累表求退，遂以司徒致仕。"亦见于《孔氏谈苑》卷四、《宋朝事实类苑》卷一〇、《言行龟鉴》卷五等。

《因话录》卷二："君(李约)初至金陵，于府主庶人锜坐，屡赞招隐寺标致。一日，庶人燕于寺中。明日谓君(李约)曰：'十郎尝夸招隐寺，昨游宴细看，何殊州中？'君笑曰：'某所赏者，疏野耳！若远山将翠幕遮，古松用彩物裹，腥膻涴鹿跑泉，音乐乱山鸟声，此则实不如在叔父大厅也。'庶人大笑。"今按：李约为李锜之侄。

陆家精饭，何损素风；杨氏铜盘，独逾诸子。

《晋书·陆纳传》："(陆纳)迁太常，徙吏部尚书，加奉车都尉、卫将军。谢安尝欲诣纳，而纳殊无供办。其兄子俶不敢问之，乃密为之具。安既至，纳所设唯茶果而已。俶遂陈盛馔，珍羞毕具。客罢，纳大怒曰：'汝不能光益父叔，乃复秽我素业邪！'于是杖之四十。"

《北齐书·杨愔传》："愔一门四世同居，家甚隆盛，昆季就学者三十余人。学庭前有柰树，实落地，群儿咸争之，愔颓然独坐。其季父玮适入学馆，见之大用嗟异，顾谓宾客曰：'此儿恬裕，有我家风。'宅内有茂竹，遂为愔于林边别葺一室，命独处其中，常以铜盘具盛馔以饭之。因以督厉诸子曰：'汝辈但如遵彦谨慎，自得竹林别室、铜盘重肉之食。'"亦见于《北史·杨愔传》。

谢安石东山之费，阮仲容北道之贫。

《太平御览》卷五一二："臧荣绪《晋书》曰：'谢安字安石，于东山营墅，楼馆林竹甚盛。每携中外子侄往来游集，肴馔亦屡费百金。世颇以此讥焉，安殊不以屑意。"亦见于《晋书·谢安传》，惟"东山"作"土山"。

《世说新语·任诞》："阮仲容(阮咸)、步兵(阮籍)居道南，诸阮居道北。北阮皆富，南阮贫。七月七日，北阮盛晒衣，皆纱罗锦绮。仲容以竿挂大布犊鼻裈于中庭。人或怪之，答曰：'未能免俗，聊复尔耳！'"今按：此条有误，应为"阮仲容南道之贫"。

可为都督，王浑预评犹子之词；必破吾门，宗炳先料比儿之语。

《太平御览》卷五一三："虞预《晋书》曰：'王浑从子浚，字彭祖，司空王沈贱孽也。少时不为亲党所知，浑谓弟深等曰："卿等莫轻彭祖，此儿平世不减方州牧伯，乱世可为都督三公。"怀、愍之世，果为幽冀都督，位至鼎辅。如浑所说。'"

《宋书·宗悫传》:“宗悫,字元干,南阳人也。叔父炳,高尚不仕。悫年少时,炳问其志,悫曰:‘愿乘长风破万里浪。’炳曰:‘汝不富贵,即破我家矣。’”

愚者宜归葱肆,贤者得返金刀。

《梁书·吕僧珍传》:“僧珍去家久,表求拜墓。高祖欲荣之,使为本州,乃授使持节、平北将军、南兖州刺史。僧珍在任,平心率下,不私亲戚。从父兄子先以贩葱为业,僧珍既至,乃弃业欲求州官。僧珍曰:‘吾荷国重恩,无以报效,汝等自有常分,岂可妄求叨越,但当速反葱肆耳。’”

《晋书·慕容超载记》:“慕容超字祖明,德兄北海王纳之子。苻坚破邺,以纳为广武太守,数岁去官,家于张掖。德之南征,留金刀而去。及垂起兵山东,苻昌收纳及德诸子,皆诛之。纳母公孙氏以耄获免,纳妻段氏方娠,未决,囚之于郡狱。狱掾呼延平,德之故吏也,尝有死罪,德免之。至是,将公孙及段氏逃于羌中,而生超焉。年十岁而公孙氏卒,临终授超以金刀,曰:‘若天下太平,汝得东归,可以此刀还汝叔也。’……德遣使迎之,超不告母妻乃归。及至广固,呈以金刀,具宣祖母临终之言,德抚之号恸。”亦见于《太平御览》卷五一二引臧荣绪《晋书》。

师　生

马融设绛帐,前授生徒,后列女乐;孔子居杏坛,贤人七十,弟子三千。

《后汉书·马融传》:“融才高博洽,为世通儒,教养诸生,常有千数。涿郡卢植、北海郑玄,皆其徒也。善鼓琴,好吹笛,达生任性,不拘儒者之节。居宇器服,多存侈饰。常坐高堂,施绛纱帐,前授生徒,后列女乐,弟子以次相传,鲜有入其室者。”

杏坛,相传为孔子聚徒讲学处,后人乃于曲阜孔庙筑坛,名为“杏坛”。后亦泛指授徒讲学处。《庄子·渔父》:“孔子游乎缁帷之林,休坐乎杏坛之上,弟子读书,孔子弦歌鼓琴。”〇《史记·孔子世家》:“孔子以《诗》、《书》、《礼》、《乐》教弟子,盖三千焉,身通六艺者,七十有二人。”

称教馆曰设帐，又曰振铎；谦教馆曰糊口，又曰舌耕。

设帐，开馆执教。参见“马融设绛帐”条。○振铎，古代宣布政教法令时，即振铎以警众，后引申为从事教职。铎，有舌的大铃。《周礼·天官·小宰》：“正岁，帅治官之属，而观治象之法，徇以木铎。”郑玄注：“古者将有新令，必奋木铎以警众，使明听也。木铎，木舌也。文事奋木铎，武事奋金铎。”

糊口，亦作“餬口”，犹言寄食，含有勉强维持生活之义。《左传·隐公十一年》：“寡人有弟，不能和协，而使餬其口于四方。”孔颖达疏：“《说文》云：‘餬，寄食也。’以此传言‘餬口四方’，故以‘寄食’言之。昭七年传云：‘饘于是，鬻于是，以餬余口。’《释言》云：‘餬，饘也。’则餬是饘、鬻别名。今人以薄鬻涂物谓之餬纸、餬帛，则餬者，以鬻食口之名，故云‘餬其口’也。”○舌耕，谓教书谋生。《拾遗记》卷六：“贾逵年五岁，明惠过人。其姊韩瑶之妇，嫁瑶无嗣而归居焉，亦以贞明见称。闻邻中读书，旦夕抱逵隔篱而听之。逵静听不言，姊以为喜。至年十岁，乃暗诵六经。姊谓逵曰：‘吾家贫困，未尝有教者入门，汝安知天下有《三坟》、《五典》而诵无遗句耶？’逵曰：‘忆昔姊抱逵于篱间听邻家读书，今万不遗一。’乃剥庭中桑皮以为牒，或题于扉屏，且诵且记。期年，经文通遍。于闾里每有观者，称云振古无伦。门徒来学，不远万里，或襁负子孙，舍于门侧，皆口授经文。赠献者积粟盈仓。或云：‘贾逵非力耕所得，诵经口（毛扆校本作“舌”）倦，世所谓舌耕也。’”

师曰西宾，师席曰函丈；学曰家塾，学俸曰束脩。

西宾，亦称“西席”，古时用作家塾延师或官府幕职的敬称。《大戴礼记·武王践阼》：“师尚父亦端冕奉书而入，负屏而立。王下堂，南面而立。师尚父曰：‘先王之道不北面。’王行西，折而南，东面而立。师尚父西面。”○函丈，旧时专用为弟子对老师的敬称。《礼记·曲礼上》：“若非饮食之客，则布席，席间函丈。”郑玄注：“函犹容也，讲问宜相对容丈，足以指画也。”《礼记·文王世子》：“凡侍坐于大司成者，远近间三席，可以问。”郑玄注：“席之制，广三尺三寸三分，则是所谓函丈也。”

家塾，相传周代以二十五家为一闾，闾有巷，巷首门边设家塾，用以教授居民子弟。后便称延师在家教授子弟为“家塾”。《礼记·学记》：“古之教者，家有塾，党有庠，术有序，国有学。”○束脩，原义为十条干肉，后称致送教师的酬金。《论语·述而》：“子曰：‘自行束脩以上，吾未尝无诲焉。’”朱熹集注：“古者相见，必执贽以为礼，束脩其至薄者。”

桃李在公门，称人弟子之多；苜蓿长阑干，奉师饮食之薄。

《资治通鉴》卷二〇七："太后尝问(狄)仁杰：'朕欲得一佳士用之，谁可者？'仁杰曰：'未审陛下欲何所用之？'太后曰：'欲用为将相。'仁杰对曰：'文学缊藉，则苏味道、李峤固其选矣。必欲取卓荦奇才，则有荆州长史张柬之，其人虽老，宰相才也。'太后擢柬之为洛州司马。数日，又问仁杰，对曰：'前荐柬之，尚未用也。'太后曰：'已迁矣。'对曰：'臣所荐者可为宰相，非司马也。'乃迁秋官侍郎；久之，卒用为相。仁杰又尝荐夏官侍郎姚元崇、监察御史曲阿桓彦范、太州刺史敬晖等数十人，率为名臣。或谓仁杰曰：'天下桃李，悉在公门矣。'仁杰曰：'荐贤为国，非为私也。'"胡三省注："程大昌《演繁露》：'赵简子谓阳虎曰："惟贤者为能报恩，不肖者不能矣。夫植桃李者，夏得休息，秋得其食；植蒺藜者，夏不得休息，秋得其刺焉。今子之所得者，蒺藜也。"'今世通以所荐士为桃李者，说皆本此。"

阑干，纵横交错的样子。《唐摭言》卷一五："薛令之，闽中长溪人，神龙二年及第，累迁左庶子。时开元东宫官僚清淡，令之以诗自悼，复纪于公署曰：'朝旭上团团，照见先生盘。盘中何所有？苜蓿长阑干。余涩匙难绾，羹稀箸易宽。何以谋朝夕，何由保岁寒？'上因幸东宫览之，索笔判之曰：'啄木觜距长，凤皇羽毛短。若嫌松桂寒，任逐桑榆暖。'令之因此谢病东归。诏以长溪岁赋资之，令之计月而受，余无所取。"亦见于南宋计有功《唐诗纪事》卷二〇、《唐语林》卷五。诸本诗句小异。

冰生于水而寒于水，比学生过于先生；青出于蓝而胜于蓝，谓弟子优于师傅。

青出于蓝而胜于蓝，常用来比喻学生胜过老师或后人超过前人。青，靛青；蓝，蓼蓝，一种含有靛青素的草。《荀子·劝学》："君子曰：学不可以已。青取之于蓝，而青于蓝；冰水为之，而寒于水。"

未得及门，曰宫墙外望；称得秘授，曰衣钵真传。

宫墙外望，比喻在学习上找不到门径。《论语·子张》："子贡曰：譬之宫墙，赐之墙也及肩，窥见室家之好。夫子之墙数仞，不得其门而入，不见宗庙之美，百官之富。"

《渑水燕谈录》卷六："和鲁公凝，梁贞明三年薛廷珪下第十三人及第。后唐长兴四年，知贡举，独爱范鲁公质程文，语范曰：'君文合在第一，暂屈居第十三人，用传老夫衣钵。'时以为荣。其后相继为相。当时有赠诗者曰：'从此庙堂添故事，登庸衣钵尽相传。'"今按：据《新五代史·和凝传》载，和凝、范质进士及第均为第五。参见《器用》"付衣钵，传道之称"条。

人称杨震为关西夫子，世称贺循为当世儒宗。

《后汉书·杨震传》："杨震字伯起，弘农华阴人也。……震少好学，受欧阳《尚书》于太常桓郁，明经博览，无不穷究。诸儒为之语曰：'关西孔子杨伯起。'常客居于湖，不答州郡礼命数十年，众人谓之晚暮，而震志愈笃。"

《晋书·贺循传》："时尚书仆射刁协与循异议，循答义深备，辞多不载，竟从循议焉。朝廷疑滞皆咨之于循，循辄依经礼而对，为当世儒宗。"

负笈千里，苏章从师之殷；立雪程门，游杨敬师之至。

负笈，谓出外求学。笈，书箱。隋虞世南《北堂书钞》卷一三五引谢承《后汉书》："苏章字士成，北海人。负笈追师，不远万里。"亦见于《太平御览》卷七一一。

《宋史·道学传二·杨时》："杨时字中立，南剑将乐人。幼颖异，能属文。稍长，潜心经史。熙宁九年，中进士第。时河南程颢与弟颐，讲孔孟绝学于熙、丰之际，河、洛之士翕然师之。时调官不赴，以师礼见颢于颍昌，相得甚欢。其归也，颢目送之，曰：'吾道南矣！'四年而颢死，时闻之，设位哭寝门，而以书赴告同学者。至是，又见程颐于洛，时盖年四十矣。一日见颐，颐偶瞑坐，时与游酢侍立不去，颐既觉，则门外雪深一尺矣。"亦见于《二程全书·外书十二》引《侯子雅言》。

弟子称师之善教，曰如坐春风之中；学业感师之造成，曰仰沾时雨之化。

如坐春风，比喻受到良师的教诲。北宋程颢、程颐撰，南宋朱熹编《二程全书·外书十二》引《侯子雅言》："朱公掞来见明道于汝。归，谓人曰：'光庭在春风中坐了一个月。'"又《纯正蒙求》卷中："宋程伯子颢，终日端坐如泥塑人，及至接人，则浑是一团和气。朱公掞见之于汝南，归谓人曰：'光庭在春风中坐了一月。'"

时雨，及时雨，亦用来比喻教化。《孟子·尽心上》："孟子曰：'君子之所以教者五：有如时雨化之者，有成德者，有达财者，有答问者，有私淑艾（私自拾取）者。此五者，君子之所以教也。'"

[新增文]八联

民生在三,师术有四。

《国语·晋语一》:"武公伐翼,杀哀侯,止栾共子曰:'苟无死,吾以子见天子,令子为上卿,制晋国之政。'辞曰:'成闻之:"民生于三,事之如一。"父生之,师教之,君食之。非父不生,非食不长,非教不知生之族也,故壹事之。唯其所在,则致死焉。'"今按:栾共子即晋大夫共叔成,为报哀侯之禄,格斗而死。

《荀子·致士》:"师术有四,而博习不与焉。尊严而惮,可以为师;耆艾而信,可以为师;诵说而不陵不犯,可以为师;知微而论,可以为师。故师术有四,而博习不与焉。"

执经问义,事若严君;鼓箧担囊,不辞曲士。

《新唐书·李栖筠传》:"(栖筠)又增学庐,表宿儒河南褚冲、吴何员等,超拜学官为之师,身执经问义,远迩趋慕,至徒数百人。"〇《魏书·儒林传·常爽》:"是时戎车屡驾,征伐为事,贵游子弟未遑学术,爽置馆温水之右,教授门徒七百余人,京师学业,翕然复兴。爽立训甚有劝罚之科,弟子事之若严君焉。尚书左仆射元赞、平原太守司马真安、著作郎程灵虬,皆是爽教所就,崔浩、高允并称爽之严教,奖厉有方。允曰:'文翁柔胜,先生刚克,立教虽殊,成人一也。'其为通识叹服如此。"

鼓箧,称"入学"或"勤学"。《礼记·学记》:"入学鼓箧,孙其业也。"郑玄注:"鼓箧,击鼓警众,乃发箧,出所治经业也。"担囊,挑着行李。《记纂渊海》卷四〇引《吴兴杂记》:"吴商学通五经,四方担囊负笠,不可胜数。"又清华希闵《广事类赋》卷一八引《合璧》:"吴商学通五经百氏,四方学者,担囊负笈,不可胜数。"〇曲士,寡闻陋见的人。唐柳宗元《与太学诸生喜诣阙留阳城司业书》:"俞、扁之门,不拒病夫;绳墨之侧,不拒枉材;师儒之席,不拒曲士。"

史居左,经居右,士得真修;道已南,《易》已东,人沾教泽。

《宋史·道学传一·张载》:"(张载)即移疾屏居南山下,终日危坐一室,左右简编,俯而读,仰而思,有得则识之。或中夜起坐,取烛以书。其志道精思,未始须臾息,亦未尝须臾忘也。敝衣蔬食,与诸生讲学,每告以知礼成性、变化气质之道,学必如圣人而后已。以为知人而不知天,求为贤人而不求为圣人，此秦、汉以来学者大蔽也。故其学尊礼贵德、乐天安命，以《易》为宗，以《中庸》为体，以《孔》、《孟》为法，黜怪妄，辨鬼神。其家昏丧葬祭，率用先王之意，而傅以今礼。又论定井田、宅里、发敛、学校之法，皆欲条理成书，使可举而措诸事业。”

《宋史·道学传二·杨时》：“时调官不赴，以师礼见（程）颢于颍昌，相得甚欢。其归也，颢目送之，曰：‘吾道南矣！’”〇《汉书·儒林传·丁宽》：“丁宽字子襄，梁人也。初，梁项生从田何受《易》，时宽为项生从者，读《易》精敏，材过项生，遂事何。学成，何谢宽。宽东归，何谓门人曰：‘《易》以东矣。’”

赐宴月池之上，翼赞堪夸；诵书帷帐之中，烽烟奚避。

《新唐书·儒学传上·张后胤》：“后胤甫冠，以学行禅其家。高祖镇太原，引为客，以经授秦王。太宗即位，进燕王咨议，从王入朝，召见……乃赐燕月池。帝从容曰：‘今日弟子何如？’后胤曰：‘昔孔子门人三千，达者无子男之位。臣翼赞一人，乃王天下。计臣之功，过于先圣。’帝为之笑，令群臣以《春秋》酬难。帝曰：‘朕昔受大谊于君，今尚记之。’后胤顿首谢曰：‘陛下乃生知，臣叨天功为己力，罪也。’帝大悦，迁燕王府司马。”亦见于《太平广记》卷一七四引唐胡璩《谭宾录》。

《后汉书·张奂传》：“（奂）迁使匈奴中郎将，时休屠各及朔方乌桓并同反叛，烧度辽将军门，引屯赤阬，烟火相望。兵众大恐，各欲亡去。奂安坐帷中，与弟子讲诵自若，军士稍安。乃潜诱乌桓阴与和通，遂使斩屠各渠帅，袭破其众。诸胡悉降。”

忠臣录，孝子录，纲常互振；经义斋，治事斋，体用兼全。

据原注：“曾南丰（曾巩）集古忠臣为一录，孝子为一录，教授弟子，曰：‘忠孝，纲常最大者，汝曹其知之。’”今按：此条出处不详。

《五朝名臣言行录》卷一〇引《吕氏家塾记》：“安定先生（胡瑗）自庆历中教学于苏、湖间二十余年，束脩弟子前后以数千计。是时方尚辞赋，独湖学以经义及时务，学中故有经义斋、治事斋。经义斋者，择疏通有器局者居之。治事斋者，人各治一事，又兼一事，如边防、水利之类。故天下谓湖学多秀彦。其出而筮仕，往往取高第。及为政，多适于世用，若老于吏事者，由讲习有素也。欧阳公诗曰：‘吴兴先生富道德，诜诜弟子皆贤才。’王荆公诗曰：‘先收先生作梁柱，以次收拾桷与榱。’”又《言行龟鉴》卷一：“胡安定公瑗，字翼之，患隋唐以来仕进尚文辞而遗经业，苟趋利禄，其教学者必以明体达用为本。……其在湖州学，置经义斋、治事斋。经义斋者，择疏通有器局者居之。治事斋者，人各治一事，又兼一事，如治民、治兵，水利、书数之类。其在太学亦然。其子弟散在四方，随其人贤愚，皆循循雅饬，其言谈举止，遇之不问，知为先生弟子。”

东家之外更无丘，道德由文章炫出；北斗以南应有杰，事功从学术做来。

东家丘，鲁人不知孔子才华出众，轻蔑地称之为“东家丘”，后用以指代学识渊博者。《三国志·魏书·邴原传》裴松之注引《原别传》曰：“(邴原)欲远游学，诣安丘孙崧。崧辞曰：‘君乡里郑君，君知之乎？’原答曰：‘然。’崧曰：‘郑君学览古今，博闻强识，钩深致远，诚学者之师模也。君乃舍之，蹑屣千里，所谓以郑为东家丘者也。君似不知而曰然者，何？’原曰：‘先生之说，诚可谓苦药良针矣；然犹未达仆之微趣也。人各有志，所规不同。故乃有登山而采玉者，有入海而采珠者，岂可谓登山者不知海之深，入海者不知山之高哉？君谓仆以郑为东家丘，君以仆为西家愚夫邪？’崧辞谢焉。”又三国魏陈琳《为曹洪与魏文帝书》：“怪乃轻其家丘，谓为倩人。”张铣注：“鲁人不识孔丘圣人，乃云：‘我东家丘者，吾知之矣。’言轻孔丘也。”

《新唐书·狄仁杰传》：“(仁杰)举明经，调汴州参军。为吏诬诉，黜陟使阎立本召讯，异其才，谢曰：‘仲尼称观过知仁，君可谓沧海遗珠矣。’荐授并州法曹参军。亲在河阳，仁杰登太行山，反顾，见白云孤飞，谓左右曰：‘吾亲舍其下。’瞻怅久之，云移乃得去。同府参军郑崇质母老且疾，当使绝域。仁杰谓曰：‘君可贻亲万里忧乎？’诣长史蔺仁基请代行。仁基咨美其谊，时方与司马李孝廉不平，相语曰：‘吾等可少愧矣！’则相待如初，每曰：‘狄公之贤，北斗以南，一人而已。’”

边孝先便便大腹，曾见嘲于弟子；韩退之表表高标，宜共仰于吾儒。

便便(音骈)，形容肥胖。《后汉书·文苑传上·边韶》：“边韶字孝先，陈留浚仪人也。以文章知名，教授数百人。韶口辩，曾昼日假卧，弟子私嘲之曰：‘边孝先，腹便便。懒读书，但欲眠。’韶潜闻之，应时对曰：‘边为姓，孝为字。腹便便，五经笥。但欲眠，思经事。寐与周公通梦，静与孔子同意。师而可嘲，出何典记？’嘲者大惭。韶之才捷皆此类也。”

表表，卓异，特出。《新唐书·韩愈传赞》：“自晋汔隋，老佛显行，圣道不断如带。诸儒倚天下正议，助为怪神。愈独喟然引圣，争四海之惑，虽蒙讪笑，跲而复奋，始若未之信，卒大显于时。昔孟轲拒杨、墨，去孔子才二百年。愈排二家，乃去千余岁，拨衰反正，功与齐而力倍之，所以过况、雄为不少矣。自愈没，其言大行，学者仰之如泰山、北斗云。”

应生独举官衔，岂事先生之礼；李固不矜父爵，乃称弟子之良。

《后汉书·郑玄传》：“时大将军袁绍总兵冀州，遣使要玄，大会宾客，玄最后至，乃延升上坐。身长八尺，饮酒一斛，秀眉明目，容仪温伟。绍客多豪俊，并有才说，见玄儒者，未以通人许之，竞设异端，百家互起。玄依方辩对，咸出问表，皆得所未闻，莫不嗟服。时汝南应劭亦归于绍，因自赞曰：‘故太山太守应中远，北面称弟子，何如？’玄笑曰：‘仲尼之门考以四科，回、赐之徒不称官阀。’劭有惭色。”

《后汉书·李固传》：“李固字子坚，汉中南郑人，司徒郃之子也。固貌状有奇表，鼎角匿犀，足履龟文。少好学，常步行寻师，不远千里。”李贤注：“《谢承书》曰：‘固改易姓名，杖策驱驴，负笈追师三辅，学五经，积十余年。博览古今，明于风角、星算、河图、谶纬，仰察俯占，穷神知变。每到太学，密入公府，定省父母，不令同业诸生知是郃子。’”

朋友宾主

取善辅仁，皆资朋友；往来交际，迭为主宾。

《论语·颜渊》：“曾子曰：‘君子以文会友，以友辅仁。’”

迭，轮流。《孟子·万章下》：“舜尚见帝，帝馆甥于贰室。亦飨舜，迭为宾主，是天子而友匹夫也。”赵岐注：“尚，上也。舜在畎亩之时，尧友礼之。舜上见尧，尧舍之于贰室。贰室，副宫也。尧亦就享舜之所设，更迭为宾主。礼谓妻父曰外舅，谓我舅者吾谓之甥。尧以女妻舜，故谓舜甥。卒与之天位，是天子而友匹夫也。”

尔我同心，曰金兰；朋友相资，曰丽泽。

金兰，比喻意气相投的好友。《周易·系辞上》：“子曰：‘君子之道，或出或处，或默或语。二人同心，其利断金。同心之言，其臭如兰。'”

丽泽，意谓两泽相连，滋润万物，所以万物皆悦。后用以比喻朋友互相切磋。《周易·兑》：“《象》曰：‘丽泽，兑。君子以朋友讲习。’”孔颖达疏：“‘丽泽兑’者，丽，犹连也，两泽相连，润说之盛，故曰‘丽泽兑’也。‘君子以朋友讲习’者，同门曰朋，同志曰友，朋友聚居，讲习道义，相说之盛，莫过于此也。”

东家曰东主，师傅曰西宾。

古代宾主相见，以西为尊，主东而宾西，故称“东主”“西宾”。后将“西宾”用作对教师或幕友的敬称。《史记·孝文本纪》：“代王曰：‘奉高帝宗庙，重事也。寡人不佞，不足以称宗庙。愿请楚王计宜者，寡人不敢当。’群臣皆伏固请。代王西乡让者三，南乡让者再。”裴骃集解：“如淳曰：‘让群臣也。或曰宾主位东西面，君臣位南北面，故西向坐，三让不受，群臣犹称宜，乃更回坐，示变即君位之渐也。'”

父所交游，尊为父执；己所共事，谓之同袍。

父执，父亲的友辈。执，志同道合的人。《礼记·曲礼上》：“见父之执，不谓之进，不敢进；不谓之退，不敢退；不问，不敢对。此孝子之行也。”孔颖达疏：“父之执谓执友，与父同志者也。”

同袍，同穿一件战袍，比喻友爱。袍，长衣，类似后来的斗篷，士兵行军时，日以当衣，夜以当被。《诗经·秦风·无衣》：“岂曰无衣？与子同袍。王于兴师，修我戈矛。与子同仇。”

心志相孚为莫逆，老幼相交曰忘年。

莫逆，彼此心意相投，无所忤逆。《庄子·大宗师》：“子桑户、孟子反、子琴张三人相与语曰：‘孰能相与于无相与，相为于无相为？孰能登天游雾，挠挑无极；相忘以生，无所终穷？’三人相视而笑，莫逆于心，遂相与为友。”

忘年，指不拘年龄、辈分不相同而以德才相敬慕。《南史·何逊传》：“逊字仲言，八岁能赋诗，弱冠，州举秀才。南乡范云见其对策，大相称赏，因结忘年交。”又《初学记》卷一八：“张隐《文士传》曰：‘祢衡有逸才，少与孔融交，时衡未满二十，而融已五十，敬衡才秀，忘年殷勤。'”

刎颈交，相如与廉颇；总角好，孙策与周瑜。

刎颈交，指同生共死的朋友。《史记·廉颇蔺相如列传》：“既罢，归国。

以相如功大，拜为上卿，位在廉颇之右。廉颇曰：'我为赵将，有攻城野战之大功，而蔺相如徒以口舌为劳，而位居我上。且相如素贱人，吾羞，不忍为之下。'宣言曰：'我见相如，必辱之。'相如闻，不肯与会。相如每朝时，常称病，不欲与廉颇争列。已而相如出，望见廉颇，相如引车避匿。于是舍人相与谏曰：'臣所以去亲戚而事君者，徒慕君之高义也。今君与廉颇同列，廉君宣恶言，而君畏匿之，恐惧殊甚。且庸人尚羞之，况于将相乎！臣等不肖，请辞去。'蔺相如固止之，曰：'公之视廉将军孰与秦王？'曰：'不若也。'相如曰：'夫以秦王之威，而相如廷叱之，辱其群臣。相如虽驽，独畏廉将军哉？顾吾念之，强秦之所以不敢加兵于赵者，徒以吾两人在也。今两虎共斗，其势不俱生。吾所以为此者，以先国家之急而后私仇也！'廉颇闻之，肉袒负荆，因宾客至蔺相如门谢罪，曰：'鄙贱之人，不知将军宽之至此也！'卒相与欢，为刎颈之交。"司马贞索隐："崔浩云：'言要齐生死而刎颈无悔也。'"

总角，古代未成年人将头发扎成小髻，形状如角，故称，后借指童年时代。《三国志·吴书·周瑜传》："是岁，建安三年也。策亲自迎瑜，授建威中郎将，即与兵二千人，骑五十匹。"裴松之注引《江表传》曰："策又给瑜鼓吹，为治馆舍，赠赐莫与为比。策令曰：'周公瑾英俊异才，与孤有总角之好，骨肉之分。如前在丹杨，发众及船粮以济大事，论德酬功，此未足以报者也。'"

胶漆相投，陈重之与雷义；鸡黍之约，元伯之与巨卿。

胶漆相投，意谓像胶和漆一样黏结在一起，形容情谊极深，亲密无间。《后汉书·独行传·雷义》："雷义字仲公，豫章鄱阳人也。初为郡功曹，尝擢举善人，不伐其功。义尝济人死罪，罪者后以金二斤谢之，义不受。金主伺义不在，默投金于承尘上。后葺理屋宇，乃得之。金主已死，无所复还，义乃以付县曹。……义归，举茂才，让于陈重。刺史不听，义遂佯狂被发，走，不应命。乡里为之语曰：'胶漆自谓坚，不如雷与陈。'三府同时俱辟(征召)二人。"

鸡黍，即杀鸡蒸黍以待客。《后汉书·独行传·范式》："范式字巨卿，山阳金乡人也。少游太学为诸生，与汝南张劭为友。劭字元伯。二人并告归乡里，式谓元伯曰：'后二年当还，将过拜尊亲，见孺子焉。'乃共克期日。后期方至，元伯具以白母，请设馔以候之。母曰：'二年之别，千里结言，尔何相信之审邪？'对曰：'巨卿信士，必不乖违。'母曰：'若然，当为尔酝酒。'至其日，巨卿果到，升堂拜饮，尽欢而别。式仕为郡功曹。后元伯寝疾笃，同郡郅君章、殷子徵晨夜省视之。元伯临尽，叹曰：'恨不见吾死友！'子徵曰：'吾与君章尽心于子，是非死友，复欲谁求？'元伯曰：'若二子者，吾生友耳。山阳范巨卿，所谓死友也。'寻而卒。式忽梦见元伯玄冕垂缨屣履而呼曰：'巨卿，吾以某日死，当以尔时葬，永归黄泉。子未我忘，岂能相及？'式恍然觉寤，悲叹泣下，具告太守，请往奔丧。太守虽心不信而重违其情，许之。式便服朋友之服，投其葬日，驰往赴之。式未及到，而丧已发引，既至圹，将窆，而柩不肯进。其母抚之曰：'元伯，岂有望邪？'遂停柩。移时，乃见有素车白马，号哭而来，其母望之曰：'是必范巨卿也！'巨卿既至，叩丧言曰：'行矣元伯！死生路异，永从此辞！'会葬者千人，咸为挥涕。式因执绋而引，柩于是乃前。式遂留止冢次，为修坟树，然后乃去。"

与善人交，如入芝兰之室，久而不闻其香；与恶人交，如入鲍鱼之肆，久而不闻其臭。

《孔子家语·六本》："孔子曰：'吾死之后，则商(即子夏)也日益，赐(即子贡)也日损。'曾子曰：'何谓也？'子曰：'商也好与贤己者处，赐也好说不若己者。不知其子，视其父；不知其人，视其友；不知其君，视其所使；不知其地，视其草木。故曰：与善人居，如入芝兰之室，久而不闻其香，即与之化矣。与不善人居，如入鲍鱼之肆，久而不闻其臭，亦与之化矣。丹之所藏者赤，漆之所藏者黑。是以君子必慎其所与处者焉。'"

肝胆相照，斯为腹心之友；意气不孚，谓之口头之交。

肝胆相照，肝和胆互相能照见。比喻朋友之间以诚相待。〇腹心之友，可以推心置腹的朋友。

意气不孚，即志趣不同。〇口头之交，表面亲密实则不交真心的朋友。唐孟郊《择友》诗："面结口头交，肚里生荆棘。"

彼此不合，谓之参商；尔我相仇，如同冰炭。

参商，注详见《天文》"参商二星，其出没不相见"条。

冰炭，冰炭性能相反，不相容纳。比喻彼此互相排斥。《韩非子·显学》："夫冰炭不同器而久，寒暑不兼时而至，杂反之学不两立而治。"又南宋朱熹撰、清李光地编《朱子全书·治道一·用人》："盖君子小人，如冰炭之不相容，薰莸之不相入。"

民之失德，干糇以愆；他山之石，可以攻玉。

民之失德，干糇以愆，指人与人反目失和，往往因饮食细故。干糇，干粮，泛指粗薄的食品。《诗经·小雅·伐木》："民之失德，干糇以愆。"《诗集传》

卷四："言人之所以至于失朋友之义者，非必有大故，或但以干糇之薄，不以分人，而至于有愆耳。故我于朋友，不计有无，但及闲暇，则饮酒以相乐也。"

他山之石，可以攻玉，意即别的山上的石头能够作为砺石，用来琢磨玉器。原比喻别国的贤才也可为本国所用。后比喻能帮助自己改正错误缺点或提供借鉴的外力。攻玉，琢磨、加工玉器。《诗经·小雅·鹤鸣》："它山之石，可以为错。"毛传："错，石也，可以琢玉。举贤用滞，则可以治国。"郑玄笺："它山，喻异国。"同篇："它山之石，可以攻玉"。毛传："攻，错也。"

落月屋梁，相思颜色；暮云春树，想望丰仪。

唐杜甫《梦李白二首》诗其一："魂来枫林青，魂返关塞黑。落月满屋梁，犹疑照颜色。"

唐杜甫《春日忆李白》诗："渭北春天树，江东日暮云。何时一樽酒，重与细论文。"

王阳在位，贡禹弹冠以待荐；杜伯非罪，左儒宁死不徇君。

弹冠，掸去帽子上的尘土，准备做官。《汉书·王吉传》："王吉字子阳，琅邪皋虞人也。少好学明经，以郡吏举孝廉为郎。……吉与贡禹为友，世称'王阳在位，贡公弹冠'，言其取舍同也。"颜师古注："弹冠者，且入仕也。"

《说苑·立节》："左儒友于杜伯，皆臣周宣王，宣王将杀杜伯，而非其罪也。左儒争之于王，九复之，而王弗许也。王曰：'别君而党友，斯汝也。'左儒对曰：'臣闻之，君道友逆，则顺君以诛友；友道君逆，则率友以违君。'王怒曰：'易而言则生，不易而言则死。'左儒对曰：'臣闻古之士不枉义以从邪，不易言以求生，故臣能明君之过，以死杜伯之无罪。'王杀杜伯，左儒死之。"

分首判袂，叙别之辞；拥篲扫门，迎迓之敬。

分首，指离别。南朝梁沈约《襄阳白铜鞮》诗："分首桃林岸，送别岘山头。"○判袂，连在一起的衣袖不再相连，与分首皆表示离别。南宋范成大《大热泊乐温有怀商卿德称》诗："故人新判袂，得句与谁论。"

拥篲扫门，指手持扫帚，为贵宾在前面扫地引路。形容待客之礼极为诚敬。拥篲，亦作"拥彗""执帚"。《史记·孟子荀卿列传》附驺衍："是以驺子重于齐。适梁，惠王郊迎，执宾主之礼。适赵，平原君侧行撇（音蹩，拂拭）席。如燕，昭王拥彗先驱，请列弟子之座而受业，筑碣石宫，身亲往师之。"司马贞索隐："按：彗，帚也。谓为之扫地，以衣袂拥帚而却行，恐尘埃之及长者，所以为敬也。"

陆凯折梅逢驿使，聊寄江南一枝春；王维折柳赠行人，遂唱阳关三叠曲。

《太平御览》卷九七〇引盛弘之《荆州记》："陆凯与范晔相善，自江南寄梅花一枝，诣长安与晔，并赠花诗，曰：'折花逢驿使，寄与陇头人。江南无所有，聊赠一枝春。'"

阳关三叠，送别曲名，据唐王维《送元二使安西》(一名《阳关》)谱成，后又改编成琴曲。《送元二使安西》："渭城朝雨浥轻尘，客舍青青柳色新。劝君更尽一杯酒，西出阳关无故人。"又《东坡志林》卷七(十二卷本)："旧传阳关三叠，然今世歌者，每句再叠而已；若通一首言之，又是四叠，皆非是。或每句三唱，已应三叠之说，则丛然无复节奏。余在密州，有文勋长官以事至密，自云得古本《阳关》，其声宛转凄断……乃知唐本三叠盖如此。及在黄州，偶读乐天《对酒》云：'相逢且莫推辞醉，听唱阳关第四声。'注云：'第四声，劝君更尽一杯酒。'以此验之，若一句再叠，则此句为第五声。今为第四声，则一句不叠，审矣。"

频来无忌，乃云入幕之宾；不请自来，谓之不速之客。

入幕之宾，指进入幕府参与机要的幕僚。幕，帐幕，亦指幕府。《晋书·郗超传》："温怀不轨，欲立霸王之基，超为之谋。谢安与王坦之尝诣温论事，温令超帐中卧听之。风动帐开，安笑曰：'郗生可谓入幕之宾矣。'"

不速之客，不经邀请而自来的客人。《周易·需》："上六：入于穴，有不速之客三人来，敬之终吉。"

醴酒不设，楚王戊待士之意怠；投辖于井，汉陈遵留客之心诚。

醴酒不设，置酒宴请宾客时不再为不嗜酒者准备甜酒，比喻待人礼貌渐减。醴酒，甜酒。《汉书·楚元王传》："初，元王敬礼申公等，穆生不耆(嗜)酒，元王每置酒，常为穆生设醴。及王戊即位，常设，后忘设焉。穆生退曰：'可以逝矣！醴酒不设，王之意怠，不去，楚人将钳我于市。'称疾卧。申公、白生强起之，曰：'独不念先王之德与？今王一旦失小礼，何足至此！'穆生曰：'《易》称"知几其神乎！几者动之微，吉凶之先见者也。君子见几而作，不俟终日。"先王之所以礼吾三人者，为道之存故也。今而忽之，是忘道也。忘道之人，胡可与久处！岂为区区之礼哉？'遂谢病去。申公、白生独留。王戊稍淫暴，二十年，为薄太后服私奸，削东海、薛郡，乃与吴通谋。二人谏，不听，胥靡之，衣之赭衣，使杵臼雅春于市。”

投辖于井，把车辖投在井中，比喻殷勤留客。辖，插在车轴两端孔中的键，可使车轮不致向外脱落，去辖则车不能行。《汉书·游侠传·陈遵》：“遵耆酒，每大饮，宾客满堂，辄关门，取客车辖投井中。虽有急，终不得去。尝有部刺史奏事，过遵，值其方饮。刺史大穷，候遵沾醉时，突入见遵母，叩头自白当对尚书有期会状，母乃令从后阁(小门)出去。遵大率常醉，然事亦不废。”

蔡邕倒屣以迎宾，周公握发而待士。

倒屣，古时家居脱鞋席地而坐，由于急于迎客，把鞋穿倒了，形容对客人的热烈欢迎。《三国志·魏书·王粲传》：“献帝西迁，粲徙长安，左中郎将蔡邕见而奇之。时邕才学显著，贵重朝廷，常车骑填巷，宾客盈坐。闻粲在门，倒屣迎之。粲至，年既幼弱，容状短小，一坐尽惊。邕曰：‘此王公孙也，有异才，吾不如也。吾家书籍文章，尽当与之。’”

握发，谓虚心求贤，殷勤待士。《史记·鲁周公世家》：“(周公)于是卒相成王，而使其子伯禽代就封于鲁，周公戒伯禽曰：‘我，文王之子，武王之弟，成王之叔父，我于天下亦不贱矣。然我一沐三捉发，一饭三吐哺，起以待士，犹恐失天下之贤人。子之鲁，慎无以国骄人。’”亦见于《韩诗外传》卷三。

陈蕃器重徐稚，下榻相延；孔子道遇程生，倾盖而语。

下榻，又作“陈榻”“悬榻”“扫榻”，皆喻礼待贤人。榻，床。《后汉书·徐稚传》：“徐稚字孺子，豫章南昌人也。家贫，常自耕稼，非其力不食。恭俭义让，所居服其德。屡辟(征召)公府，不起。时陈蕃为太守，以礼请署(代理)功曹，稚不免(推辞)之，既谒而退。蕃在郡不接宾客，唯稚来特设一榻，去则县之。后举有道，家拜太原太守，皆不就。”

倾盖，两车紧靠而使车盖接在一起。盖，车上的伞盖。《孔子家语·致思》：“孔子之郯，遭程子于涂，倾盖而语，终日，甚相亲。顾谓子路曰：‘取束帛以赠先生。’子路屑然对曰：‘由闻之：士不中间见，女嫁无媒，君子不以交，礼也。’有间，又顾谓子路。子路又对如初。孔子曰：‘由，《诗》不云乎：“有美一人，清扬宛(婉)兮。邂逅相遇，适我愿兮。”今程子，天下贤士也。于斯不赠，则终身弗能见也。小子行之。’”

伯牙绝弦失子期，更无知音之辈；管宁割席拒华歆，谓非同志之人。

《吕氏春秋·孝行览·本味》："伯牙鼓琴，钟子期听之。方鼓琴，而志在太(泰)山，钟子期曰：'善哉乎鼓琴，巍巍乎若太山！'少选之间，而志在流水，钟子期又曰：'善哉乎鼓琴，汤汤乎若流水！'钟子期死，伯牙破琴绝弦，终身不复鼓琴，以为世无足复为鼓琴者。"《列子·汤问》所记与此略同。

《世说新语·德行》："管宁、华歆共园中锄菜，见地有片金，管挥锄与瓦石不异，华捉而掷去之。又尝同席读书，有乘轩冕过门者，宁读如故，歆废书出看。宁割席分坐，曰：'子非吾友也！'"

分金多与，鲍叔独知管仲之贫；绨袍垂爱，须贾深怜范叔之窘。

《列子·力命》："管仲尝叹曰：'吾少穷困时，尝与鲍叔贾，分财多自与；鲍叔不以我为贪，知我贫也。吾尝为鲍叔谋事而大穷困，鲍叔不以我为愚，知时有利不利也。吾尝三仕，三见逐于君，鲍叔不以我为不肖，知我不遭时也。吾尝三战三北，鲍叔不以我为怯，知我有老母也。公子纠败，召忽死之，吾幽囚受辱；鲍叔不以我为无耻，知我不羞小节而耻名不显于天下也。生我者父母，知我者鲍叔也！'此世称管鲍善交者，小白善用能者。"亦见于《史记·管晏列传》。

绨袍情，指不忘旧交。《史记·范雎蔡泽列传》略云：范雎者，魏人也，字叔。游说诸侯，欲事魏王，家贫，无以自资，乃先事魏中大夫须贾。须贾为魏昭王使于齐，范雎从。留数月，未得报。齐襄王闻雎辩口，乃使人赐雎金十斤及牛酒，雎辞谢，不敢受。须贾知之，大怒，以为雎持魏国阴事告齐，故得此馈，令雎受其牛酒，还其金。既归，心怒雎，以告魏相。魏相，魏之诸公子，曰魏齐。魏齐大怒，使舍人笞击雎，折胁摺(拉折)齿。雎佯死，即卷以箦，置厕中，宾客饮者醉，更溺雎。雎后逃到秦国，更名张禄，任相国。须贾出使秦国，雎微行敝衣见之。须贾意哀之，曰："范叔一寒如此哉！"乃取其一绨袍以赠之。不久，须贾知雎为秦相，谢罪不已。雎因其有赠绨袍之情，数其罪而释之。

要知主宾联以情，须尽东南之美；朋友合以义，当展切偲之诚。

唐王勃《滕王阁序》："台隍枕夷夏之交，宾主尽东南之美。"

切偲(音斯)，互相切磋勉励。《论语·子路》："子路问曰：'何如斯可谓之士矣？’子曰：‘切切偲偲，怡怡如也，可谓士矣。朋友切切偲偲，兄弟怡怡。’”何晏集解：“马(融)曰：‘切切偲偲，相切责之貌。怡怡，和顺之貌。’”

[新增文]十二联

仲尼老子，可谓通家；管子叔牙，足称知己。

《后汉书·孔融传》：“融幼有异才。年十岁，随父诣京师。时河南尹李膺以简重自居，不妄接士宾客，敕外自非当世名人及与通家，皆不得白。融欲观其人，故造膺门。语门者曰：‘我是李君通家子弟。’门者言之。膺请融，问曰：‘高明祖父尝与仆有恩旧乎？’融曰：‘然。先君孔子与君先人李老君同德比义，而相师友，则融与君累世通家。’众坐莫不叹息。”亦见于《世说新语·言语》刘孝标注引《孔融别传》。

注详见《朋友宾主》“分金多与，鲍叔独知管仲之贫”条。

伯桃并粮于共事，甘殒流离；子舆裹饭于同侪，不忘贫贱。

《后汉书·申屠刚传》：“布衣相与，尚有没身不负然诺之信，况于万乘者哉！”李贤注：“《烈士传》曰：‘羊角哀、左伯桃二人为死友，欲仕于楚，道阻，遇雨雪不得行，饥寒，自度不俱生。伯桃谓角哀曰：“俱死之后，骸骨莫收。内手扪心，知不如子。生恐无益而弃子之能，我乐在树中。”角哀听之，伯桃入树中而死。楚平王爱角哀之贤，以上卿礼葬伯桃。角哀梦伯桃曰：“蒙子之恩而获厚葬，正苦荆将军冢相近。今月十五日，当大战以决胜负。”角哀至期日，陈兵马诣其冢，作三桐人，自杀，下而从之。’”亦见于《太平御览》卷四〇九引《列士传》。

《庄子·大宗师》：“子舆与子桑友。而霖雨十日，子舆曰：‘子桑殆病矣！’裹饭而往食之。至子桑之门，则若歌若哭，鼓琴曰：‘父邪！母邪！天乎！人乎！’有不任其声而趋举其诗焉。子舆入，曰：‘子之歌诗，何故若是？’曰：‘吾思夫使我至此极者而弗得也。父母岂欲吾贫哉？天无私覆，地无私载，天地岂私贫我哉？求其为之者而不得也！然而至此极者，命也夫！’”

钤锤道义，向嵇偶锻于柳中；游戏文章，元白衔杯于花下。

《晋书·嵇康传》：“初，康居贫，尝与向秀共锻于大树之下，以自赡给。”又《世说新语·简傲》：“钟士季(钟会)精有才理，先不识嵇康。钟要于时贤俊之士，俱往寻康。康方大树下锻，向子期为佐鼓排。康扬槌不辍，傍若无人，移时不交一言。钟起去，康曰：'何所闻而来？何所见而去？'钟曰：'闻所闻而来，见所见而去。'"刘孝标注："《文士传》曰：'康性绝巧，能锻铁。家有盛柳树，乃激水以圜之，夏天甚清凉，恒居其下傲戏，乃身自锻。家虽贫，有人就锻者，康不受直。唯亲旧以鸡酒往，与共饮啖清言而已。'"

《本事诗·征异》："元相公稹为御史，鞫狱梓潼。时白尚书在京，与名辈游慈恩，小酌花下，为诗寄元曰：'花时同醉破春愁，醉折（一作"聊把"）花枝当酒筹。忽忆故人天际去，计程今日到梁州。'时元果及褒城，亦寄梦游诗曰：'梦君兄弟曲江头，也向慈恩院里游。驿吏唤人排马去，忽惊身在古梁州。'千里神交，合若符契，友朋之道，不期至欤。"

程普见容于周瑜，若饮醇醪自醉；周乘得亲于黄宪，不披绵纩犹温。

《三国志·吴书·周瑜传》："性度恢廓，大率为得人，惟与程普不睦。"裴松之注引《江表传》："普颇以年长，数凌侮瑜。瑜折节容下，终不与校（较）。普后自敬服而亲重之，乃告人曰：'与周公瑾交，若饮醇醪，不觉自醉。'时人以其谦让服人如此。"

《世说新语·德行》："周子居常云：'吾时月不见黄叔度（黄宪），则鄙吝之心已复生矣！'"又《世说新语·赏誉》："陈仲举尝叹曰：'若周子居者，真治国之器。譬诸宝剑，则世之干将。'"刘孝标注引《汝南先贤传》："周乘字子居，汝南安城人。天资聪朗，高峙岳立，非陈仲举、黄叔度之俦则不交也。"

贵贱不忘，素犬丹鸡定约；死生与共，乌牛白马盟心。

《太平御览》卷四〇六引周处《风土记》："越俗，性率朴，意亲好合，即脱头上手巾，解要（腰）间五尺刀，以与之为交。拜亲跪妻，定交有礼。俗皆当于山间大树下，封土为坛，祭以白犬一、丹鸡一、鸡子三，名曰'木下鸡犬五'。其坛也，人畏不敢犯也。祝曰：'卿虽乘车我戴笠，后日相逢下车揖。我虽步行卿乘马，后日相逢卿当下。'"亦见于《初学记》卷一八引《风土记》。

《三国志演义》（毛评本）第一回《宴桃园豪杰三结义》："次日，于桃园中备下乌牛白马祭礼等项，三人焚香再拜而说誓曰：'念刘备、关羽、张飞，虽然异姓，既结为兄弟，则同心协力，救困扶危，上报国家，下安黎庶。不求同年同月同日生，只愿同年同月同日死！皇天后土，实鉴此心。背义忘恩，天人共戮！'誓毕，拜玄德为兄，关羽次之，张飞为弟。祭罢天地，复宰牛设酒，聚乡中勇士，得三百余人，就桃园中痛饮一醉。"

面前便失人，刘巴不与张飞语；事后方思友，周𫖮还廑王导悲。

《三国志·蜀书·刘巴传》："诸葛孔明数称荐之，先主辟为左将军西曹掾。"裴松之注引《零陵先贤传》："张飞尝就巴宿，巴不与语，飞遂忿恚。诸葛亮谓巴曰：'张飞虽实武人，敬慕足下。主公今方收合文武，以定大事；足下虽天素高亮，宜少降意也。'巴曰：'大丈夫处世，当交四海英雄，如何与兵子共语乎？'"

《晋书·周𫖮传》："初，(王)敦之举兵也，刘隗劝帝尽除诸王。司空(王)导率群从诣阙请罪，值𫖮将入，导呼𫖮谓曰：'伯仁，以百口累卿！'𫖮直入不顾。既见帝，言导忠诚，申救甚至，帝纳其言。𫖮喜饮酒，致醉而出。导犹在门，又呼𫖮。𫖮不与言，顾左右曰：'今年杀诸贼奴，取金印如斗大系肘。'既出，又上表明导，言甚切至。导不知救己，而甚衔之。敦既得志，问导曰：'周𫖮、戴若思南北之望，当登三司，无所疑也。'导不答。又曰：'若不三司，便应令仆邪？'又不答。敦曰：'若不尔，正当诛尔。'导又无言。导后料检中书故事(档案)，见𫖮表救己，殷勤款至。导执表流涕，悲不自胜，告其诸子曰：'吾虽不杀伯仁，伯仁由我而死。幽冥之中，负此良友！'"亦见于《世说新语·尤悔》。

吕安动遐思，千里命寻嵇之驾；子猷怀雅兴，三更泛访戴之舟。

《晋书·嵇康传》："东平吕安服康高致，每一相思，辄千里命驾，康友而善之。"

《世说新语·任诞》："王子猷(王徽之)居山阴，夜大雪，眠觉，开室命酌酒。四望皎然，因起彷徨，咏左思《招隐诗》，忽忆戴安道(戴逵)。时戴在剡，即便夜乘小船就之。经宿方至，造门不前而返。人问其故，王曰：'吾本乘兴而行，兴尽而返，何必见戴？'"

尹敏班彪，岂曰面友；山涛阮籍，是谓神交。

《后汉书·儒林传上·尹敏》："(敏)与班彪亲善，每相遇，辄日旰忘食，夜分不寝，自以为钟期伯牙、庄周惠施之相得也。"〇面友，非真诚相交的朋友。《法言·学行》："朋而不心，面朋也；友而不心，面友也。"李轨注："匿怨，仲尼之所耻；面朋，扬子之所讥。"

神交，指心仪已久而未见过面的朋友。《初学记》卷一八："袁宏《山涛别传》曰：'陈留阮籍、谯国嵇康，并高才远识，少有悟其契者。涛初不识，一与相遇，便为神交。'"

孔融座中常满，必然有礼招徕；毛仲堂上全无，定是乏才感召。

《后汉书·孔融传》："（融）性宽容少忌，好士，喜诱益后进。及退闲职，宾客日盈其门。常叹曰：'坐上客恒满，尊中酒不空，吾无忧矣。'"

《资治通鉴》卷二一二："王毛仲有宠于上，百官附之者辐凑。毛仲嫁女，上问何须。毛仲顿首对曰：'臣万事已备，但未得客。'上曰：'张说、源乾曜辈岂不可呼邪？'对曰：'此则得之。'上曰：'知汝所不能致者一人耳，必宋璟也。'对曰：'然。'上笑曰：'朕明日为汝召客。'明日，上谓宰相：'朕奴毛仲有婚事，卿等宜与诸达官悉诣其第。'既而日中，众客未敢举箸，待璟。久之，方至，先执酒西向拜谢，饮不尽卮，遽称腹痛而归。璟之刚直，老而弥笃。"

式饮式食，敢曰无鱼；必敬必恭，何尝叱狗。

《战国策·齐策四》："齐人有冯谖者，贫乏不能自存。使人属孟尝君，愿寄食门下。孟尝君曰：'客何好？'曰：'客无好也。'曰：'客何能？'曰：'客无能也。'孟尝君笑而受之，曰：'诺。'左右以君贱之也，食以草具。居有顷，倚柱弹其剑，歌曰：'长铗，归来乎！食无鱼。'左右以告。孟尝君曰：'食之，比门下之客。'居有顷，复弹其铗，歌曰：'长铗，归来乎！出无车。'左右皆笑之，以告。孟尝君曰：'为之驾，比门下之车客。'于是乘其车，揭其剑，过其友，曰：'孟尝君客我！'后有顷，复弹其剑铗，歌曰：'长铗，归来乎！无以为家。'左右皆恶之，以为贪而不知足。孟尝君问：'冯公有亲乎？'对曰：'有老母。'孟尝君使人给其食用，无使乏。于是冯谖不复歌。"

《礼记·曲礼上》："尊客之前不叱狗。"孔颖达疏："'尊客之前不叱狗'者，若有尊客至，而主人叱骂于狗，则似厌倦其客欲去之也。卑客亦当然，举尊为甚。"

韩魏公堂前有士，风流态度，得赠女奴；李文定门下何人，新巧诗联，乃逢天子。

《诗话总龟》前集卷三引刘斧《青琐集》："韩魏公（韩琦）出镇中山，有门客，夜逾墙出宿娼家。公知，作《种竹诗》以警之：'殷勤浇灌加培植，莫遣狂枝乱出墙。'门客自愧，作诗云：'主人若也怜高节，莫为狂枝赠斧斤。'公置一女奴赠之。"

南宋祝穆《古今事文类聚》前集卷二四："王奇汉谋有声场屋，为李文定客。文定薨，乃章圣临奠，见屏间有诗云：'雁声不到歌楼上，秋色偏欺客路中。'爱之,即召见。占对称旨,特许赴殿试。谢诗曰:'不拜春官为座主,亲逢天子作门生。'"亦见于《尧山堂外纪》卷四五。

熊飞清渭逢何暮,无任凄怆;客有可人期不来,岂胜慨叹。

北宋刘攽《中山诗话》:"赵少师初在涟水守馆,不数年后,以学士知涟水,继来者名其堂为'豹隐'。(石)曼卿有诗曰:'熊非(一作"飞")清渭逢何暮?龙卧南阳去不还。年少官(一作"客")游今郡守,蔚然疑在立谈间。'后莫偕者。"亦见于《诗话总龟》前集卷一八引《古今诗话》。

北宋陈师道《绝句四首》其四:"书当快意读易尽,客有可人期不来。世事相违每如此,好怀百岁几回开?"

婚　姻

良缘由夙缔,佳偶自天成。

意谓美好的姻缘由前生注定,美满的夫妻为上天作合。缔,缔结。偶,配偶。

蹇修与柯人,皆是媒妁之号;冰人与掌判,悉是传言之人。

蹇(音简)修,本为伏羲臣子,后用作媒妁之别称。《楚辞·离骚》:"吾令丰隆乘云兮,求宓妃之所在。解佩纕以结言兮,吾令蹇修以为理。"王逸注:"蹇修,伏羲氏之臣也。理,分理也,述礼意也。言己既见宓妃,则解我佩带之玉,以结言语,使古贤蹇修而为媒理也。伏羲时敦朴,故使其臣也。"○柯人,旧时称为人作媒为"伐柯""执柯",称媒人为"伐柯人"。《诗经·豳风·伐柯》:"伐柯如何?匪斧不克。取妻如何?匪媒不得。"又《礼记·中庸》:"执柯以伐柯。"

冰人,媒妁之别称。《晋书·艺术传·索纮》:"索纮字叔彻,敦煌人也。少游京师,受业太学,博综经籍,遂为通儒。明阴阳天文,善术数占候。……孝廉令狐策梦立冰上,与冰下人语。纮曰:'冰上为阳,冰下为阴,阴阳事也。士如归妻,迨冰未泮,婚姻事也。君在冰上与冰下人语,为阳语阴,媒介事也。君当为人作媒,冰泮(融解)而婚成。'策曰:'老夫耄矣,不为媒也。'会太守田豹因策为子求乡人张公徵女，仲春而成婚焉。”○掌判，旧称媒人。《周礼·地官·媒氏》：“掌万民之判。凡男女自成名以上，皆书年月日名焉。令男三十而娶，女二十而嫁。”郑玄注：“判，半也。得耦为合，主合其半，成夫妇也。”

礼须六礼之周，好合二姓之好。

旧时婚仪有六礼，一曰纳采，二曰问名，三曰纳吉，四曰纳徵，五曰请期，六曰亲迎。《仪礼·士昏礼》：“昏礼：下达，纳采，用雁。”贾公彦疏：“云‘纳采用雁’者，昏礼有六，五礼用雁：纳采、问名、纳吉、请期、亲迎是也，唯纳徵不用雁，以其自有币帛可执故也。”

《礼记·昏义》：“昏礼者，将合二姓之好，上以事宗庙，而下以继后世也，故君子重之。”

女嫁曰于归，男婚曰完娶。

于归，即女子出嫁。《诗经·周南·桃夭》：“之子于归，宜其室家。”《诗集传》卷一：“之子，是子也，此指嫁者而言也。妇人谓嫁曰归。《周礼》‘仲春令会男女’，然则桃之有华，正婚姻之时也。宜者，和顺之意。室，谓夫妇所居。家，谓一门之内。”

完娶，完婚，即男方把女子娶到自己家里。明史可法《家书》三：“若于腊尽春初，再为可模完娶，则父亲母亲心愿毕矣。”

婚姻论财，夷虏之道；同姓不婚，周礼则然。

夷虏，旧时指未开化的民族。隋王通《文中子·事君篇》：“子曰：‘婚娶而论财，夷虏之道也，君子不入其乡。古者男女之族，各择德焉，不以财为礼。’”

《礼记·曲礼上》：“取妻不取同姓，故买妾不知其姓，则卜之。”○《公羊传·哀公十二年》：“夏，五月，甲辰，孟子卒。孟子者何？昭公之夫人也。其称孟子何？讳娶同姓，盖吴女也。”何休注：“礼，不娶同姓，买妾不知其姓，则卜之。为同宗共祖，乱人伦，与禽兽无别。昭公既娶，讳而谓之吴孟子。”又《国语·晋语四》：“同姓不婚，恶不殖也。”

女家受聘礼，谓之许缨；新娘谒祖先，谓之庙见。

许缨，古代女子许嫁时所系，用以表示有所系属之意。缨，一种彩色的带子。《礼记·曲礼上》：“女子许嫁，缨。”

古时婚制，妇到夫家，次日天明，始见夫之父母；若夫之父母已死，则于三月之后到夫家家庙中参拜，称“庙见”，然后择日而祭。《礼记·曾子问》：“三月而庙见，称来妇也。择日而祭于祢，成妇之义也。”郑玄注：“谓舅姑（公婆）没者也。”孔颖达疏：“此谓舅姑亡者，妇入三月之后，而于庙中以礼见于舅姑，其祝辞告神，称来妇也。谓选择吉日，妇亲自执馔，以祭于祢庙，以成就妇人盥馈之义。”

文定纳采，皆为行聘之名；女嫁男婚，谓了子平之愿。

文定，订婚的代称。《诗经·大雅·大明》：“文定厥祥，亲迎于渭。”郑玄笺：“问名之后，卜而得吉，则文王以礼定其吉祥，谓使纳币也。”又《诗集传》卷六：“文，礼。祥，吉也。言卜得吉，而以纳币之礼，定其祥也。”〇纳采，婚仪六礼之一，男方具送求婚的礼物，即求聘。《仪礼·士昏礼》：“昏礼：下达，纳采，用雁。”贾公彦疏：“纳采，言纳者，以其始相采择，恐女家不许，故言纳。”

《后汉书·逸民传·向长》：“向长字子平，河内朝歌人也。隐居不仕，性尚中和，好通《老》、《易》。贫无资食，好事者更馈焉，受之取足而反其余。王莽大司空王邑辟之，连年乃至。欲荐之于莽，固辞，乃止。潜隐于家，读《易》至《损》《益》卦，喟然叹曰：‘吾已知富不如贫，贵不如贱，但未知死何如生耳。’建武中，男女娶嫁既毕，敕断家事勿相关，当如我死也。于是遂肆意，与同好北海禽庆俱游五岳名山，竟不知所终。”

聘仪曰雁币，卜妻曰凤占。

雁币，雁与币帛。古时婚仪之六礼，除纳徵用币外，其余用雁，遂以雁币代指聘问、婚嫁之礼。《仪礼·士昏礼》：“昏礼：下达，纳采，用雁。”郑玄注：“用雁为贽者，取其顺阴阳往来。”清胡培翚《仪礼正义》卷三：“用雁者，取其随时南北，不失其节，明不夺女子之时也。又取飞成行、止成列也，明嫁娶之礼，长幼有序，不相逾越也。”

《左传·庄公二十二年》：“初，（陈大夫）懿氏卜妻（嫁女）敬仲。其妻占之，曰：‘吉！是谓“凤皇于飞，和鸣锵锵。有妫之后，将育于姜。五世其昌，并于正卿。八世之后，莫之于京。”’”杜预注：“雄曰凤，雌曰皇。雄雌俱飞，相和而鸣锵锵然，犹敬仲夫妻相随适齐，有声誉。”

成婚之日曰星期，传命之人曰月老。

星期，男女成婚之日。《诗经·唐风·绸缪》：“绸缪（紧缠密绕）束薪，三星在天。今夕何夕，见此良人。”朱熹《诗序辨说》云：“此（指《绸缪》）但为昏（婚）姻者相得而喜之词，未必为刺晋国之乱也。”又农历七月七日，相传为牵牛、织女二星相会之期，亦称星期。

月老，原指主管男女婚姻之神，后用作媒人之代称。唐李复言《续玄怪录》卷四《定婚店》略云：元和（一作“贞观”）二年，韦固过宋城南店西边龙兴寺门。斜月尚明，有老人倚巾囊，坐于阶上，向月检书。固问所检何书？答曰：“幽冥之书。”问君掌何事？曰：“天下之婚牍耳。”又问自己婚事，则曰：“君之妇适三岁矣。年十七，当人君门。”因问囊中何物？曰：“赤绳子耳，以系夫妇之足。及其生则潜用相系，虽仇敌之家，贵贱悬隔，天涯从宦，吴楚异乡，此绳一系，终不可逭。君之脚，已系于彼矣。他求何益？”据老人所言，韦固之妻乃是一卖菜眇妪之三岁女，弊陋亦甚。固遂遣奴仆于菜市中刺杀幼女，却只刺伤眉间。十四年后，相州刺史王泰嫁女于固，容色华丽。然其眉间常贴一花钿，虽沐浴闲处，未尝暂去。岁余，固逼问之，妻潸然曰：“妾郡守之犹子也，非其女也。畴昔父曾宰宋城，终其官，时妾在襁褓，母兄次殁。唯一庄在宋城南，与乳母陈氏居，去店近，鬻蔬以给朝夕。陈氏怜小，不忍暂弃。三岁时，抱行市中，为狂贼所刺。刀痕尚在，故以花子覆之。七八年间，叔从事卢龙，遂得在左右，以为女嫁君耳。”

下采即是纳币，合卺系是交杯。

纳币，即婚仪六礼中的纳徵。币，指皮帛等聘礼。纳吉之后，男家择日具书，遣人送聘礼于女家，女家受物复礼，婚姻乃定。《公羊传·庄公二十二年》：“冬，公如齐纳币。”何休注：“纳币即纳徵。”

合卺（音谨），又称“合瓢”，古代婚礼饮交杯酒。《礼记·昏义》：“婿执雁入，揖让升堂，再拜奠雁，盖亲受之于父母也。降出，御妇车，而婿授绥，御轮三周，先俟于门外。妇至，婿揖妇以入。共牢而食，合卺而酳，所以合体同尊卑，以亲之也。”孔颖达疏：“卺，谓半瓢，以一瓠分为两瓢，谓之卺。婿之与妇各执一片以酳，故云‘合卺而酳’（用酒漱口）。”

执巾栉，奉箕帚，皆女家自谦之词；娴姆训，习《内则》，皆男家称女之说。

执巾栉，指拿着手巾、梳子伺候，古时为人妻妾的谦辞。《左传·僖公二十二年》：“晋大子圉为质于秦，将逃归，谓嬴氏曰：‘与子归乎？’对曰：‘子，晋大子，而辱于秦，子之欲归，不亦宜乎？寡君之使婢子侍执巾栉，以固子也。

从子而归，弃君命也。不敢从，亦不敢言。'遂逃归。"〇奉箕帚，拿着簸箕、笤帚清扫，即备洒扫之意，古时妻妾之谦称。《史记·高祖本纪》："吕公者，好相人，见高祖状貌，因重敬之，引入坐。萧何曰：'刘季固多大言，少成事。'高祖因狎侮诸客，遂坐上坐，无所诎。酒阑，吕公因目固留高祖。高祖竟酒，后。吕公曰：'臣少好相人，相人多矣，无如季相，愿季自爱。臣有息女，愿为季箕帚妾。'"又南朝宋王微《杂诗》："思妇临高台，长想凭华轩。弄弦不成曲，哀歌送苦言。箕帚留江介，良人处雁门。"李周翰注："箕，所以簸扬物者；帚，扫除地者。此妇人所执以事夫也。"

姆训，女师的教诲。姆，古代以妇道教育未婚女子的妇人。《仪礼·士昏礼》："姆𫄨笄宵衣，在其右。"郑玄注："姆，妇人年五十无子，出而不复嫁，能以妇道教人者。"《礼记·内则》："女子十年不出，姆教婉娩听从。"〇《内则》，注详见《夫妇》"苟《内则》之无忝"条。

绿窗是贫女之室，红楼是富女之居。

绿窗，指贫女的居室，与红楼相对。红楼，华美的楼房，常指富贵家妇女的住处。唐白居易《秦中吟·议婚》："红楼富家女，金缕绣罗襦，见人不敛手，娇痴二八初。母兄未开口，已嫁不须臾。绿窗贫家女，寂寞二十余。荆钗不直钱，衣上无真珠。几回人欲聘，临日又踟蹰。"

桃夭谓婚姻之及时，摽梅谓婚期之已过。

《诗经·周南·桃夭》："桃之夭夭，灼灼其华。之子于归，宜其室家。"《毛诗序》："《桃夭》，后妃之所致也。不妒忌，则男女以正，婚姻以时，国无鳏民也。"今按：今多认为《桃夭》是民间祝贺新婚之诗。

摽（音鳔）梅，梅子成熟而落，比喻女子已到结婚年龄。《诗经·召南·摽有梅》："摽有梅，其实七兮。求我庶士，迨其吉兮。"《诗集传》卷一："南国被文王之化，女子知以贞信自守。惧其嫁不及时，而有强暴之辱也。故言梅落而在树者少，以见时过而太晚矣。求我之众士，其必有及此吉日而来者乎？"

御沟题叶，于祐始得宫娥；绣幕牵丝，元振幸获美女。

北宋刘斧《青琐高议》前集卷五引《流红记》略云：唐僖宗时，有儒士于祐，晚步禁衢间。视御沟浮叶，续续而下。祐临流浣手。久之，有一脱叶，差大于他叶，远视之，若有墨迹载于其上。浮红泛泛，远意绵绵。祐取而视之，果有四句题于其上。其诗曰："流水何太急，深宫尽日闲。殷勤谢红叶，好去到人间。"祐得之,蓄于书笥,终日咏味。喜其句意新美,然莫知何人作而书于叶也。因念御沟水出禁掖,此必宫中美人所作也。……祐终不废思虑,复题二句,书于红叶上云:"曾闻叶上题红怨,叶上题诗寄阿谁?"置御沟上流水中,俾其流入宫中。……久之,韩泳召祐谓之曰:"帝禁宫人三千余得罪,使各适人。有韩夫人者,吾同姓,久在宫。今出禁庭,来居吾舍。子今未娶,年又逾壮,困苦一身,无所成就,孤生独处,吾甚怜汝。今韩夫人箧中不下千缗,本良家女,年才三十,姿色甚丽。吾言之,使聘子,何如?"……泳令人通媒妁,助祐进羔雁,尽六礼之数,交二姓之欢。……既而韩氏于祐书笥中见红叶,大惊曰:"此吾所作之句,君何故得之?"祐以实告。韩氏复曰:"吾于水中亦得红叶,不知何人作也。"乃开笥取之,乃祐所题之诗。相对惊叹,感泣久之。今按:此类故事记载颇多,如唐孟棨《本事诗·情感》、唐范摅《云溪友议》卷下、五代孙光宪《北梦琐言》卷九、宋王铚《补侍儿小名录》等,皆事同而人物各异。

《开元天宝遗事》卷上:"郭元振少时,美风姿,有才艺。宰相张嘉贞欲纳为婿。元振曰:'知公门下有女五人,未知孰陋,事不可仓卒,更待忖之。'张曰:'吾女各有姿色,即不知谁是匹偶。以子风骨奇秀,非常人也。吾欲令五女各持一丝,幔前使子取便牵之,得者为婿。'元振欣然从命。遂牵一红丝线,得第三女,大有姿色,后果然随夫贵达也。"

汉武对景帝论妇,欲将金屋贮娇;韦固与月老论婚,始知赤绳系足。

金屋贮娇,亦作"金屋藏娇",谓后妃或妻妾极受宠爱。金屋,代指后宫或华美的闺房;娇,即陈阿娇。《太平御览》卷八八引《汉武故事》:"武帝生于猗兰殿,年四岁,立为胶东王。数岁,长主抱著其膝上,问曰:'儿欲得妇不?'胶东王曰:'欲得妇。'长主指左右长御百余人,皆云不用。末指其女,问曰:'阿娇好不?'于是乃笑,对曰:'好!若得阿娇作妇,当作金屋贮之也。'长主大悦,乃苦要上(汉景帝),遂定婚焉。胶东王为皇太子时,年七岁。"今按:此则故事为汉武帝与其姑母长公主刘嫖的对话,和汉景帝无关,条目似有误。

赤绳系足,即缔结姻缘之意。注见《婚姻》"传命之人曰月老"条。

朱陈一村而结好,秦晋两国以联姻。

朱陈,村名,在今江苏丰县东南。后以朱陈指两姓联姻,世代亲善。唐白居易《朱陈村》诗:"徐州古丰县,有村曰朱陈。去县百余里,桑麻青氛氲。……一村唯两姓,世世为婚姻。亲疏居有族,少长游有群。黄鸡与白酒,欢会不隔旬。生者不远别,嫁娶先近邻。"又北宋苏轼《陈季常所蓄朱陈村嫁娶图》诗："何年顾陆丹青手，画作朱陈嫁娶图。闻道一村唯两姓，不将门户买崔卢。"

秦晋，春秋时秦、晋两国世代通婚，后因称两姓联姻为秦晋之好。《左传·僖公二十三年》："秦伯纳女五人，怀嬴与焉。奉匜沃盥，既而挥之。怒曰：'秦、晋匹也，何以卑我？'公子惧，降服而囚。"今按：怀嬴，秦穆公之女，曾嫁给在秦国为人质的晋国太子圉为妻；后太子圉逃回晋国，立为怀公，故称为怀嬴。又作为媵妾被秦穆公赐给公子重耳。

蓝田种玉，雍伯之缘；宝窗选婚，林甫之女。

《搜神记》卷一一："杨公伯雍，雒阳县人也，本以侩卖为业。性笃孝，父母亡，葬无终山，遂家焉。山高八十里，上无水，公汲水，作义浆于坂头，行者皆饮之。三年，有一人就饮，以一斗石子与之，使至高平好地有石处种之，云：'玉当生其中。'杨公未娶，又语云：'汝后当得好妇。'语毕不见。乃种其石。数岁，时时往视，见玉子生石上，人莫知也。有徐氏者，右北平著姓，女甚有行，时人求，多不许。公乃试求徐氏。徐氏笑以为狂，因戏云：'得白璧一双来，当听为婚。'公至所种玉田中，得白璧五双，以聘。徐氏大惊，遂以女妻公。天子闻而异之，拜为大夫。乃于种玉处，四角作大石柱，各一丈，中央一顷地，名曰'玉田'。"今按：此事《水经注·鲍丘水》、《初学记》卷八、《艺文类聚》卷八三等皆引之。杨伯雍，姓有作"羊""阳"，名一作"雍伯"。又蓝田，在今陕西秦岭北麓，以产玉而著称；杨伯雍种玉是在玉田，原文把二者混淆了。

《开元天宝遗事》卷上："李林甫有女六人，各有姿色。雨露之家，求之不允。林甫厅事壁间开一横窗，饰以杂宝，缦以绛纱。常日使六女戏于窗下，每有贵族子弟入谒，林甫即使女于窗中自选，可意者事之。"

架鹊桥以渡河，牛女相会；射雀屏而中目，唐高得妻。

《白孔六帖》卷九引《淮南子》（今本无）："乌鹊填河成桥，而渡织女。"《岁华纪丽》卷三引《风俗通》（今本无）："织女七夕当渡河，使鹊为桥。"又《尔雅翼》卷一三："涉秋七日，(鹊)首无故皆髡。相传以为是日河鼓与织女会于汉东，役乌鹊为梁以渡，故毛皆脱去。"

雀屏中目，指择婿、求婚。《旧唐书·后妃传上·高祖太穆皇后窦氏》："高祖太穆皇后窦氏，京兆始平人，隋定州总管、神武公毅之女也。后母，周武帝姊襄阳长公主。后生而发垂过颈，三岁与身齐。周武帝特爱重之，养于宫中。时武帝纳突厥女为后，无宠。后尚幼，窃言于帝曰：'四边未静，突厥尚强，愿舅抑情抚慰，以苍生为念。但须突厥之助，则江南、关东不能为患矣。'武帝深纳之。毅闻之，谓长公主曰：'此女才貌如此，不可妄以许人，当为求贤夫。'乃于门屏画二孔雀，诸公子有求婚者，辄与两箭射之，潜约中目者许之。前后数十辈莫能中。高祖后至，两发各中一目，毅大悦，遂归于我帝。"亦见于《新唐书·后妃传上·太穆窦皇后》。

至若礼重亲迎，所以正人伦之始；《诗》首好逑，所以崇王化之原。

亲迎，古代婚仪六礼之一。夫婿于亲迎日亲自至女家，迎新娘入室，行交拜合卺之礼。《礼记·哀公问》略云：孔子对曰："古之为政，爱人为大。所以治爱人，礼为大。所以治礼，敬为大。敬之至矣，大昏为大。大昏至矣！大昏既至，冕而亲迎，亲之也。亲之也者，亲之也。是故君子兴敬为亲，舍敬，是遗亲也。弗爱不亲，弗敬不正。爱与敬，其政之本与！"公曰："寡人愿有言然。冕而亲迎，不已重乎？"孔子愀然作色而对曰："合二姓之好，以继先圣之后，以为天地、宗庙、社稷之主，君何谓已重乎？"又《后汉书·列女传·曹世叔妻》："夫妇之道，参配阴阳，通达神明，信天地之弘义，人伦之大节也。"

《诗经·周南·关雎》："关关雎鸠，在河之洲。窈窕淑女，君子好逑（配对）。"《毛诗序》："《周南》《召南》，正始之道，王化之基。是以《关雎》乐得淑女，以配君子，忧在进贤，不淫其色。哀窈窕，思贤才，而无伤善之心焉。是《关雎》之义也。"今按：《诗经》首篇即为《关雎》。

[新增文]七联

鱼水合欢，情何款密；丝萝有托，意甚绸缪。

《管子·小问》："桓公使管仲求宁戚，宁戚应之曰：'浩浩乎！'管仲不知，至中食而虑之。婢子曰：'公何虑？'管仲曰：'非婢子之所知也。'婢子曰：'公其毋少少，毋贱贱。昔者吴干战，未龀不得入军门，国子擿其齿，遂入，为干国多。百里奚，秦国之饭牛者也，穆公举而相之，遂霸诸侯。由是观之，贱岂可贱，少岂可少哉？'管仲曰：'然。公使我求宁戚，宁戚应我曰："浩浩乎！"吾不识。'婢子曰：'《诗》有之："浩浩者水，育育者鱼，未有室家，而安召我居？"宁子其欲室乎！'"房玄龄注："水浩浩然盛大，鱼育育然相与而游其中，喻时人皆得配偶，以居其室家。宁戚有伉俪之思，故陈此诗以见意。"

丝萝，即菟丝和女萝，两者皆为蔓生，缠绕于草木，不易分开。古人常用以比喻男女结成婚姻或情意缠绵。《诗经·小雅·頍弁》："茑与女萝，施于松柏。"毛传："女萝、菟丝，松萝也。"孔颖达疏："茑与女萝，施于松柏之上，非自有根，依于松柏之根，故松柏存而茂，松柏殒而亡。”又《古诗十九首》其八：“与君为新婚，兔丝附女萝。”

牵乌羊以为礼，自是古风；选碧鹳以成婚，正为佳匹。

《南史·隐逸传上·孔淳之》：“（孔淳之）与征士戴颙、王弘之及王敬弘等共为人外之游，又申以婚姻。敬弘以女适淳之子尚，遂以乌羊系所乘车辕，提壶为礼。至则尽欢共饮，迄暮而归。或怪其如此，答曰：‘固亦农夫田父之礼也。’”

《新唐书·裴宽传》：“宽性通敏，工骑射、弹棋、投壶，略通书记。景云中，为润州参军事。刺史韦诜有女，择所宜归，会休日登楼，见人于后圃有所瘗藏者，访诸吏，曰：‘参军裴宽居也。’与偕来，诜问状，答曰：‘宽义不以包苴污家，适有人以鹿为饷，致而去，不敢自欺，故瘗之。’诜嗟异，乃引为按察判官，许妻以女。归语妻曰：‘常求佳婿，今得矣。’明日，帏其族使观之。宽时衣碧，瘠而长，既入，族人皆笑，呼为‘碧鹳雀’。诜曰：‘爱其女，必以为贤公侯妻也，何可以貌求人？’卒妻宽。”亦见于唐郑处诲《明皇杂录》卷上，“碧鹳雀”作“鹳鹊”。

因亲作配，温峤曾下镜台；从简去华，仲淹欲焚罗帐。

《世说新语·假谲》：“温公（温峤）丧妇。从姑刘氏，家值乱离散，唯有一女，甚有姿慧。姑以属公觅婚，公密有自婚意，答云：‘佳婿难得，但如峤比，云何？’姑云：‘丧败之余，乞粗存活，便足慰吾余年，何敢希汝比？’却后少日，公报姑云：‘已觅得婚处，门地粗可，婿身名宦，尽不减峤。’因下玉镜台一枚，姑大喜。既婚，交礼，女以手披纱扇，抚掌大笑曰：‘我固疑是老奴，果如所卜。’”

《五朝名臣言行录》卷七：“公（范仲淹）之子纯仁，娶妇将归。或传妇以罗为帷幔者。公闻之不悦，曰：‘罗绮岂帷幔之物耶？吾家素清俭，安得乱吾家法？敢持至吾家，当火于庭。’”亦见于南宋吕祖谦《少仪外传》卷上。

刘景择婿杜广，厩卒何惭；挚恂定配马融，门徒有幸。

《太平御览》卷五一九引萧方《三十国春秋》：“前赵殷州刺史杜广，初为刘景厩卒，以马肥良，引为直士。侍立通夜，未曾休倦。景因问之，广流涕申曲，有章条。景执其手曰：‘吾罪人也，久负贤者。’谓妻曰：‘为女求夫三年，不觉厩中有麒麟。’于是妻之。”

《后汉书·马融传》：“马融字季长，扶风茂陵人也，将作大匠严之子。为人美辞貌,有俊才。初,京兆挚恂以儒术教授,隐于南山,不应征聘,名重关西,融从其游学,博通经籍。恂奇融才,以女妻之。"

义重恩深,楚女因婚报德;情孚意契,汉君指腹连姻。

《左传·定公四年》《左传·定公五年》略云:吴师伐楚,楚子取其妹季芈畀我以出。涉睢,济江,入于云中。王寝,盗攻之,以戈击王。王孙由于以背受之,中肩。王奔郧,钟建负季芈以从,由于徐苏而从。王将嫁季芈,季芈辞曰:"所以为女子,远丈夫也。钟建负我矣。"以妻钟建,以为乐尹。

《后汉书·贾复传》:"又北与五校战于真定,大破之,复伤创甚。光武大惊曰:'我所以不令贾复别将者,为其轻敌也。果然,失吾名将。闻其妇有孕,生女邪,我子娶之;生男邪,我女嫁之,不令其忧妻子也。'复病寻愈,追及光武于蓟,相见甚欢,大飨士卒,令复居前,击邺贼,破之。"

贫乏奁仪,吴隐之婢卖犬;婿皆贤士,叔元之女乘龙。

奁仪,陪嫁的财物。《晋书·良吏传·吴隐之》:"初,隐之为奉朝请,谢石请为卫将军主簿。隐之将嫁女,石知其贫素,遣女必当率薄,乃令移厨帐助其经营。使者至,方见婢牵犬卖之,此外萧然无办。"

乘龙,佳婿之别称。《艺文类聚》卷四〇引张方《楚国先贤传》曰:"孙俊,字文英,与李元礼(李膺)俱娶太尉桓焉女。时人谓桓叔元两女俱乘龙,言得婿如龙也。"又《初学记》卷三〇引《魏志》:"黄尚为司徒,与李元礼俱娶太尉桓温女。时人谓桓叔元两女俱乘龙,言得婿之如龙也。"今按:桓焉字叔元,汉顺帝时为太尉。桓温字元子,东晋人,与李元礼相隔二百余年;又《魏志》和《后汉书》,均无司徒黄尚其人。可知后一种说法不确。

俊逸裴航,蓝桥残玉杵;风流萧史,秦楼吹彻琼箫。

《太平广记》卷五〇引裴铏《传奇》略云:唐长庆中,秀才裴航因下第出游。遇樊夫人,有国色。航爱慕之至,夫人乃赠诗一章云:"一饮琼浆百感生,玄霜捣尽见云英。蓝桥便是神仙窟,何必崎岖上玉清。"航览之,不能洞达诗之旨趣。后归京,经蓝桥驿侧近,渴甚,向一老妪求浆。于是得见云英,惊为天人。裴航求婚,老妪提出:须得玉杵臼,方可允许。遂约定以百日为期。航至京城,以重金购得玉杵臼,并步骤独挈而抵蓝桥。云英又命其捣药百日,而后结为夫妻,航亦成仙。

西汉刘向《列仙传》卷上:"萧史者,秦穆公时人也。善吹箫,能致孔雀、白鹤于庭。穆公有女，字弄玉，好之。公遂以女妻焉。日教弄玉作凤鸣。居数年，吹似凤声，凤凰来止其屋。公为作凤台，夫妇止其上，不下数年。一旦皆随凤凰飞去。故秦人为作凤女祠于雍，宫中时有箫声而已。”亦见于五代杜光庭《仙传拾遗》。

女　子

男子禀乾之刚，女子配坤之顺。

乾、坤均为卦名，旧时以乾代指天、男、刚、健，以坤代指地、女、柔、顺。《周易·系辞上》：“乾道成男，坤道成女。”又《周易·说卦》：“乾，健也。坤，顺也。”《周易·杂卦》：“《乾》刚《坤》柔。”

东汉班昭《女诫》：“阴阳殊性，男女异行。阳以刚为德，阴以柔为用，男以强为贵，女以弱为美。故鄙谚有云：‘生男如狼，犹恐其尪（瘦弱）；生女如鼠，犹恐其虎。’”

贤后称女中尧舜，烈女称女中丈夫。

《宋史·后妃传上·英宗宣仁圣烈高皇后》：“宋用臣等既被斥，祈神宗乳媪入言之，冀得复用。（高）后见其来，曰：‘汝来何为？得非为用臣等游说乎？且汝尚如曩日，求内降干挠国政耶？若复尔，吾即斩汝。’媪大惧，不敢出一言。自是内降遂绝，力行故事，抑绝外家私恩。文思院奉上之物，无问巨细，终身不取其一。人以为女中尧舜。”

女中丈夫，此处指性情刚烈的女子。《孟子·滕文公下》：“富贵不能淫，贫贱不能移，威武不能屈，此之谓大丈夫。”又清钱泳《履园丛话》卷十引元管道杲《题仲姬墨竹》诗跋：“夫妇人之事，箕帚、中馈、刺绣之外，无余事矣，而吾妹则无所不能，得非所谓女丈夫乎？”

曰闺秀，曰淑媛，皆称贤女；曰阃范，曰懿德，并美佳人。

闺秀，旧称富贵人家之女子或妇女之有才能者。闺，指女子的卧室。《世说新语·贤媛》：“谢遏绝重其姊，张玄常称其妹，欲以敌之。有济尼者，并游张、谢二家。人问其优劣，答曰：‘王夫人神情散朗，故有林下风气；顾家妇清心玉映，自是闺房之秀。’”〇淑媛，犹言美女、贤良之女。三国魏曹植《与杨德祖书》：“盖有南威之容，乃可以论于淑媛。”

阃范，谓妇女的品德规范。南宋吕祖谦曾著有《阃范》三卷。阃，指闺门，妇女所居。〇懿德，美德，魏晋以后多用为妇女的美称。《诗经·大雅·烝民》：“民之秉彝，好是懿德。”

妇主中馈，烹治饮食之名；女子归宁，回家省亲之谓。

注详见《夫妇》“自中馈之称能”条。

归宁，回家省亲。本通指男女而言，后多指已嫁女子回至母家。《诗经·周南·葛覃》：“害澣害否，归宁父母。”毛传：“害，何也。私服宜澣，公服宜否。宁，安也。父母在，则有时归宁耳。”

何谓三从，从父从夫从子；何谓四德，妇德妇言妇工妇行。

《仪礼·丧服》：“妇人有三从之义，无专用之道，故未嫁从父，既嫁从夫，夫死从子。”又《礼记·郊特牲》：“妇人，从人者也，幼从父兄，嫁从夫，夫死从子。”

妇德，妇女品德贤淑；妇言，妇女辞令恭敬；妇容，妇女容貌端庄；妇功，妇女女工精巧。《礼记·昏义》：“是以古者妇人先嫁三月，祖庙未毁，教于公宫；祖庙既毁，教于宗室。教以妇德、妇言、妇容、妇功。”又《周礼·天官·九嫔》：“掌妇学之法，以教九御，妇德、妇言、妇容、妇功，各帅其属而以时御叙于王所。”郑玄注：“妇德谓贞顺，妇言谓辞令，妇容谓婉娩，妇功谓丝枲。”

周家母仪，太王有周姜，王季有太妊，文王有太姒；三代亡国，夏桀以妹喜，商纣以妲己，周幽以褒姒。

母仪，可为天下妇人的典范。《列女传·母仪传》略云：周室三母者，太姜、太任、太姒。太姜者，王季之母，有吕氏之女。太王娶以为妃。生太伯、仲雍、王季。贞顺率导，靡有过失。太王谋事迁徙，必与太姜。君子谓太姜广于德教。〇太任者，文王之母，挚任氏中女也。王季娶为妃。太任之性，端一诚庄，惟德之行。及其有娠，目不视恶色，耳不听淫声，口不出敖言，能以胎教。溲于豕牢而生文王。文王生而明圣，太任教之，以一而识百。君子谓太任为能胎教。〇太姒者，武王之母，禹后有莘姒氏之女。仁而明道。文王嘉之，亲迎于渭，造舟为梁。及入，太姒思媚太姜、太任，旦夕勤劳，以进妇道。太姒号曰文母。文王治外，文母治内。太姒生十男，教诲十子，自少及长，未尝见邪僻之事。及其长，文王继而教之，卒成武王、周公之德。君子谓太姒仁明而有德。

三代，指夏、商、周三代。妺喜，又作“末喜”“末嬉”。《列女传·孽嬖传》略云：末喜者，夏桀之妃也。美于色，薄于德，乱孽无道，女子行，丈夫心，佩剑带冠。桀既弃礼义，淫于妇人，求美女，积之于后宫，收倡优、侏儒、狎徒能为奇伟戏者，聚之于旁，造烂漫之乐，日夜与末喜及宫女饮酒，无有休时。置末喜于膝上，听用其言，昏乱失道，骄奢自恣。为酒池可以运舟，一鼓而牛饮者三千人，羁其头而饮之于酒池，醉而溺死者，末喜笑之，以为乐。于是汤受命而伐之，战于鸣条，桀师不战，汤遂放桀，与末喜嬖妾同舟，流于海，死于南巢之山。〇妲己者，殷纣之妃也。嬖幸于纣。纣材力过人，手格猛兽，智足以拒谏，辩足以饰非。好酒淫乐，不离妲己，妲己之所誉贵之，妲己之所憎诛之。作新淫之声，北鄙之舞，靡靡之乐，收珍物积之于后宫，谀臣群女咸获所欲。积糟为丘，流酒为池，悬肉为林，使人裸形相逐其间，为长夜之饮，妲己好之。百姓怨望，诸侯有畔者，纣乃为炮烙之法，膏铜柱，加之炭，令有罪者行其上，辄堕炭中，妲己乃笑。比干谏曰：“不修先王之典法，而用妇言，祸至无日。”纣怒，以为妖言。妲己曰：“吾闻圣人之心有七窍。”于是剖心而观之。囚箕子，微子去之。武王遂受命，兴师伐纣，战于牧野。纣师倒戈，纣乃登廪台，衣宝玉衣而自杀。于是武王遂致天之罚，斩妲己头，悬于小白旗，以为亡纣者是女也。〇褒姒者，童妾之女，周幽王之后也。长而美好，褒人姁有狱，献之以赎。幽王受而嬖之，遂释褒姁，故号曰褒姒。既生子伯服，幽王乃废后申侯之女，而立褒姒为后，废太子宜咎，而立伯服为太子。幽王惑于褒姒，出入与之同乘，不恤国事，驱驰弋猎不时，以适褒姒之意。饮酒流湎，倡优在前，以夜续昼。褒姒不笑，幽王乃欲其笑，万端。故不笑，幽王为烽燧大鼓，有寇至则举，诸侯悉至而无寇，褒姒乃大笑。幽王欲悦之，数为举烽火，其后不信，诸侯不至。忠谏者诛，唯褒姒言是从。上下相谀，百姓乖离，申侯乃与缯、西夷犬戎共攻幽王，幽王举烽燧征兵，莫至。遂杀幽王于骊山之下，虏褒姒，尽取周赂而去。于是诸侯乃即申侯，而共立故太子宜咎，是为平王。自是之后，周与诸侯无异。诗曰：“赫赫宗周，褒姒灭之。”此之谓也。

兰蕙质，柳絮才，皆女人之美誉；冰雪心，柏舟操，悉孀妇之清声。

兰蕙质，比喻女子品德高洁。兰、蕙，皆香草名。南朝宋鲍照《芜城赋》：“东都妙姬，南国丽人，蕙心纨质，玉貌绛唇。”〇《世说新语·言语》：“谢太傅(谢安)寒雪日内集，与儿女讲论文义。俄而雪骤，公欣然曰：‘白雪纷纷何所似？’兄子胡儿（谢朗）曰：‘撒盐空中差可拟。’兄女（谢道蕴）曰：‘未若柳絮因风起。’公大笑乐。即公大兄无奕女，左将军王凝之妻也。”

明张以宁《题节妇卷》诗：“妾有匣中镜，一破不复圆。妾有弦上丝，一断不复弹。惟存古冰雪，为妾作心肝。死者傥复生，剖与良人看。”〇《诗经·鄘风·柏舟》：“泛彼柏舟，在彼中河。髧彼两髦，实维我仪。之死矢靡它。母也天只，不谅人只！”《毛诗序》：“《柏舟》，共姜自誓也。卫世子共伯蚤死，其妻守义，父母欲夺而嫁之，誓而弗许，故作是诗以绝之。”

女貌娇娆，谓之尤物；妇容妖媚，实可倾城。

尤物，指优异的人或物品，多指绝色的美女。《左传·昭公二十八年》：“初，叔向欲娶于申公巫臣氏，其母欲娶其党。其母曰：‘子灵（即巫臣）之妻杀三夫，一君，一子，而亡一国、两卿矣。可无惩（鉴戒）乎？吾闻之：“甚美必有甚恶。”是郑穆公少妃姚子之子，子貉之妹也。子貉早死，无后，而天钟美于是，将必以是大有败也。……女何以为哉？夫有尤物，足以移人。苟非德义，则必有祸。’叔向惧，不敢取。平公强使取之。”

倾城，形容女子容貌十分美丽。《汉书·外戚传上·孝武李夫人》：“孝武李夫人，本以倡进。初，夫人兄延年性知音，善歌舞，武帝爱之。每为新声变曲，闻者莫不感动。延年侍上起舞，歌曰：‘北方有佳人，绝世而独立，一顾倾人城，再顾倾人国。宁不知倾城与倾国，佳人难再得！’上叹息曰：‘善！世岂有此人乎？’平阳主因言延年有女弟（妹妹），上乃召见之，实妙丽善舞。由是得幸。”

潘妃步朵朵莲花，小蛮腰纤纤杨柳。

《南史·齐本纪下·废帝东昏侯》：“又凿金为莲花以帖地，令潘妃行其上，曰：‘此步步生莲花也。’”

《本事诗·事感》：“白尚书姬人樊素善歌，妓人小蛮善舞。尝为诗曰：‘樱桃樊素口，杨柳小蛮腰。’”

张丽华发光可鉴，吴绛仙秀色可餐。

《南史·后妃传下·张贵妃》：“张贵妃发长七尺，鬒黑如漆，其光可鉴。特聪惠，有神彩，进止闲华，容色端丽。每瞻视眄睐，光彩溢目，照映左右。尝于阁上靓妆，临于轩槛，宫中遥望，飘若神仙。”

秀色可餐，形容妇女姿色之美。旧题唐颜师古《大业拾遗记》（一名《南部烟花录》）卷上：“一日，帝（隋炀帝）将登凤舸，凭殿脚女吴绛仙肩。喜其柔丽，不与群辈齿，爱之甚，久不移步。绛仙善画长蛾眉，帝色不自禁，回辇召绛仙，将拜婕妤。适值绛仙下嫁为玉工万群妻，故不克谐。帝寝兴罢，擢为龙舟首楫，号曰崆峒夫人。由是殿脚女争效为长蛾眉。司宫吏日给螺子黛五斛，号为蛾绿。螺子黛出波斯国，每颗值十金。后征赋不足，杂以铜黛给之，独绛仙得赐螺黛不绝。帝每倚帘视绛仙，移时不去，顾内谒者云：'古人言"秀色若可餐"。如绛仙，真可疗饥矣！'因吟《持楫篇》赐之，曰：'旧曲歌桃叶，新妆艳落梅。将身倚轻楫，知是渡江来。'诏殿脚女千辈唱之。"今按：陆机《日出东南隅行》诗云："鲜肤一何润，秀色若可餐。"

丽娟气馥如兰，呵处结成香雾；太真泪红于血，滴时更结红冰。

旧题东汉郭宪《洞冥记》卷四："帝（汉武帝）所幸宫人名丽娟，年十四，玉肤柔软，吹气胜兰。不欲衣缨拂之，恐体痕也。每歌，李延年和之，于芝生殿唱《回风》之曲，庭中花皆翻落。置丽娟于明离之帐，恐尘垢污其体也。帝常以衣带系丽娟之袂，闭于重幕之中，恐随风而去也。丽娟以琥珀为佩，置衣裾里，不使人知，乃言骨节自鸣，相与为神怪也。"

《开元天宝遗事》卷下："杨贵妃初承恩召，与父母相别，泣涕登车。时天寒，泪结为红冰。"

孟光力大，石臼可擎；飞燕身轻，掌上可舞。

擎，举。注详见《夫妇》"举案齐眉"条。

掌上舞，常指美女子体态或舞姿轻盈。《白孔六帖》卷六一："赵飞燕体轻，能为掌上舞。"

至若缇萦上书而救父，卢氏冒刃而卫姑，此女之孝者。

《史记·扁鹊仓公列传》："太仓公者，齐太仓长，临淄人也。姓淳于氏，名意。……文帝四年中，人上书言意，以刑罪，当传西之长安。意有五女，随而泣。意怒，骂曰：'生子不生男，缓急无可使者！'于是少女缇萦伤父之言，乃随父西。上书曰：'妾父为吏，齐中称其廉平。今坐法当刑，妾切痛死者不可复生，而刑者不可复续。虽欲改过自新，其道莫由，终不可得。妾愿入身为官婢，以赎父刑罪，使得改行自新也。'书闻，上悲其意，此岁中亦除肉刑法。"

《新唐书·列女传·郑义宗妻》："郑义宗妻卢者，范阳士族也。涉书史，事舅姑恭顺。夜有盗持兵劫其家，人皆匿窜，惟姑不能去，卢冒刃立姑侧，为贼捽捶几死。贼去，人问何为不惧，答曰：'人所以异鸟兽者，以其有仁义也。

今邻里急难尚相赴，况姑可委弃邪？若百有一危，我不得独生。'姑曰：'岁寒然后知松柏后凋，吾乃今见妇之心。'"

侃母截发以延宾，村媪杀鸡而谢客，此女之贤者。

截发，剪断头发。《世说新语·贤媛》："陶公（陶侃）少有大志，家酷贫，与母湛氏同居。同郡范逵素知名，举孝廉，投侃宿。于时冰雪积日，侃室如悬磬，而逵马仆甚多。侃母湛氏语侃曰：'汝但出外留客，吾自为计。'湛头发委地，下为二髲（音币，假发），卖得数斛米。斫诸屋柱，悉割半为薪，锉诸荐以为马草。日夕，遂设精食，从者皆无所乏。逵既叹其才辩，又深愧其厚意。"亦见于《晋书·陶侃传》。

《太平御览》卷八八引《汉武故事》："又尝至柏谷，夜投亭宿，亭长不内，乃宿于逆旅。逆旅翁谓上曰：'汝长大多力，当勤稼穑，何忽带剑众夜行？此不欲为盗则淫耳。'上默然不应，因乞浆饮。翁答曰：'吾止有溺，无浆也。'有顷，还内。上使人觇之，见翁方与少年十余人，皆持弓矢刀剑，令主人妪出，安过客。妪归，谓其翁曰：'吾观此丈夫，非常人也，且亦有备，不可图也。'天寒，妪酌酒，多与其夫及诸少年，皆醉。妪自缚其夫，诸少年皆走。妪出，谢客，杀鸡作食。平旦，上去。是日还宫，乃召逆旅夫妻见之。赐妪千金，擢其夫为羽林郎。自是惩戒，希复微行。"亦见于《资治通鉴》卷一七。

韩玖英恐贼秽而自投于秽，陈仲妻恐陨德而宁陨于崖，此女之烈者。

据原注："唐韩仲成女玖英，恐贼执之致受辱，自投于粪秽之中，以口饮秽，贼乃舍之。"今按：此条出处不详。

《太平御览》卷四四〇引《列女传》："安定陈仲妻者，同郡张叔明之妹，名芝，字李张，年十四。适仲，期年而寡，执节不嫁。叔明从军，芝与二嫂没贼，恐见侵略，而相谓曰：'妇人以不污身为高，不亏节为美，岂可委身待辱哉！'于是自刺。二嫂既死，芝独不死，叔明言于将军耿弇，耿弇以骈马负芝，芝曰：'女子亡之余，污将军服乘，不可也。'弇奇其言，更以他马负芝。至营，为致医药，因乃得全。郡表其闾，九十寿终。"今按：此文记述陈仲妻自刺未死，题目则为陨崖，应是一事两传。

王凝妻被牵，断臂投地；文叔妻誓志，引刀割鼻，此女之节者。

《新五代史·冯道传序》："予尝得五代时小说一篇，载王凝妻李氏事，以一妇人犹能如此，则知世固尝有其人而不得见也。凝家青、齐之间，为虢州司户参军，以疾卒于官。凝家素贫，一子尚幼，李氏携其子，负其遗骸以归。东过开封，止旅舍，旅舍主人见其妇人携一子而疑之，不许其宿。李氏顾天已暮，不肯去，主人牵其臂而出之。李氏仰天长恸曰：'我为妇人，不能守节，而此手为人执邪？不可以一手并污吾身！'即引斧自断其臂。路人见者环聚而嗟之，或为弹指，或为之泣下。开封尹闻之，白其事于朝，官为赐药封疮，厚恤李氏，而笞其主人者。"

《三国志·魏书·诸夏侯曹传》裴松之注引皇甫谧《列女传》曰："(曹)爽从弟文叔，妻谯郡夏侯文宁之女，名令女。文叔早死，服阕，自以年少无子，恐家必嫁己，乃断发以为信。其后，家果欲嫁之，令女闻，即复以刀截两耳，居止常依爽。及爽被诛，曹氏尽死。令女叔父上书与曹氏绝婚，强迎令女归。……令女于是窃入寝室，以刀断鼻，蒙被而卧。其母呼与语，不应，发被视之，血流满床席。举家惊惶，奔往视之，莫不酸鼻。"

曹大家续完汉帙，徐惠妃援笔成文，此女之才者。

曹大家(音姑)，即班昭；汉帙，即《汉书》。《后汉书·列女传·曹世叔妻》："扶风曹世叔妻者，同郡班彪之女也，名昭，字惠班，一名姬。博学高才。世叔早卒，有节行法度。兄固著《汉书》，其八表及《天文志》未及竟而卒。和帝诏昭就东观藏书阁踵而成之。帝数召入宫，令皇后、诸贵人师事焉，号曰大家(女子之尊称)。每有贡献异物，辄诏大家作赋颂。时《汉书》始出，多未能通者，同郡马融伏于阁下，从昭受读，后又诏融兄续继昭成之。"

《新唐书·后妃传上·徐贤妃》："(唐)太宗贤妃徐惠，湖州长城人。生五月能言，四岁通《论语》、《诗》，八岁自晓属文。父孝德，尝试使拟《离骚》为《小山篇》曰：'仰幽岩而流盼，抚桂枝以凝想。将千龄兮此遇，荃何为兮独往？'孝德大惊，知不可掩，于是所论著遂盛传。太宗闻之，召为才人。手未尝废卷，而辞致赡蔚，文无淹思。"

戴女之练裳竹笥，孟光之荆钗裙布，此女之贫者。

练裳竹笥，粗布之裳，竹制之箱，常用作嫁妆俭薄的谦词。《后汉书·逸民传·戴良》："初，(戴)良五女并贤，每有求姻，辄便许嫁，疏裳布被，竹笥木屐以遣之。五女能遵其训，皆有隐者之风焉。"

荆钗裙布，以荆枝为钗，以粗布为裙，形容妇女装束朴素。《太平御览》卷七一八引《列女传》："梁鸿妻孟光，荆钗布裙。"

柳氏秃妃之发，郭氏绝夫之嗣，此女之妒者。

唐张鷟《朝野佥载》卷三："初，兵部尚书任瓌敕赐宫女二人，皆国色。妻妒，烂二女头发秃尽。太宗闻之，令上宫赍金壶瓶酒赐之，云：'饮之立死。瓌三品，合置姬媵。尔后不妒，不须饮；若妒，即饮之。'柳氏拜敕讫，曰：'妾与瓌结发夫妻，俱出微贱。更相辅翼，遂致荣官。瓌今多内嬖，诚不如死。'饮尽而卧。然实非鸩也，至夜半睡醒。帝谓瓌曰：'其性如此，朕亦当畏之。'因诏二女令别宅安置。"

《世说新语·惑溺》："贾公闾(贾充)后妻郭氏酷妒。有男儿名黎民，生载周，充自外还，乳母抱儿在中庭，儿见充喜踊，充就乳母手中呜之。郭遥望见，谓充爱乳母，即杀之。儿悲思啼泣，不饮它乳，遂死。郭后终无子。"又《晋书·贾充传》："充妇广城君郭槐，性妒忌。初，黎民年三岁，乳母抱之当阁。黎民见充入，喜笑，充就而拊之。槐望见，谓充私乳母，即鞭杀之。黎民恋念，发病而死。后又生男，过期，复为乳母所抱，充以手摩其头。郭疑乳母，又杀之，儿亦思慕而死。充遂无胤嗣。"

贾女偷韩寿之香，齐女致祆庙之毁，此女之淫者。

《晋书·贾谧传》："(贾谧)母贾午，充少女也。父韩寿，字德真，南阳堵阳人，魏司徒暨曾孙。美姿貌，善容止，贾充辟为司空掾。充每宴宾僚，其女辄于青璅中窥之，见寿而悦焉。问其左右识此人不，有一婢说寿姓字，云是故主人。女大感想，发于寤寐。婢后往寿家，具说女意，并言其女光丽艳逸，端美绝伦。寿闻而心动，便令为通殷勤。婢以白女，女遂潜修音好，厚相赠结，呼寿夕入。寿劲捷过人，逾垣而至，家中莫知，惟充觉其女悦畅异于常日。时西域有贡奇香，一著人则经月不歇，帝甚贵之，惟以赐充及大司马陈骞。其女密盗以遗寿，充僚属与寿燕处，闻其芬馥，称之于充。自是充意知女与寿通，而其门阁严峻，不知所由得入。乃夜中阳惊，托言有盗，因使循墙以观其变。左右白曰：'无余异，惟东北角如狐狸行处。'充乃考问女之左右，具以状对。充秘之，遂以女妻寿。"亦见于《世说新语·惑溺》。

祆(音先)庙，拜火教祆神之庙。明冯梦龙《情史》卷一一《情化类》："蜀帝生公主，诏乳母陈氏乳养。陈氏携幼子与公主居禁中。各年长，陈子出宫。其后，此子以思公主故，疾亟。一日，陈氏入宫，有忧色。公主询其故，陈氏阴以实对。公主许允，遂托幸祆庙，期与子会。及期，子先在庙候之，忽睡去。既公主入庙，子沉睡不醒。公主待久将归，乃解幼时所弄玉环，附于子之怀中而去。及子醒寤，见之，怨气成火，庙宇亦焚。祆庙，胡神也。”亦见于清张英《渊鉴类函》卷五八引《蜀志》。

东施效颦而可厌，无盐刻画以难堪，此女之丑者。

东施效颦，比喻拙劣的模仿。颦，皱着眉头。《庄子·天运》：“故西施病心而颦其里，其里之丑人见之而美之，归亦捧心而颦其里。其里之富人见之，坚闭门而不出；贫人见之，挈妻子而去走。彼知颦美，而不知颦之所以美。”

刻画无盐，喻指以丑女比美人，不伦不类。《世说新语·轻诋》：“庾元规(庾亮)语周伯仁(周𫖮)：‘诸人皆以君方乐。’周曰：‘何乐？谓乐毅邪？’庾曰：‘不尔。乐令(乐广)耳。’周曰：‘何乃刻画无盐，以唐突(冒犯)西子也！’”亦见于《晋书·周𫖮传》。又《列女传·辩通传》略云：钟离春者，齐无盐邑之女，宣王之正后也。其为人极丑无双，臼头深目，长指大节，卬(仰)鼻结喉，肥项少发，折腰出胸，皮肤若漆。行年四十，无所容入，炫嫁不售，流弃莫执。

自古贞淫各异，人生妍丑不齐。

自古以来，女子就有贞洁、淫邪之分，人生来美丑也各不相同。

是故生菩萨、九子母、鸠盘荼，谓妇态之变更可畏；钱树子、一点红、无廉耻，谓青楼之妓女殊名。

生菩萨，活菩萨。〇九子母，即佛经中的鬼子母。传说生有五百子，逐日吞食王舍城中的童子，后经独觉佛点化，成为佑人生子的女神。〇鸠盘荼，梵语音译，佛经中鬼名，据其形状，当译为“瓮形鬼”“冬瓜鬼”；后用以喻妇人老丑之状。《本事诗·嘲戏》：“中宗朝，御史大夫裴谈崇奉释氏。妻悍妒，谈畏之如严君。尝谓人：‘妻有可畏者三：少妙之时，视之如生菩萨。及男女满前，视之如九子魔母，安有人不畏九子魔母耶？及五十六十，薄施妆粉，(或清)或黑，视之如鸠盘荼，安有人不畏鸠盘荼？’”又《太平广记》卷二四八引《御史台记》：“唐管国公任瓌酷怕妻。太宗以功赐二侍子，瓌拜谢，不敢以归。太宗召其妻，赐酒。谓之曰：‘妇人妒忌，合当七出。若能改行无妒，则无饮此酒。不尔，可饮之。’曰：‘妾不能改妒，请饮酒。’遂饮之。比醉归。与其家死诀。其实非鸩也，既不死。他日，杜正伦讥弄瓌。瓌曰：‘妇当怕者三。初娶之时，端居若菩萨，岂有人不怕菩萨耶？既长生男女，如养儿大虫，岂有人不怕大虫耶？年老面皱，如鸠盘荼鬼，岂有人不怕鬼耶？以此怕妇，亦何怪焉。’闻者欢喜。”

钱树子，犹言“摇钱树”。唐段安节《乐府杂录》略云：开元中，内人有许和子者，本吉州永新县乐家女也。开元末选入宫，即以永新名之，籍于宜春院。既美且慧，善歌，能变新声。洎渔阳之乱，六宫星散，永新为一士人所得。韦青避地广陵，月夜凭阑于上河之上，忽闻舟中奏水调者，曰：“此永新歌也！”乃登舟与永新对泣久之。青始亦晦其事。后士人卒，与其母之京师，竟殁于风尘。及卒，谓其母曰：“阿母钱树子倒矣！”〇《海录碎事》卷八上引《迂斋诗话》：“青州刘郛推官好谐谑，尝念诗云：‘坐上若有一点红，斗筲之器饮千钟。坐上若无油木梳，烹龙庖凤都成虚。’”今按：一点红、油木梳，皆是当时妓女的艺名。〇唐崔令钦《教坊记》：“苏五奴妻张少娘，善歌舞，亦姿色，能弄《踏谣娘》。有邀迓者，五奴辄随之前。人欲得其速醉，多劝酒。五奴曰：‘但多与我钱，虽吃䭔(音堆，蒸饼)子亦醉，不烦酒也。’今呼鬻妻者为‘五奴’，自苏始。”

此固不列于人群，亦可附之以博笑。

这些青楼女子不配列入人群之中，但因其绰号有趣，所以附带提及以博大家一笑。

[新增文]十五联

蔡女咏吟，曾传笳谱；薛姬裁制，雅号针神。

蔡女，即蔡邕之女蔡琰；笳谱，即《胡笳十八拍》，据传其曲谱、歌词皆蔡琰所作。《乐府诗集》卷五九：“《蔡琰别传》曰：‘汉末大乱，琰为胡骑所获，在右贤王部伍中。春月登胡殿，感笳之音，作诗言志曰：“胡笳动兮边马鸣，孤雁归兮声嘤嘤。”’……《琴集》曰：‘大胡笳十八拍、小胡笳十九拍，并蔡琰作。’”又唐李颀《听董大弹胡笳声兼寄语弄房给事》诗：“蔡女昔造胡笳声，一弹一十有八拍。”今按：关于《胡笳十八拍》是否蔡琰所作，争议较大。

《拾遗记》卷七：“灵芸未至京师十里，帝(魏文帝)乘雕玉之辇，以望车徒之盛，嗟曰：‘昔者言“朝为行云，暮为行雨”，今非云非雨，非朝非暮。’改灵芸之名曰夜来，入宫后居宠爱。外国献火珠龙鸾之钗。帝曰：‘明珠翡翠尚不能胜，况乎龙鸾之重！’乃止不进。夜来妙于针工，虽处于深帷之内，不用灯烛之光，裁制立成。非夜来缝制，帝则不服。宫中号为‘针神’也。”

蛾眉队里状元，崇嘏文章洒洒；红粉班中博士，兰英才思翩翩。

明杨慎《升庵诗话》卷一："女侍中，魏元叉妻也；女学士，孔贵嫔也；女校书，唐薛涛也；女进士，宋女娘林妙玉也；女状元，王蜀黄崇嘏也。崇嘏，临邛人。作诗上蜀相周庠，庠首荐之，屡摄府县，吏事精敏，胥徒畏服。庠欲妻以女，嘏以诗辞之曰：'一辞拾翠碧江湄，贫守蓬茅但赋诗。自服蓝衫居郡掾，未抛鸾镜画蛾眉。立身卓尔青松操，挺志坚然白璧姿。幕府若容为坦腹，愿天速变作男儿。'庠大惊，具述本末，乃嫁之。传奇有《女状元春桃记》，盖黄氏也。"

《南齐书·皇后传·武穆裴皇后》附韩兰英："吴郡韩兰英，妇人有文辞。宋孝武世，献《中兴赋》，被赏入宫。宋明帝世，用为宫中职僚。世祖以为博士，教六宫书学，以其年老多识，呼为'韩公'。"又南朝梁萧绎《金楼子》卷二《箴戒篇》："齐郁林王初欲废明帝，其文则内博士韩兰英所作也。兰英号韩公，总知内事，善于文章，始入为后宫司仪。"

城号夫人，牢不可破；军称娘子，锐而莫摧。

《晋书·朱序传》："宁康初，(朱序)拜使持节、监沔中诸军事、南中郎将、梁州刺史，镇襄阳。是岁，苻坚遣其将苻丕等率众围序，序固守，贼粮将尽，率众苦攻之。初，苻丕之来攻也，序母韩自登城履行，谓西北角当先受弊，遂领百余婢并城中女子，于其角斜筑城二十余丈。贼攻西北角，果溃，众便固新筑城。丕遂引退。襄阳人谓此城为夫人城。"

《新唐书·诸帝公主传》："平阳昭公主，太穆皇后所生，下嫁柴绍。初，高祖兵兴，主居长安，绍曰：'尊公将以兵清京师，我欲往，恐不能偕，奈何？'主曰：'公行矣，我自为计。'绍诡道走并州，主奔鄠，发家赀招南山亡命，得数百人以应帝。……乃申法誓众，禁剽夺，远近咸附，勒兵七万，威振关中。帝度河，绍以数百骑并南山来迎，主引精兵万人与秦王会渭北。绍及主对置幕府，分定京师，号'娘子军'。"

是谁佳冶唾如花，赵家飞燕；若个娉婷颜如玉，秦氏文鸾。

旧题汉伶玄《飞燕外传》："后(赵飞燕)与婕妤(赵合德)坐，后误唾婕妤袖，婕妤曰：'姊唾染人绀袖，正似石上华。假令尚方为之，未必能若此衣之华，以为石华广袖。'"

娉婷，姿态美好。据原注："刘长卿《赠文鸾妓》诗：'文鸾潇洒美如玉，眉画春山螺黛绿。'"今按：此条出处不详。

徐贤妃却天子召，露沁新诗；谢道韫解小郎围，风生雄辩。

《唐语林·贤媛》："上都崇胜（一作"圣"）寺有徐贤妃妆殿。太宗召妃，久不至，怒之。因进诗曰：'朝来临镜台，妆罢且（一作"暂"）徘徊。千金始一笑，一召讵能来？'"亦见于《唐诗纪事》卷三。

《晋书·列女传·王凝之妻谢氏》："凝之弟献之尝与宾客谈议，词理将屈，道韫遣婢白献之曰：'欲为小郎解围。'乃施青绫步障自蔽，申献之前议，客不能屈。"

人说骊姬专国色，我云薛女是香珠。

国色，指姿容极其美丽的女子。《公羊传·僖公十年》："骊姬者，国色也。"何休注："其颜色一国之选。"

唐苏鹗《杜阳杂编》卷上："元载崇姬薛瑶英，攻诗书，善歌舞，仙姿玉质，肌香体轻。瑶英之母赵娟，亦本岐王之爱妾也，后出为薛氏之妻，生瑶英而幼以香啖之，故肌香也。"

慧姬振铎为严傅，颇称巾帼先生；老妇吹篪当健儿，须谓裙钗将士。

《晋书·列女传·韦逞母宋氏》："韦逞母宋氏，不知何郡人也，家世以儒学称。宋氏幼丧母，其父躬自养之。及长，授以《周官》音义，谓之曰：'吾家世学《周官》，传业相继，此又周公所制，经纪典诰，百官品物，备于此矣。吾今无男可传，汝可受之，勿令绝世。'属天下丧乱，宋氏讽诵不辍。……逞遂学成名立，仕苻坚为太常。坚尝幸其太学，问博士经典，乃悯礼乐遗阙。时博士卢壶对曰：'废学既久，书传零落，比年缀撰，正经粗集，唯《周官礼注》未有其师。窃见太常韦逞母宋氏世学家女，传其父业，得《周官》音义，今年八十，视听无阙，自非此母无可以传授后生。'于是就宋氏家立讲堂，置生员百二十人，隔绛纱幔而受业，号宋氏为宣文君，赐侍婢十人。《周官》学复行于世，时称韦氏宋母焉。"

北魏杨衒之《洛阳伽蓝记》卷四："（河间王元琛）妓女三百人，尽皆国色。有婢朝云，善吹篪，能为团扇歌、陇上声。琛为秦州刺史，诸羌外叛，屡讨之，不降。琛令朝云假为贫妪，吹篪而乞。诸羌闻之，悉皆流涕，迭相谓曰：'何为弃坟井在山谷为寇也？'即相率归降。秦民语曰：'快马健儿，不如老妪吹篪。'"

看舞剑而工书字，必是心灵；听弹琴而辨绝弦，无非性敏。

卫夫人，名铄，字茂漪，晋代女书法家，师法钟繇，王羲之曾向她学习书法。据《法书苑》载，卫夫人看舞剑回环击刺之状，大悟其诀，遂工于书。

《太平御览》卷五一九引《蔡琰别传》："蔡琰，邕之女，年六岁。邕夜中鼓琴，弦绝。琰曰：'第二弦。'邕乃故绝一弦，琰曰：'第四弦。'邕曰：'汝偶得中之。'琰曰：'昔吴季札观乐，知国之兴亡；师旷吹律，识南风之不竞。由此言之，何得不知？'邕奇之。"

爱欲海，未可沉埋男子躯；温柔乡，岂应老葬君王骨。

爱欲海，佛教用以比喻情欲；海，极言其深。《华严经》卷六七："若有众生得见我身闻我法者……必能消竭诸爱欲海。"

温柔乡，比喻美色迷人之境。《飞燕外传》："是夜进合德，帝(汉成帝)大悦，以辅属体，无所不靡，谓为温柔乡。谓嫕曰：'吾老是乡矣！不能效武皇帝求白云乡也。'"今按：合德，赵飞燕之妹。亦见于《云仙杂记》卷一〇。

还讶桃叶女，横波眼最好；更思孙寿娥，堕马髻偏妍。

《乐府诗集》卷四五："《古今乐录》曰：'《桃叶歌》者，晋王子敬(王献之)之所作也。桃叶，子敬妾名，缘于笃爱，所以歌之。'《隋书·五行志》曰：'陈时江南盛歌王献之《桃叶》诗，云："桃叶复桃叶，渡江不用楫。但渡无所苦，我自迎接汝。"'"又北宋杨亿《此夕》诗："锦里琴心谁涤器，石城桃叶自横波。"

《后汉书·梁冀传》："(梁冀妻孙寿)色美而善为妖态，作愁眉，啼妆，堕马髻，折腰步，龋齿笑，以为媚惑。"李贤注引《风俗通》曰："堕马髻者，侧在一边。始自冀家所为，京师翕然皆放效之。"

李子豪雄，红拂顿生敲户念；寇公费用，蒨桃应有惜缣心。

《太平广记》卷一九三引《虬髯客》略云：隋炀帝之幸江都也，命司空杨素守西京。素奢贵自奉，礼异人臣。每公卿入言，宾客上谒，未尝不踞床而见。令美人捧出，侍婢罗列，颇僭于上。一日，卫公李靖以布衣上谒，献奇策，素亦踞见。靖前揖曰："天下方乱，英雄竞起，公为帝室重臣，须以收罗豪杰为心，不宜踞见宾客。"素敛容而起，与语大悦，收其策而退。当靖之骋辩也，一妓有殊色，执红拂立于前，独目靖。靖既去，而拂妓临轩指吏曰："问去者处士第几，住何处？"靖具以对，妓诵而去。靖归逆旅，其夜五更初，忽闻扣门而声低者，靖起问焉。乃紫衣戴帽人，杖揭一囊。靖问谁，曰："妾，杨家之红拂妓也。”靖遽延入，脱衣去帽，乃十八九佳丽人也，素面华衣而拜。靖惊答拜。曰：“妾侍杨司空久，阅天下之人多矣，无如公者。丝萝非独生，愿托乔木，故来奔耳。”靖曰：“杨司空权重京师，如何？”曰：“彼尸居余气，不足畏也。诸妓知其无成，去者众矣。彼亦不甚逐也。计之详矣，幸无疑焉。”问其姓，曰：“张。”问伯仲之次，曰：“最长。”观其肌肤仪状，言词气性，真天人也。靖不自意获之，益喜惧，瞬息万虑不安，而窥户者足无停履。既数日，闻追访之声，意亦非峻。乃雄服乘马，排闼而去，将归太原。

《苕溪渔隐丛话》后集卷四〇：“苕溪渔隐曰：余观《古今诗话》、《翰府名谈》，皆载寇莱公(寇准)侍儿蒨桃诗二首，和章一首并同；《翰府名谈》仍益以怪辞，吾所不取，今但笔其诗云：‘公自相府出镇北门，有善歌者，至庭下，公取金钟独酌，令歌数阕，公赠之束彩，歌者未满意。蒨桃自内窥之，立为诗二章呈公，云：“一曲清歌一束绫，美人犹自意嫌轻。不知织女萤窗下，几度抛梭织得成。”其二云：“风动衣单手屡呵，幽窗轧轧度寒梭。腊天日短不盈尺，何似妖姬一曲歌。”公和云：“将相功名终若何？不堪急景似奔梭。人间万事君休问，且向樽前听艳歌。”’”

诗人老去莺莺在，情意绸缪；公子归来燕燕忙，私悰款洽。

绸缪，指情意殷勤。款洽，亲切融洽。《石林诗话》卷下：“张先郎中字子野，能为诗及乐府，至老不衰。居钱塘，苏子瞻作倅时，先年已八十余，视听尚精强，家犹畜声妓，子瞻尝赠以诗云：‘诗人老去莺莺在，公子归来燕燕忙。’盖全用张氏故事戏之。先和云：‘愁似鳏鱼知夜永，懒同蝴蝶为春忙。’极为子瞻所赏。”

端端体态果然端，皎皎姿容何等皎。

《云溪友议》卷中：“崔涯者，吴楚之狂生也，与张祜齐名。每题一诗于倡肆，无不诵之于衢路。誉之，则车马继来；毁之，则杯盘失错。嘲妓曰：‘虽得苏方木，犹贪玳瑁皮。怀胎十个月，生下昆仑儿。’又：‘布袍披袄火烧毡，纸补箜篌麻接弦。更着一双皮屐子，纥梯纥榻出门前。’又嘲李端端：‘黄昏不语不知行，鼻似烟窗耳似铛。独把象牙梳插鬓，昆仑山上月初生。’端端得此诗，忧心如病，使院饮回，遥见二子蹑屐而行，乃道傍再拜竞灼曰：‘端端祇候三郎、六郎，伏望哀之。’又重赠一绝句粉饰之，于是大贾居豪，竞臻其户。或戏之曰：‘李家娘子才出墨池，便登雪岭。何期一日，黑白不均？’红楼以为倡乐，无不畏其嘲谑也。祜、涯久在维扬，天下晏清，篇词纵逸，贵达钦惮，呼吸风生，畅此时之意也。赠诗曰：‘觅得黄骝被绣鞍，善和坊里取端端。扬州近日浑成差，一朵能行白牡丹。’”亦见于《唐才子传》卷六。

明蒋一葵《尧山堂外纪》卷三二：“白乐天及第时，赠长安妓阿软绝句云：‘绿水红莲一朵新，千花万草无颜色。’贞元末，阿软产一女，求小名于乐天，乐天曰：‘此儿甚白皙，可名之曰皎皎。’有文士过之，见呼皎皎，为释其义，始悟乐天之戏。盖其种姓不明，取古诗云‘皎皎河汉女’也。”

语言偷鹦鹉之舌，声律动人；文章炫凤凰之毛，英华绝俗。

《云溪友议》卷下：“安人元相国（元稹）应制科之选，历天禄畿尉，则闻西蜀乐籍有薛涛者，能篇咏，饶词辩，常悄悒于怀抱也。及为监察，求使剑门，以御史推鞫，难得见焉。及就除拾遗，府公严司空绶知微之之欲，每遣薛氏往焉。临途诀别，不敢挈行。洎登翰林，以诗寄曰：‘锦江滑腻蛾眉秀，化出文君及薛涛。言语巧偷鹦鹉舌，文章分得凤凰毛。纷纷词客皆停笔，个个君侯欲梦刀。别后相思隔烟水，菖蒲花发五云高。’”

可谓笑时花近眼，每看舞罢锦缠头。

唐杜甫《即事》诗：“百宝装腰带，真珠络臂鞲。笑时花近眼，舞罢锦缠头。”

外 戚

帝女乃公侯主婚，故有公主之称；帝婿非正驾之车，乃是驸马之职。

公主，帝王之女的称号。始于战国。汉代制度，皇帝之女称“公主”，帝之姊妹称“长公主”，帝姑称“大长公主”。历代因之。《石林燕语》卷五：“帝女谓之公主，盖婚礼必称主人，天子不可与群臣敌，故以同姓诸侯主之。主者，言主婚尔。而汉又有称翁主者，诸侯之女也。翁者，老人之称，古人大抵谓父为翁。诸侯自相主婚无嫌，故称翁者，谓其父自主之也。自六朝后，诸主之女皆封县主，隋以后又有称郡主者，自是遂循以为故事。则主非主婚之名，盖尊称，犹言县君、郡君云尔。国初，赵韩王以开国元臣，诏诸女特比宗室，皆封郡主。臣庶而封主者，惟赵氏一家而已。而名实之差，流俗相习而不悟，主、君皆尊称，则县主、县君、郡主、郡君，初何所辨？但以非宗室不封，故从以为异也。”又《事物纪原》卷一：“公主：《春秋公羊传》曰：‘天子嫁女于诸侯，至尊不自主婚，必使同姓者主之，谓之公主。’盖周事也。《史记》曰：‘公叔相魏，尚魏公主’文侯时也，盖僭天子之女也。《春秋指掌碎玉》曰：‘天子嫁女，秦汉以来，使三公主之，故呼公主也。’”

驸马，本为官名。至三国魏何晏，娶金乡公主，授驸马都尉。魏、晋以后，帝婿例加驸马都尉称号，简称“驸马”，非实官。故后世以驸马为帝婿的代称。《汉书·百官公卿表上》：“奉车都尉掌御乘舆车，驸马都尉掌驸马，皆武帝初置，秩比二千石。”颜师古注：“驸，副马也。非正驾车，皆为副马。一曰：‘驸，近也，疾也。’”又《事物纪原》卷四：“驸马都尉，汉武帝元鼎二年初置，掌驸马。驸马非正驾车者，皆为副马。一曰：‘附，近也，疾也。’《通典》袁枢议曰：‘驸马都尉，置由汉武帝，以假功臣戚属。《齐职仪》曰：“凡尚公主，必拜驸马都尉者，自魏、晋以来，因为瞻准。盖以王姬之重，庶姓之轻，若不加等级，宁可合卺？所以假之皇女也。”’汉制，以列侯尚公主；而魏何晏始以主婿拜，故后代循用为常制。盖自晏始也。《唐韵》曰：‘晋尚公主者，并加之也。’”

郡主县君，皆宗女之谓；仪宾国宾，皆宗婿之称。

郡主，东汉公主，有县公主、乡亭公主之别，至晋朝始有郡公主之称。唐宋时，太子诸王之女为郡主，视从一品；亲王之女为县主，视正二品。明清时则以亲王之女为郡主，郡王之女为县主。〇县君，妇人封号，晋已有此称。明代宗室之女称“县君”，清代惟贝子之女固山格格及郡王侧福晋所生女称“县君”。

仪宾，亦称“国宾”。明代制度，亲王、郡王的女婿，称为“仪宾”，取自《周易·观》爻辞“观国之光，利用宾于王”，意谓明习国仪，做宾于王家。〇宗婿，王府之婿。

旧好曰通家，好亲曰懿戚。

通家，谓世代有交谊之家。注详见《朋友宾主》“仲尼老子，可谓通家”条。

懿戚，亦称“懿亲”，至亲，好亲属。《左传·僖公二十四年》：“王（周襄王）怒，将以狄伐陈。富辰谏曰：‘不可。臣闻之，大上以德抚民，其次亲亲，以相及也。……如是，则兄弟虽有小忿，不废懿亲。今天子不忍小忿以弃郑亲，其若之何？’”

冰清玉润，丈人女婿同荣；泰水泰山，岳母岳父两号。

冰清玉润，旧时称誉翁婿之词。《晋书·卫玠传》："玠妻父乐广，有海内重名，议者以为'妇公冰清，女婿玉润'。"又《世说新语·言语》："卫洗马初欲渡江，形神惨悴，语左右云：'见此芒芒，不觉百端交集。苟未免有情，亦复谁能遣此！'"刘孝标注引《玠别传》："玠颖识通达，天韵标令。陈郡谢幼舆敬以亚父之礼。论者以为出王眉子、平子、武子之右。世咸谓'诸王三子，不如卫家一儿。'娶乐广女，裴叔道曰：'妻父有冰清之姿，婿有璧润之望，所谓秦、晋之匹也。'为太子洗马。"

宋晁说之《晁氏客语》："呼妻父为泰山。一说云，泰山有丈人峰。一说云，开元十三年，封禅于泰山，三公以下，例进一阶。张说为封坛使，说婿郑镒以故自九品骤迁至五品，兼赐绯。因大酺宴，明皇讶问之，无可对。伶人黄幡绰奏曰：'此泰山之力也。'今人乃呼岳翁。又有呼妻母为泰水，呼伯叔丈人为列岳，谬误愈甚。"今按：张说封禅之说亦见于《酉阳杂俎》前集卷一二《语资》，"郑镒"作"郑镒"。

新婿曰娇客，贵婿曰乘龙。

娇客，对女婿的爱称。北宋黄庭坚《次韵子瞻和王子立风雨败书屋有感》诗："妇翁不可挝，王郎非娇客。"题注："王适，字子立，苏子由之婿。"任渊注："按今俗间以婿为娇客。"又南宋陆游《老学庵笔记》卷三："秦会之(秦桧)有十客：曹冠以教其孙为门客，王会以妇弟为亲客，郭知运以离婚为逐客，吴益以爱婿为娇客，施全以剚刃为刺客，李季以设醮奏章为羽客，某人以治产为庄客，丁禩以出入其家为狎客，曹泳以献计取林一飞还作子为说客。初止有此九客耳。秦既死，葬于建康，有蜀人史叔夜者，怀鸡絮，号恸墓前，其家大喜，因厚遗之，遂为吊客，足十客之数。"

乘龙，亦作"乘龙快婿"，旧时佳婿之称。《艺文类聚》卷四〇引《楚国先贤传》曰："孙俊，字文英，与李元礼俱娶太尉桓焉女。时人谓桓叔元两女俱乘龙，言得婿如龙也。"

赘婿曰馆甥，贤婿曰快婿。

赘婿，指男方到女家成婚者。《史记·滑稽列传》："淳于髡者，齐之赘婿也。"司马贞索隐："女之夫也，比于子，如人疣赘，是余剩之物也。"又馆甥，女婿。《孟子·万章下》："舜尚见帝，帝馆甥于贰室。"赵岐注："礼谓妻父曰外舅，谓我舅者吾谓之甥。尧以女妻舜，故谓舜甥。"

快婿，称心的女婿。《魏书·刘昞传》："昞年十四，就博士郭瑀学。时瑀弟子五百余人，通经业者八十余人。瑀有女始笄，妙选良偶，有心于昞。遂别设一席于坐前，谓诸弟子曰：'吾有一女，年向成长，欲觅一快女婿，谁坐此席者，吾当婚焉。'昞遂奋衣来坐，神志肃然，曰：'向闻先生欲求快女婿，昞其人也。'瑀遂以女妻之。"

凡属东床，俱称半子。

东床，女婿的美称。《世说新语·雅量》："郗太傅(郗鉴)在京口，遣门生与王丞相(王导)书，求女婿。丞相语郗信：'君往东厢，任意选之。'门生归白郗曰：'王家诸郎亦皆可嘉，闻来觅婿，或自矜持，唯有一郎在东床上坦腹卧，如不闻。'郗公云：'正此好！'访之，乃是逸少(王羲之)，因嫁女与焉。"

半子，女婿的别称。《新唐书·回鹘传上》："(唐德宗)诏咸安公主下嫁……是时，可汗上书恭甚，言：'昔为兄弟，今婿，半子也。陛下若患西戎，子请以兵除之。'"

女子号门楣，唐贵妃有光于父母；外甥称宅相，晋魏舒期报于母家。

门楣，门上横梁；借指门第。《太平广记》卷四八六引唐陈鸿《长恨传》："(杨贵妃)叔父昆弟，皆列在清贯，爵为通侯。姊妹封国夫人，富埒主室，车服邸第，与大长公主侔，而恩泽势力，则又过之。出入禁门不问，京师长吏为之侧目。故当时谣咏有云：'生女勿悲酸，生男勿欢喜。'又曰：'男不封侯女作妃，君看女却为门楣。'其为人心羡慕如此。"

《晋书·魏舒传》："魏舒字阳元，任城樊人也。少孤，为外家宁氏所养。宁氏起宅，相宅者云：'当出贵甥。'外祖母以魏氏甥小而慧，意谓应之。舒曰：'当为外氏成此宅相。'"今按：晋武帝时，魏舒官至司徒。

共叙旧姻，曰原有瓜葛之亲；自谦劣戚，曰忝在葭莩之末。

瓜葛，瓜和葛都是蔓生植物，比喻辗转相连的亲戚关系或社会关系。《独断》卷下："公卿百官皆从，四姓小侯、诸侯家妇，凡与先帝先后有瓜葛者，及诸侯王大夫、郡国计吏、匈奴朝者、西国侍子，皆会。"又《世说新语·排调》："王长豫幼便和令，丞相(王导)爱恣甚笃。每共围棋，丞相欲举行，长豫按指不听。丞相笑曰：'讵得尔？相与似有瓜葛。'"刘孝标注："蔡邕曰：'瓜葛，疏亲也。'"

葭莩，芦苇中的薄膜，比喻疏远的亲戚，后亦泛指戚属。《汉书·中山靖王刘胜传》:“今群臣非有葭莩之亲,鸿毛之重,群居党议,朋友相为,使夫宗室摈却,骨肉冰释。”颜师古注:“葭,芦也。莩者,其筒中白皮至薄者也。葭莩,喻薄。鸿毛,喻轻薄甚也。”

大乔小乔,皆姨夫之号;连襟连袂,亦姨夫之称。

《三国志·吴书·周瑜传》:“(孙)策欲取荆州,以瑜为中护军,领江夏太守,从攻皖,拔之。时得桥公两女,皆国色也。策自纳大桥,瑜纳小桥。”裴松之注引《江表传》曰:“策从容戏瑜曰:‘桥公二女虽流离,得吾二人作婿,亦足为欢。’”今按:桥,亦作“乔”,古字通。

连襟,亦作“连袂”“连衿”,姊妹丈夫之互称或合称。宋马永卿《嬾真子》卷二:“《尔雅》曰:‘两婿相谓为亚。’注云:‘今江东人呼同门为僚婿。’《严助传》呼友婿,江北人呼连袂,又呼连襟。”又《能改斋漫录》卷一八:“李参政昌龄家女多得贵婿,参政范公仲淹、枢副郑公戬,皆自小官布衣选配为连袂。”

蒹葭依玉树,自谦借戚属之光;茑萝施乔松,自幸得依附之所。

《世说新语·容止》:“魏明帝使后弟毛曾与夏侯玄共坐,时人谓‘蒹葭倚玉树’。”

《诗经·小雅·颎弁》:“茑与女萝,施于松柏。”孔颖达疏:“茑与女萝,施于松柏之上,非自有根,依于松柏之根,故松柏存而茂,松柏殒而亡,是存亡在松柏。”又唐李白《古意》诗:“君为女萝草,妾作兔丝花。轻条不自引,为逐春风斜。百丈托远松,缠绵成一家。谁言会面易,各在青山崖。”

[新增文]十联

卢李之亲,苏程之戚。

南宋洪迈《容斋随笔》卷九:“李益、卢纶,皆唐大历十才子之杰者。纶于益为内兄,尝秋夜同宿,益赠纶诗曰:‘世故中年别,余生此会同。却将悲与病,独对朗陵翁。’纶和曰:‘戚戚一西东,十年今始同。可怜风雨夜,相问两衰翁。’二诗虽绝句,读之使人凄然,皆奇作也。”今按:李益诗题为《赠内兄卢纶》,卢纶诗题为《酬李益端公夜宴见赠》。

北宋苏轼《表弟程德孺生日》诗:“仗下千官散紫庭,微闻小语说苏程。长身自昔传甥舅,寿骨遥知是弟兄。”苏轼自注:“予与君皆寿骨贯耳,班列中多指予二人不问而知其为中表也。”

王茂弘呼何充以麈尾，杨沙哥引崔嫂以油幢。

《世说新语·赏誉》："何次道（何充）往丞相许，丞相（王导）以麈尾指坐，呼何共坐曰：'来！来！此是君坐。'"又同篇："丞相治扬州廨舍，按行而言曰：'我正为次道治此尔！'何少为王公所重，故屡发此叹。"刘孝标注引《晋阳秋》曰："充，导妻姊之子，明穆皇后之妹夫也。思韵淹济，有文义才情，导深器之，由是少有美誉，遂历显位。导有副贰己使继相意，故屡显此指于上下。"

《唐摭言》卷一五："开成中，户部杨侍郎检校尚书镇东川，白乐天（白居易）即尚书妹婿。时乐天以太子少傅分洛，戏代内子贺兄嫂曰：'刘纲与妇共升仙，弄玉随夫亦上天。何似沙哥领崔嫂，碧油幢引向东川！'又曰：'金花银碗饶兄用，罨画罗裙尽嫂裁。觅得黔娄为妹婿，可能空寄蜀茶来！'"今按：杨侍郎，即杨汝士，小字沙哥，妻崔氏。

林宗贷钱，宁以贫穷为病；彦达分秩，不将富贵自私。

《太平御览》卷四八五引《郭林宗别传》："林宗家贫，初欲游学，无资，就姊夫贷钱五千。乃远之成皋，从师受业。并日而食，衣不蔽形。尝以盖幅自障出入，入则护前，出则掩后。"

《宋书·朱修之传》："先是，新野庾彦达为益州刺史，携姊之镇，分禄秩之半以供赡之，西土称焉。"

直卿果重亲情，相邀会食；潘岳能敦戚谊，每令弹琴。

南宋黄榦《勉斋集》卷二一《代仲兄会表兄弟序》："北山黄东招其内弟郑肃子恭而告之曰：'今吾欲与兄弟约以岁正月之十日、六月之二十日，会于天宁之浮屠。天宁居城南十里，于吾三姓兄弟之往来道里适均。人具肴一柈、酒一壶、饭一器，春蚝夏荔，不拘其数，合而饮食之。古人骚赋诗咏，与夫投壶弓矢之具，有则携之，以供娱乐，相告语以孝悌忠信，相问劳以老少安否，家计有无，至于农圃桑麻之业，皆可抵掌而剧谈也。世俗俚下之词，闺阃米盐之贱，则谨勿出诸其口。晨而往，戴星而归。于是重亲族，厚风教，不其善欤？'"今按：黄榦，字直卿，号勉斋，受业于朱熹；黄东为其仲兄。

《晋书·阮瞻传》："（阮瞻）善弹琴，人闻其能，多往求听，不问贵贱长幼，皆为弹之。神气冲和，而不知向人所在。内兄潘岳每令鼓琴，终日达夜，无忤色。由是识者叹其恬澹，不可荣辱矣。"

中子执内弟之丧，行冲称外家之宝。

《文中子·周公篇》："子有内弟之丧，不饮酒食肉。郡人非之。子曰：'吾不忍也。'赋《载驰》卒章而去。"今按：《诗经·鄘风·载驰》卒章为："大夫君子，无我有尤。百尔所思，不如我所之。"

《旧唐书·韦述传》："述少聪敏，笃志文学。家有书二千卷，述为儿童时，记览皆遍。人骇异之。景龙中，景骏(韦述父)为肥乡令，述从父至任。洛州刺史元行冲，景骏之姑子，为时大儒，常载书数车自随。述入其书斋，忘寝与食。行冲异之，引与之谈，贯穿经史，事如指掌，探赜奥旨，如遇师资。又试以缀文，操牍便就。行冲大悦，引之同榻曰：'此吾外家之宝也。'"

骑驴以追胡婢，仲容不顾居丧；披扇而笑老奴，温峤自为媒妁。

《世说新语·任诞》："阮仲容(阮咸)先幸姑家鲜卑婢，及居母丧，姑当远移，初云当留婢，既发，定将去。仲容借客驴，著重服，自追之，累骑而返，曰：'人种不可失！'即遥集(阮孚)之母也。"

注详见《婚姻》"因亲作配，温峤曾下镜台"条。

介妇冢妇，不敢并行；先生后生，原为同出。

古代宗法制度称嫡长子之妻为冢妇，非嫡长子之妻为介妇。《礼记·内则》："介妇请于冢妇。舅姑使冢妇，毋怠，不友无礼于介妇。舅姑若使介妇，毋敢敌耦于冢妇，不敢并行，不敢并命，不敢并坐。"

娣姒，同夫诸妾互称，年长者为姒，年幼者为娣。《尔雅·释亲》："女子同出，谓先生为姒，后生为娣。"郭璞注："同出，谓俱嫁事一夫。"郝懿行义疏："娣姒即众妾相谓之词，不关嫡夫人在内。"今按：兄弟之妻亦互称"娣姒"，即妯娌，年长者为姒，年幼者为娣；一说，兄妻为姒，弟妻为娣。

智能散宝，为侄弃军；兆卜张弧，因姬遣嫁。

《史记·吕太后本纪》："吕禄信然其(郦寄)计，欲归将印，以兵属太尉。使人报吕产及诸吕老人，或以为便，或曰不便，计犹豫未有所决。吕禄信郦寄，时与出游猎。过其姑吕媭，媭大怒，曰：'若为将而弃军，吕氏今无处矣。'乃悉出珠玉宝器散堂下，曰：'毋为他人守也。'"今按：吕媭为吕后之妹，樊哙之妻。

《左传·僖公十五年》："初，晋献公筮嫁伯姬于秦，遇《归妹》之(变成)《睽》。史苏占之，曰：'不吉。其繇(卦辞)曰："士刲羊，亦无衁(血)也。女承筐，亦无贶也。西邻责言，不可偿也。《归妹》之《睽》，犹无相也。"……《归妹》

《睽》孤，寇张之弧，侄其从姑，六年其逋，逃归其国，而弃其家，明年其死于高梁之虚。’”

聂政非无贤姊，屈平亦有女媭。

《战国策·韩策二》：“韩取聂政尸暴于市，县购之千金。久之，莫知谁子。政姊闻之曰：‘弟至贤，不可爱妾之躯，灭吾弟之名，非弟意也。’乃之韩，视之曰：‘勇哉！气矜之隆，是其轶贲、育而高成荆矣！今死而无名，父母既殁矣，兄弟无有，此为我故也。夫爱身不扬弟之名，吾不忍也。’乃抱尸而哭之曰：‘此吾弟轵深井里聂政也。’亦自杀于尸下。晋、楚、齐、卫闻之曰：‘非独政之能，乃其姊者亦列女也。’聂政之所以名施于后世者，其姊不避菹醢之诛，以扬其名也。”亦见于《史记·刺客列传》。今按：聂政姊名聂嫈，一作“聂荣”。

屈平，即屈原。女媭，亦作“女须”，古时作为姊的代称。《楚辞·离骚》：“女媭之婵媛兮，申申(反复)其詈予。”王逸注：“女媭，屈原姊也。”洪兴祖补注：“《说文》云：‘媭，女字也，音须。’贾侍中说：‘楚人谓女曰媭，前汉有吕须，取此为名。’”

莫嫌萧氏之姻，宜学郝家之法。

《资治通鉴》卷二〇二：“至是，始选光禄卿汾阴薛曜之子绍尚焉。绍母，太宗女城阳公主也。秋，七月，(太平)公主适薛氏，自兴安门南至宣阳坊西，燎炬相属，夹路槐木多死。绍兄顗以公主宠盛，深忧之，以问族祖户部郎中克构，克构曰：‘帝甥尚主，国家故事，苟以恭慎行之，亦何伤！然谚曰：“娶妇得公主，无事取官府。”不得不为之惧也。’天后以顗妻萧氏及顗弟绪妻成氏非贵族，欲出之，曰：‘我女岂可使与田舍女为妯娌邪！’或曰：‘萧氏，瑀之侄孙，国家旧姻。’乃止。”

《世说新语·贤媛》：“王汝南(王湛)少无婚，自求郝普女。司空以其痴，会无婚处，任其意，便许之。既婚，果有令姿淑德，生东海，遂为王氏母仪。或问汝南：‘何以知之？’曰：‘尝见井上取水，举动容止不失常，未尝忤观，以此知之。’”又同篇：“王司徒(王浑)妇，钟氏女，太傅(钟繇)曾孙，亦有俊才女德。钟、郝为娣姒，雅相亲重：钟不以贵陵郝，郝亦不以贱下钟。东海家内，则郝夫人之法；京陵家内，范钟夫人之礼。”今按：王浑封京陵侯，王湛为浑之弟。

老幼寿诞

不凡之子，必异其生；大德之人，必得其寿。

《太平御览》卷四一〇引《汝南先贤传》："薛勤字恭祖，仕郡为功曹。陈仲举时年十五，为父赍书诣勤。勤顾而察之。明日造焉。仲举父出迓勤，勤曰：'足下有不凡子，吾来候之，不从卿也。'言议尽日。"

《礼记·中庸》："子曰：'舜其大孝也与！德为圣人，尊为天子，富有四海之内。宗庙飨之，子孙保之。故大德必得其位，必得其禄，必得其名，必得其寿。'"

称人生日，曰初度之辰；贺人逢旬，曰生申令旦。

初度，出生的年时，后称人的生日。《楚辞·离骚》："皇览揆余初度兮，肇锡(赐)余以嘉名。"王逸注："言父伯庸观我始生年时，度其日月，皆合天地之正中，故赐我以美善之名也。"

《诗经·大雅·崧高》："崧高维岳，骏(峻)极于天。维岳降神，生甫及申。"郑玄笺："降，下也。四岳，卿士之官，掌四时者也。因主方岳巡守之事，在尧时姜姓为之，德当岳神之意，而福兴其子孙，历虞、夏、商，世有国土，周之甫也、申也、齐也、许也，皆其苗胄。"今按：申，申伯；甫，甫侯。申伯是周宣王的舅父，他和甫侯皆为朝之重臣，相传是古四岳(东岳泰山、南岳衡山、西岳华山、北岳恒山)的后裔。

三朝洗儿，曰汤饼之会；周岁试周，曰晬盘之期。

洗儿，又称"洗三""洗三朝"，即在新生儿出生的第三天洗身。唐白居易《崔侍御以孩子三日示其所生诗见示因以二绝句和之》诗其一："洞房门上挂桑弧，香水盆中浴凤雏。还似初生三日魄，嫦娥满月即成珠。"〇汤饼会，旧俗生儿三日设筵招待亲友，称"汤饼宴"，亦称"汤饼会"。唐刘禹锡《送张盥赴举诗》："尔生始悬弧，我作座上宾。引箸举汤饼，祝词天麒麟。"

晬(音醉)，婴儿满百日或一岁之称。旧俗婴儿满周岁时，以盘盛纸笔刀箭等物，听其抓取，以占其将来之志趣，谓之"试儿"，也叫"试晬""抓周"。盛物之盘即名晬盘。北齐颜之推《颜氏家训·风操》:"江南风俗,儿生一期,为制新衣,盥浴装饰。男则用弓矢纸笔,女则刀尺针缕,并加饮食之物,及珍宝服玩,置之儿前,观其发意所取,以验贪廉愚智,名之为试儿。亲表聚集,致宴享焉。自兹已后,二亲若在,每至此日,尝有酒食之事耳。"

男生辰曰悬弧令旦,女生辰曰设帨佳辰。

悬弧,亦作"设弧",指生男或男子生日。弧,弓。《礼记·郊特性》:"孔子曰:'士使之射,不能,则辞以疾,县弧之义也。'"郑玄注:"男子生而设弧于门左,示有射道而未能也。女子设帨。"又《礼记·内则》:"国君世子生……射人以桑弧蓬矢六,射天地四方。"郑玄注:"天地四方,男子所有事也。"

设帨,亦作"帨辰",指生女或女子生日。帨,佩巾。《礼记·内则》:"子生,男子设弧于门左,女子设帨于门右。"郑玄注:"表男女也。弧者,示有事于武也。帨,事人之佩巾也。"

贺人生子,曰嵩岳降神;自谦生女,曰缓急非益。

《诗经·大雅·崧高》:"崧高维岳,骏极于天。维岳降神,生甫及申。"毛传:"岳降神灵和气,以生申、甫之大功。"

《汉书·刑法志》:"齐太仓令淳于公有罪当刑,诏狱逮系长安。淳于公无男,有五女,当行会逮,骂其女曰:'生子不生男,缓急非有益!'"今按:缓急,此处"缓"字无实义,即危急之事;缓急非益,意谓有危急之事却帮不上忙,后遂以此为生女之谦称。

生子曰弄璋,生女曰弄瓦。

弄璋,给幼男玩圭璋,有祝其成长后为王侯执圭璧之意。璋,即圭璋,玉器。《诗经·小雅·斯干》:"乃生男子,载寝之床,载衣之裳,载弄之璋。"郑玄笺:"男子生而卧于床,尊之也。裳,昼日衣也。衣以裳者,明当主于外事也。玩以璋者,欲其比德焉。玉以璋者,明成之有渐。"

弄瓦,给幼女玩弄瓦,有希望她将来能任女工之意。瓦,纺砖,古代妇女纺织所用。《诗经·小雅·斯干》:"乃生女子,载寝之地,载衣之裼,载弄之瓦。"郑玄笺:"卧于地,卑之也。裸,夜衣也。明当主于内事。纺砖,习其一有所事也。"又《女诫》:"古者生女三日,卧之床下,弄之瓦砖,而斋告焉。卧之床下,明其卑弱,主下人也。弄之瓦砖,明其习劳,主执勤也。"

梦熊梦罴，男子之兆；梦虺梦蛇，女子之祥。

《诗经·小雅·斯干》："吉梦维何？维熊维罴，维虺维蛇。大人占之，维熊维罴，男子之祥。维虺维蛇，女子之祥。"郑玄笺："大人占之，谓以圣人占梦之法占之也。熊罴在山，阳之祥也，故为生男。虺蛇穴处，阴之祥也，故为生女。"又《诗集传》卷五："大人，大卜之属，占梦之官也。熊、罴，阳物，在山，强力壮毅，男子之祥也。虺、蛇，阴物，穴处，柔弱隐伏，女子之祥也。"

梦兰叶吉兆，郑燕姞生穆公之奇；英物试啼声，晋温峤知桓公之异。

《左传·宣公三年》："冬，郑穆公卒。初，郑文公有贱妾曰燕姞，梦天使与己兰，曰：'余为伯鯈。余，而祖也，以是为而子。以兰有国香，人服媚之如是。'既而文公见之，与之兰而御之。辞曰：'妾不才，幸而有子，将不信，敢征兰乎？'公曰：'诺。'生穆公，名之曰兰。……穆公有疾，曰：'兰死，吾其死乎！吾所以生也。'刈兰而卒。"

英物，杰出的人物。《晋书·桓温传》："桓温字元子，宣城太守彝之子也。生未期而太原温峤见之，曰：'此儿有奇骨，可试使啼。'及闻其声，曰：'真英物也！'彝以峤所赏，故遂名之曰温。"

姜嫄生稷，履大人之迹而有娠；简狄生契，吞玄鸟之卵而叶孕。

姜嫄，亦作"姜原"。《史记·周本纪》："周后稷，名弃。其母有邰氏女，曰姜原，姜原为帝喾元妃。姜原出野，见巨人迹，心忻然说，欲践之。践之而身动，如孕者。居期而生子，以为不祥，弃之隘巷，马牛过者，皆辟不践。徙置之林中，适会山林多人，迁之。而弃渠中冰上，飞鸟以其翼覆荐之。姜原以为神，遂收养长之。初欲弃之，因名曰弃。"《诗经·大雅·生民》《列女传·母仪传·弃母姜嫄》所记略同。

《史记·殷本纪》："殷契，母曰简狄，有娀氏之女，为帝喾次妃。三人行浴，见玄鸟堕其卵，简狄取吞之，因孕生契。契长而佐禹治水有功，帝舜乃命契曰：'百姓不亲，五品不训，汝为司徒，而敬敷五教，五教在宽。'封于商，赐姓子氏。"

鳞吐玉书，天生孔子之瑞；玉燕投怀，梦孕张说之奇。

玉书，上天所赐的报告祥瑞的玉制书简。《拾遗记》卷三："周灵王立二十一年,孔子生于鲁襄公之世。夜有二苍龙自天而下,来附徵在之房,因梦而生夫子。有二神女,擎香露于空中而来,以沐浴徵在。天帝下奏钧天之乐,列以颜氏之房。空中有声,言天感生圣子,故降以和乐笙镛之音,异于俗世也。又有五老列于徵在之庭,则五星之精也。夫子未生时,有麟吐玉书于阙里人家,文云:'水精之子,系衰周而素王。'故二龙绕室,五星降庭。徵在贤明,知为神异,乃以绣绂系麟角,信宿而麟去。"

《开元天宝遗事》卷上:"张说母梦有一玉燕自东南飞来,投入怀中而有孕,生说。果为宰相,其至贵之祥也。"

弗陵太子,怀胎十四月而始生;老子道君,在孕八十一年而始诞。

《汉书·外戚传上·孝武钩弋赵倢仔》:"孝武钩弋赵倢仔,昭帝母也,家在河间。武帝巡狩过河间,望气者言此有奇女,天子亟使使召之。既至,女两手皆拳,上自披之,手即时伸。由是得幸,号曰拳夫人。先是,其父坐法宫刑,为中黄门,死长安,葬雍门。拳夫人进为倢仔,居钩弋宫。大有宠,太始三年生昭帝,号钩弋子。任(妊)身十四月乃生,上曰:'闻昔尧十四月而生,今钩弋亦然。'乃命其所生门曰尧母门。"亦见于《汉武故事》《宋书·符瑞志上》。

《史记·老子韩非列传》:"老子者,楚苦县厉乡曲仁里人也。姓李氏,名耳,字聃。周守藏室之史也。"张守节正义:"朱韬《玉札》及《神仙传》云:'老子,楚国苦县濑乡曲仁里人。姓李,名耳,字聃。……周时人,李母八十一年而生。'又《玄妙内篇》云:'李母怀胎八十一载,逍遥李树下,乃割左腋而生。'"司马贞索隐:"葛玄曰:'李氏女所生,因母姓也。'又云:'生而指李树,因以为姓。'"

晚年生子,谓之老蚌生珠;暮岁登科,正是龙头属老。

《三国志·魏书·荀彧传》:"韦康为凉州,后败亡。"裴松之注:"康字元将,亦京兆人。孔融与康父端书曰:'前日元将来,渊才亮茂,雅度弘毅,伟世之器也。昨日仲将又来,懿性贞实,文敏笃诚,保家之主也。不意双珠,近出老蚌,甚珍贵之。'"今按:韦诞字仲将,韦端次子,有文才,以书法著名于时,仕魏至光禄大夫。

龙头,状元的别称。《类说》卷四七引《遯斋闲览》:"梁灏八十二岁,雍熙二年状元及第。其谢启云:'白首穷经,少伏生之八岁;青云得路,多太公之二年。'后终秘书监，卒年九十余。"亦见于《孔氏谈苑》卷二。据传梁灏八十二岁状元及第后，曾写《谢恩诗》一首云："天福三年来应试，雍熙二载始成名。饶他白发巾中满，且喜青云足下生。观榜更无朋辈在，到家惟有子孙迎。也知年少登科好，怎奈龙头属老成。"又南宋洪迈《容斋四笔》卷一四："陈正敏《遯斋闲览》：'梁灏八十二岁，雍熙二年状元及第。其谢启云："白首穷经，少伏生之八岁；青云得路，多太公之二年。"后终秘书监，卒年九十余。'此语既著，士大夫亦以为口实。予以国史考之，梁公字太素，雍熙二年，廷试甲科，景德元年，以翰林学士知开封府，暴疾卒，年四十二。子固亦进士甲科，至直史馆，卒年三十三。史臣谓：'梁方当委遇，中途夭谢。'又云：'梁之秀颖，中道而摧。'明白如此，遯斋之妄不待攻也。"

贺男寿，曰南极星辉；贺女寿，曰中天婺焕。

《史记·封禅书》："寿星祠。"司马贞索隐："寿星，盖南极老人星也，见则天下理安，故祠之以祈福寿也。"又《晋书·天文志上》："老人一星，在弧南，一曰南极，常以秋分之旦见于丙，春分之夕而没于丁。见则治平，主寿昌，常以秋分候之南郊。"

婺（音务），婺女，星名，即女宿，二十八宿之一，旧时多用作对妇人的颂词。中天婺焕，天空中婺女星光彩耀人，多用于祝贺妇女寿诞。《星经》卷下："须女四星，主布帛，为珍宝藏。一名婺女。"

松柏节操，美其寿元之耐久；桑榆暮景，自谦老景之无多。

寿元，寿命。《世说新语·言语》："顾悦与简文同年，而发早白。简文曰：'卿何以先白？'对曰：'蒲柳之姿，望秋而落；松柏之质，经霜弥茂（一作"凌霜犹茂"）。'"

桑榆，落日的余晖照在桑树、榆树梢上，比喻人到垂暮之年。《太平御览》卷三："《淮南子》：'日西垂，景（影）在树端，谓之桑榆。'注：'言其光在桑榆树上。'"又唐刘禹锡《酬乐天咏老见示》诗："莫道桑榆晚，为霞尚满天。"

矍铄称人康健，聩眊自谦衰颓。

矍铄，形容老人精神健旺。《后汉书·马援传》："（建武）二十四年，武威将军刘尚击武陵五溪蛮夷，深入，军没。援因复请行。时年六十二，帝愍其老，未许之。援自请曰：'臣尚能被甲上马。'帝令试之。援据鞍顾眄，以示可用。帝笑曰：'矍铄哉，是翁也！'"李贤注："矍铄，勇貌也。"

聩眊（音帽），眼昏耳聋，引申为昏聩。

黄发兒齿，有寿之征；龙钟潦倒，年高之状。

黄发，老人发白，白久则黄，因以黄发为寿高之象。《诗经·鲁颂·閟宫》："黄发台背，寿胥与试。"郑玄笺："黄发、台背，皆寿征也。"〇兒齿，老人齿落后再生的牙齿。兒，通"齯"。《诗经·鲁颂·閟宫》："既多受祉，黄发兒齿。"郑玄笺："兒齿，亦寿征。"陆德明释文："兒，五兮反，齿落更生细者也。"

龙钟，老态或衰惫之貌。南宋陆游《听雨》诗："老态龙钟疾未平，更堪俗事败幽情。"〇潦倒，蹉跎失意。北宋李昉等《文苑英华》卷七三四唐李华《卧疾舟中相里范二侍御先行赠别序》："华也潦倒龙钟，百疾丛体，衣无完帛，器无兼蔬。"今按：潦倒，一般形容人之失意衰颓，不含有"年高"之意；龙钟，含义甚多，亦包含"潦倒失意"的意思。

日月逾迈，徒自伤悲；春秋几何，问人寿算。

《尚书·秦誓》："我心之忧，日月逾迈，若弗云来。"孔颖达疏："言日月益为疾行，并皆过去，如似不复云来。"

春秋，指年龄。西汉刘向《新序·杂事五》："昔者楚丘先生行年七十，披裘带索，往见孟尝君，欲趋不能进。孟尝君曰：'先生老矣，春秋高矣，何以教之？'楚丘先生曰：'噫！将我而老乎？噫！将使我追车而赴马乎？投石而超距乎？逐麋鹿而搏豹虎乎？吾已死矣，何暇老哉！噫！将使我出正辞而当诸侯乎？决嫌疑而定犹豫乎？吾始壮矣，何老之有？'孟尝君逡巡避席，面有愧色。"亦见于《韩诗外传》卷一〇。

称少年曰春秋鼎盛，羡高年曰齿德俱尊。

春秋，指年龄；鼎盛，正当壮年。西汉贾谊《治安策》："天子春秋鼎盛，行义未过，德泽有加焉，犹尚如是，况莫大诸侯，权力且十此者乎！"

齿，年龄。《礼记·祭义》："有虞氏贵德而尚齿。"又《孟子·公孙丑下》："天下有达尊三：爵一，齿一，德一。朝廷莫如爵，乡党莫如齿，辅世长民莫如德。"

行年五十，当知四十九年之非；在世百年，哪有三万六千日之乐。

《淮南子·原道训》："故蘧伯玉年五十，而有（一作"知"）四十九年非。"高诱注："伯玉，卫大夫蘧瑗也。今年所行是也，则还顾知去年之所行非也。岁岁悔之，以至于死，故有四十九年非。”又《庄子·则阳》：“蘧伯玉行年六十而六十化，未尝不始于是之而卒诎之以非也，未知今之所谓是之非五十九非也。”

唐李白《襄阳歌》诗：“百年三万六千日，一日须倾三百杯。”

百岁曰上寿，八十曰中寿，六十曰下寿；八十曰耋，九十曰耄，百岁曰期颐。

《庄子·盗跖》略云：盗跖从卒九千人，横行天下，侵暴诸侯，孔子往说之。盗跖大怒曰：“今吾告子以人之情，目欲视色，耳欲听声，口欲察味，志气欲盈。人上寿百岁，中寿八十，下寿六十，除病瘦死丧忧患，其中开口而笑者，一月之中不过四五日而已矣。天与地无穷，人死者有时。操有时之具，而托于无穷之间，忽然无异骐骥之驰过隙也。不能说其志意，养其寿命者，皆非通道者也。”

耄（音帽）、耋（音迭），老。期颐，称“百岁之人”；百年为人生年数之极，故曰“期”；此时起居生活待人养护，故曰“颐”。《礼记·曲礼上》：“人生十年曰幼，学。二十曰弱，冠。三十曰壮，有室。四十曰强，而仕。五十曰艾，服官政。六十曰耆，指使。七十曰老，而传。八十、九十曰耄。七年曰悼。悼与耄虽有罪，不加刑焉。百年曰期，颐。”○《诗经·秦风·车邻》：“今者不乐，逝者其耋。”毛传：“耋，老也。八十曰耋。”

童子十岁就外傅，十三舞勺，成童舞象；老者六十杖于乡，七十杖于国，八十杖于朝。

舞勺，古代文舞名，后用为童年之代称；舞象，古代武舞名，后用为成童之代称。《礼记·内则》：“十年，出就外傅，居宿于外，学书计……十有三年，学乐，诵诗，舞勺。成童，舞象，学射御。”郑玄注：“先学勺，后学象，文武之次也。成童，十五以上。”孔颖达疏：“舞勺者，熊氏云：‘勺，籥也。’言十三之时，学此舞籥之文舞也。成童舞象者，成童，谓十五以上；舞象，谓舞武也。熊氏云：‘谓用干戈之小舞也。以其年尚幼，故习文武之小舞也。’”

古时分别以“杖乡”“杖国”“杖朝”作为六十岁、七十岁、八十岁的代称。《礼记·王制》：“五十杖于家，六十杖于乡，七十杖于国，八十杖于朝。九十者，天子欲有问焉，则就其室，以珍从。”

后生固为可畏，而高年尤是当尊。

后生固为可畏，意谓后辈的前途固然不可限量，令人敬畏。《论语·子罕》:"子曰:'后生可畏,焉知来者之不如今也? 四十、五十而无闻焉,斯亦不足畏也已。'"刑昺疏:"后生谓年少也。言年少之人,足以积学成德,诚可畏也,安知将来者之道德不如我今日也?"

高年尤是当尊,意谓年寿已高的长辈,尤其值得大家尊重。《孔子家语·正论解》:"哀公问于孔子曰:'二三大夫皆劝寡人,使隆敬于高年,何也?'孔子对曰:'君之及此言,将天下实赖之,岂唯鲁哉!'公曰:'何也? 其义可得闻乎?'孔子曰:'昔者,有虞氏贵德而尚齿,夏后氏贵爵而尚齿,殷人贵富而尚齿,周人贵亲而尚齿。虞、夏、殷、周,天下之盛王也,未有遗年者焉。年者贵于天下久矣,次于事亲。是故朝廷同爵而尚齿。七十杖于朝,君问则席;八十则不仕朝,君问则就之,而悌达乎朝廷矣。其行也,肩而不并,不错则随,斑白者不以其任于道路,而悌达乎道路矣。居乡以齿,而老穷不匮,强不犯弱,众不暴寡,而悌达乎州巷矣。古之道,五十不为甸役,颁禽隆之长者,而悌达乎蒐狩矣。军旅什伍,同爵则尚齿,而悌达乎军旅矣。夫圣王之教,孝悌发诸朝廷,行于道路,至于州巷,放于蒐狩,循于军旅,则众感以义,死之而弗敢犯。'公曰:'善,寡人虽闻之,弗能成。'"

[新增文]十二联

漫道豫章之小,已具梁栋之观。

《南史·王俭传》:"俭字仲宝,生而僧绰遇害,为叔父僧虔所养。数岁,袭爵豫宁县侯。拜受茅土,流涕呜咽。幼笃学,手不释卷。宾客或相称美,僧虔曰:'我不患此儿无名,政恐名太盛耳。'乃手书崔子玉《座右铭》以贻之。丹阳尹袁粲闻其名,及见之曰:'宰相之门也。栝柏豫章虽小,已有栋梁气矣,终当任人家国事。'"

项橐童牙作师,却知学富;甘罗孱口为相,勿论年雏。

项橐,一作"项托"。《淮南子·说林训》:"项托使婴儿矜。"高诱注:"项托年七岁,穷难孔子,而为之作师。"又《新序·杂事五》:"昔有颛顼行年十二而治天下,秦项橐七岁为圣人师。"

注详见《祖孙父子》"甘罗堪羡"条。

列俎豆而习礼仪,孟氏冲年乃尔;执干戈以卫社稷,汪踦小子能然。

俎豆,祭祀用的器具。冲年,童年。《列女传·母仪传》:“邹孟轲之母也,号孟母。其舍近墓,孟子之少也,嬉游为墓间之事,踊跃筑埋。孟母曰:‘此非吾所以居处子也。’乃去,舍市傍,其嬉戏为贾人衒卖之事。孟母又曰:‘此非吾所以居处子也。’复徙,舍学宫之傍,其嬉游乃设俎豆,揖让进退。孟母曰:‘真可以居吾子矣!’遂居之。及孟子长,学六艺,卒成大儒之名。”

《礼记·檀弓下》:“战于郎。公叔禺人遇负杖入保(城堡)者息,曰:‘使之虽病也,任之虽重也,君子不能为谋也,士弗能死也,不可。我则既言矣!’与其邻童汪踦往,皆死焉。鲁人欲勿殇童汪踦,问于仲尼。仲尼曰:‘能执干戈以卫社稷,虽欲勿殇也,不亦可乎!’”今按:“欲勿殇”意谓不用儿童的丧礼,而改用成人之礼葬汪踦。

寇公七岁咏山,已卜具瞻气象;司马五龄击瓮,即占拯溺才猷。

元胡炳文《纯正蒙求》卷中:“寇莱公准,字平仲,八岁吟《华山诗》云:‘只有天在上,更无山与齐。’师与准父曰:‘贤郎怎不作宰相?’”又明彭大翼《山堂肆考》卷一〇八:“宋寇准字平仲,八岁吟华山诗:‘只有天在上,更无山与齐。举头红日近,回首白云低。’其师谓准父曰:‘贤郎怎不作宰相!’”

北宋惠洪《冷斋夜话》卷三:“司马温公(司马光)童稚时,与群儿戏于庭。庭有大瓮,一儿登之,偶堕瓮水中。群儿皆弃去,公则以石击瓮,水因穴而迸,儿得不死。”亦见于《宋史·司马光传》。

步处敏于诗,我道公权过子建;坐间言自别,人称谢尚是颜回。

《新唐书·柳公权传》:“(柳公权)从幸未央宫,帝驻辇,曰:‘朕有一喜,边戍赐衣久不时,今中春而衣已给。’公权为数十言称贺,帝曰:‘当贺我以诗。’宫人迫之,公权应声成文,婉切而丽。诏令再赋,复无停思,天子甚悦,曰:‘子建七步,尔乃三焉。’”

《世说新语·言语》:“谢仁祖(谢尚)年八岁,谢豫章(谢鲲)将送客。尔时语已神悟,自参上流。诸人咸共叹之,曰:‘年少,一坐之颜回。’仁祖曰:‘坐无尼父,焉别颜回?’”

勿谓卢家儿，案上翻残墨汁；尚嘉羊氏子，桑中探出金环。

涂鸦，比喻书法幼稚或诗文拙劣，多用作谦词。唐卢仝《示添丁》诗："忽来案上翻墨汁，涂抹诗书如老鸦。"今按：添丁，卢仝子名。

《晋书·羊祜传》："祜年五岁时，令乳母取所弄金环。乳母曰：'汝先无此物。'祜即诣邻人李氏东垣桑树中探得之。主人惊曰：'此吾亡儿所失物也，云何持去？'乳母具言之，李氏悲惋。时人异之，谓李氏子则祜之前身也。"

亩丘人问年不少，绛县老历年何多。

《韩诗外传》卷一〇："齐桓公逐白鹿，至麦丘，见邦人，曰：'尔何谓者也？'对曰：'臣，麦丘之邦人。'桓公曰：'叟年几何？'对曰：'臣年八十有三矣。'桓公曰：'美哉寿也！'与之饮。"又《艺文类聚》卷一八引《韩诗外传》曰："齐桓公见亩丘人曰：'叟年几何？'对曰：'臣年八十三矣。'公曰：'美哉！寿也。'"

绛老，指长寿者。《左传·襄公三十年》："二月癸未，晋悼夫人食舆人之城杞者。绛县人或年长矣，无子，而往与于食。有与疑年，使之年。曰：'臣小人也，不知纪年。臣生之岁，正月甲子朔，四百有四十五甲子矣，其季于今三之一也（最后一个甲子到今天刚刚二十天）。'吏走问诸朝，师旷曰：'鲁叔仲惠伯会郤成子于承匡之岁也……七十三年矣。'史赵曰：'亥有二首六身，下二如身，是其日数也。'士文伯曰：'然则二万六千六百有六旬也。'"今按：绛县老人以隐语说出他的年龄，师旷推算为七十三岁，士文伯折算为二万六千六百六十日。

函谷跨牛，李耳演道德五千之秘；渭川跃鲤，子牙钓乾坤八百之秋。

《史记·老子韩非列传》："居周久之，见周之衰，乃遂去。至关，关令尹喜曰：'子将隐矣，强为我著书。'于是老子乃著书上下篇，言道德之意五千余言而去，莫知其所终。"司马贞索隐："《列仙传》：'老子西游，关令尹喜望见有紫气浮关，而老子果乘青牛而过也。'"

《史记·齐太公世家》："吕尚盖尝穷困，年老矣，以渔钓奸周西伯。西伯将出猎，卜之，曰：'所获非龙非彨，非虎非罴，所获霸王之辅。'于是周西伯猎，果遇太公于渭之阳，与语大说，曰：'自吾先君太公曰："当有圣人适周，周以兴。"子真是邪？吾太公望子久矣。'故号之曰'太公望'，载与俱归，立为师。"

是谁运动老阳，生子却无日影；若个学成玄法，烧丹剩有霞光。

唐马总《意林》卷四引《风俗通》："陈留有富翁，年九十，无男，娶田舍女，一宿身死。后产一男。至长，女曰：'我父娶，一宿身亡，此子非父之子。'遂争财，数年不决。丞相邴吉决云：'老翁儿无影，不耐寒。'其时八月中，取同岁小儿，俱解衣试之，老翁儿独呼寒；日中行，果然无影。遂以财与之。"又《太平御览》卷八三六引《风俗通》："陈留有富老，年九十，无男，娶田家女为妻，一交即气绝。后生得男，其女曰：'我父死时年尊，何一夕便有子？"争财，数年不决。丞相邴吉出，上殿决狱云：'老翁儿无影，亦复畏寒。'于时八月，取同岁小儿，俱解衣裸之，老翁儿独呼寒；复令并行日中，无影。因以财与男。"

东晋葛洪《神仙传》卷六："淮南王（刘）安好神仙之道，海内方士从其游者多矣。一旦，有八公诣之，容状衰老，枯槁伛偻。阍者谓之曰：'王之所好，神仙度世、长生久视之道，必须有异于人，王乃礼接。今公衰老如此，非王所宜见也。'拒之数四，公求见不已，阍者对如初。八公曰：'王以我衰老不欲相见，却致少年，又何难哉？'于是振衣整容，立成童幼之状。阍者惊而引进。王倒屣而迎之，设礼称弟子，曰：'高仙远降，何以教寡人？'问其姓氏，曰：'我等之名，所谓文五常、武七德、枝百英、寿千龄、叶万椿、鸣九皋、修三田、岑一峰也，各能吹嘘风雨，震动雷电，倾天骇地，回日驻流，役使鬼神，鞭挞魔魅，出入水火，移易山川，变化之事，无所不能也。'时王之小臣伍被曾有过，恐王诛之，心不自安，诣阙告变，证安必反。武帝疑之，诏大宗正持节淮南，以案其事。宗正未至，八公谓王曰：'伍被人臣，而诬其主，天必诛之，王可去矣。此亦天遣王耳，若无此事，日复一日，人间岂可舍哉？'乃取鼎煮药，使王服之，骨肉近三百余人，同日升天，鸡犬舐药器者，亦同飞去。八公与王驻马于山石上，但留人马踪迹，不知所在。宗正至，以此事奏帝，帝大懊恨，命诛伍被。"

荣启期能扩襟怀，行歌乐土；疏太傅乞归骸骨，饮饯都门。

《列子·天瑞》："孔子游于太山，见荣启期行乎郕之野，鹿裘带索，鼓琴而歌。孔子问曰：'先生所以乐，何也？'对曰：'吾乐甚多。天生万物，唯人为贵，而吾得为人，是一乐也。男女之别，男尊女卑，故以男为贵，吾既得为男矣，是二乐也。人生有不见日月、不免襁褓者，吾既已行年九十矣，是三乐也。贫者士之常也，死者人之终也，处常得终，当何忧哉？'孔子曰：'善乎！能自宽者也。'"亦见于《说苑·杂言》《孔子家语·六本》等。

《汉书·疏广传》:“疏广字仲翁,东海兰陵人也。少好学,明《春秋》,家居教授,学者自远方至。征为博士、太中大夫。地节三年,立皇太子,选丙吉为太傅,广为少傅。数月,吉迁御史大夫,广徙为太傅。广兄子受字公子,亦以贤良举为太子家令。受好礼恭谨,敏而有辞。宣帝幸太子宫,受迎谒应对,及置酒宴,奉觞上寿,辞礼闲雅,上甚欢说。顷之,拜受为少傅。……太子每朝,因进见,太傅在前,少傅在后。父子并为师傅,朝廷以为荣。在位五岁,皇太子年十二,通《论语》、《孝经》。广谓受曰:‘吾闻“知足不辱,知止不殆”,“功遂身退,天之道”也。今仕官至二千石,宦成名立,如此不去,惧有后悔,岂如父子相随出关,归老故乡,以寿命终,不亦善乎?’受叩头曰:‘从大人议。’即日父子俱移病。满三月赐告,广遂称笃,上疏乞骸骨。上以其年笃老,皆许之,加赐黄金二十斤,皇太子赠以五十斤。公卿大夫故人邑子设祖道,供张东都门外,送者车数百两(辆),辞决而去。及道路观者皆曰:‘贤哉二大夫!’或叹息为之下泣。”

猃狁侵周,方叔迈年奏三捷;先零叛汉,充国颓龄请一行。

猃狁,亦作“猃狁”,我国古代北方少数民族名。方叔,周宣王时卿士,曾率兵北伐猃狁,南征荆楚。《诗经·小雅·采芑》:“方叔元老,克壮其犹。……显允方叔,征伐猃狁,蛮荆来威(畏)。”郑玄笺:“方叔先与吉甫征伐猃狁,今特往伐蛮荆,皆使来服于宣王之威,美其功之多也。”

先零,汉代羌族的一支,又称“先零羌”。《汉书·赵充国传》:“(汉光禄大夫义渠)安国以骑都尉将骑三千屯备羌,至浩亹,为虏所击,失亡车重兵器甚众。安国引还,至令居,以闻。是岁,神爵元年春也。时充国年七十余,上老之,使御史大夫丙吉问谁可将者,充国对曰:‘亡逾于老臣者矣。’上遣问焉,曰:‘将军度羌虏何如,当用几人?’充国曰:‘百闻不如一见。兵难隃(遥)度,臣愿驰至金城,图上方略。然羌戎小夷,逆天背畔,灭亡不久,愿陛下以属老臣,勿以为忧。’上笑曰:‘诺。’”

李百药才新而齿则宿,卢蒲嫳发短而心甚长。

《新唐书·李百药传》:“久之,(李百药)固乞致仕。帝尝与偕赋《帝京篇》,叹其工,手诏曰:‘卿何身老而才之壮,齿宿而意之新乎?’”

发短心长,指年岁大,智谋多。《左传·昭公三年》:“齐侯田(打猎)于莒,卢蒲嫳见,泣且请曰:‘余发如此种种(短),余奚能为?’公曰:‘诺。吾告二子。’归而告之。子尾欲复之(官复原位)。子雅不可,曰:‘彼其发短而心甚长,其或寝处我矣。’”

身　体

百体皆血肉之躯，五官有贵贱之别。

百体，指人体的各个部分；古人认为体有百骸，故曰“百体”。《礼记·乐记》：“使耳、目、鼻、口、心知、百体，皆由顺正，以行其义。”

五官，人身五官，古代说法不一。中医学以耳、目、鼻、口、舌为五官；荀子以耳、目、口、鼻、形为五官。《荀子·天论》：“天职既立，天功既成，形具而神生，好、恶、喜、怒、哀、乐臧焉，夫是之谓天情。耳、目、鼻、口、形，能各有接而不相能也，夫是之谓天官。心居中虚，以治五官，夫是之谓天君。”

尧眉分八彩，舜目有重瞳。

八彩，亦作“八采”，即八种彩色。《淮南子·修务训》：“尧眉八彩，九窍通洞，而公正无私，一言而万民齐。舜二瞳子，是谓重明，作事成法，出言成章。”又《论衡·骨相》：“尧眉八采，舜目重瞳。”

重瞳，一只眼睛里有两颗瞳仁。《初学记》卷九：“《春秋元命苞》曰：‘舜重瞳子，是谓滋凉。’宋均注：‘滋凉有滋液之润，且清凉光明而多见。’”

耳有三漏，大禹之奇形；臂有四肘，成汤之异体。

三漏，三孔。《淮南子·修务训》：“禹耳参（三）漏，是谓大通，兴利除害，疏河决江。”高诱注：“参，三也。漏，穴也。”又《论衡·骨相》：“禹耳三漏，汤臂再肘，文王四乳，武王望阳。”

《竹书纪年·殷商成汤》：“主癸之妃曰扶都，见白气贯月，意感，以乙日生汤，号天乙。丰下锐上，晳而有髯，句身而扬声，长九尺，臂有四肘，是为成汤。”徐文靖笺：“《礼别名记》曰：‘汤臂四肘，是谓神翼，攘去不义，万民蕃息。’”

文王龙颜而虎眉，汉高斗胸而龙准。

龙颜，谓眉骨圆起，为帝王之象。《史记·周本纪》：“西伯曰文王。”张守节正义：“《帝王世纪》云：‘文王龙颜虎眉（一作“虎肩”），身长十尺，胸有四乳。’”

斗胸，胸部隆起如斗状。《史记·高祖本纪》："高祖为人，隆准而龙颜，美须髯，左股有七十二黑子。"张守节正义："《河图》云：'帝刘季口角戴胜，斗胸，龟背，龙股，长七尺八寸。'"

孔圣之顶若圩，文王之胸四乳。

圩顶，头顶凹陷。《史记·孔子世家》："纥与颜氏女野合而生孔子。祷于尼丘，得孔子。鲁襄公二十二年而孔子生，生而首上圩顶，故因名曰丘云。字仲尼，姓孔氏。"司马贞索隐："圩顶，言顶上窳也，故孔子顶如反宇。反宇者，若屋宇之反，中低而四傍高也。"

《淮南子·修务训》："文王四乳，是谓大仁。天下所归，百姓所亲。"又《初学记》卷九："《春秋元命苞》曰：'文王四乳，是谓含良。盖法酒旗，布恩舒明。'宋均注曰：'酒者，乳也。能乳天下，布恩之谓也。'"

周公反握，作兴周之相；重耳骈胁，为霸晋之君。

反握，据《相法》说，周公旦两手如绵，可以反转握物。唐释道宣《广弘明集》卷一三："周公反握，犹骐骥之一毛；禹耳齐肩，乃昆山之片玉。"

骈胁，肋骨紧密相连，犹如一块。《左传·僖公二十三年》："(重耳)及曹，曹共公闻其骈胁，欲观其裸。浴，薄而观之。僖负羁之妻曰：'吾观晋公子之从者，皆足以相国。若以相，夫子必反其国；反其国，必得志于诸侯。得志于诸侯，而诛无礼，曹其首也。子盍蚤自贰(不同)焉？'乃馈盘飧(晚餐)，置璧焉。公子受飧反璧。"

此皆古圣之英姿，不凡之贵品。

以上所说的都是古代圣人的非凡异相，他们都有着与众不同的高贵品质。今按：上述说法有的是源自上古神话传说，有的则是由后人附会而成。

至若发肤不可毁伤，曾子常以守身为大；待人须当量大，师德贵于唾面自干。

《孝经·开宗明义章》："仲尼居，曾子侍。子曰：'先王有至德要道，以顺天下，民用和睦，上下无怨。汝知之乎？'曾子避席曰：'参不敏，何足以知之？'子曰：'夫孝，德之本也，教之所由生也。复坐，吾语汝。身体发肤，受之父母，不敢毁伤，孝之始也。立身行道，扬名于后世，以显父母，孝之终也。夫孝，始于事亲，中于事君，终于立身。《大雅》云："无念尔祖，聿修厥德。"'"今按：曾子，即曾参，孔子弟子，以孝著称。《史记·仲尼弟子列传》认为曾子作《孝经》。

唾面自干，比喻忍受侮辱而不与计较。《新唐书·娄师德传》："师德长八尺，方口博唇。深沉有度量，人有忤己，辄逊以自免，不见容色。……其弟守代州，辞之官，教之耐事。弟曰：'人有唾面，洁之乃已。'师德曰：'未也。洁之，是违其怒，正使自干耳。'"亦见于《隋唐嘉话》卷下、《大唐新语·容恕》。今按：《能改斋漫录》卷二谓唾面自干"盖本《尚书大传·大战篇》：'太公曰：骂汝毋叹，唾汝毋干。毋叹毋干，是谓艰难。'"

谗口中伤，金可铄而骨可销；虐政诛求，敲其肤而吸其髓。

铄金销骨，众口毁谤，能使金子销熔、骨头销蚀。比喻人言可畏。《史记·张仪列传》："臣闻之：'积羽沉舟，群轻折轴；众口铄金，积毁销骨。'"又《国语·周语下》："故谚曰：'众心成城，众口铄金。'"

敲肤吸髓，通常作"敲骨吸髓"，敲碎骨头来吮吸骨髓。原指为了求得佛法而不惜自残身体，后比喻残酷榨取。北宋释道原《景德传灯录》卷三："(菩提达磨)寓止于嵩山少林寺。面壁而坐，终日默然，人莫之测，谓之壁观婆罗门。时有僧神光者，旷达之士也。久居伊洛，博览群书，善谈玄理。每叹曰：'孔老之教，礼术风规；庄易之书，未尽妙理。近闻达磨大士住止少林，至人不遥，当造玄境。'乃往彼晨夕参承。师常端坐面墙，莫闻诲励。光自惟曰：'昔人求道，敲骨取髓，刺血济饥，布发掩泥，投崖饲虎。古尚若此，我又何人。'其年十二月九日夜，天大雨雪。光坚立不动，迟明，积雪过膝。"

受人牵制曰掣肘，不知羞愧曰厚颜。

掣肘，比喻使人作事而故意留难牵制。《吕氏春秋·审应览·具备》："宓子贱治亶父，恐鲁君之听谗人，而令己不得行其术也。将辞而行，请近吏二人于鲁君，与之俱至于亶父。邑吏皆朝，宓子贱令吏二人书。吏方将书，宓子贱从旁时掣摇其肘。吏书之不善，则宓子贱为之怒。吏甚患之，辞而请归。宓子贱曰：'子之书甚不善，子勉归矣。'二吏归报于君，曰：'宓子不可为书。'君曰：'何故？'吏对曰：'宓子使臣书，而时掣摇臣之肘，书恶而有甚怒，吏皆笑宓子，此臣所以辞而去也。'鲁君太息而叹曰：'宓子以此谏寡人之不肖也。寡人之乱子，而令宓子不得行其术，必数有之矣。微二人，寡人几过。'遂发所爱，而令之亶父，告宓子曰：'自今以来，亶父非寡人之有也，子之有也。有便于亶父者，子决为之矣。五岁而言其要。'宓子敬诺，乃得行其术于亶父。"亦见于《新序·杂事二》《孔子家语·屈节解》等。

厚颜，脸皮厚，不知羞耻。《诗经·小雅·巧言》："巧言如簧，颜之厚矣。"郑玄笺："颜之厚者，出言虚伪而不知惭于人。"○《开元天宝遗事》卷上："进士杨光远，惟多矫饰，不识忌讳。游谒王公之门，干索权豪之族，未尝自足。稍有不从，便多诽谤，常遭有势者挞辱，略无改悔。时人多鄙之，皆云，杨光远惭颜厚如十重铁甲也。"

好生议论，曰摇唇鼓舌；共话衷肠，曰促膝谈心。

摇唇鼓舌，谓逞口舌以从事游说，亦指搬弄是非。《庄子·盗跖》："（孔子往见盗跖）谒者入通。盗跖闻之大怒，目如明星，发上指冠，曰：'此夫鲁国之巧伪人孔丘非邪？为我告之："尔作言造语，妄称文武，冠枝木之冠，带死牛之胁（革带），多辞缪（谬）说，不耕而食，不织而衣，摇唇鼓舌，擅生是非，以迷天下之主，使天下学士不反其本，妄作孝弟，而侥幸于封侯富贵者也。子之罪大极（诛杀）重，疾走归！不然，我将以子肝益昼餔之膳！"'"

促膝谈心，亲近地谈着心里话。促膝，古人席地或据榻相对近坐时，膝与膝挨近。《抱朴子·外篇·疾谬》："于是要呼愦杂，入室视妻，促膝之狭坐，交杯觞于咫尺，弦歌淫冶之音曲，以诳文君之动心。载号载呶，谑戏丑亵，穷鄙极黩，尔乃笑乱男女之大节，蹈《相鼠》之无仪。"又南朝梁何逊《从镇江州与故游别》诗："夜雨滴空阶，晓灯暗离室。相悲各罢酒，何时同促膝？"

怒发冲冠，蔺相如之英气勃勃；炙手可热，唐崔铉之贵势炎炎。

怒发冲冠，形容非常愤怒。《史记·廉颇蔺相如列传》："赵王于是遂遣相如奉璧西入秦。秦王坐章台见相如，相如奉璧奏秦王。秦王大喜，传以示美人及左右，左右皆呼万岁。相如视秦王无意偿赵城，乃前曰：'璧有瑕，请指示王。'王授璧，相如因持璧却立，倚柱，怒发上冲冠。"

炙手可热，比喻势焰熏灼。《新唐书·崔铉传》："宣宗初，（崔铉）擢河中节度使，以御史大夫召，用会昌故官辅政，进尚书左仆射，兼门下侍郎，封博陵郡公。铉所善者郑鲁、杨绍复、段瓌、薛蒙，颇参议论。时语曰：'郑、杨、段、薛，炙手可热；欲得命通，鲁、绍、瓌、蒙。'帝闻之，题于扆（音以，屏风）。是时，鲁为刑部侍郎，铉欲引以相，帝不许，用为河南尹。它日，帝语铉曰：'鲁去矣，事由卿否？'铉惶惧谢罪。"

貌虽瘦而天下肥，唐玄宗之自谓；口有蜜而腹有剑，李林甫之为人。

《新唐书·韩休传》："帝（唐玄宗）尝猎苑中，或大张乐，稍过差，必视左右曰：'韩休知否？'已而疏辄至。尝引鉴，默不乐。左右曰：'自韩休入朝，陛下无一日欢，何自戚戚，不逐去之？'帝曰：'吾虽瘠，天下肥矣。且萧嵩每启事，必顺旨，我退而思天下，不安寝。韩休敷陈治道，多讦直，我退而思天下，寝必安。吾用休，社稷计耳。’”

口蜜腹剑，形容嘴甜心毒，阴险狡诈。《资治通鉴》卷二一五：“李林甫为相，凡才望功业出己右及为上所厚、势位将逼己者，必百计去之；尤忌文学之士，或阳与之善，啖以甘言而阴陷之。世谓李林甫‘口有蜜，腹有剑’。”

赵子龙一身都是胆，周灵王初生便有须。

《三国志·蜀书·赵云传》裴松之注引《云别传》曰：“云将数十骑轻行出围，迎视忠等。值曹公扬兵大出，云为公前锋所击，方战，其大众至，势逼，遂前突其阵，且斗且却。公军败，已复合，云陷敌，还趣围（转身急回营地）。将张著被创，云复驰马还营迎著。公军追至围，此时沔阳长张翼在云围内，翼欲闭门拒守，而云入营，更大开门，偃旗息鼓。公军疑云有伏兵，引去。云雷鼓震天，惟以戎弩于后射公军，公军惊骇，自相蹂践，堕汉水中死者甚多。先主明旦自来至云营围，视昨战处，曰：‘子龙一身都是胆也。’作乐饮宴至暝，军中号云为虎威将军。”

《竹书纪年·周灵王》：“灵王。”徐文靖笺：“《周本纪》：简王崩，子灵王泄心立。又灵王生而有頿。初，定王六年，秦人降妖曰：‘周其有頿王，亦能克修其职，诸侯服享。’故灵王亦称頿王。”又《左传·昭公二十六年》：“在定王六年，秦人降妖，曰：‘周其有頿（髭）王，亦克能修其职。诸侯服享，二世共职。王室其有间王位，诸侯不图，而受其乱灾。’至于灵王，生而有頿。王甚神圣，无恶于诸侯。”

来俊臣注醋于囚鼻，法外行凶；严子陵加足于帝腹，忘其尊贵。

《新唐书·酷吏传·来俊臣》：“俊臣鞫囚，不问轻重皆注醯（音西，醋）于鼻，掘地为牢，或寝以匽溺，或绝其粮，囚至啮衣絮以食，大抵非死终不得出。每赦令下，必先杀重囚乃宣诏。又作大枷，各为号：一、定百脉，二、喘不得，三、突地吼，四、著即臣，五、失魂胆，六、实同反，七、反是实，八、死猪愁，九、求即死，十、求破家。后以铁为冒头，被枷者宛转地上，少选而绝。凡囚至，先布械于前示囚，莫不震惧，皆自诬服。”

《后汉书·逸民传·严光》略云：严光字子陵，一名遵，会稽余姚人也。少有高名，与光武同游学。及光武即位，乃变名姓，隐身不见。帝思其贤，乃令以物色访之。后齐国上言：“有一男子，披羊裘钓泽中。”帝疑其光，乃备安车玄纁，遣使聘之，三反而后至。复引光入，论道旧故，相对累日。帝从容问光曰：“朕何如昔时？”对曰：“陛下差增于往。”因共偃卧，光以足加帝腹上。

明日，太史奏客星犯御坐甚急。帝笑曰："朕故人严子陵共卧耳。"除为谏议大夫，不屈，乃耕于富春山，后人名其钓处为"严陵濑"焉。

久不屈兹膝，郭子仪尊居宰相；不为米折腰，陶渊明不拜吏胥。

《太平广记》卷一七六引《谭宾录》："(郭子仪)时方握强兵，或临戎敌，诏命征之，未尝以危亡回顾。亦遇天幸，竟免患难。田承嗣方跋扈，狠傲无礼。子仪尝遣使至魏州，承嗣辄望拜，指其膝谓使者曰：'此膝不屈于人若干岁矣，今为公拜。'"又《新唐书·郭子仪传》："田承嗣傲狠不轨，子仪尝遣使至魏，承嗣西望拜，指其膝谓使者曰：'兹膝不屈于人久矣，今为公拜。'"

《晋书·隐逸传·陶潜》："(潜)素简贵，不私事上官。郡遣督邮至县，吏白应束带见之。潜叹曰：'吾不能为五斗米折腰，拳拳事乡里小人邪！'义熙二年，解印去县，乃赋《归去来》。"亦见于南朝梁萧统《陶渊明传》。

断送老头皮，杨璞得妻送之诗；新剥鸡头肉，明皇爱贵妃之乳。

《东坡志林》卷二："昔年过洛，见李公简，言：'真宗既东封，访天下隐者，得杞人杨朴(一作"杨璞")，能诗。及召对，自言不能。上问："临行有人作诗送卿否？"朴曰："惟臣妾有一首云：更休落魄耽杯酒，且莫猖狂爱咏诗。今日捉将官里去，这回断送老头皮。"上大笑，放还山。'余在湖州，坐作诗追赴诏狱，妻子送余出门，皆哭。无以语之，顾语妻曰：'独不能如杨处士妻作诗送我乎？'妻子不觉失笑，余乃出。"亦见于《苕溪渔隐丛话》前集卷四二、宋赵令畤《侯鲭录》卷六。

鸡头，本为芡实之别名，后以鸡头肉指妇女之乳。《青琐高议》前集卷六引《骊山记》："一日，贵妃浴出，对镜匀面，裙腰褪，微露一乳，帝(唐明皇)以指扪弄曰：'吾有句，汝可对也。'乃指妃乳言曰：'软温新剥鸡头肉。'妃未果对。禄山从旁曰：'臣有对。'帝曰：'可举之。'禄山曰：'润滑初来塞上酥。'妃子大笑曰：'信是胡奴只识酥！'帝亦大笑。"

纤指如春笋，媚眼若秋波。

春笋，春笋形状纤细，旧时常用以比喻女子的手指。南唐李煜《捣练子》词："斜托香腮春笋嫩，为谁和泪倚阑干？"

秋波，形容美女的眼睛像秋水一样清澈明亮。北宋苏轼《百步洪》诗其二："佳人未肯回秋波，幼舆欲语防飞梭。"又北宋黄庭坚《浣溪沙》词："新妇矶边眉黛愁，女儿浦口眼波秋，惊鱼错认月沉钩。"

肩曰玉楼，眼名银海。

道教称肩为“玉楼”，称目为“银海”。《侯鲭录》卷一：“东坡在黄州日，作雪诗云：‘冻合玉楼寒起粟，光摇银海眩生花。’人不知其使事也。后移汝海，过金陵，见王荆公，论诗及此。云：‘道家以两肩为玉楼，以目为银海，是使此否？’坡笑之，退谓叶致远曰：‘学荆公者，岂有此博学哉！’”今按：苏轼之诗出自《雪后书北台壁二首》诗其二。

泪曰玉箸，顶曰珠庭。

玉箸，比喻女子的眼泪。《白孔六帖》卷七：“王昭君之泪如玉箸。”又卷六四：“甄后面白，泪双垂，如玉箸。”○南朝梁刘孝威《独不见》诗：“谁怜双玉箸，流面复流襟。”又唐高适《燕歌行》诗：“铁衣远戍辛勤久，玉箸应啼别离后。”

珠庭，两眉之间前额隆起的部分，亦称“天庭”。唐姚思廉《陈书·高祖纪上》：“惟王乃圣乃神，钦明文思，二仪并运，四时合序，天锡智勇，人挺雄杰，珠庭日角，龙行虎步。爰初投袂，日乃勤王，电扫番禺，云撤彭蠡，揃其元恶，定我京畿。”又《新唐书·李珏传》：“李珏字待价，其先出赵郡，客居淮阴。幼孤，事母以孝闻。甫冠，举明经，李绛为华州刺史，见之，曰：‘日角珠廷，非庸人相，明经碌碌，非子所宜。’乃更举进士高第。”

歇担曰息肩，不服曰强项。

息肩，肩头得到休息。比喻卸去负担。《左传·襄公二年》：“郑成公疾，子驷请息肩于晋。”杜预注：“欲辟楚役，以负担喻。”

强项，性格刚强而不肯低首下人。《后汉书·酷吏传·董宣》：“董宣字少平，陈留圉人也。……后特征为洛阳令。时湖阳公主苍头白日杀人，因匿主家，吏不能得。及主出行，而以奴骖乘。宣于夏门亭候之，乃驻车叩马，以刀画地，大言数(谴责)主之失，叱奴下车，因格杀之。主即还宫诉帝，帝大怒，召宣，欲箠杀之。宣叩头曰：‘愿乞一言而死。’帝曰：‘欲何言？’宣曰：‘陛下圣德中兴，而纵奴杀良人，将何以理天下乎？臣不须箠，请得自杀。’即以头击楹，流血被面。帝令小黄门持之，使宣叩头谢主。宣不从，强使顿之。宣两手据地，终不肯俯。主曰：‘文叔为白衣时，臧亡匿死，吏不敢至门。今为天子，威不能行一令乎？’帝笑曰：‘天子不与白衣同。’因敕：“强项令出！”赐钱三十万，宣悉以班(分)诸吏。由是搏击豪强，莫不震栗。京师号为‘卧虎’。歌之曰：‘枹鼓不鸣董少平。’”参见《祖孙父子》“强项亦征风烈”条。

丁谓与人拂须，何其谄也；彭乐截肠决战，不亦勇乎。

拂须，谓僚属谄事长官。《宋史·寇准传》："初，丁谓出准门至参政，事准甚谨。尝会食中书，羹污准须，谓起，徐拂之。准笑曰：'参政国之大臣，乃为官长拂须邪？'谓甚愧之，由是倾构日深。"

《北史·彭乐传》："彭乐字兴，安定人也。骁勇善骑射。……天平四年，从神武西讨，与周文相拒。神武欲缓持之，乐气奋请决战，曰：'我众贼少，百人取一，差不可失也。'神武从之。乐因醉入深，被刺肠出，内之不尽，截去复战，身被数创，军势遂挫，不利而还。神武每追谕以戒之。"

剜肉医疮，权济目前之急；伤胸扪足，计安众士之心。

剜肉医疮，亦作"挖肉补疮"，比喻不顾一切以救眼前之急。剜，用刀挖。唐聂夷中《伤田家》（一作《咏田家》）诗："二月卖新丝，五月粜新谷。医得眼前疮，剜却心头肉。"

《史记·高祖本纪》："楚汉久相持未决，丁壮苦军旅，老弱罢转饷。汉王、项羽相与临广武之间而语。项羽欲与汉王独身挑战。汉王数项羽曰：……项羽大怒，伏弩射中汉王。汉王伤胸，乃扪足曰：'虏中吾指。'汉王病创卧，张良强请汉王起行劳军，以安士卒，毋令楚乘胜与汉。"

汉张良蹑足附耳，东方朔洗髓伐毛。

蹑足，踩脚；附耳，近耳密语。《史记·淮阴侯列传》："汉四年，遂皆降平齐。使人言汉王曰：'齐伪诈多变，反覆之国也，南边楚，不为假王以镇之，其势不定。愿为假王便。'当是时，楚方急围汉王于荥阳，韩信使者至，发书，汉王大怒，骂曰：'吾困于此，旦暮望若来佐我，乃欲自立为王。'张良、陈平蹑汉王足，因附耳语曰：'汉方不利，宁能禁信之王乎？不如因而立，善遇之，使自为守。不然，变生。'汉王亦悟，因复骂曰：'大丈夫定诸侯，即为真王耳！何以假为？'乃遣张良往立信为齐王，征其兵击楚。"

洗髓伐毛，涤除垢秽，犹言脱胎换骨。《洞冥记》卷一："（东方）朔以元封中游濛鸿之泽，忽见王母采桑于白海之滨。俄有黄眉翁指阿母以语朔曰：'昔为吾妻，托形为太白之精，今汝此星精也。吾却食吞气，已九千余岁，目中瞳子色皆青光，能见幽隐之物。三千岁一反（返）骨洗髓，二千岁一刻骨伐毛。自吾生，已三洗髓、五伐毛矣。'"亦见于旧题汉郭宪《东方朔传》；《太平广记》卷六引《洞冥记》及《朔别传》，"刻骨伐毛"作"剥皮伐毛"。今按：从上述记载来看,洗髓伐毛的是黄眉翁,而不是东方朔,故有些版本作“黄眉翁洗髓伐毛”。

尹继伦,契丹称为黑面大王;傅尧俞,宋后称为金玉君子。

《宋史·尹继伦传》:“端拱中,威虏军粮馈不继,契丹潜议入寇。上闻,遣李继隆发镇、定兵万余,护送辎重数千乘。契丹将于越谍知之,率精锐数万骑,将邀于路。继伦适领兵巡徼,路与寇直。于越径趋大军,过继伦军,不顾而去。……继伦令军中秣马,俟夜,人持短兵,潜蹑其后。行数十里,至唐河、徐河间。天未明,越去大军四五里,会食讫将战,继隆方阵于前以待,继伦从后急击,杀其将皮室一人。皮室者,契丹相也。皮室既擒,众遂惊溃。于越方食,失箸,为短兵中其臂,创甚,乘善马先遁。寇兵随之大溃,相蹂践死者无数,余党悉引去。契丹自是不敢窥边,其平居相戒,则曰:当避‘黑面大王’,以继伦面黑故也。”

《宋史·傅尧俞传》:“元祐四年,拜中书侍郎。六年,卒,年六十八。哲宗与太皇太后哭临之,太皇太后语辅臣曰:‘傅侍郎清直一节,终始不变,金玉君子也。方倚以相,遽至是乎!’赠银青光禄大夫,谥曰献简。”

土木形骸,不自妆饰;铁石心肠,秉性坚刚。

土木形骸,形体像土木一样自然。比喻人的本来面目,不加修饰。《世说新语·容止》:“刘伶身长六尺,貌甚丑顇(悴),而悠悠忽忽,土木形骸。”又同篇:“嵇康身长七尺八寸,风姿特秀。”刘孝标注:“《康别传》曰:‘康长七尺八寸,伟容色,土木形骸,不加饰厉,而龙章凤姿,天质自然。正尔在群形之中,便自知非常之器。’”

铁石心肠,比喻心肠坚如铁石。亦形容性格刚强或不为感情所动。唐皮日休《桃花赋序》:“余尝慕宋广平之为相,贞姿劲质,刚态毅状,疑其铁肠石心,不解吐婉媚辞。然睹其文而有《梅花赋》,清便富艳,得南朝徐庾体,殊不类其为人也。后苏相公味道得而称之,广平之名遂振。”又南宋张邦基《墨庄漫录》卷三:“(晁)无咎叹曰:‘人疑宋开府铁石心肠,及为《梅花赋》,清艳殆不类其为人。’”今按:宋璟,唐玄宗时宰相,后改授开封仪同三司,封广平郡公,世称“宋广平”或“宋开府”;所作《梅花赋》今存。

叙会晤曰得挹芝眉,叙契阔曰久违颜范。

得挹芝眉,亦作“紫芝眉宇”,称誉贤者容颜,多用于初识面者。《新唐书·卓行传·元德秀》:“元德秀字紫芝,河南河南人。质厚少缘饰。少孤,事母孝,举进士,不忍去左右,自负母入京师。既擢第,母亡,庐墓侧,食不盐酪,藉无茵席。……爱陆浑佳山水,乃定居。不为墙垣扃钥,家无仆妾。岁饥,日或不爨。嗜酒,陶然弹琴以自娱。人以酒肴从之,不问贤鄙为酣饫。……房琯每见德秀,叹息曰:‘见紫芝眉宇,使人名利之心都尽!’苏源明常语人曰:‘吾不幸生衰俗,所不耻者,识元紫芝也。’”

契(音窃)阔,聚散离合,偏指离散;也指久别的情愫。《诗经·邶风·击鼓》:“死生契阔,与子成说。”又《后汉书·独行传·范冉》:“(王)奂曰:‘行路仓卒,非陈契阔之所,可共到前亭宿息,以叙分隔。’”○久违颜范,很长时间没有看到对方的容貌和榜样了;范,本指“模型”,引申为“榜样”。明杨珽《龙膏记·罗织》:“张兄,久违颜范,殊切钦驰,近日不知丞相好么?”

请女客曰奉迓金莲,邀亲友曰敢攀玉趾。

奉迓,恭敬地迎接。金莲,后人因东昏侯故事,以金莲指女子之纤足。注详见《女子》“潘妃步朵朵莲花”条。

玉趾,对人脚步的敬称。《左传·僖公二十六年》:“齐孝公伐我北鄙。……公使展喜犒师,使受命于展禽。齐侯未入境,展喜从之,曰:‘寡君闻君亲举玉趾,将辱于敝邑,使下臣犒执事。’”

侏儒谓人身矮,魁梧称人貌奇。

侏儒,亦作“朱儒”,身材特别矮小的人。《左传·襄公四年》:“冬,十月,邾人、莒人伐鄫。臧纥救鄫,侵邾,败于狐骀。国人逆丧者皆髽(音抓,妇人丧髻)。鲁于是乎始髽。国人诵之曰:‘臧之狐裘,败我于狐骀。我君小子,朱儒是使。朱儒!朱儒!使我败于邾。’”杜预注:“襄公幼弱,故曰‘小子’。臧纥短小,故曰‘朱儒’。”又《汉书·东方朔传》:“久之,朔绐驺(驾车)朱儒,曰:‘上以若曹无益于县官,耕田力作固不及人,临众处官不能治民,从军击虏不任兵事,无益于国用,徒索衣食,今欲尽杀若曹。’朱儒大恐,啼泣。朔教曰:‘上即过,叩头请罪。’居有顷,闻上过,朱儒皆号泣顿首。上问:‘何为?’对曰:‘东方朔言上欲尽诛臣等。’上知朔多端,召问朔:‘何恐朱儒为?’对曰:‘臣朔生亦言,死亦言。朱儒长三尺余,奉一囊粟,钱二百四十。臣朔长九尺余,亦奉一囊粟,钱二百四十。朱儒饱欲死,臣朔饥欲死。臣言可用,幸异其礼;不可用,罢之,无令但索长安米。’上大笑,因使待诏金马门,稍得亲近。”

魁梧,高大。《史记·留侯世家》:“上曰:‘夫运筹策帷帐之中,决胜千里外，吾不如子房。'余以为其人计（大概）魁梧奇伟，至见其图，状貌如妇人好女。盖孔子曰：'以貌取人，失之子羽。'留侯亦云。"

龙章凤姿，庙廊之彦；獐头鼠目，草野之夫。

龙章凤姿，比喻风采出众，出身高贵。《新唐书·太宗纪》："（太宗）方四岁，有书生谒高祖曰：'公在相法，贵人也，然必有贵子。'及见太宗，曰：'龙凤之姿，天日之表，其年几冠，必能济世安民。'书生已辞去，高祖惧其语泄，使人追杀之，而不知其所往，因以为神。乃采其语，名之曰世民。"亦见于《旧唐书·太宗纪上》。○庙廊之彦，亦作"廊庙之才"，指朝廷中杰出的大臣。《宋书·裴松之传》："既克洛阳，高祖敕之曰：'裴松之廊庙之才，不宜久尸边务，今召为世子洗马，与殷景仁同，可令知之。'"

獐头鼠目，形容仪表委琐，出身卑贱。《新唐书·李揆传》："初，苗晋卿数荐元载，揆轻载地寒，谓晋卿曰：'龙章凤姿士不见用，獐头鼠目子乃求官邪？'载闻，衔之。"亦见于《旧唐书·李揆传》。

恐怯过甚，曰畏首畏尾；感佩不忘，曰刻骨铭心。

畏首畏尾，形容瞻前顾后，疑虑重重。《左传·文公十七年》："郑子家使执讯而与之书，以告赵宣子，曰：'……古人有言曰："畏首畏尾，身其余几？"又曰："鹿死不择音。"小国之事大国也，德，则其人（像人一样恭顺）也；不德，则其鹿也，铤而走险，急何能择？命之罔极，亦知亡矣。将悉敝赋以待于儵，唯执事命之。'"

刻骨铭心，形容感恩极深，永记不忘。唐李白《上安州李长史书》："幸容宁越之辜，深荷王公之德。铭刻心骨，退思狂愆（过失），五情冰炭，罔知所措。昼愧于影，夜惭于魄，启处不遑，战跼无地。"

貌丑曰不飏，貌美曰冠玉。

不飏，亦作"不扬"，容貌丑陋。《左传·昭公二十八年》："昔叔向适郑，鬷（音宗）蔑恶（丑），欲观叔向，从使之收器者，而往，立于堂下，一言而善。叔向将饮酒，闻之，曰：'必鬷明也。'下，执其手以上，曰：'昔贾大夫恶，娶妻而美，三年不言不笑。御以如皋，射雉，获之，其妻始笑而言。贾大夫曰："才之不可以已，我不能射，女遂不言不笑夫！"今子少不飏，子若无言，吾几失子矣。言之不可以已也如是。'遂如故知。"杜预注："颜貌不扬显。"

冠玉，装饰在帽子上的美玉，后用以比喻美男子。《史记·陈丞相世家》："绛侯、灌婴等咸谗陈平曰：'平虽美丈夫，如冠玉耳，其中未必有也。臣闻平居家时，盗其嫂；事魏不容，亡归楚；归楚不中，又亡归汉。今日大王尊官之，令护军。臣闻平受诸将金，金多者得善处，金少者得恶处。平，反覆乱臣也，愿王察之。'"裴骃集解："《汉书音义》曰：'饰冠以玉，光好外见，中非所有。'"

足跛曰蹒跚，耳聋曰重听。

蹒跚，亦作"槃散"，形容走路不方便。《史记·平原君虞卿列传》："平原君赵胜者，赵之诸公子也。诸子中胜最贤，喜宾客，宾客盖至者数千人。平原君相赵惠文王及孝成王，三去相，三复位，封于东武城。平原君家楼临民家。民家有躄者，槃散行汲。平原君美人居楼上，临见，大笑之。明日，躄者至平原君门，请曰：'臣闻君之喜士，士不远千里而至者，以君能贵士而贱妾也。臣不幸有罢癃之病，而君之后宫临而笑臣，臣愿得笑臣者头。'平原君笑应曰：'诺。'躄者去，平原君笑曰：'观此竖子，乃欲以一笑之故杀吾美人，不亦甚乎！'终不杀。居岁余，宾客门下舍人稍稍引去者过半。平原君怪之，曰：'胜所以待诸君者，未尝敢失礼，而去者何多也？'门下一人前对曰：'以君之不杀笑躄者，以君为爱色而贱士，士即去耳。'于是平原君乃斩笑躄者美人头，自造门进躄者，因谢焉。其后门下乃复稍稍来。是时齐有孟尝，魏有信陵，楚有春申，故争相倾以待士。"

重听，耳聋。《汉书·循吏传·黄霸》："(黄)霸力行教化而后诛罚，务在成就全安长吏。许丞老，病聋，督邮白欲逐之，霸曰：'许丞廉吏，虽老，尚能拜起送迎，正(即使)颇重听，何伤？且善助之，毋失贤者意。'或问其故，霸曰：'数易长吏，送故迎新之费，及奸吏缘绝簿书，盗财物，公私费耗甚多，皆当出于民，所易新吏，又未必贤，或不如其故，徒相益为乱。凡治道，去其泰甚者耳。'"

期期艾艾，口讷之称；喋喋便便，言多之状。

期期艾艾，形容口吃或说话不利索。《史记·张丞相列传》："及帝欲废太子，而立戚姬子如意为太子，大臣固争之，莫能得；上以留侯策即止。而周昌廷争之强，上问其说，昌为人吃，又盛怒，曰：'臣口不能言，然臣期(极)期知其不可。陛下虽欲废太子，臣期期不奉诏。'"张守节正义："昌以口吃，每语故重言期期也。"〇《世说新语·言语》："邓艾口吃，语称'艾艾'。晋文王戏之曰：'卿云"艾艾"，定是几艾？'对曰：'"凤兮凤兮"，故是一凤。'"

喋喋(音谍)，形容说话多。《史记·匈奴列传》："嗟土室之人，顾无多辞，令喋喋而佔佔，冠固何当？"裴骃集解："喋喋，音谍，利口也。佔佔，音昌占反，衣裳貌。”〇便便（音骈），口才辩给，善于辞令。《论语·乡党》：“其在宗庙朝廷，便便言，唯谨尔。”何晏集解：“郑（玄）曰：‘便便，辩也。虽辩而谨敬。’”

可嘉者小心翼翼，可鄙者大言不惭。

小心翼翼，恭敬谨慎。《诗经·大雅·大明》：“维此文王，小心翼翼。”郑玄笺：“小心翼翼，恭慎貌。”

大言不惭，谓夸大其辞而不知羞耻。《论语·宪问》：“子曰：‘其言之不怍，则为之也难。’”朱熹集注：“大言不惭，则无必为之志，而不自度其能否矣。欲践其言，岂不难哉！”

腰细曰柳腰，身小曰鸡肋。

柳腰，柳树的柔条，形容女子腰肢纤柔。唐韩偓《频访卢秀才》诗：“药诀棋经思致论，柳腰莲脸本忘情。”

鸡肋，比喻身体瘦弱。《晋书·刘伶传》：“尝醉与俗人相忤，其人攘袂奋拳而往。伶徐曰：‘鸡肋不足以安尊拳。’其人笑而止。”

笑人齿缺，曰狗窦大开；讥人不决，曰首鼠偾事。

狗窦，狗洞。《世说新语·排调》：“张吴兴年八岁，亏齿。先达知其不常，故戏之曰：‘君口中何为开狗窦？’张应声答曰：‘正使君辈从此中出入。’”

首鼠，踌躇不决。《史记·魏其武安侯列传》：“武安已罢朝，出止车门，召韩御史大夫载。怒曰：‘与长孺（韩安国）共一老秃翁（指窦婴），何为首鼠两端？’”裴骃集解：“《汉书音义》曰：‘首鼠，一前一却也。’”又北宋陆佃《埤雅·释虫》：“旧说鼠性疑，出穴多不果，故持两端谓之首鼠。”〇偾（音奋）事，败事。《礼记·大学》：“此谓一言偾事，一人定国。”郑玄注：“偾，犹覆败也。”

口中雌黄，言事而多改移；皮里春秋，胸中自有褒贬。

口中雌黄，随口更正说得不恰当的地方，如用雌黄蘸笔，涂改错字。后亦作“信口雌黄”，用以比喻不顾事实，随便乱说。雌黄，矿石名，黄褐色；古时写字用黄纸，写错了就用雌黄涂了重写。《晋书·王衍传》：“（王衍）妙善玄言，唯谈老庄为事。每捉玉柄麈尾，与手同色。义理有所不安，随即改更，世号‘口中雌黄’。朝野翕然，谓之‘一世龙门’矣。”又南朝梁刘峻《广绝交论》：“雌黄出其唇吻，朱紫由其月旦。”李善注：“孙盛《晋阳秋》曰：‘王衍，字夷甫。能言，于意有不安者，辄更易之，时号口中雌黄。’”

皮里春秋，亦作“皮里阳秋”（因晋简文帝的母亲名郑阿春，晋人为避讳而改用“阳”字代替“春”字），谓表面上不作评论，内心却有所褒贬。《晋书·外戚传·褚裒》：“裒少有简贵之风，与京兆杜乂俱有盛名，冠于中兴。谯国桓彝见而目之曰：‘季野有皮里阳秋。’言其外无臧否，而内有所褒贬也。谢安亦雅重之，恒云：‘裒虽不言，而四时之气亦备矣。’”亦见于《世说新语·赏誉》。

唇亡齿寒，谓彼此之失依；足上首下，谓尊卑之颠倒。

唇亡齿寒，唇缺则齿外露。比喻相互依存，利害相关。《左传·僖公五年》：“晋侯复假道（借道）于虞以伐虢。宫之奇谏曰：‘虢，虞之表也。虢亡，虞必从之。晋不可启，寇不可玩，一之谓甚，其可再乎？谚所谓“辅（颊骨）车（牙床）相依，唇亡齿寒”者，其虞、虢之谓也。’”

西汉贾谊《治安策》（一名《陈政事疏》）：“天下之势方倒县。凡天子者，天下之首，何也？上也。蛮夷者，天下之足，何也？下也。今匈奴嫚娒（侮）侵掠，至不敬也，为天下患，至亡已也，而汉岁致金絮采缯以奉之。夷狄征令，是主上之操（操持）也；天子共（供）贡，是臣下之礼也。足反居上，首顾居下，倒县如此，莫之能解，犹为国有人乎！”

所为得意，曰吐气扬眉；待人诚心，曰推心置腹。

扬眉吐气，形容久受压抑之后快意的样子。唐李白《与韩荆州书》：“今天下以君侯为文章之司命，人物之权衡，一经品题，便作佳士。而君侯何惜阶前盈尺之地，不使白扬眉吐气，激昂青云耶？”

推心置腹，形容以至诚待人。《后汉书·光武帝纪上》：“（更始二年）秋，光武击铜马于鄡，吴汉将突骑来会清阳。贼数挑战，光武坚营自守；有出卤掠者，辄击取之，绝其粮道。积月余日，贼食尽，夜遁去，追至馆陶，大破之。受降未尽，而高湖、重连从东南来，与铜马余众合，光武复与大战于蒲阳，悉破降之，封其渠帅为列侯。降者犹不自安，光武知其意，敕令各归营勒兵，乃自乘轻骑按行部陈。降者更相语曰：‘萧王推赤心置人腹中，安得不投死乎！’由是皆服。悉将降人分配诸将，众遂数十万，故关西号光武为‘铜马帝’。”今按：“铜马”“高湖”“重连”，皆当时农民起义军名号；萧王，更始帝当时封刘秀为萧王。

心慌曰灵台乱，醉倒曰玉山颓。

灵台，亦称“灵府”，古代指心（思维器官）。《庄子·庚桑楚》：“不可内于灵台。”郭象注：“灵台者，心也。”陆德明释文：“灵台，郭云：‘心也。’案：谓心有灵智，能住持也。许慎云：‘人心以上，气所往来也。’”

《世说新语·容止》：“嵇康身长七尺八寸，风姿特秀。见者叹曰：‘萧萧肃肃，爽朗清举。’或云：‘肃肃如松下风，高而徐引。’山公（山涛）曰：‘嵇叔夜之为人也，岩岩若孤松之独立。其醉也，傀（音龟）俄（倾颓貌）若玉山之将崩。’”

睡曰黑甜，卧曰息偃。

黑甜，酣睡。北宋苏轼《发广州》诗：“三杯软饱后，一枕黑甜余。”自注：“俗谓睡为黑甜。”

息偃，安卧休息。偃，卧。《诗经·小雅·北山》：“或燕燕居息，或尽瘁事国，或息偃在床，或不已于行。”

口尚乳臭，谓世人年少无知；三折其肱，谓医士老成谙练。

口尚乳臭，口中还有奶腥味，指年幼无知。《汉书·高帝纪上》：“（郦）食其还，汉王问：‘魏大将谁也？’对曰：‘柏直。’王曰：‘是口尚乳臭，不能当韩信。’”

三折肱，意谓多次折断手臂，就能懂得医治折臂的方法。后用以比喻对某事阅历多，经验丰富，而成为行家里手。《左传·定公十三年》：“二子（范氏、中行氏）将伐公（晋定公），齐高强曰：‘三折肱，知为良医。唯伐君为不可，民弗与也。我以伐君在此矣。三家未睦，可尽克也。克之，君将谁与？若先伐君，是使睦也。’”

西子捧心，愈见增妍；丑妇效颦，弄巧反拙。

注详见《女子》“东施效颦而可厌”条。

慧眼始知道骨，肉眼不识贤人。

佛经中说有肉眼、天眼、慧眼、法眼、佛眼等五眼。慧眼能照见诸法无相、真空之理，依靠它能得到解脱。今泛指目光敏锐，见解高超。《大乘义章》云：“观达名慧，慧能照瞩，故名慧眼。”又《无量寿经》：“慧眼见真，能度彼岸。”

肉眼，佛经所说五眼之一，即见近不见远、见前不见后、见明不见暗的肉身之眼。今泛指俗眼。《唐摭言》卷一二：“（郑）光业尝言及第之岁，策试夜，有一同人突入试铺，为吴语谓光业曰：‘必先必先，可以相容否？’光业为辍半铺之地。其人复曰：‘必先必先，咨仗取一杓水。’光业为取。其人再曰：‘便干托煎一碗茶，得否？'光业欣然与之烹煎。居二日，光业状元及第，其人首贡一启，颇叙一宵之素。略曰：'既取水，更煎茶。当时之不识贵人，凡夫肉眼；今日之俄为后进，穷相骨头。'"

婢膝奴颜，谄容可厌；胁肩谄笑，媚态难堪。

婢膝奴颜，形容低声下气、谄媚奉承的丑态。《抱朴子·外篇·交际》："以岳峙独立者，为涩吝疏拙；以奴颜婢睐者，为晓解当世。风成俗习，莫不逐末，流遁遂往，可慨者也。"又唐陆龟蒙《江湖散人歌》诗："奴颜婢膝真乞丐，反以正直为狂痴。"

胁肩谄笑，缩敛肩膀，假装笑脸。形容逢迎谄媚。《孟子·滕文公下》："曾子曰：'胁肩谄笑，病于夏畦。'"焦循正义："胁肩者，故为竦敬之状也；谄笑者，强为媚悦之颜也。"

忠臣披肝，为君之药；妇人长舌，为厉之阶。

披肝，即"披肝沥胆""披露心肝"。比喻竭诚相见，尽所欲言。《汉书·路温舒传》载《尚德缓刑书》："故大将军(霍光)受命武帝，股肱汉国，披肝胆，决大计，黜亡义，立有德，辅天而行，然后宗庙以安，天下咸宁。"〇《孔子家语·六本》："孔子曰：'良药苦于口而利于病，忠言逆于耳而利于行。汤武以谔谔而昌，桀纣以唯唯而亡。君无争(诤)臣，父无争子，兄无争弟，士无争友，无其过者，未之有也。故曰：君失之，臣得之；父失之，子得之；兄失之，弟得之；己失之，友得之。是以国无危亡之兆，家无悖乱之恶，父子兄弟无失，而交友无绝也。'"亦见于《说苑·正谏》，文字有出入。

长舌，喻善于谗毁，亦指搬弄是非。《诗经·大雅·瞻卬》："妇有长舌，维厉之阶。乱匪降自天，生自妇人。"郑玄笺："长舌，喻多言语。是王降大厉之阶，阶所由上下也。今王之有此乱政，非从天而下，但从妇人出耳。"

事遂心曰如愿，事可愧曰汗颜。

如愿，符合心意。《搜神记》卷四："庐陵欧明，从贾客，道经彭泽湖。每以舟中所有，多少投湖中，云：'以为礼'。积数年。后复过，忽见湖中有大道，上多风尘。有数吏，乘车马来候明，云：'是青洪君使要'。须臾达，见有府舍，门下吏卒，明甚怖。吏曰：'无可怖。青洪君感君前后有礼，故要君。必有重遗君者。君勿取，独求如愿耳。'明既见青洪君，乃求如愿。使逐明去。如愿者，青洪君婢也。明将归，所愿辄得。数年，大富。"亦见于《初学记》卷一八引《录异传》。

汗颜，惭愧而出汗。唐韩愈《祭柳子厚文》："不善为斫，血指汗颜。巧匠旁观，缩手袖间。"

人多言曰饶舌，物堪食曰可口。

绕舌，多言，多嘴。《北齐书·斛律光传》："周将军韦孝宽忌光英勇，乃作谣言，令间谍漏其文于邺，曰：'百升飞上天，明月照长安。'又曰：'高山不推自崩，槲树不扶自竖。'祖珽因续之曰：'盲眼老公背上下大斧，饶舌老母不得语。'令小儿歌之于路。提婆闻之，以告其母令萱。萱以饶舌斥己也，盲老公谓珽也，遂相与协谋，以谣言启帝曰……。"又《景德传灯录》卷二七："寒山复执闾丘手，笑而言曰：'丰干绕舌。'久而放之。"

可口，味道很合口味。《庄子·天运》："故夫三皇五帝之礼义法度，不矜于同而矜于治。故譬三皇五帝之礼义法度，其犹柤梨橘柚邪！其味相反，而皆可于口。"

泽及枯骨，西伯之深仁；灼艾分痛，宋祖之友爱。

西伯，即周文王。《新序·杂事五》："周文王作灵台，及为池沼，掘地得死人之骨，吏以闻于文王。文王曰：'更葬之。'吏曰：'此无主矣。'文王曰：'有天下者，天下之主也；有一国者，一国之主也。寡人固其主，又安求主？'遂令吏以衣棺更葬之。天下闻之，皆曰：'文王贤矣，泽及枯骨，又况于人乎？'或得宝以危国，文王得朽骨，以喻其意，而天下归心焉。"亦见于《吕氏春秋·孟冬纪·异用》。

注详见《兄弟》"宋君灼艾而分痛"条。

唐太宗为臣疗病，亲剪其须；颜杲卿骂贼不辍，贼断其舌。

《新唐书·李勣传》："勣既忠力，帝(唐太宗)谓可托大事。尝暴疾，医曰：'用须灰可治。'帝乃自翦须以和药。及愈，入谢，顿首流血。帝曰：'吾为社稷计，何谢为！'"亦见于《贞观政要·任贤》。

《新唐书·忠义传中·颜杲卿》略云：颜杲卿为常山太守，安禄山反，起兵讨贼，兵败，与袁履谦同执。杲卿至洛阳，禄山怒曰："吾擢尔太守，何所负而反？"杲卿瞋目骂曰："汝营州牧羊羯奴耳，窃荷恩宠，天子负汝何事，而乃反乎？我世唐臣，守忠义，恨不斩汝以谢上，乃从尔反耶？"禄山不胜忿，缚之天津桥柱，节解以肉啖之，詈不绝，贼钩断其舌，曰："复能骂否？"杲卿含胡而绝，年六十五。履谦既断手足，何千年弟适在傍，咀血喷其面，贼脔之，见者垂泣。杲卿宗子近属皆被害。

不较横逆，曰置之度外；洞悉虏情，曰已入掌中。

横逆，横行，强暴无理。《孟子·离娄下》："其待我以横逆。"〇置之度外，不放在心上。《后汉书·隗嚣传》："(建武)六年，关东悉平。帝(光武帝)积苦兵间，以嚣子内侍，公孙述远据边陲，乃谓诸将曰：'且当置此两子于度外耳。'"

已入掌中，比喻在控制的范围内，犹言掌握之中。《资治通鉴》卷一一五："刘裕过大岘，燕兵不出。裕举手指天，喜形于色。左右曰：'公未见敌而先喜，何也？'裕曰：'兵已过险，士有必死之志；余粮栖亩，人无匮乏之忧。虏已入吾掌中矣。'"

马良有白眉，独出乎众；阮籍作青眼，厚待乎人。

注详见《兄弟》"马季常之眉本白"条。

《晋书·阮籍传》："籍又能为青白眼，见礼俗之士，以白眼对之。及嵇喜来吊，籍作白眼，喜不怿而退。喜弟康闻之，乃赍酒挟琴造焉。籍大悦，乃见青眼。由是礼法之士疾之若仇。"

咬牙封雍齿，计安众将之心；含泪斩丁公，法正叛臣之罪。

《史记·留侯世家》："(汉高祖六年)上已封大功臣二十余人，其余日夜争功不决，未得行封。上在洛阳南宫，从复道望见诸将，往往相与坐沙中语。上曰：'此何语？'留侯曰：'陛下不知乎？此谋反耳！'上曰：'天下属安定，何故反乎？'留侯曰：'陛下起布衣，以此属取天下。今陛下为天子，而所封皆萧、曹故人所亲爱，而所诛者皆生平所仇怨。今军吏计功，以天下不足遍封。此属畏陛下不能尽封，恐又见疑平生过失及诛，故即相聚谋反耳。'上乃忧曰：'为之奈何？'留侯曰：'上平生所憎，群臣所共知，谁最甚者？'上曰：'雍齿与我故(故怨)，数尝窘辱我。我欲杀之，为其功多，故不忍。'留侯曰：'今急先封雍齿，以示群臣。群臣见雍齿封，则人人自坚矣。'于是上乃置酒，封雍齿为什方侯，而急趣丞相、御史定功行封。群臣罢酒，皆喜曰：'雍齿尚为侯，我属无患矣。'"亦见于《汉书·高帝纪下》。

《史记·季布栾布列传》："季布母弟丁公，为楚将。丁公为项羽逐窘高祖彭城西，短兵接，高祖急，顾丁公曰：'两贤岂相厄哉！'于是丁公引兵而还，汉王遂解去。及项王灭，丁公谒见高祖。高祖以丁公徇军中，曰：'丁公为项王臣不忠，使项王失天下者，乃丁公也。'遂斩丁公，曰：'使后世为人臣者，无效丁公。'"

掷果盈车，潘安仁美姿可爱；投石满载，张孟阳丑态堪憎。

潘岳，字安仁；张载，字孟阳。《晋书·潘岳传》："岳美姿仪，辞藻绝丽，尤善为哀诔之文。少时常挟弹出洛阳道，妇人遇之者，皆连手萦绕，投之以果，遂满车而归。时张载甚丑，每行，小儿以瓦石掷之，委顿而反。"又《世说新语·容止》："潘岳妙有姿容，好神情。少时挟弹出洛阳道，妇人遇者，莫不连手共萦之。左太冲（左思）绝丑，亦复效岳游遨，于是群妪齐共乱唾之，委顿而返。"刘孝标注："《语林》曰：'安仁至美，每行，老妪以果掷之，满车。张孟阳至丑，每行，小儿以瓦石投之，亦满车。'"

事之可怪，妇人生须；事所骇闻，男人诞子。

《宋史·五行志一下》："宣和六年，都城有卖青果男子，孕而生子，蓐母不能收，易七人，始免而逃去。丰乐楼酒保朱氏子之妻，可四十余，楚州人，忽生髭，长仅六七寸，疏秀而美，宛然一男子，特诏度为女道士。"又《大宋宣和遗事》利集："（宣和六年）十二月，两京、河、浙路大水。是时灾异叠见。都城有青果男子，有孕而诞子，坐蓐不能收，换易七人，始分娩而逃去。又丰乐楼酒保朱氏子，其妻年四十余，忽生髭髯，长六七寸，毓秀甚美，宛然一男子之状。京尹以其事闻于朝，诏度朱氏妻为道士。"

求物济用，谓燃眉之急；悔事无成，曰噬脐何及。

燃眉之急，比喻事情急迫。元马端临《文献通考·市籴二》："元祐初，温公（司马光）入相，诸贤并进用，革新法之病民者，如救眉燃，青苗、助役其尤也。"

噬脐何及，亦作"噬脐莫及"，人咬自己的肚脐是不可能咬到的。比喻事情办不到，后悔来不及。《左传·庄公六年》："楚文王伐申，过邓。邓祁侯曰：'吾甥也。'止而享之。骓甥、聃甥、养甥请杀楚子，邓侯弗许。三甥曰：'亡邓国者，必此人也。若不早图，后君噬齐（脐），其及图之乎？图之，此为时矣。'"杜预注："若啮腹齐，喻不可及。"

情不相关，如秦越人之视肥瘠；事当探本，如善医者只论精神。

唐韩愈《争臣论》："视政之得失，若越人之视秦人之肥瘠，忽焉不加喜戚于其心。"

探本，探求事物的本源。如善医者只论精神，好比医术高明的医生从精神元气上寻求病因一样。

无功食禄，谓之尸位素餐；谫劣无能，谓之行尸走肉。

尸位，如尸之居位，只受享祭而无所事事。古代祭祀时，代死者受祭、象征死者神灵的人叫“尸”。《伪古文尚书·五子之歌》：“太康尸位，以逸豫灭厥德，黎民咸贰。”○素餐，不劳而食。《诗经·魏风·伐檀》：“彼君子兮，不素餐兮。”○尸位素餐，空占职位而不理事。《汉书·朱云传》：“至成帝时，丞相故安昌侯张禹以帝师位特进，甚尊重。云上书求见，公卿在前。云曰：‘今朝廷大臣上不能匡主，下亡以益民，皆尸位素餐，孔子所谓“鄙夫不可与事君”，“苟患失之，亡所不至”者也。臣愿赐尚方斩马剑，断佞臣一人以厉其余。’上问：‘谁也？’对曰：‘安昌侯张禹。’上大怒，曰：‘小臣居下讪上，廷辱师傅，罪死不赦。’御史将云下，云攀殿槛，槛折。”颜师古注：“尸，主也。素，空也。尸位者，不举其事，但主其位而已。素餐者，德不称官，空当食禄。”

谫(音剪)劣，浅薄卑劣。○行尸走肉，如尸体而能行，如死肉而能走。比喻徒具形骸，无所作为的人。《拾遗记》卷六：“任末年十四时，学无常师，负笈不远险阻。每言：‘人而不学，则何以成？’或依林木之下，编茅为庵，削荆为笔，刻树汁为墨。夜则映星望月，暗则缚麻蒿以自照。观书有合意者，题其衣裳，以记其事。门徒悦其勤学，更以净衣易之。非圣人之言不视。临终诫曰：‘夫人好学，虽死若存；不学者虽存，谓之行尸走肉耳！’河洛秘奥，非正典籍所载，皆注记于柱壁及园林树木，慕好学者，来辄写之。时人谓任氏为‘经苑’。”

老当益壮，宁知白首之心；穷且益坚，不坠青云之志。

老当益壮，年纪愈老而志气应当更壮。穷且益坚，处境越是艰难而意志应当更为坚定。语出《后汉书·马援传》：“丈夫为志，穷当益坚，老当益壮。”《滕王阁序》：“嗟乎！时运不齐，命途多舛；冯唐易老，李广难封。屈贾谊于长沙，非无圣主；窜梁鸿于海曲，岂乏明时。所赖君子见机，达人知命。老当益壮，宁移(一作“知”)白首之心；穷且益坚，不坠青云之志。”

一息尚存，此志不容少懈；十手所指，此心安可自欺。

一息尚存，还有最后一口气。《论语·泰伯》：“曾子曰：‘士不可以不弘毅，任重而道远。仁以为己任，不亦重乎？死而后已，不亦远乎？’”朱熹集注：“仁者，人心之全德，而必欲以身体而力行之，可谓重矣。一息尚存，此志不容少懈，可谓远矣。”

十手所指，很多手在指着。形容一举一动都瞒不过众人。《礼记·大学》:“曾子曰:‘十目所视,十手所指,其严乎!’富润屋,德润身,心广体胖,故君子必诚其意。”

[新增文]十三联

高台曰头,广宅云面。

《云笈七签》卷一二《黄庭外景经·上部经》:“灵台通天临中野。”务成子注:“头为高台,肠为广野。”亦见于清厉荃《事物异名录·形貌·头》。

宅,道教指面部。《云笈七签》卷一一《黄庭内景经·天中章》:“云宅既清玉帝游。”梁丘子注:“面为云宅,一名尺宅。以眉、目、鼻、口之所居,故为宅也。”

顿殊于众,须号于思;迥异乎人,指生骈拇。

于思,胡须很多貌。思,通“腮”。《左传·宣公二年》:“宋城,华元为植(督工),巡功。城者讴曰:‘睅其目,皤其腹;弃甲而复!于思于思,弃甲复来!’使其骖乘谓之曰:‘牛则有皮,犀兕尚多,弃甲则那(音挪)!’役人曰:‘从其有皮,丹漆若何?’华元曰:‘去之,夫其口众我寡。’”

骈拇,足拇指连第二指。后以骈拇比喻多余无用之物。《庄子·骈拇》:“骈拇枝指,出乎性哉!而侈于德(超过了应得)。”成玄英疏:“骈,合也;拇,足大指也。谓足大拇指与第二指相连,合为一指也。枝指者,谓手大拇指傍枝生一指,成六指也。出乎性者,谓此骈枝二指,并禀自然,性命生分中有之。侈,多也。”

何平叔面犹傅粉,秦庄公颜若渥丹。

《世说新语·容止》:“何平叔美姿仪,面至白。魏明帝(一说“魏文帝”)疑其傅粉,正夏月,与热汤饼。既啖,大汗出,以朱衣自拭,色转皎然。”

渥丹,形容脸色红润。《诗经·秦风·终南》:“颜如渥丹,其君也哉!”郑玄笺:“渥,厚渍也。颜色如厚渍之丹,言赤而泽也。其君也哉,仪貌尊严也。”《毛诗序》:“《终南》,戒襄公也。能取周地,始为诸侯,受显服。大夫美之,故作是诗以戒劝之。”今按:据《毛诗序》的说法,颜若渥丹的应是秦襄公,而非秦庄公。

古尚书头尖似笔，偏擅英称；张太仆腹大如瓠，更垂好誉。

《魏书·古弼传》："(古弼迁尚书令)世祖大阅，将校猎于河西。弼留守，诏以肥马给骑人，弼命给弱者。世祖大怒曰：'尖头奴，敢裁量朕也！朕还台，先斩此奴。'弼头尖，世祖常名之曰'笔头'，是以时人呼为'笔公'。弼属官惶怖惧诛。弼告之曰：'吾以为事君使畋猎不适盘游，其罪小也。不备不虞，使戎寇恣逸，其罪大也。今北狄孔炽，南虏未灭，狡焉之志，窥伺边境，是吾忧也。故选肥马备军实，为不虞之远虑。苟使国家有利，吾何避死乎！明主可以理干，此自吾罪，非卿等之咎。'世祖闻而叹曰：'有臣如此，国之宝也！'赐衣一袭、马二匹、鹿十头。后车驾畋于山北，大获麋鹿数千头，诏尚书发车牛五百乘以运之。世祖寻谓从者曰：'笔公必不与我，汝辈不如马运之速。'遂还。行百余里而弼表至，曰：'今秋谷悬黄，麻菽布野，猪鹿窃食，鸟雁侵费，风波所耗，朝夕参倍。乞赐矜缓，使得收载。'世祖谓左右曰：'笔公果如朕所卜，可谓社稷之臣。'"亦见于《北史·古弼传》。

《史记·张丞相列传》："张丞相苍者，阳武人也。好书律历。秦时为御史，主柱下方书。有罪，亡归。及沛公略地过阳武，苍以客从攻南阳。苍坐法当斩，解衣伏质，身长大，肥白如瓠。时王陵见而怪其美士，乃言沛公，赦勿斩。"亦见于《汉书·张苍传》。今按：《史记》《汉书》均无张苍做太仆的记载。

可作生民主，刘曜垂五尺之髯；能为帝者师，张良掉三寸之舌。

《晋书·刘曜载记》："刘曜字永明，元海之族子也。少孤，见养于元海。幼而聪彗，有奇度。年八岁，从元海猎于西山，遇雨，止树下，迅雷震树，旁人莫不颠仆，曜神色自若。元海异之曰：'此吾家千里驹也，从兄为不亡矣！'身长九尺三寸，垂手过膝，生而眉白，目有赤光，须髯不过百余根，而皆长五尺。"

《史记·留侯世家》："留侯乃称曰：'家世相韩，及韩灭，不爱万金之资，为韩报仇强秦，天下振动。今以三寸舌为帝者师，封万户，位列侯，此布衣之极，于良足矣。愿弃人间事，欲从赤松子游耳。'"

维翰一尺面，宰相奇形；比干七窍心，忠臣异蕴。

《新五代史·桑维翰传》："桑维翰字国侨，河南人也。为人丑怪，身短而面长，常临鉴以自奇曰：'七尺之身，不如一尺之面。'慨然有志于公辅。"

《史记·殷本纪》："纣愈淫乱不止，微子数谏不听，乃与大师、少师谋，遂去。比干曰：'为人臣者，不得不以死争。'乃强谏纣。纣怒曰：'吾闻圣人心有七窍。'剖比干，观其心。"亦见于《史记·宋微子世家》等。

英雄当自别，佥云寇莱公鼻息如雷；俊杰却非凡，始信王濬冲目光若电。

鼻息如雷，形容鼾声大或睡意正浓。《梦溪笔谈》卷九："景德中，河北用兵，车驾(宋真宗)欲幸澶渊，中外之论不一，独寇忠愍(寇准)赞成上意。乘舆方渡河，虏骑充斥，至于城下，人情恟恟。上使人微觇准所为，而准方酣寝于中书，鼻息如雷。人以其一时镇物，比之谢安。"又北宋邵伯温《邵氏闻见录》卷一："真宗皇帝景德元年，契丹入寇，犯澶渊，京师震动。当时大臣有请幸金陵、幸西蜀者。左相毕文简公病不出，右相寇莱公独劝帝亲征，帝乃决，遂幸澶渊。帝意不欲过河，寇公力请，高琼控帝马渡过浮梁。帝登城，六军望黄屋呼'万岁'，声动原野，士气大振。帝每使人觇莱公动息，或曰：'寇准昼寝，鼻息如雷。'或曰：'寇准方命庖人斫鲙。'帝乃安。"

《晋书·王戎传》："王戎字濬冲，琅邪临沂人也。戎幼而颖悟，神彩秀彻。视日不眩，裴楷见而目之曰：'戎眼烂烂，如岩下电。'"又《世说新语·容止》："裴令公目王安丰：'眼烂烂如岩下电。'"刘孝标注："王戎形状短小，而目甚清炤，视日不眩。"

垂肩耳大，刘先主毕竟兴王；盖胆毛深，德谦师自当成佛。

《三国志·蜀书·先主传》："先主(刘备)不甚乐读书，喜狗马、音乐、美衣服。身长七尺五寸，垂手下膝，顾自见其耳。"又《三国志演义》(毛评本)第一回《宴桃园豪杰三结义》："生得身长八尺，两耳垂肩，双手过膝，目能自顾其耳，面如冠玉，唇若涂脂。中山靖王刘胜之后，汉景帝阁下玄孙，姓刘，名备，字玄德。"

南宋释普济《五灯会元》卷八："会下有僧去，住庵一年后却来，礼拜曰：'古人道三日不相见，莫作旧时看。'师(德谦禅师)拨开胸曰：'汝道我有几茎盖胆毛？'僧无对。师却问：'汝甚么时离庵？'曰：'今朝。'师曰：'来时折脚铛子，分付与阿谁？'僧又无语。师乃喝出。"

岳公刺背间之字，愈见心忠；英布黥面上之痕，何嫌貌丑。

《宋史·岳飞传》："桧遣使捕飞父子证张宪事，使者至，飞笑曰：'皇天后土，可表此心。'初命何铸鞫之，飞裂裳以背示铸，有'尽忠报国'四大字，深入肤理。既而阅实无左验，铸明其无辜。"又《宋史·何铸传》："先是，秦桧力主和议，大将岳飞有战功，金人所深忌。桧恶其异己，欲除之。胁飞故将王贵上变，逮飞系大理狱，先命铸鞫之。铸引飞至庭，诘其反状。飞袒而示之背，背有旧涅'尽忠报国'四大字，深入肤理。既而阅实俱无验，铸察其冤，白之桧。桧不悦曰：'此上意也。'铸曰：'铸岂区区为一岳飞者？强敌未灭，无故戮一大将，失士卒心，非社稷之长计。'"

《史记·黥布列传》："黥布者，六人也，姓英氏。秦时为布衣。少年，有客相之曰：'当刑而王。'及壮，坐法黥。布欣然笑曰：'人相我当刑而王，几是乎？'人有闻者，共俳笑之。"今按：英布先随项羽起义，封为九江王；后辅佐汉高祖，又被封为淮南王。

苏生正直，膝岂容佞士作枕头；林蕴精忠，项不使顽奴为砥石。

《三国志·魏书·苏则传》："（苏则）征拜侍中，与董昭同寮（僚）。昭尝枕则膝卧，则推下之，曰：'苏则之膝，非佞人之枕也。'"

《新唐书·儒学传下·林蕴》："蕴世通经，西川节度使韦皋辟推官。刘辟反，蕴晓以逆顺，不听。复遗书切谏，辟怒，械于狱，且杀之，将就刑，大呼曰：'"危邦不入，乱邦不居"，得死为幸矣！'辟惜其直，阴戒刑人抽剑磨其颈，以胁服之。蕴叱曰：'死即死，我项岂顽奴砥石邪？'辟知不可服，舍之，斥为唐昌尉。"

彦回之髯似戟，岂为乱阶；李瞻之胆如升，不亏大节。

《南史·褚裕之传》附褚彦回："景和中，山阴公主淫恣，窥见彦回悦之，以白帝。帝召彦回西上阁宿十日，公主夜就之，备见逼迫，彦回整身而立，从夕至晓，不为移志。公主谓曰：'君须髯如戟，何无丈夫意？'彦回曰：'回虽不敏，何敢首为乱阶？'"

《南史·贼臣传·侯景》："东阳人李瞻起兵，为贼所执，送诣建邺。景先出之市中，断其手足，刻析心腹，破出肝肠。瞻正色整容，言笑自若，见其胆者乃如升焉。"

张睢阳鼓烈气，握拳透爪；鲁仲连喷义声，嚼齿穿龈。

握拳透爪，紧握拳头，指甲穿过掌心。形容愤慨到极点。《太平广记》卷三二引《仙传拾遗》及《戎幕闲谭》《玉堂闲话》："时李希烈陷汝州，宰相卢杞，素忌其（颜真卿）刚正，将中害之。奏以真卿重德，四方所瞻，使往谕希烈，可不血刃而平大寇矣。上从之。事行，朝野失色。李勉闻之，以为失一国老，贻朝廷羞，密表请留。又遣人逆之于路，不及。既见希烈，方宣诏旨，希烈养子千余人，雪刃争前欲杀之。丛绕诟骂，神色不动。希烈以身蔽之，乃就馆舍。

希烈因宴其党，召真卿坐观之，使倡优讟(音独，毁谤)朝政以为戏。真卿怒曰：'相公人臣也，奈何使小辈如此。'遂起。希烈使人问仪制于真卿。答曰：'老夫耄矣，曾掌国礼，所记者诸侯朝覲礼耳。'其后，希烈使积薪庭中，以油沃之。令人谓曰：'不能屈节，当须自烧。'真卿投身赴火，其逆党救之。真卿乃自作遗表、墓志、祭文，示以必死。贼党使缢之，兴元元年八月三日也。年七十七。朝廷闻之，辍朝五日，谥文忠公。真卿四朝重德，正直敢言，老而弥壮，为卢杞所排，身殃于贼，天下冤之。《别传》云：真卿将缢，解金带以遗使者曰：'吾尝修道，以形全为先。吾死之后，但割吾支节血，为吾吮血，以给之，则吾死无所恨矣。'缢者如其言。既死，复收瘗之。贼平，真卿家迁丧上京。启殡视之，棺朽败而尸形俨然，肌肉如生，手足柔软，髭发青黑，握拳不开，爪透手背。远近惊异焉。行及中路，旅榇渐轻，后达葬所，空棺而已。《开天传信记》详而载焉。"

嚼齿穿龈，紧咬牙齿，竟咬破了牙龈。形容对敌人恨之入骨。《新唐书·忠义传中·张巡》："十月癸丑，贼攻城，士病不能战。巡西向拜曰：'孤城备竭，弗能全。臣生不报陛下，死为鬼以疠贼。'城遂陷，与(许)远俱执。巡众见之，起且哭，巡曰：'安之，勿怖，死乃命也。'众不能仰视。(尹)子琦谓巡曰：'闻公督战，大呼辄眦裂血面，嚼齿皆碎，何至是？'答曰：'吾欲气吞逆贼，顾力屈耳。'子琦怒，以刀抉其口，齿存者三四。巡骂曰：'我为君父死，尔附贼，乃犬彘也，安得久！'"今按：《新唐书》《旧唐书》均无张巡握拳透爪之记载，《史记》等也无鲁仲连嚼齿穿龈之描述。《东坡志林》卷一(十二卷本)云："张睢阳生犹骂贼，嚼齿穿龈；颜平原死不忘君，握拳透掌。"故应如苏说。

党进虽然大腹，非多算之人也；李纬徒有好须，不足齿之伧欤。

《尧山堂外纪》卷四二："党太尉进，食饱扪腹叹曰：'我不负汝。'左右曰：'将军固不负此腹，此腹负将军。'未尝少出智虑也。"亦见于清潘永因《宋稗类钞》卷四。

《旧唐书·房玄龄传》："(贞观)二十一年，太宗幸翠微宫，授司农卿李纬为民部尚书。玄龄时在京城留守，会有自京师来者，太宗问曰：'玄龄闻李纬拜尚书如何？'对曰：'玄龄但云李纬好髭须，更无他语。'太宗遽改授纬洛州刺史，其为当时准的如此。"亦见于《新唐书·房玄龄传》。

衣 服

冠称元服，衣曰身章。

元服，帽子。《太平御览》卷六八四："《周书》曰：'成王将加元服，周公使人来零陵，取文竹为冠。'"又《仪礼·士冠礼》："令月吉日，始加元服。"又《汉书·昭帝纪》："(元凤)四年春正月丁亥，帝加元服，见于高庙。"颜师古注："元，首也。冠者，首之所著，故曰元服。其下《汲黯传序》云'上正元服'，是知谓冠为元服。"

身章，亦作"章身"，原指表明贵贱身份的服饰，后泛指衣服的文饰或衣服。《左传·闵公二年》："时，事之征也。衣，身之章也。佩，衷之旗也。"杜预注："章贵贱。旗，表也，所以表明其中心。"

曰弁曰冔曰冕，皆冠之号；曰履曰舄曰屣，悉鞋之名。

弁(音辨)，古代贵族的一种礼帽，上尖下圆，为半椭圆形，由几块缝合而成，其状如两手相合。有皮弁、爵弁。皮弁，武冠；爵弁，文冠。《释名·释首饰》："弁，如两手相合抃(拍手)时也。以爵(雀)韦为之，谓之爵弁；以鹿皮为之，谓之皮弁。以韎韦为之，谓之韦弁也。"〇冔(音须)，殷代称"冕"为"冔"。《礼记·郊特牲》："周弁，殷冔，夏收，三王共皮弁、素积。"孔颖达疏："'周弁、殷冔、夏收'者，郑注《冠礼记》云：弁名出于槃。槃，大也，言所以自光大。冔名出于幠(音乎)。幠，覆也，言所以自覆饰也。收，言所以收敛发也。其制之异亦未闻。'三王共皮弁素积'者，以其质素，故三王同服，无所改易也。"〇冕，古代帝王、诸侯、卿大夫所戴的礼帽。后专指皇冠，故登王位叫"加冕"。《左传·桓公二年》："衮、冕、黻、珽。"杜预注："衮，画衣也。冕，冠也。黻，韦韠(音毕)，以蔽膝也。珽，玉笏也。若今吏之持簿。"孔颖达疏："冠者，首服之大名；冕者，冠中之别号，故云'冕，冠也'。……谓之冕者，冕，俛也，以其后高前下，有俛俯之形，故因名焉。盖以在上位者，失于骄矜，欲令位弥高而志弥下，故制此服，令贵者下贱也。"

履，单底之鞋。舄(音戏)，复底之鞋，即在鞋底下面加一层木底，后又发展、演变成"屐"。屣(音徙)，即鞋子，穿鞋而足不著鞋跟亦称"屣"。《释名·释衣服》:“履,礼也,饰足所以为礼也。亦曰屦。屦,拘也,所以拘足也。复其下曰舄。舄,腊也,行礼久立,地或泥湿,故复其下,使干腊也。齐人谓草屦曰扉。扉,皮也,以皮作之。或曰不借,言贱易有,宜各自蓄之,不假借也。”又《山堂肆考》卷一九〇:“又单底曰履,复底曰舄。屦,亦履也。麻作谓之屦,亦谓之扉。又朝服谓之履,祭服谓之舄,燕服谓之屦,亦各视其裳之色。”

上公命服有九锡,士人初冠有三加。

上公,公爵的尊称,位在诸爵之上。周制,三公(太师、太傅、太保)八命,出封时,加一命,称为“上公”。汉制,太傅位在三公(大司马、大司徒、大司空)之上,为上公。晋制,太宰、太傅、太保皆为上公。后亦泛指高官显爵。《周礼·春官·典命》:“上公九命为伯,其国家、宫室、车旗、衣服、礼仪皆以九为节。”郑玄注:“上公,谓王之三公有德者,加命为二伯。二王之后,亦为上公。国家,国之所居,谓城方也。公之城盖方九里,宫方九百步。”〇命服,原指周代天子按照礼制规定,赐予元士至上公九种不同命爵的制服。后泛指古代官员按其官衔等级所穿的礼服。〇九锡,古代帝王赏赐给有大功或有权势的诸侯大臣的九种器物,是最高礼遇的表示。在不同时期,九锡之名不尽相同,排列次序亦前后不一。《公羊传·庄公元年》:“王使荣叔来锡桓公命。锡者何?赐也。命者何?加我服也。”何休注:“增加其衣服,令有异于诸侯。礼有九锡:一曰车马,二曰衣服,三曰乐则,四曰朱户,五曰纳陛,六曰虎贲,七曰弓矢,八曰铁钺,九曰秬鬯,皆所以劝善扶不能。言命不言服者,重命,不重其财物。礼,百里不过九命,七十里不过七命,五十里不过五命。”徐彦疏:“此《礼纬·含文嘉》文也。彼注云:‘诸侯有德,当益其地,不过百里。后有功,加以九赐:进退有节,行步有度,赐以车马,以代其步;其言成文章,行成法则,赐以衣服,以表其德;其长于教诲,内怀至仁,赐以乐则,以化其民;其居处脩理,房内不渫,赐以朱户,以明其别;其动作有礼,赐以纳陛,以安其体;其勇猛劲疾,执义坚强,赐以虎贲,以备非常;其内怀至仁,执义不倾,赐以弓矢,使得专征;其亢阳威武,志在宿卫,赐以斧钺,使得专杀;其孝慈父母,赐以秬鬯,使之祭祀。皆如有德,则阴阳和,风雨时,四方所瞻,臣子所望,则有秬鬯之草,景星之应’是也。”

三加,古代男子成年(二十岁)行加冠礼,初加缁布冠,次加皮弁,次加爵弁,称为“三加”。《礼记·冠义》:“故冠于阼,以著代也。醮于客位,三加弥尊,加有成也。已冠而字之,成人之道也。”郑玄注:“冠者,初加缁布冠,次加皮弁,次加爵弁,每加益尊,所以益成也。”

簪缨缙绅，仕宦之称；章甫缝掖，儒者之服。

簪、缨，古时达官贵人的冠饰，用来把冠固着在头上。故代指高官显宦。簪，古人用来绾定发髻或冠的长针。缨，古人系冠的带子。南朝齐谢朓《奉和随王殿下》诗其二："观淄咏已失，怃然愧簪缨。"又南朝梁萧统《锦带书十二月启·姑洗三月》："龙门退水，望冠冕以何年；鷁路颓风，想簪缨于几载。"〇缙绅，注详见《文臣》"朝臣皆搢笏于绅间，故曰搢绅"条。

章甫缝掖，亦省作"章缝""章逢"，指儒者或儒家学说。章甫，殷代之礼冠，即缁布之冠，大夫戴之。缝掖，亦作"逢掖"，宽袖单衣；古代儒生所服，故代称"儒生"。《礼记·儒行》："鲁哀公问于孔子曰：'夫子之服，其儒服与？'孔子对曰：'丘少居鲁，衣逢掖之衣。长居宋，冠章甫之冠。丘闻之也：君子之学也博，其服也乡。丘不知儒服。'"郑玄注："逢，犹大也。大掖之衣，大袂禅衣(单衣)也，此君子有道艺者所衣也。"孙希旦集解："逢掖之衣，即深衣也。深衣之袂，其当掖者二尺二寸，至袪而渐杀(裁小)，故曰逢掖之衣。孔子少衣逢掖之衣，则童子之衣为深衣之制，于此可见矣。章甫，殷玄冠之名，宋人冠之，所谓'修其礼物'也。孔子既长，居宋而冠。冠礼，始冠缁布冠，既冠而冠章甫，因其俗也。君子贵乎学问之广博，其衣服则但随其乡俗，而不求异于人也。"亦见于《孔子家语·儒行解》。

布衣即白丁之谓，青衿乃生员之称。

布衣，麻布衣服。古代平民不能衣锦绣，故作为平民的代称。西汉桓宽《盐铁论·散不足》："古者庶人耋老而后衣丝，其余则麻枲而已，故命曰布衣。"〇白丁，指没有取得功名的平民，亦指不学无术或缺乏知识的人。《隋书·李穆传》附李敏："敏字树生。高祖以其父死王事，养宫中者久之。及长，袭爵广宗公，起家左千牛。美姿仪，善骑射，歌舞管弦，无不通解。开皇初，周宣帝后封乐平公主，有女娥英，妙择婚对，敕贵公子弟集弘圣宫者，日以百数。公主亲在帏中，并令自序，并试技艺。选不中者，辄引出之。至敏而合意，竟为姻媾。敏假一品羽仪，礼如尚帝之女。后将侍宴，公主谓敏曰：'我以四海与至尊，唯一女夫，当为汝求柱国。若授余官，汝慎无谢。'及进见上，上亲御琵琶，遣敏歌舞。既而大悦，谓公主曰：'李敏何官？'对曰：'一白丁耳。'上因谓敏曰：'今授汝仪同。'敏不答。上曰：'不满尔意邪？今授汝开府。'敏又不谢。上曰：'公主有大功于我，我何得向其女婿而惜官乎！今授卿柱国。'敏乃拜而蹈舞。遂于坐发诏授柱国，以本官宿卫。"

青衿，亦作"青襟"，青色交领的长衫。原为学子之服，后借称士子。衿，衣领。《诗经·郑风·子衿》:“青青子衿,悠悠我心。”毛传:“青衿,青领也,学子之所服。”〇生员,明清科举时,凡经过本省各级考试,录取入府、州、县学的,都称生员,俗称“秀才”。生员有增生、附生、廪生、例生等名目,统称“诸生”。

葛屦履霜,诮俭啬之过甚;绿衣黄里,讥贵贱之失伦。

葛屦(音聚)履霜,冬天穿着夏天的鞋子。比喻过分节俭吝啬。葛屦,以葛制成的鞋,夏季穿用。《诗经·魏风·葛屦》:“纠纠葛屦,可以履霜。”毛传:“纠纠,犹缭缭也。夏葛屦,冬皮屦,葛屦非所以履霜。”郑玄笺:“葛屦贱,皮屦贵,魏俗,至冬犹谓葛屦可以履霜,利其贱也。”又《毛诗序》:“《葛屦》,刺褊也。魏地狭隘,其民机巧趋利,其君俭啬褊急,而无德以将之。”

绿衣黄里,以绿色为衣,用黄色为里。比喻尊卑贵贱颠倒失序。旧时多以喻妾僭妻位。《诗经·邶风·绿衣》:“绿兮衣兮,绿衣黄里。心之忧矣,曷维其已。”《毛诗序》:“《绿衣》,卫庄姜伤己也。妾上僭,夫人失位,而作是诗也。”又《诗集传》卷二:“比也。绿,苍胜黄之间色。黄,中央土之正色。间色贱而以为衣,正色贵而以为里,言皆失其所也。已,止也。庄公惑于嬖妾,夫人庄姜贤而失位,故作此诗。言绿衣黄里,以比贱妾尊显,而正嫡幽微。使我忧之,不能自已也。”

上服曰衣,下服曰裳;衣前曰襟,衣后曰裾。

《诗经·邶风·绿衣》:“绿兮衣兮,绿衣黄裳。”毛传:“上曰衣,下曰裳。”又《释名·释衣服》:“凡服,上曰衣。衣,依也,人所依以芘寒暑也。下曰裳。裳,障也,所以自障蔽也。”

襟裾,借指衣裳。襟,古代衣服的交领部分,后指衣服的前襟。裾,衣服的后襟,有时也指衣服的前襟,即大襟。《释名·释衣服》:“襟,禁也。交于前,所以禁御风寒也。……裾,倨也,倨倨然直,亦言在后常见踞也。”又《尔雅·释器》:“衣眥(音眦,即衣交领处)谓之襟。衱谓之裾。”郭璞注:“襟,交领。裾,衣后襟也。”

敝衣曰褴褛,美服曰华裾。

褴褛,亦作“蓝缕”“蓝褛”,指衣服破烂不堪。褴,无缘饰的衣服。褛,缝补过的衣服。《左传·宣公十二年》:“训之以若敖、蚡冒,筚路蓝缕,以启山林。”杜预注:“若敖、蚡冒,皆楚之先君。筚路,柴车。蓝缕,敝衣。言此二君勤俭以启土。”又《方言》卷三:“褛裂,须捷,挟斯,败也。南楚凡人贫衣被丑弊，谓之须捷，或谓之褛裂，或谓之褴褛。故《左传》曰：‘荜路褴褛，以启山林’，殆谓此也。或谓之挟斯。器物弊，亦谓之挟斯。”

华裾，华美的服饰。唐李贺《高轩过》诗：“华裾织翠青如葱，金环压辔摇玲珑。马蹄隐耳声隆隆，入门下马气如虹。”

襁褓乃小儿之衣，弁髦亦小儿之饰。

襁褓，亦作“襁保”“繦緥”等，背负婴儿用的宽带和包裹婴儿的被子，亦借指婴幼儿。《史记·鲁周公世家》：“其后武王既崩，成王少，在强葆之中。周公恐天下闻武王崩而畔，周公乃践阼（祚），代成王摄行政当国。”司马贞索隐：“强葆，即‘襁褓’，古字少，假借用之。”张守节正义：“强，阔八寸，长八尺，用约小儿于背而负行。葆，小儿被也。”又《史记·卫将军骠骑列传》：“臣青子在繦緥中，未有勤劳，上幸列地封为三侯，非臣待罪行间，所以劝士力战之意也。”张守节正义：“襁，长尺二寸，阔八寸，以约小儿于背。褓，小儿被也。”

弁髦，比喻弃置无用之物。亦用作蔑弃之义，如“弁髦法令”。弁，缁布冠，一种用黑布做的帽子。髦，幼童垂于眉际的头发。古代男子成人，行加冠之礼，先加缁布冠，次加皮弁，后加爵弁，三加之后即不再用缁布冠，并剃去垂髦，理发为髻。《左传·昭公九年》：“岂如弁髦，而因以敝之？”杜预注：“童子垂髦，始冠必三加冠，成礼而弃其始冠，故言‘弁髦因以敝之’。”

左衽是夷狄之服，短后是武夫之衣。

左衽，我国古代某些少数民族的服装，前襟向左掩，不同于中原一带的右衽，故称蛮夷之服为“左衽”。后亦指受异族的统治。衽，衣襟。《论语·宪问》：“微管仲，吾其被（披）发左衽矣。”邢昺疏：“微，无也。衽谓衣衿。衣衿向左，谓之左衽。夷狄之人，被发左衽。言无管仲，则君不君，臣不臣，中国皆为夷狄。”又《伪古文尚书·毕命》：“四夷左衽，罔不咸赖，予小子永膺多福。”

短后，后幅较短的上衣，便于活动，多为武士之服。《庄子·说剑》：“然吾王所见剑士，皆蓬头、突鬓、垂冠，曼胡之缨，短后之衣，瞋目而语难（相互责难），王乃说之。”郭象注：“短后之衣，为便于事也。”又北宋沈括《梦溪补笔谈》卷一：“唐以来，士人文章好用古人语，而不考其意。凡说武人，多云‘衣短后衣’，不知短后衣作何形制。短后衣出《庄子·说剑》篇，盖古之士人衣皆曳后，故时有衣短后之衣者。近世士庶人衣皆短后，岂复更有短后之衣！”

尊卑失序，如冠履倒置；富贵不归，如锦衣夜行。

冠履倒置，亦作“冠履倒易”，比喻上下位置颠倒，尊卑不分。《史记·儒林列传·辕固生》：“黄生曰：‘冠虽敝，必加于首；履虽新，必关于足。何者？上下之分也。今桀纣虽失道，然君上也；汤武虽圣，臣下也。夫主有失行，臣下不能正言匡过以尊天子，反因过而诛之，代立践南面，非弑而何也？’”又《后汉书·杨震传》附杨赐：“冠履倒易，陵谷代处，从小人之邪意，顺无知之私欲，不念《板》《荡》之作，虺蜴之诫。殆哉之危，莫过于今。”李贤注：“《楚词》曰：‘冠履兮杂处。’《诗》曰：‘高岸为谷，深谷为陵’也。”

衣锦夜行，亦作“衣绣夜行”，穿了锦绣衣裳在夜间出行。比喻荣显富贵却不为众人所知。《汉书·项籍传》：“后数日，羽乃屠咸阳，杀秦降王子婴，烧其宫室，火三月不灭；收其宝货，略妇女而东。秦民失望。于是韩生说羽曰：‘关中阻山带河，四塞之地，肥饶，可都以伯(霸)。’羽见秦宫室皆已烧残，又怀思东归，曰：‘富贵不归故乡，如衣锦夜行。’韩生曰：‘人谓楚人沐猴而冠，果然。’羽闻之，斩韩生。”颜师古注：“言无人见之，不荣显矣。”亦见于《史记·项羽本纪》，“衣锦夜行”作“衣绣夜行”。

狐裘三十年，俭称晏子；锦幛五十里，富羡石崇。

《孔子家语·曲礼子贡问》：“子贡问曰：‘管仲失于奢，晏子失于俭。与其俱失矣，二者孰贤？’孔子曰：‘管仲镂簋而朱纮，旅树而反坫，山节藻棁。贤大夫也，而难为上。晏平仲祀其先祖，而豚肩不揜(掩)豆，一狐裘三十年。贤大夫也，而难为下。君子上不僭下，下不逼上。’”又《礼记·檀弓下》：“曾子曰：‘晏子可谓知礼也已，恭敬之有焉。’有若曰：‘晏子一狐裘三十年，遣车一乘，及墓而反。国君七个，遣车七乘；大夫五个，遣车五乘。晏子焉知礼？’曾子曰：‘国无道，君子耻盈，礼焉。国奢则示之以俭，国俭则示之以礼。’”

《世说新语·汰侈》：“王君夫(王恺)以粭糒澳釜(谓以麦芽糖和干饭擦锅)，石季伦(石崇)用蜡烛作炊。君夫作紫丝布步障碧绫里四十里，石崇作锦步障五十里以敌之。石以椒为泥，王以赤石脂泥壁。”

孟尝君珠履三千客，牛僧孺金钗十二行。

珠履，缀以明珠的鞋子。古时常以珠履客代指豪门的食客或幕僚。《史记·春申君列传》：“赵平原君使人于春申君，春申君舍之于上舍。赵使欲夸楚，为玳瑁簪，刀剑室以珠玉饰之，请命春申君客。春申君客三千余人，其上客皆蹑珠履以见赵使，赵使大惭。”今按：此条“孟尝君”疑为“春申君”之误，二人皆以养士著称，同在“战国四公子”之列，作者可能把二人混淆了。

金钗十二，形容姬妾众多。唐白居易《酬思黯戏赠同用狂字》诗：“钟乳三千两，金钗十二行。妒他心似火，欺我鬓如霜。”自注：“思黯（牛僧孺）自夸前后服钟乳三千两，甚得力，而歌舞之妓颇多，来诗谑予羸老，故戏答之。”

千金之裘，非一狐之腋；绮罗之辈，非养蚕之人。

千金之裘，非一狐之腋，价值千金的毛皮大衣，不是一只狐狸腋下的毛所能制成的。腋，腋下，指狐狸腋下的皮毛。战国时赵国人慎到《慎子·知忠》：“故廊庙之材，盖非一木之枝也；粹（一作“狐”）白之裘，盖非一狐之皮（一作“腋”）也；治乱安危、存亡荣辱之施，非一人之力也。”又《史记·刘敬叔孙通列传》：“太史公曰：语曰‘千金之裘，非一狐之腋也；台榭之榱（椽子），非一木之枝也；三代之际，非一士之智也’。信哉！”亦见于《说苑·建本》，作“千金之裘，非一狐之皮；台庙之榱，非一木之枝；先王之法，非一士之智也”。

绮罗之辈，非养蚕之人，那些身穿绫罗绸缎的富人，没有一个是辛辛苦苦的养蚕人。北宋张俞《蚕妇》诗：“昨日入城市，归来泪满巾。遍身罗绮者，不是养蚕人！”

贵者重裀叠褥，贫者裋褐不完。

重裀叠褥，亦作“累裀重褥”，垫子、褥子重重叠叠。比喻生活富贵，位居高官。裀、褥，皆是坐卧的垫具。《孔子家语·致思》：“子路见于孔子曰：‘负重涉远，不择地而休；家贫亲老，不择禄而仕。昔者由也事二亲之时，常食藜藿之实，为亲负米百里之外。亲殁之后，南游于楚，从车百乘，积粟万钟，累茵而坐，列鼎而食。愿欲食藜藿，为亲负米，不可复得也。枯鱼衔索，几何不蠹？二亲之寿，忽若过隙。’孔子曰：‘由也事亲，可谓生事尽力，死事尽思者也。’”亦见于《说苑·建本》。又宋末元初仇远《题季路负米图》诗：“高堂有亲今老矣，孝子晨昏奉甘旨。伤哉贫也敢辞劳，百里迢迢亲负米。后来列鼎坐重裀，积粟万钟不逮亲。古言周急不继富，为母请粟非无人。”

裋（音竖）褐不完，连粗陋布衣都不完整齐备，形容生活贫苦。裋褐，亦作“竖褐”，粗陋布衣，古代多为贫贱者所服。《汉书·贡禹传》：“臣禹年老贫穷，家訾（赀）不满万钱，妻子糠豆不赡，裋褐不完。”颜师古注：“裋者，谓僮竖所著布长襦也。褐，毛布之衣也。”

卜子夏甚贫，鹑衣百结；公孙弘甚俭，布被十年。

鹑衣，衣服破烂，如同鹌鹑尾短而秃，故称。《荀子·大略》："子夏贫，衣若县鹑。人曰：'子何不仕？'曰：'诸侯之骄我者，吾不为臣；大夫之骄我者，吾不复见。柳下惠与后门者同衣，而不见疑，非一日之闻也。争利如蚤（爪）甲，而丧其掌。'"○百结，补丁叠补丁。《太平御览》卷六八九："王隐《晋书》曰：'董威辇，不知何许人。忽见洛阳，止宿白社。于市得残缯，辄结以为衣，号曰"百结衣"。'"又南宋赵蕃《大雪》诗："鹑衣百结不蔽膝，恋恋谁怜范叔贫。"

《史记·平津侯主父列传》："弘为人恢奇多闻，常称以为人主病不广大，人臣病不俭节。弘为布被，食不重肉。……食一肉脱粟之饭。故人所善宾客，仰衣食，弘奉禄皆以给之，家无所余。士亦以此贤之。"司马贞索隐："一肉，言不兼味。脱粟，才脱谷而已，言不精凿也。"又《史记·平准书》："公孙弘以汉相，布被，食不重味，为天下先。然无益于俗，稍骛于功利矣。"

南州冠冕，德操称庞统之迈众；三河领袖，崔浩羡裴骏之超群。

南州冠冕，南方人才中杰出的人。冠冕，指帽子，比喻受人拥戴或出人头地。《三国志·蜀书·庞统传》："庞统字士元，襄阳人也。少时朴钝，未有识者。颍川司马徽清雅有知人鉴，统弱冠往见徽，徽采桑于树上坐，统在树下，共语自昼至夜。徽甚异之，称统当为南州士之冠冕，由是渐显。"

三河领袖，北方士人中之突出者。三河，汉代以河内、河东、河南三郡为三河，即今河南省洛阳市附近黄河南北一带，泛指北方。此处指北魏管辖地域。《北史·裴骏传》："裴骏，字神驹，小名皮，河东闻喜人也。骏幼而聪慧。亲表称为神驹，因以为字。弱冠，通涉经史，方检有礼度，乡里宗敬焉。盖吴作乱于关中，汾阴人薛永宗聚众应之，来袭闻喜。县令忧惶，计无所出。骏在家闻之，便率厉乡豪奔赴之。贼退，刺史以状闻。会太武亲讨盖吴，引见骏。骏陈叙事宜，帝大悦，谓崔浩曰：'裴骏有当世才，其忠义可嘉。'补中书博士。浩亦深器骏，目为三河领袖。"亦见于《魏书·裴骏传》。

虞舜制衣裳，所以命有德；昭侯藏敝袴，所以待有功。

《尚书·益稷》："帝（舜帝）曰：'……予欲观古人之象，日、月、星辰、山、龙、华虫，作会（绘画）；宗彝、藻、火、粉米、黼、黻、絺绣，以五采彰施于五色，作服，汝明。'"孔颖达疏："我（舜帝）欲观示君臣上下以古人衣服之法象，其日、月、星辰、山、龙、华虫作会，合五采而画之。又画山、龙、华虫于宗庙彝樽。其藻、火、粉米、黼、黻于绨葛而刺绣，以五种之彩明施于五色，制作衣服，汝(禹)当为我明其差等而制度之。”

敝袴，旧裤。袴，套裤，古时无裆的裤子。《韩非子·内储说上》：“韩昭侯使人藏弊袴，侍者曰：‘君亦不仁矣，弊袴不以赐左右而藏之。’昭侯曰：‘非子之所知也。吾闻明主之爱，一嚬(颦)一笑，嚬有为嚬，而笑有为笑。今夫袴，岂特嚬笑哉！袴之与嚬笑相去远矣。吾必待有功者，故收藏之未有予也。’”

唐文宗袖经三浣，晋文公衣不重裘。

《资治通鉴》卷二四五：“(唐文宗开成二年)夏，四月，甲辰，上对中书舍人、翰林学士兼侍书柳公权等于便殿，上举衫袖示之曰：‘此衣已三浣矣！’众皆美上之俭德；公权独无言。上问其故，对曰：‘陛下贵为天子，富有四海，当进贤退不肖，纳谏诤，明赏罚，乃可以致雍熙。服浣濯之衣，乃末节耳。’上曰：‘朕知舍人不应复为谏议，以卿有诤臣风采，须屈卿为之。’乙巳，以公权为谏议大夫，余如故。”又《新唐书·柳公权传》：“常与六学士对便殿，帝称汉文帝恭俭，因举袂曰：‘此三浣矣！’学士皆贺，独公权无言。帝问之，对曰：‘人主当进贤退不肖，纳谏诤，明赏罚。服浣濯之衣，此小节耳，非有益治道者。’”亦见于《旧唐书·柳公权传》，“此三浣矣”作“此浣濯者三矣”。

衣不重裘，亦作“衣不重帛”，不穿多层衣服。形容生活俭朴。战国时齐国人尹文《尹文子·大道上》：“昔晋国苦奢，文公以俭矫之，乃衣不重帛，食不兼肉。无几时，人皆大布之衣，脱粟之饭。”

衣履不敝，不肯更为，世称尧帝；衣不经新，何由得故，妇劝桓冲。

唐魏徵《群书治要》卷三一引《六韬·文韬》：“文王曰：‘古之贤君可得闻乎？’太公曰：‘昔帝尧，上世之所谓贤君也。尧王天下之时，金银珠玉弗服，锦绣文绮弗衣，奇怪异物弗视，玩好之器弗宝，淫佚之乐弗听，宫垣室屋弗崇，茅茨之盖不翦。衣履不敝尽不更为，滋味重累不食。不以役作之故，留耕种之时。削心约志，从事乎无为。其自奉也甚寡，役赋也甚薄，故万民富乐而无饥寒之色。百姓戴其君如日月，视其君如父母。’文王曰：‘大哉！贤君之德矣。’”又《太平御览》卷八〇引《六韬》：“太公曰：‘帝尧王天下之时，金银珠玉弗服，锦绣文绮弗衣，奇怪异物弗听，宫垣屋室弗崇，桷椽柱楹不藻饰，茅茨之盖弗剪齐。黼黻之绁履不弊尽，不更为也；滋味不重糁，弗食也；温饭暖羹不酸馁，不易也。不以私曲之故，留耕种之时，削心约志，从事无予为。’”

注详见《夫妇》“忽着新衣，桓冲顿化成心于一旦”条。

王氏之眉贴花钿，被韦固之剑所刺；贵妃之乳服诃子，为禄山之爪所伤。

注详见《婚姻》“传命之人曰月老”条。

诃子，抹胸。《事物纪原》卷三：“诃子，本自唐明皇杨贵妃作之，以为饰物。贵妃私安禄山，以后颇无礼，因狂悖，指爪伤贵妃胸乳间，遂作诃子之饰以蔽之。事见《唐宋遗史》。”又见《青琐高议》前集卷六引《骊山记》：“贵妃自处子入宫，上幸倾后宫，常与游者禄山也。禄山日与贵妃嬉游，帝从观以为笑，此得不谓之上慢乎？贵妃虑其丑声落民间，乃以禄山为子。一日禄山醉戏，无礼尤甚。贵妃怒骂曰：‘小鬼方一奴耳，圣上偶爱尔，今得官，出入禁掖，获私于吾，尚敢尔也！’禄山曰：‘臣则出微贱，惟帝王能兴废也，他皆无畏焉。臣万里无家，四海一身，死归地下，臣且不顾。’叱贵妃，复引手抓贵妃胸乳间。贵妃泣曰：‘吾私汝之故也，罪在我而不在尔，尔今不思报我，尚以死胁我！’……贵妃虑帝见胸乳痕，乃以金为诃子遮之。后宫中皆效之，迄今民间亦有之。”

姜氏翕和，兄弟每宵同大被；王章未遇，夫妻寒夜卧牛衣。

翕和，和合，和睦。注详见《兄弟》“姜家大被以同眠”条。

牛衣，供牛御寒之物，用乱麻或草编成。《汉书·王章传》：“王章字仲卿，泰山钜平人也。……初，章为诸生学长安，独与妻居。章疾病，无被，卧牛衣中，与妻决，涕泣。其妻呵怒之曰：‘仲卿！京师尊贵在朝廷人谁逾仲卿者？今疾病困厄，不自激卬(昂)，乃反涕泣，何鄙也！’后章仕宦历位，及为京兆，欲上封事，妻又止之曰：‘人当知足，独不念牛衣中涕泣时耶？’章曰：‘非女子所知也。’书遂上，果下廷尉狱，妻子皆收系。”颜师古注：“牛衣，编乱麻为之，即今俗呼为龙具者。”

缓带轻裘，羊叔子乃斯文主将；葛巾野服，陶渊明真陆地神仙。

缓带轻裘，宽松的衣带，轻暖的皮衣。形容从容儒雅的风度。《晋书·羊祜传》：“帝将有灭吴之志，以祜为都督荆州诸军事、假节，散骑常侍、卫将军如故。……在军常轻裘缓带，身不被甲，铃阁(将帅办公场所)之。下，侍卫者不过十数人，而颇以畋渔废政。”

葛巾野服，头戴葛布缝制的头巾，身穿乡野粗布衣服。多指隐士或道士的服饰。《宋书·隐逸传·陶潜》：“潜不解音声，而畜素琴一张，无弦，每有酒适，辄抚弄以寄其意。贵贱造之者，有酒辄设，潜若先醉，便语客：‘我醉欲眠，卿可去。’其真率如此。郡将候潜，值其酒熟，取头上葛巾漉酒，毕，还复著之。”亦见于《南史·隐逸传上·陶潜》，但均无“陆地神仙”的记载。

服之不衷，身之灾也；缊袍不耻，志独超欤。

服之不衷，身之灾也，意谓衣服穿得不合适，这是身体的灾祸。《左传·僖公二十四年》：“郑子华之弟子臧出奔宋，好聚鹬冠。郑伯闻而恶之，使盗诱之。八月，盗杀之于陈、宋之间。君子曰：‘服之不衷，身之灾也。《诗》曰：“彼己之子，不称其服。”子臧之服，不称也夫。《诗》曰“自诒伊戚”，其子臧之谓矣。《夏书》曰“地平天成”，称也。’”

缊袍不耻，形容人穷志不穷。缊袍，以乱麻为絮的袍子，指贫者之衣。《论语·子罕》：“子曰：‘衣敝缊袍，与衣狐貉者立，而不耻者，其由也与！“不忮不求，何用不臧？”’子路终身诵之。子曰：‘是道也，何足以臧？’”

[新增文]十二联

制豸作法冠，裁荷为隐服。

《后汉书·舆服志下》：“法冠，一曰柱后。高五寸，以纚为展筩，铁柱卷，执法者服之，侍御史、廷尉正监平也。或谓之獬豸冠。獬豸，神羊，能别曲直，楚王尝获之，故以为冠。”

裁荷，意同“芰制”，用荷花裁制衣服，指隐居者之服装。比喻生活高洁。《楚辞·离骚》：“制芰荷以为衣兮，集芙蓉以为裳。”

王乔属仙令，舄飞天外之凫；李后是娇姝，钗化宫中之燕。

《后汉书·方术传上·王乔》：“王乔者，河东人也。显宗世，为叶令。乔有神术，每月朔望，常自县诣台朝。帝怪其来数，而不见车骑，密令太史伺望之。言其临至，辄有双凫从东南飞来。于是候凫至，举罗张之，但得一只舄焉。乃诏尚方诊视，则四年中所赐尚书官属履也。”亦见于《搜神记》卷一。

《洞冥记》卷二：“（汉武帝）元鼎元年，起招仙阁于甘泉宫西。……神女留玉钗以赠帝，帝以赐赵婕妤。至昭帝元凤中，宫人犹见此钗。黄淋欲之，明日示之，既发匣，有白燕飞升天。后宫人学作此钗，因名玉燕钗，言吉祥也。”亦见于南朝梁任昉《述异记》卷下。今按：据此记载，玉钗化燕事似与李后（李夫人）无关。

肌生银粟，是谁寒赠紫驼尼；肩耸玉楼，有客暖捐红衲袄。

紫驼尼，亦作“紫陀尼”，用骆驼毛织成的呢料。北宋黄庭坚《陈荣绪惠示之字韵诗推奖过实非所敢当辄次其韵三首》诗其三：“饥蒙青粇饭，寒赠紫陀（一作“陁”）尼。”自注：“蕃褐”。又明陈懋仁《庶物异名疏·章服》：“紫驼尼，番褐也。”

玉楼，道教语，指肩。北宋苏轼《雪后书北台壁二首》诗其二：“冻合玉楼寒起粟，光摇银海眩生花。”又红衲袄，红色的补缀而成的夹衣或棉衣。据原注：“张平子春日与友人偕行，尽卸其衲袄，客曰：‘恐流鼻白耳。’平子曰：‘春入玉楼，不脱此，恐流鼻红耳。’”今按：此条出处不详。明江盈科《雪涛谐史》：“袁中郎在京师，九月即服重绵。余曰：‘此太热，恐流鼻红。’其弟小修曰：‘不服，又恐流鼻白。’”与原注近似。

精忠膺主眷，俄披金字之袍；阴德有天知，裴晋公还纹犀之带。

《新唐书·狄仁杰传》：“俄转幽州都督，赐紫袍、龟带，后（武则天）自制金字十二于袍，以旌其忠。”

《唐摭言》卷四：“裴晋公（裴度）质状眇小，相不入贵。既屡屈名场，颇亦自惑。会有相者在洛中，大为缙绅所神。公时造之问命。相者曰：‘郎君形神稍异于人，不入相书。若不至贵，即当饿死。然今则殊未见贵处。可别日垂访，勿以蔬粝相鄙。候旬日，为郎君细看。’公然之，凡数往矣。无何，阻朝客在彼。因退游香山佛寺，徘徊廊庑之下。忽有一素衣妇人，致一缇缙（音题妾，包裹东西的织品）于僧伽和尚栏楯之上，祈祝良久，复取筊掷之，叩头瞻拜而去。少顷，度方见其所致，意彼遗忘，既不可追，然料其必再至，因为收取。踌躇至暮，妇人竟不至。度不得已，携之归所止。诘旦，复携就彼。时寺门始辟，俄睹向者素衣疾趋而至，逡巡抚膺惋叹，若有非横。度从而讯之。妇人曰：‘新妇阿父无罪被系，昨告人，假得玉带二、犀带一，直千余缗，以赂津要。不幸遗失于此。今老父不测之祸无所逃矣！’度怃然，复细诘其物色，因而授之。妇人拜泣，请留其一。度不顾而去。寻诣相者，相者审度声色顿异，大言曰：‘此必有阴德及物！此后前途万里，非某所知也。’再三诘之，度偶以此言之。相者曰：‘只此便是阴功矣，他日无相忘！勉旃，勉旃！’度果位极人臣。”亦见于《太平广记》卷一七七引《摭言》。

军中狐帽，沈庆之镇压貔貅；滩上羊裘，严子陵傲睨轩冕。

貔貅，传说中的猛兽名。比喻勇猛的军士。《宋书·沈庆之传》："（沈庆之）大破，威震诸山，群蛮皆稽颡。庆之患头风，好著狐皮帽，群蛮恶之，号曰'苍头公'。每见庆之军，辄畏惧曰：'苍头公已复来矣！'"

注详见《身体》"严子陵加足于帝腹"条。

通天带，顿输严续之姬；鹔鹴裘，为贳相如之酒。

北宋郑文宝《南唐近事》卷一："严续公相歌姬、唐镐给事通犀带，皆一代之尤物也。唐有慕姬之色，严有欲带之心。因雨夜相第有呼卢之会，唐适预焉。严命出妓解带，较胜于一掷。举座屏气，观其得失。六骰数巡，唐彩大胜。唐乃酌酒，命美人歌一曲，以别相君。宴罢，拉而偕去，相君怅然遣之。"亦见于《夜航船》卷一一、清褚人获《坚瓠集》卷一。

鹔鹴（音肃霜），水鸟名，其羽毛可制为裘，甚珍贵。贳（音世），赊欠。西汉刘歆撰、东晋葛洪集《西京杂记》卷二："司马相如初与卓文君还成都，居贫愁懑，以所着（著）鹔鹴裘就市人阳昌贳酒，与文君为欢。既而文君抱颈而泣曰：'我平生富足，今乃以衣裘贳酒。'遂相与谋，于成都卖酒。相如亲著犊鼻裈涤器，以耻王孙。王孙果以为病，乃厚给文君，文君遂为富人。"

高人能洁己，飘飘挂神武之冠；乐士共摩肩，济济看马嵬之袜。

《南史·隐逸传下·陶弘景》："永明十年，（陶弘景）脱朝服挂神武门，上表辞禄。诏许之，赐以束帛，敕所在月给伏苓五斤，白蜜二升，以供服饵。及发，公卿祖之征虏亭，供帐甚盛，车马填咽，咸云宋、齐以来未有斯事。"

《唐国史补》卷上："玄宗幸蜀，至马嵬驿，命高力士缢贵妃于佛堂前梨树下。马嵬店媪收得锦靿（音要，袜）一只。相传过客每一借玩，必须百钱。前后获利极多，媪因至富。"又北宋乐史《杨太真外传》："妃子死日，马嵬媪得锦袎袜一只。相传过客一玩百钱，前后获钱无数。"

晋怀以青衣行酒，事丑万年；光武以赤帻起兵，名芳千古。

青衣，青色或黑色的衣服。汉以后，多为地位低下者所穿。《晋书·孝怀帝纪》："（永嘉）七年春正月，刘聪大会，使帝（晋怀帝）著青衣行酒。侍中庾珉号哭，聪恶之。丁未，帝遇弑，崩于平阳，时年三十。"

赤帻，束发的赤巾。《太平御览》卷九〇引《东观汉记》："上（光武帝）深念良久，天变已成，遂市兵弩，绛衣赤帻。"

有女遗王濛之新帽，谁人换季子之敝裘。

《晋书·外戚传·王濛》："（王濛）美姿容，尝览镜自照，称其父字曰：'王文开生如此儿邪！'居贫，帽败，自入市买之，妪悦其貌，遗以新帽，时人以为达。与沛国刘惔齐名友善，惔常称濛性至通，而自然有节，濛每云：'刘君知我，胜我自知。'时人以惔方荀奉倩，濛比袁曜卿，凡称风流者，举濛、惔为宗焉。"

《战国策·秦策一》："（苏秦）说秦王书十上而说不行，黑貂之裘弊，黄金百斤尽，资用乏绝，去秦而归。羸縢（音缧腾，缠绕绑腿）履蹻（音决，草鞋），负书担橐，形容枯槁，面目犁（黧）黑，状有归（愧）色。"

韦绶寝覆缬袍，荣施若此；祭遵贫衣布袴，廉洁何如。

《新唐书·韦贯之传》附韦绶："德宗时，（绶）以左补阙为翰林学士，密政多所参逮。帝尝幸其院，韦妃从，会绶方寝，学士郑絪欲驰告之，帝不许，时大寒，以妃蜀襭袍覆而去，其待遇若此。"

《后汉书·祭遵传》："遵为人廉约小心，克己奉公，赏赐辄尽与士卒，家无私财，身衣韦绔，布被，夫人裳不加缘。帝以是重焉。"

晋君不忍浣征袍，留待嵇侍中之血；唐士未须裁道服，重他张孝子之缣。

《晋书·忠义传·嵇绍》："绍以天子蒙尘，承诏驰诣行在所。值王师败绩于荡阴，百官及侍卫莫不散溃，唯绍俨然端冕，以身捍卫，兵交御辇，飞箭雨集，绍遂被害于帝侧，血溅御服，天子深哀叹之。及事定，左右欲浣衣，帝曰：'此嵇侍中血，勿去。'"

《新唐书·韩思彦传》："（思彦）客汴州。张僧彻者，庐墓三十年，诏表其闾，请思彦为颂，饷缣二百，不受。时岁凶，家窭甚，僧彻固请，为受一匹，命其家曰：'此孝子缣，不可轻用。'"

汉王制竹箨之冠，威仪自别；闵子衣芦花之絮，孝行纯全。

箨（音唾），笋皮。《史记·高祖本纪》："高祖为亭长，乃以竹皮为冠，令求盗之薛治之，时时冠之。及贵常冠，所谓'刘氏冠'，乃是也。"裴骃集解："应劭曰：'以竹始生皮（俗称"笋壳"）作冠，今鹊尾冠是也。'"又《汉书·高帝纪上》："及贵常冠，所谓'刘氏冠'也。"颜师古注："后遂号为'刘氏冠'者，即此冠也。后诏曰'爵非公乘以上不得冠刘氏冠'者，即此冠。"

《艺文类聚》卷二〇引《说苑》曰："闵子骞兄弟二人，母死，其父更娶，复有二子。子骞为其父御车，失辔。父持其手，衣甚单。父则归，呼其后母儿，持其手，衣甚厚，温。即谓其妇曰：'吾所以娶汝，乃为吾子。今汝欺我，去。无留！'子骞前曰：'母在，一子单；母去，四子寒。'其父默然。故曰：'孝哉闵子骞！一言其母还，再言三子温。'"又《太平御览》卷八一九引《孝子传》："闵子骞幼时为后母所苦，冬月以芦花衣之以代絮。其父后知之，欲出后母。子骞跪曰：'母在一子单，母去三子寒。'父遂止。"亦见于《太平御览》卷三四引《孝子传》。

卷三

人　事

《大学》首重夫明新，小子莫先于应对。

明新，即《大学》首句所说的明德、新民。《礼记·大学》："大学之道，在明明德，在亲民，在止于至善。"南宋朱熹《大学章句》："程子曰：'亲，当作新。'大学者，大人之学也。明，明之也。明德者，人之所得乎天，而虚灵不昧，以具众理而应万事者也。但为气禀所拘，人欲所蔽，则有时而昏；然其本体之明，则有未尝息者。故学者当因其所发而遂明之，以复其初也。新者，革其旧之谓也，言既自明其明德，又当推以及人，使之亦有以去其旧染之污也。止者，必至于是而不迁之意。至善，则事理当然之极也。言明明德、新民，皆当至于至善之地而不迁。盖必其有以尽夫天理之极，而无一毫人欲之私也。此三者，大学之纲领也。"

应对，对答。《论语·子张》："子游曰：'子夏之门人小子，当洒扫、应对、进退，则可矣。抑末也，本之则无。如之何？'子夏闻之曰：'噫！言游过矣！君子之道，孰先传焉？孰后倦焉？譬诸草木，区以别矣。君子之道，焉可诬也？有始有卒者，其惟圣人乎！'"

其容固宜有度，出言尤贵有章。

《礼记·玉藻》："君子之容舒迟，见所尊者齐遬。足容重，手容恭，目容端，口容止，声容静，头容直，气容肃，立容德，色容庄。"

《诗经·小雅·都人士》："彼都人士，狐裘黄黄。其容不改，出言有章。"郑玄笺："古明王时，都人之有士行者，冬则衣狐裘，黄黄然，取温裕而已。其动作容貌既有常，吐口言语又有法度文章。疾今奢淫，不自责以过差。"

智欲圆而行欲方，胆欲大而心欲小。

智圆行方，知识通达而又行为方正。《淮南子·主术训》："凡人之论，心欲小而志欲大，智欲员(圆)而行欲方，能欲多而事欲鲜。……故心小者，禁于微也；志大者，无不怀也；智员者，无不知也；行方者，有不为也；能多者，无不治也；事鲜者，约所持也。"又《大唐新语·隐逸》："(孙思邈)又曰：'胆欲大而心欲小，智欲圆而行欲方。《诗》曰："如临深渊，如履薄冰。"谓小心也。"赳赳武夫，公侯干城。"谓大胆也。不为利回，不为义疚，行之方也。见几而作，不俟终日，智之圆也。'"

胆大心小，勇于任事而又缜密谨慎。今多作"胆大心细"。南宋黎靖德编《朱子语类》卷七六："如云'胆欲大而心欲小'。至健'恒易以知险'，如'胆欲大'；至顺'恒简以知阻'，如'心欲小'。"

阁下、足下，并称人之辞；不佞、鲰生，皆自谦之语。

阁下，亦作"閤下"，对人的敬称，多用于书信中。《因话录》卷五："古者三公开阁，郡守比古之侯伯，亦有阁，所以世之书题有阁下之称。前辈呼刺史、太守，亦曰节下。与宰相大僚书，往往呼执事，言阁下之执事人耳。……今又布衣相呼，尽曰阁下。"○足下，古代下称上或同辈相称的敬辞。南朝宋刘敬叔《异苑》卷一〇："介子推逃禄隐迹，抱树烧死。文公拊木哀嗟，伐而制屐。每怀割股之功，俯视其屐曰：'悲乎，足下！'足下之称，将起于此。"又《史记·秦始皇本纪》："阎乐前即二世数曰：'足下骄恣，诛杀无道，天下共畔足下，足下其自为计。'"裴骃集解："蔡邕曰：'群臣士庶相与言，曰殿下、阁下、足下、侍者、执事，皆谦类。'"

不佞，没有才能，旧时用来谦称自己。《左传·成公十三年》："君若不施大惠，寡人不佞，其不能以诸侯退矣。"孔颖达疏："服虔云：'佞，才也。不才者，自谦之辞也。'"又《战国策·燕策二》："望诸君(乐毅)乃使人献书报燕王曰：'臣不佞，不能奉承先王之教，以顺左右之心，恐抵斧质之罪，以伤先王之明，而又害于足下之义，故遁逃奔赵。'”○鲰（音邹）生，浅薄愚陋之人，原为骂詈之词。后亦用作自称的谦词，犹“小生”。《史记·项羽本纪》：“良乃入，具告沛公。沛公大惊，曰：‘为之奈何？’张良曰：‘谁为大王为此计者？’曰：‘鲰生说我曰“距关，毋内诸侯，秦地可尽王也”。故听之。’”裴骃集解：“服虔曰：‘鲰音浅。鲰，小人貌也。’”

恕罪曰宽宥，惶恐曰主臣。

宽宥（音右），宽恕，原谅。《后汉书·王梁传》：“乃下诏曰：‘梁前将兵征伐，众人称贤，故擢典京师。建议开渠，为人兴利，旅力既愆，迄无成功，百姓怨讟（音独，毁谤），谈者讙（音欢）哗。虽蒙宽宥，犹执谦退，“君子成人之美”，其以梁为济南太守。’”

主臣，表示恭敬惶恐之词。《史记·陈丞相世家》：“居顷之，孝文皇帝既益明习国家事，朝而问右丞相（周）勃曰：‘天下一岁决狱几何？’勃谢曰：‘不知。’问：‘天下一岁钱谷出入几何？’勃又谢不知，汗出沾背，愧不能对。于是上亦问左丞相（陈）平。平曰：‘有主者。’上曰：‘主者谓谁？’平曰：‘陛下即问决狱，责廷尉；问钱谷，责治粟内史。’上曰：‘苟各有主者，而君所主者何事也？’平谢曰：‘主臣！陛下不知其驽下，使待罪宰相。宰相者，上佐天子理阴阳，顺四时，下育万物之宜。外镇抚四夷诸侯，内亲附百姓，使卿大夫各得任其职焉。’孝文帝乃称善。”裴骃集解：“张晏曰：‘主臣，若今人谢曰“惶恐”也。马融《龙虎赋》曰“勇怯见之，莫不主臣”。’孟康曰：‘主臣，主群臣也，若今言人主也。’韦昭曰：‘言主臣道，不敢欺也。’”

大春元、大殿选、大会状，举人之称不一；大秋元、大经元、大三元，士人之誉多殊。

明清会试在春季于京城举行，称为“春试”或“春闱”，考中者称“贡士”，习惯上亦称为“进士”。会试第一名通称“会元”，又叫“大春元”。皇帝对会试取录的贡士在殿廷上亲发策问，称为“殿试”或“廷试”。殿试后将进士分为三甲，一甲三名赐进士及第，二甲均赐进士出身，三甲均赐同进士出身。殿试一甲第一名通称“状元”，又叫“大殿选”。会试、殿试均为第一名，叫“大会状”。以上均是举人进一步取得功名的不同等级，也都是预祝或恭维之词。

明清乡试在秋季于各省省城举行，称为“秋试”或“秋闱”，录取的称“举人”。乡试第一名通称“解元”，又叫“大秋元”。明经（清代为贡生代称）的第一名叫“大经元”。在乡试、会试、殿试接连考中第一名叫“大三元”。

大掾史，推美吏员；大柱石，尊称乡宦。

掾（音院）史，分曹治事的属吏、胥吏。汉代自中央三公至各郡县，皆置掾史，如廷掾、狱掾、佐史、令史等。掾史多由长官自行辟举，不由朝廷任命。唐宋以后废辟举制，掾史之名渐移于胥吏。

柱石，担当国家重任的人。谓其如柱支梁，如石承柱。《汉书·霍光传》："（刘）贺者，武帝孙，昌邑哀王子也。既至，即位，行淫乱。光忧懑，独以问所亲故吏大司农田延年。延年曰：'将军为国柱石，审此人不可，何不建白太后，更选贤而立之。'"颜师古注："柱者，梁下之柱；石者，承柱之础也。言大臣负国重任，如屋之柱及其石也。"

贺入学曰云程发轫，贺新冠曰元服加荣。

云程，指前程高远、显达。发轫，启行，出发。轫，刹车木，行车必先撤去轫木。《楚辞·离骚》："朝发轫于苍梧兮，夕余至乎县圃。"洪兴祖补注："轫，止车之木，将行则发之。"

注详见《衣服》"冠称元服"条。

贺人荣归，谓之锦旋；作商得财，谓之稛载。

锦旋，犹言衣锦还乡，富贵归里。明张煌言《被执过故里》诗："或有贤达士，谓此胜锦旋。"

稛载，亦作"捆载"，犹言满载、重载。后常作为赞商人获利而归的敬语。《国语·齐语》："诸侯之使，垂櫜（音高）而入，稛载而归。"韦昭注："垂，言空而来也；櫜，囊也。稛载，言重而归也。"

谦送礼曰献芹，不受馈曰反璧。

献芹，亦作"芹献"，谓以物赠人，而谦言礼品微薄。《列子·杨朱》："昔人有美戎菽、甘枲茎、芹萍子者，对乡豪称之。乡豪取而尝之，蜇于口，惨于腹，众哂而怨之，其人大惭。"

反璧，谓不受人的馈赠。反者，返也。注详见《身体》"重耳骈胁，为霸晋之君"条。

谢人厚礼曰厚贶，自谦礼薄曰菲仪。

厚贶（音况），丰厚的赐予，敬辞。唐杜甫《太子张舍人遗织成褥段》诗："奈何田舍翁，受此厚贶情。"

菲仪，菲薄的礼物，多用作自谦之辞。南宋杨万里《罗氏定亲启》："十世可知，继好复从于今始；两端而竭，菲仪仍守于旧规。"

送行之礼，谓之赆仪；拜见之赀，名曰贽敬。

赆（音进）仪，送行的礼物。赆，赠给行者的财物。《孟子·公孙丑下》："当在宋也，予将有远行，行者必以赆，辞曰'馈赆'，予何为不受？"赵岐注："赆，送行者赠贿之礼也。时人谓之赆。"

贽敬，为表敬意所送的礼品。贽，初次拜见尊长时所送的礼品。《左传·庄公二十四年》："男贽，大者玉帛，小者禽鸟，以章物也。女贽，不过榛、栗、枣、脩，以告虔也。"

贺寿仪曰祝敬，吊死礼曰奠仪。

祝敬，旧时祝贺寿辰的礼品。据《庄子·天地》载，唐尧观于华，华地封人（守边疆的人）祝其寿、富、多男子，称为"华封三祝"。祝敬之祝，即"华封三祝"之意。

奠仪，旧时送给丧事人家的礼品。奠，祭，向鬼神献上祭品。《孔氏谈苑》卷二："丁讽以馆职病风废于家。一旦，有妄传讽死者，京师诸公竞致奠仪，纸酒塞门。讽曰：'酒且留之，纸钱一任别作使用。'讽方乏资，由是获美酝盈室焉。"

请人远归曰洗尘，携酒送行曰祖饯。

洗尘，亦作"洗泥"，意谓洗涤其所冒风尘，一般指宴请欢迎远方归来的人。《通俗编·仪节·洗尘》："凡公私值远人初至，或设饮，或馈物，谓之洗尘。"

祖饯，设宴饯别出行之人。祖，指古时出行前祭祀路神。《汉书·临江闵王刘荣传》："荣行，祖于江陵北门，既上车，轴折车废。江陵父老流涕窃言曰：'吾王不反矣！'"颜师古注："祖者，送行之祭，因飨饮也。昔黄帝之子累祖，好远游而死于道，故后人以为行神也。"又《后汉书·马成传》："时帝幸寿春，设坛场，祖礼遣之。"李贤注："应劭《风俗通》曰：'谨案礼传，共工氏之子曰修，好远游，舟车所至，足迹所逮，靡不穷览，故祀以为祖神。祖，徂也。'"

犒仆夫，谓之旌使；演戏文，谓之俳优。

犒，本义是指以牛酒宴饷军士，引申为酬赏劳绩的通称。○旌使，旌奖派来的使者。旌，表彰。

俳（音牌）优，古代以乐舞谐戏为职业的艺人。俳，杂戏，滑稽戏。《荀子·正论》:“今俳优、侏儒、狎徒詈侮而不斗者,是岂钜(遽)知见侮之为不辱哉!然而不斗者,不恶故也。”又《汉书·广川惠王刘越传》:“后(刘)去数置酒,令倡俳裸(裸)戏坐中以为乐。”颜师古注:“倡,乐人也。俳,杂戏者也。”

谢人寄书,曰辱承华翰;谢人致问,曰多蒙寄声。

华翰,华美的辞翰,对别人书信的美称。唐刘禹锡《谢窦相公启》:“每奉华翰,赐之衷言。果蒙新恩,重忝清贯。”

寄声,口头传达问候。《汉书·赵广汉传》:“广汉尝记召湖都亭长,湖都亭长西至界上,界上亭长戏曰:‘至府,为我多谢问赵君。’亭长既至,广汉与语,问事毕,谓曰:‘界上亭长寄声谢我,何以不为致问?’亭长叩头服实有之。广汉因曰:‘还为吾谢界上亭长,勉思职事,有以自效,京兆不忘卿厚意。’”

望人寄信,曰早赐玉音;谢人许物,曰已蒙金诺。

玉音,对对方言辞、书信的敬称,谓其贵重。《诗经·小雅·白驹》:“毋金玉尔音,而有遐心。”孔颖达疏:“又言我思汝甚矣,汝虽不来,当传书信,毋得金玉汝之音声于我。谓自爱音声,贵如金玉,不以遗问我,而有疏远我之心。己与之有恩,恐遂疏己,故以恩责之,冀音信不绝。”又三国魏曹植《七启》:“不远遐路,幸见光临,将敬涤耳,以听玉音。”李善注:“《尚书大传》曰:‘天下诸侯,受命于周,莫不玉音金声。’”

金诺,守信不渝的诺言,珍贵如金。《史记·季布栾布列传》:“楚人曹丘生,辩士,数招权顾金钱。……曹丘至,即揖季布曰:‘楚人谚曰:“得黄金百斤,不如得季布一诺。”足下何以得此声与梁、楚间哉?且仆楚人,足下亦楚人也。仆游扬足下之名于天下,顾不重邪?何足下距仆之深也!’季布乃大说,引入,留数月,为上客,厚送之。季布名所以益闻者,曹丘扬之也。”

具名帖,曰投刺;发书函,曰开缄。

名帖,亦作“名刺”,即名片。古代未有纸时,削竹木写上自己的名字,拜访通名时用。西汉时叫作“谒”,东汉时叫作“刺”。后来虽改用纸,仍相沿称为“刺”或“名刺”。《释名·释书契》:“书称刺书,以笔刺纸简之上也。又曰到写,写此文也。书姓名于奏上曰书刺,作再拜起居,字皆达其体,使书尽边,徐引笔书之如画者也。下官刺曰长刺,长书中央一行而下也。又曰爵里刺,书其官爵即郡县乡里也。”又清赵翼《陔余丛考》卷三〇:“名帖:以纸通名,谓之拜帖。刘冯《事始》云:‘古昔削木以书姓名,故谓之刺;后世以纸书,谓之名帖。’按此说亦有可疑者,既云‘削木为刺’,则应是未有笔墨以前,乃六经及先秦、西汉之书，并无‘刺’字，汉初犹谓之‘谒’。”〇投刺，投递名帖以求进见。《后汉书·文苑传下·祢衡》：“祢衡字正平，平原般人也。少有才辩，而尚气刚傲，好矫时慢物。兴平中，避难荆州。建安初，来游许下。始达颍川，乃阴怀一刺，既而无所之适，至于刺字漫灭。”又《梁书·处士传·诸葛璩》：“齐建武初，南徐州行事江祀荐璩于明帝曰：‘璩安贫守道，悦《礼》敦《诗》，未尝投刺邦宰，曳裾府寺，如其简退，可以扬清厉俗。请辟为议曹从事。’帝许之，璩辞不去。”

开缄，打开书信。缄，书函。唐李白《久别离》诗：“别来几春未还家，玉窗五见樱桃花。况有锦字书，开缄使人嗟。”

思慕久，曰极切瞻韩；想望殷，曰久怀慕蔺。

瞻韩，亦作“识韩”“识荆”，原为久闻其名而初次见面结识的敬词，今指初次见面或结识。韩，指韩朝宗，他在玄宗开元年间任荆州刺史（一说为“荆州长史”），喜奖掖后进，为当时士人所仰慕。《与韩荆州书》：“白闻天下谈士相聚而言曰：‘生不用封万户侯，但愿一识韩荆州。’何令人之景慕一至于此耶！岂不以有周公之风，躬吐握之事，使海内豪俊，奔走而归之，一登龙门，则声价（一作“声誉”）十倍。所以龙蟠凤逸之士，皆欲收名定价于君侯。”

慕蔺，指仰慕贤人。蔺，指战国时期的蔺相如。《史记·司马相如列传》：“司马相如者，蜀郡成都人也，字长卿。少时好读书，学击剑，故其亲名之曰犬子。相如既学，慕蔺相如之为人，更名相如。”

相识未真，曰半面之识；不期而会，曰邂逅之缘。

半面之识，亦作“半面之交”，指初次相识或交情不深，亦形容记忆力极强。《后汉书·应奉传》：“奉少聪明，自为童儿及长，凡所经履，莫不暗记。读书五行并下。为郡决曹史，行部四十二县，录囚徒数百千人。及还，太守备问之，奉口说罪系姓名，坐状轻重，无所遗脱，时人奇之。”李贤注：“《谢承书》（即谢承《后汉书》）曰：……又云：‘奉年二十时，尝诣彭城相袁贺。贺时出行闭门，造车匠于内开扇，出半面视奉，奉即委去。后数十年于路见车匠，识而呼之。’”

邂逅，不期而遇。《诗经·郑风·野有蔓草》：“有美一人，清扬婉兮。邂逅相遇，适我愿兮。”毛传：“邂逅，不期而会。”

登龙门，得参名士；瞻山斗，仰望高贤。

登龙门，亦作“登龙”，比喻得到有名望者的接待和援引而提高身价。

《后汉书·党锢传·李膺》："是时朝廷日乱，纲纪颓阤，膺独持风裁，以声名自高。士有被其容接者，名为登龙门。"李贤注："以鱼为喻也。龙门，河水所下之口，在今绛州龙门县。辛氏《三秦记》曰'河津一名龙门，水险不通，鱼鳖之属莫能上，江海大鱼薄集龙门下数千，不得上，上则为龙'也。"又《世说新语·德行》："李元礼风格秀整，高自标持，欲以天下名教是非为己任。后进之士有升其堂者，皆以为登龙门。"

山斗，即"泰山北斗"，比喻德高望重或有卓越成就而为人们所尊重敬仰的人。《新唐书·韩愈传赞》："自愈没，其言大行，学者仰之如泰山、北斗云。"

一日三秋，言思慕之甚切；渴尘万斛，言想望之久殷。

一日三秋，一天不见如同三年（或三季）。形容思念殷切。《诗经·王风·采葛》："彼采葛兮，一日不见，如三月兮。彼采萧兮，一日不见，如三秋兮。彼采艾兮，一日不见，如三岁兮。"孔颖达疏："年有四时，时皆三月，三秋谓九月也。设言三春、三夏，其义亦同，作者取其韵耳。"今按：一说，三秋为三年。古时谷熟为秋，谷类多一年一熟，故通常以一秋为一年。仅从《采葛》诗而言，"三秋"应长于"三月"，短于"三岁"，义同三季，孔说为是。又有以三秋专指秋季三月的，已是后世用法。

渴尘万斛，亦作"渴心生尘"，形容殷切盼望，多用作想念旧友之典。唐卢仝《访含曦上人》诗："三入寺，曦未来。辘轳无人井百尺，渴心归去生尘埃。"

暌违教命，乃云鄙吝复萌；来往无凭，则曰萍踪靡定。

暌违，亦作"睽违"，违背。○鄙吝复萌，鄙俗的念头又开始滋生。《后汉书·黄宪传》："黄宪字叔度，汝南慎阳人也。世贫贱，父为牛医。颍川荀淑至慎阳，遇宪于逆旅，时年十四，淑竦然异之，揖与语，移日不能去。谓宪曰：'子，吾之师表也。'既而前至袁闳（应为"袁阆"）所，未及劳问，逆曰：'子国有颜子，宁识之乎？'闳曰：'见吾叔度邪？'是时，同郡戴良才高倨傲，而见宪未尝不正容，及归，罔然若有失也。其母问曰：'汝复从牛医儿来邪？'对曰：'良不见叔度，不自以为不及。既睹其人，则瞻之在前，忽焉在后，固难得而测矣。'同郡陈蕃、周举常相谓曰：'时月之间不见黄生，则鄙吝之萌复存乎心。'"

萍踪靡定，像浮萍生在水中四处漂泊。比喻行踪不定。萍，即浮萍，生在水面，随风漂荡，古人误以为无根，故以萍踪、萍寄、萍托、萍梗、萍蓬等喻人之行止无定。南宋陆游《答交代杨通判启》："瓜戍及期，幸仁贤之为代；萍踪无定，怅候问之未遑。敢谓劳谦，特先荣翰（惠函）。"

虞舜慕唐尧，见尧于羹，见尧于墙；门人学孔圣，孔步亦步，孔趋亦趋。

见羹见墙，旧时用作缅怀已故前辈或仰慕先贤之词。《后汉书·李固传》："昔尧殂之后，舜仰慕三年，坐则见尧于墙，食则睹尧于羹。斯所谓聿追来孝，不失臣子之节者。"

亦步亦趋，形容在任何事情上都追随和模仿别人。《庄子·田子方》："颜渊问于仲尼曰：'夫子步亦步，夫子趋亦趋，夫子驰亦驰，夫子奔逸绝尘，而回瞠若乎后矣。'仲尼曰：'回，何谓邪？'曰：'夫子步，亦步也；夫子言，亦言也；夫子趋，亦趋也；夫子辩，亦辩也；夫子驰，亦驰也；夫子言道，回亦言道也；及奔逸绝尘而回瞠若乎后者，夫子不言而信，不比而周，无器(爵位)而民滔(聚)乎前，而不知所以然而已矣。'"

曾经会晤，曰向获承颜接辞；谢人指教，曰深蒙耳提面命。

承颜接辞，承接颜色、言辞，指幸得见面。《汉书·隽不疑传》："(暴)胜之开阁延请，望见不疑容貌尊严，衣冠甚伟，胜之蹝(音徙，趿拉着)履起迎。登堂坐定，不疑据地曰：'窃伏海濒，闻暴公子威名旧(久)矣，今乃承颜接辞。凡为吏，太刚则折，太柔则废，威行施之以恩，然后树功扬名，永终天禄。'胜之知不疑非庸人，敬纳其戒，深接以礼意，问当世所施行。门下诸从事皆州郡选吏，侧听不疑，莫不惊骇。至昏夜，罢去。"

耳提面命，提着人的耳朵讲解，当着他的面指教。形容教诲殷勤恳切。《诗经·大雅·抑》："於乎小子，未知臧否。匪手携之，言示之事。匪面命之，言提其耳。"孔颖达疏："我非但以手携掣之，我乃亲示以其事之是非，庶其睹之而悟也。我又非但对面命语之，我又亲提撕其耳，庶其志而不忘。言己教导之孰，而不可启悟。"

求人涵容，曰望包荒；求人吹嘘，曰望汲引。

涵容，包涵，宽容。《宋史·韩维传》："翰林学士范镇作批答不合旨，出补郡。维言：'镇所失只在文字，当涵容之。前黜钱公辅，中外以为太重，连退二近臣，而众莫知其所谓，自此谁敢尽忠者？'"○包荒，本谓度量宽宏，对荒秽遐远的也能容受。后引申为包涵、体谅、宽容。《周易·泰》："九二：包荒，用冯河，不遐遗。"孔颖达疏："'包荒用冯河'者，体健居中，而用乎泰，能包含荒秽之物，故云'包荒'也。'用冯河'者，无舟渡水，冯陵于河，是顽愚之人，此九二能包含容受，故曰‘用冯河’也。‘不遐遗’者，遐，远也。遗，弃也。用心弘大，无所疏远弃遗于物。”

吹嘘，本指“吹拂”，从旁相助的意思。引申为称颂揄扬。今指不合实际地吹捧自己或别人。唐杜甫《赠献纳使起居田舍人澄》诗：“扬雄更有《河东赋》，唯待吹嘘送上天。”〇汲引，引荐，提拔。《汉书·楚元王传》：“昔孔子与颜渊、子贡更相称誉，不为朋党；禹、稷与皋陶传相汲引，不为比周。何则？忠于为国，无邪心也。故贤人在上位，则引其类而聚之于朝，《易》曰：‘飞龙在天，大人聚也。’在下位，则思与其类俱进，《易》曰：‘拔茅茹以其汇，征吉。’”

求人荐引，曰幸为先容；求人改文，曰望赐郢斫。

先容，本指先加修饰。后引申为介绍推荐或事先致意。《史记·鲁仲连邹阳列传》：“蟠木根柢，轮囷离诡（弯曲），而为万乘器者。何则？以左右先为之容也。”司马贞索隐：“谓左右先加雕刻，是为之容饰也。”

郢斫，亦作“郢正（政）”“斧正（政）”等，表示请人修改诗文的谦词。意谓对方动笔删改，有如巧匠运斤，能使原稿生色。《庄子·徐无鬼》：“郢人垩漫其鼻端，若蝇翼，使匠石斫之。匠石运斤成风，听而斫之，尽垩而鼻不伤，郢人立不失容。宋元君闻之，召匠石曰：‘尝试为寡人为之。’匠石曰：‘臣则尝能斫之。虽然，臣之质死久矣。’”

借重鼎言，是托人言事；望移玉趾，是浼人亲行。

鼎言，“一言九鼎”之简称，形容能起决定性作用的言论或意见。注详见《人事》“毛遂片言九鼎，人重其言”条。

浼（音美），恳托。注详见《身体》“邀亲友曰敢攀玉趾”条。

多蒙推毂，谢人引荐之辞；望作领袖，托人倡首之说。

推毂，本指助人推车毂，使之前进。比喻助人成事或举荐人才。毂，车轮轴。《史记·汲郑列传》：“庄为太史，诫门下：‘客至，无贵贱无留门者。’执宾主之礼，以其贵下人。庄廉，又不治其产业，仰奉赐以给诸公。然其馈遗人，不过算器食。每朝，候上之间，说未尝不言天下之长者。其推毂士及官属丞史，诚有味其言之也，常引以为贤于己。未尝名吏，与官属言，若恐伤之。闻人之善言，进之上，唯恐后。山东士诸公以此翕然称郑庄。”又《史记·魏其武安侯列传》：“魏其、武安俱好儒术，推毂赵绾为御史大夫、王臧为郎中令。”司马贞索隐：“推毂谓自卑下之，如为之推车毂也。”

领袖，衣服的领和袖。比喻能提携他人或能为人表率的人。《晋书·裴秀传》："秀少好学，有风操，八岁能属文。叔父徽有盛名，宾客甚众。秀年十余岁，有诣徽者，出则过秀。然秀母贱，嫡母宣氏不之礼，尝使进馔于客，见者皆为之起。秀母曰：'微贱如此，当应为小儿故也。'宣氏知之，后遂止。时人为之语曰：'后进领袖有裴秀。'"又南朝梁任昉《为萧扬州荐士表》："故以晖映先达，领袖后进。"李善注："孙盛《晋阳秋》曰：裴秀有风操，十余岁，时人为之语曰：'后进领袖有裴秀。'"〇倡首，最先倡导。

言辞不爽，谓之金石语；乡党公论，谓之月旦评。

爽，爽约，失约。〇金石语，言人之话语如金石一样牢固可靠，不可转移。北宋梅尧臣《寄送谢师厚余姚宰》诗："但诵金石言，于时傥无忤。"

月旦评，指品评人物。月旦，每月初一。《后汉书·许劭传》："初，劭与靖(劭从兄)俱有高名，好共核论乡党人物，每月辄更其品题，故汝南俗有'月旦评'焉。"

逢人说项斯，表扬善行；名下无虚士，果是贤人。

逢人说项斯，亦作"说项"，借指为人说好话、替人讲情。《唐诗纪事》卷四九《项斯》："斯，字子迁，江东人。始未为闻人，因以卷谒杨敬之。杨苦爱之，赠诗云：'几度(《尚书故实》作"处处")见诗诗尽好，及观标格过于诗。平生不解藏人善，到处逢人(《尚书故实》作"相逢")说项斯。'未几，诗达长安，明年擢上第。"亦见于唐李绰《尚书故实》、唐韦绚《刘宾客嘉话录》、《南部新书》甲集、《唐才子传》卷七等。

名下无虚士，谓有盛名的人必有实学，犹言名不虚传。《隋唐嘉话》卷上："薛道衡聘陈，为人日诗云：'入春才七日，离家已二年。'南人嗤之曰：'是底言？谁谓此虏解作诗！'及云：'人归落雁后，思发在花前。'乃喜曰：'名下固无虚士。'"又《陈书·姚察传》："太建初，补宣明殿学士，除散骑侍郎、左通直。寻兼通直散骑常侍，报聘于周。江左耆旧先在关右者，咸相倾慕。沛国刘臻窃于公馆访《汉书》疑事十余条，并为剖析，皆有经据。臻谓所亲曰：'名下定无虚士。'著《西聘道里记》，所叙事甚详。"

党恶为非，曰朋奸；尽财赌博，曰孤注。

朋奸，即朋比为奸，合伙勾结做坏事。朋，结党。《宋史·奸臣传一·吕惠卿》："郑侠疏惠卿朋奸壅蔽，惠卿怒，又恶冯京异己，而安石弟安国恶惠卿奸谄，面辱之。于是乘势并陷三人，皆获罪。安石以安国之故，始有隙。惠卿既叛安石，凡可以害王氏者无不为。”

孤注，把所有的钱并作一次赌注。比喻仅存的可资凭借的事物。《宋史·寇准传》：“准颇自矜澶渊之功，虽帝(宋真宗)亦以此待准甚厚。王钦若深嫉之。一日会朝，准先退，帝目送之，钦若因进曰：‘陛下敬寇准，为其有社稷功邪？’帝曰：‘然。’钦若曰：‘澶渊之役，陛下不以为耻，而谓准有社稷之功，何也？’帝愕然曰：‘何故？’钦若曰：‘城下之盟，《春秋》耻之。澶渊之举，是城下之盟也。以万乘之贵而为城下之盟，其何耻如之！’帝愀然为之不悦。钦若曰：‘陛下闻博乎？博者输钱欲尽，乃罄所有出之，谓之孤注。陛下，寇准之孤注也，斯亦危矣。’由是帝顾准浸(渐)衰。”亦见于北宋司马光《涑水记闻》卷六。

徒了事，曰但求塞责；戒明察，曰不可苛求。

塞责，谓抵塞罪责，弥补所任事的不足。今指作事将就应付，敷衍了事。常用作谦词。《史记·平津侯主父列传》：“弘病甚，自以为无功而封，位至宰相，宜佐明主填(镇)抚国家，使人由(从)臣子之道。今诸侯有畔逆之计，此皆宰相奉职不称，恐窃病死，无以塞责。”

戒明察，曰不可苛求，谓不想细究深察事情的根底，叫作不可苛求，实为办事不认真的托词。苛求，过于严格的、过高的、不合情理的要求。苛，本义为小草，引申为繁细、繁琐。

方命是逆人之言，执拗是执己之性。

方命，亦作“放命”，即抗命、违命。后亦用作谦词，表示对对方的嘱托不能照办。《尚书·尧典》：“帝曰：‘吁！咈(音扶，违逆)哉！方命圮(音四，毁坏)族。’”孔颖达疏：“郑、王以‘方’为‘放’，谓放弃教命。”《书集传》卷一：“方命者，逆命而不行也。王氏曰：‘圆则行，方则止。’方命，犹今言废阁诏令也。盖鲧之为人悻(固执)戾自用，不从上令也。”

执拗，坚持己见，固执任性。《邵氏闻见录》卷一二：“伯温窃谓，荆公(王安石)闻温公(司马光)入相则曰：‘司马十二作相矣。’盖二公素相善，荆公以行新法作相，温公以不行新法辞枢密使，反复相辩论，三书而后绝。荆公知温公长者，不修怨也。至荆公薨，温公在病告中闻之，简吕申公(吕公著)曰：‘介甫无他，但执拗耳。赠恤之典宜厚。’大哉，温公之盛德不可及矣。”又南宋朱熹《三朝名臣言行录》卷七：“上又曰：‘王安石何如？’光曰：‘人言安石奸邪，则毁之太过。但不晓事，又执拗耳，此其实也。’”

曰觊觎，曰睥睨，总是私心之窥望；曰倥偬，曰旁午，皆言人事之纷纭。

觊觎，非分的希望或企图。《左传·桓公二年》："是以民服事其上，而下无觊觎。"杜预注："下不冀望上位。"又《后汉书·杨秉传》："时郡国计吏多留拜为郎，秉上言三署见郎七百余人，帑臧空虚，浮食者众，而不良守相，欲因国为池，浇濯衅秽。宜绝横拜，以塞觊觎之端。自此终桓帝世，计吏无复留拜者。"○睥睨，斜着眼睛看，形容傲慢的样子。有时也解释为"窥视、侦伺"。《颜氏家训·诫兵》："然而每见文士，颇(少)读兵书，微有经略。若居承平之世，睥睨宫阃，幸灾乐祸，首为逆乱，诖误善良；如在兵革之时，构扇反覆，纵横说诱，不识存亡，强相扶戴：此皆陷身灭族之本也。诫之哉！诫之哉！"又《魏书·尔朱荣传论》："苟非荣之致力，克夷大难，则不知几人称帝，几人称王也。然则荣之功烈，亦已茂乎！而始则希觊非望，睥睨宸极；终乃灵后、少帝，沉流不反；河阴之下，衣冠涂地。此其所以得罪人神，而终于夷戮也。"

倥偬，困苦窘迫。亦指事情纷繁迫促。《后汉书·卓茂传论》："建武之初，雄豪方扰，虓(音消，虎怒吼)呼者连响，婴城者相望，斯固倥偬不暇给之日。卓茂断断小宰，无它庸能，时已七十余矣，而首加聘命，优辞重礼，其与周、燕之君表闾立馆何异哉？"李贤注："《字书》曰：'倥偬，穷困也。给，足也。'日促事多，不暇给足也。"○旁(音傍)午，亦作"旁迕"，交错，纷繁。《汉书·霍光传》："祖宗庙祠未举，为玺书使使者持节，以三太牢祠昌邑哀王园庙，称嗣子皇帝。受玺以来二十七日，使者旁午，持节诏诸官署征发，凡千一百二十七事。"颜师古注："如淳曰：'旁午，分布也。'师古曰：'一从(纵)一横为旁午，犹言交横也。'"

小过必察，谓之吹毛求疵；乘患相攻，谓之落井下石。

吹毛求疵，吹开皮毛，寻求疵点。比喻故意挑剔。《韩非子·大体》："不吹毛而求小疵，不洗垢而察难知。"又《汉书·中山靖王刘胜传》："今或无罪，为臣下所侵辱，有司吹毛求疵，笞服其臣，使证其君，多自以侵冤。"

落井下石，见人落入井中，不去求援，反而扔下石头加害。比喻在别人遇到困难或危险时，乘机加以陷害。唐韩愈《柳子厚墓志铭》："今夫平居里巷相慕悦，酒食游戏相征逐，诩诩强笑语以相取下，握手出肺肝相示，指天日涕泣，誓生死不相背负，真若可信。一旦临小利害，仅如毛发比，反眼若不相识；落陷穽(阱)，不一引手救，反挤之，又下石焉者，皆是也。"

欲心难厌如溪壑，财物易尽若漏卮。

欲壑，欲望像山沟一样无法填满。形容贪心太重，总是无法满足。《国语·晋语八》："叔鱼（叔向弟）生，其母视之，曰：'是虎目而豕喙，鸢肩而牛腹，溪壑可盈，是不可餍也，必以贿死。'遂不视。杨食我（叔向子）生，叔向之母闻之，往，及堂，闻其号也，乃还，曰：'其声，豺狼之声，终灭羊舌氏之宗者，必是子也。'"

漏卮（音支），渗漏的酒器。常用以比喻财物易尽或利权外溢。卮，古代盛酒的器皿。《淮南子·氾论训》："今夫霤水（屋檐水）足以溢壶榼（音科），而江河不能实漏卮，故人心犹是也。"又《盐铁论·本议》："故川源不能实漏卮，山海不能赡溪壑。"

望开茅塞，是求人之教导；多蒙药石，是谢人之箴规。

茅塞，茅草塞路，引申为人心被物欲所蔽。后亦比喻思路闭塞不通或愚昧无知，多作自谦之辞。《孟子·尽心下》："孟子谓高子曰：'山径之蹊间，介然用之而成路。为间不用，则茅塞之矣。今茅塞子之心矣。'"赵岐注："高子，齐人也，尝学于孟子，乡道而未明，去而学于他术。孟子谓之曰：山径，山之岭有微蹊，介然人遂用之不止，则蹊成为路；为间，有间也，谓废而不用，则茅草生而塞之，不复为路。以喻高子学于仁义之道，当遂行之，而反中止，正若山路。故曰：'茅塞子之心也。'"

药石，药剂和砭石，药物的总称，比喻规诲劝戒。《左传·襄公二十三年》略云：孟孙恶臧孙，季孙爱之。……己卯，孟孙卒。……臧孙入，哭，甚哀，多涕。出，其御曰："孟孙之恶子也，而哀如是！季孙若死，其若之何？"臧孙曰："季孙之爱我，疾疢（音衬，病）也。孟孙之恶我，药石也。美疢不如恶石。夫石犹生我，疢之美，其毒滋多。孟孙死，吾亡无日矣。"又《新唐书·高季辅传》："书奏，太宗称善，进授太子右庶子。数上书言得失，辞诚切至。帝赐钟乳一剂，曰：'而进药石之言，朕以药石相报。'后为吏部侍郎，善铨叙人物，帝赐金背镜一，况其清鉴焉。"亦见于《旧唐书·高季辅传》。○箴规，忠告规谏。东汉王符《潜夫论·明暗》："夫田常囚简公，踔齿悬泯王，二世亦既闻之矣。然犹复袭其败迹者，何也？过在于不纳卿士之箴规，不受民氓之谣言，自以己贤于简、泯，而赵高贤于二臣也。"

芳规芳躅，皆善行之可摹；格言至言，悉嘉言之可听。

芳规，谓前代贤哲值得效法的规则、法度。《史记·乐毅列传》司马贞索隐述赞："昌国忠说，人臣所无。连兵五国，济西为墟。燕王受间，空闻报书。义士慷慨，明君轼闾。间、乘（乐间为乐毅之子，乐乘为乐毅之宗人）继将，芳规不渝。"〇芳躅（音竹），指前贤的踪迹。《史记·万石张叔列传》司马贞索隐述赞："万石孝谨，自家形国。郎中数马，内史匍匐。绾无他肠，塞有阴德。刑名张欧，垂涕恤狱。敏行讷言，俱嗣芳躅。"

格言，含有教育意义可作准则的话。《三国志·魏书·崔琰传》："盖闻盘于游田，《书》之所戒，鲁隐观鱼，《春秋》讥之。此周、孔之格言，二经之明义。"又《宋史·吴玠传》："玠善读史，凡往事可师者，录置座右，积久，墙牖皆格言也。"〇至言，深切中肯的言论；极其高明的言论。《庄子·天地》："是故高言不止于众人之心，至言不出，俗言胜也。"又《汉书·贾山传》："贾山，颍川人也。祖父祛，故魏王时博士弟子也。山受学祛，所言涉猎书记，不能为醇儒。尝给事颍阴侯为骑。孝文时，言治乱之道，借秦为喻，名曰《至言》。"

无言曰缄默，息怒曰霁威。

缄默，亦作"缄嘿"，闭口不言。《孔子家语·观周》："孔子观周，遂入太祖后稷之庙。庙堂右阶之前，有金人焉，三缄（封）其口，而铭其背曰：'古之慎言人也，戒之哉！无多言，多言多败；无多事，多事多患。安乐必戒，无所行悔。……'"亦见于《说苑·敬慎》。又《宋书·范泰传》："深根固蒂之术，未洽于愚心，是用猖狂妄作而不能缄默者也。"

霁威，收敛威怒。霁，雨止，引申为怒气消释，脸色转和。《新唐书·魏徵传》："徵状貌不逾中人，有志胆，每犯颜进谏，虽逢帝甚怒，神色不徙，而天子亦为霁威。议者谓贲、育不能过。"

包拯寡色笑，人比其笑为黄河清；商鞅最凶残，常见论囚而渭水赤。

黄河清，黄河水常混浊，故以黄河清比喻罕见之事。《宋史·包拯传》："拯立朝刚毅，贵戚宦官为之敛手，闻者皆惮之。人以包拯笑比黄河清。童稚妇女，亦知其名，呼曰'包待制'。京师为之语曰：'关节不到，有阎罗包老！'旧制，凡讼诉不得径造庭下。拯开正门，使得至前陈曲直，吏不敢欺。"

《史记·商君列传》："余尝读商君开塞耕战书，与其人行事相类。卒受恶名于秦，有以也夫！"裴骃集解："《新序》论曰：'今卫鞅内刻刀锯之刑，外深铁钺之诛。步过六尺者有罚，弃灰烬于道者被刑。一日临渭而论囚七百余人，渭水尽赤，号哭之声动于天地。畜怨积仇比于丘山，所逃莫之隐，所归莫之容，身死车裂，灭族无姓，其去霸王之佐亦远矣。'"

仇深曰切齿，人笑曰解颐。

切齿，咬紧牙齿，表示极端仇恨。《史记·刺客列传》："樊於期偏袒搤捥(扼腕)而进曰：'此臣之日夜切齿腐心也，乃今得闻教！'遂自刭。"司马贞索隐："切齿，齿相磨切也。《尔雅》曰：'治骨曰切。'腐音辅，亦烂也。犹今人事不可忍云'腐烂'然，皆奋怒之意也。"亦见于《战国策·燕策三》。

解颐，开颜欢笑。颐，面颊，腮。《西京杂记》卷二："匡衡字稚圭，勤学而无烛。邻舍有烛而不逮，衡乃穿壁引其光，以书映光而读之。邑人大姓文不识，家富多书，衡乃与其佣作，而不求偿。主人怪，问衡，衡曰：'愿得主人书遍读之。'主人感叹，资给以书，遂成大学。衡能说《诗》，时人为之语曰：'无说《诗》，匡鼎来。匡说《诗》，解人颐。'鼎，衡小名也。时人畏服之如是，闻者皆解颐欢笑。衡邑人有言《诗》者，衡从之，与语质疑，邑人挫服，倒屣而去。衡追之，曰：'先生留听，更理前论。'邑人曰：'穷矣。'遂去不返。"又《汉书·匡衡传》："匡衡字稚圭，东海承人也。父世农夫，至衡好学，家贫，庸作以供资用，尤精力过绝人。诸儒为之语曰：'无说《诗》，匡鼎来；匡说《诗》，解人颐。'"颜师古注："如淳曰：'使人笑不能止也。'"又《齐东野语》卷六："匡衡好学，精力绝人，诸儒为之语曰：'无说《诗》，匡鼎来；匡说《诗》，解人颐。'盖言其善于讲诵，能使人喜而至于解颐也。至今俗谚以人喜过甚者，云'兜不上下颏'，即其意也。本朝盛度以第二名登第，其父喜甚，颐解而卒。又岐山县樊纪登第，其父亦以喜而颐脱，有声如破瓮。按《医经》云：'喜则气缓，能令致脱颐。'信非戏语也。"

人微笑曰莞尔，掩口笑曰胡卢。

莞尔，微笑貌。《论语·阳货》："子之武城，闻弦歌之声。夫子莞尔而笑，曰：'割鸡焉用牛刀？'子游对曰：'昔者偃也闻诸夫子曰："君子学道则爱人，小人学道则易使也。"'子曰：'二三子！偃之言是也。前言戏之耳。'"何晏集解："莞尔，小笑貌。"

胡卢，亦作"卢胡"，谓喉间发出笑声。《后汉书·应劭传》："昔郑人以乾鼠为璞，鬻之于周；宋愚夫亦宝燕石，缇緭十重。夫睹之者掩口卢胡而笑，斯文之族，无乃类旃。"又《孔丛子·抗志》："子思曰：'卫之东境有李音者，贤而有实者也。'君曰：'其父祖何也？'答曰：'世农夫也。'卫君乃卢胡(一作"胡卢")大笑曰：'寡人不好农，农夫之子，无所用之，且世臣之子未悉官之。'"

大笑曰绝倒，众笑曰哄堂。

绝倒，大笑不能自持。《新五代史·晋家人传·出帝皇后冯氏》："出帝皇后冯氏，定州人也。父濛，为州进奏吏，居京师，以巧佞为安重诲所喜，以为邺都副留守。高祖留守邺都，得濛欢甚，乃为重胤（晋高祖石敬瑭之弟、晋出帝石重贵之叔）娶濛女，后封吴国夫人。重胤早卒，后寡居，有色，出帝悦之。高祖崩，梓宫在殡，出帝居丧中，纳之以为后。是日，以六军仗卫、太常鼓吹，命后至西御庄，见于高祖影殿。群臣皆贺。帝顾谓冯道等曰：'皇太后之命，与卿等不任大庆。'群臣出，帝与皇后酣饮歌舞，过梓宫前，酹而告曰：'皇太后之命，与先帝不任大庆。'左右皆失笑，帝亦自绝倒，顾谓左右曰：'我今日作新女婿，何似生？'后与左右皆大笑，声闻于外。"

哄堂，亦作"烘堂"，本指御史公堂会食时举座大笑，后泛指众人同时大笑。《因话录》卷五略云：唐御史台有台院、殿院、察院之分，以一御史知杂事，谓之杂端。每公堂食会，皆绝谈笑。若杂端失笑，则三院皆笑，谓之烘堂，悉免罚矣。又《唐国史补》卷下："御史故事：……凡上堂绝言笑，有不可忍，杂端大笑，则合座皆笑，谓之烘堂。烘堂不罚。"

留位待贤，谓之虚左；官僚共署，谓之同寅。

虚左，古时乘车以左位为尊，空着以待贵宾，表示敬重。《史记·魏公子列传》："魏有隐士曰侯嬴，年七十，家贫，为大梁夷门监者。公子闻之，往请，欲厚遗之。不肯受，曰：'臣修身洁行数十年，终不以监门困故而受公子财。'公子于是乃置酒大会宾客。坐定，公子从车骑，虚左，自迎夷门侯生。侯生摄敝衣冠，直上载公子上坐，不让，欲以观公子。公子执辔愈恭。"

同寅，原谓同具敬畏之心。后指在一处做官的人，犹同僚。《尚书·皋陶谟》："百僚师师，百工惟时……同寅协恭，和衷哉。"孔安国传："衷，善也。以五礼正诸侯，使同敬合恭而和善。"今按：僚、工皆官之义。此谓皋陶在帝舜前对禹所说的话。后用为同僚恭谨事君、共襄政事之典。

人失信曰爽约，又曰食言；人忘誓曰寒盟，又曰反汗。

爽约，即失约，没有履行约会。唐李商隐《为张周封上杨相公启》："郭伋还州，尚不欺于童子；文侯校猎，宁爽约于虞人？"〇食言，谓言而无信，不履行诺言。食，吞没。一说，即伪言。《尚书·汤誓》："尔无不信，朕不食言。"孔安国传："食尽其言，伪不实。"孔颖达疏："《释诂》云：'食，伪也。'孙炎曰：'食，言之伪也。'哀二十五年《左传》云：'孟武伯恶郭重，曰："何肥也？"公曰：

“是食言多矣，能无肥乎？”’然则言而不行如食之消尽，后终不行前言为伪。故通谓伪言为‘食言’。故《尔雅》训‘食’为‘伪’也。”

寒盟，忘却或背弃盟约。寒，冷却。《左传·哀公十二年》：“公会吴于橐皋。吴子使大宰嚭请寻盟(重温过去的盟约)。公不欲，使子贡对曰：‘盟，所以周信也，故心以制之，玉帛以奉之，言以结之，明神以要(保证)之。寡君以为苟有盟焉，弗可改也已。若犹可改，日盟何益？今吾子曰“必寻盟”，若可寻也，亦可寒也。’乃不寻盟。”杜预注：“寻，重也。寒，歇也。”孔颖达疏：“言‘寻盟’者，皆以前盟已寒，更温之使热。温旧即是重义，故以寻为重。《传》意，言若可重温使热，亦可歇之使寒。”〇反汗，以汗出不能反，比喻令出不能收。后称人行事翻悔或收回成命。《汉书·楚元王传》：“《诗》云‘我心匪石，不可转也’，言守善笃也。《易》曰‘涣汗其大号’，言号令如汗，汗出而不反者也。今出善令，未能逾时而反，是反汗也；用贤未能三旬而退，是转石也。”颜师古注：“此《易·涣卦》九四(应为“九五”)爻辞也。言王者涣然大发号令，如汗之出也。”

铭心镂骨，感德难忘；结草衔环，知恩必报。

铭心镂骨，亦作“铭肌镂骨”，犹言刻骨铭心。形容感受深刻，永记难以忘怀。铭、镂，皆为雕刻之意。《颜氏家训·序致》：“追思平昔之指，铭肌镂骨，非徒古书之诫，经目过耳也。”

结草衔环，搓草为绳，嘴衔玉环。旧时比喻感恩报德，至死不忘。《左传·宣公十五年》：“秋，七月，秦桓公伐晋，次于辅氏。壬午，晋侯治兵于稷，以略狄土。立黎侯而还。及洛，魏颗败秦师于辅氏，获杜回，秦之力人也。初，魏武子(魏颗之父)有嬖妾，无子。武子疾，命颗曰：‘必嫁是。’疾病，则曰：‘必以为殉。’及卒，颗嫁之，曰：‘疾病则乱，吾从其治(清醒)也。’及辅氏之役，颗见老人结草以亢(遮拦)杜回，杜回踬而颠，故获之。夜梦之曰：‘余，而所嫁妇人之父也。尔用先人之治命，余是以报。’”〇《搜神记》卷二〇：“汉时弘农杨宝，年九岁时，至华阴山北，见一黄雀，为鸱枭所搏，坠于树下，为蝼蚁所困。宝见，愍之，取归，置巾箱中，食以黄花。百余日，毛羽成，朝去暮还。一夕三更，宝读书未卧，有黄衣童子，向宝再拜曰：‘我西王母使者，使蓬莱，不慎为鸱枭所搏。君仁爱见拯，实感盛德。’乃以白环四枚与宝，曰：‘令君子孙洁白，位登三事，当如此环。’”亦见于《续齐谐记》、《后汉书·杨震传》李贤注引《续齐谐记》。

自惹其灾，谓之解衣抱火；幸离其害，真如脱网就渊。

解衣抱火，亦作“解衣包火”，比喻不解决问题，只会招致危险。《资治通鉴》卷一一八：“（晋安帝义熙十三年）五月，乙未，齐郡太守王懿降于魏，上书言：‘刘裕在洛，宜发兵绝其归路，可不战而克。’魏主嗣（北魏明元帝拓跋嗣）善之。崔浩侍讲在前……嗣曰：‘裕既入关，不能进退，我以精骑直捣彭城、寿春，裕将若之何？’对曰：‘今西有屈丐，北有柔然，窥伺国隙。陛下既不可亲御六师，虽有精兵，未睹良将。长孙嵩长于治国，短于用兵，非刘裕敌也。兴兵远攻，未见其利；不如且安静以待之。裕克秦而归，必篡其主。关中华、戎杂错，风俗劲悍；裕欲以荆、扬之化施之函、秦，此无异解衣包火，张罗捕虎；虽留兵守之，人情未洽，趋尚不同，适足为寇敌之资耳。愿陛下按兵息民以观其变，秦地终为国家之有。可坐而守也。’嗣笑曰：‘卿料之审矣！’”

脱网就渊，鱼儿脱离网罟而游入深渊。比喻幸运脱险。《晋书·慕容垂载记》：“失笼之鸟，非罗所羁；脱网之鲸，岂罟所制！”

两不相入，谓之枘凿；两不相投，谓之冰炭。

枘（音锐）凿，方枘圆凿之省语。圆凿，指圆的卯眼；方枘，指方的榫头。圆孔不能容纳方榫头。比喻彼此不能相合。《楚辞·九辩》：“圆凿而方枘兮，吾固知其钼铻而难入。”又《史记·孟子荀卿列传》：“故武王以仁义伐纣而王，伯夷饿不食周粟；卫灵公问陈，而孔子不答；梁惠王谋欲攻赵，孟轲称大（太）王去邠。此岂有意阿世俗苟合而已哉！持方枘欲内圆凿，其能入乎？”司马贞索隐：“方枘是笋（榫）也，圆凿是孔也。谓工人斫木，以方笋而内之圆孔，不可入也。故《楚词》云‘以方枘而内圆凿，吾固知其龃龉而不入’是也。谓战国之时，仲尼、孟轲以仁义干世主，犹方枘圆凿然。”

冰炭，冰冷炭热。比喻性质相反，互不相容。唐白居易《无可奈何歌》：“合冰炭以交战，只自苦兮厥躬。”参见《朋友宾主》“尔我相仇，如同冰炭”条。

彼此不合曰龃龉，欲前不进曰趑趄。

龃龉，上下牙齿不相对应。比喻意见不合，互相抵触。义同“钼铻”“岨峿”。西汉扬雄《太玄经》卷三《亲》：“初一，亲非其肤，其志龃龉。测曰：亲非其肤，中心闲也。”范望注：“龃龉，相恶也。”

趑趄，亦作“次且”“越且”“趦趄”，且前且却，犹豫观望。《周易·夬》：“九四：臀无肤，其行次且。牵羊悔亡，闻言不信。”孔颖达疏：“次且，行不前进也。”又唐韩愈《送李愿归盘谷序》：“伺候于公卿之门，奔走于形势之途，足将进而趑趄，口将言而嗫嚅（音聂如，欲言又止）。”

落落，不合之词；区区，自谦之语。

落落，本指事情很邈远，难以实现。后亦形容为人孤僻，不易合群。今常用作“落落寡合”。《后汉书·耿弇传》：“后数日，车驾至临淄自劳军，群臣大会。帝（光武帝）谓弇曰：‘昔韩信破历下以开基，今将军攻祝阿以发迹，此皆齐之西界，功足相方。而韩信袭击已降，将军独拔勍敌，其功乃难于信也。又田横亨（烹）郦生，及田横降，高帝诏卫尉不听为仇。张步前亦杀伏隆，若步来归命，吾当诏大司徒释其怨，又事尤相类也。将军前在南阳建此大策，常以为落落难合，有志者事竟成也！’”李贤注：“落落，犹疏阔也。”

区区，小，少；微不足道，故用作自谦之词。《后汉书·窦融传》：“融闻为忠甚易，得宜实难。忧人大过，以德取怨，知且以言获罪也。区区所献，唯将军省焉。”今按：区区有多种涵义，也可释为“愚拙”“爱慕”“自得”“诚挚”等。

竣者作事已毕之谓，醵者敛财饮酒之名。

竣，退立，古代官员在君主前办完公事后便退立，是谓竣。后引申为完毕、结束，如竣工、大事告竣。《国语·齐语》：“有司已于事而竣。”韦昭注：“已，毕也。竣，退伏也。”

醵（音聚），凑钱喝酒。《礼记·礼器》：“曾子曰：‘周礼其犹醵与！’”郑玄注：“合钱饮酒为醵。”孔颖达疏：“醵，敛钱共饮酒也。”

赞襄其事，谓之玉成；分裂难完，谓之瓦解。

赞襄，辅助，协助。《尚书·皋陶谟》：“皋陶曰：‘予未有知，思曰赞赞襄哉！’〇玉成，本指爱之如玉，助之使成。后谓成全某事。北宋张载《西铭》：“富贵福泽，将厚吾之生也；贫贱忧戚，庸玉女于成也。存，吾顺事；没，吾宁也。”

瓦解，旧时制瓦，先把陶土制成圆筒形，分解为四，即成瓦。意指事物的分裂、分离。《淮南子·泰族训》：“武王左操黄钺，右执白旄以麾之，则瓦解而走，遂土崩而下。纣有南面之名，而无一人之德，此失天下也。”

事有低昂曰轩轾，力相上下曰颉颃。

轩轾，车子前高后低（前轻后重）为轩，前低后高（前重后轻）为轾。后引申为轻重、高低。《诗经·小雅·六月》：“戎车既安，如轾如轩。”郑玄笺：“戎车之安，从后视之如挚(轾)，从前视之如轩，然后适调也。”又《后汉书·马援传》：“夫居前不能令人轾，居后不能令人轩，与人怨不能为人患，臣所耻也。”李贤注：“言为人无所轻重也。《诗》云：‘如轾如轩。’”

颉颃(音协杭)，本义是鸟飞上下貌。后引申为不相上下，相抗衡。《诗经·邶风·燕燕》：“燕燕于飞，颉之颃之。”毛传：“飞而上曰颉，飞而下曰颃。”又《后汉书·史弼传论》：“语曰：‘活千人者子孙必封。’史弼颉颃严吏，终全平原之党，而其后不大，斯亦未可论也。”李贤注：“颉颃，犹上下也。”

凭空起事曰作俑，仍前踵弊曰效尤。

作俑，制造殉葬用的偶像。后用以比喻恶劣风气的开创者。俑，古代用来陪葬的木偶人或泥偶人。《孟子·梁惠王上》：“仲尼曰：‘始作俑者，其无后乎！’为其象人而用之也。”赵岐注：“俑，偶人也，用之送死。仲尼重人类，谓秦穆公时以三良殉葬，本由有作俑者也。夫恶其始造，故曰：‘此人其无后嗣乎？’”

踵弊，继续跟随弊端。明仁孝文皇后(明成祖朱棣之妻)《内训·景贤范章》：“夫明镜可以鉴妍媸，权衡可以拟轻重，尺度可以测长短，往辙可以轨新迹。希圣者昌，踵弊者亡。”〇效尤，明知有错误而仿效之。尤，错误。《左传·庄公二十年、二十一年》略云：王子颓享五大夫，乐及遍舞。郑伯闻之，见虢叔，曰：“寡人闻之，哀乐失时，殃咎必至。今王子颓歌舞不倦，乐祸也。夫司寇行戮，君为之不举，而况敢乐祸乎！奸王之位，祸孰大焉？临祸忘忧，忧必及之。盍纳王乎？”虢公曰：“寡人之愿也。”二十一年夏，郑伯将王，自圉门入，虢叔自北门入，杀王子颓及五大夫。郑伯享王于阙西辟，乐备。原伯曰：“郑伯效尤，其亦将有咎。”今按：王子颓设享礼招待五位大夫，奏乐及于所有舞蹈；郑厉公设享礼招待周惠王，亦是全套乐舞一样不缺，故曰“效尤”。

手口共作曰拮据，不暇修容曰鞅掌。

拮据，本指鸟之筑巢，口足劳苦。后引申为境况窘迫，经济紧张。《诗经·豳风·鸱鸮》：“予手拮据。”郑玄笺：“《韩诗》云：口足为事曰拮据。”

鞅掌，烦劳，后谓公事忙碌。《诗经·小雅·北山》：“或栖迟偃仰，或王事鞅掌。”毛传：“鞅掌，失容也。”孔颖达疏：“《传》以鞅掌为烦劳之状，故云‘失容’。言事烦鞅掌然，不暇为容仪也。今俗语以职烦为鞅掌，其言出于此《传》也。”

手足并行曰匍匐，俯首而思曰低徊。

匍匐，爬行。《诗经·大雅·生民》："诞实匍匐，克岐克嶷，以就口食。"《诗集传》卷六："匍匐，手足并行也。岐、嶷，峻茂之状。就，向也。口食，自能食也。盖六七岁时也。"

低徊，亦作"低回""低佪""祇回"，流连、徘徊貌。有时亦指低头沉思。《楚辞·九章·抽思》："低佪夷犹，宿北姑兮。"又《史记·孔子世家》："太史公曰：《诗》有之：'高山仰止，景行行止。'虽不能至，然心乡往之。余读孔氏书，想见其为人。适鲁，观仲尼庙堂车服礼器，诸生以时习礼其家，余祇回留之不能去云。"司马贞索隐："祇，敬也。言祇敬迟回不能去之。有本亦作'低回'，义亦通。"

明珠投暗，大屈才能；入室操戈，自相鱼肉。

明珠暗投，本指夜间从暗处以夜明珠去投击路上行人。后用以比喻有才能的人所事非主或怀才不遇。《史记·鲁仲连邹阳列传》："臣闻明月之珠，夜光之璧，以暗投人于道路，人无不按剑相眄者。何则？无因而至前也。"

入室操戈，原意是指以对方的观点来反驳对方。后引申为自相残杀，犹同室操戈。《后汉书·郑玄传》："玄自游学，十余年乃归乡里。家贫，客耕东莱，学徒相随已数百千人。及党事起，乃与同郡孙嵩等四十余人俱被禁锢，遂隐修经业，杜门不出。时任城何休好《公羊》学，遂著《公羊墨守》《左氏膏肓》《穀梁废疾》。玄乃发《墨守》，针《膏肓》，起《废疾》。休见而叹曰：'康成入吾室，操吾矛，以伐我乎！'"○自相鱼肉，比喻内部自相残杀。鱼肉，当作鱼肉一般任意宰割。《晋书·刘元海载记》："刘宣等固谏曰：'晋为无道，奴隶御我，是以右贤王猛不胜其忿。属晋纲未弛，大事不遂，右贤涂地，单于之耻也。今司马氏父子兄弟自相鱼肉，此天厌晋德，授之于我。单于积德在躬，为晋人所服，方当兴我邦族，复呼韩邪之业，鲜卑、乌丸可以为援，奈何距之而拯仇敌！今天假手于我，不可违也。违天不祥，逆众不济；天与不取，反受其咎。愿单于勿疑。'"

求教于愚人，是问道于盲；枉道以干主，是衒玉求售。

问道于盲，亦作"求道于盲"，比喻向一无所知的人求教。唐韩愈《答陈生书》："愈白：陈生足下：今之负名誉享显荣者，在上位几人？足下求速化（快速入仕做官）之术，不于其人，乃以访愈，是所谓借听于聋，求道于盲，虽其请之勤勤，教之云云，未有见其得者也。”

枉道干主，违背正道以求君主重用。枉道，不用正道以求容取媚。○衒玉求售，比喻自炫才能，以求录用。《论语·子罕》：“子贡曰：‘有美玉于斯，韫(音运，藏)椟而藏诸？求善贾而沽诸？’子曰：‘沽之哉！沽之哉！我待贾者也。’”朱熹集注：“范氏曰：‘君子未尝不欲仕也，又恶不由其道。士之待礼，犹玉之待贾也。若伊尹之耕于野，伯夷、太公之居于海滨，世无成汤、文王，则终焉而已，必不枉道以从人，衒玉而求售也。’”又《法言·问道》：“狙诈之家曰：‘狙诈之计，不战而屈人兵，尧、舜也。’曰：‘不战而屈人兵，尧、舜也；沾项渐襟，尧、舜乎？衒玉而贾石者，其狙诈乎！’”

智谋之士，所见略同；仁人之言，其利甚溥。

所见略同，所持的见解大致相同。《三国志·蜀书·庞统传》：“先主见与善谭(谈)，大器之，以为治中从事。”裴松之注：“《江表传》曰：先主与统从容宴语，问曰：‘卿为周公瑾功曹，孤到吴，闻此人密有白事，劝仲谋相留，有之乎？在君为君，卿其无隐。’统对曰：‘有之。’备叹息曰：‘孤时危急，当有所求，故不得不往，殆不免周瑜之手！天下智谋之士，所见略同耳。时孔明谏孤莫行，其意独笃，亦虑此也。孤以仲谋所防在北，当赖孤为援，故决意不疑。此诚出于险涂(途)，非万全之计也。’”

仁言利溥，亦作“仁言利博”，谓有德行的人说的话益处很大。溥，普遍，广大。《左传·昭公三年》：“初，景公欲更晏子之宅，曰：‘子之宅近市，湫隘嚣尘，不可以居，请更诸爽垲(高爽)者。’辞曰：‘君之先臣容焉，臣不足以嗣之，于臣侈矣。且小人近市，朝夕得所求，小人之利也。敢烦里旅？’公笑曰：‘子近市，识贵贱乎？’对曰：‘既利之，敢不识乎？’公曰：‘何贵何贱？’于是景公繁于刑，有鬻踊(假腿)者，故对曰：‘踊贵屦贱。’既已告于君，故与叔向语而称之。景公为是省于刑。君子曰：‘仁人之言，其利博哉。晏子一言而齐侯省刑。《诗》曰：“君子如祉，乱庶遄已。”其是之谓乎！’”亦见于《晏子春秋·内篇杂下》。

班门弄斧，不知分量；岑楼齐末，不识高卑。

班门弄斧，在鲁班门前舞弄斧头。比喻在行家面前卖弄本领，不自量力。唐柳宗元《王氏伯仲唱和诗序》：“某也谓予传卜氏之学，宜叙于首章。操斧于班、郢之门，斯强颜耳。”又明梅之涣《题李白墓》诗：“采石江边一堆土，李白之名高千古。来来往往一首诗，鲁班门前弄大斧。”

岑楼齐末，只比较末端，方寸的木头也可高过高楼。原喻比较事物的基准不一致，就会得出错误结论。亦比喻不从根本着手，则无法认清事实。岑楼，像山一样高而尖的楼。《孟子·告子下》："不揣其本而齐其末，方寸之木可使高于岑楼。金重于羽者，岂谓一钩(钩)金与一舆羽之谓哉！"朱熹集注："本，谓下。末，谓上。方寸之木，至卑，喻食色。岑楼，楼之高锐似山者，至高，喻礼。若不取其下之平，而升寸木于岑楼之上，则寸木反高，岑楼反卑矣。"

势延莫遏，谓之滋蔓难图；包藏祸心，谓之人心叵测。

滋蔓难图，滋长蔓延，难以对付。《左传·隐公元年》："初，郑武公娶于申，曰武姜。生庄公及共叔段。……及庄公即位，为之请制。公曰：'制，岩邑也，虢叔死焉，佗(他)邑唯命。'请京，使居之，谓之京城大叔。祭(音寨)仲曰：'都城过百雉，国之害也。先王之制：大都，不过参(叁)国之一；中，五之一；小，九之一。今京不度(不合法度)，非制也，君将不堪。'公曰：'姜氏欲之，焉辟(避)害？'对曰：'姜氏何厌之有！不如早为之所，无使滋蔓，蔓，难图也。蔓草犹不可除，况君之宠弟乎？'公曰：'多行不义必自毙，子姑待之。'"

包藏祸心，暗藏害人之心。《左传·昭公元年》："楚公子围聘于郑，且娶于公孙段氏，伍举为介。将入馆，郑人恶之。使行人子羽与之言，乃馆于外。既聘，将以众逆(以士兵去迎娶)。……子羽曰：'小国无罪，恃实其罪。将恃大国之安靖己，而无乃包藏祸心以图之。'"〇人心叵测，人的心地不可推测。后多作贬义，形容人心险恶。叵，系"可"字的反写，意为"不可"。《新唐书·儒学传下·尹愔》："尹愔，秦州天水人。父思贞，字季弱。明《春秋》，擢高第。尝受学于国子博士王道珪，称之曰：'吾门人多矣，尹子叵测也。'"

作舍道旁，议论多而难成；一国三公，权柄分而不一。

作舍道旁，在大道边盖房子，过路人意见各不相同。比喻众说纷纭，莫衷一是，难于成事。犹如《诗经·小雅·小旻》云："如彼筑室于道谋，是用不溃于成"。《后汉书·曹褒传》："诏召玄武司马班固，问改定礼制之宜。固曰：'京师诸儒，多能说礼，宜广招集，共议得失。'帝(汉章帝)曰：'谚言"作舍道边，三年不成"。会礼之家，名为聚讼，互生疑异，笔不得下。昔尧作《大章》，一夔足矣。'"

一国三公，一个国家有三个主公。比喻政出多门，事权不一，使人无所适从。《左传·僖公五年》："初，晋侯使士蒍(音伟)为二公子筑蒲与屈，不慎，寘薪焉。夷吾诉之。公使让之。士蒍稽首而对曰：'臣闻之，无丧而戚，忧必雠焉。无戎而城，雠必保焉。寇雠之保，又何慎焉！守官废命不敬，固雠之保不忠。失忠与敬，何以事君？《诗》云：“怀德惟宁，宗子惟城。”君其修德而固宗子，何城如之？三年将寻师焉，焉用慎？’退而赋曰：‘狐裘尨（音萌）茸，一国三公，吾谁适从？’”杜预注：“士芳自作诗也。尨茸，乱貌。公（晋献公）与二公子（献公之子夷吾与重耳）为三，言城不坚则为公子所诉，为公所让；坚之则为固雠不忠，无以事君，故不知所从。”

事有奇缘，曰三生有幸；事皆拂意，曰一事无成。

三生有幸，三世都有幸运。形容极为难得的好机遇。亦用作结识新朋友时说的客气话。三生，即三世，佛家指前生（前世）、今生（今世）与来生（来世）。《太平广记》卷三八七引袁郊《甘泽谣》：“圆观者，大历末，洛阳惠林寺僧。能事田园，富有粟帛。梵学之外，音律贯通。时人以富僧为名，而莫知所自也。李谏议源，公卿之子，当天宝之际，以游宴歌酒为务。父憕居守，陷于贼中，乃脱粟布衣，止于惠林寺，悉将家业为寺公财。寺人日给一器食一杯饮而已。不置仆使，绝其知闻。唯与圆观为忘言交，促膝静话，自旦及昏。时人以清浊不伦，颇招讥诮。如此三十年。二公一旦约游蜀州，抵青城、峨嵋，同访道求药。圆观欲游长安，出斜谷；李公欲上荆州，出三峡。争此两途，半年未决。李公曰：‘吾已绝世事，岂取途两京？’圆观曰：‘行固不由人，请出从三峡而去。’遂自荆江上峡。行次南泊，维舟山下。见妇女数人，绦（音条）达锦铛，负瓮而汲。圆观望而泣下曰：‘某不欲至此，恐见其妇人也。’李公惊问曰：‘自此峡来，此徒不少，何独泣此数人？’圆观曰：‘其中孕妇姓王者，是某托身之所。逾三载尚未娩怀，以某未来之故也。今既见矣，即命有所归。释氏所谓循环也。’谓公曰：‘请假以符咒，遣某速生。少驻行舟，葬某山下。浴儿三日，亦访临。若相顾一笑，即其认公也。更后十二年中秋月夜，杭州天竺寺外，与公相见之期也。’李公遂悔此行，为之一恸。遂召妇人，告以方书。其妇人喜跃还家。顷之，亲族毕至，以枯鱼酒献于水滨。李公往为授朱字。圆观具汤沐，新其衣装。是夕，圆观亡而孕妇产矣。李公三日往观新儿，襁褓就明，果致一笑。李公泣下，具告于王。王乃多出家财，厚葬圆观。明日，李公回棹，言归惠林。询问观家，方知已有理命（遗嘱）。后十二年秋八月，直诣余杭，赴其所约。时天竺寺，山雨初晴，月色满川，无处寻访。忽闻葛洪川畔，有牧竖歌《竹枝词》者，乘牛叩角，双髻短衣，俄至寺前，乃圆观也。李公就谒曰：‘观公健否？’却问李公曰：‘真信士矣。与公殊途，慎勿相近。俗缘未尽，但愿勤修，勤修不堕，即遂相见。’李公以无由叙话，望之潸然。圆观又唱《竹枝》，步步前去。山长水远，尚闻歌声，词切韵高，莫知所谓。初到寺前，歌曰：‘三生石上旧精魂，赏月吟风不要论。惭愧情人远相访，此身虽异性长存。'又歌曰：'身前身后事茫茫，欲话因缘恐断肠。吴越溪山寻已遍，却回烟棹上瞿塘。'后三年，李公拜谏仪大夫。二年，亡。"

一事无成，一件事也没有做成。形容毫无成绩。唐白居易《除夜寄微之》诗："鬓毛不觉白毵毵（音三，毛发细长），一事无成百不堪。"又南宋王中《干戈》诗："干戈未定欲何之，一事无成两鬓丝。"

酒色是耽，如以双斧伐孤树；力量不胜，如以寸胶澄黄河。

耽，耽于享乐，沉溺。双斧伐孤树，比喻一事物同时遭受两方面的损害。明宋濂等《元史·阿沙不花传》："帝（元武宗）又尝御五花殿，丞相塔思不花、三宝奴，中丞伯颜等侍。阿沙不花见帝容色日悴，乃进曰：'八珍之味不知御，万金之身不知爱，此古人所戒也。陛下不思祖宗付托之重，天下仰望之切，而惟麴糵是沉，姬嫔是好，是犹两斧伐孤树，未有不颠仆者也。且陛下之天下，祖宗之天下也；陛下之位，祖宗之位也。陛下纵不自爱，如宗社何？'帝大悦曰：'非卿孰为朕言？继自今毋爱于言，朕不忘也。'因命进酒。阿沙不花顿首谢曰：'臣方欲陛下节饮而反劝之，是臣之言不信于陛下也，臣不敢奉诏。'左右皆贺帝得直臣。"

《抱朴子·外篇·嘉遁》："又欲推短才以厘雷同，仗独是以弹众非。然不睹金虽克木，而锥钻不可以伐邓林；水虽胜火，而升合不足以救焚山。寸胶不能治黄河之浊，尺水不能却萧丘之热。"

兼听则明，偏听则暗，此魏徵之对太宗；众怒难犯，专欲难成，此子产之讽子孔。

兼听则明，偏听则暗，听取多方面的意见，才能明辨是非；只听一面之词，就会昏暗不公。《资治通鉴》卷一九二："（唐太宗贞观二年）上问魏徵曰：'人主何为而明，何为而暗？'对曰：'兼听则明，偏信则暗。昔尧清问下民，故有苗之恶得以上闻；舜明四目，达四聪，故共、鲧、驩（音欢）兜不能蔽也。秦二世偏信赵高，以成望夷之祸；梁武帝偏信朱异，以取台城之辱；隋炀帝偏信虞世基，以致彭城阁之变。是故人君兼听广纳，则贵臣不得拥蔽，而下情得以上通也。'上曰：'善！'"亦见于《贞观政要·君道》《新唐书·魏徵传》。

众怒难犯，专欲难成，众人的愤怒难以冒犯，独断专横的欲望难于成功。《左传·襄公十年》："子孔当国，为载书（制作盟书），以位序，听政辟（听取执政的法令）。大夫、诸司、门子弗顺，将诛之。子产止之，请为之焚书。子孔不可，曰：'为书以定国，众怒而焚之，是众为政也，国不亦难乎？'子产曰：'众怒难犯，专欲难成，合二难以安国，危之道也。不如焚书以安众，子得所欲，众亦得安，不亦可乎？专欲无成，犯众兴祸，子必从之。’乃焚书于仓门之外，众而后定。”

欲逞所长，谓之心烦技痒；绝无情欲，谓之槁木死灰。

心烦技痒，形容擅长及爱好某种技艺，一遇机会就急于表现的情态。技痒，亦作“伎痒”，急于要显露自己的专长。西晋潘岳《射雉赋》：“屏发布而累息，徒心烦而技痒。”徐爰注：“有伎艺欲逞，曰技痒也。”李善注：“《难蜀父老》曰：‘心烦于虑。’应劭《风俗通》曰：‘高渐离变姓易名，庸保于宋子之家。久作苦，闻其家堂客击筑，伎养，不能毋出言也。’”又《颜氏家训・书证》：“应劭《风俗通》云：‘《太史公记》：“高渐离变名易姓，为人庸保，匿作于宋子，久之作苦，闻其家堂上有客击筑，伎痒，不能无出言。”’案：伎痒者，怀其伎而腹痒也。是以潘岳《射雉赋》亦云：‘徒心烦而伎痒。’今《史记》并作‘徘徊’，或作‘徬徨不能无出言’，是为俗传写误耳。”

槁木死灰，枯干的树木，熄灭的冷灰。本是庄子形容“吾丧我”的境界。后亦比喻心情极端消沉，对一切事情无动于衷。《庄子・齐物论》：“南郭子綦隐几而坐，仰天而嘘，荅焉似丧其耦。颜成子游立侍乎前，曰：‘何居乎？形固可使如槁木，而心固可使如死灰乎？今之隐几者，非昔之隐几者也。’”郭象注：“死灰槁木，取其寂寞无情耳。”

座上有江南，语言须谨；往来无白丁，交接皆贤。

唐郑谷《席上贻歌者》诗：“花月楼台近九衢，清歌一曲倒金壶。座中亦有江南客，莫向春风唱《鹧鸪》。”今按：《鹧鸪》即当时流行的《鹧鸪曲》，据说鹧鸪有“飞必南翥”的特性，其鸣声好像“行不得也哥哥”，《鹧鸪曲》就是“效鹧鸪之声”的，曲调哀婉清怨，故在座的江南客人听之则油然而生思乡之情。

唐刘禹锡《陋室铭》：“谈笑有鸿儒，往来无白丁。”今按：白丁，本义是指无官职的平民，此处与鸿儒对称，是指无文化教养的俗人。

将近好处，曰渐入佳境；无端倨傲，曰旁若无人。

渐入佳境，本指甘蔗下端比上端甜，从上到下，越吃越甜。后比喻境况逐渐好转，或兴味逐渐浓厚。《世说新语・排调》：“顾长康（顾恺之）啖甘蔗，先食尾（梢）。人问所以，云：‘渐至佳境。’”亦见于《晋书・文苑传・顾恺之》，惟“渐至佳境”作“渐入佳境”。

旁若无人，形容自行其事，不顾别人的态度或反应。有时亦形容高傲，不把人放在眼里。《史记·刺客列传》:“荆轲既至燕,爱燕之狗屠及善击筑者高渐离。荆轲嗜酒,日与狗屠及高渐离饮于燕市,酒酣以往,高渐离击筑,荆轲和而歌于市中,相乐也,已而相泣,旁若无人者。”又《晋书·苻坚载记下》附王猛:“王猛字景略,北海剧人也,家于魏郡。……少游于邺都,时人罕能识也。惟徐统见而奇之,召为功曹。遁而不应,遂隐于华阴山。怀佐世之志,希龙颜之主,敛翼待时,候风云而后动。桓温入关,猛被褐而诣之,一面谈当世之事,扪虱而言,旁若无人。”

借事宽役曰告假,将钱嘱托曰夤缘。

宽役,暂时放宽对服役的要求,为请假的委婉说法。〇告假,因事暂时停止工作,即请假。古时官吏休假称“告”。《史记·高祖本纪》:“高祖为亭长时,常告归之田。”裴骃集解:“李斐曰:‘休谒之名也。吉曰告,凶曰宁。’孟康曰:‘古者名吏休假曰告。告又音嚳。汉律,吏二千石有予告、赐告。予告者,在官有功最,法所当得者也。赐告者,病满三月当免,天子优赐,复其告,使得带印绂,将官属,归家治疾也。’”司马贞索隐:“韦昭云:‘告,请归乞假也。音“告语”之“告”。故《战国策》曰“商君告归”,延笃以为告归,今之归宁也。’”

夤(音银)缘,本指攀附上升。后喻攀附权贵,进行钻营。唐韩愈《古意》诗:“我欲求之不惮远,青壁无路难夤缘。”又《旧唐书·令狐楚牛僧孺传赞》:“乔松孤立,萝茑夤缘。柔附凌云,岂曰能贤。呜呼楚、孺,道丧曲全。萧、李相才,致之外篇。”

事有大利,曰奇货可居;事宜鉴前,曰覆车当戒。

奇货可居,商人把珍奇的货物囤积起来以待高价。一说:清代黄生谓“奇”当读作“奇偶”之“奇”,言此货独一无二,得居之以获重利。亦比喻依仗某种独特的技能或事物以博取名利地位。《史记·吕不韦列传》:“安国君中男名子楚,子楚母曰夏姬,毋爱。子楚为秦质子于赵。秦数攻赵,赵不甚礼子楚。子楚,秦诸庶孽孙,质于诸侯,车乘进用不饶,居处困,不得意。吕不韦贾邯郸,见而怜之,曰‘此奇货可居’。”

覆车当戒,比喻以往的失败可以作为后来的教训。《韩诗外传》卷五:“夫明镜者所以照形也,往古者所以知今也。夫知恶往古之所以危亡,而不袭蹈其所以安存者,则无以异乎却行而求逮于前人也。鄙语曰:‘不知为吏,视已成事。’或曰:‘前车覆而后车不诫,是以后车覆也。’故夏之所以亡者而殷为之,殷之所以亡者而周为之。故殷可以鉴于夏,而周可以鉴于殷。诗曰:‘殷监不远,在夏后之世。'”又《治安策》:“鄙谚曰:‘不习为吏,视已成事。’又曰:‘前车覆,后车诫。’夫三代之所以长久者,其已事可知也;然而不能从者,是不法圣智也。秦世之所以亟绝者,其辙迹可见也;然而不避,是后车又将覆也。夫存亡之变,治乱之机,其要在是矣。”今按:“前车覆,后车诫”为先秦西汉时流行甚广的俗语,诸如《说苑·善说》引《周书》:“前车覆,后车戒。”《荀子·成相》:“前车已覆后未知,更何觉时。”《大戴礼记·保傅》:“前车覆,后车诫。”西汉贾谊《新书·保傅》:“前车覆而后车戒。”《连语》引周谚:“前车覆而后车戒。”

外彼为此,曰左袒;处事两可,曰模稜。

左袒,脱左袖,露出左臂。后亦指偏袒一方。《史记·吕太后本纪》:“太尉(周勃)欲入北军,不得入。襄平侯通尚符节,乃令持节矫内太尉北军。太尉复令郦寄与典客刘揭先说吕禄曰:‘帝使太尉守北军,欲足下之国,急归将印辞去,不然,祸且起。’吕禄以为郦兄不欺己,遂解印属典客,而以兵授太尉。太尉将之入军门,行令军中曰:‘为吕氏右袒,为刘氏左袒。’军中皆左袒为刘氏。太尉行至,将军吕禄亦已解上将印去,太尉遂将北军。”又《太平御览》卷三八二引《风俗通》:“齐有一女,二家求之。其家语其女曰:‘汝欲东家则左袒,欲西则右袒。’其女两袒。父母问其故,对曰:‘愿东家食而西家息。’以东家富而丑,西家贫而美也。”

模稜,亦作“模棱”“摸棱”“摸稜”,比喻遇事不置可否,态度含糊。《旧唐书·苏味道传》:“味道善敷奏,多识台阁故事,然而前后居相位数载,竟不能有所发明,但脂韦(圆滑)其间,苟度取容而已。尝谓人曰:‘处事不欲决断明白,若有错误,必贻咎谴,但摸稜以持两端可矣。’时人由是号为‘苏摸稜’。”亦见于《新唐书·苏味道传》,作“故世号‘摸稜手’”。

敌甚易摧,曰发蒙振落;志在必胜,曰破釜沉舟。

发蒙振落,揭去蒙盖物,振落枯叶。比喻轻而易举。《史记·汲郑列传》:“淮南王谋反,惮(汲)黯,曰:‘好直谏,守节死义,难惑以非。至如说丞相(公孙)弘,如发蒙振落耳。’”

破釜沉舟,打破饭锅,弄沉渡船。比喻下定决心战斗到底。《史记·项羽本纪》:“项羽已杀卿子冠军,威震楚国,名闻诸侯。乃遣当阳君、蒲将军将卒二万,渡河救钜鹿。战少利。陈馀复请兵。项羽乃悉引兵渡河,皆沉船,破釜甑,烧庐舍,持三日粮,以示士卒必死,无一还心。于是至则围王离。与秦军遇,九战,绝其甬道,大破之,杀苏角,虏王离。涉间不降楚,自烧杀。当是时,楚兵冠诸侯。诸侯军救钜鹿下者十余壁,莫敢纵兵。及楚击秦,诸将皆从壁上观。楚战士无不一以当十，楚兵呼声动天，诸侯军无不人人惴恐。于是已破秦军，项羽召见诸侯将，入辕门，无不膝行而前，莫敢仰视。项羽由是始为诸侯上将军，诸侯皆属焉。”

曲突徙薪无恩泽，不念豫防之力大；焦头烂额为上客，徒知救急之功宏。

曲突徙薪，使烟囱弯曲，把柴火迁移。比喻事先采取措施，防患于未然。《汉书·霍光传》：“初，霍氏奢侈，茂陵徐生曰：‘霍氏必亡。……’乃上疏言‘霍氏泰盛，陛下即爱厚之，宜以时抑制，无使至亡。’书三上，辄报闻。其后霍氏诛灭，而告霍氏者皆封。人为徐生上书曰：‘臣闻客有过主人者，见其灶直突，傍有积薪。客谓主人，更为曲突，远徙其薪，不者且有火患。主人嘿然不应。俄而家果失火，邻里共救之，幸而得息。于是杀牛置酒，谢其邻人，灼烂者在于上行，余各以功次坐，而不录言曲突者。人谓主人曰：“乡使听客之言，不费牛酒，终亡火患。今论功而请宾，曲突徙薪亡恩泽，燋头烂额为上客耶？”主人乃寤而请之。今茂陵徐福数上书言霍氏且有变，宜防绝之。乡使福说得行，则国亡裂土出爵之费，臣亡逆乱诛灭之败。往事既已，而福独不蒙其功，唯陛下察之，贵徙薪曲突之策，使居焦发灼烂之右。’上乃赐福帛十匹，后以为郎。”亦见于《说苑·权谋》。

焦头烂额，烧焦了头，灼伤了额。形容救火时被火烧灼致伤。后比喻遇事不顺，处于困扰和疲惫不堪的境地。《艺文类聚》卷八〇引桓谭《新论》：“淳于髡至邻家，见其灶突之直，而积薪在傍，谓曰：‘此且有火。’使为曲突而徙薪，邻家不听。后果焚其屋，邻家救火乃灭。烹羊具酒，谢救火者，不肯呼髡。智士讥之曰：‘曲突徙薪无恩泽，燋头烂额为上客。’盖伤其贱本而贵末也。”亦见于《淮南子·说山训》“淳于髡(髡)之告失火者”高诱注。

贼人曰梁上君子，强梗曰化外顽民。

《后汉书·陈寔传》：“时岁荒民俭，有盗夜入其室，止于梁上。寔阴见，乃起自整拂，呼命子孙，正色训之曰：‘夫人不可不自勉。不善之人未必本恶，习以性成，遂至于此。梁上君子者是矣！’盗大惊，自投于地，稽颡(叩头)归罪。寔徐譬之曰：‘视君状貌，不似恶人，宜深克己反善。然此当由贫困。’令遗绢二匹。自是一县无复盗窃。”

强梗，指骄横跋扈、胡作非为的人。唐韩愈《原道》：“为之礼以次其先后，为之乐以宣其壹(湮)郁，为之政以率(督促)其怠倦，为之刑以锄其强梗。”

○顽民，本指殷代遗民中坚决不服从周朝统治的人。后亦指不遵从教化、不服从统治的人。《伪古文尚书·毕命》："惟周公左右先王，绥定厥家，毖殷顽民，迁于洛邑，密迩王室，式化厥训。"孔安国传："慎殷顽民，恐其叛乱，故徙于洛邑，密近王室，用化其教。"

木屑竹头，皆为有用之物；牛溲马渤，可备药石之资。

《世说新语·政事》："陶公(陶侃)性检厉，勤于事。作荆州时，敕船官悉录锯木屑，不限多少。咸不解此意。后正会(正月初一集会)，值积雪始晴，听事前除雪后犹湿。于是悉用木屑覆之，都无所妨。官用竹，皆令录厚头，积之如山。后桓宣武(桓温)伐蜀，装船，悉以作钉。又云：尝发所在竹篙，有一官长连根取之，仍当足。乃超两阶用之。"亦见于《晋书·陶侃传》。

牛溲马渤，比喻虽为微贱之物却不无小用。亦比喻运用得宜，无用之物可以变为有用。牛溲，牛尿，旧说可治水肿、腹胀；一说，即车前草。马渤，亦作"马勃"，菌类植物，主治恶疮。《进学解》："玉札丹砂，赤箭青芝，牛溲马勃，败鼓之皮，俱收并蓄，待用无遗者，医师之良也。"

五经扫地，祝钦明自亵斯文；一木撑天，晋王敦未可擅动。

五经扫地，亦作"斯文扫地"，指丢尽文人的体面。《新唐书·祝钦明传》："初，后属婚，上食禁中，帝(唐中宗)与群臣宴，钦明自言能《八风舞》，帝许之。钦明体肥丑，据地摇头皖(音缓，突出)目，左右顾眄，帝大笑。吏部侍郎卢藏用叹曰：'是举五经扫地矣！'"

《太平广记》卷一四引《十二真君传》："许真君名逊，字敬之，本汝南人也。……真君弱冠，师大洞君吴猛，传《三清法要》。乡举孝廉，拜蜀旌阳令。寻以晋室棼乱，弃官东归，因与吴君同游江左。会王敦作乱。真君乃假为符竹，求谒于敦，盖将欲止敦之暴，以存晋室也。一日，真君与郭璞同候于敦，敦蓄怒以见之，谓真君曰：'孤昨得一梦，拟请先生圆之，可乎？'真君曰：'请大将军具述。'敦曰：'孤梦将一木，上破其天。孤禅帝位，果十全乎？'许君曰：'此梦固非得吉。'敦曰：'请问其说。'真君曰：'木上破天，是'未'字也，明公未可妄动，晋祚固未衰耳。'"

题凤题午，讥友讥亲之隐词；破麦破梨，见夫见子之奇梦。

《世说新语·简傲》："嵇康与吕安善，每一相思，千里命驾。安后来，值康不在。喜(嵇康之兄)出户延之，不入，题门上作'鳯'字而去。喜不觉，犹以为欣，故作。‘鳳’字，凡鸟也。”今按：“鳳”为“凤”的繁体字，从鸟凡声，拆开即是“凡鸟”，比喻庸才。〇《类说》卷四七引《遯斋闲览》：“李安义者，谒富人郑生，辞以出，安义于门上大书‘午’字而去。或问其故，答曰：‘牛不出头耳。’此亦昔人题凤之意。”

明张凤翼《梦占类考》卷四：“宁波一妇，以兵乱与夫及子相失，寄食老尼。一夕，梦人使磨麦，又见莲花尽落。觉而心恶之，以语尼。尼曰：‘吉祥也。’问其故，尼曰：‘磨麦者，将见夫面也。莲花落，莲子得见也。’无何，果得聚首云。”〇《梦占类考》卷四：“杨进贤任南阳刺史，登舟遇风，失其子。夫妇相念甚切。忽夜梦与儿剖一梨，因自解曰：‘剖梨，分离也。’明日述所梦于友，友曰：‘分梨则见子矣。’不旬日，果得其子。”

毛遂片言九鼎，人重其言；季布一诺千金，人服其信。

片言九鼎，亦作“一言九鼎”，比喻说话分量之重，能起决定作用。九鼎，古代象征国家政权的传国之宝，相传为夏禹所铸。《史记·平原君虞卿列传》：“平原君已定从而归，归至于赵，曰：‘胜不敢复相士。胜相士多者千人，寡者百数，自以为不失天下之士，今乃于毛先生而失之也。毛先生一至楚，而使赵重于九鼎大吕。毛先生以三寸之舌，强于百万之师。胜不敢复相士。’遂以为上客。”司马贞索隐：“九鼎大吕，国之宝器。言毛遂至楚，使赵重于九鼎大吕，言为天下所重也。”

注详见《人事》“谢人许物，曰已蒙金诺”条。

岳飞背涅尽忠报国，杨震惟以清白传家。

注详见《身体》“岳公刺背间之字，愈见心忠”条。

《后汉书·杨震传》：“(震)后转涿郡太守。性公廉，不受私谒。子孙常蔬食步行，故旧长者或欲令为开产业，震不肯，曰：‘使后世称为清白吏子孙，以此遗之，不亦厚乎！’”

下强上弱，曰尾大不掉；上权下夺，曰太阿倒持。

尾大不掉，尾巴太大不易摆动。比喻部属势力强大，无法指挥调度。《左传·昭公十一年》：“楚子城陈、蔡、不羹。使弃疾为蔡公。王问于申无宇曰：‘弃疾在蔡，何如？’对曰：‘择子莫如父，择臣莫如君。郑庄公城栎而置子元焉，使昭公不立。齐桓公城谷而置管仲焉，至于今赖之。臣闻五大不在边，五细不在庭。亲不在外，羁不在内。今弃疾在外，郑丹在内。君其少戒。’王曰：‘国有大城，何如？’对曰：‘郑京、栎实杀曼伯，宋萧、亳实杀子游，齐渠丘实杀无知，卫蒲、戚实出献公，若由是观之，则害于国。末大必折，尾大不掉，君所知也。’”

太阿倒持，亦作“泰阿倒持”，倒拿着剑，把剑柄给别人。比喻把大权交给别人，自己反受其害。太阿，即泰阿，春秋时楚王宝剑名。《汉书·梅福传》：“孔子曰：‘工欲善其事，必先利其器。’至秦则不然，张诽谤之罔，以为汉驱除，倒持泰阿，授楚其柄。”颜师古注：“泰阿，剑名，欧冶所铸也。言秦无道，令陈涉、项羽乘间而发，譬倒持剑而以把授与人也。”

当今之世，不但君择臣，臣亦择君；受命之主，不独创业难，守成亦不易。

《后汉书·马援传》：“建武四年冬，(隗)嚣使援奉书洛阳。援至，引见于宣德殿。世祖迎笑谓援曰：‘卿遨游二帝间，今见卿，使人大惭。’援顿首辞谢，因曰：‘当今之世，非独君择臣也，臣亦择君矣。臣与公孙述同县，少相善。臣前至蜀，述陛戟而后进臣。臣今远来，陛下何知非刺客奸人，而简易若是？’帝复笑曰：‘卿非刺客，顾说客耳。’援曰：‘天下反覆，盗名字者不可胜数。今见陛下，恢廓大度，同符高祖，乃知帝王自有真也。’帝甚壮之。”今按：“君择臣，臣亦择君”，意同《孔子家语·弟子行》所言：“君择臣而任之，臣亦择君而事之。”

《贞观政要·君道》：“贞观十年，太宗谓侍臣曰：‘帝王之业，草创与守成孰难？’尚书左仆射房玄龄对曰：‘天地草昧，群雄竞起，攻破乃降，战胜乃克。由此言之，草创为难。’魏徵对曰：‘帝王之起，必承衰乱，覆彼昏狡，百姓乐推，四海归命，天授人与，乃不为难。然既得之后，志趣骄逸，百姓欲静而徭役不休，百姓凋残而侈务不息，国之衰弊，恒由此起。以斯而言，守成则难。’太宗曰：‘玄龄昔从我定天下，备尝艰苦，出万死而遇一生，所以见草创之难也。魏徵与我安天下，虑生骄逸之端，必践危亡之地，所以见守成之难也。今草创之难，既已往矣；守成之难者，当思与公等慎之。’”亦见于《新唐书·房玄龄传》，“草创”作“创业”，“守成”作“守文”。

生平所为皆可对人言，司马光之自信；运用之妙惟存乎一心，岳武穆之论兵。

《宋史·司马光传》：“光孝友忠信，恭俭正直，居处有法，动作有礼。在洛时，每往夏县展墓，必过其兄旦，旦年将八十，奉之如严父，保之如婴儿。自少至老，语未尝妄，自言：‘吾无过人者，但平生所为，未尝有不可对人言者耳。'诚心自然，天下敬信，陕、洛间皆化其德，有不善，曰：'君实得无知之乎？'"

《宋史·岳飞传》："少负气节，沉厚寡言，家贫力学，尤好《左氏春秋》、孙吴兵法。生有神力，未冠，挽弓三百斤，弩八石。学射于周同，尽其术，能左右射。……迁秉义郎，隶留守宗泽。战开德、曹州皆有功，泽大奇之，曰：'尔勇智才艺，古良将不能过，然好野战，非万全计。'因授以阵图。飞曰：'阵而后战，兵法之常，运用之妙，存乎一心。'泽是其言。"

不修边幅，谓人不饰仪容；不立崖岸，谓人天性和乐。

不修边幅，原形容随随便便，不拘小节。后形容不讲究服饰、仪表。边幅，布帛的边缘，借指人的衣着、仪表。《后汉书·马援传》："是时公孙述称帝于蜀，(隗)嚣使援往观之。援素与述同里闬(音汉，里巷的门)，相善，以为既至当握手欢如平生，而述盛陈陛卫，以延援入，交拜礼毕，使出就馆，更为援制都布单衣、交让冠，会百官于宗庙中，立旧交之位。述鸾旗旄骑，警跸就车，磬折而入，礼飨官属甚盛，欲授援以封侯大将军位。宾客皆乐留，援晓之曰：'天下雄雌未定，公孙不吐哺走迎国士，与图成败，反修饰边幅，如偶人形。此子何足久稽天下士乎？'因辞归，谓嚣曰：'子阳(即公孙述)井底蛙耳，而妄自尊大，不如专意东方。'"李贤注："言若布帛修整其边幅也。《左传》曰：'如布帛之有幅焉，为之度，使无迁。'"又《颜氏家训·序致》："年始九岁，便丁荼蓼，家涂离散，百口索然。慈兄鞠养，苦辛备至；有仁无威，导示不切。虽读《礼》、《传》，微爱属文，颇为凡人之所陶染，肆欲轻言，不修边幅。"

不立崖岸，指为人随和，和易可亲。崖岸，山崖、堤岸，比喻性情高傲，不易接近。唐韩愈《唐故朝散大夫尚书库部郎中郑君墓志铭》："君(郑群)天性和乐，居家事人，与待交游，初持一心，未尝变节，有所缓急曲直薄厚疏数也。不为翕翕热，亦不为崖岸斩绝之行。"又《北史·崔逞传》附崔儦(音标)："儦字岐叔。少与范阳卢思道、陇西辛德源同志友善。每以读书为务，负恃才地，大署其户曰：'不读五千卷者，无得入此室。'……与顿丘李若俱见称重，时人语曰：'京师灼灼，崔儦、李若。'若每谓其子曰：'卢思道、崔儦，杳然崖岸，吾所重也，汝其师之。'"

蕞尔幺麽，言其甚小；卤莽灭裂，言其不精。

蕞(音最)尔，小貌。《三国志·魏书·贾诩传》："文帝即位，以诩为太尉。……帝问诩曰：'吾欲伐不从命以一天下，吴、蜀何先？'对曰：'攻取者先兵权，建本者尚德化。陛下应期受禅，抚临率土，若绥之以文德而俟其变，则平之不难矣。吴、蜀虽蕞尔小国，依阻山水，刘备有雄才，诸葛亮善治国，孙权识虚实，陆议见兵势，据险守要，泛舟江湖，皆难卒谋也。用兵之道，先胜后战，量敌论将，故举无遗策。臣窃料群臣，无备、权对，虽以天威临之，未见万全之势也。昔舜舞干戚而有苗服，臣以为当今宜先文后武。'"○幺麽（音妖魔），亦作"么麽"，微小，微不足道。东汉班彪《王命论》："故虽遭罹厄会，窃其权柄，勇如信、布，强如梁、籍，成如王莽，然卒润镬伏锧，烹醢分裂。又况么麽不及数子，而欲暗干天位者也。"李善注："《鹖冠子》曰：'无道之君，任用么麽，动则烦浊。有道之君，任用俊雄，动则明白。'《通俗文》曰：'不长曰么，细小曰麽，莫可切。'《尔雅》曰：'干，求也。'"刘良注："么麽，小也。"

卤莽灭裂，亦作"鲁莽灭裂"，形容做事草率苟且，粗鲁莽撞。《庄子·则阳》："长梧封人问子牢曰："君为政焉勿卤莽，治民焉勿灭裂。昔予为禾，耕而卤莽之，则其实亦卤莽而报予；芸而灭裂之，其实亦灭裂而报予。予来年变齐，深其耕而熟耰之，其禾蘩以滋，予终年厌飧。"郭象注："卤莽灭裂，轻脱末略，不尽其分也。"成玄英疏："卤莽，不用心也。灭裂，轻薄也。"陆德明释文："司马（彪）云：'卤莽，犹麤（音粗）粗也，谓浅耕稀种也。灭裂，断其草也。'"

误处皆缘不学，强作乃成自然。

明诸燮《通鉴集要》卷三引南宋唐仲友曰："（汉高祖）误听守关计，取项羽怒，赖张良免。误听立六国计，赖张良不败事。误听使者言，围平城，遂用娄敬和亲约。误欲止宫休舍，赖张良谏止。误欲攻项羽，赖萧何谏就封。误骂齐使，赖良、平谏止。误欲西归，赖良、平谏追羽。误言安事《诗》《书》，赖陆贾谏听。误不知尊太公，赖家令言即听。误欲易太子，赖张良招四皓定。误囚萧何，赖王卫尉谏改。误处皆缘不学，改处皆缘性明达。"亦见于冯梦龙《纲鉴统一》卷六引唐仲友语。

强作，勉力而做。《孔丛子·执节》："魏安釐王问天下之高士，子顺曰：'世无其人也。抑可以为次，其鲁仲连乎？'王曰：'鲁仲连，强作之者，非体自然也。'答曰：'人皆作之，作之不止，乃成君子。文、武欲作尧、舜而至焉。昔我先君夫子欲作文、武而至焉。作之不变，习与体成。习与体成，则自然矣。'"亦见于《资治通鉴》卷六。

求事速成曰躐等，过于礼貌曰足恭。

躐等，谓不循次序，越级而进。《礼记·学记》："幼者听而弗问，学不躐等也。"孔颖达疏："学，教也。躐，逾越也。言教此学者，令其谦退，不敢逾越等差。若其幼者辄问，不推长者，则与长者抗行，常有骄矜。今唯使听而不问，故云‘学不躐等’也。”

足（音据）恭，过度谦恭，以取媚于人。《论语·公冶长》：“子曰：‘巧言、令色、足恭，左丘明耻之，丘亦耻之。匿怨而友其人，左丘明耻之，丘亦耻之。’”何晏集解：“孔（安国）曰：‘足恭，便僻（谄媚逢迎）貌。’”朱熹集注：“足，过也。”

假忠厚者谓之乡愿，出人群者谓之巨擘。

乡愿，亦作“乡原”，指外博谨愿之名，实与流俗合污的伪善者。《论语·阳货》：“子曰：‘乡原，德之贼也。’”朱熹集注：“乡者，鄙俗之意。原，与愿同。……乡原，乡人之愿者也。盖其同流合污以媚于世，故在乡人之中，独以愿称。夫子以其似德非德，而反乱乎德，故以为德之贼而深恶之。”又《孟子·尽心下》：“（万章）曰：‘何如斯可谓之乡原矣？’（孟子）曰：‘“何以是嘐嘐（音消，志大言大）也？言不顾行，行不顾言，则曰，古之人，古之人。行何为踽踽凉凉（音举凉，孤独寡合）？生斯世也，为斯世也，善斯可矣。”阉然媚于世也者，是乡原也。’万子曰：‘一乡皆称原人焉，无所往而不为原人，孔子以为德之贼，何哉？’曰：‘非之，无举也。刺之，无刺也。同乎流俗，合乎污世。居之似忠信，行之似廉洁。众皆悦之，自以为是，而不可与入尧舜之道，故曰“德之贼”也。孔子曰：“恶似而非者：恶莠，恐其乱苗也。恶佞，恐其乱义也。恶利口，恐其乱信也。恶郑声，恐其乱乐也。恶紫，恐其乱朱也。恶乡原，恐其乱德也。”君子反经而已矣。经正，则庶民兴；庶民兴，斯无邪慝矣。’”

巨擘，大拇指，比喻杰出的人物。《孟子·滕文公下》：“匡章曰：‘陈仲子岂不诚廉士哉？居於陵，三日不食，耳无闻，目无见也。井上有李，螬食实者过半矣，匍匐往，将（持）食之，三咽，然后耳有闻，目有见。’孟子曰：‘于齐国之士，吾必以仲子为巨擘焉。虽然，仲子恶能廉？充仲子之操，则蚓而后可者也。夫蚓，上食槁壤，下饮黄泉。仲子所居之室，伯夷之所筑与？抑亦盗跖之所筑与？所食之粟，伯夷之所树与？抑亦盗跖之所树与？是未可知也。’”朱熹集注：“巨擘，大指也。言齐人中有仲子，如众小指中有大指也。”

孟浪由于轻浮，精详出于暇豫。

孟浪，言语轻率不当。《庄子·齐物论》：“瞿鹊子问乎长梧子曰：‘吾闻诸夫子，圣人不从事于务，不就利，不违（躲避）害，不喜求，不缘（拘泥）道；无谓有谓（无言如同有言），有谓无谓，而游乎尘垢之外。夫子以为孟浪之言，而我以为妙道之行也。吾子以为奚若？’”

暇豫，悠闲逸乐。《国语·晋语二》：“骊姬许诺，乃具，使优施饮里克酒。

中饮，优施起舞，谓里克妻曰：‘主孟啖我，我教兹暇豫事君。’乃歌曰：‘暇豫之吾吾，不如鸟乌。人皆集于苑(茂木)，己独集于枯。’”韦昭注：“暇，闲也。豫，乐也。吾，读如鱼。吾吾，不敢自亲之貌也。言里克欲为闲乐事君之道，反不敢自亲吾吾然，其智曾不如鸟乌也。”

为善则流芳百世，为恶则遗臭万年。

《世说新语·尤悔》：“桓公(桓温)卧语曰：‘作此寂寂，将为文(晋文帝)、景(晋景帝)所笑。’既而屈起坐曰：‘既不能流芳后世，亦不足复遗臭万载邪？’”亦见于《晋书·桓温传》。

过多曰稔恶，罪满曰贯盈。

稔(音忍)恶，长期作恶。稔，谷物成熟，引申为事物酝酿成熟，含有积累之意。唐柳宗元《箕子碑》：“於虖！当其周时未至，殷祀未殄，比干已死，微子已去，向使纣恶未稔而自毙，武庚念乱以图存，国无其人(指箕子)，谁与兴理？是固人事之或然者也。然则先生隐忍而为此，其有志于斯乎？”又《旧唐书·宪宗纪上》：“况德、棣本非成德所管，(薛)昌朝又是(王)承宗懿亲，俾抚近邻，斯诚厚泽，外虽两镇，内是一家。而承宗象恭怀奸，肖貌稔恶，欺裴武于得位之后，囚昌朝于授命之中。加以表疏之间，悖慢斯甚，义士之所兴叹，天地之所不容。恭行天诛，盖示朝典，承宗在身官爵，并宜削夺。”

贯盈，“恶贯满盈”之省称，形容作恶累累，罪大恶极。贯，旧时用绳索穿钱，每一千文为一贯。《伪古文尚书·泰誓上》：“商罪贯盈，天命诛之。予弗顺天，厥罪惟钧。”孔颖达疏：“纣之为恶，如物在绳索之贯，一以贯之，其恶贯已满矣。物极则反，天下欲毕其命，故上天命我诛之。今我不诛纣，则是逆天之命，无恤民之心，是我与纣同罪矣。犹如《律》‘故纵者与同罪’也。”《书集传》卷四：“贯，通；盈，满也。言纣积恶如此，天命诛之。今不诛纣，是长恶也。其罪岂不与纣钧乎？”又《隋书·炀帝纪下》：“(史臣曰)四方万里，简书相续，犹谓鼠窃狗盗，不足为虞，上下相蒙，莫肯念乱，振蜉蝣之羽，穷长夜之乐。土崩鱼烂，贯盈恶稔，普天之下，莫非仇雠，左右之人，皆为敌国。终然不悟，同彼望夷，遂以万乘之尊，死于一夫之手。亿兆靡感恩之士，九牧无勤王之师。子弟同就诛夷，骸骨弃而莫掩，社稷颠陨，本枝殄绝，自肇有书契以迄于兹，宇宙崩离，生灵涂炭，丧身灭国，未有若斯之甚也。”

尝见冶容诲淫，须知慢藏诲盗。

冶容诲淫，女子妆扮妖艳而招致邪恶。慢藏诲盗，收藏财物不谨慎而导致失盗。原有祸由自招的意思。后常用诲淫诲盗指引诱人去做奸淫、盗窃等坏事。《周易·系辞上》："慢藏诲盗，冶容诲淫。"孔颖达疏："若慢藏财物，守掌不谨，则教诲于盗者，使来取此物。女子妖冶其容，身不精悫，是教诲淫者，使来淫己也。"

管中窥豹，所见不多；坐井观天，知识不广。

管中窥豹，从竹管中看豹，看到的只是豹身上的一块豹纹。比喻只见局部而未见全体。《世说新语·方正》："王子敬数岁时，尝看诸门生樗蒱（音初蒲），见有胜负，因曰：'南风不竞。'门生辈轻其小儿，乃曰：'此郎亦管中窥豹，时见一斑。'子敬瞋目曰：'远惭荀奉倩（荀粲），近愧刘真长（刘惔）！'遂拂衣而去。"亦见于《晋书·王献之传》。

坐井观天，比喻眼界狭小，目光短浅。唐韩愈《原道》："老子之小仁义，非毁之也，其见者小也。坐井而观天，曰天小者，非天小也。彼以煦煦为仁，孑孑为义，其小之也则宜。"

无势可乘，英雄无用武之地；有道则见，君子有展采之思。

《三国志·蜀书·诸葛亮传》："先主至于夏口，亮曰：'事急矣，请奉命求救于孙将军。'时权拥军在柴桑，观望成败。亮说权曰：'海内大乱，将军起兵据有江东，刘豫州亦收众汉南，与曹操并争天下。今操芟夷大难，略已平矣，遂破荆州，威震四海。英雄无所用武，故豫州遁逃至此。将军量力而处之：若能以吴、越之众与中国抗衡，不如早与之绝；若不能当，何不案兵束甲，北面而事之！今将军外托服从之名，而内怀犹豫之计，事急而不断，祸至无日矣！'"亦见于《资治通鉴》卷六五，"英雄无所用武"作"英雄无用武之地"。

有道则见，政治清明时就出来做事。《论语·泰伯》："子曰：'笃信好学，守死善道。危邦不入，乱邦不居。天下有道则见，无道则隐。邦有道，贫且贱焉，耻也。邦无道，富且贵焉，耻也。'"〇展采，述职做官。《史记·司马相如列传》："而后因杂荐绅先生之略术，使获耀日月之末光绝炎，以展采错事，犹兼正列其义，校饬厥文，作春秋一艺，将袭旧六为七，摅之无穷，俾万世得激清流，扬微波，蜚英声，腾茂实。"裴骃集解："《汉书音义》曰：'采，官也。使诸儒记功著业，得睹日月末光殊绝之用，以展其官职，设厝其事业者也。'"

求名利达，曰捷足先得；慰士迟滞，曰大器晚成。

捷足先得，亦作"疾足先得"，比喻行动迅速的人首先达到目的。《史记·淮阴侯列传》："乃诏齐捕蒯通。蒯通至，上曰：'若教淮阴侯反乎？'对曰：'然，臣固教之。竖子不用臣之策，故令自夷于此。如彼竖子用臣之计，陛下安得而夷之乎！'上怒曰：'亨之。'通曰：'嗟乎，冤哉亨也！'上曰：'若教韩信反，何冤？'对曰：'秦之纲绝而维弛，山东大扰，异姓并起，英俊乌集。秦失其鹿（喻帝位），天下共逐之，于是高材疾足者先得焉。跖之狗吠尧，尧非不仁，狗因吠非其主。当是时，臣唯独知韩信，非知陛下也。且天下锐精持锋，欲为陛下所为者甚众，顾力不能耳，又可尽亨之邪？'高帝曰：'置之。'乃释通之罪。"

大器晚成，本指大材须久积始能成器，后多指人成就较晚。《老子·第四十一章》："大方无隅，大器晚成，大音希声，大象无形。"○《三国志·魏书·崔琰传》："琰从弟林，少无名望，虽姻族犹多轻之，而琰常曰：'此所谓大器晚成者也，终必远至。'涿郡孙礼、卢毓始入军府，琰又名之曰：'孙疏亮亢烈，刚简能断，卢清警明理，百炼不消，皆公才也。'后林、礼、毓咸至鼎辅。"

不知通变，曰徒读父书；自作聪明，曰徒执己见。

徒读父书，白读父亲的兵书。比喻只知死守教条，不会加以变通。《史记·廉颇蔺相如列传》："七年，秦与赵兵相距长平，时赵奢已死，而蔺相如病笃，赵使廉颇将攻秦，秦数败赵军。赵军固壁不战。秦数挑战，廉颇不肯。赵王信秦之间。秦之间言曰：'秦之所恶，独畏马服君赵奢之子赵括为将耳。'赵王因以括为将，代廉颇。蔺相如曰：'王以名使括，若胶柱而鼓瑟耳。括徒能读其父书传，不知合变也。'赵王不听，遂将之。赵括自少时学兵法，言兵事，以天下莫能当。尝与其父奢言兵事，奢不能难，然不谓善。括母问奢其故，奢曰：'兵，死地也，而括易言之。使赵不将括即已，若必将之，破赵军者必括也。'"

徒执己见，亦作"固执己见"，只是顽固地坚持自己的意见，不肯变通。《宋史·陈宓传》："钞盐变易，楮币秤提，安边所创立，固执己见，动失人心，败军之将躐跻殿岩，庸鄙之夫久尹京兆，宿将有守成之功，以小过而贬，三牙无汗马之劳，托公勤而擢，此政令刑赏多所舛逆也。"

浅见曰肤见，俗言曰俚言。

肤见，浅薄的见解。人体之表皮谓"肤"，亦指浅薄。《南齐书·陆澄传》："尚书令褚渊奏：'澄謏（小）闻肤见，贻挠后昆，上掩皇明，下笼朝识，请以见事免澄所居官。'"

俚言，方言俗语，与雅言相对。俚，鄙俗。《新唐书·韦绶传》："穆宗为太子，绶入侍读，迁谏议大夫。太子书'依'字辄去'人'，曰：'上以此可天下事，乌得全书耶？'绶白之，帝喜，即赐绶锦彩。方太子幼，绶数为俚言以悦太子，它日侍，太子为帝道之。帝怒曰：'绶当以经义辅导太子，而反语此，朕何赖焉？'外迁虔州刺史。"

识时务者为俊杰，昧先几者非明哲。

识时务者为俊杰，谓能认清形势、了解时代潮流者，才是杰出人物。多用于规劝或告诫。《三国志·蜀书·诸葛亮传》："时先主屯新野。徐庶见先主，先主器之，谓先主曰：'诸葛孔明者，卧龙也，将军岂愿见之乎？'"裴松之注："《襄阳记》曰：刘备访世事于司马德操(司马徽)。德操曰：'儒生俗士，岂识时务？识时务者在乎俊杰。此间自有伏龙、凤雏。'备问为谁，曰：'诸葛孔明、庞士元也。'"

昧先几者非明哲，不了解事物细微的预兆变化，称不上圣明贤哲。《周易·系辞下》："子曰：'知几，其神乎！君子上交不谄，下交不渎，其知几乎？几者，动之微，吉凶之先见者也。君子见几而作，不俟终日。'"

村夫不识一丁，愚者岂无一得。

不识一丁，亦作"目不识丁"，一个字也不认识。丁，因其笔画少，代指很简单的字。《新唐书·张弘靖传》："长庆初，刘总举所部内属，请弘靖为代，进检校司空，仍同中书门下平章事，充卢龙节度使。始入幽州，老幼夹道观。河朔旧将与士卒均寒暑，无障盖安舆，弘靖素贵，肩舆而行，人骇异。俗谓禄山、思明为'二圣'，弘靖惩始乱，欲变其俗，乃发墓毁棺，众滋不悦。旬一决事，宾客将吏罕闻其言。委成于参佐韦雍、张宗厚，又不通大体，朘刻(克扣)军赐，专以法报(音痕，惩办)治之。官属轻侻(脱)酣肆，夜归，烛火满街，前后呵止。其诟责士皆曰'反虏'，尝曰：'天下无事，而辈挽两石弓，不如识一丁字。'军中以气自任，衔之。总之朝，诏以钱百万缗赉将士，弘靖取二十万市府杂费，有怨言。会雍欲鞭小将，蓟人未尝更笞辱，不伏，弘靖系之。是夕军乱，囚弘靖蓟门馆，掠其家赀婢妾，执雍等杀之。"亦见于《旧唐书·张弘靖传》。

愚者一得，"愚者千虑，必有一得"之省语，谓愚钝人的许多思虑中总会有一些可取之处。常以谦指己见。《晏子春秋·内篇杂下》："晏子方食，景公使使者至。分食食之，使者不饱，晏子亦不饱。使者反，言之公。公曰：'嘻！晏子之家，若是其贫也。寡人不知，是寡人之过也。'使吏致千金与市租，请以奉宾客。晏子辞，三致之，终再拜而辞曰：'婴之家不贫。……夫十总之布，一豆之食，足于中免矣。'景公谓晏子曰：'昔吾先君桓公，以书社五百封管仲，不辞而受，子辞之何也？'晏子曰：'婴闻之，圣人千虑，必有一失；愚人千虑，必有一得。意者管仲之失，而婴之得者耶？故再拜而不敢受命。'"又

《史记·淮阴侯列传》："广武君曰：'臣闻智者千虑，必有一失；愚者千虑，必有一得。故曰"狂夫之言，圣人择焉"。顾恐臣计未必足用，愿效愚忠。'"

拔去一丁，谓除一害；又生一秦，是增一仇。

《新五代史·赵在礼传》："晋出帝时，以在礼为北面行营马步都虞候，以击契丹，未尝有战功。在礼在宋州，人尤苦之；已而罢去，宋人喜而相谓曰：'眼中拔钉，岂不乐哉！'既而复受诏居职，乃籍管内，口率钱一千，自号'拔钉钱。'"又北宋田况《儒林公议》卷上："寇准在相位，以纯亮得天下之心。丁谓作相，专邪黩货，为天下所愤。民间歌之曰：'欲时之好，呼寇老；欲世之宁，当去丁。'及相继贬斥，民间多图二人形貌，对张于壁，屠酤之肆往往有焉。虽轻竗(轻率)顽冥少年无赖者，亦皆口陈手指，颂寇而诟丁，若己之恩仇者，况耆旧有识者哉！"又《续资治通鉴长编》卷九九："(丁)谓初逐(寇)准，京师为之语曰：'欲得天下宁，当拔眼中丁；欲得天下好，莫如召寇老。'不半岁，谓亦贬，人皆以为报复之速，天道安可诬也。"

《史记·张耳陈馀列传》略云：于是陈王以故所善陈人武臣为将军，邵骚为护军，以张耳、陈馀为左右校尉，予卒三千人，北略赵地。武臣乃听从张耳、陈馀之言，遂立为赵王。以陈馀为大将军，张耳为右丞相，邵骚为左丞相。使人报陈王，陈王大怒，欲尽族武臣等家，而发兵击赵。陈王相国房君谏曰："秦未亡而诛武臣等家，此又生一秦也。不如因而贺之，使急引兵西击秦。"陈王然之，从其计，徙系武臣等家宫中，封张耳子敖为成都君。

戒轻言，曰恐属垣有耳；戒轻敌，曰勿谓秦无人。

属(音主)垣有耳，谓以耳附墙，窃听人言。《诗经·小雅·小弁》："君子无易由言，耳属于垣。"郑玄笺："由，用也。王无轻用谗人之言，人将有属耳于壁而听之者，知王有所受之，知王心不正也。"《诗集传》卷五："故君子不可易于其言，恐耳属于垣者，有所观望左右而生谗谮也。"

勿谓秦无人，不要说秦国没有人才。《左传·文公十三年》："晋人患秦之用士会也……乃使魏寿馀伪以魏叛者，以诱士会。执其帑(妻儿)于晋，使夜逸。请自归于秦，秦伯许之。履士会之足于朝。秦伯师于河西，魏人在东。寿馀曰：'请东人之能与夫二三有司言者，吾与之先。'使士会。士会辞曰：'晋人，虎狼也，若背其言，臣死，妻子为戮，无益于君，不可悔也。'秦伯曰：'若背其言，所不归尔帑者，有如河。'乃行。绕朝赠之以策，曰：'子无谓秦无人，吾谋适不用也。'既济，魏人噪而还。秦人归其帑。"

同恶相帮，谓之助桀为虐；贪心无厌，谓之得陇望蜀。

助桀为虐，犹“助纣为虐”，比喻帮助坏人干坏事。《史记·留侯世家》：“沛公乃引兵击秦军，大破之。遂北至蓝田，再战，秦兵竟败。遂至咸阳，秦王子婴降沛公。沛公入秦宫，宫室帷帐狗马重宝妇女以千数，意欲留居之。樊哙谏沛公出舍，沛公不听。良曰：‘夫秦为无道，故沛公得至此。夫为天下除残贼，宜缟素为资。今始入秦，即安其乐，此所谓“助桀为虐”。且“忠言逆耳利于行，毒药苦口利于病”，愿沛公听樊哙言。’沛公乃还军霸上。”

得陇望蜀，已经取得陇右，还想攻取西蜀，比喻贪得无厌。《后汉书·岑彭传》：“（建武）八年，彭引兵从车驾破天水，与吴汉围隗嚣于西城。时公孙述将李育将兵救嚣，守上邽。帝（光武帝）留盖延、耿弇围之，而车驾东归。敕彭书曰：‘两城若下，便可将兵南击蜀虏。人苦不知足，既平陇，复望蜀。每一发兵，头须为白。’”

当知器满则倾，须知物极必反。

器满则倾，亦作“器满则覆”，容器满溢，则将倾覆。比喻事物发展超过一定界限就会向相反方面转化。亦比喻骄傲自满将导致失败。《荀子·宥坐》：“孔子观于鲁桓公之庙，有欹器焉。孔子问于守庙者曰：‘此为何器？’守庙者曰：‘此盖为宥坐之器。’孔子曰：‘吾闻宥坐之器者，虚则欹，中则正，满则覆。’孔子顾谓弟子曰：‘注水焉。’弟子挹水而注之，中而正，满而覆，虚而欹。孔子喟然而叹曰：‘吁！恶有满而不覆者哉！’子路曰：‘敢问持满有道乎？’孔子曰：‘聪明圣知，守之以愚；功被天下，守之以让；勇力抚世，守之以怯；富有四海，守之以谦。此所谓挹（退）而损之之道也。’”杨倞注：“欹器，倾欹易覆之器。宥，与右同，言人君可置于坐右，以为戒也。《说苑》作‘坐右’（今《说苑·敬慎》作‘右坐’）。或曰：‘宥，与侑同，劝也。’《文子》曰：‘三王五帝有劝戒之器，名侑卮。’注云：‘欹器也。’”亦见于《孔子家语·三恕》、《淮南子·道应训》、《韩诗外传》卷三、《说苑·敬慎》，后两篇作“孔子观于周庙”。

物极必反，亦作“物极必返”，事物发展到极限时必然向相反的方面转化。《鹖冠子·环流》：“美恶相饰，命曰复周；物极则反，命曰环流。”又《新唐书·苏安恒传》载苏安恒上武则天疏：“今太子年德已盛，尚贪有大宝，忘母子之恩，蔽其元良，以据神器，何施颜面见唐家宗庙、大帝陵寝哉！臣谓天意人事，还归李氏。物极则复，器满则覆；当断不断，将受其乱。诚能高揖万机，自怡圣心，史臣书之，乐府歌之，斯盛事也。臣闻见过不谏非忠，畏死不言非勇。陛下以臣为忠，则择是而用；以为不忠，则斩臣头以令天下。”

喜嬉戏名为好弄，好笑谑谓之诙谐。

嬉戏，游戏，玩耍。《史记·律书》："太史公曰：'文帝时，会天下新去汤火，人民乐业，因其欲然，能不扰乱，故百姓遂安。自年六七十翁亦未尝至市井，游敖嬉戏如小儿状。孔子所称有德君子者邪！'"〇好弄，喜爱玩乐。《左传·僖公九年》："齐隰朋帅师会秦师，纳晋惠公。秦伯谓郤芮曰：'公子谁恃？'对曰：'臣闻亡人无党，有党必有仇。夷吾弱不好弄，能斗不过（有节制），长亦不改，不识其他。'"杜预注："弄，戏也。"

笑谑，开玩笑。《后汉书·皇后纪上·光烈阴皇后》："后在位恭俭，少嗜玩，不喜笑谑。"〇诙谐，戏谑，富于风趣。《汉书·东方朔传》："朔虽诙笑，然时观察颜色，直言切谏，上常用之。自公卿在位，朔皆敖弄，无所为屈。"颜师古注："诙，嘲戏也。诙笑，谓嘲谑，发言可笑也。诙音恢。其下诙啁（嘲）、诙谐并同。"又同传："朔尝至太中大夫，后常为郎，与枚皋、郭舍人俱在左右，诙啁而已。久之，朔上书陈农战强国之计，因自讼独不得大官，欲求试用。其言专商鞅、韩非之语也，指意放荡，颇复诙谐，辞数万言，终不见用。"

馋口交加，市中可信有虎；众奸鼓衅，聚蚊可以成雷。

市中有虎，常作"三人成虎"，比喻谣言重复多次，就能使人信以为真。《韩非子·内储说上》："庞恭与太子质于邯郸，谓魏王曰：'今一人言市有虎，王信之乎？'曰：'不信。''二人言市有虎，王信之乎？'曰：'不信。''三人言市有虎，王信之乎？'王曰：'寡人信之。'庞恭曰：'夫市之无虎也明矣，然而三人言而成虎。今邯郸之去魏也远于市，议臣者过于三人。愿王察之。'庞恭从邯郸反，竟不得见。"亦见于《新序·杂事二》；《战国策·魏策二》，"庞恭"作"庞葱"。

鼓衅，摇唇鼓舌，制造事端。〇聚蚊成雷，比喻众口喧嚣。《汉书·中山靖王刘胜传》："夫众煦（音许，唾沫）漂山，聚蚊成雷，朋党执虎，十夫桡（曲）椎。是以文王拘于牖（羑）里，孔子厄于陈、蔡。此乃烝庶之成风，增积之生害也。"颜师古注："言众蚊飞声有若雷也。"

萋斐成锦，谓谮人之酿祸；含沙射影，言鬼蜮之害人。

萋斐（音凄匪）成锦，用文采交错的丝线织成贝壳花纹的的美锦。比喻谗佞小人巧于罗织别人的罪状。萋斐，文采交错貌，后代指谗毁。《诗经·小雅·巷伯》："萋兮斐兮，成是贝锦。彼谮人者，亦已大甚。"郑玄笺："喻谗人集作己过，以成于罪，犹女工之集采色，以成锦文。"孔颖达疏："女工集彼众采而织之，使萋然兮，斐然兮，令文章相错，以成是贝文，以为其锦也。以兴谗人集己诸过而构之，令过恶相积，故成是愆状，以为己罪也。实无罪，而谗之使得重刑，故伤之。”

含沙射影，相传水中有一种叫蜮的怪物，看到人影即喷沙子，被喷射的人会害病，重者甚至死亡。比喻暗中诽谤中伤。《搜神记》卷一二：“汉中平中，有物处于江水，其名曰‘蜮’，一曰‘短狐’，能含沙射人。所中者，则身体筋急(抽筋)，头痛发热，剧者至死。江人以术方抑之，则得沙石于肉中。《诗》所谓‘为鬼为蜮，则不可测’也。今俗谓之‘溪毒’。先儒以为男女同川而浴，淫女为主，乱气所生也。”又《抱朴子·内篇·登涉》：“又有短狐，一名蜮，一名射工，一名射影，其实水虫也。状如鸣蜩，大似三合杯，有翼能飞，无目而利耳，口中有横物角弩。如闻人声，缘口中物如角弩，以气为矢，则因水而射人，中人身者即发疮，中影者亦病，而不即发疮，不晓治之者煞人。其病似大伤寒，不十日皆死。”〇鬼蜮，二者都是暗中害人的精怪。故比喻用心险恶、暗中伤人的小人。《诗经·小雅·何人斯》：“为鬼为蜮，则不可得。”毛传：“蜮，短狐也。”陆德明释文：“状如鳖，三足。一名射工，俗呼之水弩。在水中含沙射人，一曰射人影。”

针砭所以治病，鸩毒必至杀人。

针砭，古代以砭石为针的治病方法。比喻规诫过失。《后汉书·文苑传下·赵壹》：“昔原大夫赎(续)桑下绝气，传称其仁；秦越人还虢太子结脉，世著其神。设曩之二人不遭仁遇神，则结绝之气竭矣。然而糒脯出乎车轸，针石运乎手爪。今所赖者，非直车轸之糒脯，手爪之针石也。”李贤注：“古者以砭石为针。凡针之法，右手象天，左手法地，弹而怒之，搔而下之，此运手爪也。”又《南史·王僧孺传》：“僧孺工属文，善楷隶，多识古事。侍郎全元起欲注《素问》，访以砭石。僧孺答曰：‘古人当以石为针，必不用铁。《说文》有此砭字，许慎云：“以石刺病也。”《东山经》：“高氏之山多针石。”郭璞云：“可以为砭针。”《春秋》：“美疢不如恶石。”服子慎注云：“石，砭石也。”季世无复佳石，故以铁代之尔。’”

鸩毒，毒药，毒酒。鸩，古代相传为有毒之鸟，雄曰“运日”，雌曰“阴谐”，据说羽有剧毒，以之浸酒，饮之立死。《左传·闵公元年》：“狄人伐邢。管敬仲言于齐侯曰：‘戎狄豺狼，不可厌也。诸夏亲昵，不可弃也。宴安鸩毒，不可怀也。《诗》云：“岂不怀归，畏此简书。”简书(军令文字)，同恶相恤之谓也。请救邢以从简书。’齐人救邢。”孔颖达疏：“戎狄之心，若豺狼之兽，不可厌足也，言其当伐戎狄也。诸夏之国，皆亲近之人，不可遗弃也，言其当救邢也。宴安自逸，若鸩毒之药，不可怀恋也，言其当自劳也。”

李义府阴柔害物，人谓之笑里藏刀；李林甫奸诡陷人，世谓之口蜜腹剑。

笑里藏刀，形容对人外表和气而内心阴险。《旧唐书·李义府传》："义府貌状温恭，与人语必嬉怡微笑，而褊忌阴贼。既处权要，欲人附己，微忤意者，辄加倾陷。故时人言义府笑中有刀，又以其柔而害物，亦谓之'李猫'。"亦见于《新唐书·奸臣传上·李义府》，"笑中有刀"作"笑中刀"，"李猫"作"人猫"。

注详见《身体》"口有蜜而腹有剑，李林甫之为人"条。

代人作事曰代庖，与人设谋曰借箸。

代庖，代厨师下厨。比喻代做他人分内的事。《庄子·逍遥游》："庖人虽不治庖，尸祝不越樽俎而代之矣。"成玄英疏："庖人，谓掌庖厨之人，则今之太官供膳是也。尸者，太庙中神主也；祝者，则今太常太祝是也；执祭版对尸而祝之，故谓之尸祝也。樽，酒器也。俎，肉器也。而庖人尸祝者，各有司存。假令膳夫懈怠，不肯治庖，尸祝之人，终不越局滥职，弃于樽俎而代之宰烹。"

借箸，原意是借筷子来指画当前的形势。比喻代别人出谋划策。《史记·留侯世家》："食其未行，张良从外来谒。汉王方食，曰：'子房前！客有为我计桡(挠)楚权者。'具以郦生语告，曰：'于子房何如？'良曰：'谁为陛下画此计者？陛下事去矣！'汉王曰：'何哉？'张良对曰：'臣请藉前箸为大王筹之。'"裴骃集解："张晏曰：'求借所食之箸用指画也。或曰：前世汤武箸明之事，以筹度今时之不若也。'"

见事极真，曰明若观火；对敌易胜，曰势若摧枯。

明若观火，亦作"洞若观火"，就像看到火一样清楚。比喻看问题非常清晰透彻。《尚书·盘庚上》："予若观火。"孔颖达疏："言见之分明如见火也。"

势若摧枯，亦作"摧枯拉朽"，比喻轻而易举地摧毁腐朽的事物或不堪一击的势力。《晋书·甘卓传》："卓尚持疑未决，(邓)骞又谓卓曰：'今既不义举，又不承大将军檄，此必至之祸，愚智所见也。且议者之所难，以彼强我弱，是不量虚实者也。今大将军兵不过万余，其留者不能五千，而将军见众既倍之矣。将军威名天下所闻也，此府精锐，战胜之兵也。拥强众，藉威名，杖节而行，岂王含所能御哉！溯流之众，势不自救，将军之举武昌，若摧枯拉朽，何所顾虑乎！武昌既定，据其军实，镇抚二州，施惠士卒，使还者如归，此吕蒙所以克敌也。如是，大将军可不战而自溃。今释必胜之策，安坐以待危亡，不可言知计矣。愿将军熟虑之！'”又《宋史·曹彬传》：“太宗即位，加同平章事。议征太原，召彬问曰：‘周世宗及太祖皆亲征，何以不能克？’彬曰：‘世宗时，史彦超败于石岭关，人情惊扰，故班师；太祖顿兵甘草地，会岁暑雨，军士多疾，因是中止。’太宗曰：‘今吾欲北征，卿以为何如？’彬曰：‘以国家兵甲精锐，剪太原之孤垒，如摧枯拉朽尔，何为而不可！’太宗意遂决。太平兴国三年，进检校太师，从征太原，加兼侍中。”亦见于《续资治通鉴长编》卷二〇。

汉武内多欲而外施仁义，廉颇先国难而后私仇。

《史记·汲郑列传》：“天子（汉武帝）方招文学儒者，上曰吾欲云云，黯对曰：‘陛下内多欲而外施仁义，奈何欲效唐虞之治乎！’上默然，怒，变色而罢朝。公卿皆为黯惧。上退，谓左右曰：‘甚矣，汲黯之戆（音壮，愚而刚直）也！’群臣或数黯，黯曰：‘天子置公卿辅弼之臣，宁令从谀承意，陷主于不义乎？且已在其位，纵爱身，奈辱朝廷何！’”

注详见《朋友宾主》“刎颈交，相如与廉颇”条。今按：题目中“廉颇”改为“蔺相如”似更为确切。

卧榻之侧，岂容他人鼾睡，宋太祖之语；一统之世，真是胡越一家，唐高祖之时。

卧榻之侧，岂容他人鼾睡，自己的床铺边，怎么能让别人呼呼睡大觉？比喻不容许别人侵占自己的势力利益范围。《类说》卷五三引杨亿《谈苑》：“开宝中，王师围金陵，李后主遣徐铉入朝，对于便殿，恳述江南事大之礼甚恭，徒以被病，未任朝谒，非敢拒诏。太祖曰：‘不须多言，江南有何罪？但天下一家，卧榻之侧，岂可许他人鼾睡！’铉复命，未几城陷。”又南宋岳珂《桯史》卷一：“王师征包茅于（李）煜，骑省（徐铉）复将命请缓师，其言累数千言。上谕之曰：‘不须多言，江南亦何罪？但天下一家，卧榻之侧，岂容他人鼾睡耶！’”亦见于《续资治通鉴长编》卷一六。

《资治通鉴》卷一九四：“（唐太宗贞观七年，十二月）戊午，还宫，从上皇置酒故汉未央宫。上皇命突厥颉利可汗起舞，又命南蛮酋长冯智戴咏诗，既而笑曰：‘胡、越一家，自古未有也！’帝奉觞上寿曰：‘今四夷入臣，皆陛下教诲，非臣智力所及。昔汉高祖亦从太上皇置酒此宫，妄自矜大，臣所不取也。’上皇大悦。殿上皆呼万岁。”亦见于《旧唐书·高祖纪》，记此事发生在贞观八年。

至若暴秦以吕易嬴，是嬴亡于庄襄之手；弱晋以牛易马，是马灭于怀愍之时。

《史记·吕不韦列传》："吕不韦取邯郸诸姬绝好善舞者与居，知有身。子楚从不韦饮，见而说之，因起为寿，请之。吕不韦怒，念业已破家为子楚，欲以钓奇，乃遂献其姬。姬自匿有身，至大期时，生子政。子楚遂立姬为夫人。秦昭王五十年，使王齮(音乙)围邯郸，急，赵欲杀子楚。子楚与吕不韦谋，行金六百斤予守者吏，得脱，亡赴秦军，遂以得归。赵欲杀子楚妻子，子楚夫人赵豪家女也，得匿，以故母子竟得活。秦昭王五十六年，薨，太子安国君立为王，华阳夫人为王后，子楚为太子。赵亦奉子楚夫人及子政归秦。秦王立一年，薨，谥为孝文王。太子子楚代立，是为庄襄王。……庄襄王即位三年，薨，太子政立为王，尊吕不韦为相国，号称'仲父'。"

《晋书·元帝纪》："元皇帝讳睿，字景文，宣帝曾孙，琅邪恭王觐之子也。……初，《玄石图》有'牛继马后'，故宣帝深忌牛氏，遂为二榼，共一口，以贮酒焉，帝先饮佳者，而以毒酒鸩其将牛金。而恭王妃夏侯氏竟通小吏牛氏而生元帝，亦有符云。"又《魏书·僭晋司马睿传》："僭晋司马睿，字景文，晋将牛金子也。初晋宣帝生大将军、琅邪武王伷，伷生冗从仆射、琅邪恭王觐。觐妃谯国夏侯氏，字铜环，与金奸通，遂生睿，因冒姓司马，仍为觐子。"又南宋罗大经《鹤林玉露》甲编卷五："秦虎视山东，蚕食六国，不知六国未灭，而秦先灭矣。何也？始皇乃吕不韦之子，则是嬴氏为吕氏所灭也。司马氏欺人孤寡，而夺之位，不知魏灭未几，而晋亦灭矣。何也？元帝乃牛金之子，则是司马氏为牛氏所灭也。《春秋》书莒氏灭鄫，义正如此。胡致堂(胡寅)欲用《春秋》法，于《始皇纪》便明书吕氏，《元帝纪》便明书牛氏，以从其实。"今按：晋代国君复姓司马，故此处省称为"马"。《晋书》《魏书》记载司马睿身世有出入。依《晋书》所记，牛金死于晋宣帝司马懿之前，司马懿卒于嘉平三年，而晋元帝生于咸宁二年，二者相距二十五年，故司马睿非牛金之子明矣。又怀、愍，指西晋最后二帝晋怀帝、晋愍帝，二人先后被杀，西晋灭亡。琅琊王司马睿在建康即位，即晋元帝，史称"东晋"。

中宗亲为点筹于韦后，秽播千秋；明皇赐洗儿钱于贵妃，丑遗万代。

《旧唐书·后妃传上·中宗韦庶人》："帝在房州时，常谓后曰：'一朝见天日，誓不相禁忌。'及得志，受上官昭容邪说，引武三思入宫中，升御床，与后双陆，帝为点筹，以为欢笑，丑声日闻于外。”亦见于《新唐书·后妃传上·韦皇后》。

《资治通鉴》卷二一六：“（唐玄宗天宝十载，春，正月）甲辰，禄山生日，上及贵妃赐衣服、宝器、酒馔甚厚。后三日，召禄山入禁中，贵妃以锦绣为大襁褓，裹禄山，使宫人以彩舆舁之。上闻后宫欢笑，问其故，左右以贵妃三日洗禄儿对。上自往观之，喜，赐贵妃洗儿金银钱，复厚赐禄山，尽欢而罢。自是禄山出入宫掖不禁，或与贵妃对食，或通宵不出，颇有丑声闻于外，上亦不疑也。”又唐姚汝能《安禄山事迹》卷上：“（天宝）十载正月一日，是禄山生日，先日赐诸器物衣服，太真亦厚加赏遗。其日，又赐陆海诸物，皆盛以金银器，并赐焉。后三日，召禄山入内，贵妃以绣绷子（束负小儿的宽布带）绷禄山，令内人以彩舆舁之，欢呼动地。玄宗使人问之，报云：‘贵妃与禄山作三日洗儿，洗了又绷禄山，是以欢笑。’玄宗就观之，大悦，因加赏赐贵妃洗儿金银钱物，极乐而罢。自是，宫中皆呼禄山为禄儿，不禁其出入。”今按：司马光《考异》引《禄山事迹》作“正月二十日，禄山生日”。

非类相从，不如鹑鹊；父子同牝，谓之聚麀。

《诗经·鄘风·鹑之奔奔》：“鹑之奔奔，鹊之彊彊（音疆）。”郑玄笺：“奔奔、彊彊，言其居有常匹，飞则相随之貌。刺宣姜与顽非匹偶。”又《毛诗序》：“《鹑之奔奔》，刺卫宣姜也。卫人以为，宣姜，鹑鹊之不若也。”郑玄笺：“刺宣姜者，刺其与公子顽为淫乱，行不如禽鸟。”今按：卫宣姜为卫宣公之妻，公子顽为卫宣公之庶子。

聚麀（音忧），本义是指父一代与子一代的鹿共偶一只雌鹿，后喻指类此的乱伦行为。《礼记·曲礼上》：“夫唯禽兽无礼，故父子聚麀。”郑玄注：“聚，犹共也。鹿牝曰麀。”清孙希旦集解：“聚，共也。麀，牝兽也。父子共麀，言其无别之甚。”〇唐骆宾王《为徐敬业讨武曌檄》：“践元后于翚翟（音毁狄），陷吾君于聚麀。”今按：此处是指武则天先侍唐太宗后又为唐高宗皇后事。

以下淫上谓之烝，野合奸伦谓之乱。

烝（音蒸），以下淫上，指和母辈通奸。《左传·桓公十六年》：“初，卫宣公烝于夷姜，生急子。”杜预注：“夷姜，宣公之庶母也。上淫曰烝。”孔颖达疏：“晋献公烝于齐姜，惠公烝于贾君，皆是淫父之妾。知此亦父妾，故云庶母也。《成二年传》称楚庄王以夏姬‘予连尹襄老，襄老死，其子黑要烝焉’。淫母而谓之烝，知烝是上淫。盖训烝为进，言自进与之淫也。”

野合，不合礼仪的婚配，亦指男女私通。《史记·孔子世家》：“孔子生鲁昌平乡陬邑。其先宋人也，曰孔防叔。防叔生伯夏，伯夏生叔梁纥。纥与颜氏女野合而生孔子。”司马贞索隐：“《家语》云：‘梁纥娶鲁之施氏，生九女。其妾生孟皮，孟皮病足，乃求婚于颜氏，徵在从父命为婚。’其文甚明。今此云‘野合’者，盖谓梁纥老而徵在少，非当壮室初笄之礼，故云野合，谓不合礼仪。故《论语》云‘野哉由也’，又‘先进于礼乐，野人也’，皆言野者是不合礼耳。”〇奸伦，即乱伦，指违反了伦理道德的、不正当的男女关系。

从来淑慝殊途，惟在后人法戒；斯世清浊异品，全赖吾辈激扬。

淑慝（音特），即善恶。淑，善良；慝，邪恶。《伪古文尚书·毕命》：“旌别淑慝，表厥宅里，彰善瘅恶，树之风声。”孔安国传：“言当识别顽民之善恶，表异其居里，明其为善，病其为恶，立其善风，扬其善声。”

激扬，即激浊扬清，比喻斥恶奖善。《晋书·牵秀传》：“秀少在京辇，见司隶刘毅奏事而扼腕慷慨，自谓居司直之任，当能激浊扬清；处鼓鞞之间，必建将帅之勋。”又《贞观政要·任贤》：“二年，（王珪）进拜侍中。时房玄龄、魏徵、李靖、温彦博、戴胄与珪同知国政，尝因侍宴，太宗谓珪曰：‘卿识鉴精通，尤善谈论，自玄龄等，咸宜品藻。又可自量孰与诸子贤。’对曰：‘孜孜奉国，知无不为，臣不如玄龄。每以谏诤为心，耻君不及尧、舜，臣不如魏徵。才兼文武，出将入相，臣不如李靖。敷奏详明，出纳惟允，臣不如温彦博。处繁理剧，众务必举，臣不如戴胄。至如激浊扬清，嫉恶好善，臣于数子，亦有一日之长。’太宗深然其言，群公亦各以为尽己所怀，谓之确论。”亦见于《旧唐书·王珪传》《新唐书·王珪传》。

[新增]十二联

休休莫莫，禁止之词；衮衮匆匆，仓皇之义。

休休、莫莫，不要。《旧唐书·文苑传下·司空图》：“图有先人别墅在中条山之王官谷，泉石林亭，颇称幽栖之趣。自考槃高卧，日与名僧高士游咏其中。晚年为文，尤事放达，尝拟白居易《醉吟传》为《休休亭记》曰：‘司空氏祯贻溪之休休亭，本名濯缨亭，为陕军所焚。天复癸亥岁，复葺于坏垣之中，乃更名曰休休。休，休也，美也，既休而具美存焉。盖量其才，一宜休；揣其分，二宜休；耄且聩，三宜休。又少而惰，长而率，老而迂，是三者皆非济时之用，又宜休也。尚虑多难不能自信，既而昼寝，遇二僧谓予曰：“吾尝为汝师。汝昔矫于道，锐而不固，为利欲之所拘，幸悟而悔，将复从我于是溪耳。且汝虽退，亦尝为匪人之所嫉，宜耐辱自警，庶保其终始，与靖节、醉吟第其品级于千载之下，复何求哉！”因为《耐辱居士歌》，题于东北楹曰：“咄咄，休休休，莫莫莫！伎俩虽多性灵恶，赖是长教闲处着。休休休，莫莫莫！一局棋，一炉药，天意时情可料度。白日偏催快活人，黄金难买堪骑鹤。若曰：尔何能？答云：耐辱莫。’其诡激啸傲，多此类也。”

衮衮，连续不断。匆匆，急急忙忙的样子。唐杜甫《酬孟云卿》诗：“相逢难衮衮，告别莫匆匆。”仇兆鳌注：“旧注：‘张华读书，衮衮可听。’衮衮，继续貌。匆匆，急遽貌。《语林》：‘宋江夏王锋，置酒告别。何逊诗：“匆匆昨不定。”’”今按：衮衮无“仓皇、匆促”之义。

暂为寄足，有似鹪鹩一枝；巧于营身，还如狡兔三窟。

鹪鹩（音焦聊）一枝，鹪鹩做窝，只占用一根树枝。比喻所求甚少，只图容身。亦比喻只有一个安身之处。鹪鹩，鸟名。常取茅苇毛毳（鸟兽的细毛）为巢，大如鸡卵，系以麻发，于一侧开孔出入，甚精巧，故俗称“巧妇鸟”。《庄子·逍遥游》：“鹪鹩巢于深林，不过一枝；偃鼠饮河，不过满腹。”成玄英疏：“鹪鹩，巧妇鸟也，一名工雀，一名女匠，亦名桃虫，好深处而巧为巢也。偃鼠，形大小如牛，赤黑色，獐脚，脚有三甲，耳似象耳，尾端白，好入河饮水。而鸟巢一枝之外，不假茂林；兽饮满腹之余，无劳浩汗。”

狡兔三窟，狡猾的兔子有好几个藏身的窝。比喻藏身之地多，便于避祸。亦比喻工于心计，善为己谋。《战国策·齐策四》略云：冯谖为孟尝君收债于薛，矫命以债赐薛民，并烧其债券，大得民心。后孟尝君被罢免，返回薛地，民扶老携幼以迎之。冯谖曰：“狡兔有三窟，仅得免其死耳。今君有一窟，未得高枕而卧也。请为君复凿二窟。”遂至梁游说，梁王遣使迎孟尝君。齐王闻之大恐，遣太傅向孟尝君谢罪，请其复职。冯谖诫孟尝君曰：“愿请先王之祭器，立宗庙于薛。”庙成，还报孟尝君曰：“三窟已就，君姑高枕为乐矣！”

放枭囚凤，虐仁纵暴奚为；用蚓投鱼，得重弃轻应尔。

放枭囚凤，放走猫头鹰，囚禁凤凰鸟。比喻纵容凶恶，虐待贤良。《后汉书·刘陶传》：“时司徒东海陈耽，亦以非罪与陶俱死。耽以忠正称，历位三司。光和五年，诏公卿以谣言举刺史、二千石为民蠹害者。时太尉许馘（音玉）、司空张济承望内官，受取货赂，其宦者子弟宾客，虽贪污秽浊，皆不敢问，而虚纠边远小郡清修有惠化者二十六人。吏人诣阙陈诉，耽与议郎曹操上言：‘公卿所举，率党其私，所谓放鸱枭而囚鸾凤。’其言忠切，帝以让馘、济，由是诸坐谣言征者悉拜议郎。宦官怨之,遂诬陷耽死狱中。”李贤注:“谣言,谓听百姓风谣善恶而黜陟之也。”

用蚓投鱼,亦作“以蚓投鱼”,用蚯蚓做鱼饵钓鱼,比喻用较小的代价换得较大的收获。《隋书·薛道衡传》:“陈使傅縡(音再)聘齐,以道衡兼主客郎接对之。縡赠诗五十韵,道衡和之,南北称美。魏收曰:‘傅縡所谓以蚓投鱼耳。’”亦见于《北史·薛辩传》附薛道衡。

爝火虽无大明之耀,铅刀竟有一割之能。

爝(音爵)火,小火把。大明,指日月。《庄子·逍遥游》:“尧让天下于许由,曰:‘日月出矣,而爝火不息;其于光也,不亦难乎!时雨降矣,而犹浸灌;其于泽也,不亦劳乎!夫子立而天下治,而我犹尸之,吾自视缺然。请致天下。’”成玄英疏:“爝火,犹炬火也,亦小火也。神农时十五日一雨,谓之时雨也。且以日月照烛,讵假炬火之光;时雨滂沱,无劳浸灌之泽。尧既㧑(音挥,谦逊)谦克让,退己进人,所以致此之辞,盛推仲武(许由)也。”

铅刀一割,比喻自己虽才质庸劣,但尽其所能,未尝不可一用。铅刀,以铅为刀,言其钝劣。《后汉书·班超传》:“建初三年,超率疏勒、康居、于窴、拘弥兵一万人攻姑墨石城,破之,斩首七百级。超欲因此叵(遂)平诸国,乃上疏请兵。曰:‘臣窃见先帝欲开西域,故北击匈奴,西使外国,鄯善、于窴即时向化。今拘弥、莎车、疏勒、月氏、乌孙、康居复愿归附,欲共并力破灭龟兹,平通汉道。若得龟兹,则西域未服者百分之一耳。臣伏自惟念,卒伍小吏,实愿从谷吉效命绝域,庶几张骞弃身旷野。昔魏绛列国大夫,尚能和辑诸戎,况臣奉大汉之威,而无鈆(铅)刀一割之用乎?’”李贤注:“贾谊曰:‘莫邪为钝兮,鈆刀为铦(音先,锋利)。’《楚词》曰:‘捐弃太阿,宝鈆刀兮。’”

淮南一老不就聘,高尚可钦;鲁国两生不肯行,清操足式。

北宋陈彭年《广韵·十六蒸》:“汉有应曜,隐于淮阳山中。与四皓俱征,曜独不至。时人语曰:‘南山四皓,不如淮阳一老。’”

《史记·刘敬叔孙通列传》:“汉五年,已并天下,诸侯共尊汉王为皇帝于定陶,叔孙通就其仪号。高帝悉去秦苛仪法,为简易。群臣饮酒争功,醉或妄呼,拔剑击柱,高帝患之。叔孙通知上益厌之也,说上曰:‘夫儒者难与进取,可与守成。臣愿征鲁诸生,与臣弟子共起朝仪。’高帝曰:‘得无难乎?’叔孙通曰:‘五帝异乐,三王不同礼。礼者,因时世人情为之节文者也。故夏、殷、周之礼所因损益可知者,谓不相复也。臣愿颇采古礼与秦仪杂就之。’上曰:‘可试为之,令易知,度吾所能行为之。’于是叔孙通使征鲁诸生三十余人。鲁有两生不肯行，曰：'公所事者且十主，皆面谀以得亲贵。今天下初定，死者未葬，伤者未起，又欲起礼乐。礼乐所由起，积德百年而后可兴也。吾不忍为公所为。公所为不合古，吾不行。公往矣，无污我！'叔孙通笑曰：'若真鄙儒也，不知时变。'"

一株竹，先兆应举皆荣；两尾牛，预识行兵有失。

《梦占类考》卷四："河阴尉王君炳二子入试学院，王夜梦老妪持竹一株赠之，王令种之土阜上。既寤，向人说之。有坐客云：'二郎君俱中选矣。竹字，两个也。'未几，人来报，俱有名。"

明佚名《梦学全书》卷一："黄巢与李存孝索战，是夜梦骑两尾牛出阵。军解之曰：'牛有二尾，乃失字也。'果大败。唐兴也。"

乐羊子功绩未成，谤书满箧；郭林宗声名最重，谒刺盈车。

《战国策·秦策二》："魏文侯令乐羊将，攻中山，三年而拔之。乐羊反而语功，文侯示之谤书一箧。乐羊再拜稽首曰：'此非臣之功，主君之力也。'"亦见于《史记·樗里子甘茂列传》《新序·杂事二》；《吕氏春秋·先识览·乐成》《说苑·复恩》，则作"主书举两箧以进"。

《后汉书·郭太传》："郭太字林宗，太原界休人也。……身长八尺，容貌魁伟，褒衣博带，周游郡国。尝于陈梁间行遇雨，巾一角垫，时人乃故折巾一角，以为'林宗巾'。其见慕皆如此。"李贤注："《泰别传》曰：'泰名显，士争归之，载刺常盈车。'"今按：郭太原为郭泰，因《后汉书》作者范晔之父名泰，故改为"太"。

黠狗行凶，难免杲卿之骂；鸩媒肆毒，已生屈子之悲。

注详见《身体》"颜杲卿骂贼不辍，贼断其舌"联。

《楚辞·离骚》："望瑶台之偃蹇兮，见有娀之佚女。吾令鸩为媒兮，鸩告余以不好。"王逸注："鸩，运日也。羽有毒，可杀人，以喻谗佞贼害人也。言我使鸩鸟为媒，以求简狄，其性谗贼，不可信用，还诈告我，言不好也。"今按：屈原此处以鸩媒比喻小人谗言中伤，搬弄是非。

人有一天，我有二天，便见大恩之爱戴；河润百里，海润千里，乃为渥泽之沾濡。

注详见《天文》"诵再生之德，曰二天"联。

河润，谓恩泽及人，如河水之滋润土地。《庄子·列御寇》："河润九里，泽及三族。"又《公羊传·僖公三十一年》："三望者何？望祭也。然则曷祭？祭泰山河海。曷为祭泰山河海？山川有能润于百里者，天子秩而祭之。触石而出，肤寸而合，不崇朝(一朝)而遍雨乎天下者，唯泰山尔。河海润于千里。"○渥泽，指恩惠。沾濡，浸湿，多指恩泽普及。宋佚名《翰苑新书》前集卷七〇："且河润百里海润千里固知均被于沾濡，然人有一天我有二天窃意独蒙于覆护。"

退我一步行，固云安乐法；道人三个好，尤见喜欢缘。

南宋刘过《赠术士》诗："一性圆明俱是佛，四方落魄总成仙。逢人只可少说话，卖卜不须多觅钱。退一步行安乐法，道三个好喜欢缘。老夫亦欲挑包去，若要相寻在酒边。"又《鹤林玉露》丙编卷四："龙洲刘改之(刘过)诗云：'退一步行安乐法，道三个好喜欢缘。'真西山(真德秀)喜诵之。或曰：'退一步行，可也；至于道三个好，乃随俗徇情耳，何足言乎？'余曰：'古人直道而行，理之所在，蓦直行将去，仕止久速，莫不皆然，乌有所谓退一步者？自后世贪荣竞进，争一阶半级，至于杀人，于是始以退一步行为安乐法矣。古人是则曰是，非则曰非，明白正直，曾何回护？自后世恶直好佞，以直言贾祸者，比比皆是，于是始以道三个好为喜欢缘矣，此处衰世之法也。盖万事称好，不特司马德操为然，而吾夫子固有危行言孙之说矣。好尽言以翘人之过，此国武子所以见杀也，可不戒哉！'"

藉一叶之浓阴，可资覆荫；扩万间之巨庇，尽属帡幪。

《云溪友议》卷上："郑太穆郎中为金州刺史，致书于襄阳于司空頔(音笛)。郑书傲睨自若，似无郡吏之礼。书曰：'阁下为南溟之大鹏，作中天之一柱。骞腾则日月暗，摇动则山岳颓。真天子之爪牙，诸侯之龟镜也。太穆孤幼二百余口，饥冻两京。小郡俸薄，尚为衣食之忧；沟壑之期，斯须至矣。伏惟贤公：息雷霆之威，垂特达之节，赐钱一千贯、绢一千匹、器物一千事、米一千石、奴婢各十人。'且曰：'分千树一叶之影，即是浓阴；减四海数滴之泉，便为膏泽。'于公览书，亦不嗟讶，曰：'郑使君所需，各依来数一半。以戎旅之际，不全副其本望也。'"

帡幪(音平萌)，本指帐幕，在旁的称"帡"，在上的称"幪"。引申为覆盖，庇荫。唐杜甫《茅屋为秋风所破歌》诗："安得广厦千万间，大庇天下寒士俱欢颜，风雨不动安如山！呜呼！何时眼前突兀见此屋，吾庐独破受冻死亦足。"

挝三折，编三绝，书三灭，好学十分；眼中泪，心中事，意中人，相思一样。

挝(音抓)三折，编三绝，书三灭，谓孔子读《周易》，用于编缀竹简的铁针被折断多次(一说，铁如意敲断多次)，用于穿连竹简的熟牛皮绳被磨断多次，用漆写在竹简上的字被磨灭多次。形容好学不倦，读书勤奋。三国魏宋均《论语比考谶》："孔子读《易》，韦编三绝，铁擿三折，漆书三灭。"又《抱朴子·内篇·祛惑》："我(古强)喜听其(孔子)语，数往从之。但恨我不学，不能与之覆疏耳。常劝我读《易》，云：'此良书也，丘窃好之。韦编三绝，铁挝(一作"擿")三折，今乃大悟。'"又《北堂书钞》卷九八引《孔子世家》："孔子晚喜《易》，读之，韦编三绝，铁擿三折，漆书三灭。"亦见于《太平御览》卷六一六引《史记》。今按：今本《史记·孔子世家》作："孔子晚而喜《易》……读《易》，韦编三绝。"

北宋张先《行香子》词："舞雪歌云，闲淡妆匀。蓝溪水、深染轻裙。酒香醺脸，粉色生春。更巧谈话，美情性，好精神。江空无畔，凌波何处，月桥边、青柳朱门。断钟残角，又送黄昏。奈心中事，眼中泪，意中人。"又南宋胡仔《苕溪渔隐丛话》前集卷三七引《古今诗话》："有客谓子野(张先)曰：'人皆谓公张三中，即"心中事，眼中泪，意中人"也。'公曰：'何不目之为张三影？'客不晓，公曰：'"云破月来花弄影"，"娇柔懒起，帘压卷花影"，"柳径无人，堕风絮无影"，此余平生所得意也。'"

饮　食

甘脆肥脓，命曰腐肠之药；羹藜含糗，难语太牢之滋。

甘脆肥脓，泛指美好的酒食。甘脆，甘芳适口的美味。肥脓，肥肉厚酒。脓，同"醲"，厚酒。西汉枚乘《七发》："且夫出舆入辇，命曰蹶痿之机。洞房清宫，命曰寒热之媒。皓齿娥眉，命曰伐性(砍伐性命)之斧。甘脆肥脓，命曰腐肠之药。"李善注："《吕氏春秋》曰：'肥肉厚酒，务以相强，命曰烂肠之食。'高诱注《老子》云：'五味实口爽伤，故谓之烂肠之食。'《广雅》曰：'脆，弱也。脓，厚之味也。’”

羹藜含糗，泛指饮食粗劣。羹藜，用野菜煮成的羹。糗，干粮。《文中子·王道篇》：“越公以《食经》遗子，子不受，曰：‘羹藜含糗，无所用也。’答之以《酒诰》及《洪范》三德。”〇太牢，古代帝王祭祀社稷时，牛、羊、豕三牲全备。此处泛指美味佳肴。西汉王褒《圣主得贤臣颂》：“夫荷旃被毳(音翠)者，难与道纯绵之丽密；羹藜含糗者，不足与论太牢之滋味。”

御食曰珍馐，白米曰玉粒。

御食，供皇帝食用的食品。《周礼·天官·膳夫》：“膳夫，掌王之食饮膳羞(馐)，以养王及后、世子。凡王之馈(给王进献的饮食)，食用六谷，膳用六牲，饮用六清，羞用百有二十品，珍用八物，酱用百有二十瓮。”郑玄注：“珍，谓淳熬、淳母、炮豚、炮牂(音臧，羊羔)、捣珍、渍、熬、肝膋(音聊)也。”今按：八珍，指八种烹饪法或八种珍贵食品，说法不一。后世俗以龙肝、凤髓、豹胎、鲤尾、鸮炙、猩唇、熊掌、酥酪蝉为八珍。

玉粒，指上等的米、粟。《拾遗记》卷一〇：“员峤山，一名环丘。上有方湖，周回千里。多大鹊，高一丈，衔不周之粟。粟穗高三丈，粒皎如玉。鹊衔粟飞于中国，故世俗间往往有之。其粟，食之历月不饥。故《吕氏春秋》云：‘粟之美者，有不周之粟焉。’”又唐杜甫《茅堂检校收稻二首》诗其一：“红鲜终日有，玉粒未吾悭。”仇兆鳌注：“稻有红白二种。红鲜，红稻种名。李百药诗：‘落日照红鲜。’”

好酒曰青州从事，次酒曰平原督邮。

《世说新语·术解》：“桓公(桓温)有主簿，善别酒，有酒辄令先尝，好者谓‘青州从事’，恶者谓‘平原督邮’。青州有齐郡，平原有鬲县。‘从事’言到脐；‘督邮’言在鬲(膈，指胸腹间的横膈膜)上住。”

鲁酒、茅柴，皆为薄酒；龙团、雀舌，尽是香茗。

《庄子·胠箧》：“故曰：唇竭则齿寒，鲁酒薄而邯郸围，圣人生而大盗起。”陆德明释文：“楚宣王朝诸侯，鲁恭公后至而酒薄，宣王怒，欲辱之。恭公不受命，乃曰：‘我周公之胤，长于诸侯，行天子礼乐，勋在周室。我送酒已失礼，方责其薄，无乃太甚！’遂不辞而还。宣王怒，乃发兵与齐攻鲁。梁惠王常欲击赵，而畏楚救。楚以鲁为事，故梁得围邯郸。言事相由也，亦是感应。……许慎注《淮南》云：‘楚会诸侯，鲁、赵俱献酒于楚王，鲁酒薄而赵酒厚。楚之主酒吏求酒于赵，赵不与。吏怒，乃以赵厚酒易鲁薄酒，奏之。楚王以赵酒薄，故围邯郸也。'”○茅柴，亦作“茆柴”，市沽的薄酒。明代冯时化《酒史·酒品》云：“恶酒曰茅柴。”宋吴聿《观林诗话》：“东坡：'几思压茅柴，禁网日夜急。'盖世号市沽为茅柴，以其易着易过。周美成诗云：'冬曦如村酿，奇温止须臾。行行正须此，恋恋忽已无。'非惯饮茅柴，不能为此语也。”又宋韩驹《庚子年还朝饮酒六绝句》诗其一：“三年逐客卧江皋，自与田翁酌小槽。饮惯茆柴谙苦硬，不知如蜜有香醪。”

龙团，宋代贡茶名。宋时制茶为圆饼形，上印龙凤形图纹，故称“龙凤团”。北宋张舜民《画墁录》：“丁晋公(丁谓)为福建转运使，始制为凤团，后又为龙团，贡不过四十饼，专拟上供，虽近臣之家，徒闻之而未尝见也。”又《石林燕语》卷八：“故事，建州岁贡大龙凤团茶各二斤，以八饼为斤。仁宗时，蔡君谟(蔡襄)知建州，始别择茶之精者为'小龙团'，十斤以献，斤为十饼。仁宗以非故事，命劾之。大臣为请，因留而免劾，然自是遂为岁额。熙宁中，贾青为福建转运使，又取小团之精者为'密云龙'，以二十饼为斤而双袋，谓之'双角团茶'。大小团袋皆用绯，通以为赐也。'密云'独用黄，盖专以奉玉食。其后又有为'瑞云翔龙'者。宣和后，团茶不复贵，皆以为赐，亦不复如向日之精。”○雀舌，茶名。取嫩芽尖制成，因其状如雀舌而得名。北宋吴淑《事类赋注·饮食部·茶》：“嘉雀舌之纤嫩。”吴淑注：“《茶谱》曰：'蜀州雀舌、鸟嘴、麦颗，盖取其嫩牙(芽)所造，以其牙似之也。'”又《梦溪笔谈》卷二四：“茶芽，古人谓之雀舌、麦颗，言其至嫩也。今茶之美者，其质素良，而所植之木又美，则新芽一发，便长寸余，其细如针。唯芽长为上品，以其质干、土力皆有余故也。如雀舌、麦颗者，极下材耳，乃北人不识，误为品题。予山居有《茶论》，《尝茶》诗云：'谁把嫩香名雀舌？定知北客未曾尝。不知灵草天然异，一夜风吹一寸长。'”

待人礼衰，曰醴酒不设；款客甚薄，曰脱粟相留。

注详见《朋友宾主》“醴酒不设，楚王戊待士之意怠”联。

脱粟，粗粮，糙米。《晏子春秋·内篇杂下》：“晏子相齐，衣十升之布，(食)脱粟之食，五卵、苔菜而已。”又《史记·平津侯主父列传》：“(公孙弘)食一肉、脱粟之饭。故人所善宾客，仰衣食，弘奉禄皆以给之，家无所余。士亦以此贤之。”司马贞索隐：“一肉，言不兼味。脱粟，才脱谷而已，言不精凿也。”

竹叶青、状元红，俱为美酒；葡萄绿、珍珠红，悉是香醪。

竹叶青，亦作“竹叶清”，酒名。西晋张协《七命》：“乃有荆南乌程，豫北竹叶，浮蚁星沸，飞华蓱(萍)接。”李善注：“盛弘之《荆州记》曰：'渌水出豫章康乐县，其间乌程乡，有酒官取水为酒，酒极甘美，与湘东酃(音灵)湖酒，年常献之，世称酃渌酒。'《吴地理志》曰：'吴兴乌程县，酒有名。'张华《轻薄篇》曰：'苍梧竹叶清，宜城九酝酒。'"〇状元红，酒名。明汤显祖《牡丹亭·如杭》："(净提酒上)'路从丹凤城边过，酒向金鱼馆内沽。'呀，相公，小姐不知：俺在江头沽酒，看见各处秀才，都赴选场去了。相公错过天大好事。(生、旦作忙介)(旦)相公只索快行。(净)这酒便是状元红了。"

《史记·大宛列传》："宛左右以蒲陶为酒，富人藏酒至万余石，久者数十岁不败。俗嗜酒，马嗜苜蓿。汉使取其实来，于是天子始种苜蓿、蒲陶肥饶地。及天马多，外国使来众，则离宫别观旁尽种蒲陶、苜蓿极望。"又《太平御览》卷八四四引《唐书》："蒲桃酒，西域有之，前代或有贡献。及破高昌，收马乳蒲桃实，于苑中种之，并得其酒法。上(太宗)自损益造酒。酒成，凡有八色，芳春酷烈，味兼醍盎。既颁赐群臣，京师识其味。"又《南部新书》丙集："太宗破高昌，收马乳蒲桃种于苑，并得酒法。仍自损益之，造酒绿色，芳香酷烈，味兼醍醐，长安始识其味也。"〇珍珠红，亦称"真珠红"，酒名。唐李贺《将进酒》诗："琉璃钟，琥珀浓，小槽酒滴珍珠红(今本作"真珠红")。"又《诗话总龟》前集卷二九引《王直方诗话》："余疑李贺云'酒滴珍珠红'，夏彦刚云：'江南人造红曲麯酒。'"〇香醪(音劳)，泛指美酒。醪，汁滓混合之酒。唐杜甫《崔驸马山亭宴集》诗："清秋多宴会，终日困香醪。"

五斗解酲，刘伶独溺于酒；两腋生风，卢仝偏嗜乎茶。

五斗解酲，谓大量饮酒才能解除酒病，比喻非常荒谬。酲，酒醒后神志不清有如患病的感觉。《世说新语·任诞》："刘伶病酒，渴甚，从妇求酒。妇捐酒毁器，涕泣谏曰：'君饮太过，非摄生之道，必宜断之！'伶曰：'甚善。我不能自禁，唯当祝鬼神，自誓断之耳。便可具酒肉。'妇曰：'敬闻命。'供酒肉于神前，请伶祝誓。伶跪而祝曰：'天生刘伶，以酒为名。一饮一斛，五斗解酲。妇人之言，慎不可听！'便引酒进肉，隗(颓)然已醉矣。"

两腋生风，形容清凉、轻快。唐卢仝《走笔谢孟谏议寄新茶》诗："日高丈五睡正浓，军将打门惊周公。口云谏议送书信，白绢斜封三道印。开缄宛见谏议面，手阅月团三百片。闻道新年入山里，蛰虫惊动春风起。天子须尝阳羡茶，百草不敢先开花。仁风暗结珠琲瓃(音雷)，先春抽出黄金芽。摘鲜焙芳旋封裹，至精至好且不奢。至尊之余合王公，何事便到山人家。柴门反关无俗客，纱帽笼头自煎吃。碧云引风吹不断，白花浮光凝碗面。一碗喉吻润，两碗破孤闷。三碗搜枯肠，唯有文字五千卷。四碗发轻汗，平生不平事，尽向毛孔散。五碗肌骨清，六碗通仙灵。七碗吃不得也，唯觉两腋习习清风生。蓬莱山，在何处？玉川子，乘此清风欲归去。山上群仙司下土，地位清高隔风雨。安得知百万亿苍生命，堕在巅崖受辛苦！便为谏议问苍生，到头还得苏息否？"

茶曰酪奴，又曰瑞草；米曰白粲，又曰长腰。

北魏杨衒之《洛阳伽蓝记》卷三："(王)肃初入国，不食羊肉及酪浆等物，常饭鲫鱼羹，渴饮茗汁。京师士子道肃一饮一斗，号为漏卮。经数年已后，肃与高祖殿会，食羊肉酪粥甚多。高祖怪之，谓肃曰：'卿中国之味也。羊肉何如鱼羹？茗饮何如酪浆？'肃对曰：'羊者是陆产之最，鱼者乃水族之长。所好不同，并各称珍。以味言之，甚是优劣。羊比齐鲁大邦，鱼比邾莒小国。唯茗不中，与酪作奴。'……彭城王(元勰)谓肃曰：'卿不重齐鲁大邦，而爱邾莒小国。'肃对曰：'乡曲所美，不得不好。'彭城王重谓曰：'卿明日顾我，为卿设邾莒之食，亦有酪奴。'因此复号茗饮为酪奴。"○唐杜牧《题茶山》诗："山实东吴秀，茶称瑞草魁。"

《宋书·孝义传·何子平》："何子平，庐江灊(音潜)人也。……子平世居会稽，少有志行，见称于乡曲。事母至孝。扬州辟从事史，月俸得白米，辄货市粟麦。人或问曰：'所利无几，何足为烦？'子平曰：'尊老在东，不办常得生米，何心独飨白粲。'每有赠鲜肴者，若不可寄致其家，则不肯受。"○长腰，一名"箭子"，米名。北宋苏轼《和文与可洋州园池三十首》诗其十二《灊泉亭》："劝君多拣长腰米，消破亭中万斛泉。"赵次公注："长腰米，汉上米之绝好者。谚云'长腰粳米，缩项鳊鱼'，皆言其好也。"又南宋范成大《劳畬耕》诗："吴田黑壤腴，吴米玉粒鲜。长腰匏犀瘦，齐头珠颗圆。红莲胜雕胡，香子馥秋兰。或收虞舜余，或自占城传。早籼与晚穲(音罢)，滥吹(一作"烂炊")甑甗(音赠眼)间。"自注："长腰米，狭长，亦名箭子。齐头白，圆净如珠。红莲，色微赤。香子，亦名九里香，斗米入数合作饭，芳香满案。舜王稻，焦头无须，俗传瞽瞍烧种以与之。占城种，来自海南。穲稏、籼禾，价最贱。以上皆吴中米品也。"

太羹玄酒，亦可荐馨；尘饭涂羹，焉能充饥。

太羹，一作"大羹"，古代祭祀时所用的肉汁，不和五味。《礼记·乐记》："大飨之礼，尚玄酒而俎腥鱼，大羹不和，有遗味者矣。"郑玄注："大羹，肉湆(音泣，羹汁)，不调以盐菜。遗，犹余也。"又《左传·桓公二年》："是以清庙茅屋，大路越席，大羹不致，粢食不凿，昭其俭也。"杜预注："大羹，肉汁，不致五味。"○玄酒，古代祭祀时当酒用的水。《礼记·礼运》："故玄酒在室，醴醆(音斩，白酒)在户。"孔颖达疏："玄酒，谓水也。以其色黑，谓之玄。而大(太)古无酒，此水当酒所用,故谓之玄酒。"○荐馨,作为香美的食物进献祭祀。

尘饭涂羹,以尘为饭,以泥为羹。比喻徒具形式。《韩非子·外储说左上》:"夫婴儿相与戏也,以尘为饭,以涂为羹,以木为胾(音自,大块的肉),然至日晚必归饷者,尘饭涂羹,可以戏而不可食也。夫称上古之传颂,辩而不悫(音确,诚实),道先王仁义而不能正国者,此亦可以戏而不可以为治也。"

酒系杜康所造,腐乃淮南所为。

《初学记》卷二六:"《世本》:'仪狄始作酒醪,变五味。少康作秫酒。'"又《事物纪原》卷九:"《酒经》曰:'空桑秽饭,酝以稷麦,以成醇醪,此酒之始也。'《吕氏春秋》曰:'仪狄作酒醪,变五味。'《战国策》曰:'仪狄,帝女,造酒进之于禹,甘之,遂疏仪狄。'《古史考》亦曰:'仪狄造酒。'《博物志》曰:'杜康造酒。'魏武帝诗曰:'何以解我忧,惟有杜康酒。'《玉篇》曰:'酒,杜康所作。'陶潜集《述酒诗序》曰:'仪狄造酒,杜康润色之。'而《黄帝内传》:'王母会帝于嵩山,饮帝以护神养气金液流晖之酒,又有延洪寿光之酒。'然黄帝时已有其物,但不知杜康何世人,而古今多言其始造酒也。一曰:'少康作秫酒。'"

南宋朱熹《次刘秀野蔬食十三诗韵》其十二《豆腐》:"种豆豆苗稀,力竭心已腐。早知淮王术,安坐获泉布。"自注:"世传豆腐本乃淮南王术。"又明李时珍《本草纲目》卷二五《谷部四》:"时珍曰:'豆腐之法,始于汉淮南王刘安。'"

僧谓鱼曰水梭花,僧谓鸡曰穿篱菜。

僧人素食,讳言鸡鱼酒肉,故为之各起别称。《东坡志林》卷二:"僧谓酒为'般若(音波惹)汤',谓鱼为'水梭花',鸡为'钻篱菜',竟无所益,但自欺而已,世常笑之。人有为不义而文之以美名者,与此何异哉!"

临渊羡鱼,不如退而结网;扬汤止沸,不如去火抽薪。

临渊羡鱼,亦作"临河羡鱼""临川羡鱼",面对深渊(或河流)希望得到鱼。比喻空有愿望,而无实际行动。《淮南子·说林训》:"临河而羡鱼,不若归家织网。"又《汉书·董仲舒传》:"古人有言曰:'临渊羡鱼,不如退而结网。'今临政而愿治七十余岁矣,不如退而更化;更化则可善治,善治则灾害日去,福禄日来。"

扬汤止沸,把开水从锅里舀起再倒回,使沸腾暂时停息。比喻非治本之道。《吕氏春秋·季春纪·尽数》:"夫以汤止沸,沸愈不止,去其火,则止矣。"又《三国志·魏书·董卓传》:"卓未至,(何)进败。"裴松之注引《典略》:

"臣闻扬汤止沸，不如灭火去薪，溃痈(毒疮)虽痛，胜于养肉，及溺呼船，悔之无及。"

羔酒自劳，田家之乐；含哺鼓腹，盛世之风。

羔酒自劳，烹煮羊羔，酿制美酒，自己犒劳自己。西汉杨恽《报孙会宗书》："田家作苦，岁时伏腊，亨羊炰(音袍，烹煮)羔，斗酒自劳。家本秦也，能为秦声。妇，赵女也，雅善鼓瑟。奴婢歌者数人。酒后耳热，仰天拊缶，而呼乌乌。其诗曰：'田彼南山，芜秽不治，种一顷豆，落而为萁。人生行乐耳，须富贵何时！'是日也，拂衣而喜，奋袖低卬，顿足起舞，诚淫荒无度，不知其不可也。"

含哺鼓腹，形容太平之世无忧无虑的生活。含哺，嘴里嚼着东西。鼓腹，吃饱肚子。《庄子·马蹄》："夫赫胥氏之时，民居不知所为，行不知所之，含哺而熙(嬉)，鼓腹而游，民能以此矣。"成玄英疏："赫胥，上古帝王也。亦言有赫然之德，使民胥附，故曰赫胥。盖炎帝也。夫行道之时，无为之世，心绝缘虑，安居而无所为；率性而动，游行而无所往。既而含哺而熙戏，与婴儿而不殊；鼓腹而遨游，将童子而无别。此至淳之世，民能如此也。"

人贪食曰徒铺啜，食不敬曰嗟来食。

徒铺啜(音补辍)，只求吃喝。《孟子·离娄上》："孟子谓乐正子曰：'子之从于子敖来，徒铺啜也。我不意子学古之道，而以铺啜也。'"朱熹集注："徒，但也。铺，食也。啜，饮也。言其不择所从，但求食耳。此乃正其罪而切责之。"

嗟来食，带有侮辱性的施舍。《礼记·檀弓下》："齐大饥，黔敖为食于路，以待饿者而食之。有饿者，蒙袂辑屦，贸贸然(目不明)来。黔敖左奉食，右执饮，曰：'嗟！来食！'扬其目而视之，曰：'予唯不食嗟来之食，以至于斯也！'从而谢焉，终不食而死。"亦见于《新序·节士》、《吕氏春秋·季冬纪·介立》高诱注。

多食不厌，谓之饕餮之徒；见食垂涎，谓有欲炙之色。

饕餮，传说中的一种贪食的恶兽。比喻贪吃的人或凶残的人。《左传·文公十八年》："缙云氏有不才子，贪于饮食，冒于货贿，侵欲崇侈，不可盈厌，聚敛积实，不知纪极，不分孤寡，不恤穷匮。天下之民以比三凶，谓之饕餮。"杜预注："贪财为饕，贪食为餮。"

垂涎，流出口水，形容嘴馋。《世说新语·德行》："顾荣在洛阳，尝应人请，觉行炙人有欲炙之色，因辍己施焉，同坐嗤之。荣曰：‘岂有终日执之，而不知其味者乎？’后遭乱渡江，每经危急，常有一人左右已，问其所以，乃受炙人也。”又《晋书·顾荣传》：“会赵王伦（司马伦）诛淮南王允，收允僚属付廷尉，皆欲诛之，荣平心处当，多所全宥。及伦篡位，伦子虔为大将军，以荣为长史。初，荣与同僚宴饮，见执炙者貌状不凡，有欲炙之色，荣割炙啖之。坐者问其故，荣曰：‘岂有终日执之而不知其味！’及伦败，荣被执，将诛，而执炙者为督率，遂救之，得免。”

未获同食，曰向隅；谢人赐食，曰饱德。

向隅，面对着屋子的一个角落。后比喻孤独失意或不得机遇而失望。此处指未能获得一起用餐的待遇。《说苑·贵德》：“今有满堂饮酒者，有一人独索然向隅而泣，则一堂之人皆不乐矣。”

饱德，备受德泽，饱受恩德。后用为酬谢主人宴饮之辞。《诗经·大雅·既醉》：“既醉以酒，既饱以德。”《毛诗序》：“《既醉》，大平也。醉酒饱德，人有士君子之行焉。”

安步可以当车，晚食可以当肉。

安步当车，从容缓慢地步行，就当作是乘车。晚食当肉，饥饿而食便会觉得味道甘美，就当作是吃肉。指甘心过淡泊的生活而不追逐名利。《战国策·齐策四》：“宣王曰：‘嗟乎！君子焉可侮哉，寡人自取病耳！及今闻君子之言，乃今闻细人之行，愿请受为弟子。且颜先生与寡人游，食必太牢，出必乘车，妻子衣服丽都。’颜斶（音触）辞去曰：‘夫玉生于山，制则破焉，非弗宝贵矣，然大璞不完。士生乎鄙野，推选则禄焉，非不得尊遂（达）也，然而形神不全。斶愿得归，晚食以当肉，安步以当车，无罪以当贵，清静贞正以自虞（娱）。制言（命令）者王也，尽忠直言者斶也。言要道已备矣，愿得赐归，安行而反臣之邑屋。’则再拜而辞去也。”

饮食贫难，曰半菽不饱；厚恩图报，曰每饭不忘。

半菽（音叔），半菜半粮，指饭食粗劣。菽，豆类的总称。《汉书·项籍传》：“今岁饥民贫，卒食半菽，军无见粮，乃饮酒高会。”颜师古注：“孟康曰：‘半，五升器名也。’臣瓒曰：‘士卒食蔬菜以菽杂半之。’师古曰：‘瓒说是也。菽谓豆也。’”

每饭不忘，时刻不忘。《史记·张释之冯唐列传》：“冯唐者，其大父赵人。父徙代。汉兴徙安陵。唐以孝著，为中郎署长，事文帝。文帝辇过，问唐曰：'父老何自为郎？家安在？'唐具以实对。文帝曰：'吾居代时，吾尚食监高袪，数为我言赵将李齐之贤，战于钜鹿下。今吾每饭，意未尝不在钜鹿也。父知之乎？'唐对曰：'尚不如廉颇、李牧之为将也。'"

谢扰人，曰兵厨之扰；谦待薄，曰草具之陈。

兵厨，亦称"步兵厨"，指美酒或美酒储存之处。《世说新语·任诞》："步兵校尉缺，厨中有贮酒数百斛，阮籍乃求为步兵校尉。"亦见于《晋书·阮籍传》。

草具，粗劣的食物，亦用作待客菲薄的谦词。《史记·陈丞相世家》："陈平既多以金纵反间于楚军，宣言诸将钟离眜等为项王将，功多矣，然而终不得裂地而王，欲与汉为一，以灭项氏而分王其地。项羽果意不信钟离眜等。项王既疑之，使使至汉。汉王为太牢具，举进。见楚使，即详(佯)惊曰：'吾以为亚父使，乃项王使。'复持去，更以恶草具进楚使。楚使归，具以报项王。项王果大疑亚父。"裴骃集解："《汉书音义》曰：'草，粗也。'"司马贞索隐："《战国策》云：'食冯煖以草具。'如淳云：'藁草粗恶之具也。'"

白饭青刍，待仆马之厚；炊金爨玉，谢款客之隆。

白饭青刍，以白饭供应客人的仆从，以青草喂客人的马匹。比喻主人招待周到。唐杜甫《入奏行赠西山检察使窦侍御》诗："为君酤酒满眼酤，与奴白饭马青刍。"

炊金爨玉，形容饮宴的豪奢珍贵。唐骆宾王《帝京篇》诗："平台戚里带崇墉，炊金馔玉待鸣钟。"

家贫待客，但知抹月披风；冬月邀宾，乃曰敲冰煮茗。

抹月批风，谓用风月当菜肴，是文人表示家贫无以待客的戏言。抹，细切；批，薄切。北宋苏轼《和何长官六言次韵五首》诗其四："清风初号地籁，明月自写天容。贫家何以娱客，但知抹月批风。"

《开元天宝遗事》卷上："逸人王休，居太白山下，日与僧道异人往还。每至冬时，取溪冰敲其精莹者煮建茗，共宾客饮之。"

君侧元臣，若作酒醴之麹糵；朝中冢宰，若作和羹之盐梅。

麹糵(音屈涅)，酒母，俗称"酒药子"。和羹，五味调和的羹汤。《伪古文尚书·说命下》："若作酒醴，尔惟麹糵；若作和羹，尔惟盐梅。"孔安国传："酒醴须麹糵以成，亦言我须汝以成。盐，咸。梅，醋。羹须咸醋以和之。"今按：

《说命》相传为殷高宗命傅说作相之辞，酿酒须酒母、和羹须盐醋，犹如治国须贤相，后因以麴蘖、和羹比喻宰相。元臣、冢宰，皆为宰相之代称。

宰肉甚均，陈平见重于父老；戛羹示尽，丘嫂心厌乎汉高。

宰肉，分割肉。后常用为身居卑位而胸怀壮志。《史记·陈丞相世家》："陈丞相平者，阳武户牖乡人也。……里中社，平为宰，分肉食甚均。父老曰：'善，陈孺子之为宰！'平曰：'嗟乎，使平得宰天下，亦如是肉矣！'"

戛羹，敲击汤锅。后亦用作嫂子的代称。丘嫂，犹"大嫂""长嫂"，《史记·楚元王世家》作"巨嫂"，义同。《汉书·楚元王传》："初，高祖微时，常避事，时时与宾客过其丘嫂食。嫂厌叔与客来，阳为羹尽，轑(音劳，刮)釜，客以故去。已而视釜中有羹，繇是怨嫂。及立齐、代王，而伯子独不得侯。太上皇以为言，高祖曰：'某非敢忘封之也，为其母不长者。'七年十月，封其子信为羹颉侯。"颜师古注："颉(刮)音戛。言其母戛羹釜也。"亦见于《史记·楚元王世家》。

毕卓为吏部而盗酒，逸兴太豪；越王爱士卒而投醪，战气百倍。

《晋书·毕卓传》："毕卓字茂世，新蔡鲖(音纣)阳人也。父谌，中书郎。卓少希放达，为胡毋辅之所知。太兴末，为吏部郎，常饮酒废职。比舍郎酿熟，卓因醉夜至其瓮间盗饮之，为掌酒者所缚。明旦视之，乃毕吏部也，遽释其缚。卓遂引主人宴于瓮侧，致醉而去。卓尝谓人曰：'得酒满数百斛船，四时甘味置两头，右手持酒杯，左手持蟹螯，拍浮酒船中，便足了一生矣。'"

投醪，比喻与军民同甘苦。《吕氏春秋·季秋纪·顺民》："越王苦会稽之耻，欲深得民心，以致必死于吴。身不安枕席，口不甘厚味，目不视靡曼，耳不听钟鼓。三年苦身劳力，焦唇干肺。内亲群臣，下养百姓，以来其心。有甘脆不足分，弗敢食；有酒流之江，与民同之。"高诱注："投醪同味。"又《列女传·母仪传·楚子发母》："子不闻越王勾践之伐吴耶？客有献醇酒一器者，王使人注江之上流，使士卒饮其下流，味不及加美，而士卒战自五也。异日有献一囊糗糒者，王又以赐军士，分而食之，甘不逾嗌(音益，咽喉)，而战自十也。"又旧题黄石公《黄石公三略·上略》："昔者良将之用兵，有馈箪醪者，使投诸河，与士卒同流而饮。夫一箪之醪，不能味一河之水，而三军之士思为致死者，以滋味之及己也。"亦见于《太平御览》卷八四五引《黄石公记》。

惩羹吹齑，谓人惩前警后；酒囊饭袋，谓人少学多餐。

惩羹吹齑，被热汤烫过嘴，心怀戒惧，以后吃冷菜也要吹一吹。比喻受到过教训，遇事过分小心或矫枉过正。羹，用肉菜等煮成的热汤。齑，细切的冷食肉菜。《楚辞·九章·惜诵》:"惩于羹者而吹齑兮,何不变此志也?"王逸注:"言人有歠(音辍,喝)羹而中热,心中惩忢(音义),见齑则恐而吹之,言易改移也。独己执守忠直,终不可移也。"又《新唐书·傅奕传》:"有隋之季,违天害民,专峻刑法,杀戮贤俊,天下兆庶同心叛之。陛下拨乱反正,而官名、律令一用隋旧。且惩沸羹者吹冷齑,伤弓之鸟惊曲木,况天下久苦隋暴,安得不新其耳目哉?"

酒囊饭袋,亦作"酒瓮饭囊",比喻只会吃饭而无所作为的人。《论衡·别通》:"人生禀五常之性,好道乐学,故辨于物。今则不然,饱食快饮,虑深求卧,腹为饭坑,肠为酒囊,是则物也。倮虫三百,人为之长。天地之性,人为贵,贵其识知也。今闭暗脂塞,无所好欲,与三百倮虫何以异?而(能)谓之为长而贵之乎?"又《抱朴子·外篇·弹祢》:"(祢)衡游许下,自公卿国士以下,衡初不称其官,皆名之云阿某,或以姓呼之为某儿。呼孔融为大儿,呼杨修为小儿,荀彧犹强可与语。过此以往,皆木梗泥偶,似人而无人气,皆酒瓮饭囊耳。"又《类说》卷二二引北宋陶岳《荆湖近事》:"马氏(指五代时期楚国国王马殷)奢僭,诸院王子仆从烜赫,文武之道,未尝留意,时谓之酒囊饭袋。"

隐逸之士,漱石枕流;沉湎之夫,藉糟枕麹。

漱石枕流,用石头漱口,把流水当枕头。旧时用以指隐居生活。《世说新语·排调》:"孙子荆(孙楚)年少时欲隐,语王武子(王济)'当枕石漱流',误曰'漱石枕流'。王曰:'流可枕,石可漱乎?'孙曰:'所以枕流,欲洗其耳;所以漱石,欲砺其齿。'"

沉湎,沉溺、耽于,多指嗜酒无度。《伪古文尚书·泰誓上》:"沉湎冒色,敢行暴虐。"孔安国传:"沉湎嗜酒,冒乱女色,敢行酷暴,虐杀无辜。"孔颖达疏:"人被酒困,若沉于水,酒变其色,湎然齐同,故沉湎为嗜酒之状。冒,训贪也;乱女色,荒也。"〇藉(音借)糟枕麹,垫着酒糟,枕着酒麹。形容极度嗜酒。藉,坐卧其上。西晋刘伶《酒德颂》:"(大人)先生于是方捧罂承槽,衔杯漱醪。奋髯箕踞,枕麹藉糟。无思无虑,其乐陶陶。兀然而醉,怳尔而醒。静听不闻雷霆之声,熟视不睹泰山之形。不觉寒暑之切肌,利欲之感情。"

昏庸桀纣,胡为酒池肉林;苦学仲淹,惟有断齑画粥。

酒池肉林,以酒为池,以肉为林。形容穷奢极欲。《韩诗外传》卷二:"昔者桀为酒池糟堤,纵靡靡之乐,而牛饮者三千。"亦见于《新序·刺奢》。又《史记·殷本纪》:"(帝纣)大冣(一作"聚")乐戏于沙丘,以酒为池,县肉为林,使男女倮(裸)相逐其间,为长夜之饮。"

断齑画粥，分开切碎的腌菜，划开凝结的粥块。比喻不怕生活艰苦，仍然坚持刻苦学习。齑，切碎的腌菜。《宋朝事实类苑》卷九引《湘山野录》："庆历中，范希文(范仲淹)以资政殿学士判邠州，予(文莹)中途上谒。翌日召食，时李郎中丁同席，范与丁同年进士也。因道旧日某修学时，最为贫窭。与刘某同上长白山僧舍，惟煮粟米二合作粥一器，经宿遂凝，以刀为四块，早晚取二块。断齑十数茎，酢(音醋，醋)汁半盂，入少盐，暖而啖之。如此者三年。"亦见于北宋彭乘《墨客挥犀》卷三、《言行龟鉴》卷一等。

[新增文]十一联

钟阜山庄赤米，隐士加餐；邯郸旅邸黄粱，仙人入梦。

钟阜，即钟山。《南齐书·周颙传》："颙于钟山西立隐舍，休沐则归之。……清贫寡欲，终日长蔬食。虽有妻子，独处山舍。卫将军王俭谓颙曰：'卿山中何所食？'颙曰：'赤米白盐，绿葵紫蓼。'文惠太子问颙：'菜食何味最胜？'颙曰：'春初早韭，秋末晚菘。'"

邯郸梦，亦作"黄粱梦"，比喻人生富贵荣华虚幻如梦。唐沈既济《枕中记》略云：卢生于邯郸客店，遇道士吕翁，自叹穷困。其时店主人方蒸黍，吕翁授以青瓷枕，生昏然入睡。梦中取名门淑女，进士及第，官运亨通，出将入相。为同列所诬下狱，自刎获救，流放荒徼。后帝知其冤，复追为中书令，封燕国公，恩礼极隆，五十余年，崇盛赫奕。梦醒，见吕翁坐其旁，店主人蒸黍尚未熟，怃然良久。

小儿盗禾亩，孔琇之按罪何妨；逸马犯麦田，曹孟德自刑犹尔。

《南齐书·良政传·孔琇之》："孔琇之，会稽山阴人也。……出为乌程令，有吏能。还迁通直郎，补吴令。有小儿年十岁，偷刘邻家稻一束，琇之付狱治罪。或谏之，琇之曰：'十岁便能为盗，长大何所不为？'县中皆震肃。"

《三国志·魏书·武帝纪》："庚子，王崩于洛阳，年六十六。遗令曰：'天下尚未安定，未得遵古也。葬毕，皆除服。其将兵屯戍者，皆不得离屯部。有司各率乃职。敛以时服，无藏金玉珍宝。'谥曰武王。二月丁卯，葬高陵。"裴松之注引《曹瞒传》曰："常(尝)出军，行经麦中，令'士卒无败麦，犯者死'。骑士皆下马，付麦以相持。于是太祖马腾入麦中，敕主簿议罪；主簿对以《春秋》之义，罚不加于尊。太祖曰：'制法而自犯之，何以帅下？然孤为军帅，不可自杀，请自刑。'因援剑割发以置地。"

易秕以粟，邹侯为民庶之意拳拳；煮豆燃萁，子建悟兄弟之情切切。

拳拳，形容恳切诚挚。《新书·春秋》："邹穆公有令，食凫雁者必以秕，毋敢以粟。于是，仓毋(无)秕而求易于民，二石粟得一石秕。吏以请曰：'秕食雁，为无费也。今求秕于民，二石粟而易一石秕，以秕食雁则费甚矣。请以粟食之。'公曰：'去！非而所知也。夫百姓煦牛而耕，曝背而耘，苦勤而不敢堕者，岂为鸟兽也哉？粟米，人之上食也，奈何其以养鸟也？且汝知小计而不知大会。周谚曰"囊漏贮中"，而独弗闻与？夫君者，民之父母也。取仓之粟，移之于民，此非吾粟乎？鸟苟食邹之秕，不害邹之粟而已。粟之在仓，与其在民，于吾何择？'邹民闻之，皆知其私积之与公家为一体也。"亦见于《新序·刺奢》。

切切，形容恳挚深切。注详见《兄弟》"煮豆燃萁，谓其相害"条。

逖山之肉，旋割旋生；青田之壶，愈倾愈溢。

逖山之肉，即"狄山视肉"。《山海经·海外南经》："狄山，帝尧葬于阳，帝喾葬于阴。爰有熊、罴、文虎、蜼、豹、离朱、视肉。"郭璞注："聚肉，形如牛肝，有两目也；食之无尽，寻复更生如故。"郝懿行笺疏："《北堂书钞》一百四十五卷引此注，作'食之尽'，今本'无'字衍也。《初学记》引《神异经》云：'西北荒有遗酒、追复脯焉，其味如獐，食一片，复一片。'疑即此也。《博物志》云：'越嶲(音西)国有牛，稍割取肉，牛不死，经日，肉生如故。'又《神异经》云：'南方有兽，似鹿而豬，有牙，善依人求五谷，名无损之兽。人割取其肉，不病，肉复自复。'已上所说二物，义与郭近而形状则异，郭注未见所出。"

《古今注·草木》："乌孙国有青田核，莫测其树实之形，至中国者，但得其核耳。得清水则有酒味出，如醇美好酒。核大如六升瓠，空之以盛水，俄而成酒。刘章得两核，集宾客设之，常供二十人之饮。一核尽，一核所盛，已复中饮。饮尽随更注水，随尽随盛，不可久置，久置则苦不可饮。名曰青田酒。"

我爱鹅儿黄似酒，雅可怡情；人言雀子软于绵，最堪适口。

鹅黄，酒名。唐杜甫《舟前小鹅儿》诗："鹅儿黄似酒，对酒爱新鹅。"仇兆鳌注："《方舆胜览》：'鹅黄乃汉州酒名，蜀中无能及者。'卢照邻诗：'鹅黄粉白车中出。'裴庆余诗：'满额鹅黄金缕衣。'皆言淡黄色也。杜诗则言酒色。东坡诗：'小舟浮鸭绿，大杓泻鹅黄。'陆放翁诗：'两川名酝避鹅黄。'此皆用公语耳。”又南宋陆游《游汉州西湖》诗：“叹息风流今未泯，两川名酝避鹅黄。”自注：“鹅黄，汉中酒名，蜀中无能及者。”

北宋苏轼《送牛尾狸与徐使君》诗：“通印子鱼犹带骨，披绵黄雀漫多脂。”《容斋四笔》卷八：“鱼通印之语，本出于王荆公《送张兵部知福州》诗‘长鱼俎上通三印’之句。盖以福州濒海多鱼，其大如此，初不指言为子鱼也。东坡始以‘通印子鱼’对‘披绵黄雀’，乃借‘子’字与‘黄’字为假对耳。山谷所云‘子鱼通印蠔破山’，盖承而用之。陈正敏《遯斋闲览》云：‘其地有通应庙，庙前港中子鱼最佳。’王初寮诗‘通应子鱼盐透白’，正采其说。郡人黄处权云：‘兴化子鱼，去城五十里地名迎仙者为上，所产之处，土人谓之子鱼潭而已，初无通应港之名。’”

多才之士，谢茶而赠我好歌；好事之徒，载酒而问人奇字。

注详见《饮食》“两腋生风，卢仝偏嗜乎茶”条。

《汉书·扬雄传下》：“刘棻尝从雄学作奇字。”又云：“雄以病免，复召为大夫。家素贫，耆(嗜)酒，人希(稀)至其门。时有好事者载酒肴从游学。”今按：后人将此二事捏合为“载酒问字”这一典故，用于向人请教或从人受学。

挹东海以为醴，庶畅高怀；折琼枝以为馐，可舒雅志。

三国魏曹植《与吴季重书》：“当斯之时，愿举太山以为肉，倾东海以为酒，伐云梦之竹以为笛，斩泗滨之梓以为筝。食若填巨壑，饮若灌漏卮，其乐固难量，岂非大丈夫之乐哉！”

《楚辞·离骚》：“折琼枝以为羞兮，精琼靡(音迷)以为粻(音张)。”王逸注：“羞，脯。精，凿也。靡，屑也。粻，粮也。《诗》云：‘乃裹餱(音猴)粮。’言我将行，乃折取琼枝，以为脯腊，精凿玉屑，以为储粮，饮食香洁，冀以延年也。”今按：羞，通“馐”，非“脯”之意。

云子饭可入杜句，月儿羹见重柳文。

云子，一种白色小石，细长而圆，状如饭粒，本为神仙服食之物，见于《汉武故事》。后用作米粒、米饭之代称。唐杜甫《与鄠县源大少府宴渼陂》诗：“饭抄云子白，瓜嚼水精寒。”又南宋袁文《瓮牖闲评》卷六：“杜陵诗云：‘饭抄云子白。’盖谓饭可以比云子之白也。至后世则便以饭为云子。故唐子西诗云：‘云子满田行可捣。’又汪彦章诗云：‘秋来云子滑流匙。’更不究云子为何物，见杜工部有‘饭抄’之句，竟指饭为云子也。然云子乃神仙之食，出《汉武外传》中。”又宋许顗《彦周诗话》：“杜诗：‘饭抄云子白。’云子，雨也，言如雨点尔，出荀子《云赋》。又葛洪《丹经》用‘云子’，碎云母也。今蜀中有碎砾，状如米粒圆白，云子石也。”

《云仙杂记》卷六引《字锦》：“柳公权以隔风纱作《龙城记》，及入朝，名品号锦样书以进。上方御剪刀面、月儿羹，即命分赐。”

烧鹅而恣朵颐，且愿鹅生四掌；炮鳖而充嗜欲，还思鳖著两裙。

朵颐，指鼓动腮颊嚼食，现常用“大快朵颐”形容非常享受口福之乐。朵，动。颐，脸颊。《周易·颐》：“初九：舍尔灵龟，观我朵颐，凶。”孔颖达疏：“朵颐，谓朵动之颐以嚼物，喻贪婪以求食也。……朵是动义，如手之捉物，谓之朵也。今动其颐，故知嚼也。”

北宋陶岳《五代史补》卷五：“僧谦光，金陵人也。素有才辨，江南国主以国师礼之。然无羁检，饮酒如常，国主无以禁制，而又于诸肉中尤嗜鹅、鳖。国主常以从容语及释氏果报，且问曰：‘吾师莫有志愿否？寡人固欲闻之。’谦光对曰：‘老僧无他愿，但得鹅生四只腿，鳖长两重裙，足矣。’国主大笑。”又北宋黄庭坚《奉和孙奉议谢送菜》诗：“春蔬照映庾郎贫，遣骑持笼佐茹荤。却得斋厨厌滋味，白鹅存掌鳖留裙。”

种秫不种粳，陶公若以酒为命；窖粟不窖宝，任氏则以食为天。

种秫（音塾）不种粳（音精），秫米（即高粱米）适合酿酒，粳米宜于食用，故云陶渊明种秫不种粳是嗜酒如命。南朝梁萧统《陶渊明传》：“后为镇军、建威参军，谓亲朋曰：‘聊欲弦歌，以为三径之资，可乎？’执事者闻之，以为彭泽令。……公田悉令吏种秫，曰：‘吾常得醉于酒，足矣。’妻子固请种秔（同“粳”），乃使二顷五十亩种秫，五十亩种粳。”亦见于《宋书·隐逸传·陶潜》《南史·隐逸传上·陶潜》，皆同。惟《晋书·隐逸传·陶潜》不同，作“乃使一顷五十亩种秫，五十亩种秔”。

《史记·货殖列传》：“宣曲任氏之先，为督道仓吏。秦之败也，豪杰皆争取金玉，而任氏独窖仓粟。楚汉相距荥阳也，民不得耕种，米石至万，而豪杰金玉尽归任氏。任氏以此起富。富人争奢侈，而任氏折节为俭，力田畜。田畜人争取贱贾，任氏独取贵善。富者数世。然任公家约，非田畜所出弗衣食，公事不毕则身不得饮酒食肉。以此为闾里率，故富而主上重之。”

红苋紫茄，种满吴兴之圃；绿葵翠薤，殖盈钟阜之区。

《南史·蔡廓传》附蔡撙（音尊上声）：“（撙）口不言钱，及在吴兴，不饮郡井，斋前自种白苋紫茄，以为常饵，诏褒其清。”又唐孙元晏《梁·蔡撙》诗：

“紫茄白苋以为珍，守任清真转更贫。不饮吴兴郡中水，古今能有几多人？”今按：此条将“白苋”改为“红苋”，是为了对仗工整。

葵，冬葵，属一年生草本。薤，又名“藠（音叫）头”，属多年生草本。二者皆是古代的重要蔬菜。注详见《饮食》“钟阜山庄赤米，隐士加餐”条。

宫　室

洪荒之世，野处穴居；有巢以后，上栋下宇。

洪荒，混沌蒙昧的时代。《周易·系辞下》：“上古穴居而野处，后世圣人易之以宫室，上栋下宇，以待风雨。”

《韩非子·五蠹》：“上古之世，人民少而禽兽众，人民不胜禽兽虫蛇。有圣人作，构木为巢以避群害，而民悦之，使王天下，号曰有巢氏。”

竹苞松茂，谓制度之得宜；鸟革翚飞，谓创造之尽善。

竹苞松茂，像竹子和松树那样繁荣茂盛。旧时用作宫室落成的颂词，亦比喻家族兴盛。《诗经·小雅·斯干》：“秩秩斯干，幽幽南山。如竹苞矣，如松茂矣。”孔颖达疏：“以竹言苞，而松言茂，明各取一喻。以竹笋丛生而本穊（音既，稠密），松叶隆冬而不凋，故以为喻。”今按：据《毛诗序》言，《斯干》为周宣王建造宫庙时之颂词。

鸟革翚（音灰）飞，言飞檐凌空，如鸟之张翼；丹青奇丽，如雉之振采。形容宫室构筑庄严华丽。《诗经·小雅·斯干》：“如鸟斯革，如翚斯飞。”

朝廷曰紫宸，禁门曰青琐。

紫宸，帝王居处，代指帝王或帝位。唐代有紫宸殿，在大明宫内，为皇帝接见群臣及外国使者朝觐庆贺的内朝正殿。故又作为朝廷之代称。隋薛道衡《高祖文皇帝颂》：“趋事紫宸，驱驰丹陛。”又唐杜甫《冬至》诗：“杖藜雪后临丹壑，鸣玉朝来散紫宸。”

青琐，宫门上镂刻的青色图纹。后以借指宫门或宫廷。《汉书·元后传》：“曲阳侯（王）根骄奢僭上，赤墀青琐。”颜师古注：“孟康曰：‘以青画户边镂中，天子制也。’如淳曰：‘门楣格再重，如人衣领再重，里者青，名曰青琐，天子门制也。'师古曰:'孟说是。青琐者,刻为连环文,而青涂之也。'"又南朝梁范云《古意赠王中书》诗:"摄官青琐闼,遥望凤凰池。"

宰相职掌丝纶,内居黄阁;百官具陈章疏,敷奏丹墀。

丝纶,注见《朝廷》"皇帝之言谓之纶音"条。〇黄阁,汉代的丞相、太尉和汉以后的三公官署避用朱门,厅门涂黄色,以区别于天子,故称。后世遂以黄阁指代宰相官署。《艺文类聚》卷四五引《汉旧仪》曰:"丞相车两黑辐,骑者戈绛,掾吏见礼如师弟子,白录不拜朝,示不臣也,听事阁曰黄阁。"又《宋书·礼志二》:"三公黄阁,前史无其义。史臣按,《礼记》:'士韠(音毕,蔽膝)与天子同,公侯大夫则异。'郑玄注:'士贱,与君同,不嫌也。'夫朱门洞启,当阳之正色也。三公之与天子,礼秩相亚,故黄其阁,以示谦不敢斥天子。盖是汉来制也。张超与陈公笺,'拜黄阁将有日月'是也。"

丹墀(音池),古代宫殿前涂成红色的台阶或台阶上的空地。《宋书·百官志上》:"《汉官》云:……初为郎中,满岁则为侍郎。尚书寺居建礼门内。尚书郎入直,官供青缣白绫被,或以绵缫(缃)为之。给帷帐、毡褥、通中枕,太官供食物,汤官供饼饵及五熟(烹调成的各味食物)、果实之属,给尚书伯使一人,女侍二人,皆选端正妖丽,执香炉,护衣服,奏事明光殿。殿以胡粉涂壁,画古贤烈士。以丹朱色地,谓之丹墀。尚书郎口含鸡舌香,以其奏事答对,欲使气息芬芳也。奏事则与黄门侍郎对揖。黄门侍郎称已闻,乃出。"又东汉张衡《西京赋》:"右平左墄(音戚,台阶的梯级),青琐丹墀。"李善注:"《汉书》曰:'赤壁青琐。'《音义》曰:'以青画户边镂中。'王逸《楚辞注》曰:'文如连琐。'《汉官典职》曰:'丹漆地,故称丹墀。'"

木天署,学士所居;紫薇省,中书所莅。

木天署,本指秘书阁,后又作为翰林院的别称。木天,指木制结构建筑高大宏伟。《梦溪笔谈》卷二四:"内诸司舍屋,唯秘阁最宏壮,阁下穹隆高敞,相传谓之木天。"〇学士,官名,此处指翰林学士。学士始于魏晋南北朝,朝廷征召文学之士掌典礼、编纂、撰述等事,通称"学士",无定员,无品秩。唐玄宗开元二十六年置学士院,于朝官中选任翰林学士,掌起草内命机要,并备咨询,号称"内相"。宋袭唐制,设翰林学士院,翰林学士大都能升任宰相。明代设翰林院学士及翰林院侍读、侍讲学士,学士遂专为词臣之荣衔。

紫薇省,亦作"紫微省"。唐朝开元元年改中书省为"紫微省",中书令为"紫微令",中书舍人为"紫微舍人",取天文"紫微垣"之义。不久又于中书省中遍植紫薇花,故亦称"紫薇省"。开元五年,恢复旧称。《新唐书·百官志二》："武德三年，改内书省曰中书省，内书令曰中书令。龙朔元年，改中书省曰西台，中书令曰右相。光宅元年，改中书省曰凤阁，中书令曰内史。开元元年，改中书省曰紫微省，中书令曰紫微令。天宝元年曰右相，至大历五年，紫微侍郎乃复为中书侍郎。"又唐白居易《紫薇花》诗："丝纶阁下文章静，钟鼓楼中刻漏长。独坐黄昏谁是伴？紫薇花对紫微（一作"薇"）郎。"〇中书，即中书省，官署名。魏晋始设，为秉承皇帝意旨、掌管机要、发布政令的机构。沿至隋唐，逐渐成为全国政务中枢。在唐代，中书与门下、尚书三省同为中央行政总汇，由中书省决策，门下省审复，交尚书省执行。宋袭唐制，而以中书、门下与枢密院分掌政务、军务。元代以中书省总领百官，与枢密院、御史台分掌政、军、监察三权，门下、尚书皆废。明初尚沿元制，洪武十三年革去中书省，废丞相，机要之任归于内阁。

金马玉堂，翰林院宇；柏台乌府，御史衙门。

北宋欧阳修《会老堂致语》："金马玉堂三学士，清风明月两闲人。"注详见《文臣》"金马玉堂，羡翰林之声价"条。

御史台，习称"柏台""柏府""柏署"，亦称"乌府""乌台""乌署"。《汉书·朱博传》："是时，御史府吏舍百余区井水皆竭。又其府中列柏树，常有野乌数千栖宿其上，晨去暮来，号曰'朝夕乌'。"

布政司称为藩府，按察司系是臬司。

藩府，因布政使有藩侯、藩台的美称，故其衙署亦美称为"藩府"。注详见《文臣》"方伯、藩侯，左右布政之号"条。

臬（因涅）司，亦称"臬台"，是对宋代各路提点刑狱司、元代肃政廉访使司与明、清各省提刑按察使司的简称。臬司主管一省司法，也借称"廉访使"或"按察使"。参见《文臣》"宪台、廉宪，提刑按察之称"条。

潘岳种桃于满县，故称花县；子贱鸣琴以治邑，故曰琴堂。

花县，常用以称誉地方之美或地方官善于治理。《白孔六帖》卷七七："潘岳为河阳令，树桃李花，人号曰'河阳一县花'。"又北周庾信《枯树赋》："若非金谷满园树，即是河阳一县花。"

琴堂，县衙之美称。《吕氏春秋·开春论·察贤》："宓子贱治单父，弹鸣琴，身不下堂而单父治。"

潭府是仕宦之家，衡门乃隐逸之宅。

潭府，亦称"潭第"，深邃的府第，常用于尊称对方的住宅。唐韩愈《符读书城南》诗："一为马前卒，鞭背生虫蛆。一为公与相，潭潭府中居。"

衡门，横木为门，指简陋的房屋。后借指隐者所居。《诗经·陈风·衡门》："衡门之下，可以栖迟。泌之洋洋，可以乐饥。"毛传："衡门，横木为门，言浅陋也。栖迟，游息也。泌，泉水也。洋洋，广大也。乐饥，可以乐道忘饥。"《诗集传》卷三："衡门，横木为门也。门之深者，有阿塾堂宇，此惟横木为之。栖迟，游息也。泌，泉水也。洋洋，水流貌。此隐居自乐而无求者之词。言衡门虽浅陋，然亦可以游息。泌水虽不可饱，然亦可以玩乐而忘饥也。"又东晋陶渊明《癸卯岁十二月中作与从弟敬远》诗："寝迹衡门下，邈与世相绝。顾眄(一作"盼")莫谁知，荆扉昼常闭。"

贺人有喜，曰门阑蔼瑞；谢人过访，曰蓬荜生辉。

门阑蔼瑞，门前笼罩着吉祥的云气，含有祝福他人喜庆幸福的意思。门阑，亦作"门栏"，门框，借指门庭。蔼瑞，云气祥瑞。唐杜甫《李监宅二首》诗其一："门阑多喜色，女婿近乘龙。"

蓬荜生辉，亦作"蓬荜增辉"，使贫寒之家增加光彩。多于贵客来临或得人馈赠书画陈设时，用为谦谢之辞。蓬荜，"蓬户荜门"的省语，指贫者居处。宋王之道《和富公权宗丞十首》诗其一："门外传来一轴诗，烂然蓬荜顿增辉。匹夫不敢贪怀璧，什袭今从故府归。"

美奂美轮，《礼》称屋宇之高华；肯构肯堂，《书》言父子之同志。

美奂美轮，形容房屋雄伟壮丽。《礼记·檀弓下》："晋献文子成室，晋大夫发焉。张老曰：'美哉轮焉！美哉奂焉！歌于斯，哭于斯，聚国族于斯。'"郑玄注："心讥其奢也。轮，轮囷(圆形谷仓)，言高大。奂，言众多。"

注详见《祖孙父子》"父子创造，曰肯构肯堂"条。

土木方兴，曰经始；创造已毕，曰落成。

经始，开始营建。后泛指开创事业。《诗经·大雅·灵台》："经始灵台，经之营之。庶民攻之，不日成之。"郑玄笺："文王应天命，度始灵台之基趾，营表其位。众民则筑作，不设期日而成之。言说(悦)文王之德，劝其事，忘己劳也。观台而曰灵者，文王化行，似神之精明，故以名焉。"

落成，原指古代宗庙、宫室建成时举行祭礼。后泛指建筑工程完工。《左传·昭公七年》："楚子成章华之台，愿以诸侯落之。"杜预注："宫室始成，祭之为落。"孔颖达疏："以其言落，必是以酒浇落之。"又《毛诗序》："《斯干》，宣王考室也。"郑玄笺："考，成也。德行国富，人民殷众，而皆佼好，骨肉和亲。宣王于是筑宫庙群寝，既成而衅（血祭）之，歌《斯干》之诗以落之。此之谓成室。宗庙成，则又祭祀先祖。”

楼高可以摘星，屋小仅堪容膝。

《宋朝事实类苑》卷三四：“杨文公亿，数岁未能言。一日，家人抱登楼，误触其首，忽便言。家人惊谓曰：‘汝既能言，能吟诗乎？’曰：‘能。’遂令吟楼诗，应声吟曰：‘危楼高百尺，手可摘星辰。不敢高声语，恐惊天上人。’后为天下文章宗工。”又南宋周紫芝《竹坡诗话》：“世传杨文公方离襁褓，犹未能言。一日，其家人携以登楼，忽自语如成人。因戏问之：‘今日上楼，汝能作诗乎？’即应声曰：‘危楼高百尺，手可摘星辰。不敢高声语，怕惊天上人。’旧见《古今诗话》载此一事，后又见一石刻，乃李太白《夜宿山寺》所题，字画清劲而大，且云布衣李白作。而此又以为杨文公作，何也？岂好事者窃太白之诗，以神文公之事与，抑亦太白之碑为伪耶？”

容膝，仅能容纳双膝。形容住处狭小。《韩诗外传》卷九：“楚庄王使使赍金百斤聘北郭先生。先生曰：‘臣有箕帚之使，愿入计之。’即谓妇人曰：‘楚欲以我为相，今日相，即结驷列骑，食方丈于前，如何？’妇人曰：‘夫子以织屦为食，食粥毚（“毚”字疑误）履，无怵惕之忧者，何哉？与物无治也。今如结驷列骑，所安不过容膝；食方丈于前，所甘不过一肉。以容膝之安，一肉之味，而殉楚国之忧，其可乎？’于是遂不应聘，与妇去之。”又东晋陶渊明《归去来兮辞》：“倚南窗以寄傲，审容膝之易安。”

寇莱公庭除之外，只可栽花；李文靖厅事之前，仅容旋马。

寇莱公，即宋朝宰相寇准，曾封莱国公，谥忠愍。庭除，庭前阶下，庭院。北宋文莹《湘山野录》卷下：“寇莱公尝曰：‘母氏言，吾初生两耳垂有肉环，数岁方合。自疑尝为异僧，好游佛寺，遇虚窗静院，惟喜与僧谈真。’公历富贵四十年，无田园邸舍，入觐则寄僧舍或僦（音就，租赁）居。在大名日，自出题试贡士，曰《公仪休拔园葵赋》《霍将军辞治第诗》，此其志也。诗人魏野献诗曰：‘有官居鼎鼐，无地起楼台。’采诗者以为中的。虏使至大名，问公曰：‘莫是“无地起楼台”相公否？’”又北宋王辟之《渑水燕谈录》卷八：“莱公初及第，知归州巴东县，手植双柏于庭，至今民爱之，以比‘甘棠’，谓之‘莱公柏’焉。”

李文靖，即宋朝宰相李沆，谥文靖。厅事，私人住宅的堂屋。《宋史·李沆传》：“沆性直谅，内行修谨，言无枝叶，识大体。居位慎密，不求声誉，动遵条制，人莫能干以私。公退，终日危坐，未尝跛倚。治第封丘门内，厅事前仅容旋马。或言其太隘，沆笑曰：‘居第当传子孙，此为宰相厅事诚隘，为太祝、奉礼厅事已宽矣。’至于垣颓壁损，不以屑虑。堂前药阑坏，妻戒守舍者勿葺以试沆，沆朝夕见之，经月终不言。妻以语沆，沆曰：‘岂可以此动吾一念哉！’家人劝治居第，未尝答。弟维因语次及之，沆曰：‘身食厚禄，时有横赐，计囊装亦可以治第，但念内典以此世界为缺陷，安得圆满如意，自求称足？今市新宅，须一年缮完，人生朝暮不可保，又岂能久居？巢林一枝，聊自足耳，安事丰屋哉？’”

恭贺屋成，曰燕贺；自谦屋小，曰蜗庐。

燕贺，本谓燕雀喜得安身之所，互相庆贺。后用作庆贺新居落成。《淮南子·说林训》：“汤沐具而虮虱相吊，大厦成而燕雀相贺，忧乐别也。”又《北齐书·卢询祖传》：“询祖初袭爵封大夏男，有宿德朝士谓之曰：‘大夏初成。’应声答曰：‘且得燕雀相贺。’”

蜗庐，比喻居室极其狭小，常用作谦词。《三国志·魏书·管宁传》附记隐士焦先事，裴松之注：“时有隐者焦先，河东人也。《魏略》曰：‘先字孝然。……自作一瓜牛庐，净扫其中。’”裴松之案引《魏略》云：“焦先及杨沛，并作瓜牛庐，止其中。以为瓜当作蜗；蜗牛，螺虫之有角者也，俗或呼为黄犊。先等作圜舍，形如蜗牛蔽，故谓之蜗牛庐。”

民家名曰闾阎，贵族称为阀阅。

闾阎，本指里巷的门，亦借指平民。《史记·平准书》：“守闾阎者食粱肉，为吏者长子孙，居官者以为姓号。故人人自爱而重犯法，先行义而后绌耻辱焉。”又《汉书·异姓诸侯王表》：“適(谪)戍强于五伯，闾阎逼于戎狄。”颜师古注：“闾，里门也。阎，里中门也。陈胜、吴广本起闾左之戍，故总言闾阎。”

阀阅，本指官宦人家门前旌表功绩的柱子，门左曰阀，门右曰阅。后遂指世家门第。亦作“伐阅”，指功绩和资历。北宋王钦若、杨亿等《册府元龟》卷一四〇：“正门阀阅一丈二尺，二柱相去一丈，柱端安瓦桷墨染，号为乌头。”又《史记·高祖功臣侯者年表》：“太史公曰：‘古者人臣功有五品，以德立宗庙定社稷曰勋，以言曰劳，用力曰功，明其等曰伐，积日曰阅。’”

朱门乃富豪之第，白屋是布衣之家。

朱门，古代王侯贵族的住宅大门漆成红色，表示尊贵，故用为贵族府邸的代称。《晋书·忠义传·麹允》：“麹允，金城人也。与游氏世为豪族，西州为之语曰：‘麹与游，牛羊不数头。南开朱门，北望青楼。’”又唐杜甫《自京赴奉先县咏怀五百字》诗："朱门酒肉臭，路有冻死骨。"

白屋，古代平民住屋不施文采，或以茅草覆盖屋顶。后也用以代指平民。《汉书·吾丘寿王传》："今陛下昭明德，建太平，举俊材，兴学官，三公有司或由穷巷，起白屋，裂地而封，宇内日化，方外乡(向)风。"颜师古注："白屋，以白茅覆屋也。"又《孔子家语·贤君》："子曰：'由不知。吾闻以众攻寡，无不克也；以贵下贱，无不得也。昔者周公居冢宰之尊，制天下之政，而犹下白屋之士，日见百七十人。斯岂以无道也？欲得士之用也。恶有道而无下天下君子哉？'"王肃注："白屋，草屋也。"

客舍曰逆旅，馆驿曰邮亭。

逆旅，客舍，旅店。逆，迎接。《左传·僖公二年》："今虢为不道，保(筑起堡垒)于逆旅，以侵敝邑之南鄙。"杜预注："逆旅，客舍也。"又《晋书·潘岳传》："时以逆旅逐末废农，奸淫亡命，多所依凑，败乱法度，敕当除之。十里一官樆，使老小贫户守之，又差吏掌主，依客舍收钱。岳议曰：'谨案：逆旅，久矣其所由来也。行者赖以顿止，居者薄收其直，交易贸迁，各得其所。官无役赋，因人成利，惠加百姓，而公无末费。《语》曰："许由辞帝尧之命，而舍于逆旅。"《外传》(即《国语》)曰："晋阳处父过宁，舍于逆旅。"魏武皇帝亦以为宜，其诗曰："逆旅整设，以通商贾。"然则自尧到今，未有不得客舍之法。惟商鞅尤之，固非圣世之所言也。'"

邮亭，即驿馆，递送文书者投止之所。古时传送文书，步传曰"邮"，马传曰"驿"曰"置"。《汉书·薛宣传》："宣子惠亦至二千石。始惠为彭城令，宣从临淮迁至陈留，过其县，桥梁邮亭不修。"颜师古注："邮，行书之舍，亦如今之驿及行道馆舍也。"

书室曰芸窗，朝廷曰魏阙。

芸窗，书斋。芸香(芸草)有强烈气味，古人常用以驱除书中蠹虫，书室常贮之，故称书籍曰"芸编""芸帙"，称书签曰"芸签"，称书斋曰"芸窗"。《梦溪笔谈》卷三："古人藏书辟蠹用芸。芸，香草也，今人谓之七里香者是也。叶类豌豆，作小丛生，其叶极芬香，秋后叶间微白如粉污，辟蠹殊验。南人采置席下，能去蚤虱。"又唐萧项《赠翁承赞漆林书堂诗》："却对芸窗勤苦处，举头全是锦为衣。"又金冯延登《洮石砚》诗："芸窗尽日无人到，坐看玄云吐翠微。"

魏阙，古代宫廷外的阙门，为悬布法令的地方。亦借指朝廷。《庄子·让王》："身在江海之上，心居乎魏阙之下。"又《淮南子·俶真训》："是故身处江海之上，而神游魏阙之下，非得一原，孰能至于此哉！”高诱注：“魏阙，王者门外阙，所以县教象之书于象魏也。巍巍高大，故曰魏阙。”

成均、辟雍，皆国学之号；黉宫、胶序，乃乡学之称。

成均，古之大学，后泛指官设学校。唐高宗时，改国子监为成均监，故后人也以成均为国子监别称。《周礼·春官·宗伯》：“大司乐掌成均之法，以治建国之学政，而合国之子弟焉。”郑玄注：“玄谓董仲舒云：‘成均，五帝之学。’成均之法者，其遗礼可法者。国之子弟，公卿大夫之子弟，当学者谓之国子。”〇辟（音必）雍，周朝为贵族子弟所设的大学，取四周有水，形如璧环为名。《礼记·王制》：“天子命之教，然后为学。小学在公宫南之左，大学在郊。天子曰辟雍，诸侯曰泮宫。”又《白虎通·辟雍》：“天子立辟雍何？辟雍所以行礼乐，宣德化也。辟者，璧也。象璧圆，以法天也。雍者，雍之以水，象教化流行也。辟之言积也，积天下之道德。雍之为言壅也，天下之仪则。故谓之辟雍也。《王制》曰：‘天子曰辟雍，诸侯曰泮宫。’外圆者，欲使观者均平也。又欲言外圆内方，明德当圆、行当方也。不言圆辟何？又圆于辟何？以知其圆也，以其言辟也。何以知有水也？《诗》曰：‘思乐泮水，薄采其芹。’《诗训》曰：‘水圆如璧。’诸侯曰泮宫者，半于天子宫也。明尊卑有差，所化少也。”〇国学，西周时期由中央和诸侯国在都城或近郊设立的学校，主要是培养贵族子弟，分为大学、小学两级。西周国学的教育内容，包括德、行、艺、仪四个方面，以礼、乐、射、御、书、数等六艺为基本内容。西周以后，国学逐渐成为京师官学的通称。

黉（音宏）宫，亦称“黉校”“黉学”“黉堂”等，古代学校名。《后汉书·循吏传·仇览》：“农事既毕，乃令子弟群居，还就黉学。”〇胶序，古时学校在夏曰“校”，在殷曰“序”，在周曰“庠”（见《孟子·滕文公上》）。又周之大学称“胶”，在国中王宫之东；小学称“庠”，在国之西郊。后因以胶序为学校之通名。《礼记·王制》：“有虞氏养国老于上庠，养庶老于下庠。夏后氏养国老于东序，养庶老于西序。殷人养国老于右学，养庶老于左学。周人养国老于东胶，养庶老于虞庠，虞庠在国之西郊。”郑玄注：“皆学名也。异者，四代相变耳。或上西，或上东；或贵在国，或贵在郊。上庠、右学，大学也，在西郊；下庠、左学，小学也，在国中王宫之东。东序、东胶，亦大学，在国中王宫之东；西序、虞庠，亦小学也，西序在西郊，周立小学于西郊。胶之言纠也，庠之言养也。周之小学为有虞氏之庠制，是以名庠云。其立乡学亦如之。”又《汉书·儒林传序》：“闻三代之道，乡里有教，夏曰校，殷曰庠，周曰序。”今按：《孟子》认为学校在周曰“庠”，《汉书》及《说文解字》则认为在殷曰“庠”，两说有出入，段玉裁以为《孟子》有误。〇乡学，古代的地方学校，源于西周。周代的乡学以培养庶民子弟为主，有塾、庠、序等不同名称。乡学的学生经过层层选拔、推举，可以进入国学。后世亦称地方所办的学校为“乡学”。

笑人善忘，曰徙宅忘妻；讥人不谨，曰开门揖盗。

徙宅忘妻，搬家忘记把妻子带走。比喻粗心到了荒唐的地步。《孔子家语·贤君》：“哀公问于孔子曰：‘寡人闻忘之甚者，徙而忘其妻，有诸？’孔子对曰：‘此犹未甚者也，甚者乃忘其身。’公曰：‘可得而闻乎？’孔子曰：‘昔者夏桀，贵为天子，富有四海，忘其圣祖之道，坏其典法，废其世祀，荒于淫乐，耽湎于酒。佞臣谄谀，窥导其心；忠士折口(杜口)，逃罪不言。天下诛桀，而有其国。此谓忘其身之甚矣。’”亦见于《说苑·敬慎》。

开门揖盗，开门请强盗进来。比喻接纳坏人，自取其祸。《三国志·吴书·吴主传》：“(建安)五年，策薨，以事授权，权哭未及息。策长史张昭谓权曰：‘孝廉，此宁哭时邪？且周公立法而伯禽不师，非欲违父，时不得行也。况今奸宄竞逐，豺狼满道，乃欲哀亲戚，顾礼制，是犹开门而揖盗，未可以为仁也。’乃改易权服，扶令上马，使出巡军。”

何楼所市，皆滥恶之物；垄断独登，讥专利之人。

何楼，指以次充好之物，亦指虚伪欺骗之人。《中山诗话》：“世语虚伪为何楼。盖国初京师有何家楼，其下卖物皆行滥(器物不牢不真)者，非沽滥称也。”又《诗话总龟》前集卷三一引《贡父诗话》(即《中山诗话》)：“世人语虚伪者为何楼，似泛滥之名。其实不然。国初，京师有何家楼，其下所卖物皆污滥者，故人以此目之，楼已废，语尚在也。”

垄断，亦作“龙断”“陇断”，原指站在集市的高地上操纵贸易。后引申为把持和独占。《孟子·公孙丑下》：“孟子曰：‘然。夫时子恶知其不可也？如使予欲富，辞十万而受万，是为欲富乎？季孙曰：“异哉子叔疑！使己为政，不用，则亦已矣，又使其子弟为卿。人亦孰不欲富贵？而独于富贵之中，有私龙断焉。”古之为市也，以其所有易其所无者，有司者治之耳。有贱丈夫焉，必求龙断而登之，以左右望，而罔市利。人皆以为贱，故从而征之。征商，自此贱丈夫始矣。’”赵岐注：“古者市置有司，但治其争讼，不征税也。贱丈夫，贪人可贱者也。入市则求龙断而登之，龙断，谓堁(音课，土堆)断而高者也。左右占视望，见市中有利，罔罗而取之。人皆贱其贪者也，故就征取其利。后世缘此，遂征商人。”朱熹集注：“龙，音垄。……龙断，冈垄之断而高也。”

荜门圭窦，系贫士之居；瓮牖绳枢，皆窭人之室。

荜门圭窦，言贫者居室之陋。荜门，亦作“筚门”，编竹条或树枝为门；圭窦，亦作“闺窦”“圭窬（音鱼）”，穿壁为户，上尖下方，其状如圭。《礼记·儒行》：“儒有一亩之宫，环堵之室，筚门圭窬，蓬户瓮牖；易衣而出，并日而食；上答之，不敢以疑；上不答，不敢以谄。其仕有如此者。”又《左传·襄公十年》：“晋侯使士匄(音丐)平王室，王叔与伯舆讼焉。王叔之宰与伯舆之大夫瑕禽坐狱于王庭，士匄听之。王叔之宰曰：‘筚门闺窦之人而皆陵其上，其难为上矣。’”杜预注：“筚门，柴门。闺窦，小户(小窗户)，穿壁为户，上锐下方，状如圭也。言伯舆微贱之家。”

瓮牖(音有)绳枢，用破瓮砌成窗户，用绳子系着户枢。形容极度贫困的人家。西汉贾谊《过秦论》：“然而陈涉瓮牖绳枢之子，甿(氓)隶之人，而迁徙之徒也。”李善注：“《礼记》曰：‘儒有蓬户瓮牖。’韦昭曰：‘绳枢，以绳扃户为枢也。’”〇窭(音据)人，贫寒之人。《说苑·正谏》：“秦始皇帝太后不谨，幸郎嫪毐(音涝矮)，封以为长信侯，为生两子。毐专国事，浸益骄奢，与侍中左右贵臣俱博，饮酒，醉，争言而斗，瞋目大叱，曰：‘吾乃皇帝之假父也，窭人子何敢乃与我亢(抗)！’所与斗者走，行白皇帝，皇帝大怒。毐惧诛，因作乱，战咸阳宫。毐败，始皇乃取毐四肢车裂之，取其两弟囊扑杀之，取皇太后迁之于萯(音倍)阳宫，下令曰：‘敢以太后事谏者，戮而杀之！’”

宋寇准，真是北门锁钥；檀道济，不愧万里长城。

北门锁钥，比喻北方的边防重镇。北宋王君玉《国老谈苑》卷二：“寇准镇大名府，北使路由之，谓准曰：‘相公望重，何以不在中书？’准曰：‘主上以朝廷无事，北门锁钥非准不可。’”亦见于《孔氏谈苑》卷四、《五朝名臣言行录》卷四。

万里长城，比喻足以依赖的重要力量。《南史·檀道济传》：“(元嘉)十二年，上疾笃，会魏军南伐，召道济入朝。其妻向氏曰：‘夫高世之勋，道家所忌，今无事相召，祸其至矣。’及至，上已间。十三年春，将遣还镇，下渚未发，有似鹪鸟集船悲鸣。会上疾动，义康矫诏召入祖道，收付廷尉，及其子给事黄门侍郎植、司徒从事中郎粲、太子舍人混、征北主簿承伯、秘书郎中尊等八人并诛。时人歌曰：‘可怜《白浮鸠》，枉杀檀江州。’道济死日，建邺地震白毛生。又诛司空参军薛彤、高进之，并道济心腹也。道济见收，愤怒气盛，目光如炬，俄尔间引饮一斛。乃脱帻投地，曰：‘乃坏汝万里长城。’魏人闻之，皆曰：‘道济已死，吴子辈不足复惮。’自是频岁南伐，有饮马长江之志。”

[新增文]十联

榱题一建，风雨攸除。

榱(音催)题，屋椽的端头。通常伸出屋檐，因通称“出檐”。《孟子·尽心下》：“堂高数仞，榱题数尺，我得志，弗为也。”赵岐注：“榱题，屋霤(溜)也。”焦循正义：“榱之抵檐处为榱题。其下覆以瓦，雨自此下溜，故为霤。……自瓦言之为霤，自椽言之为榱题，近在一所，故赵氏以屋霤释榱题也。”

风雨攸除，可免除风雨之害。《诗经·小雅·斯干》：“约之阁阁，椓之橐橐。风雨攸除，鸟鼠攸去，君子攸芋。”郑玄笺：“芋，当作‘幠(音呼)’；幠，覆也。寝庙既成，其墙屋弘杀，则风雨之所除也。其坚致，则鸟鼠之所去也。其堂室相称，则君子之所覆盖。”

百堵皆兴，周邦巩固；重门洞辟，宋殿玲珑。

百堵皆兴，许多房屋同时建造。堵，本是古代筑墙的计量单位名。古以版筑法筑土墙，一版之长，五版之高，为堵。后泛指墙。《诗经·大雅·绵》：“捄之陾陾，度之薨薨。筑之登登，削屡冯冯。百堵皆兴，鼛(音高)鼓弗胜。”郑玄笺：“五版为堵。兴，起也。百堵同时起，鼛鼓不能止之使休息也。”又《诗经·小雅·鸿雁》：“鸿雁于飞，集于中泽。之子于垣，百堵皆作。虽则劬劳，其究安宅。”《毛诗序》：“《鸿雁》，美宣王也。万民离散，不安其居，而能劳来、还定、安集之，至于矜寡，无不得其所焉。”

重门洞辟，重重大门全部敞开。《邵氏闻见录》卷一：“东京，唐汴州，梁太祖因宣武府置建昌宫，晋改曰大宁宫，周世宗虽加营缮，犹未如王者之制。太祖皇帝受天命之初，即遣使图西京大内，按以改作。既成，帝坐万岁殿，洞开诸门，端直如引绳，则叹曰：‘此如吾心，小有邪曲，人皆见矣。’帝一日登明德门，指其榜问赵普曰：‘明德之门，安用之字？’普曰：‘语助。’帝曰：‘之乎者也，助得甚事。’普无言。”又《续资治通鉴长编》卷九：“(宋太祖开宝元年春正月乙巳)大内营缮皆毕，赐诸门名。上坐寝殿，令洞开诸门，皆端直轩豁，无有拥蔽，因谓左右曰：‘此如我心，少有邪曲，人皆见之矣。’”亦见于《宋史·太祖纪三》。

晋公堂下植三槐，相臣地位；靖节门前栽五柳，隐士家风。

晋公，指宋代名相王旦之父王祐，曾封晋国公。北宋苏轼《三槐堂铭并序》略云：故兵部侍郎晋国王公，显于汉、周之际，历事太祖、太宗，文武忠孝，天下望以为相，而公卒以直道不容于时。盖尝手植三槐于庭，曰："吾子孙必有为三公者。"已而其子魏国文正公，相真宗皇帝于景德、祥符之间，朝廷清明、天下无事之时，享其福禄荣名者十有八年。今夫寓物于人，明日而取之，有得有否。而晋公修德于身，责报于天，取必于数十年之后，如持左契，交手相付，吾是以知天之果可必也。亦见于《邵氏闻见录》卷六。又《宋史·王旦传》："王旦，字子明，大名莘人。父祐，尚书兵部侍郎，以文章显于汉、周之际，事太祖、太宗为名臣。尝谕杜重威使无反汉，拒卢多逊害赵普之谋，以百口明符彦卿无罪，世多称其阴德。祐手植三槐于庭，曰：'吾之后世，必有为三公者，此其所以志也。'旦幼沉默，好学有文，祐器之曰：'此儿当至公相。'"今按：王旦官至宰相，迁司空，卒赠太师、魏国公，谥文正。后因王旦之典故，"三槐"亦用为王姓之代称。又古人以三槐喻指三公，取自《周礼·秋官·朝士》"面三槐，三公位焉"之义。

靖节，即晋代文学家陶渊明，私谥靖节，世称"靖节先生"。《晋书·隐逸传·陶潜》："潜少怀高尚，博学善属文，颖脱不羁，任真自得，为乡邻之所贵。尝著《五柳先生传》以自况，曰：'先生不知何许人，不详姓字，宅边有五柳树，因以为号焉。闲静少言，不慕荣利。好读书，不求甚解，每有会意，欣然忘食。性嗜酒，而家贫不能恒得。亲旧知其如此，或置酒招之，造饮必尽，期在必醉。既醉而退，曾不吝情。环堵萧然，不蔽风日，短褐穿结，箪瓢屡空，晏如也。常著文章自娱，颇示己志，忘怀得失，以此自终。'其自序如此，时人谓之实录。"

退思岩，是鱼头参政退思室；知妄室，乃半山居士知妄处。

退思，指退归思过，事后反省。出自《左传·宣公十二年》："林父之事君也，进思尽忠，退思补过，社稷之卫也，若之何杀之？"《国老谈苑》卷二："鲁宗道以孤直遇主，公家之事，知无不为。每中书罢，归私宅，别居一小斋，绘山水，题曰'退思岩'。独游其间，虽家人罕接焉。"〇鱼头参政，指鲁宗道。《国老谈苑》卷二："鲁宗道为参政，以忠鲠自任，尝与宰执议事，时有不合者，宗道坚执不回。或议少有异，则廷诤不已。然多从宗道所论。时人谓曰'鱼头公'，盖以骨鲠目之也。"参见《文臣》"鱼头参政，鲁宗道秉性骨鲠"条。

据原注："宋王荆公自号半山居士，筑一室曰'知妄'。自为语录云：'知妄为妄，即妄是真。认妄为真，虽真亦妄。'"今按：此条出处不详。清初悟一子（陈士斌）《西游真诠》在第三十回《邪魔侵正法，意马忆心猿》曾评点云："半山语有云：'知妄为妄，即妄为真。'公主、沙僧之配妖、哄妖是也。又云：'认妄为真，虽真亦妄。'唐僧、八戒之逐猴、变虎是也。"〇半山居士，指王安石，晚号"半山"。南宋李壁《王荆公诗注》卷四《题半山寺壁二首》："半山报宁禅寺，公(王安石)故宅也。由东门至蒋山(即钟山)，此为半道，故以半山为名。其地亦名白塘，旧以地卑积水为患。公卜居，乃凿渠决水，以通城河。元丰七年，公以病闻，神宗遣国医诊视，既愈，乃请以宅为寺，因赐额为报宁禅寺。寺西有培塿，乃荆公决渠积土之地。"

蓂生神尧阶下，竹秀唐帝宫前。

蓂(音名)，即蓂荚，传说中的瑞草名。《太平御览》卷四引《帝王世纪》："尧时有草夹阶而生，每月朔，日生一荚，至月半则生十五荚，至十六日后，日落一荚，月晦而尽。若月小，余一荚。王者以是占历。惟盛德之君应和气而生，以为尧瑞。名曰蓂荚，一名历荚，一名瑞草。"亦见于《竹书纪年·帝尧陶唐氏》。

《开元天宝遗事》卷下："太液池岸有竹数十丛，牙笋未尝相离，密密如栽也。帝(唐玄宗)因与诸王闲步于竹间，帝谓诸王曰：'人世父子兄弟尚有离心离意，此竹宗本不相疏，人有怀贰心生离间之意，睹此可以为鉴。'诸勖王皆唯唯。帝呼为'竹义'。"

夹马营中，异香遍达；盘龙斋内，瑞气常臻。

《宋史·太祖纪一》："太祖，宣祖仲子也，母杜氏。后唐天成二年，生于洛阳夹马营，赤光绕室，异香经宿不散。体有金色，三日不变。"又《孔氏谈苑》卷一："艺祖载诞，营中三日香，人莫不惊异。至今洛中人呼应天禅院为香孩儿营。"

《晋书·刘毅传》："诏以毅为都督豫州、扬州之淮南、历阳、庐江、安丰、堂邑五郡诸军事，豫州刺史，持节、将军、常侍如故，本府文武悉令西属。以匡复功，封南平郡开国公，兼都督宣城军事，给鼓吹一部。梁州刺史刘稚反，毅遣将讨擒之。初，桓玄于南州起斋，悉画盘龙于其上，号为盘龙斋。毅小字盘龙，至是，遂居之。俄进拜卫将军、开府仪同三司。"

月榭已成，剩有十分佳景；雪巢既构，应无半点尘埃。

《旧唐书·裴度传》："自是，中官用事，衣冠道丧。度以年及悬舆，王纲版荡，不复以出处为意。东都立第于集贤里，筑山穿池，竹木丛萃，有风亭水榭，梯桥架阁，岛屿回环，极都城之胜概。又于午桥创别墅，花木万株；中起凉台暑馆，名曰绿野堂。引甘水贯其中，釃(音师，疏导)引脉分，映带左右。度视事之隙，与诗人白居易、刘禹锡酣宴终日，高歌放言，以诗酒琴书自乐，当时名士，皆从之游。”

南宋杨万里《雪巢赋并序》：“天台林君景思之庐，字以‘雪巢’，尤延之(尤袤)为作记，庐陵杨某复赋。其辞曰：‘赤城兮霞外，天台兮云表，有美兮先生，相宅兮木杪。厌人寰兮喧卑，薄市门兮嚣湫。壑谷奥渫，蜗庐褊小。陟彼悬崖，天绅之涯，奇峰日拂，怪松霄排。飞上万仞之巅，旁无一寸之阶。我营我巢，维条伊枚，命黄鹄而衔枝，驱玄鹤而曳柴。斧辛夷以为柱，刈山桂以为栋。兰橑椒其芬芳，荷盖岌其不动。将旁招樵夫、朋盍溪友以落之，且有士其善颂矣。夜半风作，顿撼林薄，天骇地愕，山跳海跃。已而寂然，四无人声，黯天黑而月落，忽入窗之夜明。恍身堕于冰谷，羌刮骨其寒生。穷猿啸嗥，饥鸟独鸣。先生夙兴而视之，但见千里一缟，群山失碧，翔玉妃以万舞，飘天花之六出。皓皓的的，缤缤籍籍，盖朔雪十丈，乾没吾巢而无人迹矣！先生举酒酬曰：“巢成雪至，雪与巢会；式瑶我室，式珠我廨；空无一埃，点我胜概。继自今匪仙客其勿近，匪诗友其勿对。”乃捣冰浆与雪汁，饮兔须于墨涂，大书其楣曰：“雪巢摽客子，出诸大门之外。”’”

避风台，妃子扬歌；凌烟阁，功臣列像。

避风台，相传赵飞燕身轻不胜风，汉成帝为筑七宝避风台。《飞燕外传》：“婕妤(赵合德)接帝于太液池，作千人舟，号合宫之舟；池中起为瀛洲，榭高四十尺。帝(汉成帝)御流波文縠无缝衫，后(赵飞燕)衣南越所贡云英紫裙，碧琼轻绡广袖，坐榭上。后歌舞《归风送远》之曲，帝以文犀簪击玉瓯，令后所爱侍郎冯无方吹笙，以倚后歌。中流，歌酣，风大起，后顺风扬音，无方长噏细嫋，与相属。后裙髀(音必)曰：‘顾我，顾我！’后扬袖曰：‘仙乎，仙乎！去故而就新，宁忘怀乎？’帝曰：‘无方，为我持后！’无方舍吹持后履。久之，风霁。后泣曰：‘帝恩我，使我仙去不得。’怅然曼啸，泣数行下。帝益愧爱后，赐无方千万，入后房闼。他日，宫姝幸者或襞(音必)裙为绉，号曰留仙裙。”又《杨太真外传》：“上在百花院便殿，因览《汉成帝内传》，时妃子后至，以手整上衣领，曰：‘看何文书？’上笑曰：‘莫问。知则又殢(音替，纠缠)人。’觅去，乃是：‘汉成帝获飞燕，身轻欲不胜风。恐其飘翥，帝为造水晶盘，令宫人掌之而歌舞。又制七宝避风台，间以诸香，安于上，恐其四肢不禁也。’”参见《拾遗记》卷六。

凌烟阁，封建王朝为表彰功臣而建筑的高阁，绘有功臣画像。《大唐新语·褒锡》：“贞观十七年，太宗图画太原倡义及秦府功臣赵公长孙无忌、河间王孝恭、蔡公杜如晦、郑公魏徵、梁公房玄龄、申公高士廉、鄂公尉迟敬德、郧公张亮、陈公侯君集、卢公程知节、永兴公虞南(即虞世南)、渝公刘政会、莒公唐俭、英公李勣、胡公秦叔宝等二十四人于凌烟阁。太宗亲为之赞，褚遂良题阁，阎立本画。及侯君集谋反伏诛，太宗与之诀，流涕谓之曰：'吾为卿不复上凌烟阁矣！'"又《旧唐书·太宗纪下》："（贞观十七年春正月）戊申，诏图画司徒、赵国公无忌等勋臣二十四人于凌烟阁。"

碧鸡坊里神仙至，朱雀桥边士子游。

碧鸡坊，街巷名，在今四川省成都市。古成都有坊一百二十，第四坊名曰"碧鸡坊"。《汉书·郊祀志下》："或言益州有金马碧鸡之神，可醮祭而致，于是遣谏大夫王褒使持节而求之。"颜师古注："如淳曰：'金形似马，碧形似鸡。'"又《后汉书·西南夷传》："青蛉县禺同山有碧鸡金马，光景时时出见。"李贤注："禺同山在今褒州杨波县。王褒《碧鸡颂》曰：'持节使王褒谨拜南崖，敬移金精神马、缥碧之鸡，处南之荒。深溪回谷，非土之乡。归来归来，汉德无疆。兼乎唐虞，泽配三皇。'《华阳国志》曰：'碧鸡光景，人多见之。'《前书音义》曰：'金形似马，碧形似鸡也。'"

朱雀桥，即朱雀桁，在今江苏省南京市。东晋时王导、谢安等豪门世族聚居在朱雀桥附近的乌衣巷。唐刘禹锡《乌衣巷》诗："朱雀桥边野草花，乌衣巷口夕阳斜。旧时王谢堂前燕，飞入寻常百姓家。"

浣花溪上草堂，最是杜公乐地；至道坊间土窟，更为司马胜居。

草堂，杜甫于唐肃宗乾元二年底到达成都，次年在西郊浣花溪营建草堂定居。《旧唐书·文苑传下·杜甫》："甫于成都浣花里种竹植树，结庐枕江，纵酒啸咏，与田畯野老相狎荡，无拘检。"又南宋陆游《老学庵笔记》卷一："杜少陵在成都有两草堂，一在万里桥之西，一在浣花，皆见于诗中。万里桥故迹湮没不可见，或云房季可园是也。"〇唐杜甫《寄题江外草堂》诗："遭乱到蜀江，卧疴遣所便。诛茅初一亩，广地方连延。经营上元始，断手宝应年。"又杜甫《卜居》诗："浣花流水水西头，主人为卜林塘幽。"

《麈史》卷下："熙宁间，王拱辰即洛之道德坊营第甚侈，中堂起屋三层，上曰'朝元阁'。时司马光亦居洛，于私居穿地丈余，作'壤室'。邵尧夫见富郑公（富弼），问新事。尧夫曰：'近有一巢居，一穴处者。'遂以二公对。富大笑。"又《朱子语类》卷一三八："王拱辰作高楼，温公作土室，时人语云：'一人钻天，一人入地。'康节谓富公云：'比有怪事：一人巢居，一人穴处。'"

器　用

一人之所需，百工斯为备。

此句谓一个人所需要的生活资料，需要各种行业的制作供应才能具备。《孟子·滕文公上》："且一人之身，而百工之所为备。如必自为而后用之，是率天下而路也。"

但用则各适其用，而名则每异其名。

此句谓各种器具用途不同，名称自然也不一样。《论语·为政》："子曰：'君子不器。'"何晏集解："包(咸)曰：'器者各周其用，至于君子，无所不施。'"朱熹集注："器者，各适其用，而不能相通。成德之士，体无不具，故用无不周，非特为一才一艺而已。"

管城子、中书君，悉为笔号；石虚中、即墨侯，皆为砚称。

唐韩愈《毛颖传》略云：毛颖者，中山人也。秦始皇时，蒙将军恬南伐楚，次中山，遂猎。围毛氏之族，拔其豪(双关"毫")，载颖而归，献俘于章台宫，聚其族而加束缚焉。秦皇帝使恬赐之汤沐，而封诸管城，号曰"管城子"，日见亲宠任事。累拜中书令，与上益狎，上尝呼为中书君。今按：此文以笔拟人，后人遂以管城子、中书君为毛笔的别称。

唐文嵩《即墨侯石虚中传》略云：石虚中，字居默，南越高要人也。性好山水，隐遁不仕。因采访使遇之于端溪，遂命博士金渐之规矩磨砻，不日不月，果然业就。虚中器度方员，皆有边岸，性格谨默，中心坦然，若汪汪万顷之量也。采访使以闻于省司，考试之。有司以荐于上，上授之文史，登台省，处右职。上利其器用，嘉其谨默，诏命常侍御案之右，以备濡染。因累勋绩，封为即墨侯。虚中与宣城毛元锐、燕人易元光、华阴楮知白，常侍上左右，皆同出处。时人号为相须之友。今按：毛元锐即笔；易元光即墨；楮知白即纸；所言地名皆当时笔墨纸砚的著名产地。该文以砚拟人，犹《毛颖传》之以笔拟人，后因称砚为"即墨侯""石虚中"。

墨为松使者，纸号楮先生。

《云仙杂记》卷一引《陶家瓶余事》："玄宗御案墨，曰龙香剂。一日，见墨上有小道士，如蝇而行。上叱之，即呼万岁，曰：'臣即墨之精，黑松使者也。凡世人有文者，其墨上皆有龙宾十二。'上神之，乃以墨分赐掌文官。"

楮先生，纸的别称。楮树，亦称"穀树"，皮可制纸。《毛颖传》："颖与绛人陈玄、弘农陶泓及会稽褚（楮之谐音）先生友善，相推致，其出处必偕。上召颖，三人者不待诏辄俱往，上未尝怪焉。"今按：据《新唐书·地理志》，河东道绛州绛郡土贡有墨，河南道虢州弘农郡土贡有瓦砚，江南道越州会稽郡土贡有纸。墨以年陈色黑者为佳，故拟名"陈玄"；瓦砚为陶制，泓为水下深貌，像砚池，故拟称"陶泓"；桑皮纸以楮树皮制成，又汉时续《史记》的褚少孙称"褚先生"，故借名用之。后世遂以"陈玄""陶泓""楮先生"为墨、砚、纸之别名。

纸曰剡藤，又曰玉版；墨曰陈玄，又曰龙剂。

剡（音善）藤，剡溪出产的古藤，可以造纸，久负盛名，因称名纸为"剡藤""剡纸"。唐舒元舆《悲剡溪古藤文》略云：剡溪上绵四五百里，多古藤，株枿（蘖）逼土。虽春入土脉，他植发活，独古藤气候不觉，绝尽生意。予以为本乎地者，春到必动，此藤亦本于地，方春且有死色。遂问溪上人，有道者言："溪中多纸工，刀斧斩伐无时，擘剥皮肌以给其业。"……异日过数十百郡，洎东雒西雍，历见言书文者，皆以剡纸相夸。又《唐国史补》卷下："纸则有越之剡藤、苔笺，蜀之麻面、屑末、滑石、金花、长麻、鱼子、十色笺，扬之六合笺，韶之竹笺，蒲之白薄、重抄，临川之滑薄。又宋亳间有织成界道绢素，谓之乌丝栏、朱丝栏，又有茧纸。"〇玉版，亦作"玉板"，一种光洁匀厚的精良宣纸。元代费著《蜀笺谱》："今天下皆以木肤为纸，而蜀中乃尽用蔡伦法。笺纸有玉板，有贡余，有经屑，有表光。玉板、贡余，杂以旧布破履乱麻为之。"又北宋苏轼《六观堂老人草书》诗："苍鼠奋髯饮松腴，剡藤玉版开雪肤。"

陈玄，墨之别称。注详见《器用》"纸号楮先生"条。〇龙剂，即龙香剂。注详见《器用》"墨为松使者"条。

共笔砚，同窗之谓；付衣钵，传道之称。

共笔砚，共用笔砚，指共桌同塾的同学，犹"同砚席"。《齐东野语》卷六："后又见初虞世所集《养生必用方》，戒人不可妄服金虎碧霞丹，乃详载其说云：状元王俊民，字康侯，为应天府发解官，得狂疾，于贡院中尝对一石碑呼叫不已，碑石中若有应之者，亦若康侯之奋怒也。病甚不省，觉，取书册中交股刀自裁及寸，左右抱持之，遂免。出试院未久，疾势亦已平复。予与康侯有父祖乡曲之旧，又自童稚共笔砚，嘉祐中，同试于省场，传闻可骇，亟自汶挐舟抵彭城。时十月尽矣，康侯亦起居饮食如故，但愔愔不乐，或云：'平生自守如此，乃有此疾。'予亦多方开慰。"又《汉书·佞幸传》："宣帝时，侍中中郎将张彭祖少与帝微时同席研(砚)书，及帝即尊位，彭祖以旧恩封阳都侯，出常参乘，号为爱幸。其人谨敕，无所亏损，为其小妻所毒薨，国除。"

衣钵(音波)，指佛教僧尼的袈裟和食器。中国禅宗自初祖达摩至六祖慧能师徒间传法，付衣钵为信证，称为"衣钵相传"。后借指师传的学问、技艺。《旧唐书·方伎传·神秀》："昔后魏末，有僧达摩者，本天竺王子，以护国出家，入南海，得禅宗妙法，云自释迦相传，有衣钵为记，世相付授。达摩赍衣钵航海而来……达摩传慧可，慧可尝断其左臂，以求其法；慧可传璨；璨传道信；道信传弘忍。"

笃志业儒，曰磨穿铁砚；弃文就武，曰安用毛锥。

铁砚，生铁制成之砚。《新五代史·桑维翰传》："桑维翰字国侨，河南人也。为人丑怪，身短而面长，常临鉴以自奇曰：'七尺之身，不如一尺之面。'慨然有志于公辅。初举进士，主司恶其姓，以'桑''丧'同音。人有劝其不必举进士，可以从佗(他)求仕者，维翰慨然，乃著《日出扶桑赋》以见志。又铸铁砚以示人曰：'砚弊则改而佗仕。'卒以进士及第。"

毛锥，毛笔。以束毛为笔，形状如锥，故称。《新五代史·史弘肇传》："周太祖出镇魏州，弘肇议带枢密行，苏逢吉、杨邠以为不可，弘肇恨之。明日，会饮窦贞固第，弘肇厉声举爵属太祖曰：'昨日廷论，何为异同？今日与公饮此。'逢吉与邠亦举大爵曰：'此国家事也，何必介意乎！'遂俱饮釂(音叫)。弘肇曰：'安朝廷，定祸乱，直须长枪大剑，若"毛锥子"安足用哉？'三司使王章曰：'无"毛锥子"，军赋何从集乎？''毛锥子'，盖言笔也。弘肇默然。"

剑有干将、镆铘之名，扇有仁风、便面之号。

镆铘，亦作"莫邪""莫耶"。东汉赵晔《吴越春秋·阖闾内传》略云：干将者，吴人也，与欧冶子同师，俱能为剑。越前来献三枚，阖闾得而宝之，以故使剑匠作为二枚，一曰干将，二曰莫耶。莫耶，干将之妻也。干将作剑，采五山之铁精、六合之金英，候天伺地，阴阳同光，百神临观，天气下降，而金铁之精不销沦流。……于是干将妻乃断发剪爪，投于炉中，使童男童女三百人鼓橐装炭，金铁乃濡，遂以成剑。阳曰干将，阴曰莫耶。阳作龟文(龟背的纹理)，阴作漫理(无规则的纹理)。

仁风，扇之别称。《世说新语·言语》："袁彦伯为谢安南司马，都下诸人送至濑乡。将别，既自凄惘，叹曰：'江山辽落，居然有万里之势。'"刘孝标注引《续晋阳秋》曰："袁宏字彦伯，陈郡人，魏郎中令焕六世孙也。……太傅谢安赏宏机捷辩速，自吏部郎出为东阳郡，乃祖之于冶亭，时贤皆集。安欲卒迫试之，执手将别，顾左右取一扇而赠之。宏应声答曰：'辄当奉扬仁风，慰彼黎庶。'合坐叹其要捷。性直亮，故位不显也。在郡卒。"〇便（音变）面，用来遮面的扇状物。后来也称团扇、摺扇为便面。《汉书·张敞传》："然敞无威仪，时罢朝会，过走马章台街，使御吏驱，自以便面拊马。"颜师古注："便面，所以障面，盖扇之类也。不欲见人，以此自障面则得其便，故曰便面，亦曰屏面。今之沙门所持竹扇，上袤平而下圆，即古之便面也。"

何谓箑，亦扇之名；何谓籁，有声之谓。

箑（音霎），扇子。箑称扇，由萐莆（音霎抚）而来。萐莆，亦作"萐甫""萐脯"等，瑞草名。《方言》卷五："扇，自关而东谓之箑，自关而西谓之扇。"〇《白虎通·封禅》："萐莆者，树名也。其叶大于门扇，不摇自扇，于饮食清凉，助供养也。"又《宋书·符瑞志下》："萐甫，一名倚扇，状如蓬，大枝叶小，根根如丝，转而成风，杀蝇。尧时生于厨。"亦见于《论衡·是应》。

籁，孔穴里发出的声音，泛指声响。《庄子·齐物论》略云：南郭子綦谓颜成子游曰："女闻人籁而未闻地籁，女闻地籁而未闻天籁夫！"……子游曰："地籁则众窍是已，人籁则比竹是已。敢问天籁。"子綦曰："夫吹万不同，而使其自已也，咸其自取，怒者其谁邪！"今按：人籁是指人吹箫管笙竽等发出的声音，地籁是指风吹各种窍孔发出的声音，天籁是指各物因其各己的自然状态而自鸣。

小舟名蚱蜢，巨舰曰艨艟。

蚱蜢，蝗虫类，借为船名，形容船小。亦作"舴艋（音责猛）"。《广雅·释水》："舴艋，舟也。"王念孙疏证："《玉篇》：'舴艋，小舟也。'小舟谓之舴艋，小蝗谓之蚱蜢，义相近也。"又唐李贺《南园十三首》诗其九："泉沙软卧鸳鸯暖，曲岸回篙舴艋迟。"又南宋李清照《武陵春》词："只恐双溪舴艋舟，载不动，许多愁。"

艨艟（音盟充），亦作"艨冲""蒙冲"，古代战船。《释名·释船》："外狭而长曰艨冲，以冲突敌船也。"又《资治通鉴》卷六五："刘表治水军，蒙冲斗舰乃以千数。"胡三省注："杜佑曰：'蒙冲，以生牛皮蒙船覆背，两厢开掣棹孔，左右有弩窗、矛穴，敌不得近，矢石不能败。'"又南宋朱熹《泛舟》诗："昨夜江边春水生，艨艟巨舰一毛轻。向来枉费推移力，此日中流自在行。"

金根是皇后之车，菱花乃妇人之镜。

金根车，秦、汉时饰车以金，作为乘舆，故名。《古今注·舆服》："金根车，秦制也。秦并天下，阅三代之舆服，谓殷得瑞山车，一曰金根车，故因作金根之车。秦乃增饰而乘御焉，汉因而不改。"又《后汉书·舆服志上》："太皇太后、皇太后法驾，皆御金根，加交络帐裳。"

菱花，古代以铜为镜，映日则发光影如菱花，故名。此说见《埤雅·释草》："旧说，镜谓之菱华（花），以其面平，光影所成如此。"庾信《镜赋》"照日则壁上菱生"，即指此。镜背刻有菱花的六角形铜镜，亦称"菱镜""菱花"，《飞燕外传》所云"七出菱花镜一奁"，即指此。后世诗文中常以菱花作为镜的代称。唐李白《代美人愁镜二首》诗其二："狂风吹却妾心断，玉箸并堕菱花前。"

银凿落原是酒器，玉参差乃是箫名。

银凿落，银酒杯。凿落，亦作"凿络"，以镌镂金银为饰的酒盏。唐白居易《送春》诗："银花凿落从君劝，金屑琵琶为我弹。"又《海录碎事》卷六："湘楚人以盏斝（音甲）中镌镂金渡者为金凿络。"

玉参差，镶玉的排箫。一说：玉笙。参差，无底的排箫。相传为舜所造，像凤翼参差不齐，故名。《楚辞·九歌·湘君》："望夫君兮未来，吹参差兮谁思。"王逸注："参差，洞箫也。"又《风俗通义校注·声音》："谨按：《尚书》：'舜作，箫韶九成，凤皇来仪。'其形参差，像凤之翼，十管，长一尺。"又南宋姜夔《寄田郎》诗："剪烛屡呼金凿落，倚窗闲品玉参差。"

刻舟求剑，固而不通；胶柱鼓瑟，拘而不化。

刻舟求剑，比喻拘泥成法而不讲实际。《吕氏春秋·慎大览·察今》："楚人有涉江者，其剑自舟中坠于水，遽契其舟，曰：'是吾剑之所从坠。'舟止，从其所契者入水求之。舟已行矣，而剑不行，求剑若此，不亦惑乎？"

胶柱鼓瑟，鼓瑟者转动弦柱，以调节音之高低，如以胶粘其柱，则音节无从调节。比喻拘泥固执，不知变通。注详见《人事》"不知通变，曰徒读父书"条。

斗筲言其器小，梁栋谓是大材。

斗、筲，都是容量很少的量器。比喻人之才识短浅，器量狭小。《论语·子路》："子曰：'噫！斗筲之人，何足算也。'"朱熹集注："噫，心不平声。斗，量名，容十升。筲，竹器，容斗二升。斗筲之人，言鄙细也。算，数也。”

梁栋，即栋梁，房屋的大梁。比喻能担负国家重任的人。《世说新语·赏誉》：“庾子嵩（庾敳）目和峤：‘森森如千丈松，虽磊砢有节目，施之大厦，有栋梁之用。’”又《晋书·庾敳传》：“敳（音皑）有重名，为缙绅所推，而聚敛积实，谈者讥之。都官从事温峤奏之，敳更器峤，目峤森森如千丈松，虽礧砢（音雷裸）多节，施之大厦，有栋梁之用。”今按：因二峤同朝、同名，故此事分属二人；但庾敳与温峤年辈相去殊远，似以属和峤为是。

铅刀无一割之利，强弓有百石之名。

《世说新语·仇隙》：“王大将军执司马愍王，夜遣世将载王于车而杀之，当时不尽知也。”刘孝标注：“《晋阳秋》曰：司马丞字元敬，谯王逊子也，为中宗湘州刺史。路过武昌，王敦与燕会，酒酣，谓丞曰：‘大王笃实佳士，非将御之才。’对曰：‘焉知铅刀不能一割乎？’”参见《人事》“铅刀竟有一割之能”条。

强弓，需用大力才能拉开的弓。《北史·奚康生传》：“后梁郁州遣军主徐济寇边，康生破禽之。时梁闻康生能引强弓，故特作大弓两张，长八尺，把中围尺有二寸，箭粗殆如今之长笛，送与康生。康生便集文武，用之平射，犹有余力。观者以为绝伦。弓即表送，置之武库。”亦见于《魏书·奚康生传》。○百石（音但），古人在计量弓力时，往往使用石、钧、斗、斤等重量单位，百石之力是夸张说法，借以代指强弓。石，重量单位（其绝对重量各个朝代不一），一石为四钧，相当于一百二十斤。《南史·羊侃传》：“侃少雄勇，膂力绝人，所用弓至二十石，马上用六石弓。尝于兖州尧庙蹋（踏）壁，直上至五寻，横行得七迹。泗桥有数石人，长八尺，大十围。侃执以相击，悉皆破碎。”亦见于《梁书·羊侃传》，作“所用弓至十余石”。今按：有版本作“强弓有六石之名”，与羊侃事相契合；此处言“百石”，乃夸大之辞。

杖以鸠名，因鸠喉之不噎；钥同鱼样，取鱼目之常醒。

鸠杖，杖端刻有鸠形的拐杖。《后汉书·礼仪志中》：“仲秋之月，县道皆案户比民。年始七十者，授之以王杖，餔之糜粥。八十九十，礼有加赐。王杖长九尺，端以鸠鸟为饰。鸠者，不噎之鸟也。欲老人不噎。是月也，祀老人星于国都南郊老人庙。”又《太平御览》卷九二一引《风俗通》：“俗说高祖与项羽战，败于京索，遁藂（音丛）薄中。羽追求之时，鸠正鸣其上，追者以鸟在无人，遂得脱。后及即位，异此鸟，故作鸠杖，以赐老者。”

《类说》卷一一引唐丁用晦《芝田录》：“门钥必以鱼者，取其不瞑目守夜之义。”

兜鍪系是头盔，叵罗乃为酒器。

兜鍪（音谋），战士戴的头盔。古时称“胄”，秦汉以后叫“兜鍪”。《后汉书·袁绍传》：“绍在后十数里，闻（公孙）瓒已破，发鞍（卸下马鞍）息马，唯卫帐下强弩数十张，大戟士百许人。瓒散兵二千余骑卒至，围绍数重，射矢雨下。田丰扶绍，使却入空垣。绍脱兜鍪抵地，曰：‘大丈夫当前斗死，而反逃垣墙间邪？’促使诸弩竞发，多伤瓒骑。众不知是绍，颇稍引却。会鞠义来迎，骑乃散退。”又《三国志·吴书·太史慈传》略云：扬州刺史刘繇与慈同郡，慈自辽东还，未与相见，暂渡江到曲阿见繇，未去，会孙策至。……时独与一骑卒遇策。策从骑十三，皆韩当、宋谦、黄盖辈也。慈便前斗，正与策对。策刺慈马，而揽得慈项上手戟，慈亦得策兜鍪。会两家兵骑并各来赴，于是解散。慈当与繇俱奔豫章，而遁于芜湖，亡入山中，称丹杨太守。是时，策已平定宣城以东，惟泾以西六县未服。慈因进住泾县，立屯府，大为山越所附。策躬自攻讨，遂见囚执。策即解缚，捉其手曰：“宁识神亭时邪？若卿尔时得我云何？”慈曰：“未可量也。”策大笑曰：“今日之事，当与卿共之。”即署门下督，还吴授兵，拜折冲中郎将。

叵罗，古代酒器，敞口的浅杯。《北齐书·祖珽传》：“（珽）性不羁放纵，曾至胶州刺史司马世云家饮酒，遂藏铜叠二面。厨人请搜诸客，果于珽怀中得之，见者以为深耻。……后为神武（高欢）中外府功曹，神武宴僚属，于坐失金叵罗，窦泰令饮酒者皆脱帽，于珽髻上得之，神武不能罪也。”又唐李白《对酒》诗：“蒲萄酒，金叵罗，吴姬十五细马驮。”

短剑名匕首，毡毯曰氍毹。

匕首，一种以刺为主兼能砍击的短兵器。形制似剑，但比剑短；其首像匕（古代食器，类似于今天的羹匙），故名。《史记·刺客列传》：“曹沫者，鲁人也，以勇力事鲁庄公。庄公好力。曹沫为鲁将，与齐战，三败北。鲁庄公惧，乃献遂邑之地以和。犹复以为将。齐桓公许与鲁会于柯而盟。桓公与庄公既盟于坛上，曹沫执匕首劫齐桓公，桓公左右莫敢动。”司马贞索隐：“刘氏云：‘匕首，短剑也。’《盐铁论》以为长尺八寸，其头类匕，故云‘匕首’也。”

氍毹（音渠俞），毛织的地毯。《三国志·魏书·乌丸鲜卑东夷传》：“评曰：‘史、汉著朝鲜、两越，东京撰录西羌。魏世匈奴遂衰，更有乌丸、鲜卑，爰及东夷，使译时通，记述随事，岂常也哉！’”裴松之注：“《魏略·西戎传》曰：‘（大秦国）有织成细布，言用水羊毳（音翠，细毛），名曰海西布。此国六畜皆出水，或云非独用羊毛也，亦用木皮或野茧丝作，织成氍毹、毾㲪（音榻登）、罽（音季）帐之属皆好，其色又鲜于海东诸国所作也。'"又《古乐府诗·陇西行》："请客北堂上，坐客毡氍毹。"

琴名绿绮、焦桐，弓号乌号、繁弱。

西晋傅玄《琴赋序》："齐桓公有鸣琴曰号钟，楚庄有鸣琴曰绕梁，中世司马相如有绿绮，蔡邕有焦尾，皆名器也。"○《搜神记》卷一三："汉灵帝时，陈留蔡邕以数上书陈奏，忤上旨意，又内宠恶之，虑不免，乃亡命江海，远迹吴会。至吴，吴人有烧桐以爨者，邕闻火烈声，曰：'此良材也。'因请之，削以为琴，果有美音。而其尾焦，因名焦尾琴。"亦见于《后汉书·蔡邕传》。

《史记·封禅书》："黄帝采首山铜，铸鼎于荆山下。鼎既成，有龙垂胡髯下迎黄帝。黄帝上骑，群臣后宫从上者七十余人，龙乃上去。余小臣不得上，乃悉持龙髯，龙髯拔，堕，堕黄帝之弓。百姓仰望黄帝既上天，乃抱其弓与胡髯号，故后世因名其处曰鼎湖，其弓曰乌号。"又《淮南子·原道训》："射者扞乌号之弓，弯棋卫之箭。"高诱注："扞，张也。弯，引也。棋，美箭所出地名也。卫，利也。乌号，桑柘，其材坚劲，乌峙其上，及其将飞，枝必桡下，劲能复巢，乌随之，乌不敢飞，号呼其上。伐其枝以为弓，因曰乌号之弓也。一说黄帝铸鼎于荆山鼎湖，得道而仙，乘龙而上，其臣援弓射龙，欲下黄帝，不能也。乌，於(音鸣)也；号，呼也。于是抱弓而号。因名其弓为乌号之弓也。"○《左传·定公四年》："分鲁公以大路、大旂，夏后氏之璜，封父之繁弱。"杜预注："封父，古诸侯也。繁弱，大弓名。"又《荀子·性恶》："繁弱、钜黍，古之良弓也；然而不得排檠(音擎)，则不能自正。"杨倞注："繁弱，封父之弓。《左传》曰：'封父之繁弱。'钜与拒同，黍当为来。《史记》苏秦说韩王曰：'溪子、少府时力、距来。'司马贞云：'言弓弩势劲，足以拒于来敌也。'排檠，辅正弓弩之器。"

香炉曰宝鸭，烛台曰烛奴。

宝鸭，古时香炉常作为鸭形，故名。唐孙鲂《夜坐》诗："划多灰杂苍虬迹，坐久烟消宝鸭香。"

烛奴，烛台、灯台。《开元天宝遗事》卷上："申王亦务奢侈，盖时使之然。每夜宫中与诸王贵戚聚宴，以龙檀木雕成独发(一作"烛跋")童子，衣以绿衣袍，系之束带，使执画烛，列立于宴席之侧，目为烛奴。诸宫贵戚之家皆效之。"

龙涎、鸡舌，悉是香名；鹢首、鸭头，别为船号。

龙涎，亦称"龙泄"，香名，因出于海上而得名，实为抹香鲸肠胃的病态分泌物，类似结石。南宋周去非《岭外代答》卷七："大食西海多龙，枕石一睡，涎沫浮水，积而能坚。鲛人探之以为至宝。新者色白，稍久则紫，甚久则黑。因至番禺尝见之，不熏不莸，似浮石而轻也。人云龙涎有异香，或云龙涎气腥能发众香，皆非也。龙涎于香本无损益，但能聚烟耳。和香而用真龙涎，焚之一铢，翠烟浮空，结而不散，座客可用一翦分烟缕。此其所以然者，蜃气楼台之余烈也。”又南宋张世南《游宦纪闻》卷七：“诸香中，龙涎最贵重，广州市直，每两不下百千，次等亦五、六十千，系蕃中禁榷之物，出大食国。近海傍常有云气罩山间，即知有龙睡其下。或半载，或二、三载，土人更相守视。俟云散，则知龙已去，往观必得龙涎，或五、七两，或十余两，视所守人多寡均给之，或不平，更相仇杀。或云：‘龙多蟠于洋中大石，卧而吐涎，鱼聚而嚼(衔)之，土人见则没而取焉。’又一说，大洋海中有涡旋处，龙在下。涌出其涎，为太阳所烁则成片，为风飘至岸，人则取之纳官。予尝叩泉广合香人，云：‘龙涎入香，能收敛脑麝气，虽经数十年，香味仍在。’”〇鸡舌，香名，以其形似丁子，故又名“丁子香”，即今丁香。汉代三省故事，郎官日含鸡舌香，欲其奏事对答，气味芬芳。《初学记》卷一一引应劭《汉官仪》：“尚书郎含鸡舌香，伏奏事，黄门郎对揖跪受，故称尚书郎怀香握兰，趋走丹墀。”又《金楼子》卷五：“有树名独根，分为二枝，其东向一枝是木威树，南向一枝是橄榄树。扶南国今众香皆共一木，根是旃檀，节是沉香，花是鸡舌，叶是霍香，胶是薰陆。”今按：明方以智《物理小识》卷八认为《金楼子》“一木四香”说法为讹。

鹢(音益)首，古代画鹢鸟于船头，故称船首为“鹢首”，亦泛指船。《淮南子·本经训》：“龙舟鹢首，浮吹以娱。”高诱注：“龙舟，大舟也，刻为龙文。鹢，大鸟也，画其像著船头，故曰鹢首。”又《西京赋》：“于是命舟牧，为水嬉。浮鹢首，翳云芝。”薛综注：“船头象鹢鸟，厌水神，故天子乘之。翳，覆也，为画芝草及云气，以为船覆饰也。”〇鸭头，船首作鸭头状的大船。《太平御览》卷七七〇引周处《风土记》：“晨凫，即青桐大船名，诸葛恪所造鸭头船也。”

寿光客是妆台无尘之镜，长明公是梵堂不灭之灯。

寿光客，即寿光先生。唐司空图作《容成侯传》，以镜拟人，托名容成侯，号为寿光先生，后世遂称镜子为“容成侯”“寿光客”。《容成侯传》略云：容成侯金炯者，本蜀郡严道人。……太史公曰：“炯之远祖，当轩辕时以化服于祝融氏，得荐于上，能强记天象地形草木虫介万殊之状，皆视诸掌握，盖其术亦规模于洪范耳。物怪遇之，莫不惴息。自废后，益亲幸，上晨兴，必先至，则与冠冕者偕进，号为寿光先生。不名也。子孙稍下衰，然流寓太原者始尚玄，亦以精炼见重。观炯虽任用，兢兢惟恐失坠，不善晦匿，果为邪丑所嫉，几不能免。噫！大雅君子，既明且哲，以保其身，难矣哉！”

长明公，即长明灯，亦作“无尽灯”。佛教供灯，置放于佛像前，昼夜长明不熄，故称。《太平广记》卷三七三引《纂异记》略云：进士杨祯家于渭桥。以居处繁杂，颇妨肄业。乃诣昭应县，长借石瓮寺文殊院。居旬余，有红裳既夕而至。容色姝丽，姿华动人。祯曰：“可闻姓氏乎？”“某，燧人氏之苗裔也。始祖有功烈于人，乃统丙丁，镇南方。复以德王神农、陶唐氏，后又王于西汉，因食采于宋。远祖无忌，以威猛暴耗，人不可亲，遂为白泽氏所执。今樵童牧竖得以知名。汉明帝时，佛法东流，摩胜、竺法兰二罗汉奏请某十四代祖，令显扬释教，遂封为长明公。魏武季年，灭佛法，诛道士，而长明公幽死。魏文嗣位，佛法重兴，复以长明公世子袭之。至开元初，玄宗治骊山，起华清宫，作朝元阁，立长生殿，以余材因修此寺。群像既立，遂设东幢。帝与妃子，自汤殿宴罢，微行佛庙，礼陁伽竟，又命立西幢，遂封某为西明夫人。因赐琥珀膏，润于肌骨；设珊瑚帐，固予形貌。于是选生（应作“巽生”，即风）及蛾，即不复强暴矣。”又曰：“某所能者，大则铄金为五兵，为鼎鼐钟镛；小则化食为百品，为炮燔烹炙。动即煨山岳而烬原野，静则烛幽暗而破昏蒙。”归半年，家童归，告祯乳母。母乃潜伏于佛榻，俟明以观之。果自隙而出，入西幢，澄澄一灯矣。因扑灭，后遂绝红裳者。

桔槔是田家之水车，袯襫是农夫之雨具。

桔槔（音杰高），亦作“桔皋”，俗称“吊杆”，井上汲水的工具。在井旁架上设一杠杆，一端系汲器，一端悬、绑石块等重物，用不大的力量即可将灌满水的汲器提起。《庄子·天地》：“子贡南游于楚，反于晋，过汉阴，见一丈人方将为圃畦，凿隧而入井，抱瓮而出灌，搰搰（音胡，用力貌）然用力甚多而见功寡。子贡曰：‘有械于此，一日浸百畦，用力甚寡而见功多，夫子不欲乎？’为圃者仰而视之曰：‘奈何？’曰：‘凿木为机，后重前轻，挈（提）水若抽，数（速）如泆（溢）汤，其名为槔。’为圃者忿然作色而笑曰：‘吾闻之吾师，有机械者必有机事，有机事者必有机心。机心存于胸中，则纯白不备；纯白不备，则神生不定；神生不定者，道之所不载也。吾非不知，羞而不为也。’”又《庄子·天运》：“且子独不见夫桔槔者乎？引之则俯，舍之则仰。”

袯襫（音博式），雨具，即蓑衣。《国语·齐语》：“脱衣就功，首戴茅蒲，身衣袯襫，沾体涂足，暴其发肤，尽其四支之敏，以从事于田野。”韦昭注：“茅蒲，簦笠也。袯襫，蓑襞衣也。”又唐陆龟蒙《奉和袭美添渔具五篇》诗其三《蓑衣》：“山前度微雨，不废小涧渔。上有青袯襫，下有新腒疏。”

乌金，炭之美誉；忘归，矢之别名。

乌金，煤及木炭的别称。明于谦《咏煤炭》诗："凿开混沌得乌金，藏畜阳和意最深。"

忘归，良箭名。以一去不复返，故称。三国魏曹植《七启》："捷忘归之矢，秉繁弱之弓。"李善注："《新序》(今本无)曰：'楚王载繁弱之弓、忘归之矢，以射随兕于云梦也。'"又三国魏嵇康《赠秀才入军五首》诗其一："左揽繁弱，右接忘归。"李周翰注："繁弱，弓名。忘归，矢名。"

夜可击，朝可炊，军中刁斗；云汉热，北风寒，刘褒画图。

刁斗，古代行军用具。形状大小似斗，有柄，铜质；白天用作炊具，晚上击以巡更。《史记·李将军列传》："及出击胡，而广行无部伍行陈，就善水草屯，舍止，人人自便，不击刁斗以自卫。"裴骃集解："孟康曰：'以铜作鐎(音焦)器，受一斗，昼炊饭食，夜击持行，名曰刁斗。'"司马贞索隐："荀悦云：'刁斗，小铃，如宫中传夜铃也。'"

唐张彦远《历代名画记》卷四引孙畅之《述画记》及张华《博物志》(今本无)："刘褒，汉桓帝时人。曾画云汉图，人见之觉热；又画北风图，人见之觉凉。官至蜀郡太守。"亦见于《太平广记》卷二一〇引张华《博物志》。

勉人发愤，曰猛著祖鞭；求人宥罪，曰幸开汤网。

祖鞭，亦作"祖生鞭"，比喻勉人努力进取。《晋书·刘琨传》："琨少负志气，有纵横之才，善交胜己，而颇浮夸。与范阳祖逖为友，闻逖被用，与亲故书曰：'吾枕戈待旦，志枭(枭首)逆虏，常恐祖生先吾著鞭。'其意气相期如此。"

汤网，亦作"汤罗"，比喻刑政的宽大。《史记·殷本纪》："汤出，见野张网四面，祝曰：'自天下四方，皆入吾网！'汤曰：'嘻，尽之矣！'乃去其三面，祝曰：'欲左，左。欲右，右。不用命，乃入吾网。'诸侯闻之，曰：'汤德至矣，及禽兽。'"

拔帜立帜，韩信之计甚奇；楚弓楚得，楚王所见未大。

《史记·淮阴侯列传》："(韩)信与张耳以兵数万，欲东下井陉击赵。赵王、成安君陈余闻汉且袭之也，聚兵井陉口，号称二十万。……未至井陉口三十里，止舍。夜半传发，选轻骑二千人，人持一赤帜，从间道萆(隐蔽)山而望赵军，诫曰：'赵见我走，必空壁逐我，若疾入赵壁，拔赵旗，立汉赤帜。'令其裨将传飧，曰：'今日破赵会食！'诸将皆莫信，佯应曰：'诺。'谓军吏曰：'赵已先据便地为壁，且彼未见吾大将旗鼓，未肯击前行，恐吾至阻险而还。'信乃使万人先行，出，背水陈。赵军望见而大笑。平旦，信建大将之旗鼓，鼓行出井陉口。赵开壁击之，大战良久。于是信、张耳佯弃鼓旗，走水上军。水上军开入之，复疾战。赵果空壁争汉鼓旗，逐韩信、张耳。韩信、张耳已入水上军，军皆殊死战，不可败。信所出奇兵二千骑，共候赵空壁逐利，则驰入赵壁，皆拔赵旗，立汉赤帜二千。赵军已不胜，不能得信等，欲还归壁，壁皆汉赤帜，而大惊，以为汉皆已得赵王将矣。兵遂乱，遁走，赵将虽斩之，不能禁也。于是汉兵夹击，大破虏赵军，斩成安君泜(音之)水上，禽赵王歇。”

楚弓楚得，比喻虽有所失而利不外溢。《说苑·至公》：“楚共王出猎而遗其弓，左右请求之，共王曰：‘止，楚人遗弓，楚人得之，又何求焉？’仲尼闻之，曰：‘惜乎其不大，亦曰人遗弓、人得之而已，何必楚也！’仲尼所谓大公也。”亦见于《公孙龙子·迹府》《孔子家语·好生》《孔丛子·公孙龙》等。

董安于性缓，常佩弦以自急；西门豹性急，常佩韦以自宽。

佩弦，弓弦常紧绷，故性情迟缓者佩之以自励；佩韦，皮绳性柔韧，故性子急躁者佩之以自戒。后世也称朋友互相规劝为“韦弦”。《韩非子·观行》：“西门豹之性急，故佩韦以自缓；董安于之心缓，故佩弦以自急。”

汉孟敏尝堕甑不顾，知其无益；宋太祖谓犯法有剑，正欲立威。

堕甑不顾，比喻事已过去，不必置意。《后汉书·郭太传》：“孟敏字叔达，钜鹿杨氏人也，客居太原。荷甑堕地，不顾而去。林宗(郭太)见而问其意，对曰：‘甑已破矣，视之何益？’林宗以此异之，因劝令游学。十年知名，三公俱辟，并不屈云。”

《续资治通鉴长编》卷一二：“(宋太祖开宝四年十一月)时内臣有左飞龙使李承进者，逮事后唐，上问曰：‘庄宗以英武定中原，享国不久，何也？’承进曰：‘庄宗好田猎，务姑息将士，每出次近郊，禁兵卫卒必控马首，告曰：“儿郎辈寒冷，望与救接。”庄宗即随其所欲给之。如此非一，失于禁戢，因而兆乱。盖威令不行，赏赉无节也。’上抚髀叹曰：‘二十年夹河战争，取得天下，不能用军法约束此辈，纵其无厌之求，以兹临御，诚为儿戏。朕今抚养士卒，固不吝惜爵赏，若犯吾法，惟有剑耳。’”亦见于《旧五代史·唐书·庄宗纪八》附录邵晋涵《旧五代史考异》引《隆平集》。

王衍清谈，常持麈尾；横渠讲《易》，每拥皋比。

麈(音主)尾，古人所谓麈，本是一种鹿名，《埤雅·释兽》：“麈，似鹿而大，其尾辟尘。”故用其尾做麈尾。其形制是上为羽扇，中为扇柄，柄上贯以横轴，两侧饰以麈尾毛。魏晋名士清谈时常持之，作为助谈之物，故又称“清谈”为“麈谈”。《世说新语·容止》：“王夷甫（王衍）容貌整丽，妙于谈玄，恒捉白玉柄麈尾，与手都无分别。”

横渠，即北宋哲学家、关学创始人张载，学古力行，为关中士人宗师。长期居住凤翔郿县（今宝鸡眉县）横渠镇，故世称“横渠先生”。〇皋比，本指虎皮，古人坐虎皮讲学。后因以指讲席。《宋史·道学传一·张载》：“张载字子厚，长安人。少喜谈兵，至欲结客取洮西之地。年二十一，以书谒范仲淹，一见知其远器，乃警之曰：‘儒者自有名教可乐，何事于兵？’因劝读《中庸》。载读其书，犹以为未足，又访诸释、老，累年究极其说，知无所得，反而求之《六经》。尝坐虎皮讲《易》京师，听从者甚众。一夕，二程至，与论《易》，次日语人曰：‘比见二程，深明《易》道，吾所弗及，汝辈可师之。’撤坐辍讲。与二程语道学之要，涣然自信曰：‘吾道自足，何事旁求。’于是尽弃异学，淳如也。”

尾生抱桥而死，固执不通；楚妃守符而亡，贞信可录。

尾生，一说即微生高，春秋时鲁国人，常用作指代坚守信约之人。此处则谓之固执己见，不知变通，是另一说法。《庄子·盗跖》：“尾生与女子期于梁（桥）下，女子不来，水至不去，抱梁柱而死。”亦见于《战国策·燕策一》《史记·苏秦列传》等。

守符，坚守符信。符，古代朝廷传达命令或征调兵将用的凭证，以金、玉、铜、竹、木等制成。上刻文字或符号，分为两半，使用时以两半相合为验。《列女传·贞顺传》：“贞姜者，齐侯之女，楚昭王之夫人也。王出游，留夫人渐台之上而去。王闻江水大至，使使者迎夫人，忘持其符。使者至，请夫人出。夫人曰：‘王与宫人约令，召宫人必以符。今使者不持符，妾不敢从使者行。’使者曰：‘今水方大至，还而取符，则恐后（晚）矣。’夫人曰：‘妾闻之，贞女之义不犯约，勇者不畏死，守一节而已。妾知从使者必生，留必死，然弃约越义而求生，不若留而死耳！’于是使者反取符，还则水大至，台崩，夫人流而死。王曰：‘嗟夫！守义死节，不为苟生，处约持信，以成其贞。’乃号之曰贞姜。”

温峤昔燃犀，照见水族之鬼怪；秦政有方镜，照见世人之邪心。

燃犀，比喻明烛事物或洞察奸邪。《异苑》卷七：“晋温峤至牛渚矶，闻水底有音乐之声。水深不可测，传言下多怪物，乃燃犀角而照之。须臾，见水族覆（遮盖）火，奇形异状，或乘马车，著赤衣帻。其夜梦人谓曰：‘与君幽明道隔，何意相照耶？'峤甚恶之，未几卒。"亦见于《晋书·温峤传》，作"毁犀角而照之"，毁者，焚烧也。

秦政，即秦始皇，名嬴政。《西京杂记》卷三："高祖初入咸阳宫，周行库府，金玉珍宝，不可称言。……有方镜，广四尺，高五尺九寸，表里有明。人直来照之，影则倒见。以手扪心而来，则见肠胃五脏，历然无硋(碍)。人有疾病在内，则掩心而照之，则知病之所在。又女子有邪心，则胆张心动。秦始皇常以照宫人，胆张心动者，则杀之。高祖悉封闭以待项羽，羽并将以东，后不知所在。"

车载斗量之人，不可胜数；南金东箭之品，实是堪奇。

车载斗量，形容数量很多，不足为奇。《三国志·吴书·吴主传》："遣都尉赵咨使魏。"裴松之注引《吴书》曰："咨字德度，南阳人，博闻多识，应对辩捷，权为吴王，擢中大夫，使魏。魏文帝善之……又曰：'吴如大夫者几人？'咨曰：'聪明特达者八九十人，如臣之比，车载斗量，不可胜数。'咨频载使北，魏人敬异。权闻而嘉之，拜骑都尉。"

南金东箭，古代以南方之金石、东方之竹箭为美物。比喻优秀杰出的人才。竹箭，一种细小坚实可做箭竿的竹子。《尔雅·释地》："东南之美者，有会稽之竹箭焉。……西南之美者，有华山之金石焉。"又《晋书·薛兼传》："兼清素有器宇，少与同郡纪瞻、广陵闵鸿、吴郡顾荣、会稽贺循齐名，号为'五俊'。初入洛，司空张华见而奇之，曰：'皆南金也。'"又《晋书·顾荣纪瞻贺循薛兼传论》："顾、纪、贺、薛等并南金东箭，世胄高门。委质霸朝，豫闻邦政。典宪资其刊辑，帷幄伫其谋猷。望重搢绅，任惟元凯，官成名立，光国荣家。"

传檄可定，极言敌之易破；迎刃而解，甚言事之易为。

传檄可定，指不必出兵征战，只要发出檄文，即可平定敌军。《史记·淮阴侯列传》："信拜礼毕，上坐。王曰：'丞相数言将军，将军何以教寡人计策？'信谢，因问王曰：'今东乡争权天下，岂非项王邪？'汉王曰：'然。'曰：'大王自料勇悍仁强孰与项王？'汉王默然良久，曰：'不如也。'信再拜贺曰：'惟信亦为大王不如也。然臣尝事之，请言项王之为人也。……大王之入武关，秋毫无所害，除秦苛法，与秦民约法三章耳，秦民无不欲得大王王秦者。于诸侯之约，大王当王关中，关中民咸知之。大王失职入汉中，秦民无不恨者。今大王举而东，三秦可传檄而定也。'于是汉王大喜，自以为得信晚。遂听信计，部署诸将所击。"

迎刃而解，碰到刀口就一下切开了。形容解决问题很顺利。《晋书·杜预传》："时众军会议，或曰：'百年之寇，未可尽克。今向暑，水潦方降，疾疫将起，宜俟来冬，更为大举。'预曰：'昔乐毅藉济西一战，以并强齐。今兵威已振，譬如破竹，数节之后，皆迎刃而解，无复著手处也。'遂指授群帅，径造秣陵。所过城邑，莫不束手。议者乃以书谢之。"

以铜为鉴，可正衣冠；以古为鉴，可知兴替。

《新唐书·魏徵传》："帝（唐太宗）后临朝叹曰：'以铜为鉴，可正衣冠；以古为鉴，可知兴替；以人为鉴，可明得失。朕尝保此三鉴，内防己过。今魏徵逝，一鉴亡矣。'"亦见于《贞观政要·任贤》，"鉴"作"镜"。

［新增文］十一联

侧理为纸别号，玄香乃墨佳名。

侧理，纸名，因其纸面上纹路纵横交织，斜侧错落，故称。因所用原料为水苔（藻类），故亦称"苔纸"。《拾遗记》卷九："张华字茂先，挺生聪慧之德，好观秘异图纬之部，捃采天下遗逸，自书契之始，考验神怪，及世间闾里所说，造《博物志》四百卷，奏于武帝。……即于御前赐青铁砚，此铁是于阗国所出，献而铸为砚也；赐麟角笔，以麟角为笔管，此辽西国所献；侧理纸万番，此南越所献。后人言'陟里'，与'侧理'相乱，南人以海苔为纸，其理纵横邪侧，因以为名。帝常以《博物志》十卷置于函中，暇日览焉。"

《云仙杂记》卷六引《纂异记》："（薛）稷又为墨封九锡，拜松燕督护、玄香太守兼亳州诸郡平章事。是日，墨吐异气，结成楼台状。邻里来观，良久乃灭。"

砚彩鲜明，公权曾评鸲眼；笔锋劲健，钟繇惯用鼠须。

鸲眼，亦作"鸲鹆（音渠玉）眼"，指端石上的圆形斑点，其大如五铢钱，小如芥子，形如八哥之眼，外有晕。《事类赋注·什物部一·砚》："点鸲鹆之寒星。"吴淑注："柳公权尝论砚云：'水中石，其色青。山半石，其色紫。山绝顶者尤润，如猪肝色者嘉。其贮水处有赤白黄色点者，世谓之鸲鹆眼；或脉理黄者，谓之金线。'"又南宋朱翌《猗觉寮杂记》卷上："唐人重端石砚，见刘梦得《谢唐秀才惠端州紫石砚》云：'端州石砚人间重。'李贺《青花紫石砚歌》云：'端州匠者巧如神，露天磨剑割紫云。'柳公权《论砚》云：'端溪石为砚至妙，益墨。青紫色者可直千金。水中石其色青，山半石紫，山顶石尤润，如猪肝色者佳。贮水处有赤、白、黄点，世谓鸲鹆眼；脉理黄者谓之金线，相眼之法尽于此。'李贺'青花紫石'者，盖砚之上品也。东坡论许敬宗砚云是端石。敬宗，高宗时人。则唐重此砚，其来久矣。魏道辅《东轩笔录》记端砚三坑，不甚详。"

鼠须，即鼠须笔，用老鼠胡须制作的毛笔。旧题东晋王羲之《笔经》："世传张芝、钟繇用鼠须笔，笔锋劲强有锋芒。余未之信。鼠须用未必能佳，甚难得。"又《事类赋注·什物部一·笔》："白云先生以鼠须而传法。"吴淑注引《世说》曰："王羲之得用笔法于白云先生。先生遗以鼠须笔。又钟繇、张芝亦皆用鼠须笔。"亦见于北宋苏易简《文房四谱·笔谱上》。

匕首一见惊秦王，蝥弧先登降敌国。

《战国策·燕策三》略云：荆轲为燕太子丹刺秦王，得赵人徐夫人之匕首，使工以药淬之，以试人，血濡缕，人无不立死者。轲奉燕国督亢之图求见，藏匕首于图中。秦王发图，图穷而匕首见，因左手把秦王之袖，而右手持匕首揕(音阵，刺)之。未至身，秦王惊，自引而起，绝袖。荆轲逐秦王，秦王还柱而走。遂拔剑以击荆轲，断其左股。荆轲废，乃引其匕首提秦王，不中，中柱。秦王复击轲，被八创。轲自知事不就，倚柱而笑，箕踞以骂。左右既前斩荆轲，秦王目眩良久。亦见于《史记·刺客列传》。

蝥(音矛)弧，春秋诸侯建旗，郑伯旗名"蝥弧"。后借指军旗。《左传·隐公十一年》："秋七月，公会齐侯、郑伯伐许。庚辰，傅于许。颍考叔取郑伯之旗蝥弧以先登。子都自下射之，颠。"杜预注："蝥弧，旗名。"孔颖达疏："《周礼》：'诸侯建旂(旗)，孤卿建旜(旃)。'而《左传》郑有蝥弧、齐有灵姑銔(音丕)，皆诸侯之旗也。赵简子有蜂旗，卿之旗也。其名当时为之，其义不可知也。"

蛇矛龙盾，声雄太乙之坛；紫电青霜，锐比昆吾之剑。

蛇矛龙盾，均为古代兵器名。蛇矛，古代一种矛头似蛇状的长矛，多为骑兵所用。《晋书·刘曜载记》："(陈)安与壮士十余骑于陕中格战，安左手奋七尺大刀，右手执丈八蛇矛，近交则刀矛俱发，辄害五六；远则双带鞬服，左右驰射而走。"又龙盾，绘有龙形之盾。《诗经·秦风·小戎》："龙盾之合，鋈以觼軜(音决纳)。"毛传："龙盾，画龙其盾也。合，合而载之。"○太乙，亦作"太一""泰一"，传说中的天神。《史记·孝武本纪》："其秋，为伐南越，告祷泰一，以牡荆画幡日月北斗登龙，以象天一三星，为泰一锋，名曰'灵旗'。为兵祷，则太史奉以指所伐国。"

紫电青霜，均为古代宝剑名。语出《滕王阁序》“紫电青霜，王将军之武库”。紫电，孙权之宝剑名。《古今注·舆服》：“吴大皇帝有宝刀三，宝剑六：一曰白虹，二曰紫电，三曰辟邪，四曰流星，五曰青冥，六曰百里。刀一曰百炼，二曰青犊，三曰漏景。”又青霜，即刘邦之斩蛇剑。《西京杂记》卷一：“汉帝相传以秦王子婴所奉白玉玺、高帝斩白蛇剑。剑上有七采珠、九华玉以为饰，杂厕五色琉璃为剑匣。剑在室中，光景犹照于外，与挺剑不殊。十二年一加磨莹，刃上常若霜雪。开匣拔鞘，辄有风气，光彩射人。”○昆吾，亦作“锟铻”“琨珸”，古宝剑名。《列子·汤问》：“周穆王大征西戎，西戎献锟铻之剑，火浣之布。其剑长尺有咫，练钢赤刃，用之切玉如切泥焉。火浣之布，浣之必投于火，布则火色，垢则布色，出火而振之，皓然疑乎雪。”又《史记·司马相如列传》：“其石则赤玉、玫瑰、琳珉、琨珸。”司马贞索隐：“《河图》云：‘流州多积石，名琨珸石，炼之成铁，以作剑，光明如水精。’”

为炊必用土锉，汲井应藉辘轳。

土锉，瓦锅，古时蜀人称锅为“挫”。唐杜甫《闻斛斯六官未归》诗：“荆扉深蔓草，土锉冷疏烟。”仇兆鳌注：“《御览》曰：‘《说文》云：“锉，鑹镀也。”《纂文》云：“镀，音副，釜大者曰镀。”’《困学记闻》：‘土锉，乃黔蜀人语。’黄鹤云：‘锉，瓦锅也。’”又《宋史·隐逸传下·苏云卿》：“少与张浚为布衣交，浚为相，驰书函金币属豫章帅及漕曰：‘余乡人苏云卿，管、乐流亚，遁迹湖海有年矣。近闻灌园东湖，其高风伟节，非折简能屈，幸亲造其庐，必为我致之。’帅、漕密物色，曰：‘此独有灌园苏翁，无云卿也。’帅、漕乃屏骑从，更服为游士，入其圃，翁运锄不顾。进而揖之，翁曰：‘二客何从来耶？’延入室，土锉竹几，地无纤尘，案上有《西汉书》一册。二客怳若自失，默计此为苏云卿也。”

辘轳（音鹿卢），利用轮轴原理制成的汲取井水的起重装置。井上竖立井架，上装可用手柄摇转的轴，轴上绕绳索，绳索一端系水桶。摇转手柄，使水桶一起一落，提取井水。北魏贾思勰《齐民要术》卷三：“井，别作桔槔、辘轳。”注：“井深用辘轳，井浅用桔槔。”又《世说新语·排调》：“桓南郡（桓玄）与殷荆州（殷仲堪）语次，因共作了语。……次复作危语。桓曰：‘矛头淅米剑头炊。’殷曰：‘百岁老翁攀枯枝。’顾（恺之）曰：‘井上辘轳卧婴儿。’殷有一参军在坐，云：‘盲人骑瞎马，夜半临深池。’殷曰：‘咄咄逼人！’仲堪眇目故也。”

睡爱珊瑚枕上凹，人情乃尔；饮怜琥珀杯中滑，我意犹然。

唐李绅《长门怨》诗：“珊瑚枕上千行泪，不是思君是恨君。”

唐齐己《对菊》诗：“欲倾琥珀杯浮尔，好把茱萸朵配伊。”

石季龙坐五香席上，李太白卧七宝床中。

石季龙，即十六国时期后赵君主石虎，字季龙。因名犯唐太祖李虎庙讳，故以字行。《初学记》卷二五引晋陆翙《邺中记》："石季龙作席，以金裹五香，杂以五采线，编蒲皮，缘之以锦六采，席所以祭天。"又引汉卫宏《汉旧仪》："祭天，紫坛绀席，六采绮席；祭岳，白菅席。"

唐李阳冰《草堂集序》："天宝中，皇祖下诏，征（李白）就金马，降辇步迎，如见绮、皓。以七宝床赐食，御手调羹以饭之，谓曰：'卿是布衣，名为朕知，非素蓄道义，何以及此！'置于金銮殿，出入翰林中，问以国政，潜草诏诰，人无知者。"亦见范传正《唐左拾遗翰林学士李公新墓碑》。

云绕匡庐，案化葛仙之鹿；浪翻雷泽，梭飞陶母之龙。

匡庐，亦称"匡山"，即庐山。东晋慧远《庐山记》："有匡续先生者，出自殷周之际，遁世隐时，潜居其下。或云，续受道于仙人，而适游其岩，遂托室岩岫，即岩成馆。故时人谓其所止为神仙之庐，而名焉。"又《水经注·庐江水》："《豫章旧志》曰：'庐俗字君孝，本姓匡，父东野王，共鄱阳令吴芮佐汉定天下而亡。汉封俗于鄡（音敲）阳，曰越庐君。俗兄弟七人皆好道术，遂寓精于宫庭之山。故世谓之庐山。汉武帝南巡，睹山以为神灵，封俗大明公。'……又按周景式曰：'庐山匡俗，字子孝，本东里子，出周武王时，生而神灵，屡逃征聘，庐于此山，时人敬事之。俗后仙化，空庐犹存，弟子睹室悲哀，哭之旦暮，事同乌号。世称庐君，故山取号焉。'斯耳传之谈，非实证也。"〇唐杜甫《麂》诗："无才逐仙隐，不敢恨庖厨。"仇兆鳌注："《神仙传》："葛仙翁于女几山学道数十年，登仙，化为白麂，二足时出山上。"又唐李冗《独异志》卷中："《会稽记》：上虞兰室山，葛玄所隐之处，有隐几化为鹿。鹿鸣，即县令有罪。"今按：葛仙，即葛玄，其几案（一作"白桐几"）幻化除上述记载外，另有化为白鹿、白虎等说法，应是一事多传。其几案幻化故事也与庐山无关，可能是因为庐山保留有与葛仙有关的遗迹和传说，而将二者牵合在一起。

雷泽，古代湖泽。本名"雷夏泽"，传说舜帝曾在此捕鱼，在今山东菏泽东北。陶侃"渔于雷泽"之"雷泽"非此处，而是由古雷水形成的大泽，即古雷池一带。〇《晋书·陶侃传》："或云：'侃少时渔于雷泽，网得一织梭，以挂于壁。有顷雷雨，自化为龙而去。'"亦见于《异苑》卷一，"雷泽"作"钓矶山"。今按：龙梭之事本属陶侃，大约织梭多与女子相关，故此处归为陶母，应是误记。

庾老据胡床谈咏，诸佐皆欢；孔明执羽扇指挥，三军用命。

胡床，亦称“交椅”“交床”，一种可以折叠的轻便坐具，由胡地传入，故名。《世说新语·容止》：“庾太尉（亮）在武昌，秋夜气佳景清，使吏（一作“佐吏”）殷浩、王胡之之徒登南楼理咏。音调始遒，闻函道中有屐声甚厉，定是庾公。俄而率左右十许人步来，诸贤欲起避之。公徐云：‘诸君少住，老子于此处兴复不浅。’因便据胡床，与诸人咏谑，竟坐甚得任乐。”亦见于《晋书·庾亮传》。

羽扇，用羽毛做成的扇子。《太平御览》卷七〇二引《语林》：“诸葛武侯（亮）与宣王（司马懿）在渭滨，将战，武侯乘素舆，葛巾白羽扇，指麾三军，三军皆随其进止。”亦见于《太平御览》卷三〇七引《语林》，“白羽扇”作“白毛扇”。

以圣贤为拄杖，却优于九节苍藤；用仁义作剑锋，绝胜于七星白刃。

西汉陆贾《新语·辅政》：“夫居高者自处不可以不安，履危者任杖不可以不固。自处不安则坠，任杖不固则仆。是以圣人居高处上，则以仁义为巢；乘危履倾，则以圣贤为杖。故高而不坠，危而不仆。”〇九节苍藤，用老藤制成的九节拐杖。九节杖，传说中仙人所用的手杖。据南朝梁陶弘景《真诰》云：“杨羲梦蓬莱仙翁，拄赤九节杖而视白龙。”

《盐铁论·论勇》：“言以道德为城，以仁义为郭，莫之敢攻，莫之敢入。文王是也。以道德为胄，以仁义为剑，莫之敢当，莫之敢御。汤、武是也。”又三国魏曹植《征蜀论》：“今将以谋谟为剑戟，以仁义（一作“策略”）为旌旗。师徒不扰，藉力天师。”〇七星白刃，古代兵器。据《吴越春秋》云，伍子胥逃难途中曾携一把宝剑，上有七星北斗，价值百金。

上公膺宠命，已知高坐肩舆；末士少豪雄，可惜倒持手版。

肩舆，亦称“肩舁（音鱼）”“平肩舆”，轿子。东晋及南朝时即盛行。其制为二长竿，中设软椅以坐人。其初舆上无覆盖，后来加覆盖遮蔽物，成为轿舆。《三国志·魏书·钟繇传》：“明帝即位，进封定陵侯，增邑五百，并前千八百户，迁太傅。繇有膝疾，拜起不便。时华歆亦以高年疾病，朝见皆使载舆车，虎贲舁上殿就坐。是后三公有疾，遂以为故事。”

手版，亦作“手板”，即笏，古代官吏上朝或谒见上司时所执，备记事用。《世说新语·雅量》：“桓公伏甲设馔，广延朝士，因此欲诛谢安、王坦之。王甚遽，问谢曰：‘当作何计？’谢神意不变，谓文度曰：‘晋祚存亡，在此一行。’

相与俱前。王之恐状，转见于色。谢之宽容，愈表于貌。望阶趋席，方作洛生咏，讽'浩浩洪流'。桓惮其旷远，乃趣解兵。王、谢旧齐名，于此始判优劣。"刘孝标注："宋明帝《文章志》曰：安能作洛下书生咏，而少有鼻疾，语音浊。后名流多学其咏，弗能及，手掩鼻而吟焉。桓温止新亭，大陈兵卫，呼安及坦之，欲于坐害之。王入失厝(措)，倒执手版，汗流沾衣。安神姿举动不异于常，举目遍历温左右卫士，谓温曰：'安闻诸侯有道，守在四邻，明公何有壁间著阿堵辈？'温笑曰：'正自不能不尔。'于是矜庄之心顿尽，命却左右，促燕行觞，笑语移日。"

珍　宝

山川之精英，每泄为至宝；乾坤之瑞气，恒结为奇珍。

精英，精华。瑞气，吉祥之气。此联谓山川的精粹之英，常常泄露出来而变成最好的宝物；天地的祥瑞之气，长期凝结便成为奇异的珍宝。

故玉足以庇嘉谷，珠可以御火灾。

《国语·楚语下》："圉(楚大夫王孙圉)闻国之宝，六而已。明王圣人能制议(评断)百物，以辅相国家，则宝之；玉足以庇荫嘉谷，使无水旱之灾，则宝之；龟足以宪(反映)臧否，则宝之；珠足以御火灾，则宝之；金足以御兵乱，则宝之；山林薮泽足以备财用，则宝之。"

鱼目岂可混珠，碔砆焉能乱玉。

鱼目混珠，亦作"鱼目混珍""鱼目间珠"，拿鱼眼睛冒充珍珠。比喻以假乱真。旧题汉魏伯阳《参同契》卷上："鱼目岂为珠？蓬蒿不成槚。"又晋卢谌《赠刘琨诗并书》："则所谓咸池酬于北里，夜光报于鱼目。"李善注："《雒书》曰：'秦失金镜，鱼目入珠。'郑玄曰：'鱼目乱真珠。'"

碔砆(音武夫)，亦作"武夫"，似玉的美石。《山海经·南山经》："又东五百里，曰会稽之山，四方，其上多金玉，其下多砆石。"郭璞注："砆，武夫，石似玉。今长沙、临湘出之。赤地白文，色茏葱不分明。"又《战国策·魏策一》："西门豹为邺令，而辞乎魏文侯。文侯曰：'子往矣，必就子之功，而成子之名。'西门豹曰：'敢问就功成名，亦有术乎？'文侯曰：'有之。夫乡邑老者而先受坐之士，子入而问其贤良之士而师事之，求其好掩人之美而扬人之丑者而参验之。夫物多相类而非也，幽莠之幼也似禾，骊牛之黄也似虎，白骨疑象(象牙)，武夫类玉，此皆似之而非者也。'"

黄金生于丽水，白银出自朱提。

丽水，水名。古时以出产黄金而著称的丽水有两处：一在楚国南部，见于《韩非子》；一在今云南境内的金沙江，即丽江，也就是《千字文》所言的"金生丽水，玉出昆冈"。《韩非子·内储说上》："荆南之地，丽水之中生金，人多窃采金。采金之禁，得而辄辜磔于市。甚众，壅离其水也，而人窃金不止。"又《旧唐书·贾耽传》："故泸南贡丽水之金，漠北献余吾之马。玄化洋溢，率土沾濡。"

朱提(音孰时)，山名，在今云南昭通境内，因产银而著称，后遂以代指优质银。《汉书·食货志下》："朱提银重八两为一流，直一千五百八十。它银一流直千。"颜师古注："朱提，县名，属犍为，出善银。朱音殊。提音上支反。"又《汉书·地理志上》："犍为郡……朱提，山出银。"颜师古注："应劭曰：'朱提山在西南。'苏林曰：'朱音铢。提音时。北方人名匕曰匙。'"

曰孔方，曰家兄，俱为钱号；曰青蚨，曰鹅眼，亦是钱名。

孔方、家兄，亦作"孔方兄"，对钱的戏称，含有鄙视和戏谑的意思。旧时铜钱外圆，中有方孔，故名。《汉书·食货志下》："钱圜函方，轻重以铢。"颜师古注："孟康曰：'外圜而内孔方也。'"又《晋书·隐逸传·鲁褒》："鲁褒字元道，南阳人也。好学多闻，以贫素自立。元康之后，纲纪大坏，褒伤时之贪鄙，乃隐姓名，而著《钱神论》以刺之。其略曰：'钱之为体，有乾坤之象，内则其方，外则其圆。其积如山，其流如川。动静有时，行藏有节，市井便易，不患耗折。难折象寿，不匮象道，故能长久，为世神宝。亲之如兄，字曰孔方。失之则贫弱，得之则富昌。……洛中朱衣，当途之士，爱我家兄，皆无已已(休止)。执我之手，抱我终始，不计优劣，不论年纪，宾客辐辏，门常如市。谚曰："钱无耳，可使鬼。"凡今之人，惟钱而已。'"

青蚨，古时传说中的一种虫子，后世常用为钱的代称。《搜神记》卷一三："南方有虫，名嫩蝺，一名蝍蠋，又名青蚨。形似蝉而稍大，味辛美，可食。生子必依草叶，大如蚕子。取其子，母即飞来，不以远近。虽潜取其子，母必知处。以母血涂钱八十一文，以子血涂钱八十一文，每市物，或先用母钱，或先用子钱，皆复飞归，轮转无已。故《淮南子术》以之还钱，名曰'青蚨'。"○鹅眼，一种劣质钱。《宋书·颜竣传》:“景和元年,沈庆之启通私铸,由是钱货乱败,一千钱长不盈三寸,大小称此,谓之鹅眼钱。劣于此者,谓之綖(音延)环钱。入水不沉,随手破碎,市井不复料数,十万钱不盈一掬,斗米一万,商货不行。”

可贵者明月夜光之珠,可珍者璠玙琬琰之玉。

《搜神记》卷二〇:“隋县溠(音渣)水侧,有断蛇丘。隋侯出行,见大蛇,被伤中断,疑其灵异,使人以药封之。蛇乃能走。因号其处‘断蛇丘’。岁余,蛇衔明珠以报之。珠盈径寸,纯白,而夜有光明,如月之照,可以烛室。故谓之‘隋侯珠’,亦曰‘灵蛇珠’,又曰‘明月珠’。”又《拾遗记》卷二:“禹凿龙关之山,亦谓之龙门。至一空岩,深数十里,幽暗不可复行。禹乃负火而进。有兽状如豕,衔夜明之珠,其光如烛。又有青犬,行吠于前。禹计可十里,迷于昼夜,既觉渐明,见向来豕犬变为人形,皆著玄衣。”

璠玙(音凡余),亦作“玙璠”,两种美玉。《太平御览》卷八〇四引《逸论语》:“璠玙,鲁之宝玉也。孔子曰:‘美哉,璠玙!远而望之,焕若也;近而视之,瑟若也。一则理胜,一则孚胜。’”又《左传·定公五年》:“六月,季平子行东野,还,未至,丙申,卒于房。阳虎将以玙璠敛。”杜预注:“玙璠,美玉,君所佩。”〇琬琰(音宛眼),美玉,亦指琬圭、琰圭。《楚辞·远游》:“吸飞泉之微液兮,怀琬琰之华英。”又《尚书·顾命》:“赤刀、大训、弘璧、琬琰,在西序。”孔安国传:“大璧、琬琰之圭为二重。”

宋人以燕石为玉,什袭缇巾之中;楚王以璞玉为石,两刖卞和之足。

燕石,燕山所产的一种类似玉的石头。《山海经·北山经》:“北百二十里,曰燕山,多婴石。”郭璞注:“言石似玉,有符彩婴带,所谓燕石者。”〇什(十)袭,指把物品重重包裹;缇巾,橘红色的帛巾。《太平御览》卷五一引《阙子》:“宋之愚人,得燕石于梧台之东,归而藏之,以为大宝。周客闻而观焉,主人端冕玄服以发宝,华匮(柜)十重,缇巾十袭。客见之,卢胡而笑曰:‘此燕石也,与瓦甓(音譬,砖)不异。’主人大怒,藏之愈固。”亦见于《后汉书·应劭传》李贤注引《阙子》。

刖(音月),古代的一种酷刑,把脚砍掉。《韩非子·和氏》:“楚人和氏得玉璞楚山中,奉而献之厉王。厉王使玉人相之,玉人曰:‘石也。’王以和为诳,而刖其左足。及厉王薨,武王即位,和又奉其璞而献之武王。武王使玉人相之,又曰:‘石也。’王又以和为诳,而刖其右足。武王薨,文王即位,和乃抱其璞而哭于楚山之下；三日三夜，泪尽而继之以血。王闻之，使人问其故，曰：‘天下之刖者多矣，子奚哭之悲也？’和曰：‘吾非悲刖也，悲夫宝玉而题之以石，贞士而名之以诳，此吾所以悲也。’王乃使玉人理其璞，而得宝焉，遂命曰和氏之璧。”今按：和氏，《艺文类聚》卷七、《白孔六帖》卷五、《事类赋注》卷九均作卞和；蔺相如奉璧入秦及完璧归赵者，即和氏璧。

惠王之珠，光能照乘；和氏之璧，价重连城。

光能照乘，宝珠发出的光亮能为车照明。《史记·田敬仲完世家》：“（齐威王）二十四年，与魏王会田于郊。魏王问曰：‘王亦有宝乎？’威王曰：‘无有。’梁王曰：‘若寡人国小也，尚有径寸之珠、照车前后各十二乘者十枚，奈何以万乘之国而无宝乎？’威王曰：‘寡人之所以为宝，与王异。吾臣有檀子者，使守南城，则楚人不敢为寇，东取泗上，十二诸侯皆来朝。吾臣有肦子者，使守高唐，则赵人不敢东渔于河。吾吏有黔夫者，使守徐州，则燕人祭北门，赵人祭西门，徙而从者七千余家。吾臣有种首者，使备盗贼，则道不拾遗。将以照千里，岂特十二乘哉？’梁惠王惭，不怿而去。”

价重连城，亦作“价值连城”，形容物品十分贵重。《史记·廉颇蔺相如列传》：“蔺相如者，赵人也。为赵宦者令缪贤舍人。赵惠文王时，得楚和氏璧。秦昭王闻之，使人遗赵王书，愿以十五城请易璧。……于是王召见，问蔺相如曰：‘秦王以十五城请易寡人之璧，可予不？’相如曰：‘秦强而赵弱，不可不许。’王曰：‘取吾璧，不予我城，奈何？’相如曰：‘秦以城求璧而赵不许，曲在赵。赵予璧而秦不予赵城，曲在秦。均之二策，宁许以负秦曲。’王曰：‘谁可使者？’相如曰：‘王必无人，臣愿奉璧往使。城入赵而璧留秦；城不入，臣请完璧归赵。’赵王于是遂遣相如奉璧西入秦。”

鲛人泣泪成珠，宋人削玉为楮。

鲛（音交）人，亦作“蛟人”，传说中居于海底的人鱼。《搜神记》卷一二：“南海之外，有鲛人，水居，如鱼，不废织绩。其眼泣，则能出珠。”又《太平御览》卷八〇三引《博物志》（今本无）：“鲛人从水出，寓人家，积日卖绢。将去，从主人索一器，泣而成珠满盘，以与主人。”亦见于《洞冥记》卷二、《述异记》卷下等。

玉楮（音储），玉琢的楮叶。比喻虽精巧却不实用或劳而无益。《列子·说符》：“宋人有为其君以玉为楮叶者，三年而成。锋杀茎柯，毫芒繁泽，乱之楮叶中而不可别也。此人遂以巧食宋国。子列子闻之，曰：‘使天地之生物，三年而成一叶，则物之有叶者寡矣。故圣人恃道化而不恃智巧。’”亦见于《韩非子·喻老》《淮南子·泰族训》，“玉”作“象”，象牙。

贤乃国家之宝，儒为席上之珍。

《新序·杂事一》："秦欲伐楚，使使者往观楚之宝器。楚王闻之，召令尹子西而问焉，曰：'秦欲观楚之宝器，吾和氏之璧、随侯之珠，可以示诸？'令尹子西对曰：'臣不知也。'召昭奚恤问焉，昭奚恤对曰：'此欲观吾国之得失而图之，国之宝器，在于贤臣，夫珠宝玩好之物，非国所宝之重者。'王遂使昭奚恤应之。昭奚恤发精兵三百人，陈于西门之内。为东面之坛一，为南面之坛四，为西面之坛一。秦使者至，昭奚恤曰：'君客也，请就上位东面。'令尹子西南面，太宗子敖次之，叶公子高次之，司马子反次之，昭奚恤自居西面之坛，称曰：'客欲观楚国之宝器，楚国之所宝者贤臣也。理百姓，实仓廪，使民各得其所，令尹子西在此。奉圭璧，使诸侯，解忿悁之难，交两国之欢，使无兵革之忧，太宗子敖在此。守封疆，谨境界，不侵邻国，邻国亦不见侵，叶公子高在此。理师旅，整兵戎，以当强敌，提枹鼓，以动百万之师，所使皆趋汤火，蹈白刃，出万死，不顾一生之难，司马子反在此。若怀霸王之余议，摄治乱之遗风，昭奚恤在此。唯大国之所观。'秦使者惧然无以对，昭奚恤遂揖而去。秦使者反，言于秦君曰：'楚多贤臣，未可谋也。'遂不伐。"

《礼记·儒行》："哀公曰：'敢问儒行。'孔子曰：'遽数之，不能终其物。悉数之乃留，更仆未可终也。'哀公命席。孔子侍曰：'儒有席上之珍以待聘，夙夜强学以待问，怀忠信以待举，力行以待取。其自立有如此者。'"孔颖达疏："席，犹铺陈也；珍，谓美善之道。言儒能铺陈上古尧、舜美善之道，以待君上聘召也。"亦见于《孔子家语·儒行》。

王者聘贤，束帛加璧；真儒抱道，怀瑾握瑜。

束帛，古代用为聘问、馈赠的礼物。帛五匹为一束，每匹从两端卷起，共为十端。《史记·儒林列传·申公》："今上（汉武帝）初即位，（王）臧乃上书宿卫上，累迁，一岁中为郎中令。及代赵绾亦尝受《诗》申公，绾为御史大夫。绾、臧请天子，欲立明堂以朝诸侯，不能就其事，乃言师申公。于是天子使使束帛加璧、安车驷马迎申公，弟子二人乘轺传（音尧撰，轻便的马车）从。"

怀瑾握瑜，比喻具有纯洁而美好的品德。《楚辞·九章·怀沙》："怀瑾握瑜兮，穷不知所示。"王逸注："在衣为怀，在手为握。瑾、瑜，美玉也。"

雍伯多缘，种玉于蓝田而得美妇；太公奇遇，钓璜于渭水而遇文王。

注详见《婚姻》“蓝田种玉，雍伯之缘”条。

《艺文类聚》卷八三引《尚书中候》曰：“文王至磻溪，吕尚钓，王趋称曰：‘望公七年，今见光景。’答曰：‘望钓得玉璜，刻曰：“姬受命，吕佐捡（捡，相也）。”’”又《竹书纪年·周武王》：“（文王姬昌）将畋，史编卜之，曰：‘将大获，非熊非罴，天遣太师以佐昌。臣太祖史畴为禹卜畋，得皋陶。其兆类此。’至于磻溪之水，吕尚钓于涯。王下趋拜曰：‘望公七年，今乃见光景于斯。’尚立变名，答曰：‘望钓得玉璜，其文要曰：“姬受命，昌来提，撰尔洛钤报在齐。”’尚出游，见赤人自洛出，授尚书：‘命曰吕，佐昌者子。’”

剖腹藏珠，爱财而不爱命；缠头作锦，助舞而更助娇。

剖腹藏珠，比喻看重财宝而不惜生命，轻重倒置。《资治通鉴》卷一九二：“（唐太宗贞观元年）上谓侍臣曰：‘吾闻西域贾胡得美珠，剖身以藏之，有诸？’侍臣曰：‘有之。’上曰：‘人皆知彼之爱珠而不爱其身也；吏受赇（贿赂）抵法，与帝王徇（殉）奢欲而亡国者，何以异于彼胡之可笑邪！’魏徵曰：‘昔鲁哀公谓孔子曰：“人有好忘者，徙宅而忘其妻。”孔子曰：“又有甚者，桀、纣乃忘其身。”亦犹是也。’上曰：‘然。朕与公辈宜戮力相辅，庶免为人所笑也！’”

缠头，古代歌舞艺人表演时以锦缠头，演奏完毕，客以绫帛之类为赠，称为“缠头”或“缠头彩”。后又作为赠送女妓财物的通称。唐白居易《琵琶行》诗：“五陵年少争缠头，一曲红绡不知数。”又《太平御览》卷八一五引《唐书》：“大历初，代宗诏许宰臣元载、王缙及左仆射裴冕、户部侍郎判度支第五琦、京兆尹黎幹，各出钱三十万，宴郭子仪于子仪私第，内侍鱼朝恩参其会焉。朝恩出锦三十匹、罗五十匹、绫一百匹，为子仪缠头之费。极欢而罢。旧俗，赏歌舞人以锦彩，置之头上，谓之缠头。宴飨加惠，借以为词。”〇《开元天宝遗事》卷上：“御苑新有千叶桃花，帝（唐玄宗）亲折一枝，插于妃子宝冠上，曰：‘此个花尤能助娇态也。’”

孟尝廉洁，克俾合浦还珠；相如忠勇，能使秦廷归璧。

《后汉书·循吏传·孟尝》：“（孟尝）迁合浦太守。郡不产谷实，而海出珠宝，与交阯（交趾）比境，常通商贩，贸籴（音敌）粮食。先时宰守并多贪秽，诡（责求）人采求，不知纪极，珠遂渐徙于交阯郡界。于是行旅不至，人物无资，贫者饿死于道。尝到官，革易前敝，求民病利。曾未逾岁，去珠复还，百姓皆反其业，商货流通，称为神明。”

《史记·廉颇蔺相如列传》略云：秦王坐章台见相如，相如奉璧奏秦王。秦王大喜，传以示美人及左右，左右皆呼万岁。相如视秦王无意偿赵城，乃前曰：“璧有瑕，请指示王。”王授璧，相如因持璧却立，倚柱，怒发上冲冠。又持其璧睨柱，欲以击柱。秦王恐其破璧，乃辞谢固请，召有司案图，指从此以往十五都予赵。相如度秦王特以诈详为予赵城，实不可得，乃使其从者衣褐，怀其璧，从径道亡，归璧于赵。

玉钗作燕飞，汉宫之异事；金钱成蝶舞，唐库之奇传。

《洞冥记》卷二：“元鼎元年，(汉武帝)起招仙阁于甘泉宫西。……有青鸟、赤头，道路而下，以迎神女。神女留玉钗以赠帝，帝以赐赵婕妤(音捷鱼，汉代宫中女官名)。至昭帝元凤中，宫人犹见此钗。黄休欲之，明日示之。既发匣，有白燕飞升天。后宫人学作此钗，因名玉燕钗，言吉祥也。”亦见于《述异记》卷下。

《杜阳杂编》卷中：“穆宗皇帝殿前种千叶牡丹，花始开，香气袭人，一朵千叶，大而且红。上每睹芳盛，叹曰：‘人间未有。’自是宫中每夜即有黄白蛱蝶万数，飞集于花间，辉光照耀，达晓方去。宫人竞以罗巾扑之，无有获者。上令张网于空中，遂得数百于殿内，纵嫔御追捉，以为娱乐。迟明视之，则皆金玉也。其状工巧，无以为比。而内人争用绛缕绊其脚，以为首饰，夜则光起妆奁中。其后开宝厨，睹金钱玉屑之内，有蠕蠕将化为蝶者，宫中方觉焉。”亦见于《苕溪渔隐丛话》前集卷四七、南宋魏庆之《诗人玉屑》卷九。

广钱固可以通神，营利乃为鬼所笑。

钱可通神，有了钱连鬼神也可以买通。比喻金钱的魔力极大。唐张固《幽闲鼓吹》：“相国张延赏将判度支，知有一大狱，颇有冤滥，每甚扼腕。及判使，即召狱吏严诫之，且曰：‘此狱已久，旬日须了。’明旦视事，案上有一小帖子，曰：‘钱三万贯，乞不问此狱。’公大怒，更促之。明日帖子复来，曰：‘钱五万贯。’公益怒，命两日须毕。明日复见帖子，曰：‘钱十万贯。’公曰：‘钱至十万，可通神矣，无不可回之事。吾惧及祸，不得不止。’”

为鬼所笑，亦作“鬼笑人”“鬼笑穷”，形容士人贫困，生计窘迫。《南史·刘粹传》附刘损：“损同郡宗人有刘伯龙者，少而贫薄。及长，历任尚书左丞、少府、武陵太守，贫窭尤甚。常在家慨然，召左右将营十一之方，忽见一鬼在傍抚掌大笑。伯龙叹曰：‘贫穷固有命，乃复为鬼所笑也。’遂止。”

以小致大，谓之抛砖引玉；贪贱失贵，谓之买椟还珠。

抛砖引玉，抛出砖去，引回玉来。比喻以浅见引出高论，多用作谦词。《景德传灯录》卷一〇《赵州从谂》："大众晚参，师云：'今夜答话去也，有解问者出来。'时有一僧，便出礼拜。师云：'比来抛砖引玉，却引得个墼(音击，砖坯)子。'"今按：从谂生于大历十三年(778)，卒于乾宁四年(897)，是中晚唐时已有抛砖引玉之语。俗传唐人赵嘏有诗名，至吴，常建欲得其诗，知其必游灵岩寺，乃先题二句于壁，嘏游寺见诗，为补成一绝，而赵嘏所补远胜常建所作，故时人谓建乃抛砖引玉。见清西厓《谈徵·言部·抛砖引玉》。此说甚不可信。盖常建乃唐玄宗开元十五年(727)进士，赵嘏则为唐武宗会昌二年(842)进士及第，时建已早卒。

买椟还珠，买下木匣子，退回珍珠。比喻去取不当或舍本逐末。《韩非子·外储说左上》："楚人有卖其珠于郑者，为木兰之柜，薰以桂椒，缀以珠玉，饰以玫瑰(即火齐珠)，辑(集)以羽翠。郑人买其椟而还其珠。此可谓善卖椟矣，未可谓善鬻珠也。"

贤否罹害，如玉石俱焚；贪吝无厌，虽锱铢必算。

贤否罹害，贤者与不贤者一起遭受灾难。〇玉石俱焚，美玉和石头一起烧坏。比喻好坏不分，同归于尽。《伪古文尚书·胤征》："火炎昆冈，玉石俱焚。天吏逸德，烈于猛火。"孔安国传："山脊曰冈。昆山出玉，言火逸而害玉。天王之吏，为过恶之德，其伤害天下，甚于火之害玉。猛火烈矣，又烈于火。"

锱铢(音资朱)必算，亦作"锱铢必较"，形容非常小气，很少的钱也一定要计较。也比喻气量狭小，很小的事也要计较。锱、铢，都是古代很小的重量单位，六铢等于一锱，四锱等于一两；比喻轻微、细小。《荀子·富国》："事强暴之国难，使强暴之国事我易。事之以货宝，则货宝单(殚)而交不结；约信盟誓，则约定而畔无日；割国之锱铢以赂之，则割定而欲无厌。事之弥烦，其侵人愈甚，必至于资单、国举然后已。"

崔烈以钱买官，人皆恶其铜臭；秦嫂不敢视叔，自言畏其多金。

铜臭(音嗅)，铜钱的气味。原用来讥讽以钱买官或豪富者，后常用来讥讽唯利是图的表现。《后汉书·崔寔传》："寔从兄烈，有重名于北州，历位郡守、九卿。灵帝时，开鸿都门榜卖官爵，公卿州郡下至黄绶各有差。其富者则先入钱，贫者到官而后倍输(缴纳)。或因常侍、阿保(即傅母)别自通达。是时段颎、樊陵、张温等虽有功勤名誉，然皆先输货财而后登公位。烈时因傅母入钱五百万，得为司徒。及拜日，天子临轩，百僚毕会。帝顾谓亲幸者曰：‘悔不小靳，可至千万。’程夫人于傍应曰：‘崔公冀州名士，岂肯买官？赖我得是，反不知姝邪！’烈于是声誉衰减。久之，不自安，从容问其子钧曰：‘吾居三公，于议者何如？’钧曰：‘大人少有英称，历位卿守，论者不谓不当为三公；而今登其位，天下失望。’烈曰：‘何为然也？’钧曰：‘论者嫌其铜臭。’烈怒，举杖击之。钧时为虎贲中郎将，服武弁，戴鹖尾，狼狈而走。烈骂曰：‘死卒，父楇(音抓，打)而走，孝乎？’钧曰：‘舜之事父，小杖则受，大杖则走，非不孝也！’烈惭而止。”

《战国策·秦策一》略云：(苏秦)说秦王书十上而说不行，黑貂之裘弊，黄金百斤尽。资用乏绝，去秦而归。羸縢履蹻，负书担橐，形容枯槁，面目犁黑，状有归色。归至家，妻不下纴，嫂不为炊，父母不与言。苏秦喟叹曰：“妻不以我为夫，嫂不以我为叔，父母不以我为子，是皆秦之罪也！”……将说楚王，路过洛阳，父母闻之，清宫除道，张乐设饮，郊迎三十里。妻侧目而视，倾耳而听。嫂蛇行匍伏，四拜自跪而谢。苏秦曰：“嫂何前倨而后卑也？”嫂曰：“以季子之位尊而多金。”苏秦曰：“嗟乎，贫穷则父母不子，富贵则亲戚畏惧。人生世上，势位富贵，盖可忽乎哉！”亦见于《史记·苏秦列传》。

熊衮父亡，天乃雨钱助葬；仲儒家窘，天乃雨金济贫。

《古今图书集成·明伦汇编·氏族典·熊姓部》：“熊衮：按《建阳县志》：衮，其先南昌人，四世祖避地入建阳。昭宗时，衮为兵部尚书兼御史大夫。性至孝，时当乱后，例无俸给。父丧，贫不能葬，昼夜号泣。天忽雨钱三日，始毕葬事。后人称之曰忠孝雨钱公。”又清褚人获《坚瓠集余集》卷二引《闽书》：“唐昭宗时，建阳熊衮为兵部尚书。性至孝，时值乱离，例无俸给，惟立功有赏赉，衮悉散之部下。亲丧不葬，昼夜号泣。天忽于其院中雨钱三日，衮叩天以成葬事，所余钱尽举入官。其邻里仆隶有得之者，悉化为土。人皆异之。”

南朝梁任昉《述异记》卷下：“汉世，翁仲儒家贫力作，居渭川。一旦，天雨金十斛于其家。”又《太平广记》卷四〇〇引《神异经》：“汉时，翁仲儒家贫力作，居渭川。一旦，天雨金十斛于其家，于是与王侯争富。今秦中有雨金翁，世世富。”

汉杨震畏四知而辞金，唐太宗因惩贪而赐绢。

《后汉书·杨震传》：“大将军邓骘闻其贤而辟之，举茂才，四迁荆州刺史、东莱太守。当之郡，道经昌邑，故所举荆州茂才王密为昌邑令，谒见，至夜怀金十斤以遗震。震曰：'故人知君，君不知故人，何也？'密曰：'暮夜无知者。'震曰：'天知，神知，我知，子知，何谓无知！'密愧而出。"

《旧唐书·长孙顺德传》："长孙顺德，文德顺圣皇后之族叔也。……太宗践祚，真食(实授食邑)千二百户，特赐以宫女，每宿内省。后，顺德监奴受人馈绢事发，太宗谓近臣曰：'顺德地居外戚，功即元勋，位高爵厚，足称富贵。若能勤览古今，以自鉴诫，弘益我国家者，朕当与之同有府库耳。何乃不遵名节，而贪冒发闻乎！'然惜其功，不忍加罪，遂于殿庭赐绢数十匹，以愧其心。大理少卿胡演进曰：'顺德枉法受财，罪不可恕，奈何又赐之绢？'太宗曰：'人生性灵，得绢甚于刑戮；如不知愧，一禽兽耳，杀之何益！'寻坐与李孝常交通除名。岁余，太宗阅功臣图，见顺德之像，闵然怜之，遣宇文士及视其所为，见顺德颓然而醉，论者以为达命。召拜泽州刺史，复其爵邑。顺德素多放纵，不遵法度，及此折节为政，号为明肃。"亦见于《新唐书·长孙无忌传》附长孙顺德。

晋鲁褒作《钱神论》，尝以钱为孔方兄；王夷甫口不言钱，乃谓钱为阿堵物。

注详见《珍宝》"曰孔方，曰家兄，俱为钱号"条。

阿(音婀)堵物，钱之代称。阿堵，六朝口语，犹言"这个"。《世说新语·规箴》："王夷甫(王衍)雅尚玄远，常嫉其妇贪浊，口未尝言'钱'字。妇欲试之，令婢以钱绕床，不得行。夷甫晨起，见钱阂(阻)行，呼婢曰：'举却阿堵物！'"

然而床头金尽，壮士无颜；囊内钱空，阮郎羞涩。

唐张籍《行路难》诗："君不见床头黄金尽，壮士无颜色。龙蟠泥中未有云，不能生彼升天翼。"

阮郎羞涩，常作"阮囊羞涩"，谓身无钱财。阮郎，即阮孚。宋末元初阴时夫《韵府群玉·阳韵·一钱囊》："阮孚持一皂囊，游会稽。客问：'囊中何物？'曰：'但有一钱看囊，恐其羞涩。'"

但匹夫不可怀璧，人生孰不爱财。

匹夫，古代指平民中的男子，亦泛指平民百姓。《左传·桓公十年》："初，虞叔有玉，虞公求旃(音毡，之)。弗献，既而悔之，曰：'周谚有之："匹夫无罪，怀璧其罪。"吾焉用此？其以贾(招致)害也。'乃献之。又求其宝剑。叔曰：

‘是无厌也。无厌，将及我。’遂伐虞公，故虞公出奔共池。”杜预注：“人利其璧，以璧为罪。”

《论语·里仁》：“子曰：‘富与贵，是人之所欲也；不以其道得之，不处也。贫与贱，是人之所恶也；不以其道得之，不去也。’”

[新增文]十联

斑斑美玉，瑟瑟灵珠。

斑斑，美玉名。

瑟瑟，碧色珠宝。《明皇杂录》卷下：“杨贵妃姊虢国夫人，恩宠一时，大治宅第。栋宇之华盛，举无与比。所居韦嗣立旧宅，韦氏诸子方午偃息于堂庑间，忽见妇人衣黄罗帔衫，降自步辇，有侍婢数十人，笑语自若，谓韦氏诸子曰：‘闻此宅欲卖，其价几何？’韦氏降阶曰：‘先人旧庐，所未忍舍。’语未毕，有工数百人，登东西厢，撤其瓦木。韦氏诸子乃率家童，挈其琴书，委于路中，而授韦氏隙地十数亩，其宅一无所酬。虢国中堂既成，召匠圬墁（粉刷），授二百万偿其值，而复以金盏瑟瑟三斗为赏。后复归韦氏。”又《唐国史补》卷中：“卢昂主福建盐政，赃罪大发，有瑟瑟枕大如半斗，以金床承之。御史中丞孟简案鞫旬月，乃得而进。宪宗召市人估其价值，或云：‘至宝无价。’或云：‘美石，非真瑟瑟也。’”

琉璃瓶最宜卜相，琥珀盏尤可酌宾。

琉璃，亦作“瑠璃”，一种有色半透明的玉石。南宋戴埴《鼠璞》：“琉璃，自然之物，彩泽光润，逾于众玉，其色不常。《魏略》云：‘大秦国出绿、缥、青、绀、赤、白、黄、黑、红、紫十种琉璃。’《西京杂记》载：‘武帝以白光琉璃为鞍，暗室照十余丈，如昼是也。’今用青色琉璃，皆销冶石汁以众药灌而成之，始于元魏，月氏人商贩到京能铸石为琉璃，采矿铸之，自此贱不复珍，非真物也。《广雅》以琉璃为珠，近之。”〇琉璃瓶，以琉璃制作而成的瓶子，或镶有琉璃宝石的瓶子。《旧五代史·卢文纪传》：“卢文纪，字子持，京兆万年人也。……清泰初，中书阙辅相，（唐）末帝访之于朝，左右曰：‘臣见班行中所誉，当大拜者，姚颉、卢文纪、崔居俭耳。’或品藻三人才行，其心愈惑。末帝乃俱书当时清望达官数人姓名，投琉璃瓿（音否）中，月夜焚香，祷请于天，旭旦以箸挟之，首得文纪之名，次即姚颉。末帝素已期待，欢然命之，即授中书侍郎、同平章事，与姚颉同升相位。”亦见于《新五代史·卢文纪传》，“琉璃瓿”作“琉璃瓶”。

琥珀，古代松柏树脂的化石，色淡黄、褐或红褐，质优的用作装饰品。西晋张华《博物志》卷四："《神仙传》云：'松柏脂入地千年化为茯苓，茯苓(应补"千年"二字)化为琥珀。'琥珀一名江珠。"〇琥珀盏，即琥珀杯，以琥珀雕刻而成的酒杯。南唐冯延巳《抛球乐》词："年少王孙有俊才，登高欢醉夜忘回。歌阑赏尽珊瑚树，情厚重斟琥珀杯。但愿千千岁，金菊年年秋解开。"

嗣续将盛，鸣鸠化金带之钩；爵禄弥高，飞鹊幻玉纹之印。

《搜神记》卷九："京兆长安有张氏，独处一室，有鸠自外入，止于床。张氏祝曰：'鸠来，为我祸也，飞上承尘；为我福也，即入我怀。'鸠飞入怀。以手探之，则不知鸠之所在，而得一金钩，遂宝之。自是子孙渐富，资财万倍。蜀贾至长安，闻之，乃厚赂婢，婢窃钩与贾。张氏既失钩，渐渐衰耗。而蜀贾亦数罹穷厄，不为己利。或告之曰：'天命也，不可力求。'于是赍钩以反张氏，张氏复昌。故关西称'张氏传钩'云。"

《搜神记》卷九："常山张颢为梁州牧，天新雨后，有鸟如山鹊，飞翔入市，忽然坠地。人争取之，化为圆石。颢椎破之，得一金印，文曰：'忠孝侯印。'颢以上闻，藏之秘府。后议郎汝南樊衡夷上言：'尧舜时旧有此官，今天降印，宜可复置。'颢后官至太尉。"

魏博铸铁错，犹惜不成；张说记事珠，忽然顿悟。

铸错，指造成重大错误。错，本意指锉刀，又为双关语，指错误。《北梦琐言》卷一四："(魏博帅罗)弘信卒，子绍威继之，与梁祖(朱全忠)通欢结亲，情分甚至。先是，本府有牙军八千人，丰其衣粮，动要姑息。时人云：'长安天子，魏府牙军。'主使频遭斥逐，由此益骄。绍威不平，有意翦灭。因与汴人计会，诈令役夫肩笼内藏器甲，扬言汴帅葬罗氏之女。绍威密令人于兵仗库断弓弦共甲襻(音盼)，夜会汴人，擐甲持戈，攻杀牙军。牙军觉之，排闼入库，而弓甲无所施勇也。全营杀尽，仍破其家。人谓牙军久盛，宜其死矣。绍威虽豁素心，而纪纲无有，渐为梁祖陵制，竭其帑藏以奉之。忽患脚疮，痛不可忍，意其牙军为祟，乃谓亲吏曰：'聚六州四十三县铁，打一个错不成也！'"亦见于《资治通鉴》卷二六五，作"合六州四十三县铁，不能为此错也！"。

《开元天宝遗事》卷上："开元中，张说为宰相，有人惠说一珠，绀(音赣，天青色)色有光，名曰记事珠。或有阙忘之事，则以手持弄此珠，便觉心神开悟，事无巨细，涣然明晓，一无所忘。说秘而至宝也。"

夏桀乃昏庸主，国有瑶台；郭况是贵戚卿，家多金穴。

夏桀，夏朝末代君主，相传是个暴君。《新序·刺奢》："桀作瑶台，罢（疲）民力，殚民财，为酒池糟堤，纵靡靡之乐，一鼓而牛饮者三千人。"又《淮南子·本经训》："晚世之时，帝有桀、纣，为琁（璇）室、瑶台、象廊、玉床。"高诱注："琁、瑶，石之似玉，以饰室台也；用象牙饰廊殿，以玉为床，言淫役也。琁或作旋，瑶或作摇，言室施机关，可转旋也。台可摇动，极土木之巧也。"

郭况，东汉光武帝郭皇后的弟弟，故称之为"贵戚"（皇帝的亲戚）。《后汉书·皇后纪上·郭皇后》："况迁大鸿胪。帝数幸其第，会公卿诸侯亲家饮燕，赏赐金钱缣帛，丰盛莫比，京师号况家为金穴。"

韩嫣一出，儿童觅绿野之金丸；汉祖既还，亚父撞鸿门之玉斗。

韩嫣，字王孙，善于谄媚，深得汉武帝宠幸。《西京杂记》卷四："韩嫣好弹，常以金为丸，所失者日有十余。长安为之语曰：'苦饥寒，逐金丸。'京师儿童，每闻嫣出弹，辄随之，望丸之所落，辄拾焉。"

亚父，即范增，秦末项羽的主要谋士，尊为亚父。他在鸿门宴上多次示意项羽杀刘邦，又使项庄舞剑，意欲借机行刺，终未成功。后项羽中刘邦反间计，范增怒而辞归，途中病死。《史记·项羽本纪》："沛公已去，间至军中，张良入，谢曰：'沛公不胜杯杓，不能辞。谨使臣良奉白璧一双，再拜献大王足下；玉斗一双，再拜奉大将军（范增）足下。'项王曰：'沛公安在?'良曰：'闻大王有意督过之，脱身独去，已至军矣。'项王则受璧，置之坐上。亚父受玉斗，置之地，拔剑撞而破之，曰：'唉！竖子不足与谋！夺项王天下者，必沛公也，吾属今为之虏矣！'"

刻岷姬之形以玉，好色惟然；铸范蠡之像以金，尊贤乃尔。

《竹书纪年·帝癸》："十四年，扁帅师伐岷山。癸命扁伐山民，山民女于桀二人，曰琬，曰琰。后爱二人，女无子焉。斫其名于苕华之玉，苕是琬，华是琰。而弃其元妃于洛，曰妹喜，于倾宫饰瑶台居之。"亦见于《太平御览》卷八二引《纪年》。

《国语·越语下》："（范蠡）遂乘轻舟以浮于五湖，莫知其所终极。王命工以良金写（铸造）范蠡之状而朝礼之，浃日而令大夫朝之，环会稽三百里者以为范蠡地，曰：'后世子孙，有敢侵蠡之地者，使无终没于越国。皇天后土、四乡地主（地神）正（证）之。'"又《吴越春秋·勾践伐吴外传》："范蠡既去……越王乃收其妻子，封百里之地：'有敢侵之者，上天所殃。'于是越王乃使良工铸金象范蠡之形，置之坐侧，朝夕论政。"

珊瑚树，塞满齐奴之室；玛瑙盘，捧来行俭之家。

齐奴，石崇因生于青州，故小名齐奴。《世说新语·汰侈》："石崇与王恺争豪，并穷绮丽，以饰舆服。武帝，恺之甥也，每助恺。尝以一珊瑚树高二尺许赐恺，枝柯扶疏，世罕其比。恺以示崇；崇视讫，以铁如意击之，应手而碎。恺既惋惜，又以为疾己之宝，声色甚厉。崇曰：'不足恨，今还卿。'乃命左右悉取珊瑚树，有三尺、四尺，条干绝世，光彩溢目者六七枚，如恺许比甚众。恺惘然自失。"

《新唐书·裴行俭传》："初，平都支、遮匐，获瑰宝不赀，蕃酋将士愿观焉，行俭因宴，遍出示坐者。有玛瑙盘广二尺，文彩粲然，军吏趋跌盘碎，惶怖，叩头流血。行俭笑曰：'尔非故也，何至是？'色不少吝。帝赐都支资产皿金三千余物，橐驼马牛称是，行俭分给亲故洎麾下，数日辄尽。"亦见于《旧唐书·裴行俭传》。

燕昭王之凉珠，炎蒸无暑；扶余国之火玉，冽沍无寒。

《拾遗记》卷四："昭王坐握日之台参云，上可扪日。时有黑鸟白头，集王之所，衔洞光之珠，圆径一尺。此珠色黑如漆，悬照于室内，百神不能隐其精灵。此珠出阴泉之底。阴泉在寒山之北，员水之中，言水波常圆转而流也。有黑蚌飞翔，来去于五岳之上。昔黄帝时，雾成子（应为"务成子"）游寒山之岭，得黑蚌在高崖之上，故知黑蚌能飞矣。至燕昭王时，有国献于昭王。王取瑶漳之水，洗其沙泥，乃嗟叹曰：'自悬日月以来，见黑蚌生珠已八九十遇，此蚌千岁一生珠也。'珠渐轻细。昭王常怀此珠，当隆暑之月，体自轻凉，号曰'销暑招凉之珠'也。"

《杜阳杂编》卷下："武宗皇帝会昌元年，夫余国（夫余国见《汉·东夷传》）贡火玉三斗及松风石。火玉色赤，长半寸，上尖下圆。光照数十步，积之可以燃鼎，置之室内，则不复挟纩。才人常用煎澄明酒。其酒亦异方所贡也，色紫如膏，饮之令人骨香。松风石方一丈，莹彻如玉，其中有树，形若古松偃盖，飒飒焉而凉飚生于其间。至盛夏，上令置诸殿内，稍秋风飕飕，即令撤去。"

锦帆锦帐，炫人耳目；金埒金坞，骇我见闻。

锦帆，锦制的船帆。《开河记》："帝（隋炀帝）自洛阳迁驾大渠，诏江淮诸州造大船五百只。……龙舟既成，泛江沿淮而下。至大梁，又别加修饰，砌以七宝金玉之类。于吴越间取民间女年十五六岁者五百人，谓之殿脚女。至于龙舟御艥（音楫，大船），即每船用彩缆十条，每条用殿脚女十人，嫩羊十口，令殿脚女与羊相间而行，牵之。……时舳舻相继，连接千里，自大梁至淮口，联绵不绝。锦帆过处，香闻千里。”又《大业拾遗记》卷上：“至汴，帝御龙舟，萧妃乘凤舸，锦帆彩缆，穷极侈靡。舟前为舞台，台上垂蔽日帘。帘即蒲泽国所进，以负山蛟睫纫莲根丝，贯小珠间睫编成，虽晓日激射，而光不能透。每舟择妙丽长白女子千人，执雕板镂金楫，号为殿脚女。”〇锦帐，注详见《衣服》“锦幛四十里，富羡石崇”条。

金埒(音列)，用钱币筑成的界垣。埒，马射场四周的围墙。《世说新语·汰侈》：“王武子(王济)被责，移第北邙下。于时人多地贵，济好马射，买地作埒，编钱匝地竟埒。时人号曰‘金沟’(一作“金埒”)。”〇金坞，即郿坞，东汉初平三年，董卓筑坞于郿，坞中广聚珍宝。《后汉书·董卓传》：“又筑坞于郿，高厚七丈，号曰‘万岁坞’。积谷为三十年储。自云：‘事成，雄据天下；不成，守此足以毕老。’……坞中珍藏有金二三万斤，银八九万斤，锦绮缋縠纨素奇玩，积如丘山。”又《三国志·魏书·董卓传》：“筑郿坞，高与长安城埒，积谷为三十年储，云事成，雄据天下，不成，守此足以毕老。”裴松之注引《英雄记》曰：“卓坞中金有二三万斤，银八九万斤，珠玉锦绮奇玩杂物皆山崇阜积，不可知数。”

从吾所好，岂曰富而可求；有命存焉，当以不贪为宝。

《论语·述而》：“子曰：‘富而可求也，虽执鞭之士，吾亦为之。如不可求，从吾所好。’”邢昺疏：“此章孔子言己修德好道，不谄求富贵也。言富贵不可求而得之，当修德以得之。若富贵而于道可求者，虽执鞭贱职，我亦为之。如不可求，则当从吾所好者，古人之道也。”

《左传·襄公十五年》：“宋人或得玉，献诸子罕，子罕弗受。献玉者曰：‘以示玉人，玉人以为宝也，故敢献之。’子罕曰：‘我以不贪为宝，尔以玉为宝。若以与我，皆丧宝也。不若人有其宝。’稽首告曰：‘小人怀璧，不可以越乡，纳此以请死(请免死)也。’子罕置诸其里，使玉人为之攻(治)之，富而后使复其所。”

贫　富

命之修短有数，人之富贵在天。

修短有数，人的生命长短都是有其定数的；富贵在天，人的富贵贫贱都是由上天注定的。《论语·颜渊》："司马牛忧曰：'人皆有兄弟，我独亡。'子夏曰：'商闻之矣：死生有命，富贵在天。君子敬而无失，与人恭而有礼。四海之内，皆兄弟也。君子何患乎无兄弟也？'"朱熹集注："命禀于有生之初，非今所能移；天莫之为而为，非我所能必，但当顺受而已。"

惟君子安贫，达人知命。

君子安贫，谓有仁德的君子安于贫贱；达人知命，谓通达的贤人认知天命。《滕王阁序》："所赖君子安贫(一作"见机")，达人知命。"

贯朽粟陈，称羡财多之谓；紫标黄榜，封记钱库之名。

贯朽粟陈，穿钱的绳子腐烂了，仓库的粟米放旧了。形容财粮富足。《史记·平准书》："至今上即位数岁，汉兴七十余年之间，国家无事，非遇水旱之灾，民则人给家足，都鄙廪庾(粮仓)皆满，而府库余货财。京师之钱累巨万，贯朽而不可校(数)。太仓之粟陈陈相因，充溢露积于外，至腐败不可食。"

紫标黄榜，梁武帝之六弟萧宏以之标明钱数，后用为钱库标志封条的代称。《南史·梁宗室传上·临川静惠王宏》："宏以介弟之贵，无佗(他)量能，恣意聚敛。库室垂有百间，在内堂之后，关籥(钥)甚严。有疑是铠仗者，密以闻。武帝于友于甚厚，殊不悦。宏爱妾江氏寝膳不能暂离，上佗日送盛馔与江曰：'当来就汝欢宴。'唯携布衣之旧射声校尉丘佗卿往，与宏及江大饮，半醉后谓曰：'我今欲履行汝后房。'便呼后阁舆径往屋所。宏恐上见其贿货，颜色怖惧。上意弥信是仗，屋屋检视。宏性爱钱，百万一聚，黄榜标之；千万一库，悬一紫标，如此三十余间。帝与佗卿屈指计见钱三亿余万，余屋贮布绢丝绵漆蜜纻蜡朱沙黄屑杂货，但见满库，不知多少。帝始知非仗，大悦，谓曰：'阿六，汝生活大可。'方更剧饮，至夜举烛而还。兄弟情方更敦睦。"

贪爱钱物，谓之钱愚；好置田宅，谓之地癖。

钱愚，犹言钱迷心窍。《南史·梁宗室传上·临川静惠王宏》："晋时有《钱神论》，豫章王(萧)综以宏贪吝，遂为《钱愚论》，其文甚切。帝知以激宏，宣旨与综：'天下文章何限，那忽作此？'虽令急毁，而流布已远，宏深病之，聚敛稍改。"

地癖，置买田地房宅已成怪癖。《旧唐书·忠义传下·李憕》："憕丰于产业，伊川膏腴，水陆上田，修竹茂树，自城及阙口，别业相望，与吏部侍郎李彭年皆有地癖。郑岩，天宝中仕至绛郡太守，入为少府监，田产亚于憕。"亦见于《新唐书·忠义传上·李憕》。

守钱虏，讥蓄财而不散；落魄夫，谓失业之无依。

守钱虏，犹言守财奴，有钱而吝啬的人。《后汉书·马援传》："援年十二而孤，少有大志，诸兄奇之。……后为郡督邮，送囚至司命府。囚有重罪，援哀而纵之，遂亡命北地。遇赦，因留牧畜，宾客多归附者，遂役属数百家。转游陇汉间，常谓宾客曰：'丈夫为志，穷当益坚，老当益壮。'因处田牧，至有牛马羊数千头，谷数万斛。既而叹曰：'凡殖货财产，贵其能施赈也，否则守钱虏耳！'乃尽散以班昆弟故旧，身衣羊裘皮绔。"

落魄夫，穷困不得志的人。《史记·郦生陆贾列传》："郦生食其(音异基)者，陈留高阳人也。好读书，家贫落魄，无以为衣食业，为里监门吏。然县中贤豪不敢役，县中皆谓之狂生。"裴骃集解："应劭曰：'落魄，志行衰恶之貌也。'晋灼曰：'落薄，落讬，义同也。'"

贫者地无立锥，富者田连阡陌。

地无立锥，连锥尖大的土地也没有。形容穷到极点。

田连阡陌，形容田地广袤，接连不断。阡陌，田间纵横交错的小路，南北曰"阡"，东西曰"陌"。《汉书·食货志上》："至秦则不然，用商鞅之法，改帝王之制，除井田，民得卖买，富者田连仟伯(阡陌)，贫者亡立锥之地。"

室如悬罄，言其甚窘；家无儋石，谓其极贫。

室如悬罄，屋子中就像悬挂着的器皿一样空无一物。比喻府库空虚或家境贫困。《左传·僖公二十六年》："夏，齐孝公伐我北鄙。卫人伐齐，洮之盟故也。公使展喜犒师，使受命于展禽。齐侯未入竟(境)，展喜从之，曰：'寡君闻君亲举玉趾，将辱于敝邑，使下臣犒执事。'齐侯曰：'鲁人恐乎？'对曰：

‘小人恐矣，君子则否。’齐侯曰：‘室如县罄，野无青草，何恃而不恐？’”杜预注：“时夏四月，今之二月，野物未成，故言居室而资粮县尽，在野则无蔬食之物，所以当恐。”

家无儋石，形容家里没有存粮，比喻家境困难。儋石，古代容量单位，十斗为石，两石为儋。《汉书·扬雄传上》：“雄少而好学，不为章句，训诂通而已，博览无所不见。为人简易佚荡，口吃不能剧谈(快说)，默而好深湛之思，清静亡为，少耆(嗜)欲，不汲汲于富贵，不戚戚于贫贱，不修廉隅以徼名当世。家产不过十金，乏无儋石之储，晏如也。自有大度，非圣哲之书不好也；非其意，虽富贵不事也。”

无米曰在陈，守死曰待毙。

在陈，比喻处于断粮、困苦的境遇。《论语·卫灵公》：“在陈绝粮，从者病，莫能兴。子路愠见曰：‘君子亦有穷乎？’子曰：‘君子固穷，小人穷斯滥矣。’”又《史记·孔子世家》：“孔子迁于蔡三岁，吴伐陈。楚救陈，军于城父。闻孔子在陈蔡之间，楚使人聘孔子。孔子将往拜礼，陈蔡大夫谋曰：‘孔子贤者，所刺讥皆中诸侯之疾。今者久留陈蔡之间，诸大夫所设行皆非仲尼之意。今楚，大国也，来聘孔子。孔子用于楚，则陈蔡用事大夫危矣。’于是乃相与发徒役围孔子于野。不得行，绝粮。从者病，莫能兴。孔子讲诵弦歌不衰。子路愠见曰：‘君子亦有穷乎？’孔子曰：‘君子固穷，小人穷斯滥矣。’”

待毙，等待着死亡。《新五代史·任圜传》：“张文礼弑王镕，庄宗遣(李)嗣昭讨之。嗣昭战殁，圜代将其军，号令严肃。既而文礼子处球等闭城坚守，不可下，圜数以祸福谕镇人，镇人信之。圜尝拥兵至城下，处球登城呼圜曰：‘城中兵食俱尽，而久抗王师，若泥首自归，惧无以塞责，幸公见哀，指其生路。’圜告之曰：‘以子先人，固难容贷，然罚不及嗣，子可从轻。其如拒守经年，伤吾大将，一朝困竭，方布款诚，以此计之，子亦难免。然坐而待弊(毙)，曷若伏而俟命？’处球流涕曰：‘公言是也！’乃遣子送状乞降，人皆称圜其言不欺。既而佗(他)将攻破镇州，处球虽见杀，而镇之吏民以尝乞降，故得保其家族者甚众。”

富足曰殷实，命蹇曰数奇。

殷实，富足厚实。《后汉书·寇恂传》：“光武南定河内，而更始大司马朱鲔等盛兵据洛阳。又并州未安，光武难其守，问于邓禹曰：‘诸将谁可使守河内者？’禹曰：‘昔高祖任萧何于关中，无复西顾之忧，所以得专精山东，终成大业。今河内带河为固，户口殷实，北通上党，南迫洛阳。寇恂文武备足，有牧人御众之才，非此子莫可使也。'乃拜恂河内太守，行大将军事。"又《晋书·王导传》："俄而洛京倾覆，中州士女避乱江左者十六七，导劝帝收其贤人君子，与之图事。时荆、扬晏安，户口殷实，导为政务在清静，每劝帝克己励节，匡主宁邦。于是尤见委杖，情好日隆，朝野倾心，号为'仲父'。"

命蹇（音简），命运不顺，常指仕宦困顿。蹇，六十四卦之一，艮下坎上。《彖》曰："蹇，难也，险在前也。"〇数奇（音庶基），命运乖舛，指遭遇不顺当。奇是单数，古代以单数为不利。《史记·李将军列传》："大将军（卫）青亦阴受上诫，以为李广老，数奇，毋令当单于，恐不得所欲。"裴骃集解："如淳曰：'数为匈奴所败，奇为不偶也。'"司马贞索隐："服虔云：'作事数不偶也。'"又《汉书·李广传》："大将军阴受上指，以为李广数奇。"颜师古注："孟康曰：'奇，只不耦也。'如淳曰：'数为匈奴所败，为奇不耦。'师古曰：'言广命只不耦合也。孟说是矣。数音所角反。奇音居宜反。'"唐王维《老将行》诗："卫青不败由天幸，李广无功缘数奇。"

甦涸鲋，乃济人之急；呼庚癸，是乞人之粮。

甦（音苏）涸鲋，使干涸车辙里的鲫鱼复生。《庄子·外物》："庄周家贫，故往贷粟于监河侯。监河侯曰：'诺。我将得邑金，将贷子三百金，可乎？'庄周忿然作色曰：'周昨来，有中道而呼者。周顾视车辙中，有鲋鱼焉。周问之曰："鲋鱼来！子何为者邪？"对曰："我，东海之波臣也。君岂有斗升之水而活我哉？"周曰："诺。我且南游吴越之王，激西江之水而迎子，可乎？"鲋鱼忿然作色曰："吾失我常与，我无所处。吾得斗升之水然（则）活耳，君乃言此，曾不如早索我于枯鱼之肆！"'"

呼庚癸，指向人告贷。《左传·哀公十三年》："吴申叔仪乞粮于公孙有山氏，曰：'佩玉繠（音蕊，下垂）兮，余无所系之。旨酒一盛兮，余与褐之父睨之。'对曰：'粱则无矣，粗则有之。若登首山以呼，曰"庚癸乎！"则诺。'"孔颖达疏："若我登首山以叫呼'庚癸乎'，女则诺。军中不得出粮与人，故作隐语，为私期也。庚在西方，谷以秋熟，故以庚主谷。癸在北方，居水之位，故以癸主水。言欲致饼，并致饮也。"

家徒壁立，司马相如之贫；扊扅为炊，秦百里奚之苦。

家徒壁立，亦作"家徒四壁"，指家贫一无所有。《史记·司马相如列传》："相如之临邛，从车骑，雍容闲雅甚都。及饮卓氏，弄琴，文君窃从户窥之，心悦而好之，恐不得当也。既罢，相如乃使人重赐文君侍者通殷勤。文君夜亡奔相如，相如乃与驰归成都，家居徒四壁立。"司马贞索隐："孔文祥云：‘徒，空也。家空无资储，但有四壁而已，云就此中以安立也。’”

扊扅（音掩移），门闩。注详见《夫妇》“百里奚之烹雌，何嫌寂寞”条。

鹄形菜色，皆穷民饥饿之形；炊骨爨骸，谓军中乏粮之惨。

鹄形，像天鹅长颈瘦脸之形，比喻饥疲瘦削之状。《南史·贼臣传·侯景》：“时江南大饥，江、扬弥甚，旱蝗相系，年谷不登，百姓流亡，死者涂地。父子携手共入江湖，或弟兄相要俱缘山岳。芰实荇花，所在皆罄；草根木叶，为之凋残。虽假命须臾，亦终死山泽。其绝粒久者，鸟面鹄形，俯伏床帷，不出户牖者，莫不衣罗绮，怀金玉，交相枕藉，待命听终。于是千里绝烟，人迹罕见，白骨成聚如丘陇焉。”〇菜色，饥民营养不良的脸色。《礼记·王制》：“虽有凶旱水溢，民无菜色。”郑玄注：“菜色，食菜之色。民无食菜之饥色。”又《汉书·翼奉传》：“今东方连年饥馑，加之以疾疫，百姓菜色，或至相食。”颜师古注：“人专食菜，故肌肤青黄，为菜色也。”

炊骨爨（音窜）骸，以骨头为薪柴，以尸骸为粮食。形容被围日久，粮尽柴绝的困境；亦形容战乱或灾荒时期百姓的悲惨生活。此语源于“析骸以爨”（《左传·宣公十五年》）、“析骨而炊”（《史记·宋微子世家》）。《左传·宣公十五年》：“宋人惧，使华元夜入楚师，登子反之床，起之曰：‘寡君使元以病（困难）告，曰：“敝邑易子而食，析骸以爨。虽然，城下之盟，有以国毙，不能从也。去我三十里，唯命是听。”’子反惧，与之盟而告王。退三十里。宋及楚平（媾和），华元为质。盟曰：‘我无尔诈，尔无我虞。’”

饿死留君臣之义，伯夷叔齐；资财敌王公之富，陶朱倚顿。

《史记·伯夷列传》：“伯夷、叔齐，孤竹君之二子也。父欲立叔齐，及父卒，叔齐让伯夷。伯夷曰：‘父命也。’遂逃去。叔齐亦不肯立而逃之。国人立其中子。于是伯夷、叔齐闻西伯昌善养老，盍往归焉。及至，西伯卒，武王载木主，号为文王，东伐纣。伯夷、叔齐叩马而谏曰：‘父死不葬，爰及干戈，可谓孝乎？以臣弑君，可谓仁乎？’左右欲兵之。太公曰：‘此义人也。’扶而去之。武王已平殷乱，天下宗周，而伯夷、叔齐耻之，义不食周粟，隐于首阳山，采薇而食之。及饿且死，作歌。其辞曰：‘登彼西山兮，采其薇矣。以暴易暴兮，不知其非矣。神农、虞、夏忽焉没兮，我安适归矣？于嗟徂兮，命之衰矣！’遂饿死于首阳山。”又南朝梁刘峻《辩命论》：“夷叔毙淑媛之言，子舆困臧仓之诉。”李善注：“《古史考》曰：伯夷、叔齐者，殷之末世，孤竹君之二子也，隐于首阳山，采薇而食之。野有妇人谓之曰：‘子义不食周粟，此亦周之草木也。’于是饿死。”另有一说，见《琱玉集》卷一二引《列士传》：“伯夷，殷时辽东孤竹君之子也，与弟叔齐俱让其位而归于国。见武王伐纣，以为不义，遂隐于首阳之山，不食周粟，以微(薇)菜为粮。时有王糜子往难之，曰：'虽不食我周粟，而食我草木，何也？'伯夷兄弟遂绝食。七日，天遣白鹿乳之。迳由数日，叔齐腹中私曰：'得此鹿完噉(啖)之，岂不快哉！'于是鹿知其心，不复来下。伯夷兄弟，俱饿死也。"

《史记·货殖列传》："范蠡既雪会稽之耻，乃喟然而叹曰：'计然之策七，越用其五而得意。既已施于国，吾欲用之家。'乃乘扁舟，浮于江湖。变名易姓，适齐，为鸱夷子皮；之陶，为朱公。朱公以为陶天下之中，诸侯四通，货物所交易也。乃治产积居，与时逐，而不责于人。故善治生者，能择人而任时。十九年之中三致千金，再分散与贫交疏昆弟。此所谓富好行其德者也。后年衰老而听子孙，子孙修业而息之，遂至巨万。故言富者皆称陶朱公。"○倚顿，又作"猗顿"。《史记·货殖列传》："猗顿用盬(音古)盐起，而邯郸郭纵以铁冶成业，与王者埒富。"又《孔丛子·陈士义》："猗顿，鲁之穷士也，耕则常饥，桑则长寒。闻陶朱公富，往而问术焉。朱公告之曰：'子欲速富，当畜五牸(音字)。'于是乃适西河，大畜牛羊于猗氏之南。十年之间，其滋息不可计，赀拟王公，驰名天下。以兴富于猗氏，故曰猗顿。"

石崇杀妓以侑酒，恃富行凶；何曾一食费万钱，奢侈过甚。

侑(音又)酒，劝人饮酒；陪侍进酒。《世说新语·汰侈》："石崇每要客燕集，常令美人行酒，客饮酒不尽者，使黄门交斩美人。王丞相(王导)与大将军(王敦)尝共诣崇，丞相素不能饮，辄自勉强，至于沉醉。每至大将军，固不饮以观其变，已斩三人，颜色如故，尚不肯饮。丞相让之，大将军曰：'自杀伊家人，何预卿事！'"

一食万钱，形容生活奢侈。《晋书·何曾传》："(曾)性奢豪，务在华侈。帷帐车服，穷极绮丽，厨膳滋味，过于王者。每燕见，不食太官所设，帝辄命取其食。蒸饼上不拆作十字不食。食日万钱，犹曰无下箸处。……(曾子劭)骄奢简贵，亦有父风。衣裘服玩，新故巨积。食必尽四方珍异，一日之供以钱二万为限。时论以为太官御膳，无以加之。"

二月卖新丝，五月粜新谷，真是剜肉医疮；三年耕而有一年之食，九年耕而有三年之食，庶几遇荒有备。

唐聂夷中《伤田家》诗："二月卖新丝，五月粜新谷。医得眼前疮，剜却心头肉。"

《礼记·王制》："国无九年之蓄曰不足，无六年之蓄曰急，无三年之蓄曰国非其国也。三年耕，必有一年之食。九年耕，必有三年之食。以三十年之通(通算)，虽有凶旱水溢，民无菜色，然后天子食，日举以乐。"

贫士之肠习藜苋，富人之口厌膏粱。

藜苋，藜草、苋菜，皆野菜，贫者无食，用以充饥。唐韩愈《崔十六少府摄伊阳，以诗及书见投，因酬三十韵》诗："三年国子师，肠肚习藜苋。"

厌，通"餍"，饱，满足。膏粱，肥肉和细粮，泛指美味的饭菜。《国语·晋语七》："夫膏粱之性难正也。"韦昭注："膏，肉之肥者；粱，食之精者。言食肥美者，率多骄放，其性难正。"

石崇以蜡代薪，王恺以饴沃釜。

以蜡代薪，用蜂蜡当柴烧；以饴沃釜，用饴糖洗锅。注详见《衣服》"锦幛四十里，富羡石崇"条。

范冉釜中生鱼，元淑厩有斋马。

釜中生鱼，亦作"釜鱼甑尘"，锅中生出蠹鱼，甑中积满灰尘。形容家境清贫，久不治炊。甑(音赠)，煮饭的瓦器。《后汉书·独行传·范冉》略云：范冉(一作"范丹")字史云，陈留外黄人也。少为县小吏，年十八，奉檄迎督邮，冉耻之，乃遁去。桓帝时，以冉为莱芜长，遭母忧，不到官。后辟太尉府，以狷急不能从俗，常佩韦于朝。议者欲以为侍御史，因遁身逃命于梁沛之间，徒行敝服，卖卜于市。遭党人禁锢，遂推鹿车，载妻子，捃拾自资，或寓息客庐，或依宿树荫。如此十余年，乃结草室而居焉。所止单陋，有时粮粒尽，穷居自若，言貌无改，闾里歌之曰："甑中生尘范史云，釜中生鱼范莱芜。"

斋马，佛教以过午不食为斋，唐代官员冯元淑之马午后即不与草料，故名。后用以比喻廉吏的乘马。《旧唐书·良吏传上·冯元淑》："(元淑)则天时为清漳令，政有殊绩，百姓号为神明。又历浚仪、始平二县令，皆单骑赴职，未尝以妻子之官。所乘马，午后则不与刍，云令其作斋。身及奴仆，每日一食而已。俸禄之余，皆供公用，并给与贫士。人或讥其邀名，元淑曰：'此吾本性，不为苦也。'"

曾子捉襟见肘，纳履决踵，贫不胜言；韦庄数米而炊，称薪而爨，俭有可鄙。

捉襟见肘，拉一下衣襟就露出胳膊肘；纳履决踵，提一下鞋就露出脚后跟。形容衣服破烂，生活穷困。《庄子·让王》："曾子居卫，缊袍无表，颜色肿哙，手足胼胝。三日不举火，十年不制衣，正冠而缨绝，捉襟而肘见，纳履而踵决。曳縰(音夜徙)而歌《商颂》，声满天地，若出金石。天子不得臣，诸侯不得友。故养志者忘形，养形者忘利，致道者忘心矣。"

数米而炊，数着米粒做饭；称薪而爨，秤好柴禾烧火。比喻过分计较小利，也形容吝啬或生活困难。《朝野佥载》卷一："韦庄颇读书，数米而炊，秤薪而爨，炙少一脔而觉之。一子八岁而卒，妻敛(殓)以时服。庄剥取，以故席裹尸，殡讫，擎其席而归。其忆念也，呜咽不自胜，惟悭吝耳。"今按：张鷟为唐高宗调露元年进士，大约卒于开元间；韦庄则为晚唐人，二人时代不相及，此条当系后人误收，或系同姓名之别一韦庄。

总之，饱德之士，不愿膏粱；闻誉之施，奚图文绣。

此联谓仁义之德很富足了，也就不羡慕别人的美味饭菜了；人人都晓得的好名声在我身上，也就不羡慕别人的华丽衣裳了。文绣，刺绣华美的丝织品或衣服，此处指有官爵者所著之绣服。《孟子·告子上》："孟子曰：'欲贵者，人之同心也。人人有贵于己者，弗思耳矣。人之所贵者，非良贵也。赵孟之所贵，赵孟能贱之。《诗》云："既醉以酒，既饱以德。"言饱乎仁义也，所以不愿(羡慕)人之膏粱之味也。令闻广誉施于身，所以不愿人之文绣也。'"

[新增文]十联

公孙牧豕营身，宁思相位；灌婴贩缯为业，岂意封侯。

牧豕，放猪。《史记·平津侯主父列传》："丞相公孙弘者，齐菑川国薛县人也，字季。少为薛狱吏，有罪，免。家贫，牧豕海上。年四十余，乃学《春秋》杂说。"

贩缯，贩卖丝织品。《史记·樊郦滕灌列传》："颍阴侯灌婴者，睢阳贩缯者也。"

郭泰欲为斗筲役，无可奈何；班超更作书写佣，不得已尔。

斗筲役，斗和筲都是很小的容器，比喻低微、卑贱的差役。《后汉书·郭太传》："郭太字林宗，太原界休人也。家世贫贱。早孤，母欲使给事县廷。林宗曰：'大丈夫焉能处斗筲之役乎？'遂辞。"今按：郭太（即郭泰）之意是不愿为斗筲之役，此处则说他"欲为斗筲役"，表述有误。故有版本改为"郭泰对于斗筲吏，雅不愿为"。

书写佣，受人雇佣，抄写文书。《后汉书·班超传》："班超字仲升，扶风平陵人，徐令彪之少子也。为人有大志，不修细节。然内孝谨，居家常执勤苦，不耻劳辱。有口辩，而涉猎书传。永平五年，兄固被召诣校书郎，超与母随至洛阳。家贫，常为官佣书以供养。久劳苦，尝辍业投笔叹曰：'大丈夫无它志略，犹当效傅介子、张骞立功异域，以取封侯，安能久事笔研（砚）间乎？'左右皆笑之。超曰：'小子安知壮士志哉！'"

朱桃椎掷还鹿帻，自知本命合穷；苏季子破损貂裘，谁意道之难泰。

鹿帻，用鹿皮制成的头巾，为隐士之服饰。《新唐书·隐逸传·朱桃椎》："朱桃椎，益州成都人。淡泊绝俗，被裘曳索，人莫能测其为。长史窦轨见之，遗以衣服、鹿帻、麑靴，逼署乡正。委之地，不肯服。更结庐山中，夏则裸，冬缉木皮叶自蔽，赠遗无所受。尝织十芒屩（音撅，草鞋）置道上，见者曰：'居士屩也。'为鬻米茗易之，置其处，辄取去，终不与人接。其为屩，草柔细，环结促密，人争蹑之。"

注详见《衣服》"谁人换季子之敝裘"条。

苦矣卫青作牧，牛背后受主鞭笞；惜哉栾布为奴，马头前代人奔走。

《史记·卫将军骠骑列传》："大将军卫青者，平阳人也。其父郑季，为吏，给事平阳侯家，与侯妾卫媪通，生青。……青为侯家人，少时归其父，其父使牧羊。先母（嫡母）之子皆奴畜之，不以为兄弟数。青尝从入至甘泉居室，有一钳徒相青曰：'贵人也，官至封侯。'青笑曰：'人奴之生，得毋笞骂即足矣，安得封侯事乎！'"

《史记·季布栾布列传》："栾布者，梁人也。始梁王彭越为家人时，尝与布游。穷困，赁佣于齐，为酒人保。数岁，彭越去之巨野中为盗，而布为人所略卖，为奴于燕。为其家主报仇，燕将臧荼举以为都尉。"

扬雄《逐贫赋》，人谓其逐之何迟；韩愈《送穷文》，我怪其送之不早。

西汉扬雄《逐贫赋》略云：扬子遁居，离俗独处。左邻崇山，右接旷野，邻垣乞儿，终贫且窭。礼薄义弊，相与群聚。惆怅失志，呼贫与语：“……舍汝远窜，昆仑之颠；尔复我随，翰飞戾天。舍尔登山，岩穴隐藏；尔复我随，陟彼高冈。舍尔入海，泛彼柏舟；尔复我随，载沉载浮。我行尔动，我静尔休。岂无他人，从我何求？今汝去矣，勿复久留！”……余乃避席，辞谢不直：“请不贰过，闻义则服。长与汝居，终无厌极。”贫遂不去，与我游息。

唐韩愈《送穷文》略云：元和六年正月乙丑晦，主人使奴星结柳作车，缚草为船，载糗舆粻，牛系轭下，引帆上樯，三揖穷鬼而告之曰：“闻子行有日矣。鄙人不敢问所涂，窃具船与车，备载糗粻，日吉时良，利行四方，子饭一盂，子啜一觞，携朋挈俦，去故就新，驾尘𫔎（音括）风，与电争先。子无底滞之尤，我有资送之恩。子等有意于行乎？”……言未毕，五鬼相与张眼吐舌，跳踉偃仆，抵掌顿脚，失笑相顾。徐谓主人曰：“子知我名，凡我所为，驱我令去，小黠大痴。人生一世，其久几何？吾立子名，百世不磨。小人君子，其心不同。惟乖于时，乃与天通。携持琬琰，易一羊皮。饫于肥甘，慕彼糠糜。天下知子，谁过于予？虽遭斥逐，不忍子疏。谓予不信，请质诗书。”主人于是垂头丧气，上手称谢，烧车与船，延之上座。今按：旧俗正月晦日送穷；文中五鬼指智穷、学穷、文穷、命穷、交穷。

异宝充盈，王氏都云富窟；佳肴错杂，郇公尝列珍厨。

《开元天宝遗事》卷下：“王元宝，都中巨豪也。常以金银叠为屋，壁上以红泥泥之。于宅中置一礼贤堂，以沉檀为轩槛，以碔砆甃（音宙，砌）地面，以锦文石为柱础，又以铜线穿钱甃于后园花径中，贵其泥雨不滑也。四方宾客，所至如归。故时人呼为‘王家富窟’。”

郇（音环）公，唐代韦陟袭封郇国公，精治饮食，厨中多美味佳肴，时称“郇厨”。遂作为颂人饮食精美之典，后世书函中谢人筵宴云“饱饫郇厨”，即本此。《云仙杂记》卷三引《长安后记》：“韦陟厨中，饮食之香错杂，人入其中，多饱饫而归。语曰：‘人欲不饭筋骨舒，夤缘须入郇公厨。’”

董卓积宝郿中，压残金坞；邓通布钱天下，铸尽铜山。

注详见《珍宝》“金埒金坞，骇我见闻”条。

《史记·佞幸列传》：“然邓通无他能，不能有所荐士，独自谨其身以媚上而已。上使善相者相通，曰：‘当贫饿死。’文帝曰：‘能富通者在我也，何谓贫乎？’于是赐邓通蜀严道铜山，得自铸钱，‘邓氏钱’布天下。其富如此。……及文帝崩，景帝立，邓通免，家居。居无何，人有告邓通盗出徼外铸钱。下吏验问，颇有之，遂竟案，尽没入邓通家，尚负责（债）数巨万。长公主赐邓通，吏辄随没入之，一簪不得著身。于是长公主乃令假衣食。竟不得名一钱，寄死人家。”

象牙床，鱼生太侈；火浣衣，石氏何多。

象牙床，亦作“牙床”，指有象牙雕刻装饰的床，也泛指制作精美的床。《南史·鱼弘传》：“鱼弘，襄阳人。身长八尺，白皙美姿容。累从征讨，常为军锋。历南谯、盱眙、竟陵太守。尝谓人曰：‘我为郡有四尽：水中鱼鳖尽，山中獐鹿尽，田中米谷尽，村里人庶尽。丈夫生如轻尘栖弱草，白驹之过隙。人生但欢乐，富贵在何时。’于是恣意酣赏。侍妾百余人，不胜金翠，服玩车马，皆穷一时之惊绝。有眠床一张，皆是蹙柏，四面周匝，无一有异，通用银镂金花寿福两重为脚。”亦见于《册府元龟》卷六九八。

火浣衣，用火浣布（即石棉织的布）制作的衣服。古人对石棉的性质不明，认为是用某种木皮或鼠毛所织。由于具有不燃性，燃之可去布上污垢，故名“火浣布”。《太平御览》卷四九三引《晋书》：“（晋）惠帝知富无以夸之。时外国进火浣布，天下更无，帝为衫来幸（石）崇家。崇奴仆五十人皆衣火浣布衫衹承（恭奉），帝大惭。”

妇乳饮豚，畜类翻成人类；儿口承唾，家僮充作用壶。

《世说新语·汰侈》：“武帝尝降王武子（王济）家。武子供馔，并用瑠璃器。婢子百余人，皆绫罗绔■（裙），以手擎饮食。烝（蒸）豘肥美，异于常味。帝怪而问之，答曰：‘以人乳饮豘。’帝甚不平，食未毕，便去。”亦见于《晋书·王济传》。

《晋书·苻坚载记下》附苻朗：“苻朗字元达，坚之从兄子也。……谢安常设宴请之，朝士盈坐，并机褥壶席。朗每事欲夸之，唾则令小儿跪而张口，既唾而含出，顷复如之，坐者以为不及之远也。”

牙樯锦缆，隋炀增远渚之奇；玉凤金龙，元宝侈华堂之胜。

牙樯，以象牙装饰的桅杆。一说桅杆顶端尖锐如牙，故名。后为桅杆的美称。〇锦缆，以锦缎制成的缆绳。后泛指缆绳精美。唐杜甫《城西陂泛舟》诗：“春风自信牙樯动，迟日徐看锦缆牵。”注详见《珍宝》“锦帆锦帐，炫人耳目”条。

《洛阳伽蓝记》卷四：“（河间王元）琛常语人云：‘晋室石崇，乃是庶姓，犹能雉头狐腋，画卵雕薪，况我大魏天王，不为华侈？’造迎风馆于后园。窗户之上，列钱青琐，玉凤衔铃，金龙吐佩。素柰朱李，枝条入檐，伎女楼上，坐而摘食。琛常会宗室，陈诸宝器。金瓶、银瓮百余口，瓯、檠、盘、盒称是。自余酒器，有水晶钵、玛瑙杯、琉璃碗、赤玉卮数十枚，作工奇妙，中土所无，皆从西域而来。又陈女乐及诸名马，复引诸王按行府库，锦罽（音记）珠玑，冰罗雾縠，充积其内。绣缬、细绫、丝彩、越葛、钱绢等，不可数计。琛忽谓章武王（元）融曰：'不恨我不见石崇，恨石崇不见我。'"今按：玉凤金龙者，应为"元琛"，而非"元宝"，原作把二者混淆了。

疾病死丧

福寿康宁，固人之所同欲；死亡疾病，亦人所不能无。

康宁，平安，无疾病患难。《尚书·洪范》："五福：一曰寿，二曰富，三曰康宁，四曰攸好德，五曰考终命。"孔颖达疏："'五福'者，谓人蒙福祐有五事也。一曰寿，年得长也。二曰富，家丰财货也。三曰康宁，无疾病也。四曰攸好德，性所好者美德也。五曰考终命，成终长短之命，不横夭也。"

《礼记·礼运》："饮食男女，人之大欲存焉。死亡贫苦，人之大恶存焉。"又《尚书·洪范》："六极：一曰凶、短、折，二曰疾，三曰忧，四曰贫，五曰恶，六曰弱。"孔颖达疏："六极，谓穷极恶事有六。一曰凶、短、折，遇凶而横夭性命也。二曰疾，常抱疾病。三曰忧，常多忧愁。四曰贫，困乏于财。五曰恶，貌状丑陋。六曰弱，志力尪（音汪）劣也。"今按：佛教亦把生老病死视为人生的四苦，也称为"四相"。《百喻经·治秃喻》："世间之人，亦复如是。为生老病死之所侵恼，欲求长生不死之处。"又《仁王经·无常偈》："生老病死，事与愿违。"

惟智者能调，达人自玉。

智者能调，聪明的人能够自我调理。旧题晋王叔和《脉诀》："智者能调五脏和，自然察认诸家病。"

达人自玉，通达知命的人能自我珍重。达人，即达士，见识高超、不同于流俗的人。《吕氏春秋·恃君览·知分》："达士者，达乎死生之分。达乎死生之分，则利害存亡弗能惑矣。"

问人病曰贵体违和，自谓疾曰偶沾微恙。

违和，因失调而致病，多用为言人病之敬词。《南史·孝义传上·刘沨》："（萧）遥光以萧懿第四弟晋安王之文学畅为谘议，领录事。及召入，遥光谓曰：'刘暄欲有异志，今夕当取之。'遥光去岁暴风，性理乖错，多时方愈。畅曰：'公去岁违和，今欲发动。'顾左右急呼师视脉。遥光厉声曰：'谘议欲作异邪！'因诃令出。"

偶沾微恙，偶然得了小病，多用作自谦之辞。恙，疾病。《太平御览》卷七三九引《风俗通》："无恙。俗说，恙，病也。凡人相见及书问者，曰：无疾病耶？案：上古之时，草居野宿。恙，噬虫也，善食人心。凡相劳问曰无恙乎，非为病也。"又北宋秦观《次韵答张文潜病中见寄》诗："君其专精神，微恙不足论。"

罹病者，甚为造化小儿所苦；患疾者，岂是实沉台骀为灾。

造化小儿，对司命之神的戏称。《新唐书·文艺传上·杜审言》："初，（杜）审言病甚，宋之问、武平一等省候何如，答曰'甚为造化小儿相苦，尚何言？然吾在，久压公等，今且死，固大慰，但恨不见替人'云"。

《左传·昭公元年》略云：晋侯有疾，郑伯使公孙侨如晋聘，且问疾。叔向问焉，曰："寡君之疾病，卜人曰：'实沉、台骀为祟。'史莫之知，敢问此何神也？"子产曰："实沉，参神也；台骀，汾神也。抑此二者，不及君身。若君身，则亦出入、饮食、哀乐之事也。山川、星辰之神，又何为焉？"

病不可为曰膏肓，平安无事曰无恙。

膏肓，古代医学称心脏下部为"膏"，膈膜为"肓"；后称病情严重，无可救药为病入膏肓。《左传·成公十年》："公（晋景公）疾病，求医于秦。秦伯使医缓为之。未至，公梦疾为二竖子，曰：'彼，良医也。惧伤我，焉逃之？'其一曰：'居肓之上，膏之下，若我何？'医至，曰：'疾不可为也。在肓之上，膏之下，攻之不可，达之不及，药不至焉，不可为也。'公曰：'良医也。'厚为之礼而归之。"

无恙，问候用语，无疾无忧之意。《事物纪原》卷一〇："《演义》曰：'时人以无忧疾，谓之无恙。'《神异经》曰：'北方大荒中，有兽食人，咋人则病，罹人则疾，名曰獇。獇者，恙也。常近人村落，入人屋室，人皆患之。黄帝杀之，由是北方人方得无忧疾，谓之无恙。'此其始也。'"参见《能改斋漫录》卷四、宋戴埴《鼠璞》"无恙"条。

采薪之忧，谦言抱病；河鱼之患，系是腹疾。

采薪之忧，又作“负薪之忧”，自称有病的代辞。《孟子·公孙丑下》：“王使人问疾，医来。孟仲子对曰：‘昔者有王命，有采薪之忧，不能造朝。今病小愈，趋造于朝，我不识能至否乎？’”朱熹集注：“采薪之忧，言病不能采薪，谦辞也。”又《礼记·曲礼下》：“君使士射，不能，则辞以疾，言曰：‘某有负薪之忧。’”孔颖达疏：“‘某有负薪之忧’者，此称疾之辞也。某，士名也。负，担也。薪，樵也，大樵曰薪。……忧，劳也。言己有担樵之余劳，不堪射也。不直云疾而云负薪者，若直云疾，则似傲慢。故陈疾之所由，明非假也。”

河鱼之患，代指腹泻，盖鱼烂先从腹内开始，因以为喻。《左传·宣公十二年》：“河鱼腹疾，奈何？”孔颖达疏：“如似河中之鱼，久在水内，则生腹疾。”

可以勿药，喜其病安；厥疾勿瘳，言其病笃。

勿药，不用服药而病自愈，后用以称病愈。《周易·无妄》：“九五：无妄之疾，勿药有喜。”孔颖达疏：“‘无妄之疾’者，凡祸疾所起，由有妄而来。今九五居得尊位，为无妄之主，下皆无妄，而偶然有此疾害，故云‘无妄之疾’也。‘勿药有喜’者，若疾自己招，或寒暑饮食所致，当须治疗。若其自然之疾，非己所致，疾当自损，勿须药疗而有喜也。”

瘳（音抽），病愈。《伪古文尚书·说命上》：“启乃心，沃朕心。若药弗瞑眩（猛烈），厥疾弗瘳。”孔颖达疏：“当开汝心所有，以灌沃我心。欲令以彼所见，教己未知故也。其沃我心，须切至，若服药不使人瞑眩愤乱，则其疾不得瘳愈。言药毒乃得除病，言切乃得去惑也。”

疟不病君子，病君子正为疟耳；卜所以决疑，既不疑复何卜哉。

疟，疟疾。古代俗传壮士不得疟疾。《后汉书·景丹传》：“丹时病，帝以其旧将，欲令强起领郡事，乃夜召入。”李贤注：“《东观记》曰：‘丹从上至怀，病疟，见上在前，疟发寒栗。上笑曰：“闻壮士不病疟，今汉大将军反病疟邪？”使小黄门扶起，赐医药。还归洛阳，病遂加。’”〇“疟”与“虐”（残暴）音同，故云使君子生病为“为疟”。《世说新语·言语》：“中朝有小儿，父病，行乞药。主人问病，曰：‘患疟也。’主人曰：‘尊侯明德君子，何以病疟？’答曰：‘来病君子，所以为疟耳！’”

卜，占卜。古人认为有疑问才进行卜筮，正如《礼记·曲礼上》所言：“使民决嫌疑、定犹与也。”或如《左传·桓公十一年》所云：“卜以决疑，不疑何卜？”《旧唐书·张公谨传》：“张公谨字弘慎，魏州繁水人也。……初未知名，李勣骤荐于太宗，尉迟敬德亦言之，乃引入幕府。时太宗为隐太子建成、巢王元吉所忌，因召公谨，问以自安之策，对甚合旨，渐见亲遇。及太宗将讨建成、元吉，遣卜者灼龟占之，公谨自外来见，遽投于地而进曰：'凡卜筮者，将以决嫌疑，定犹豫，今既事在不疑，何卜之有？纵卜之不吉，势不可已。愿大王思之。'太宗深然其言。六月四日，公谨与长孙无忌等九人伏于玄武门以俟变。及斩建成、元吉，其党来攻玄武门，兵锋甚盛。公谨有勇力，独闭门以拒之。"

谢安梦鸡而疾不起，因太岁之在酉；楚王吞蛭而疾乃痊，因厚德之及人。

南朝宋刘义庆《幽明录》："谢安石当桓温之世，恒惧不全。夜忽梦乘桓舆行十六里，见一白鸡而止，不得复前，莫有解此梦者。温死后，果代居宰相，历十六年，而得疾。安方悟云：'乘桓舆者，代居其位也；十六里者，得十六年也；见白鸡住者，今太岁在酉，吾病殆将不起乎？'少日而卒。"亦见于《晋书·谢安传》。

《新书·春秋》："楚惠王食寒菹(音租，腌酸菜)而得蛭(蚂蟥)，因遂吞之，腹有疾而不能食。令尹入问，曰：'王安得此疾？'王曰：'我食寒菹而得蛭，念谴之而不行其罪乎，是法废而威不立也，非所闻也；谴而行其诛，则庖宰、监食者，法皆当死，心又弗忍也。故吾恐蛭之见也，遂吞之。'令尹避席，再拜而贺曰：'臣闻："皇天无亲，惟德是辅。"王有仁德，天之所奉也，病不为伤。'是昔(夕)也，惠王之后而蛭出，故其久病心腹之积皆愈。故天之视听，不可谓不察。"亦见于《新序·杂事四》《论衡·福虚》。

将属纩，将易箦，皆言人之将死；作古人，登鬼箓，皆言人之已亡。

属纩(音主旷)，古代病人垂危时，更衣后，在口鼻上放置丝绵，以观察有无呼吸。纩，新丝绵，质轻，遇气即动。《礼记·丧大记》："属纩以俟绝气。"郑玄注："纩，今之新绵，易动摇，置口鼻之上以为候。"〇易箦(音则)，调换寝席；后称病危将死。《礼记·檀弓上》："曾子寝疾，病。乐正子春坐于床下，曾元、曾申坐于足，童子隅坐而执烛。童子曰：'华而睆(音缓，华美)，大夫之箦与？'子春曰：'止！'曾子闻之，瞿然曰：'呼！'曰：'华而睆，大夫之箦与？'曾子曰：'然。斯季孙之赐也，我未之能易也。元，起易箦。"曾元曰："夫子之病革(亟)矣，不可以变。幸而至于旦，请敬易之。'曾子曰：'尔之爱我也不如彼。

君子之爱人也以德，细人之爱人也以姑息。吾何求哉？吾得正而毙焉，斯已矣！'举扶而易之。反席未安而没(殁)。"

作古，俗称死去为"作古"，即"已作古人"的省称。〇登鬼箓，亦作"登鬼录"，著录于死者名册。三国魏曹丕《与吴质书》："顷撰其遗文，都为一集。观其姓名，已为鬼录。追思昔游，犹在心目；而此诸子，化为粪壤，可复道哉！"

亲死则丁忧，居丧则读礼。

丁忧，亦称"丁艰"，旧时称遭父母之丧。父母死后，子女要在家守丧三年，不做官，不婚娶，不赴宴，不应考。丁者，当也。《伪古文尚书·说命上》："王(武丁)宅忧，亮阴三祀。"孔安国传："阴，默也。居忧信默，三年不言。"孔颖达疏："言王居父忧，信任冢宰，默而不言，已三年矣。"

居丧，旧时父母死后，在家守丧，不治外事。后世谓之守孝。《礼记·曲礼下》："居丧，未葬，读丧礼。既葬，读祭礼。"孔颖达疏："'居丧'者，居父母之丧也。丧礼，谓朝夕奠下室、朔望奠殡宫及葬等礼也。此礼皆未葬以前。祭礼，虞、卒哭、祔、小祥、大祥之礼也。"

在床谓之尸，在棺谓之柩。

尸，尸体。柩(音旧)，已装尸体的棺材。《礼记·问丧》："三日而敛，在床曰尸，在棺曰柩。"又《礼记·曲礼下》："在床曰尸，在棺曰柩。"孔颖达疏："'在床曰尸'者，尸，陈也。古人病困气未绝之时，下置在地。气绝之后，更还床上。所以如此者，凡人初生在地，既病将死，故下复其初生，冀脱得死重生也。若其不生，复反本床。既未殡敛，陈列在床，故曰尸也。《白虎通》云'失气亡神，形体独陈'是也，言形体在也。'在棺曰柩'者，柩，究也。三日不生，敛之在棺，死事究竟于此也。《白虎通》云：'柩，究也，久也，不复变色。'"

报丧书曰讣，慰孝子曰唁。

讣(音付)，报丧的文书。后世称通报丧事的文书为讣告。本作"赴告"，取奔赴相告之意，亦称"讣闻"。《礼记·杂记上》："凡讣于其君，曰：'君之臣某死。'"

唁，对死者家属表示慰问；吊，对死者进行哀悼。《诗经·鄘风·载驰》："载驰载驱，归唁卫侯。"孔颖达疏："此据失国言之。若对吊死曰吊，则吊生曰唁。"又《礼记·曲礼上》："知生(与死者家属有交情)者吊，知死者伤。知生而不知死，吊而不伤。知死而不知生，伤而不吊。"

往吊曰匍匐，庐墓曰倚庐。

《诗经·邶风·谷风》："凡民有丧，匍匐救之。"郑玄笺："匍匐，言尽力也。凡于民有凶祸之事，邻里尚尽力往救之。"今按：因此处与"丧"有关，后世遂把前往吊唁也称"匍匐"。

倚庐，古人为父母守丧时临时居住的简陋棚屋。汉代以后，倚庐搭在墓旁，称"庐墓"，亦称"庐冢"。《礼记·丧大记》："父母之丧，居倚庐，不涂，寝苫枕块，非丧事不言。"孔颖达疏："'居倚庐'者，谓于中门之外，东墙下，倚木为庐，故云居倚庐。'不涂'者，但以草夹障，不以泥涂之也。'寝苫枕块'者，谓孝子居于庐中，寝卧于苫，头枕于块。'非丧事不言'者，志在悲哀，若非丧事，口不言说。"

寝苫枕块，哀父母之在土；节哀顺变，劝孝子之惜身。

寝苫(音山)枕块，古代丧礼，孝子从父母之丧起，至入葬期间，不能住在寝室，只能睡在草垫上，枕着土块，表示怀念刚刚入土的亲人。《仪礼·既夕礼》："居倚庐，寝苫枕块。"贾公彦疏："孝子寝卧之时，寝于苫，以块枕头。必寝苫者，哀亲之在草；枕块者，哀亲之在土。"

节哀顺变，抑制悲痛，以顺应变故。后专用为吊唁时安慰生者之辞。《礼记·檀弓下》："丧礼，哀戚之至也。节哀，顺变也，君子念始之者也。"郑玄注："始，犹生也。念父母生已，不欲伤其性。"

男子死曰寿终正寝，女人死曰寿终内寝。

寿终，正常老死。《释名·释丧制》："老死曰寿终。寿，久也。终，尽也。生已久远，气终尽也。"〇正寝，居屋的正室，人死后灵柩停放之处。寿终正寝，指年老在家安然死去，也比喻事物的自然消亡。《礼记·丧大记》："士、之妻皆死于寝。"孔颖达疏："'士、之妻皆死于寝'者，亦各死其正室也。夫妻俱然，故云'皆'也。"今按："士、之妻"中脱一"士"字，即"士、士之妻"。

内寝，亦称"燕寝""小寝"，即内室，睡眠休息的地方；亦专指妇女的居室。夫妻皆死于正寝为古训，至明清时期方有男女之别，男子死称为"寿终正寝"，女子死称为"寿终内寝"。《钦定大清通礼》卷五十："官员丧礼：有疾，居正寝，女居内寝。"

天子死曰崩，诸侯死曰薨，大夫死曰卒，士人死曰不禄，庶人死曰死，童子死曰殇。

《礼记·曲礼下》："天子死曰崩，诸侯曰薨，大夫曰卒，士曰不禄，庶人曰死。"郑玄注："异死名者，为人亵其无知，若犹不同然也。自上颠坏曰崩。薨，颠坏之声。卒，终也。不禄，不终其禄。死之言澌也，精神澌尽也。"又《白虎通·崩薨》："天子称崩何？别尊卑，异死生也。天子曰崩。大尊像。崩之为言㒩然伏僵，天下抚击，失神明，黎庶陨涕，海内悲凉。诸侯曰薨，国失阳。薨之言奄也，奄然亡也。大夫曰卒，精耀终也。卒之为言终于国也。士曰不禄，不终君之禄。禄之言消也，身消名彰。庶人曰死，魂魄去亡。死之为言澌，精气穷也。"又《新唐书·百官志一》："凡丧，三品以上称薨，五品以上称卒，自六品达于庶人称死。"

殇，未成年而死。《仪礼·丧服》："年十九至十六为长殇，十五至十二为中殇，十一至八岁为下殇，不满八岁以下皆为无服之殇。无服之殇，以日易月（用一日的哀伤代替出生一月的时间）。"

自谦父死曰孤子，母死曰哀子，父母俱死曰孤哀子；自言父死曰失怙，母死曰失恃，父母俱死曰失怙恃。

古时居父母丧者，皆可自称哀子。唐宋以来，哀子、孤子始有分别。父丧而母存称"孤子"，母丧而父存称"哀子"，父母俱亡称"孤哀子"。《礼记·杂记上》："祭称孝子、孝孙，丧称哀子、哀孙。"又唐萧嵩等撰《大唐开元礼》卷一三九："祝跪读祝文曰：'维年月朔日，子哀子某……'"注："孙称哀孙，此为母及祖母所称也。父、祖则称孤子、孤孙。"

怙、恃都有依靠之意，故用以代指父母。失怙，指丧父；失恃，指丧母；失怙恃，指父母俱丧。《诗经·小雅·蓼莪》："无父何怙，无母何恃。"

父死何谓考，考者成也，已成事业也；母死何谓妣，妣者媲也，克媲父美也。

《礼记·曲礼下》："祭王父曰皇祖考，王母曰皇祖妣，父曰皇考，母曰皇妣，夫曰皇辟。生曰父，曰母，曰妻；死曰考，曰妣，曰嫔。"郑玄注："更设称号，尊神异于人也。皇，君也。考，成也，言其德行之成也。妣之言媲也，媲于考也。辟，法也，妻所取法也。"

百日内曰泣血，百日外曰稽颡。

泣血，无声痛哭，泪如血涌，谓因丧而哀伤之极，后用为居父母丧之辞。《礼记·檀弓上》："高子皋之执亲之丧也，泣血三年，未尝见齿。君子以为难。"郑玄注："言泣无声，如血出。"

稽颡（音启嗓），屈膝下拜，以额触地，居丧答拜宾客时行之，用以表示极度悲痛或感谢之情。《礼记·檀弓下》："拜稽颡，哀戚之至隐也。稽颡，隐之甚也。"郑玄注："隐，痛也。稽颡者，触地无容。"又《仪礼·士丧礼》："主人哭，拜稽颡，成踊。"郑玄注："稽颡，头触地。成踊，三者三。"

期年曰小祥，两期曰大祥。

小祥，古代葬后祭名，即父母死后一周年的祭礼。周制，小祥祭后，可以吃菜果；可以住在不加涂饰的房屋里；可以睡在普通的席子上；可除去首绖，服练冠。《仪礼·士虞礼》："期（音基）而小祥，曰荐此常事。又期而大祥，曰荐此祥事。"郑玄注："小祥，祭名。祥，吉也。"又《释名·释丧制》："期而小祥，亦祭名也。孝子除首服，服练冠也。祥，善也，加小善之饰也。"

大祥，古代葬后祭名，即父母死后两周年的祭礼。周制，大祥祭后，饭菜中可用酱醋等调味品；可以睡在原来的卧室里；可除去丧服，穿朝服、戴素绢制的帽子。《礼记·间传》："父母之丧，既虞、卒哭，疏食水饮，不食菜果；期而小祥，食菜果；又期而大祥，有醯（音西）酱。"又《释名·释丧制》："又期而大祥，亦祭名也。孝子除缞服，服朝服、缟冠，加大善之饰也。"

不缉曰斩衰，缉之曰齐衰，论丧之有轻重；九月为大功，五月为小功，言服之有等伦。

斩衰（音崔），旧时五种丧服中最重的一种，服期三年，实际为二十五个月。也有一种意见认为，应服二十七个月，唐代以后多从二十七个月之说。把最粗糙的生麻布斩截成毛边，然后缝制成上衣下裳，衣旁和下边不缉边，使断处外露，以表示未经修饰，谓之斩；用长六寸、广四寸的麻布连缀外衿（襟）当心之处，以示哀戚，谓之衰。凡子及未嫁之女为父，承重孙为祖父，妻为夫，都服斩衰。《仪礼·丧服》："斩者何？不缉也（丧服不缝边）。"〇齐衰（音咨崔），五服之一，仅次于斩衰，用粗麻布制成上衣下裳，因其缉边缝齐，故名"齐衰"。服期有三年、一年、五月、三月不等。父已去世，子为母齐衰三年；父在子为母，孙子为祖父母，夫为妻齐衰一年；为曾祖父母齐衰五月；为高祖父母齐衰三月。《仪礼·丧服》:“齐者何?缉也(丧服缝边)。”

大功,五服之一,服期九月。其服用熟麻布制成,较齐衰稍细,较小功为粗,故称“大功”(功,指织布的工作)。男子为堂兄弟,已嫁的姑、姊妹,未嫁的堂姊妹等;已嫁女子为伯叔父、兄弟,丈夫的祖父母等,均服大功。《释名·释丧制》:“九月曰大功,其布加粗大之功,不善治练之也。”〇小功,五服之一,服期五月。其服用较细的熟麻布制成,在做工上比大功更为精细。凡本宗为曾祖父母、伯叔祖父母、堂伯叔祖父母,未嫁祖姑、堂姑,已嫁堂姊妹,兄弟之妻,从堂兄弟及未嫁从堂姊妹;外亲为外祖父母、母舅、母姨等,均服小功。《释名·释丧制》:“五月曰小功,精细之功,小有饰也。”

三月之服曰缌麻,三年将满曰禫礼。

缌(音思)麻,旧时五种丧服中最轻的一种,服期三月。其服用细麻布制成。凡本宗为高祖父母、曾伯叔祖父母、族伯叔父母,族兄弟及未嫁族姊妹;外姓为表兄弟、岳父母等,均服缌麻。《仪礼·丧服》:“缌麻三月者。”郑玄注:“缌麻,布衰裳而麻绖(音谍)带也。”又《释名·释丧制》:“三月曰缌麻。缌,丝也,绩麻细(通行本作“缌”)如丝也。”

禫(音淡)礼,丧家除去丧服的祭礼,是在第二十七个月,故云三年将满。禫祭之后,丧家生活归于正常。《仪礼·士虞礼》:“中月而禫。”郑玄注:“中,犹间也。禫,祭名也,与大祥间一月。自丧至此,凡二十七月。禫之言澹,澹然平安意也。”又《宋书·王准之传》:“永初二年,(准之)奏曰:‘郑玄注《礼》,三年之丧,二十七月而吉,古今学者多谓得礼之宜。晋初用王肃议,祥禫共月,故二十五月而除,遂以为制。江左以来,唯晋朝施用;缙绅之士,多遵玄义。夫先王制礼,以大顺群心。丧也宁戚,著自前训。今大宋开泰,品物遂理。愚谓宜同即物情,以玄义为制,朝野一礼,则家无殊俗。’从之。”

孙承祖服,嫡孙杖期;长子已死,嫡孙承重。

杖期(音基),古时的一种服丧礼制。凡守丧一年称为“期服”。期服中用杖(即孝杖)的称“杖期”;不用杖的称“不杖期”。古代宗法制度,孙男为祖父祖母服丧时,嫡孙服杖期;其余众孙皆服不杖期。

承重,承受丧祭与宗庙的重任。古代宗法制度,本身及父俱系嫡长而父先死,于祖父母丧亡时,称“承重孙”;如祖父及父均先死,于曾祖父母丧亡时,称“承重曾孙”。凡承重者,皆服丧三年。《仪礼·丧服》:“適(嫡)孙。”贾公彦疏:“此谓適(嫡)子死,其適孙承重者,祖为之期(音基)。”

死者之器曰明器，待以神明之道；孝子之杖曰哀杖，为扶哀痛之躯。

明器，古代为随葬而制作的象征性器物，一般用陶、木或石制成，含有明鬼神之幽道之意，故称“明器”。唐宋以后，用纸张扎成的送葬器物在民间逐渐流行，因为冥间所用，故称“冥器”。《礼记·檀弓上》：“夫明器，鬼器也；祭器，人器也。”又《礼记·檀弓下》：“孔子谓：为明器者，知丧道矣，备物而不可用也。哀哉！死者而用生者之器也，不殆于用殉乎哉？其曰明器，神明之也。涂车、刍灵，自古有之，明器之道也。孔子谓‘为刍灵者善’，谓‘为俑者不仁’，殆于用人乎哉！”郑玄注：“神明，死者异于生人。”

哀杖，亦称“孝杖”，俗称“哭丧棒”。古时丧礼中，孝子因哀痛而不能自持，常扶杖而立，敬称其杖为哀杖。《礼记·问丧》：“或问曰：‘杖者以何为也？’曰：‘孝子丧亲，哭泣无数，服勤三年，身病体羸，以杖扶病也。’”又《白虎通·丧服》：“所以必杖者，孝子失亲，悲哀哭泣，三日不食，身体羸病，故杖以扶身，明不以死伤生也。”

父之节在外，故杖取乎竹；母之节在内，故杖取乎桐。

古代丧礼，居父丧时用苴（音居）杖，以竹制成；居母丧时用削杖，用桐木削成。《礼记·问丧》：“或问曰：‘杖者何也？’曰：‘竹、桐，一也。故为父苴杖，苴杖，竹也。为母削杖，削杖，桐也。’”孔颖达疏：“‘竹、桐一也’，言为父竹，为母桐，孝子之意，其义一也。言孝子奉亲用心是一，但取义有异，故竹、桐而殊也。‘故为父苴杖，苴杖，竹也’者，父是尊极，故为之苴杖。言苴恶之物以为杖，自然苴恶之色唯有竹也，故云‘苴杖，竹也’。‘为母削杖，削杖，桐也’，言为母屈于父，不同自然苴恶之色也，故用削杖。其杖虽削，情同于父，故云‘削杖，桐也’。桐，为是同父之义，故不用余木也。或解云：‘竹节在外，外，阳之象，故为父矣；桐节在内，内，阴之类也，故为母也。’”又《白虎通·丧服》：“所以杖竹、桐何？取其名也。竹者，蹙也。桐者，痛也。父以竹，母以桐何？竹者，阳也。桐者，阴也。竹何以为阳？竹断而用之，质，故为阳。桐削而用之，加人功，文，故为阴也。故《礼》曰：‘苴杖竹也，削杖桐也。’”

以财物助丧家，谓之赙；以车马助丧家，谓之赗。

赙（音富），助葬用的财物。赗（音奉），助葬用的车马。《公羊传·隐公元年》：“赗者何？丧事有赗。赗者，盖以马，以乘马束帛。车马曰赗，货财曰赙，衣被曰襚。”何休注：“此者《春秋》制也。赗，犹覆也；赙，犹助也。皆助生送死之礼。襚，犹遗也，遗是助死之礼。知生者赗、赙，知死者赠、襚。”又《礼记·文王世子》：“至于赗、赙、承(赠)、含，皆有正(正礼)焉。”陆德明释文：“赗赙唅襚，皆赠丧之物也。车马曰赗，布帛曰赙，珠玉曰唅，衣服曰襚，总谓之赠。赠，犹送也。”

以衣殓死者之身，谓之襚；以玉实死者之口，谓之琀。

襚(音岁)，赠给死者的衣被。《史记·鲁仲连邹阳列传》：“邹、鲁之臣，生则不得事养，死则不得赙襚。”张守节正义：“衣服曰襚，货财曰赙，皆助生送死之礼。”

琀(音含)，古代丧礼纳于死者口中的珠、玉、贝等的通称，也叫“含玉”。《公羊传·文公五年》：“春，王正月，王使荣叔归含且赗。含者何？口实也。”何休注：“孝子所以实亲口也。缘生以事死，不忍虚其口。天子以珠，诸侯以玉，大夫以碧(绿玉)，士以贝，《春秋》之制也。”

送丧曰执绋，出柩曰驾輀。

绋(音扶)，本指大绳索，特指牵引灵车之绳索。执绋，古代丧制指送葬时帮助牵引灵柩的礼节，后泛指送葬。周制，凡来吊丧的宾客必挽引柩车的绳索以为礼，称“执引”；如果跟着柩车到墓穴，则称“执绋”。后世无别，通称“执绋”或“执引”。因送葬者随柩车出发，执绋前导，故又称“发引”。《礼记·檀弓下》：“吊于葬者，必执引；若从柩，及圹，皆执绋。”郑玄注：“示助之以力，车曰引，棺曰绋。从柩，赢者。”

輀(音而)，丧车。驾輀，驾车把棺柩送到墓地，即送葬。《释名·释丧制》：“舆棺之车曰輀。”

吉地曰牛眠地，筑坟曰马鬣封。

牛眠地，能使子孙富贵的坟地。《晋书·周访传》附周光：“初，陶侃微时，丁艰，将葬，家中忽失牛而不知所在。遇一老父，谓曰：‘前岗见一牛眠山汙(洼)中，其地若葬，位极人臣矣。’又指一山云：‘此亦其次，当世出二千石。’言讫不见。侃寻牛得之，因葬其处，以所指别山与访。访父死，葬焉，果为刺史，著称宁、益，自访以下，三世为益州四十一年，如其所言云。”

马鬣(音猎)封，坟墓上封土的一种形状，因形如马鬣(马鬃)而得名。《礼记·檀弓上》：“昔者夫子言之曰：‘吾见封之若堂者矣，见若坊者矣，见若覆夏屋者矣，见若斧者矣。从若斧者焉，马鬣封之谓也。’”

墓前石人，原名翁仲；柩前功布，今曰铭旌。

翁仲，铜像或墓道石像、墓前石人。《淮南子·氾论训》："秦之时，高为台榭，大为苑囿，远为驰道，铸金人，发適（谪）戍。"高诱注："秦皇帝二十六年，初兼天下。有长人见于临洮，其高五丈，足迹六尺。放（仿）写其形，铸金人以象之，翁仲君何是也。"另有一说，见《山堂肆考》卷一四九："翁仲姓阮，身长一丈二尺。……秦始皇并天下，使翁仲将兵守临洮，声振匈奴，秦人以为瑞。翁仲死，遂铸铜像置咸阳司马门外。"又《宋书·五行志一》："魏明帝景初元年，发铜铸为巨人二，号曰'翁仲'，置之司马门外。"

功布，送葬时所用。用三尺长的白布悬于竿首，略似旗幡。主持祭祀者执之，行于柩车前，视道路高低，指挥柩车进止缓急。因丧服斩衰、齐衰用粗麻布，此布则经过加工，比较细白，故称"功布"。《礼记·丧大记》："御棺用功布。"又《仪礼·既夕礼》："商祝执功布以御柩，执披。"郑玄注："居柩车之前，若道有低仰倾亏，则以布为抑扬左右之节，使引者、执披者知之。"〇铭旌，亦称"明旌"，竖在灵柩前标志死者官职和姓名的旗幡。用绛帛粉书。品官则借衔题写曰某官某公之柩；士人或平民则称显考显妣；另纸书题者姓名，粘于旌下。大敛后，以竹杠悬之依灵右；葬时去杠及题者姓名，以旌加于柩上。可见，功布与铭旌并不相同。《礼记·檀弓下》："铭，明旌也。以死者为不可别已，故以其旗识之。"又《仪礼·士丧礼》："为铭，各以其物。亡则以缁，长半幅，赪末，长终幅，广三寸。书铭于末曰：'某氏某之柩。'"郑玄注："铭，明旌也。杂帛为物，大夫之所建也。以死者为不可别，故以其旗识识之，爱之斯录之矣。"

挽歌始于田横，墓志创于傅奕。

挽歌，古人送葬时，执绋挽丧车前行的人，所唱哀悼死者的诗歌。《古今注·音乐》："《薤露》《蒿里》，并丧歌也。出田横门人。横自杀，门人伤之，为之悲歌。言人命如薤上之露，易晞灭也。亦谓人死魂魄归乎蒿里，故有二章。一章曰：'薤上朝露何易晞，露晞明朝还复滋，人死一去何时归。'其二曰：'蒿里谁家地？聚敛魂魄无贤愚。鬼伯一何相催促，人命不得少踟蹰。'至孝武时，李延年乃分为二曲：《薤露》，送王公贵人；《蒿里》，送士大夫庶人。使挽柩者歌之，世呼为挽歌。"另有一说，见《晋书·礼志中》："汉魏故事，大丧及大臣之丧，执绋者挽歌。新礼以为挽歌出于汉武帝役人之劳歌，声哀切，遂以为送终之礼。"今按：据吴兢《乐府古题要解》引《左传》及杜预注，谓丧歌春秋时已有，不自田横始。

《旧唐书·傅奕传》:"奕生平遇患,未尝请医服药,虽究阴阳数术之书,而并不之信。又尝醉卧,蹶然起曰:'吾其死矣!'因自为墓志曰:'傅奕,青山白云人也。因酒醉死,呜呼哀哉!'其纵达皆此类。"亦见于《新唐书·傅奕传》。今按:墓志并非创始于唐代的傅奕,它至迟在东汉就已出现,其滥觞或可上推先秦。

生坟曰寿藏,死墓曰佳城。

寿藏,也叫"生圹",生前预造的墓穴。《后汉书·赵岐传》:"(岐)年九十余,建安六年卒。先自为寿藏,图季札、子产、晏婴、叔向四像居宾位,又自画其像居主位,皆为赞颂。敕其子曰:'我死之日,墓中聚沙为床,布簟白衣,散发其上,覆以单被,即日便下,下讫便掩。'"李贤注:"寿藏,谓冢圹也。称寿者,取其久远之意也,犹如寿宫、寿器之类。"

佳城,墓地。《博物志》卷七:"汉滕公(夏侯婴)薨,求葬东都门外。公卿送丧,驷马不行,跼(应为"踣")地悲鸣,跑蹄下地得石,有铭曰:'佳城郁郁,三千年见白日,吁嗟滕公居此室。'遂葬焉。"今按:《西京杂记》卷四所记略同,然谓夏侯婴生前得见铭文。

坟曰夜台,圹曰窀穸。

夜台,坟墓。三国魏阮瑀《七哀诗》:"冥冥九泉室,漫漫长夜台。"又西晋陆机《挽歌诗三首》其一:"按辔遵长薄,送子长夜台。"李周翰注:"谓坟墓一闭,无复见明,故云长夜台。"

窀穸(音谆夕),墓穴。《左传·襄公十三年》:"若以大夫之灵,获保首领以殁于地,唯是春秋窀穸之事,所以从先君于祢庙者,请为'灵'若'厉'。大夫择焉!"杜预注:"窀,厚也。穸,夜也。厚夜,犹长夜。春秋,谓祭祀。长夜,谓葬埋。"孔颖达疏:"长夜者,言夜不复明,死不复生,故长夜谓葬埋也。"

已葬曰瘗玉,致祭曰束刍。

瘗(音艺)玉,本意是古代一种祭山礼仪,治礼毕埋玉于坑。后因埋玉树之典而比喻英才之死。瘗,埋葬。《世说新语·伤逝》:"庾文康亡,何扬州临葬,云:'埋玉树著土中,使人情何能已已!'"今按:庾亮,谥号文康;何充,曾为扬州刺史,时称"何扬州"。亦见于《晋书·庾亮传》。

束刍,亦作"生刍",本意为一束新割的青草。语出《诗经·小雅·白驹》"生刍一束,其人如玉",鲜草可养白驹,故用作礼贤敬贤之典。也用以指称吊丧(即致祭)的礼物,寓有赞美死者德行之意。《后汉书·徐稚传》:"及林宗(郭泰)有母忧,稚往吊之,置生刍一束于庐前而去。众怪,不知其故。林宗曰:'此必南州高士徐孺子也。《诗》不云乎,"生刍一束,其人如玉。"吾无德以堪之。'"

春祭曰禴,夏祭曰禘,秋祭曰尝,冬祭曰烝。

禴、禘、尝、烝,古代宗庙四季祭祀的名称。禴(音跃),亦作"礿",夏商的春祭,周代的夏祭。礿取其"薄"义,即春物未成,祭品微薄;一说通"汋",即夏季新麦始熟可煮。禘(音帝),夏商的夏祭,禘取"次第"义,即夏物虽尚未成,仍需依时次第而祭祀。尝,秋祭,取"尝新谷"之义。烝,冬祭,取"进品物"之义。《礼记·王制》:"天子诸侯宗庙之祭,春曰礿,夏曰禘,秋曰尝,冬曰烝。"郑玄注:"此盖夏殷之祭名。周则改之,春曰祠,夏曰礿,以禘为殷祭。《诗·小雅》曰:'礿祠烝尝,于公先王。'此周四时祭宗庙之名。"又《礼记·祭统》:"凡祭有四时,春祭曰礿,夏祭曰禘,秋祭曰尝,冬祭曰烝。礿、禘,阳义也。尝、烝,阴义也。禘者,阳之盛也。尝者,阴之盛也。故曰'莫重于禘、尝'。"

饮杯棬而抱痛,母之口泽如存;读父书以增伤,父之手泽未泯。

杯棬,亦作"杯圈",一种木制的饮器;后称思念亡母为"杯圈之思"。○口泽,口中津液。

手泽,手上的汗渍;后亦通称先人或前辈的遗墨、遗物为手泽。《礼记·玉藻》:"父没而不能读父之书,手泽存焉尔。母没而杯圈不能饮焉,口泽之气存焉尔。"郑玄注:"孝子见亲之器物,哀恻不忍用也。圈,屈木所为,谓卮、匜之属。"孔颖达疏:"'父没而不能读父之书,手泽存焉尔'者,此孝子之情,父没之后,而不忍读父之书,谓其书有父平生所持手之润泽存在焉,故不忍读也。'母没而杯圈不能饮焉,口泽之气存焉尔'者,言孝子母没之后,母之杯圈,不忍用之饮焉,谓母平生口饮润泽之气存在焉,故不忍用之。经云'不能'者,谓不能忍为此事。书是男子之所有,故父言书。杯圈是妇人所用,故母言杯圈也。"

子皋悲亲而泣血,子夏哭子而丧明。

《礼记·檀弓上》:"高子皋之执亲之丧也,泣血三年,未尝见齿。君子以为难。"

《礼记·檀弓上》:"子夏丧其子而丧其明。曾子吊之,曰:'吾闻之也,朋友丧明则哭之。'曾子哭。子夏亦哭,曰:'天乎!予之无罪也。'曾子怒,曰:'商!女何无罪也?吾与女事夫子于洙泗之间,退而老于西河之上。使西河之民疑女于夫子，尔罪一也。丧尔亲，使民未有闻焉，尔罪二也。丧尔子，丧尔明，尔罪三也。而曰女何无罪与！'子夏投其杖而拜，曰：'吾过矣，吾过矣！吾离群而索居，亦已久矣！'"

王裒哀父之死，门人因废《蓼莪》诗；王修哭母之亡，邻里遂停桑柘社。

《蓼莪》（音路俄），《诗经·小雅》篇名，诗中抒发了不能终养父母的痛苦之情。《晋书·孝友传·王裒》："王裒字伟元，城阳营陵人也。祖修，有名魏世。父仪，高亮雅直，为文帝司马。东关之役，帝问于众曰：'近日之事，谁任其咎？'仪对曰：'责在元帅。'帝怒曰：'司马欲委罪于孤邪！'遂引出斩之。裒……痛父非命，未尝西向而坐。示不臣朝廷也。于是隐居教授，三征七辟皆不就。庐于墓侧，旦夕常至墓所拜跪，攀柏悲号，涕泪著树，树为之枯。母性畏雷，母没，每雷，辄到墓曰：'裒在此。'及读《诗》至'哀哀父母，生我劬劳'，未尝不三复流涕，门人受业者并废《蓼莪》之篇。"

桑柘，犹言桑梓，它们都是古代家宅旁边常栽的树木，后用作故乡的代称。桑柘社，指乡里祭祀土地神的社日。汉以前只有春社，汉以后开始有秋社。自宋代起，以立春、立秋后的第五个戊日为社日。《三国志·魏书·王修传》："王修字叔治，北海营陵人也。年七岁丧母。母以社日亡，来岁邻里社，修感念母，哀甚。邻里闻之，为之罢社。"

树欲静而风不息，子欲养而亲不在，皋鱼增感；与其椎牛而祭墓，不如鸡豚之逮存，曾子兴思。

《韩诗外传》卷九："孔子出行，闻哭声甚悲。孔子曰：'驱之！驱之！前有贤者。'至，则皋鱼也，被褐拥镰，哭于道旁。孔子辟车与之言，曰：'子非有丧，何哭之悲也？'皋鱼曰：'吾失之三矣！少而好学，周游诸侯，以殁吾亲，失之一也。高尚吾志，简吾事，不事庸君，而晚事无成，失之二也。与友厚而中绝之，失之三也。夫树欲静而风不止，子欲养而亲不待。往者不可追者，年也；去而不可得见者，亲也。吾请从此辞矣。'立槁而死。孔子曰：'弟子识之，足以诫矣！'于是门人辞归而养亲者十有三人。"亦见于《说苑·敬慎》《孔子家语·致思》，"皋鱼"并作"丘吾子"，孙志祖《孔子家语疏证》云："'丘吾''皋鱼'，声转字异，一人也。"

《韩诗外传》卷七："曾子曰：'往而不可还者，亲也；至而不可加者，年也。是故孝子欲养，而亲不待也；木欲直，而时不待也。是故椎牛而祭墓，不如鸡豚逮亲存也。故吾尝仕齐为吏，禄不过钟釜，尚犹欣欣而喜者，非以为多也，乐其逮亲也。既没之后，吾尝南游于楚，得尊官焉，堂高九仞，榱题三围，转毂百乘，犹北乡而泣涕者，非为贱也，悲不逮吾亲也。故家贫亲老，不择官而仕。若夫信其志，约其亲者，非孝也。'"

故为人子者，当思木本水源，须重慎终追远。

木本水源，比喻事物的根本或事物的原因。此处指儿女不要忘记父母的养育之恩。《左传·昭公九年》："王(周天子)使詹桓伯辞(责)于晋，曰：'……我在伯父，犹衣服之有冠冕，木水之有本原(源)，民人之有谋主也。伯父若裂冠毁冕，拔本塞原，专(专断)弃谋主，虽戎狄，其何有余一人？'"

慎终追远，原意指慎重地办理父母丧事，虔诚地祭祀远代祖先；后也指谨慎从事，追念前贤。《论语·学而》："曾子曰：'慎终追远，民德归厚矣。'"朱熹集注："慎终者，丧尽其礼。追远者，祭尽其诚。民德归厚，谓下民化之，其德亦归于厚。盖终者，人之所易忽也，而能谨之；远者，人之所易忘也，而能追之：厚之道也。故以此自为，则己之德厚，下民化之，则其德亦归于厚也。"

[新增文]十二联

岁在龙蛇，郑玄算促；舍来鹏鸟，贾谊命倾。

岁在龙蛇，亦作"岁在辰巳"，旧时作为命数当终或吊唁贤者之词。《后汉书·郑玄传》："(建安)五年春，(郑玄)梦孔子告之曰：'起！起！今年岁在辰，来年岁在巳。'既寤，以谶合之，知命当终，有顷寝疾。时袁绍与曹操相拒于官度，令其子谭遣使逼玄随军。不得已，载病到元城县，疾笃不进，其年六月卒，年七十四。遗令薄葬。自郡守以下尝受业者，缞绖赴会千余人。"李贤注："北齐刘昼《高才不遇传》论玄曰'辰为龙，巳为蛇，岁至龙蛇贤人嗟，玄以谶合之'，盖谓此也。"

鹏鸟，即猫头鹰，古人视为不祥之鸟。《史记·屈原贾生列传》："贾生为长沙王太傅三年，有鸮飞入贾生舍，止于坐隅。楚人命鸮曰'鹏'。贾生既以適(谪)居长沙，长沙卑湿，自以为寿不得长，伤悼之，乃为赋以自广。"又《西京杂记》卷五："贾谊在长沙，鹏鸟集其承尘。长沙俗以鹏鸟至人家，主人死。谊作《鹏鸟赋》，齐死生，等荣辱，以遣忧累焉。"今按：贾谊之死与鹏鸟出现并无关联。

王令出尘寰，天上俄垂玉榇；沈君开窀穸，地中曾现漆灯。

玉榇(音衬)，玉制棺材。《后汉书·方术传上·王乔》："王乔者，河东人也。显宗世，为叶令。……后天下玉棺于堂前，吏人推排，终不摇动。乔曰：'天帝独召我邪？'乃沐浴服饰寝其中，盖便立覆。宿昔葬于城东，土自成坟。其夕，县中牛皆流汗喘乏，而人无知者。百姓乃为立庙，号叶君祠。"

窀穸(音谆夕)，墓穴。《唐才子传》卷一〇："(沈)彬，字子文，筠州高安人。……初经版荡，与韦庄、杜光庭、贯休俱避难在蜀，多见酬酢。彬临终，指葬处，示家人窆(音贬，埋葬)，果掘得一空冢，有漆灯青荧，圹头立一铜版，篆文曰：'佳城今已开，虽开不葬埋。漆灯终未灭，留待沈彬来。'遂窀穸于此。"亦见于宋龙衮《江南野史》卷六。

箧中存稿，相如上封禅之书；牖下停棺，史鱼表陈尸之谏。

《史记·司马相如列传》："相如既病免，家居茂陵。天子曰：'司马相如病甚，可往从悉取其书，若不然，后失之矣。'使所忠往，而相如已死，家无书。问其妻，对曰：'长卿固未尝有书也。时时著书，人又取去，即空居。长卿未死时，为一卷书，曰有使者来求书，奏之。无他书。'其遗札书言封禅事，奏所忠。忠奏其书，天子异之。"

《韩诗外传》卷七："昔者卫大夫史鱼病且死，谓其子曰：'我数言蘧伯玉之贤而不能进，弥子瑕不肖而不能退。为人臣，生不能进贤而退不肖，死不当治丧正堂，殡我于室，足矣。'卫君问其故，其子以父言闻。君造然召蘧伯玉而贵之，而退弥子瑕，徙殡于正堂，成礼而后去。生以身谏，死以尸谏，可谓直矣！"亦见于《大戴礼记·保傅》《新序·杂事一》《孔子家语·困誓》等。

梁鸿葬要离冢侧，死后芳邻；郑泉殡陶宅舍傍，生前宿愿。

要离，春秋末期吴国人，受公子光(即吴王阖闾)派遣，刺杀了吴王僚之子庆忌。《后汉书·逸民传·梁鸿》："梁鸿字伯鸾，扶风平陵人也。……遂至吴，依大家皋伯通，居庑下，为人赁舂。每归，妻为具食，不敢于鸿前仰视，举案齐眉。伯通察而异之，曰：'彼佣能使其妻敬之如此，非凡人也。'乃方舍之于家。鸿潜闭著书十余篇。疾且困，告主人曰：'昔延陵季子葬子于嬴博之间，不归乡里，慎勿令我子持丧归去。'及卒，伯通等为求葬地于吴要离冢傍。咸曰：'要离烈士，而伯鸾清高，可令相近。'"李贤注："要离，刺吴王僚子庆忌者，冢在今苏州吴县西。伯鸾墓在其北。"

陶宅，此处指制作陶器的作坊。《三国志·吴书·吴主传》："十二月，权使太中大夫郑泉聘刘备于白帝，始复通也。"裴松之注："《吴书》曰：郑泉字文渊，陈郡人。博学有奇志，而性嗜酒，其闲居每曰：'愿得美酒满五百斛船，以四时甘脆置两头，反覆没饮之，惫即住而啖肴膳。酒有斗升减，随即益之，不亦快乎！'……泉临卒，谓同类曰：'必葬我陶家之侧，庶百岁之后化而成土，幸见取为酒壶，实获我心矣。'"

数皆前定，少游之诗谶何灵；事可先知，袁淑之卦占偏验。

诗谶（音衬），所作诗词无意中预示了未来的命运。宋曾敏行《独醒杂志》卷三："秦少游（秦观）、贺方回（贺铸），相继以歌词知名。少游有词云：'醉卧古藤阴下，了（全然）不知南北。'其后迁谪，卒于藤州光华亭上。方回亦有词云：'当年曾到王陵铺，鼓角悲风，千岁辽东，回首人间万事空。'后卒于北门，门外有王陵铺。人皆以为词谶云。"

《太平广记》卷一五二引唐钟辂《前定录》略云：袁孝叔者，陈郡人也。少孤，事母以孝闻。有老父授书一编，曰："君之寿与位，尽具于此。事以前定，非智力所及也。今之躁求者，适足徒劳耳。君藏吾此书，慎勿预视。但受一命，即开一幅。不尔，当有所损。"每之任，辄视神人之书，时日无差。后秩满，归阌（音文）乡别墅。因晨起，欲就巾栉，忽有物坠于镜中，类蛇而有四足。孝叔惊仆于地，因不语，数日而卒。其妻得老父所留之书，犹余半轴，乃开视之，其后唯有空纸数幅，画一蛇盘镜中。今按：题中"袁淑"当为"袁孝叔"之误；题中"卦占"亦非实指，借以表明预言灵验。

顾雍失爱子，掐掌而流血堪矜；奉倩殒佳人，搁泪而伤神可惜。

掐（音滔）掌，击打手掌。《世说新语·雅量》："豫章太守顾劭，是雍之子。劭在郡卒。雍盛集僚属自围棋，外启信至，而无儿书，虽神气不变，而心了其故，以爪掐掌，血流沾褥。宾客既散，方叹曰：'已无延陵之高，岂可有丧明之责！'于是豁情散哀，颜色自若。"

搁泪，无泪，即悲伤过度而无泪。《世说新语·惑溺》："荀奉倩与妇至笃，冬月妇病热，乃出中庭自取冷，还以身熨之。妇亡，奉倩后少时亦卒。以是获讥于世。奉倩曰：'妇人德不足称，当以色为主。'裴令闻之，曰：'此乃是兴到之事，非盛德言，冀后人未昧此语。'"刘孝标注："《粲别传》曰：粲常以妇人才智不足论，自宜以色为主。骠骑将军曹洪女有色，粲于是聘焉。容服帷帐甚丽，专房燕婉。历年后，妇病亡。未殡，傅嘏往唁粲，粲不哭而神伤。嘏问曰：'妇人才色并茂为难。子之聘也，遗才存色，非难遇也。何哀之甚？'粲曰：'佳人难再得。顾逝者不能有倾城之异，然未可易遇也。'痛悼不能已已，岁余亦亡。亡时年二十九。"

仲尼殒而泰山颓，韩相亡而树木稼。

《礼记·檀弓上》："孔子蚤作，负手曳杖，消摇（逍遥）于门，歌曰：'泰山其颓乎！梁木其坏乎！哲人其萎乎！'既歌而入，当户而坐。子贡闻之，曰：'泰山其颓，则吾将安仰？梁木其坏，哲人其萎，则吾将安放？夫子殆将病也？'遂趋而入。夫子曰：'赐！尔来何迟也！夏后氏殡于东阶之上，则犹在阼（主位）也。殷人殡于两楹之间，则与宾主夹之也。周人殡于西阶之上，则犹宾之也。而丘也，殷人也。予畴昔之夜，梦坐奠于两楹之间。夫明王不兴，而天下其孰能宗予？予殆将死也。'盖寝疾七日而没。"

木木稼，亦作"树稼""木冰"，指雨雪霜沾附于树木，遇寒而凝结成冰。因状似披上介胄，故又称"木介""树介"。南宋赵与时《宾退录》卷三："熙宁中，华山圮，雨木冰，已而韩魏公（韩琦）薨。王荆公（王安石）挽词云：'木稼曾闻达官怕，山颓果见哲人萎。'《西清诗话》谓用孔子及唐宁王事。宁王事《新书》（即《新唐书》）无之，见于刘耀远旧史传中（即刘昫《旧唐书·皇帝宪传》）。开元二十九年冬，京城寒甚，凝霜封树。学者以为《春秋》'雨木冰'即此是，亦名树介，言其象介胄也。宪见而叹曰：'此俗所谓树稼者也。谚曰："树稼，达官怕。"必有大臣当之，吾其死矣。'十一月薨。按：汉《天文志》亦曰：'今之长老名木冰为"木介"。介者，甲。甲，兵象也。'余谓'稼'字义不可通，特'介'声之讹耳。刘向曰：'冰者，阴之盛；木者，少阳，贵臣卿大夫象也。此人将有害，则阴气胁木，未雨而木先寒，故得雨而冰也。''达官怕'之谚本此。颜师古注《刘向传》谓：'今俗呼为间树。'《齐民要术·黍穄篇》又谓之'谏树'云。"

酹之絮酒，实为佳士高风；殉以刍灵，乃是先人朴典。

酹（音类），把酒倒在地上祭奠。《后汉书·徐稚传》："稚尝为太尉黄琼所辟，不就。及琼卒归葬，稚乃负粮徒步到江夏赴之，设鸡酒薄祭，哭毕而去，不告姓名。"李贤注："《谢承书》曰：'稚诸公所辟虽不就，有死丧负笈赴吊。常于家豫（预）炙鸡一只，以一两绵絮渍酒中，暴干以裹鸡。径到所起冢墜外，以水渍棉，使有酒气，斗米饭，白茅为藉，以鸡置前，醊（音坠，祭奠）酒毕，留谒（名帖）则去，不见丧主。'"

刍灵，茅草扎成的人、马，古代殉葬用品。《礼记·檀弓下》："涂车、刍灵，自古有之，明器之道也。孔子谓'为刍灵者善'，谓'为俑者不仁'，殆于用人乎哉！”郑玄注：“刍灵，束茅为人、马。谓之灵者，神之类。俑，偶人也。有面目机发(使木偶活动的机关)，有似于生人。”

陈寔之徽猷足录，行吊礼者三万人；郗超之素行可嘉，作诔文者四十辈。

徽猷，美善之道。语出《诗经·小雅·角弓》：“君子有徽猷，小人与属。”《后汉书·陈寔传》：“太尉杨赐、司徒陈耽，每拜公卿，群僚毕贺，赐等常叹寔大位未登，愧于先之。及党禁始解，大将军何进、司徒袁隗遣人敦(劝)寔，欲特表以不次之位。寔乃谢使者曰：‘寔久绝人事，饰巾待终而已。’时三公每缺，议者归之，累见征命，遂不起，闭门悬车，栖迟养老。中平四年，年八十四，卒于家。何进遣使吊祭，海内赴者三万余人，制衰麻者以百数。共刊石立碑，谥为文范先生。”

素行，高尚纯洁的品行。《晋书·郗超传》：“凡超所交友，皆一时秀美，虽寒门后进，亦拔而友之。及死之日，贵贱操笔而为诔者四十余人，其为众所宗贵如此。”

牲牢酒醴，用昭报本之虔；稿鞂鸾刀，还备宁亲之具。

牲牢，古代祭祀用的牲畜，亦泛指牛、羊、猪。牢分太牢、少牢，牛、羊、猪三牲全备称为“太牢”(也有专指牛的)，只用羊和猪的称为“少牢”。〇酒醴，古代祭祀所用之酒，有五齐(音剂)之说。即根据清浊分为五等：一曰泛齐，酒色最浊，上有浮沫；二曰醴齐，汁滓相和，酒浊而甜；三曰盎齐，指白色的浊酒，与醆酒同物；四曰缇(醍)齐，指赤色的浊酒；五曰沈(沉)齐，指糟滓下沉的清酒，与澄酒同物。《礼记·礼运》：“故玄酒在室，醴醆(音展)在户，粢醍(音资题)在堂，澄酒在下。陈其牺牲，备其鼎俎，列其琴瑟、管磬、钟鼓，修其祝嘏，以降上神与其先祖，以正君臣，以笃父子，以睦兄弟，以齐上下，夫妇有所，是谓承天之祜。”

稿鞂(音秸)，郊祭时所用之粗席。〇鸾刀，装有鸾铃的古刀，祭祀时割牲所用。《礼记·礼器》：“礼也者，反本修古，不忘其初者也。故凶事不诏，朝事以乐，醴酒之用，玄酒之尚，割刀之用，鸾刀之贵，莞簟之安，而稿鞂之设。是故先王之制礼也，必有主也，故可述而多学也。”〇宁亲，使父母安宁。《法言序》：“孝莫大于宁亲，宁亲莫大于宁神，宁神莫大于四表之欢心，撰《孝至》。”

值既降既濡之候，礼毋缺于春秋；呈则存则著之形，情必由乎爱悫。

既降，指霜露以降，说明秋天来到。既濡，指雨露沾濡，说明春天来临。《礼记·祭义》："是故君子合诸天道，春禘秋尝。秋，霜露既降，君子履之，必有凄怆之心，非其寒之谓也。春，雨露既濡，君子履之，必有怵惕之心，如将见之。乐以迎来，哀以送往，故禘有乐（乐舞）而尝无乐。"

则存则著，对亲人爱到极点就会把他们留存在心里，对亲人诚笃到极点就能在头脑中显现亲人的形象。《礼记·祭义》："是故先王之孝也，色不忘乎目，声不绝乎耳，心志嗜欲不忘乎心。致爱则存，致悫（音确）则著，著存不忘乎心，夫安得不敬乎？"孔颖达疏："'致爱则存'者，谓孝子致极爱亲之心，则若亲之存，以嗜欲不忘于亲故也。'致悫则著'者，谓孝子致其端悫敬亲之心，则若亲之显著，以色不忘于目、声不忘于耳故也。'著存不忘乎心'者，言如亲之存在，恒想见之，不忘于心。既思念如此，何得不敬乎！"

室事交乎堂事，致斋继以散斋。

室事，谓在室内举行的正祭。〇堂事，谓正祭后于堂上举行的祭祀活动。《礼记·礼器》："子路为季氏宰。季氏祭，逮暗而祭，日不足，继之以烛。虽有强力之容，肃敬之心，皆倦怠矣。有司跛倚以临祭，其为不敬大矣。他日祭，子路与，室事交乎户（门口），堂事交乎阶（台阶），质明而始行事，晏朝而退。孔子闻之，曰：'谁谓由也而不知礼乎！'"孔颖达疏："'室事交乎户'者，室事，谓正祭之时。事尸在室，故云'室事'。交乎户，外人将馔至户，内人于户受馔，设于尸前，相交承接在于户也。'堂事交乎阶'者，谓正祭之后傧尸之时，事尸于堂，故云'堂事'。交乎阶，谓堂下之人送馔至阶，堂上之人于阶受取，是'交乎阶'。"

致斋，亦作"致齐"（通"斋"，此条中的"齐"皆通"斋"，不再注出），古礼于祭祀前追念先人的起居、笑语、志趣、愿望和嗜好，共三天。〇散斋，亦作"散齐"，古礼于祭祀前不御、不乐、不吊，共七天。《礼记·祭义》："致齐于内，散齐于外。齐之日，思其居处，思其笑语，思其志意，思其所乐，思其所嗜。齐三日，乃见其所为齐者。"郑玄注："致齐，思此五者也。散齐，七日不御、不乐、不吊耳。"又《礼记·祭统》："是故君子之齐也，专致其精明之德也，故散齐七日以定之，致齐三日以齐之。定之之谓齐，齐者精明之至也，然后可以交于神明也。"

文　事

多才之士，才储八斗；博学之儒，学富五车。

才储八斗，亦作“才高八斗”，比喻才华出众。宋佚名《释常谈》卷中：“文章多，谓之八斗之才。谢灵运尝曰：‘天下才有一石，曹子建（曹植）独占八斗，我得一斗，天下共分一斗。’”又唐李商隐《可叹》诗：“宓妃愁坐芝田馆，用尽陈王八斗才。”

学富五车，形容读书多，学识丰富。《庄子·天下》：“惠施多方，其书五车。”又唐杜甫《柏学士茅屋》诗：“富贵必从勤苦得，男儿须读五车书。”

《三坟》《五典》，乃三皇五帝之书；《八索》《九丘》，是八泽九州之志。

《三坟》《五典》，传说中我国最古的书籍，说法不一，皆无实据。《三坟》相传为三皇（即伏羲、神农、黄帝）之书（一说系指天地人三礼或天地人三气）；《五典》相传为五帝（即少昊、颛顼、高辛、唐尧、虞舜）之书。今存《三坟》书，分《山坟》《气坟》《形坟》，相传伏羲本《山坟》而作《连山易》，神农本《气坟》而作《归藏易》，黄帝本《形坟》而作《乾坤易》，各衍为六十四卦，系之以《传》，实系宋人伪作。《左传·昭公十二年》：“左史倚相趋过。王曰：‘是良史也，子善视之。是能读《三坟》《五典》《八索》《九丘》。'”杜预注：“皆古书名。”孔颖达疏：“《周礼》：外史‘掌三皇五帝之书’，郑玄云：‘楚灵王所谓《三坟》《五典》’，是也。贾逵云：‘《三坟》，三王之书。《五典》，五帝之典。《八索》，八王之法。《九丘》，九州亡国之戒。’延笃言：张平子说：‘《三坟》，三礼，礼为大防。《尔雅》曰：“坟，大防也。”《书》曰：“谁能典朕三礼。”三礼，天、地、人之礼也。《五典》，五帝之常道也。《八索》，《周礼》八议之刑。索，空，空设之。《九丘》，《周礼》之九刑。丘，空也，亦空设之。’马融说：‘《三坟》，三气，阴阳始生，天、地、人之气也。《五典》，五行也。《八索》，八卦。《九丘》，九州之数也。’此诸家者，各以意言，无正(证)验，杜(杜预)所不信，故云‘皆古书名’。”

八索九丘，传说中上古之典籍，说法不一，见上条所引孔颖达疏。旧题汉孔安国《尚书序》：“伏牺、神农、黄帝之书，谓之《三坟》，言大道也。少昊、颛顼、高辛、唐、虞之书，谓之《五典》，言常道也。至于夏、商、周之书，虽设教不伦，雅诰奥义，其归一揆，是故历代宝之，以为大训。八卦之说，谓之《八索》，求其义也。九州之志，谓之《九丘》。丘，聚也，言九州所有，土地所生，风气所宜，皆聚此书也。《春秋左氏传》曰：‘楚左史倚相，能读《三坟》《五典》《八索》《九丘》’，即谓上世帝王遗书也。”

《书经》载上古唐虞三代之事，故曰《尚书》；《易经》乃姬周文王周公所系，故曰《周易》。

《书经》，原称《书》，为儒家“五经”之一，故称《书经》；又因其含有“上古之书”之意，故又称《尚书》。《尚书》分为《虞书》《夏书》《商书》《周书》四部分，是上古历史文献的汇编。其流传情况较为复杂，现今所存的《尚书》实际上是一部今古文、伪古文《尚书》相混杂的著作。旧题汉孔安国《尚书序》：“先君孔子，生于周末，睹史籍之烦文，惧览之者不一，遂乃定《礼》《乐》，明旧章，删《诗》为三百篇，约史记而修《春秋》，赞《易》道以黜《八索》，述《职方》以除《九丘》。讨论《坟》《典》，断自唐、虞，以下讫于周。芟夷烦乱，翦截浮辞，举其宏纲，撮其机要，足以垂世立教。典、谟、训、诰、誓、命之文，凡百篇。所以恢弘至道，示人主以轨范也。帝王之制，坦然明白，可举而行，三千之徒并受其义。及秦始皇灭先代典籍，焚书坑儒，天下学士逃难解散，我先人用藏其家书于屋壁。汉室龙兴，开设学校，旁求儒雅，以阐大猷。济南伏生，年过九十，失其本经，口以传授，裁二十余篇。以其上古之书，谓之《尚书》。百篇之义，世莫得闻。至鲁共王好治宫室，坏孔子旧宅，以广其居，于壁中得先人所藏古文虞、夏、商、周之书及传《论语》《孝经》，皆科斗文字。王又升孔子堂，闻金石丝竹之音，乃不坏宅，悉以书还孔氏。科斗书废已久，时人无能知者，以所闻伏生之书考论文义，定其可知者，为隶古定，更以竹简写之，增多伏生二十五篇。伏生又以《舜典》合于《尧典》，《益稷》合于《皋陶谟》，《盘庚》三篇合为一，《康王之诰》合于《顾命》，复出此篇，并序，凡五十九篇，为四十六卷。其余错乱摩灭，弗可复知，悉上送官，藏之书府，以待能者。”参见《隋书·经籍志一》。

《易经》，原称《易》，因是儒家“五经”之一，故称《易经》；相传周文王作卦辞，故又称《周易》（一说周为“周普”“周遍”之意）。《周易》为上古卜筮之书，包括经、传两部分。“经”主要是六十四卦的卦形符号与卦爻辞。“传”是对经的注解、说明，包括《彖》上下、《象》上下、《文言》、《系辞》上下、《说卦》、《序卦》、《杂卦》十篇，又称“十翼”。《隋书·经籍志一》：“昔宓羲氏始画八卦，以通神明之德，以类万物之情，盖因而重之，为六十四卦。及乎三代，实为三《易》：夏曰《连山》；殷曰《归藏》；周文王作卦辞，谓之《周易》。周公又作《爻辞》，孔子为《彖》《象》《系辞》《文言》《序卦》《说卦》《杂卦》，而子夏为之传。及秦焚书，《周易》独以卜筮得存，唯失《说卦》三篇。后河内女子得之。”

二戴曾删《礼记》，故曰《戴礼》；二毛曾注《诗经》，故曰《毛诗》。

《礼记》，亦称《小戴礼记》《小戴记》，儒家经典之一，是秦、汉以前各种礼仪论著的选集。《礼记》与《周礼》《仪礼》合称“三礼”，相传《周礼》《仪礼》系周公所作，《礼记》则系孔子门徒共撰所闻以为记。传至西汉，戴德从古礼中删选出八十五篇，编撰成《大戴礼记》；其侄戴圣再从中选出四十六篇，编撰成《小戴礼记》，后儒又加三篇，即今本《礼记》。《隋书·经籍志一》：“汉初，河间献王又得仲尼弟子及后学者所记一百三十一篇献之，时亦无传之者。至刘向考校经籍，检得一百三十篇，向因第而叙之。而又得《明堂阴阳记》三十三篇、《孔子三朝记》七篇、《王史氏记》二十一篇、《乐记》二十三篇，凡五种，合二百十四篇。戴德删其烦重，合而记之，为八十五篇，谓之《大戴记》。而戴圣又删大戴之书，为四十六篇，谓之《小戴记》。汉末马融，遂传小戴之学。融又定《月令》一篇、《明堂位》一篇、《乐记》一篇，合四十九篇；而郑玄受业于融，又为之注。”

《诗经》，原称《诗》，亦称“诗三百”，因是儒家“五经”之一，故称《诗经》。是我国第一部诗歌总集，分为风、雅、颂三部分。相传原有三千余篇，经孔子删定为三百零五篇。传至汉代，有齐诗、鲁诗、韩诗、毛诗四家，其中毛诗为古文学派，出自于孔子弟子子夏，其开创者为鲁人毛亨，曾作《诗故训传》（一作“诂训传”），授于赵人毛苌。前三家诗逐渐失传，只有毛诗保存下来，即今本《诗经》。关于《毛诗》的传授情况，主要有两种说法。三国吴陆玑《毛诗草木鸟兽虫鱼疏》："孔子删《诗》，授卜商。商为之序，以授鲁人曾申，申授魏人李克，克授鲁人孟仲子，仲子授根牟子，根牟子授赵人荀卿。荀卿授鲁国毛亨，亨作《诂训传》，以授赵国毛苌。时人谓亨为大毛公，苌为小毛公，以其所传，故名其《诗》曰《毛诗》。"又《经典释文·序录》："《毛诗》者，出自毛公，河间献王好之。徐整云：'子夏授高行子，高行子授薛仓子，薛仓子授帛妙子，帛妙子授河间人大毛公。毛公为《诗故训》传于家，以授赵人小毛公。小毛公为河间献王博士，以不在汉朝，故不列于学。'"

孔子作《春秋》，因获麟而绝笔，故曰麟经。

《春秋》，儒家"五经"之一，是我国现存最早的编年体史书。相传孔子根据鲁国史料修订而成，记事上起鲁隐公元年，下迄鲁哀公十四年，共二百四十二年。鲁哀公十四年春，叔孙氏车夫钼(音除)商狩猎时曾捕获一只麒麟，相传孔子当时正修《春秋》，至此而辍笔，故《春秋》亦称《麟经》。《春秋·哀公十四年》："春，西狩获麟。"杜预注："麟者，仁兽，圣王之嘉瑞也。时无明王，出而遇获。仲尼伤周道之不兴，感嘉瑞之无应，故因鲁《春秋》而修中兴之教，绝笔于获麟之一句。所感而作，固所以为终也。"又《公羊传·哀公十四年》："春，西狩获麟。……麟者，仁兽也。有王者则至，无王者则不至。有以告者曰：'有麕(音君)而角者。'孔子曰：'孰为来哉！孰为来哉！'反袂拭面，涕沾袍。颜渊死，子曰：'噫，天丧予！'子路死，子曰：'噫，天祝予！'西狩获麟，孔子曰：'吾道穷矣！'"参见《史记·孔子世家》《孔子家语·辩物》《孔丛子·记问》等。

荣于华衮，乃《春秋》一字之褒；严于斧钺，乃《春秋》一字之贬。

华衮，古代王公贵族的礼服，常用以表示极高的荣宠。东晋范宁《春秋穀梁传序》："一字之褒，宠逾华衮之赠；片言之贬，辱过市朝之挞。德之所助，虽贱必申；义之所抑，虽贵必屈。故附势匿非者无所逃其罪，潜德独运者无所隐其名。信不易之宏轨，百王之通典也。"

斧钺，古代军法用以杀人的斧子，泛指刑戮。此处指最严厉的刑罚。《文心雕龙·史传》："昔者夫子闵王道之缺，伤斯文之坠，静居以叹凤，临衢而泣麟。于是就太师以正《雅》《颂》，因鲁史以修《春秋》。举得失以表黜陟，征存亡以标劝戒。褒见一字，贵逾轩冕；贬在片言，诛深斧钺。"

缣缃黄卷，总谓经书；雁帛鸾笺，通称简札。

缣，双丝的细绢；缃，浅黄色的帛。古时常用缣、缃做书囊或书衣，故用以指书卷。唐孙过庭《书谱》："若乃师宜官之高名，徒彰史牒；邯郸淳之令范，空著缣缃。"〇黄卷，古人写书用纸，以黄蘗汁染之防蠹，故用以称书卷。《抱朴子·外篇·疾谬》："杂碎故事，盖是穷巷诸生，章句之士，吟咏而向枯简，匍匐以守黄卷者所宜识，不足以问吾徒也。"

雁帛，亦作"雁书""雁足""雁音"等，指书信。《汉书·苏武传》："数月，昭帝即位。数年，匈奴与汉和亲。汉求武等，匈奴诡言武死。后汉使复至匈奴，常惠请其守者与俱，得夜见汉使，具自陈道。教使者谓单于，言天子射上林中，得雁，足有系帛书，言武等在某泽中。使者大喜，如惠语以让单于。单于视左右而惊，谢汉使曰：'武等实在。'"〇鸾笺，本为彩笺之名称，亦代指书信。北宋苏易简《文房四谱·纸谱》："蜀人造十色笺，凡十幅为一榻。每幅之尾必以竹夹夹之，和十色水逐榻以染，当染之际，弃置捶埋，堆盈左右，不胜其委顿。逮干，则光彩相宜，不可名也。然逐幅于方版之上砑(音亚)之，则隐起花木麟鸾，千状万态。又以细布，先以面浆胶令劲挺，隐出其文者，谓之鱼子笺，又谓之罗笺。"〇简札，用以书写的竹简木札。代指书信或文书。

锦心绣口，李太白之文章；铁画银钩，王羲之之字法。

锦心绣口，形容文思华美，辞藻华丽。唐李白《冬日于龙门送从弟京兆参军令问之淮南觐省序》："常醉目吾曰：'兄心肝五脏，皆锦绣耶！不然，何开口成文，挥翰雾散。'吾因抚掌大笑，扬眉当之。"

铁画银钩，形容书法刚健有力，而又圆润生动。旧题东晋王羲之《笔势论十二章·视形章第三》："锋纤往来，疏密相附，铁点银钩，方圆周整。"又唐欧阳询《用笔论》："徘徊俯仰，容与风流，刚则铁画，媚若银钩。"

雕虫小技，自谦文学之卑；倚马可待，羡人作文之速。

雕虫小技，比喻微不足道的技能(多指文字技巧)，多用作自谦。雕虫，即雕虫篆刻之省称，"虫"指虫书，"刻"指刻符。虫书、刻符为秦书八体中的二体，是西汉学童必习的小技，纤巧难工。《法言·吾子》："或问：'吾子少而好赋?'曰：'然。童子雕虫篆刻。'俄而曰：'壮夫不为也。'"又《与韩荆州书》："至于制作，积成卷轴，则欲尘秽视听，恐雕虫小技，不合大人。"

倚马可待，比喻才思敏捷。《世说新语·文学》："桓宣武(温)北征，袁虎

(袁宏)时从,被责免官。会须露布文,唤袁倚马前令作。手不辍笔,俄得七纸,殊可观。”

称人近来进德,曰士别三日,当刮目相看;羡人学业精通,曰面壁九年,始有此神悟。

士别三日,指别人已有进步,当另眼相看。《三国志·吴书·吕蒙传》:“遂拜蒙母,结友而别。”裴松之注引《江表传》:“初,权谓蒙及蒋钦曰:‘卿今并当涂掌事,宜学问以自开益。’蒙曰:‘在军中常苦多务,恐不容复读书。’权曰:‘孤岂欲卿治经为博士邪?但当令涉猎见往事耳。卿言多务孰若孤,孤少时历《诗》、《书》、《礼记》、《左传》、《国语》,惟不读《易》。至统事以来,省三史、诸家兵书,自以为大有所益。如卿二人,意性朗悟,学必得之,宁当不为乎?宜急读《孙子》、《六韬》、《左传》、《国语》及三史。孔子言:“终日不食,终夜不寝,以思,无益,不如学也。”光武当兵马之务,手不释卷。孟德亦自谓老而好学。卿何独不自勉勖邪?’蒙始就学,笃志不倦,其所览见,旧儒不胜。后鲁肃上代周瑜,过蒙言议,常欲受屈。肃拊蒙背曰:‘吾谓大弟但有武略耳,至于今者,学识英博,非复吴下阿蒙。’蒙曰:‘士别三日,即更刮目相待。大兄今论,何一称穰侯乎?兄今代公瑾,既难为继,且与关羽为邻。斯人长而好学,读《左传》略皆上口,梗亮有雄气,然性颇自负,好陵人。今与为对,当有单复以乡待之。’密为肃陈三策,肃敬受之,秘而不宣。权常叹曰:‘人长而进益,如吕蒙、蒋钦,盖不可及也。富贵荣显,更能折节好学,耽悦书传,轻财尚义,所行可迹,并作国士,不亦休乎!’”

面壁九年,原指禅宗始祖达摩(亦作“达磨”)在少林寺面壁静修九年,后比喻潜心钻研,刻苦学习。《五灯会元》卷一:“当魏孝明帝孝昌三年也,(菩提达磨)寓止于嵩山少林寺,面壁而坐,终日默然。人莫之测,谓之‘壁观婆罗门’。……越九年,欲返天竺。”又北宋黄庭坚《渔家傲·万水千山来此土》词:“万水千山来此土,本提心印传梁武。对朕者谁浑不顾。成死语,江头暗折长芦渡。面壁九年看二祖,一花五叶亲分付。只履提归葱岭去。君知否,分明忘却来时路。”

五凤楼手,称文字之精奇;七步奇才,羡天才之敏捷。

五凤楼手,比喻文章高手。五凤楼是唐代洛阳的一座建筑,华美宏观。《诗话总龟》前集卷四〇引《谈苑》:“韩浦、韩洎,晋公滉之后,咸有辞学。浦善声调,洎能为古文。洎尝轻浦,语人曰:‘吾兄为文,譬如绳枢草舍,庇风雨而已。予之文是造五凤楼手。'浦性滑稽，窃闻其言，因有亲知遗蜀笺，浦作诗与洎曰：'十样蛮笺出益州，寄来新自浣溪头。老兄得此全无用，助尔添修五凤楼。'"亦见于《类说》卷五三引《谈苑》。

七步奇才，形容才思敏捷。注详见《兄弟》"煮豆燃萁"条。

誉才高，曰今之班马；羡诗工，曰压倒元白。

班马，为汉代史学家班固、司马迁的并称。《晋书·陈寿传论》："丘明既没，班马迭兴。奋鸿笔于西京，骋直词于东观。"

元白，为唐代诗人元稹、白居易的并称。《唐摭言》卷三："宝历年中，杨嗣复相公具庆下(指父母俱存)，继放两榜。时先仆射自东洛入觐，嗣复率生徒迎于潼关。既而大宴于新昌里第，仆射与所执坐于正寝，公领诸生翼坐于两序。时元、白俱在，皆赋诗于席上。唯刑部杨汝士侍郎诗后成，元、白览之失色。诗曰：'隔坐应须赐御屏，尽将仙翰入高冥。文章旧价留鸾掖，桃李新阴在鲤庭。再岁生徒陈贺宴，一时良史尽传馨。当年疏傅虽云盛，讵有兹筵醉醁醽(音路灵)。'汝士其日大醉，归谓子弟曰：'我今日压倒元、白！'"

汉晁错多智，景帝号为智囊；王仁裕多诗，时人号为诗窖。

《史记·袁盎晁错列传》："晁错者，颍川人也。学申商刑名于轵张恢先所，与雒阳宋孟及刘礼同师。以文学为太常掌故。错为人峭直刻深。孝文帝时，天下无治《尚书》者，独闻济南伏生故秦博士，治《尚书》，年九十余，老不可征，乃诏太常使人往受之。太常遣错受《尚书》伏生所。还，因上便宜事，以《书》称说。诏以为太子舍人、门大夫、家令，以其辩得幸太子(即后来的汉景帝)，太子家号曰'智囊'。数上书孝文时，言削诸侯事，及法令可更定者。书数十上，孝文不听，然奇其材，迁为中大夫。当是时，太子善错计策，袁盎诸大功臣多不好错。"

《类说》卷二六引高若拙《后史补》："王仁裕著诗万首，谓之诗窖子，亦曰千篇集。"亦见于《记纂渊海》卷七五引《后史补》。又清洪亮吉《北江诗话》卷一："陆放翁六十年中万首诗，可云多矣。然万首实不始于此。前蜀王仁裕生平作诗满万首，蜀人呼曰诗窖子，见《蜀梼杌》及《十国春秋》。"

骚客即是诗人，誉髦乃称美士。

骚客，亦作"骚人"，因屈原作《离骚》，故称屈原或《楚辞》作者为骚人，后世多以此作为诗人的别称，或形容文人不得志。

誉髦，指有名望的俊杰之士。《诗经·大雅·思齐》："古之人无斁(音亦，厌倦)，誉髦斯士。”毛传：“古之人无厌于有名誉之俊士。”郑玄笺：“古之人，谓圣王明君也。口无择言，身无择行，以身化其臣下，故令此士皆有名誉于天下，成其俊乂之美也。”

自古诗称李杜，至今字仰钟王。

李杜，为唐代诗人李白、杜甫的并称。唐韩愈《调张籍》诗：“李杜文章在，光焰万丈长。”

钟王，为三国魏书法家钟繇和东晋书法家王羲之的并称。元末明初陶宗仪《书史会要》卷一：“建初中，以隶书为楷法，本一书而二名。钟王变体，始有古隶、今隶之分，则楷、隶别为二书。夫以古法为隶，今法为楷，可也。”又《太平广记》卷二〇六引羊欣《笔阵图》：“魏钟繇，字元常。少随刘胜入抱犊山，学书三年，遂与魏太祖、邯郸淳、韦诞等议用笔。繇乃问蔡伯喈笔法于韦诞，诞惜不与。乃自捶胸呕血。太祖以五灵丹救之，得活。及诞死，繇令人盗掘其墓，遂得之，由是繇笔更妙。繇精思学书，卧画被穿过表，如厕终日忘归。每见万类，皆书象之。繇善三色书(指楷书、行书、草书)，最妙者八分。”

白雪阳春，是难和难赓之韵；青钱万选，乃屡试屡中之文。

白雪阳春，亦作“阳春白雪”，战国时楚国的高雅歌曲名，与较通俗的歌曲“下里巴人”相对。后泛指高雅的文艺作品，也指曲高和寡、知音难得的情怀。战国时楚国人宋玉《对楚王问》：“客有歌于郢中者。其始曰《下里》《巴人》，国中属而和者数千人。其为《阳阿》《薤露》，国中属而和者数百人。其为《阳春》《白雪》，国中属而和者不过数十人。引商刻羽，杂以流徵，国中属而和者，不过数人而已。是其曲弥高，其和弥寡。”

青钱万选，比喻文章出众。《新唐书·张荐传》：“张荐字孝举，深州陆泽人。祖鷟，字文成，早惠绝伦。为儿时，梦紫文大鸟，五色成文，止其廷。大父曰：‘吾闻五色赤文，凤也；紫文，鸑鷟(音月卓)也。若壮，殆以文章瑞朝廷乎?’遂命以名。调露初，登进士第。考功员外郎骞味道见所对，称天下无双。授岐王府参军。八以制举皆甲科，再调长安尉，迁鸿胪丞。四参选，判策为铨府最。员外郎员半千数为公卿称‘鷟文辞犹青铜钱，万选万中’，时号鷟‘青钱学士’。”亦见于《旧唐书·张荐传》、《大唐新语·文章》。

惊神泣鬼，皆言词赋之雄豪；遏云绕梁，原是歌音之嘹亮。

惊神泣鬼，形容震动很大，十分感人。唐杜甫《寄李十二白二十韵》诗：“昔年有狂客，号尔谪仙人。笔落惊风雨，诗成泣鬼神。”

遏云，即响遏行云，形容歌声或乐声美妙嘹亮；绕梁，即余音绕梁，形容歌声或乐声宛转悠扬。《列子·汤问》："薛谭学讴于秦青，未穷青之技，自谓尽之，遂辞归。秦青弗止，饯于郊衢，抚节悲歌，声振林木，响遏行云。薛谭乃谢，求反，终身不敢言归。秦青顾谓其友曰：'昔韩娥东之齐，匮粮，过雍门，鬻歌假食。既去，而余音绕梁欐(音利)，三日不绝，左右以其人弗去。过逆旅，逆旅人辱之。韩娥因曼声哀哭，一里老幼悲愁，垂涕相对，三日不食。遽而追之。娥还，复为曼声长歌。一里老幼喜跃抃舞，弗能自禁，忘向之悲也。乃厚赂发之。故雍门之人至今善歌哭，放(仿效)娥之遗声。'"

涉猎不精，是多学之弊；咿唔佔毕，皆读书之声。

涉猎，谓读书治学或学习其他技能，仅作浮浅的阅览或探索，不求深入研究掌握。《汉书·贾山传》："贾山，颍川人也。祖父祛，故魏王时博士弟子也。山受学祛，所言涉猎书记，不能为醇儒。"颜师古注："涉若涉水，猎若猎兽，言历览之不专精也。醇者，不杂也。"又《朱子语类》卷一〇："山谷(黄庭坚)《与李几仲帖》云：'不审诸经、诸史，何者最熟。大率学者喜博，而常病不精。泛滥百书，不若精于一也。有余力，然后及诸书，则涉猎诸篇亦得其精。盖以我观书，则处处得益；以书博我，则释卷而茫然。'"

咿唔，亦作"伊吾""吾伊"，多形容读书声。北宋黄庭坚《考试局与孙元忠博士竹间对窗，夜闻元忠诵书，声调悲壮，戏作〈竹枝歌〉三章和之》诗其一："南窗读书声吾伊，北窗见月歌《竹枝》。"〇佔毕，亦作"占毕""占哔"，谓经师不解经义，但视简上文字诵读以教人。后亦泛称诵读。一说，占通"笘"，毕通"筚"，占毕即简册、书册。《礼记·学记》："今之教者，呻其佔毕，多其讯言。"郑玄注："呻，吟也。佔，视也。简，谓之毕。讯，犹问也。言今之师自不晓经之义，但吟诵其所视简之文，多其难问也。"

连篇累牍，总说多文；寸楮尺素，通称简札。

连篇累牍，形容篇幅过多，文辞冗长。《隋书·李谔传》："江左齐、梁，其弊弥甚，贵贱贤愚，唯务吟咏。遂复遗理存异，寻虚逐微，竞一韵之奇，争一字之巧。连篇累牍，不出月露之形；积案盈箱，唯是风云之状。世俗以此相高，朝廷据兹擢士。禄利之路既开，爱尚之情愈笃。"

寸楮，短信。寸，形容极短；楮，纸的代称。〇尺素，古人书写用的长一尺左右的绢帛，借指短的书信。古乐府《饮马长城窟行》："客从远方来，遗我双鲤鱼。呼儿烹鲤鱼，中有尺素书。"吕向注："尺素，绢也。古人为书，多书于绢。"〇简札，亦作"简扎""简牍"，战国至魏晋时代的书写材料。为削制成的狭长竹片或木片，竹片称“简”，木片称“札”或“牍”。后亦称书信为“简札”或“简牍”。《尔雅·释器》：“简谓之毕。”邢昺疏：“简，竹简也。古未有纸，载文于简，谓之简扎，一名毕。”

以物求文，谓之润笔之资；因文得钱，乃曰稽古之力。

润笔，唐、宋翰苑官草制除官公文，例奉润笔物。后泛指付给作诗文书画之人的报酬。《隋书·郑译传》：“未几，诏译参撰律令，复授开府、隆州刺史。请还治疾，有诏征之，见于醴泉宫。上（隋文帝）赐宴甚欢，因谓译曰：‘贬退已久，情相矜愍。’于是复爵沛国公，位上柱国。上顾谓侍臣曰：‘郑译与朕同生共死，间关危难，兴言念此，何日忘之！’译因奉觞上寿。上令内史令李德林立作诏书，高颎（音炯）戏谓译曰：‘笔干。’译答曰：‘出为方岳，杖策言归，不得一钱，何以润笔。’上大笑。”

稽古，考察古代的事迹，以明辨道理是非、总结知识经验，从而于今有益、为今所用。语出《尚书·尧典》：“曰若稽古。”《后汉书·桓荣传》：“桓荣字春卿，沛郡龙亢人也。少学长安，习《欧阳尚书》，事博士九江朱普。贫窭无资，常客佣以自给，精力不倦，十五年不窥家园。至王莽篡位乃归。会朱普卒，荣奔丧九江，负土成坟，因留教授，徒众数百人。莽败，天下乱。荣抱其经书与弟子逃匿山谷，虽常饥困而讲论不辍，后复客授江淮间。……（建武）二十八年，大会百官，诏问谁可傅太子者，群臣承望上意，皆言太子舅执金吾原鹿侯阴识可。博士张佚正色曰：‘今陛下立太子，为阴氏乎？为天下乎？即为阴氏，则阴侯可；为天下，则固宜用天下之贤才。’帝称善，曰：‘欲置傅者，以辅太子也。今博士不难正朕，况太子乎？’即拜佚为太子太傅，而以荣为少傅，赐以辎车、乘马。荣大会诸生，陈其车马、印绶，曰：‘今日所蒙，稽古之力也，可不勉哉！’”

文章全美，曰文不加点；文章奇异，曰机杼一家。

文不加点，亦作“文无加点”，文章一气呵成，无须修改。形容文思敏捷，写作技巧纯熟。《后汉书·文苑传下·祢衡》：“（黄）祖长子射（音亦）为章陵太守，尤善于衡。尝与衡俱游，共读蔡邕所作碑文。射爱其辞，还，恨不缮写。衡曰：‘吾虽一览，犹能识之，唯其中石缺二字，为不明耳。’因书出之，射驰使写碑，还校，如衡所书，莫不叹伏。射时大会宾客，人有献鹦鹉者，射举卮于衡曰：‘愿先生赋之，以娱嘉宾。’衡揽笔而作，文无加点，辞采甚丽。”〇《梁书·刘孺传》：“孺少好文章，性又敏速，尝于御坐为《李赋》，受诏便成，文不加点，高祖甚称赏之。后侍宴寿光殿，诏群臣赋诗，时孺与张率并醉，未及成，高祖取孺手板题戏之曰：'张率东南美，刘孺雒阳才。揽笔便应就，何事久迟回？'其见亲爱如此。"

自出机杼，比喻文章的命意和构思独出心裁。《魏书·祖莹传》："莹年八岁，能诵《诗》《书》；十二，为中书学生。好学耽书，以昼继夜，父母恐其成疾，禁之不能止。常密于灰中藏火，驱逐僮仆，父母寝睡之后，燃火读书，以衣被蔽塞窗户，恐漏光明，为家人所觉。由是声誉甚盛，内外亲属呼为'圣小儿'。尤好属文，中书监高允每叹曰：'此子才器，非诸生所及，终当远至。'……莹以文学见重，常语人云：'文章须自出机杼，成一家风骨，何能共人同生活也？'盖讥世人好偷窃他文以为己用。"亦见于《北史·祖莹传》。

应试无文，谓之曳白；书成绣梓，谓之杀青。

曳白，卷纸空白，只字未写，即考试交白卷。《旧唐书·苗晋卿传》："时天下承平，每年赴选常万余人。李林甫为尚书，专任庙堂，铨事唯委晋卿及同列侍郎宋遥主之。选人既多，每年兼命他官有识者同考定书判，务求其实。天宝二年春，御史中丞张倚男奭(音士)参选，晋卿与遥以倚初承恩，欲悦附之，考选人判等凡六十四人，分甲乙丙科，奭在其首。众知奭不读书，论议纷然。有苏孝愠者，尝为范阳蓟令，事安禄山，具其事告之。禄山恩宠特异，谒见不常，因而奏之。玄宗大集登科人，御花萼楼亲试，登第者十无一二；而奭手持试纸，竟日不下一字，时谓之'曳白'。上怒，晋卿贬为安康郡太守，遥为武当郡太守，张倚为淮阳太守。敕曰：'门庭之间，不能训子；选调之际，仍以托人。'时士子皆以为戏笑。"亦见于《新唐书·苗晋卿传》。

绣梓，精美的刻版印刷。古时雕版刻书以梓木为上，后因称书籍刊印为"绣梓"或"付梓"。〇杀青，古时把书写在竹简上，为防虫蛀须先用火烤干水分，谓之"杀青"。一说，古人著书，初稿书于青竹皮上，取其易于改抹，改定后再削去青皮，书于竹白，谓之"杀青"。后泛指书籍写定、著作定稿。《后汉书·吴祐传》："吴祐字季英，陈留长垣人也。父恢，为南海太守。祐年十二，随从到官。恢欲杀青简以写经书，祐谏曰：'今大人逾越五领，远在海滨，其俗诚陋，然旧多珍怪，上为国家所疑，下为权戚所望。此书若成，则载之兼两。昔马援以薏苡兴谤，王阳以衣囊徼名。嫌疑之间，诚先贤所慎也。'恢乃止，抚其首曰：'吴氏世不乏季子矣。'"李贤注："杀青者，以火炙简令汗，取其青易书，复不蠹，谓之杀青，亦谓汗简。"

袜线之才，自谦才短；记问之学，自愧学肤。

袜线，比喻技艺虽多而无一精者，亦用作自谦之辞。《北梦琐言》卷五：

"韩昭，仕王氏至礼部尚书、文思殿大学士。粗有文章，至于琴棋书算射法，悉皆涉猎。以此承恩于后主。时有朝士李台嘏曰：'韩八座事艺如拆袜线，无一条长。'时人韪之。"

记问之学，指为应付他人之问难而预先为之记诵之学。谓无真知之学。《礼记·学记》："记问之学，不足以为人师。"郑玄注："记问，谓豫诵杂难、杂说，至讲时为学者论之。此或时师不心解，或学者所未能问。"〇学肤，学问肤浅。

裁诗曰推敲，旷学曰作辍。

推敲，谓反复斟酌诗文字句。《苕溪渔隐丛话》前集卷一九引《刘公嘉话》："(贾)岛初赴举京师，一日，于驴上得句云：'鸟宿池边树，僧敲月下门。'始欲着'推'字，又欲着'敲'字。练之未定，遂于驴上吟哦，时时引手作推敲之势。时韩愈吏部权京兆，岛不觉冲至第三节。左右拥至尹前，岛具对所得诗句云云。韩立马良久，谓岛曰：'作"敲"字佳矣。'遂与并辔而归，留连论诗，与为布衣之交。"亦见于《唐诗纪事》卷四〇、《唐才子传》卷五等。

旷学，荒废学业。〇作辍，时作时止，不能持久。《法言·孝至》："或曰：'何以处伪？'曰：'有人则作、无人则辍之谓伪。观人者，审其作辍而已矣。'"

文章浮薄，何殊月露风云；典籍储藏，皆在兰台石室。

月露风云，指绮丽浮靡、吟风弄月的诗文，多比喻文字华而不实。注详见《文事》"连篇累牍，总说多文"条。

兰台，汉代宫内收藏典籍之处，后泛指宫廷藏书处。《汉书·百官公卿表上》："御史大夫，秦官，位上卿，银印青绶，掌副丞相。有两丞，秩千石。一曰中丞，在殿中兰台，掌图籍秘书，外督部刺史，内领侍御史员十五人，受公卿奏事，举劾按章。"〇石室，古代藏图书档案处。《史记·太史公自序》："(司马谈)卒三岁，而迁为太史令，䌷(音抽，缀集)史记石室金匮之书。"司马贞索隐："石室、金匮，皆国家藏书之处。"又《汉书·高帝纪下》："又与功臣剖符作誓，丹书铁契，金匮石室，藏之宗庙。"颜师古注："以金为匮，以石为室，重缄封之，保慎之义。"

秦始皇无道，焚书坑儒；唐太宗好文，开科取士。

《史记·秦始皇本纪》略云：秦始皇三十四年，博士齐人淳于越进言分封宗室子弟，始皇下其议。丞相李斯曰："五帝不相复，三代不相袭，各以治，非其相反，时变异也。今陛下创大业，建万世之功，固非愚儒所知。丞相臣斯昧死言：古者天下散乱，莫之能一，是以诸侯并作，语皆道古以害今，饰虚言以乱实，人善其所私学，以非上之所建立。今皇帝并有天下，别黑白而定一尊。私学而相与非法教，人闻令下，则各以其学议之，入则心非，出则巷议，夸主以为名，异取以为高，率群下以造谤。如此弗禁，则主势降乎上，党与成乎下。禁之便。臣请史官非秦记皆烧之。非博士官所职，天下敢有藏《诗》《书》百家语者，悉诣守、尉杂烧之。有敢偶语《诗》《书》者弃市。以古非今者族。吏见知不举者与同罪。令下三十日不烧，黥为城旦。所不去者，医药、卜筮、种树之书。若欲有学法令，以吏为师。"制曰："可。"三十五年，方士侯生、卢生讥议始皇，乃亡去。始皇闻亡，乃大怒曰："吾前收天下书不中用者尽去之。悉召文学方术士甚众，欲以兴太平，方士欲练以求奇药。今闻韩众去不报，徐市等费以巨万计，终不得药，徒奸利相告日闻。卢生等吾尊赐之甚厚，今乃诽谤我，以重吾不德也。诸生在咸阳者，吾使人廉问，或为訞(妖)言以乱黔首。"于是使御史悉案问诸生，诸生传相告引，乃自除犯禁者四百六十余人，皆坑之咸阳，使天下知之，以惩后。

开科取士，指举行科举考试以选拔优异的人士。科举制度并不由唐太宗首创，而是始于隋代。隋文帝开皇年间，废除九品中正制，改由诸州岁贡三人。隋炀帝始置明经、进士二科，以试策取士。《唐摭言》卷一："若列之于科目，则俊(俊士)、秀(秀才)盛于汉、魏；而进士，隋大业中所置也。如侯君素、孙伏伽，皆隋之进士也，明矣。然彰于武德而甲于贞观。盖文皇帝(唐太宗)修文偃武，天赞神授，尝私幸端门，见新进士缀行而出，喜曰：'天下英雄入吾彀(音够)中矣！'若乃光宅四夷，垂祚三百，何莫由斯之道者也。"

花样不同，乃谓文章之异；潦草塞责，不求辞语之精。

花样不同，原指丝织品的式样花色各不相同。后指同类产品的花色式样不一样；也指技艺的表现手法各不相同，五花八门。《太平广记》卷二五七引《卢氏杂说》："唐卢氏子不中第，徒步及都城门东。其日风寒甚，且投逆旅。俄有一人续至，附火良久，忽吟诗曰：'学织缭绫功未多，乱投机杼错抛梭。莫教宫锦行家见，把此文章笑杀他。'又云：'如今不重文章事，莫把文章夸向人。'卢愕然，忆是白居易诗，因问姓名。曰：'姓李，世织绫锦，离乱前，属东都官锦坊织宫锦巧儿。以薄艺投本行，皆云"如今花样与前不同"。不谓伎俩儿以文彩求售者，不重于世。且东归去。'"

潦草塞责，形容做事敷衍了事，马马虎虎，不负责任。潦草，草率，不认真。《朱子语类》卷一一六："初见，先生云：'某自到此，与朋友亦无可说，古人学问只是为己而已。圣贤教人，具有伦理。学问是人合理会底事，学者须是切己方有所得。今人知为学者，听人说一席好话，亦解开悟；到切己工夫，却全不曾做，所以悠悠岁月，无可理会。若使切己下工，圣贤言语虽散在诸书，自有个通贯道理。须实有见处，自然休歇不得。如人趁养家一般，一日不去趁，便受饥饿。今人事无小大，皆潦草过了。只如读书一事，头边看得两段，便揭过后面，或看得一二段，或看得三五行。殊不曾子细(仔细)理会，如何会有益?'"

邪说曰异端，又曰左道；读书曰肄业，又曰藏修。

异端，指与正统思想不同的学说、学派。《论语・为政》："子曰：'攻乎异端，斯害也已。'"朱熹集注："范氏曰：'攻，专治也，故治木石金玉之工曰攻。异端，非圣人之道，而别为一端，如杨、墨是也。其率天下至于无父无君，专治而欲精之，为害甚矣！'"○左道，邪门旁道，古时多用以指未经官府认可的巫蛊、方术等。《礼记・王制》："析言破律，乱名改作，执左道以乱政，杀。"郑玄注："析言破律，巧卖法令者也。乱名改作，谓变易官与物之名，更造法度。左道，若巫蛊及俗禁。"孔颖达疏："卢云：'左道，谓邪道，地道尊右，右为贵。故《汉书》云："右贤左愚，右贵左贱。"'故正道为右，不正道为左。"

肄(音义)业，谓修习课业。古人书所学之文字于方版谓之"业"，师授生曰"授业"，生受之于师曰"受业"，习之曰"肄业"。《左传・文公四年》："卫宁武子来聘，公与之宴，为赋《湛露》及《彤弓》。不辞，又不答赋。使行人私焉。对曰：'臣以为肄业及之也。'"杜预注："肄，习也。"○藏修，专心学习。《礼记・学记》："故君子之于学也，藏焉，修焉，息焉，游焉。"郑玄注："藏，谓怀抱之。修，习也。息，谓作劳休止之为息。游，谓闲暇无事之为游。"孔颖达疏："藏，谓心常怀抱学业也。修，谓修习不能废也。息，谓作事倦息之时而亦在学也。游，谓闲暇无事游行之时亦在于学。言君子于学无时暂替也。"

作文曰染翰操觚，从师曰执经问难。

染翰，以笔蘸墨。亦指作诗文、绘画等。翰者，笔也。南朝梁萧统《文选序》："自姬、汉以来，眇焉悠邈，时更七代，数逾千祀。词人才子，则名溢于缥囊；飞文染翰，则卷盈乎缃帙。"○操觚(音姑)，原指执简写字，后即指写文章。觚者，木简也。西晋陆机《文赋》："或操觚以率而，或含毫而邈然。"李善注："觚，木之方者，古人用之以书，犹今之简也。史由(应为"游")《急就章》曰：'急就奇觚。'觚，木简也。"

执经，指手执经书从师受业。《后汉书・儒林传上》："飨射礼毕，帝(汉明帝)正坐自讲，诸儒执经问难于前。冠带缙绅之人，圜桥门而观听者盖亿万计。"○问难，诘问驳辩。《太平御览》卷二四二引《东观汉记》："贾宗字武孺。

为长水校尉，数言便宜，赏赐殊特，上美宗既有武节，又兼经术，每燕会，令与当世大儒司徒丁鸿问难经传。”

求作文，曰乞挥如椽笔；羡高文，曰才是大方家。

如椽笔，亦作“如椽之笔”，像椽子般的大笔。指大著作或重要的文字，也用以比喻笔力雄健。《晋书·王珣传》：“时帝（晋孝武帝）雅好典籍，珣与殷仲堪、徐邈、王恭、郗恢等并以才学文章见昵于帝。及王国宝自媚于会稽王道子，而与珣等不协，帝虑晏驾后怨隙必生，故出恭、恢为方伯，而委珣端右。珣梦人以大笔如椽与之，既觉，语人云：‘此当有大手笔事。’俄而帝崩，哀册谥议，皆珣所草。”

大方家，亦作“大方之家”，原指懂得大道理的人，后泛指见识广博或学有专长的人。《庄子·秋水》：“秋水时至，百川灌河，泾流之大，两涘渚崖之间，不辩（辨）牛马。于是焉河伯欣然自喜，以天下之美为尽在己。顺流而东行，至于北海，东面而视，不见水端。于是焉河伯始旋其面目，望洋向若而叹曰：‘野语有之曰，“闻道百，以为莫己若”者，我之谓也。且夫我尝闻少仲尼之闻而轻伯夷之义者，始吾弗信。今我睹子之难穷也，吾非至于子之门，则殆矣，吾长见笑于大方之家。’”

竞尚佳章，曰洛阳纸贵；不嫌问难，曰明镜不疲。

洛阳纸贵，比喻作品风行一时，流传很广。《晋书·文苑传·左思》略云：（思）复欲赋三都，会妹芬入宫，移家京师，乃诣著作郎张载，访岷邛之事。遂构思十年，门庭藩溷皆著笔纸，遇得一句，即便疏之。自以所见不博，求为秘书郎。及赋成，时人未之重。思自以其作不谢班、张，恐以人废言。安定皇甫谧有高誉，思造而示之。谧称善，为其赋序。张载为注《魏都》，刘逵注《吴》《蜀》而序之。陈留卫权又为思赋作《略解》。自是之后，盛重于时。司空张华见而叹曰：“班、张之流也。使读之者尽而有余，久而更新。”于是豪贵之家竞相传写，洛阳为之纸贵。初，陆机入洛，欲为此赋，闻思作之，抚掌而笑，与弟云书曰：“此间有伧父，欲作《三都赋》，须其成，当以覆酒瓮耳。”及思赋出，机绝叹伏，以为不能加也，遂辍笔焉。

明镜不疲，明亮的镜子不因频繁照人而感觉疲劳。比喻人的智慧不会因多次使用而受到损害。《世说新语·言语》：“孝武将讲《孝经》，谢公兄弟与诸人私庭讲习。车武子（车胤）难苦问谢，谓袁羊（袁乔）曰：‘不问则德音有遗，多问则重劳二谢。’袁曰：‘必无此嫌。’车曰：‘何以知尔？’袁曰：‘何尝见明镜疲于屡照，清流惮于惠风？’”

称人书架曰邺架，称人嗜学曰书淫。

邺架，唐代李泌封邺侯，其家富有藏书，后由此以邺架代指书架。唐韩愈《送诸葛觉往随州读书》诗："邺侯家多书，插架三万轴。一一悬牙签(用象牙制成的书签)，新若手未触。为人强记览，过眼不再读。伟哉群圣文，磊落载其腹。"又南宋王应麟《困学纪闻》卷一四："李泌，父承休，聚书二万余卷。诫子孙不许出门，有求读者，别院供馔。(见《邺侯家传》)邺侯家多书，有自来矣。"

书淫，指嗜书成癖、好学不倦的人。《晋书·皇甫谧传》："(皇甫谧)居贫，躬自稼穑，带经而农，遂博综典籍百家之言。沉静寡欲，始有高尚之志，以著述为务，自号玄晏先生。著《礼乐》《圣真》之论。后得风痹疾，犹手不辍卷。……遂不仕。耽玩典籍，忘寝与食，时人谓之'书淫'。或有箴其过笃，将损耗精神。谧曰：'朝闻道，夕死可矣，况命之修短分定悬天乎！'"又《梁书·文学传下·刘峻》："宋泰始初，青州陷魏，峻年八岁，为人所略至中山，中山富人刘实愍峻，以束帛赎之，教以书学。魏人闻其江南有戚属，更徙之桑乾。峻好学，家贫，寄人庑下，自课读书，常燎麻炬，从夕达旦，时或昏睡，爇(音弱，烧)其发，既觉复读，终夜不寐，其精力如此。齐永明中，从桑乾得还，自谓所见不博，更求异书，闻京师有者，必往祈借，清河崔慰祖谓之'书淫'。"亦见于《南史·刘峻传》。

白居易生七月，便识之无二字；唐李贺才七岁，作高轩过一篇。

唐白居易《与元九书》："仆始生六七月时，乳母抱弄于书屏下，有指'无'字、'之'字示仆者，仆虽口未能言，心已默识。后有问此二字者，虽百十其试，而指之不差。则仆宿习(一作"昔")之缘，已在文字中矣。"

《唐摭言》卷一〇："李贺，字长吉，唐诸王孙也，父瑨肃，边上从事。贺年七岁，以长短之制，名动京华。时韩文公(愈)与皇甫湜览贺所业，奇之，而未知其人。因相谓曰：'若是古人，吾曹不知者；若是今人，岂有不知之理！'会有以瑨肃行止言者，二公因连骑造门，请见其子。既而总角荷衣而出，二公不之信，贺就试一篇，承命欣然，操觚染翰，旁若无人。仍目曰《高轩过》，曰：'华裾织翠青如葱，金镮(环)压辔摇冬珑。马蹄隐耳声隆隆，入门下马气如虹。云是东京才子、文章巨公。二十八宿罗心胸，殿前作赋声磨空。笔补造化天无功，元精炯炯贯当中。庞眉书客感秋蓬，谁知死草生华风。我今垂翅负冥鸿，他日不羞蛇与龙。'二公大惊，以所乘马命连镳(音标)而还所居，亲为束发。"今按：清代王琦认为"年七岁"系"二十岁"之误。又此文所引《高轩过》与通行版本略有出入。

开卷有益，宋太宗之要语；不学无术，汉霍光之为人。

开卷有益，谓打开书阅读，就会有收益。北宋王辟之《渑水燕谈录》卷六："太宗锐意文史，太平兴国中，诏李昉、扈蒙、徐铉、张洎等，门类群书，为一千卷，赐名《太平御览》。又诏昉等撰集野史为《太平广记》五百卷，类选前代文章为一千卷，曰《文苑英华》。太宗日阅《御览》三卷，因事有阙，暇日追补之。尝曰：'开卷有益，朕不以为劳也。'"

不学无术，本指霍光不学古而无道术，后指没有学问本领。《汉书·霍光传赞》："霍光以结发内侍，起于阶闼之间，确然秉志，谊形于主。受襁褓之托，任汉室之寄，当庙堂，拥幼君，摧燕王，仆上官，因权制敌，以成其忠。处废置之际，临大节而不可夺，遂匡国家，安社稷。拥昭立宣，光为师保，虽周公、阿衡，何以加此！然光不学亡术，暗于大理，阴妻邪谋，立女为后，湛溺盈溢之欲，以增颠覆之祸，死财(才)三年，宗族诛夷，哀哉！"又《宋史·寇准传》："初，张咏在成都，闻准入相，谓其僚属曰：'寇公奇材，惜学术不足尔。'及准出陕，咏适自成都罢还，准严供帐，大为具待。咏将去，准送之郊，问曰：'何以教准？'咏徐曰：'《霍光传》不可不读也。'准莫谕其意，归取其传读之，至'不学无术'，笑曰：'此张公谓我矣。'"

汉刘向校书于天禄，太乙燃藜；赵匡胤代位于后周，陶穀出诏。

《拾遗记》卷六："刘向于成帝之末，校书天禄阁，专精覃思。夜有老人，着(著)黄衣，植青藜杖，登阁而进，见向暗中独坐诵书。老父乃吹杖端，烟然(燃)，因以见向，说开辟已前。向因受《洪范五行》之文，恐辞说繁广忘之，乃裂裳及绅，以记其言。至曙而去，向请问姓名。云：'我是太一之精，天帝闻金卯之子有博学者，下而观焉。'乃出怀中竹牒，有天文地图之书，'余略授子焉'。至向子歆，从向受其术，向亦不悟此人焉。"亦见于《太平广记》卷一六一引《拾遗记》，"太一之精"作"太乙之精"。今按：太一，星名。"金卯之子"，指刘向；金卯，隐"刘"字。

《邵氏闻见录》卷一："太祖将受禅，未有禅文，翰林学士承旨陶穀在旁，出诸怀中，进曰：'已成矣。'太祖由是薄其为人。"又《宋史·陶穀传》："初，太祖将受禅，未有禅文，穀在旁，出诸怀中而进之曰：'已成矣。'太祖甚薄之。尝自曰：'吾头骨法相非常，当戴貂蝉冠尔。'盖有意大用也，人多笑之。"参见《宋史·太祖纪一》。

江淹梦笔生花，文思大进；扬雄梦吐白凤，词赋愈奇。

梦笔生花，谓文人才思大进。《太平广记》卷二七七引《南史》："宣城太守济阳江淹，少时尝梦人授以五色笔，故文彩俊发。后梦一丈夫，自称郭景纯(郭璞)，谓淹曰：'前借卿笔，可以见还。'探怀得五色笔，与之。自尔淹文章踬(音质)矣。故时人有才尽之论。"参见《诗品》卷中、《南史·江淹传》。又《开元天宝遗事》卷下："李太白少时，梦所用之笔头上生花，后天才赡逸，名闻天下。"今按："梦笔生花"似应指李白，原书作者因江淹有梦中受笔之事，而将二者混淆。

梦吐白凤，用以称誉文采秀美俊逸。《西京杂记》卷二："扬雄读书，有人语之曰：'无为自苦，玄故难传。'忽然不见。雄著《太玄经》，梦吐凤凰，集《玄》之上，顷而灭。"又《太平御览》卷九一五引《西京杂记》："雄著《太玄经》，梦吐白凤皇，集其项上而灭。"

李守素通姓氏之学，敬宗名为人物志；虞世南晰古今之理，太宗号为行秘书。

姓氏之学，即谱学，专门研究谱牒的学问。《新唐书·李守素传》："李守素者，赵州人。王世充平，召署天策府仓曹参军，通氏姓学，世号'肉谱'。虞世南与论人物，始言江左、山东，尚相酬对；至北地，则笑而不答，叹曰：'肉谱定可畏。'许敬宗曰：'仓曹此名，岂雅目邪？宜有以更之。'世南曰：'昔任彦升(任昉)通经，时称"五经笥"，今以仓曹为"人物志"，可乎？'时渭州刺史李淹亦明谱学，守素所论，惟淹能抗之。"亦见于《隋唐嘉话》卷上、《旧唐书·李守素传》等。今按：从上述记载来看，称李守素为"人物志"的应是虞世南，而不是许敬宗。

行秘书，会走路的图书馆。秘书，指秘书监，为宫廷藏书处。《大唐新语·聪敏》："太宗尝出行，有司请载书以从。太宗曰：'不须。虞世南在，此行秘书也。'南为秘书监，于省后堂集群书中奥义，皆应用者，号《北堂书钞》。今此堂犹存。其书盛行于代。"亦见于《隋唐嘉话》卷中。

茹古涵今，皆言学博；咀英嚼华，总曰文新。

茹古涵今，犹言博古通今，形容知识丰富。唐皇甫湜《韩文公墓志铭》："茹古涵今，无有端涯，浑浑灏灏，不可窥校。"

咀英嚼华，比喻欣赏、领会诗文的精华。唐韩愈《进学解》："沉浸醲郁，含英咀华，作为文章，其书满家。"

文望尊隆，韩退之若泰山北斗；涵养纯粹，程明道如良玉精金。

韩退之，即唐代文学家韩愈。注详见《人事》“瞻山斗，仰望高贤”条。

程明道，即宋代理学家程颢。良玉精金，比喻人品纯洁，性情温和。北宋程颐《明道先生行状》：“先生资禀既异，而充养有道，纯粹如精金，温润如良玉。”

李白才高，咳唾随风生珠玉；孙绰词丽，诗赋掷地作金声。

咳唾生珠玉，比喻言辞精当，议论高明；也形容文词极其优美。咳唾，咳嗽吐唾沫，比喻谈吐、议论。唐李白《妾薄命》诗：“咳唾落九天，随风生珠玉。”

掷地作金声，扔在地上发出钟磬般的声音。比喻文章词藻优美，声调铿锵。《世说新语·文学》：“孙兴公(孙绰)作《天台赋》成，以示范荣期(范启)，云：‘卿试掷地，要作金石声。’范曰：‘恐子之金石，非宫商中声。’然每至佳句，辄云：‘应是我辈语。’”亦见于《晋书·孙绰传》。

[新增文]十三联

萤辉竹素，蠹走芸编。

萤辉，用萤火虫照书夜读，形容勤学苦读。《晋书·车胤传》：“车胤字武子，南平人也。曾祖浚，吴会稽太守。父育，郡主簿。太守王胡之名知人，见胤于童幼之中，谓胤父曰：‘此儿当大兴卿门，可使专学。’胤恭勤不倦，博学多通。家贫不常得油，夏月则练囊盛数十萤火以照书，以夜继日焉。”○竹素，犹竹帛，竹简和白绢，多指史册、书籍。西晋张协《杂诗十首》其九：“游思竹素园，寄辞翰墨林。”李善注：“《风俗通》曰：‘刘向为孝成皇帝典校书籍，皆先书竹，为易刊定，可缮写者以上素也。今东观书，竹素也。’”

蠹，即蠹鱼，又称“衣鱼”，蛀蚀书籍、衣服的小虫。体小，有银白色细鳞，尾分二歧，形稍如鱼，故名。○芸编，指书籍。芸，香草，置书页内可以辟蠹，故称书籍为“芸编”。南宋陆游《夏日杂题》诗其五：“天随手不去朱黄，辟蠹芸编细细香。”

东观蓬莱，尽藏简编之所；石渠天禄，悉贮史籍之场。

东观，东汉时洛阳南宫中藏书和著书之处，后泛指宫中藏书和著书之所。《后汉书·安帝纪》："诏谒者刘珍及五经博士，校定东观五经、诸子、传记、百家艺术，整齐脱误，是正文字。"李贤注："《洛阳宫殿名》曰：南宫有东观。"〇《后汉书·窦融传》附窦章："是时学者称东观为老氏臧(藏)室，道家蓬莱山。"李贤注："老子为守臧史，复为柱下史，四方所记文书皆归柱下，事见《史记》。言东观经籍多也。蓬莱，海中神山，为仙府，幽经秘录并皆在焉。"

石渠、天禄，阁名，汉代宫廷藏书处。《三辅黄图》卷六："石渠阁，萧何造。其下砻(音龙)石为渠，以导水，若今御沟，因为阁名。所藏入关所得秦之图籍。至于成帝，又于此藏秘书焉。"〇《三辅黄图》卷六："天禄阁，藏典籍之所。《汉宫殿疏》云：'天禄麒麟阁，萧何造，以藏秘书、处贤才也。'"

鲁为鱼，参明不谬；帝作虎，考正无讹。

鲁鱼帝虎，指文字传抄、刊印时，因形近而产生的讹误。唐马总《意林》卷四引《抱朴子》："谚云：'书三写，鱼成鲁，帝成虎。'亦如神符，今用少验。"〇《抱朴子·内篇·遐览》："郑君言符出于老君，皆天文也。老君能通于神明，符皆神明所授。今人用之少验者，由于出来历久，传写之多误故也。又信心不笃，施用之亦不行。又譬之于书字，则符误者，不但无益，将能有害也。书字人知之，犹尚写之多误。故谚曰：'书三写，鱼成鲁，虚成虎。'此之谓也。"

长蛇生马之文，最难措手；硬弩枯藤之字，未易挥毫。

唐孙樵《与王霖秀才书》："譬玉川子(卢仝)《月蚀》诗、杨司成(杨敬之)《华山赋》、韩吏部(韩愈)《进学解》、冯常侍(冯宿)《清河壁记》，莫不拔地倚天，句句欲活。读之如赤手捕长蛇，不施控骑生马，急不得暇，莫可(原作"不")捉搦(音诺)。"

旧题东晋王羲之《题卫夫人〈笔阵图〉后》："夫欲书者，先干研墨，凝神静思，预想字形大小、偃仰、平直、振动，令筋脉相连，意在笔前，然后作字。若平直相似，状如算子，上下方整，前后齐平，此(一作"便")不是书，但得其点画尔。昔宋翼常作此书，翼是钟繇弟子，繇乃叱之。翼三年不敢见繇，即潜心改迹。每作一波，常三过折笔；每作一点，常隐锋而为之；每作一横画，如列阵之排云；每作一戈(钩)，如百钧之弩发；每作一点，如高峰坠石；屈折如钢钩；每作一牵(竖)，如万岁枯藤；每作一放纵，如足行之趣骤。翼先来书恶，晋太康中有人于许下破钟繇墓，遂得《笔势论》。翼乃读之，依此法学，名遂大振。"

借还书籍用双瓻，收贮文章分四库。

双瓻（音吃），古人借书时赠酒一瓻为酬，还书时再赠一瓻，故曰“双瓻”。瓻，盛酒器，大者容一石，小者容五斗。北宋方勺《泊宅编》卷一〇：“李济翁（即李匡文）曰：‘案《王府新书》：杜元凯（杜预）遗其子书曰：“书勿借人。”古人云借书一嗤，还书二嗤。嗤，笑也。后讹为“痴”字，而增至四，谓借一痴，借之二痴，索三痴，还四痴。’皆济翁云。前辈又以‘痴’为‘瓻’。瓻，酒器也。盖云借书以一瓻酒，还之亦以一瓻酒。‘瓻’通作‘鸱’。吴王取马革受子胥尸，沉之江。颜师古曰：‘即今之盛酒鸱夷幐（音腾，袋囊）。’”又《邵氏闻见后录》卷二七：“俗语‘借与人书为一痴，还书与人为一痴’。予每疑此语近薄，借书、还书，理也，何痴云？后见王乐道与钱穆四书：‘《出师颂》，书函中最妙绝。古语“借书一瓻，还书一瓻”，欲以酒二尊往，知却例外物，不敢。’因检《说文》：‘瓻，抽迟反，亦音絺。’注云：‘酒器，古以借书。’盖俗误以为痴也。”

《新唐书·艺文志一》：“（玄宗时）两都各聚书四部，以甲、乙、丙、丁为次，列经、史、子、集四库。其本有正有副，轴带帙签皆异色以别之。”又《唐六典》卷九：“大唐平王充（即王世充），收其图书，泝河西上，多有漂没，存者犹八万余卷，自是图籍在秘书。今秘书、弘文、史馆、司经、崇文皆有之；集贤所写，皆御本也。书有四部：一曰甲，为经；二曰乙，为史；三曰景（唐高祖之父名昞，故唐人凡丙字多改为景），为子；四曰丁，为集。故分为四库，每库二人，知写书、出纳、名目、次序，以备检讨焉。四库之书，两京各二本，共二万五千九百六十卷，皆以益州麻纸写。其经库书，钿白牙轴、黄带、红牙签；史库书，钿青牙轴、缥带、绿牙签；子库书，雕紫檀轴、紫带、碧牙签；集库书绿牙轴、朱带、白牙签，以为分别。”

豪吟如郑綮，还从驴背成诗；富学如薛收，偏向马头草檄。

《北梦琐言》卷七：“唐相国郑綮，虽有诗名，本无廊庙之望。……或曰：‘相国近有新诗否？’对曰：‘诗思在灞桥风雪中驴子上，此处何以得之？’盖言平生苦心也。”亦见于《全唐诗话》卷五。

《旧唐书·薛收传》：“薛收，字伯褒，蒲州汾阴人，隋内史侍郎道衡子也。……秦府记室房玄龄荐之于太宗，即日召见，问以经略，收辩对纵横，皆合旨要。授秦府主簿，判陕东道大行台金部郎中。时太宗专任征伐，檄书露布，多出于收。言辞敏速，还同宿构，马上即成，曾无点窜。”亦见于《新唐书·薛收传》。

八行书言言委曲，三尺法字字威严。

八行书，原指信纸一页八行，后世信笺亦多每页八行，因以称书信。近代多指请托的信件。《后汉书·窦融传》附窦章："(窦)章字伯向，少好学，有文章。与马融、崔瑗同好，更相推荐。"李贤注："《融集·与窦伯向书》曰：'孟陵奴来，赐书，见手迹，欢喜何量，见于面也。书虽两纸，纸八行，行七字。'"

三尺法，古代把法律条文刻写在三尺长的竹简上，故称。《史记·酷吏列传》："(杜)周为廷尉，其治大放张汤而善候伺。上所欲挤者，因而陷之；上所欲释者，久系待问而微见其冤状。客有让周曰：'君为天子决平，不循三尺法，专以人主意指为狱。狱者固如是乎？'周曰：'三尺安出哉？前主所是著为律，后主所是疏为令。当时为是，何古之法乎！'"裴骃集解："《汉书音义》曰：'以三尺竹简书法律也。'"

咳唾成篇，阵马风樯敏捷；精神满腹，《雪车》《冰柱》清高。

阵马风樯，即临阵的战马、乘风的帆船；形容行进迅速，气势雄伟。唐杜牧《李贺歌诗集序》："风樯阵马，不足为其勇也；瓦棺篆鼎，不足为其古也。"

《全唐诗话》卷二："刘叉，节士也。少放肆，为侠行，因酒杀人亡命。会赦，出，更折节读书，能为歌诗。然恃故时所负，不能俯仰贵人。闻韩愈接天下士，步谒之。作《冰柱》《雪车》二诗，出卢、孟右。樊宗师见，为独拜。后以争语不能下宾客，因持愈金数斤去，曰：'此谀墓中人得耳，不若与刘君为寿。'愈不能止。归齐鲁，不知所终。"亦见于《新唐书·韩愈传》附刘义。今按：刘义，应为刘叉，形近而误。〇金元好问《送刘子东游》诗："阵马风樯见豪举，雪车冰柱得真传。"

擅美誉于词场，禹锡诗豪，山谷诗伯；称耆英于艺圃，伯英草圣，子玉草贤。

唐白居易《刘白唱和集解》："彭城刘梦得，诗豪者也。其锋森然，少敢当者。予不量力，往往犯之。夫合应者声同，交争者力敌，一往一复，欲罢不能。"又《新唐书·刘禹锡传》："禹锡恃才而废，褊心不能无怨望，年益晏，偃蹇寡所合，乃以文章自适。素善诗，晚节尤精，与白居易酬复颇多。居易以诗自名者，尝推为'诗豪'，又言：'其诗在处应有神物护持。'"〇诗伯，诗坛领袖。黄庭坚，号山谷道人，为宋代江西诗派创始人，徽宗时吕本中(字居仁)作《江西诗社宗派图》，尊其为宗派之祖，下列陈师道等二十五人，故称"江西诗伯”。南宋赵彦卫《云麓漫钞》卷一四：“吕居仁作《江西诗社宗派图》，其略云：‘……国朝文物大备，穆伯长、尹师鲁始为古文，成于欧阳氏。歌诗至于豫章（即黄庭坚）始大出而力振之，后学者同作并和，尽发千古之秘，亡余蕴矣。’录其名字，曰‘江西宗派’，其原流皆出豫章也。宗派之祖曰山谷，其次陈师道无己……凡二十五人，居仁其一也。”

《三国志·魏书·刘劭传》：“散骑常侍陈留苏林、光禄大夫京兆韦诞。”裴松之注：“初，邯郸淳、卫觊及诞并善书，有名。觊孙恒撰《四体书势》……其序草书曰：‘汉兴而有草书，不知作者姓名。至章帝时，齐相杜度号善作篇，后有崔瑗、崔寔亦皆称工。杜氏结字甚安而书体微瘦，崔氏甚得笔势而结字小疏。弘农张伯英（张芝）者因而转精其巧。凡家之衣帛，必书而后练之。临池学书，池水尽黑。下笔必为楷则，号“匆匆不暇草”，寸纸不见遗，至今世人尤宝之，韦仲将（韦诞）谓之草圣。伯英弟文舒（张昶）者，次伯英。又有姜孟颖、梁孔达、田彦和及韦仲将之徒，皆伯英弟子，有名于世，然殊不及文舒也。”亦见于《后汉书·张奂传》李贤注引王愔《文志》。〇《太平广记》卷二〇六引《书断》：“崔瑗字子玉，安平人。曾祖蒙，父骃。子玉官至济北相，文章盖世。善章草书，师于杜度，媚趣过之。点画精微，神变无碍，利金百炼，美玉天姿，可谓冰寒于水也。袁昂云：‘如危峰阻日，孤松一枝。’王隐谓之‘草贤’，章草入神，小篆入妙。”

谢安石之碎金，悉为异物；陆士衡之积玉，总属奇珍。

碎金，比喻精美简短的诗文。《世说新语·文学》：“桓公（桓温）见谢安石作简文谥议，看竟，掷与坐上诸客曰：‘此是安石碎金。’”

积玉，比喻精华荟萃。《晋书·陆机传》：“机天才秀逸，辞藻宏丽。张华尝谓之曰：‘人之为文，常恨才少，而子更患其多。’弟云尝与书曰：‘君苗见兄文，辄欲烧其笔砚。’后葛洪著书，称‘机文犹玄圃之积玉，无非夜光焉；五河之吐流，泉源如一焉。其弘丽妍赡，英锐漂逸，亦一代之绝乎！’其为人所推服如此。”

少室山集句最佳，片笺片玉；福先寺碑文可诵，一字一缣。

片笺片玉，一片纸如同一片美玉，形容诗文秀美华丽。《唐诗纪事》卷一〇：“李峤善文，作《少室记》，富赡华美，人谓片笺片玉。”

一字一缣，一个字一匹细绢，谓文酬极高。《新唐书·韩愈传》附皇甫湜：“皇甫湜字持正，睦州新安人。擢进士第，为陆浑尉，仕至工部郎中。辨急使酒，数忤同省，求分司东都。留守裴度辟为判官。度修福先寺，将立碑，求文于白居易。湜怒曰：‘近舍湜而远取居易，请从此辞。’度谢之。湜即请斗酒，饮酣，援笔立就。度赠以车马缯彩甚厚，湜大怒曰：'自吾为《顾况集序》，未常许人。今碑字三千，字三缣，何遇我薄邪？'度笑曰：'不羁之才也。'从而酬之。"亦见于唐高彦休《唐阙史》卷上。今按：从原文出处来看，"一字三缣"更符合史实。故有版本将"一字一缣"改为"一字三缣"。

陈琳作檄愈头风，定当神针法灸；子美吟诗除疟鬼，何须妙剂金丹。

《三国志·魏书·王粲传》附陈琳、阮瑀："太祖并以琳、瑀为司空军谋祭酒，管记室，军国书檄，多琳、瑀所作也。"裴松之注引《典略》曰："(陈)琳作诸书及檄，草成呈太祖。太祖先苦头风，是日疾发，卧读琳所作，翕然而起曰：'此愈我病。'数加厚赐。"

《唐诗纪事》卷一八引《诗话》："有病疟者，子美(杜甫)曰：'吾诗可以疗之。'病者曰：'云何？'曰：'夜阑更秉烛，相对如梦寐。'其人诵之，疟犹是也。杜曰：'更诵吾诗云："子章髑髅血模糊，手提掷还崔大夫。"'其人诵之，果愈。"亦见于《诗话总龟》前集卷四八引《古今诗话》。今按："夜阑更秉烛，相对如梦寐"，出自杜诗《羌村三首》其一；"子章髑髅血模糊，手提掷还崔大夫"，出自杜诗《戏作花卿歌》。

真老艺林英，朱夫子且退避三舍；苏仙文苑隽，欧阳公尚放出一头。

真老，宋代理学家真德秀，人称"西山先生"。退避三舍，主动退让九十里。比喻退让和回避，避免冲突。语出《左传·僖公二十三年》。《尧山堂外纪》卷六〇："真西山越山新居成，名其斋曰'学易'，春贴子云：'坐看吴越两山色，默契羲文千古心。'"又据原注："《名贤集》：真西山越山新居成，名其斋曰学易，楹帖云：'坐看吴越两山秀，默契羲文千古心。'朱晦翁(朱熹)见之，曰：'吾且当避此老三舍。'"今按：此条出处不详。

苏仙，宋代文学家苏轼，号东坡居士。放出一头，让这个人高出一头，即出人头地之意。《能改斋漫录》卷一一："东坡初登第，以诗谢梅圣俞(梅尧臣)。圣俞以示文忠公(欧阳修)，公答梅书略云：'不意后生能达斯理也。吾老矣，当放此子出一头地。'故东坡《送晁美叔》诗云：'醉翁遣我从子游，翁如退之践轲丘。向欲放子出一头，酒醒梦断十四秋。'盖叙书语也。陈无己《赠魏衍》诗云：'名驹已自思千里，老子终当让一头。'"亦见于《宋史·苏轼传》、苏辙《栾城集·后集》卷二二。

科 第

士人入学曰游泮，又曰采芹；士人登科曰释褐，又曰得隽。

游泮（音判），亦称“入泮”，泮是泮宫，为西周时诸侯所设大学。后亦指经州县考试录取为生员（秀才）者就读于学宫。〇采芹，古时学宫（学校）前的水池称为“泮水”，入学即可采水中之芹以为菜，故称入学为“采芹”。后亦指考中秀才成为县学生员。《诗经·鲁颂·泮水》：“思乐泮水，薄采其芹。”毛传：“泮水，泮宫之水也。天子辟雍，诸侯泮宫。言水则采取其芹，宫则采取其化。”郑玄笺：“芹，水菜也。言己思乐僖公之修泮宫之水，复伯禽之法，而往观之，采其芹也。”

释褐，谓脱去布衣（平民服装）而换上官服，即做官之意；亦指进士及第授官。《事物纪原》卷三：“《宋朝会要》曰：‘太平兴国二年正月十二日，赐新及第进士诸科吕蒙正以下绿袍、靴、笏，非常例也。’御前释褐，盖自是始。”〇得隽，亦作“得儁”，获得杰出的人才；后亦称登科及第。北宋欧阳修《送徐生之渑池》诗：“名高场屋已得儁，世有龙门今复登。”

宾兴即大比之年，贤书乃试录之号。

宾兴，本为周时之选举方法，自乡小学举贤能而宾礼之，以升于国学。后世之科举时代，地方官设宴招待应举之士，谓之“宾兴”，即仿古乡饮酒之礼；故又径称乡试为“宾兴”。《周礼·地官·大司徒》：“以乡三物教万民而宾兴之。一曰六德：知、仁、圣、义、忠、和；二曰六行：孝、友、睦、姻、任、恤；三曰六艺：礼、乐、射、御、书、数。”郑玄注：“物，犹事也；兴，犹举也。民三事教成，乡大夫举其贤者、能者，以饮酒之礼宾客之，既则献其书于王矣。”〇大比，周朝制度，乡大夫从司徒处接受教法，向乡吏颁布，使各施教于所治区域，每三年对乡吏进行考核，选择贤能，称为“大比”。明清两代特称乡试为“大比”，三年举行一次，各县、州、府的应试者齐集省城，有朝廷派官员主考，录取者为举人。清张廷玉等《明史·选举志二》：“三年大比，以诸生试之直省，曰乡试。中式者为举人。”

贤书，本意是指举荐贤能者的名籍。后因称乡试中式为“登贤书”，也称

"举贤书"。《周礼·地官·乡大夫》:"三年则大比,考其德行、道艺,而兴贤者、能者。乡老及乡大夫,帅其吏与其众寡,以礼礼宾之。厥明,乡老及乡大夫、群吏,献贤能之书于王,王再拜受之,登于天府,内史贰之。"〇试录,明清时代乡试、会试后,将中式举子的姓名、籍贯、名次及其文章汇集刊刻成册。清翟灏《通俗编·仕进·试录》:"黄佐《翰林记》:'洪武甲子乡试、乙丑会试,初为小录,惟刻董事之官、试士之题及中选者之名第、籍贯、经书而已,未录士子之文为程式也。次科戊辰,始录呈文,自是以为定式。'按,《唐会要》:'大中十年,礼部侍郎郑显进诸家科目十二卷,敕自今以后,放榜讫,写及第人姓名,付所司编次。'则宋以前,非不为此录,特其名目殊耳。"

鹿鸣宴,款文榜之贤;鹰扬宴,待武科之士。

鹿鸣宴,唐代乡举考试后,州县长官宴请得中举子的宴会,因在宴会上歌《诗经·小雅·鹿鸣》,故名。明清沿此,于乡试放榜次日,宴请新科举人和内外帘官等,歌《鹿鸣》篇,作魁星舞,亦称"鹿鸣宴"。《新唐书·选举志上》:"每岁仲冬,州、县、馆、监举其成者送之尚书省;而举选不繇馆、学者,谓之乡贡,皆怀牒自列于州、县。试已,长吏以乡饮酒礼,会属僚,设宾主,陈俎豆,备管弦,牲用少牢,歌《鹿鸣》之诗,因与耆艾叙长少焉。"又清吴荣光《吾学录·贡举》:"《通礼》:'顺天乡试揭晓翼(翌)日,燕主考、同考、执事各民及乡贡士于顺天府,曰鹿鸣燕(宴),以府尹主席。'"

鹰扬,即威武如鹰之飞扬之意,取自《诗经·大雅·大明》"维师尚父,时维鹰扬"之句。鹰扬宴,古代科举制度,武乡试放榜后,考官和考中武举者共同参宴庆贺,谓之"鹰扬宴"。《吾学录·贡举》:"武乡试揭晓翼日,燕监射主考、执事各官及武举于顺天府,曰鹰扬燕(宴),仪与鹿鸣燕同。"

文章入式,有朱衣以点头;经术既明,取青紫如拾芥。

元佚名《群书通要》已集卷七引《侯鲭录》(今本无):"欧阳公(修)知贡举日,每遇考试,坐后常觉一朱衣人时复点头,然后其文入格。不尔,则无复与考。始疑侍史,及回视之,一无所见。因语其事于同列,为之三叹。尝有句云:'唯愿朱衣一点头。'"亦见于明陈耀文《天中记》卷三八引《侯鲭录》。

《汉书·夏侯胜传》:"始,胜每讲授,常谓诸生曰:'士病不明经术;经术苟明,其取青紫如俛拾地芥耳。学经不明,不如归耕。'"颜师古注:"地芥,谓草芥之横在地上者。俛而拾之,言其易而必得也。青紫,卿大夫之服也。俛即俯字也。"

其家初中，谓之破天荒；士人超拔，谓之出头地。

破天荒，比喻事物第一次出现。《北梦琐言》卷四："唐荆州衣冠薮泽，每岁解送举人，多不成名，号曰'天荒解'。刘蜕舍人以荆解及第，号为'破天荒'。尔来余知古、关图、常修，皆荆州之居人也。率有高文，连登上科。"又《唐摭言》卷二："荆南解比号'天荒'。大中四年，刘蜕舍人以是府解及第。时崔魏公(崔铉)作镇，以'破天荒钱'七十万资蜕。蜕谢书，略曰：'五十年来，自是人废；一千里外，岂曰天荒！'"

出头地，形容高人一等。《宋史·苏轼传》："嘉祐二年，试礼部。方时文磔裂(音哲列，割裂)诡异之弊胜，主司欧阳修思有以救之，得轼《刑赏忠厚论》，惊喜，欲擢冠多士，犹疑其客曾巩所为，但置第二；复以《春秋》对义居第一，殿试中乙科。后以书见修，修语梅圣俞曰：'吾当避此人出一头地。'闻者始哗不厌，久乃信服。"

中状元，曰独占鳌头；中解元，曰名魁虎榜。

状元，其名始于唐。唐制，举人赴京应礼部试须先投状(申请报考的证件)，因称进士科及第的第一名为"状头"，亦称"状元"。北宋时，殿试第一名称"榜首"，第二、三名称"榜眼"，一、二、三名又皆可称"状元"。南宋以后，始称殿试第一名为"状元"。后历代沿称。状元又称"殿元""鼎元""大魁天下"，为科名中的最高荣誉。○独占鳌头，科举时代称中状元；后用以指居于首位或取得第一。《北江诗话》卷三："又俗语谓状元独占鳌头，语非尽无稽。胪传毕，赞礼官引东班状元、西班榜眼二人，前趋至殿陛下，迎殿试榜。抵陛，则状元稍前，进立中陛石上，石正中镌升龙及巨鳌，盖警跸出入所由，即古所谓螭头矣。俗语所本以此。"

解(音界)元，指乡试第一名。唐制，参加进士考试者由地方选送赴朝廷，称为"解""解送"，后世因称乡试为"解试"。乡试得中者为"发解"，第一名称"解元"。《明史·选举志二》："三年大比，以诸生试之直省，曰乡试。中式者为举人。次年，以举人试之京师，曰会试。中式者，天子亲策于廷，曰廷试，亦曰殿试。分一、二、三甲以为名第之次。一甲止三人，曰状元、榜眼、探花，赐进士及第。二甲若干人，赐进士出身。三甲若干人，赐同进士出身。状元、榜眼、探花之名，制所定也。而士大夫又通以乡试第一为解元，会试第一为会元，二、三甲第一为传胪云。"○虎榜，即龙虎榜的简称。清初，各直省放榜日期，多在八月末九月初；康熙五十年，将各直省乡试放榜日期改为大省于九月十五日内，中、小省分别于九月初十日、初五日内。发榜多在寅日或辰日，而寅属虎，辰属龙，故谓之“龙虎榜”。又陆贽在贞元八年以兵部侍郎权知贡举，得二十三人，皆知名，时人号为“龙虎榜”。后世亦称会试中选为“登龙虎榜”。《新唐书·文艺传下·欧阳詹》：“（欧阳詹）举进士，与韩愈、李观、李绛、崔群、王涯、冯宿、庾承宣联第，皆天下选，时称‘龙虎榜’。”

琼林赐宴，宋太宗之伊始；临轩问策，宋神宗之开端。

琼林宴，宋太宗太平兴国九年至徽宗政和二年，天子均于琼林苑赐宴新科进士，故称。明清赐宴新科进士，亦沿用此名。《宋史·选举志一》：“（太宗太平兴国）八年，进士、诸科始试律义十道，进士免帖经。明年，惟诸科试律，进士复帖经。进士始分三甲。自是锡（赐）宴就琼林苑。上因谓近臣曰：‘朕亲选多士，殆忘饥渴，召见临问，观其才技而用之，庶使田野无遗逸，而朝廷多君子尔。’”

临轩，皇帝不坐正殿而在殿前平台上接见臣属。殿前堂陛之间近檐处两边有槛楯，如车之轩，故称。《宋史·选举志一》：“熙宁三年，（宋神宗）亲试进士，始专以策，定著限以千字。旧特奏名人试论一道，至是亦制策焉。帝谓执政曰：‘对策亦何足以实尽人材，然愈于以诗赋取人尔。’”又南宋朱熹《三朝名臣言行录》卷八引《家传》：“（公吕公著）同知贡举，在贡院密上奏曰：‘天子临轩策士而用诗赋，非举贤求治之意。且近世有司考较，已专用策论，今来廷试，欲乞出自宸衷，唯以诏策咨访治道。’是岁，上临轩，遂以策试进士。”

同榜之人，皆是同年；取中之官，谓之座主。

同年，科举制度称同科考中的人。唐代同榜进士称“同年”，明清乡试、会试同榜登科者皆称“同年”。《唐国史补》卷下：“得第谓之前进士。互相推敬谓之先辈。俱捷谓之同年。有司谓之座主。”又南宋李心传《建炎以来朝野杂记》甲集卷一三：“新及第进士……又数日，拜黄甲，叙同年于礼部贡院。其仪三名，设褥于堂上，东西相向，同年四十已上立于东廊，四十已下立于西廊，皆再拜。拜已，择榜中年长者一人，状元拜之。复择最少者一人，拜状元。”

座主，亦称“座师”。唐、宋时进士称主考官为“座主”；明清时，举人、进士亦称其本科主考官或总裁官为“座主”，自称“门生”。《南部新书》戊集：“杜审权，大中十二年知举，放卢处权。有戏之曰：‘座主审权，门生处权，可谓权不失权。’又乾符二年，崔沆放崔瀣，谭者称：‘座主门生，沆瀣一气。’”

应试见遗，谓之龙门点额；进士及第，谓之雁塔题名。

点额，谓跳龙门的鲤鱼头额触石壁，比喻科举落第或仕途失意。《水经注·河水四》："河水又南得鲤鱼涧，历涧东入，穷溪首便其源也。《尔雅》曰：'鳣，鲔也。'出巩穴，三月则上渡龙门，得渡为龙矣。否则，点额而还。"

雁塔题名，唐中宗神龙以来，新科进士举行完曲江会宴后，又往往有题名雁塔之举。后因用作考中进士的代称。唐韦绚《刘宾客嘉话录》："慈恩题名，起自张莒，本于寺中闲游而题其同年，人因为故事。"《南部新书》乙集："韦肇初及第，偶于慈恩寺塔下题名。后进慕效之，遂成故事。"又《唐摭言》卷三："神龙已来，杏园宴后，皆于慈恩寺塔下题名。同年中推一善书者纪之。"〇明郎瑛《七修类稿》卷二〇："雁塔者，以双雁飞翔，忽殒一而下，人遂瘞雁建塔于上。在唐慈恩寺中无疑，故杜老有《登慈恩寺塔》诗。至于题名之说，一云韦肇及第，偶尔题名寺塔，遂为故事；一云张莒本寺中闲游，戏题同年之名于塔。然人虽不同，其义其时则一也。故宋制进士及第，必赐名于桂籍堂，拟唐慈恩之题耳。昨读戴埴《鼠璞》，以谓'予得唐雁塔题名石刻，细阅之，凡留题姓名，僧道士庶前后不一，非止于新进士也'。据此，予恐题名止于进士之说，因宋拟唐题名慈恩之故，后遂成其讹耶。不然，戴埴之说，抑伪言耶？"

贺登科，曰荣膺鹗荐；入贡院，曰鏖战棘闱。

登科，亦称"登第"，科举时代称考中进士。〇鹗荐，谓举荐人才。鹗书、鹗表，谓举荐人才的书表。《后汉书·文苑传下·祢衡》："衡始弱冠，而(孔)融年四十，遂与为交友。上疏荐之曰：'……窃见处士平原祢衡，年二十四，字正平，淑质贞亮，英才卓砾。初涉艺文，升堂睹奥，目所一见，辄诵于口，耳所瞥闻，不忘于心。性与道合，思若有神。……鸷鸟累伯(百)，不如一鹗。使衡立朝，必有可观。'"今按：邹阳《上书吴王》有云"臣闻鸷鸟累百，不如一鹗"。

贡院，科举考试举行乡试、会试的场所。〇棘闱，亦称"棘围"，科举时代，为了防止考试时传递作弊和放榜时落第者闹事，遂在试院围墙上遍插棘枝，故称"棘闱"。注参见《科第》"乡会放榜曰撤棘"条。

金殿唱名曰传胪，乡会放榜曰撤棘。

传胪，亦称"胪传""胪唱"，科举制度时，在殿试后由皇帝宣布登第进士名次的典礼。殿试公布名次之日，皇帝至殿宣布，由阁门承接，传于阶下，卫士齐声传名高呼，进士依次出列，谓之“传胪”。古代以上传语告下曰胪，传胪即唱名之意。其制始于宋代。南宋赵升《朝野类要》卷二：“唱名，谓之胪传。圣上御殿宣唱，第一人、第二人、第三人为一班。其余诸甲，各为一班。”

撤棘，指科举考试结束或放榜之日。《旧五代史·和凝传》：“(后唐天成中，和凝)诏入翰林充学士，转主客郎中充职，兼权知贡举。贡院旧例，放牓之日，设棘于门及闭院门，以防下第不逞者。凝令撤棘启门，是日寂无喧者，所收多才名之士，时议以为得人。”亦见于《新五代史·和凝传》。

攀仙桂，步青云，皆言荣发；孙山外，红勒帛，总是无名。

攀仙桂，犹折桂，比喻登科及第。唐黄滔《出京别同年》诗：“一枝仙桂已攀援，归去烟涛浦口村。”〇步青云，比喻官高爵显，后世也用来指科举及第。《孔氏谈苑》卷二：“梁灏八十二岁，雍熙二年状元及第，谢启云：‘白首穷经，少伏生之八岁；青云得路，多太公之二年。’后终秘书监。”今按：梁灏中状元在二十三岁，《孔氏谈苑》及《三字经》皆说他八十二岁中状元，为讹传。

孙山外，即名落孙山，指科考落第。南宋范公偁《过庭录》：“吴人孙山，滑稽才子也。赴举他郡，乡人托以子偕往。乡人子失意，山缀榜末，先归。乡人问其子得失，山曰：‘解名尽处是孙山，贤郎更在孙山外。’”〇红勒帛，原义是用红帛制的腰带，后谓以朱笔涂抹文字，亦用以指考试不佳。《梦溪笔谈》卷九：“嘉祐中，士人刘几累为国学第一人，骤为怪崄之语，学者翕然效之，遂成风俗。欧阳公(欧阳修)深恶之。会公主文，决意痛惩。凡为新文者，一切弃黜。时体为之一变，欧阳之功也。有一举人论曰：‘天地轧，万物茁，圣人发。’公曰：‘此必刘几也。’戏续之曰：‘秀才剌，试官刷。’乃以大朱笔横抹之，自首至尾，谓之‘红勒帛’，判‘大纰缪’字榜之。即而果几也。”

英雄入吾彀，唐太宗喜得佳士；桃李属春官，刘禹锡贺得门生。

注详见《文事》“唐太宗好文，开科取士”条。

春官，指主持考试的礼部官员。唐刘禹锡《宣上人远寄和礼部王侍郎放榜后诗，因而继和》：“礼闱新榜动长安，九陌人人走马看。一日声名遍天下，满城桃李属春官。”

薪，采也，槱，积也，美文王作人之诗，故考士谓之薪槱之典；汇，类也，征，进也，是连类同进之象，故进贤谓之汇征之途。

薪槱，比喻贤良的人才或选拔贤良的人才。槱(音友)，聚积。《诗经·

大雅·棫朴》："芃芃棫朴，薪之槱之。济济辟王，左右趣之。"毛传："芃芃，木盛貌。棫，白桵也。朴，枹木也。槱，积也。山木茂盛，万民得而薪之。贤人众多，国家得用蕃兴。"又《毛诗序》："《棫朴》，文王能官人也。"

汇征，连类同进，称能进用贤者。《周易·泰》："初九：拔茅茹，以其汇。征吉。"王弼注："茅之为物，拔其根而相牵引者也。茹，相牵引之貌也。三阳同志，俱志在外，初为类首，己举则从，若'茅茹'也。上顺而应，不为违距，进皆得志，故以其类'征吉'。"孔颖达疏："'以其汇'者，汇，类也，以类相从。'征吉'者，征，行也。上坤而顺，下应于乾，己去则纳，故征行而吉。"

赚了英雄，慰人下第；傍人门户，怜士无依。

《唐摭言》卷一："进士科始于隋大业中，盛于贞观、永徽之际。缙绅虽位极人臣，不由进士者，终不为美，以至岁贡常不减八九百人。其推重谓之'白衣公卿'，又曰'一品白衫'；其艰难谓之'三十老明经，五十少进士'。其负倜傥之才，变通之术，苏、张之辨说，荆、聂之胆气，仲由之武勇，子房之筹画，弘羊之书计，方朔之诙谐，咸以是而晦之。修身慎行，虽处子之不若；其有老死于文场者，亦所无恨。故有诗云：'太宗皇帝真长策，赚得英雄尽白头！'"

《云溪友议》卷下："(章孝标)元和十三年下第，时辈多为诗以刺主司，独章君为《归燕诗》，留献庾侍郎承宣。小宗伯得诗，展转吟讽，诚恨遗才，仍候秋期，必当荐引。庾果重秉礼曹，孝标来年擢第。群议以为二十八字而致大科，则名路可遵，递相砻砺也。诗曰：'旧累(一作"垒")危巢泥已落，今年故(一作"复")向社前归。连云大厦无栖处，更望(一作"傍")谁家门户飞？'"亦见于《全唐诗话》卷三、李颀《古今诗话》等。

虽然有志者事竟成，伫看荣华之日；成丹者火候到，何惜烹炼之功。

上句谓有志气的人一定能够成功，可以等着看他荣华富贵的那一天。注详见《人事》"落落，不合之词"条。

下句谓道家炼制仙丹必须要等到一定火候，因此绝不可吝惜烹炼的功夫。比喻学业也要循序渐进，才有可能成功。

[新增文]十二联

班名玉笋，饼是红绫。

《因话录》卷三："李相国武都公(李宗闵)知贡举，门生多清秀俊茂，唐冲、薛庠、袁都辈，时谓之玉笋。"亦见于《新唐书·李宗闵传》。又《北梦琐言》卷五："唐末朝士中有人物者，时号'玉笋班'。"原注："又外郎班者桀不杂，亦号'玉笋班'也。"

红绫饼，一种精美的食饼，外裹红绫，故称。多为帝王及高官贵戚家食。宋叶梦得《避暑录话》卷下："唐御膳以红绫饼饻(音淡)为重。昭宗光化中，放进士榜，得裴格等二十八人，以为得人，会燕曲江，乃令大官特作二十八饼饻赐之。卢延让在其间。后入蜀为学士，既老，颇为蜀人所易。延让诗素平易近俳，乃作诗云：'莫欺零落残牙齿，曾吃红绫饼饻来。'王衍闻知，遂命供膳，亦以饼饻为上品，以红罗裹之。至今蜀人工为饼饻，而红罗裹其外，公厨大燕，设为第一。"

贡树分香，预卜他年卿相；天街软绣，争看此日郎君。

贡树分香，贡院(古代考场)的树散发出分外的香味。〇他年卿相，未来的公卿宰相。唐朝以后，卿相多由进士出身，赴试的士子被称为"白衣公卿"，意谓虽身为布衣百姓而有未来卿相的资格。《唐摭言》卷一："进士科始于隋大业中，盛于贞观、永徽之际。缙绅虽位极人臣，不由进士者，终不为美，以至岁贡常不减八九百人。其推重谓之'白衣公卿'，又曰'一品白衫'。

天街软绣，京城中的街道及身穿绫罗的人们。〇此日郎君，指新科进士。唐人称新获第者为"新郎君"。《唐摭言》卷三："薛监(薛逢)晚年厄于宦途，尝策羸赴朝，值新进士榜下，缀行而出。时进士团所由辈数十人，见逢行李萧条，前导曰：'回避新郎君！'逢辴然(笑)，即遣一介语之曰：'报道莫贫相(寒酸相)！阿婆(自称的谦词)三五少年时，也曾东涂西抹来。'"亦见于《唐才子传》卷七。

江东之罗隐何多，淮右之温岐不少。

罗隐，唐末余杭人。原名横，进士累举不第，改名隐，字昭谏，自号江东生。北宋陶岳《五代史补》卷一："罗隐在科场，恃才傲物，尤为公卿所恶，故六举不第。"《北梦琐言》卷六："罗(隐)既频不得意，未免怨望，竟为贵子弟所排，契阔东归。黄寇事平，朝贤议欲召之。韦贻范沮之曰：‘某曾与之同舟而载，虽未相识，舟人告云："此有朝官。"罗曰："是何朝官！我脚夹笔，亦可以敌得数辈。"必若登科通籍，吾徒为秕糠也。’由是不果召。"又《唐诗纪事》卷六九："江南李氏尝遣使聘越，越人问：‘见罗给事否？’使人曰：‘不识，亦不闻名。’越人云：‘四海闻有罗江东，何拙之甚？’使人曰：‘为金榜上无名，所以不知。’"

温岐，温庭筠原名。唐佚名《玉泉子》："温庭筠有词赋盛名。初将从乡里举，客游江淮间，扬子留后姚勖厚遗之。庭筠少年，其所得钱帛，多为狭邪所费。勖大怒，笞且逐之，以故庭筠不中第。"又《北梦琐言》卷二："或云(令狐绹)曾以故事访于温岐，对以其事出《南华》(即《庄子》)，且曰：‘非僻书也。或冀相公燮理之暇，时宜览古。’绹益怒之，乃奏岐有才无行，不宜与第。会宣宗私行，为温岐所忤，乃授方城尉。所以岐诗云：‘因知此恨人多积，悔读《南华》第二篇。’"亦见于《唐诗纪事》卷五四、《唐才子传》卷八。

狗从窦出，莫非登第休征；鼠以经衔，却是命题吉兆。

《朝野佥载》卷三："河东裴元质初举进士，明朝唱策，夜梦一狗从窦出，挽弓射之，其箭遂撇。以为不祥，问曹良史，曰：‘吾往唱策之夜，亦为此梦。梦神为吾解之曰："狗者，第字头也；弓者，第字身也；箭者，第竖也；有撇为第也。"’寻而唱第，果如梦焉。"

《独醒杂志》卷三："杜镐在江南时，待试于有司。一日，旅邸方昼寝，忽有鼠衔文一卷，自门窦而入。镐寤而逐之，鼠不惊走，以书寘之床前而去。取其书而观之，乃《孝经注疏》也。镐心异其事，遂取读数过。既入试，问题正出疏中。镐遂中选。"

不欺之语，有可书绅；忠孝之求，真难副上。

《邵氏闻见录》卷八："贾内翰黯以状元及第归邓州，范文正公(范仲淹)为守，内翰谢文正曰：‘某晚生，偶得科第，愿受教。’文正曰：‘君不忧不显，惟"不欺"二字，可终身行之。’内翰拜其言不忘，每语人曰：‘吾得于范文正公者，平生用之不尽也。’呜呼！得文正公二字者，足以为一代之名臣矣。"

《麈史》卷中："神文(宋仁宗)重于选士。皇祐五年廷试，既考定前一日，取首卷焚香祝曰：‘愿得忠孝状元。’洎唱名，乃郑獬也。故郑谢启曰：‘何以副上心忠孝之求。’"

孙宋则弟兄俱贵，梁张则乔梓皆荣。

孙，指孙何、孙仅兄弟。《宋史·孙何传》略云：孙何字汉公，蔡州汝阳人。何十岁识音韵，十五能属文，笃学嗜古，为文必本经义，在贡籍中甚有声。淳化三年举进士，开封府、礼部俱首荐，及第又得甲科。(孙)仅字邻几。少勤学，与何俱有名于时。咸平元年，进士甲科，兄弟连冠贡籍，时人荣之。又《渑水燕谈录》卷三："孙何、孙仅，学行文辞倾动场屋。何既为状元，王黄州(王禹偁)览仅文编，书其后曰：'明年再就尧阶试，应被人呼小状元。'后榜仅果为第一。黄州复以诗寄之云：'病中何幸忽开颜，记得诗称小状元。粉壁乍悬龙虎榜，锦标终属鹡鸰原。'并寄何诗曰：'惟爱君家棣华榜，《登科记》上并龙头。'潘逍遥(潘阆)亦有诗曰：'归来遍检《登科记》，未见连年放弟兄。'而陈尧叟、尧咨兄弟亦前后相继为状元，士林皆以为盛事。"〇宋，指宋郊、宋祁兄弟。注详见《兄弟》"宋郊宋祁俱中元，当时人号为大宋小宋"条。

《渑水燕谈录》卷六："祥符二年，真宗东封岱山，六月，放梁固已下进士三十一人及第。四年，祀后土于汾阴，十一月，放张师德已下三十一人及第。固，雍熙二年状元颢(应为"灏")之子；师德，建隆二年状元去华之子。两家父子状元，当时士大夫荣之。甘棠魏野闻而以诗贺之曰：'封禅汾阴连岁榜，状元俱是状元儿。'"亦见于北宋范镇《东斋记事》卷一、《宋朝事实类苑》卷二四等。

得云雨而扬鬐，岂是池中之物；挟风雷而烧尾，非终海底之鱼。

得云雨而扬鬐，比喻有才能的人必然有机会出人头地。《三国志·吴书·周瑜传》："刘备以左将军领荆州牧，治公安。备诣京见(孙)权，瑜上疏曰：'刘备以枭雄之姿，而有关羽、张飞熊虎之将，必非久屈为人用者。愚谓大计宜徙备置吴，盛为筑宫室，多其美女玩好，以娱其耳目。分此二人，各置一方，使如瑜者得挟与攻战，大事可定也。今猥割土地以资业之，聚此三人，俱在疆场，恐蛟龙得云雨，终非池中物也。'权以曹公在北方，当广揽英雄，又恐备难卒制，故不纳。"

烧尾，唐时士人新登第或升迁时的贺宴。唐朝封寅《封氏闻见记》卷五："士子初登荣进及迁除，朋僚慰贺，必盛置酒馔音乐，以展欢宴，谓之'烧尾'。说者谓虎变为人，惟尾不化，须为焚除，乃得成人；故以初蒙拜授，如虎得为人，本尾犹在，体气既合，方为焚之，故云'烧尾'。一云新羊入群，乃为诸羊所触，不相亲附，火烧其尾，则定。"又《孔氏谈苑》卷四："士人初登第，必展欢宴，谓之烧尾。说者云：'虎化为人，惟尾不化，须为烧去，乃得成人。'又说：

'新羊入群，诸羊抵触，不相亲附，烧其尾乃定。'又说：'鱼跃龙门，化龙时，必须雷电为烧其尾乃化。'"今按：烧尾化龙说，始见于《太平广记》卷四六六引《三秦记》："龙门之下，每岁季春有黄鲤鱼，自海及诸川争来赴之。一岁中，登龙门者不过七十二。初登龙门，即有云雨随之，天火自后烧其尾，乃化为龙矣。"

遍历名园，孰作探花之使；同观竞渡，谁为夺锦之人。

探花使，亦称"探花郎"。唐时进士曲江杏园初宴，称"探花宴"，常以同榜中最年少者二人为探花使。北宋因之。至南宋乃专称殿试一甲第三名为探花。此后，元、明、清三代沿袭不变。唐李淖《秦中岁时记》："进士杏园初宴，谓之探花宴。差少俊二人为探花使，遍游名园，若他人先折花，二使皆被罚。"又《东轩笔录》卷六："进士及第后，例期集二月（一作"一月"），其醵罚钱，奏宴局什物，皆请同年分掌。又选最年少者二人为探花，使赋诗，世谓之探花郎，自唐以来榜榜有之。熙宁中，吴人余中为状元，首乞罢期集，废宴席探花，以厚风俗，执政从之。既而擢中为国子监直讲，以为斯人真可以厚风俗矣。未几，坐受举人贿赂而升名第事，下御史府，至荷校参对，狱具，停废。"

夺锦，亦称"夺标"，旧时龙舟竞渡，优胜者夺得锦标；也借以比喻科举考试得元。《唐摭言》卷三："卢肇，袁州宜春人，与同郡黄颇齐名。颇富于产，肇幼贫乏。与颇赴举，同日遵路，郡牧于离亭饯颇而已。时乐作酒酣，肇策蹇邮亭侧而过；出郭十余里，驻程俟颇为侣。明年，肇状元及第而归，刺史已下接之，大惭恚。会延肇看竞渡，于席上赋诗曰：'向道是龙刚（偏）不信，果然衔得锦标归。'"参见《唐诗纪事》卷五五。

此日羽毛，伫看振翮；昔年辛苦，莫负初心。

《五代史补》卷四："王尚书仁裕，乾祐初，放一榜二百一十四人，乃自为诗云：'二百一十四门生，春风初动羽毛轻。掷金换却天边桂，凿壁偷将榜上名。'陶穀为尚书，素好诙谐，见诗佯声曰：'大奇，大奇，不意王仁裕今日做贼头也。'闻者皆大笑。"

《南部新书》戊集："大中元年，魏扶知礼闱，入贡院，题诗曰：'梧桐叶落满庭阴，锁闭朱门试院深。曾是昔年辛苦地，不将今日负前心。'及榜出，为无名子削为五言以讥之。"亦见于《诗话总龟》前集卷三九引《南部新书》。今按：无名子所改五言诗为："叶落满庭阴，朱门试院深。昔年辛苦地，今日负前心。"

莫存温饱之志，还辞贵戚之婚。

《东轩笔录》卷一四："王沂公曾青州发解，及南省、程试（一作"廷试"），皆为首冠。中山刘子仪为翰林学士，戏语之曰：'状元试三场，一生吃着不尽。'沂公正色答曰：'曾平生之志不在温饱。'"

《宋史·冯京传》："冯京字当世，鄂州江夏人。少隽迈不群，举进士，自乡举、礼部以至廷试，皆第一。时犹未娶，张尧佐方负宫掖势，欲妻以女。拥至其家，束之以金带，曰：'此上意也。'顷之，宫中持酒肴来，直出奁具目示之。京笑不视，力辞。"

邹子为书，明月空遭按剑；高公未第，秋江自怨芙蓉。

注详见《人事》"明珠投暗，大屈才能"条。

《唐才子传》卷九："高蟾，河朔间人。乾符三年孔缄榜及第。与郑郎中谷为友，酬赠称高先辈。初，累举不上，题省墙间曰：'冰柱数条搘白日，天门几扇锁明时。阳春发处无根蒂，凭仗东风次第吹。'怨而切。是年人论不公，又下第。上马侍郎云：'天上碧桃和露种，日边红杏倚云栽。芙蓉生在秋江上，莫向春风怨未开。'意亦指直，马怜之。又有'颜色如花命如花'之句，自况时运蹇窒。马因力荐，明年，李昭知贡，遂擢桂。"亦见于《诗话总龟》前集卷四四。

青衫则岁岁堪怜，金线则年年自笑。

青衫，古时学子所穿之服，借指学子、书生；亦指官职卑微。北宋欧阳修《圣俞会饮》诗："嗟余身贱不敢荐，四十白发犹青衫。"

唐秦韬玉《贫女》诗："苦恨年年压金线，为他人作嫁衣裳。"又《苕溪渔隐丛话》前集卷三五引《西清诗话》："集句自国初有之，未盛也。至石曼卿（石延年）人物开敏，以文为戏，然后大著。尝见手书《下第偶成》诗云：'一生不得文章力，欲上青云未有因。圣主不劳千里召，姮娥何惜一枝春。凤凰诏下虽沾命，豺虎丛中也立身。啼得血流无用处，着朱骑马是何人？'又云：'年去年来来去忙，为他人作嫁衣裳。仰天大笑出门去，独对春风舞一场。'至元丰间，王荆公（王安石）益工于此。人言起自荆公，非也。"

制　作

上古结绳记事，苍颉制字代绳。

《周易·系辞下》："上古结绳而治，后世圣人易之以书契，百官以治，万民以察。"孔颖达疏："结绳者，郑康成(郑玄)注云：'事大，大结其绳；事小，小结其绳。'义或然也。"又唐李鼎祚《周易集解》卷一五："《九家易》曰：'古者无文字，其有约誓之事，事大大其绳，事小小其绳，结之多少，随物众寡，各执以相考，亦足以相治也。'"

苍颉，又作"仓颉"，相传为黄帝的史官，汉字的创造者。《说文解字叙》："黄帝之史仓颉，见鸟兽蹄迒(音航，兽迹)之迹，知分理之可相别异也，初造书契，百工以乂，万品以察。……仓颉之初作书，盖依类象形，故谓之文；其后形声相益，即谓之字。"又《淮南子·本经训》："昔者苍颉作书，而天雨粟，鬼夜哭。"高诱注："苍颉始视鸟迹之文，造书契，则诈伪萌生。诈伪萌生，则去本趋末，弃耕作之业，而务锥刀之利。天知其将饿，故为雨粟。鬼恐为书文所劾，故夜哭也。'鬼'或作'兔'，兔恐有取豪(毫)作笔，害及其躯，故夜哭。"

龙马负图，伏羲因画八卦；洛龟呈瑞，大禹因列九畴。

龙马，传说中形态像马的龙，马身而龙鳞，故谓之龙马。高八尺五寸，类骆有翼，蹈水不没，圣人在位，负图出于孟河之中。《礼记·礼运》："故天降膏露，地出醴泉，山出器车，河出马图。"郑玄注："马图，龙马负图而出也。"孔颖达疏："伏羲氏有天下，龙马负图出于河，遂法之，画八卦。"又《尚书·顾命》："大玉、夷玉、天球、河图，在东序。"孔安国传："河图，八卦。伏牺王天下，龙马出河，遂则其文，以画八卦，谓之河图。"

九畴，九类，传说中天帝赐给大禹治理天下的九类大法，即《洛书》。《尚书·洪范》："天乃锡(赐)禹洪范九畴，彝伦攸叙。初一曰五行，次二曰敬用五事，次三曰农用八政，次四曰协用五纪，次五曰建用皇极，次六曰乂用三德，次七曰明用稽疑，次八曰念用庶征，次九曰向用五福、威用六极。"孔安国传："天与禹洛出书，神龟负文而出，列于背，有数至于九，禹遂因而第之，以成九类，常道所以次叙。"又《宋书·符瑞志上》："燧人氏没，宓牺代之，受《龙图》，画八卦，所谓‘河出图’者也。……(禹)乃受舜禅，即天子之位。洛出《龟书》六十五字，是为《洪范》，此谓‘洛出书’者也。”

历日是神农所为，甲子乃大挠所作。

历日，即历法。神农，亦称“炎帝”。《太平御览》卷一六引杨泉《物理论》：“畴昔神农始治农功，正节气，审寒温，以为早晚之期，故立历日。”

甲子，即天干、地支，两者相配用以纪日、纪年。大挠，亦作“大桡”，相传为黄帝史官。清茆泮林辑《世本·作篇》：“大挠作甲子，隶首作算数，伶伦造律吕，容成造历。”又《后汉书·律历志上》：“记称大桡作甲子，隶首作数。二者既立，以比日表，以管万事。”李贤注：“《吕氏春秋》曰：‘黄帝师大桡。’《博物记》曰：‘容成氏造历，黄帝臣也。’《月令章句》：‘大桡探五行之情，占斗纲所建，于是始作甲乙以名日，谓之干；作子丑以名月，谓之枝。枝干相配，以成六旬。’”

算数作于隶首，律吕造自伶伦。

算数，犹计数，计算数目。《后汉书·律历志上》：“记称大桡作甲子，隶首作数。”李贤注：“《博物记》曰：‘隶首，黄帝之臣。’一说，隶首，善算者也。”

律吕，六律、六吕的合称，即十二律。伶伦，亦作“泠纶”“泠伦”。《吕氏春秋·仲夏纪·古乐》：“昔黄帝令伶伦作为律。伶伦自大夏之西，乃之阮隃之阴，取竹于嶰谿之谷。以生空窍厚钧者，断两节间，其长三寸九分而吹之，以为黄钟之宫，吹曰‘舍少’。次制十二筒，以之阮隃之下，听凤皇之鸣，以别十二律。其雄鸣为六，雌鸣亦六，以比黄钟之宫，适合。黄钟之宫，皆可以生之，故曰：黄钟之宫，律吕之本。黄帝又命伶伦与荣将铸十二钟，以和五音，以施《英韶》。”高诱注：“伶伦，黄帝臣。”又《汉书·律历志上》：“律十有二，阳六为律，阴六为吕。……其传曰，黄帝之所作也。黄帝使泠纶，自大夏之西，昆仑之阴，取竹之解谷生，其窍厚均者，断两节间而吹之，以为黄钟之宫。制十二筒以听凤之鸣，其雄鸣为六，雌鸣亦六，比黄钟之宫，而皆可以生之，是为律本。至治之世，天地之气合以生风；天地之风气正，十二律定。”

甲胄舟车，系轩辕之创始；权量衡度，亦轩辕之立规。

轩辕，即黄帝。《事物纪原》卷九：“《黄帝内传》曰：‘玄女请帝制甲胄，以备身也。’”又同卷：“兜鍪，胄也。《黄帝内传》所述，盖玄女请帝制之，以备身也。”○《汉书·地理志上》：“昔在黄帝，作舟车以济不通，旁行(通行)天下。”又东汉班固《两都赋》：“分州土，立市朝，作舟车，造器械，斯轩辕氏之所以开帝功也。”

《孔子家语·五帝德》:“黄帝者,少昊(应为“少典”)之子,曰轩辕。生而神灵,弱而能言,幼齐睿庄,敦敏诚信,长聪明。治五气,设五量,抚万民,度四方。”王肃注:“五量:权衡、升斛、尺丈、里步、十百。”亦见于《大戴礼记·五帝德》。又《事物纪原》卷八:“《吕氏春秋》曰:‘黄帝使伶伦取竹于昆仑之嶰谷,为黄钟之律,而造权衡度量。’盖因其所胜轻重之数而生权,以为铢、两、斤、钧、石,则秤之始也;因其所积长短之数而生度,以为分、寸、尺、丈、引,则尺之始也;因其所受多寡之数而生量,以为合、龠、升、斗、斛,则斗之始也。”

伏羲氏造网罟,教佃渔以赡民用;唐太宗造册籍,编里甲以税田粮。

网罟(音古),捕鱼、捕鸟兽的工具。《周易·系辞下》:“古者包牺氏(即伏羲氏)之王天下也……作结绳而为网罟,以佃以渔,盖取诸《离》(卦名)。”

《旧唐书·食货志上》:“凡天下人户,量其资产,定为九等。每三年,县司注定,州司覆之。百户为里,五里为乡。四家为邻,五家为保。在邑居者为坊,在田野者为村。村坊邻里,递相督察。士农工商,四人各业。食禄之家,不得与下人争利。工商杂类,不得预于士伍。男女始生者为黄,四岁为小,十六为中,二十一为丁,六十为老。每岁一造计帐,三年一造户籍。州县留五比,尚书省留三比。……天下籍始造四本,京师及东京尚书省、户部各贮一本,以备车驾行幸,省于载运之费焉。”今按:造册籍、编里甲并非始于唐太宗;《周礼》已记周代户籍、地籍及赋役册等制度。

兴贸易,制耒耜,皆由炎帝;造琴瑟,教嫁娶,乃是伏羲。

耒耜(音磊四),农具。《周易·系辞下》:“包牺氏没,神农氏(即炎帝)作,斲木为耜,揉木为耒,耒耨之利,以教天下,盖取诸《益》。日中为市,致天下之民,聚天下之货,交易而退,各得其所,盖取诸《噬嗑》。”

伏羲,亦作“庖牺”“庖羲”“太昊”。《太平御览》卷七八引《皇王世纪》:“太昊帝庖牺氏,风姓也,蛇身人首,有圣德,都陈。作瑟三十六弦。燧人氏没,庖牺氏代之,继天而生,首德于木,为百王先。帝出于震,未有所因,故位在东方,主春。象日之明,是称太昊。制嫁娶之礼,取牺牲以充庖厨,故号曰庖牺皇。”〇唐司马贞《补史记·三皇本纪》:“太皞庖牺氏……于是始制嫁娶,以俪皮为礼。”司马贞索隐:“谯周《古史考》:‘伏牺制嫁娶,以俪皮为礼也。’”

冠冕衣裳，至黄帝而始备；桑麻蚕织，自元妃而始兴。

《说文解字》：“冕，大夫以上冠也。邃延垂鎏(旒)，紞纩。古者黄帝初作冕。”又《事物纪原》卷三：“《三礼图》曰：‘缁布冠，始冠之冠也，太古冠布。’然则冠之兴，其始自太古乎？《通典》曰：‘上古衣毛帽皮，后代圣人见鸟兽冠角，乃作冠缨，黄帝始用布帛。’或曰黄帝已前用皮羽也。”同卷：“《说文》曰：‘黄帝初作冕。’《世本》曰：‘黄帝作旃冕。’宋衷云：‘冠之垂旒者。’《通典》曰：‘黄帝作冕，垂旒，目不斜视也；充纩，耳不听谗言也。’”〇《周易·系辞下》：“黄帝、尧、舜垂衣裳而天下治，盖取诸《乾》《坤》。”

元妃，指黄帝正妻嫘祖，亦作“傫祖”。南宋罗泌《路史·后纪五》：“(黄帝)元妃西陵氏曰傫祖……以其始蚕，故又祀先蚕。”

神农尝百草，医药有方；后稷播百谷，粒食攸赖。

《淮南子·修务训》：“古者民茹草饮水，采树木之实，食蠃蛖(螺蚌)之肉，时多疾病毒伤之害。于是神农乃始教民播种五谷，相土地之宜，燥湿肥垅高下；尝百草之滋味，水泉之甘苦，令民知所辟就。当此之时，一日而遇七十毒。”又《搜神记》卷一：“神农以赭鞭鞭百草，尽知其平、毒、寒、温之性，臭味所主。以播百谷。故天下号神农也。”

《史记·周本纪》：“周后稷，名弃。……弃为儿时，屹如巨人之志。其游戏，好种树麻、菽，麻、菽美。及为成人，遂好耕农，相地之宜，宜谷者稼穑焉，民皆法则之。帝尧闻之，举弃为农师，天下得其利，有功。帝舜曰：‘弃，黎民始饥，尔后稷播时百谷。’封弃于邰，号曰后稷，别姓姬氏。后稷之兴，在陶唐、虞、夏之际，皆有令德。”

燧人氏钻木取火，烹饪初兴；有巢氏构木为巢，宫室始创。

《韩非子·五蠹》：“上古之世，人民少而禽兽众，人民不胜禽兽虫蛇。有圣人作，构木为巢以避群害，而民说之，使王天下，号之曰有巢氏。民食果蓏(音裸)蚌蛤，腥臊恶臭而伤害腹胃，民多疾病。有圣人作，钻燧取火以化腥臊，而民说之，使王天下，号之曰燧人氏。”又《太平御览》卷七八引《礼含文嘉》：“燧人始钻木取火，炮生为熟，令人无腹疾，有异于禽兽，遂天之意，故谓燧人。”

《庄子·盗跖》：“古者禽兽多而人少，于是民皆巢居以避之。昼拾橡栗，暮栖木上，故命之曰有巢氏之民。”

夏禹欲通神祇，因铸镛钟于郊庙；汉明尊崇佛教，始立寺观于中朝。

神祇（音棋），泛指神灵。神，指天神；祇，指地神。镛钟，大钟。今按：据《左传·宣公三年》载，夏禹曾以九牧之金铸鼎，上铸万物，使民知何物为神，何物为奸；又据《淮南子·氾论训》载，禹以五音听治，悬钟、鼓、磬、铎，置鞀（鼗鼓），以待四方之士。此处云夏禹造镛钟，不知何据。

南朝梁慧皎《高僧传》卷一《摄摩腾》："汉永平中，明皇帝夜梦金人飞空而至，乃大集群臣，以占所梦。通人傅毅奉答：'臣闻西域有神，其名曰佛，陛下所梦将必是乎？'帝以为然，即遣郎中蔡愔、博士弟子秦景等，使往天竺寻访佛法。愔等于彼遇见摩腾，乃要还汉地。腾誓志弘通，不惮疲苦，冒涉流沙，至乎雒邑。明帝甚加赏接，于城西门外立精舍以处之。汉地有沙门之始也。但大法初传，未有归信，故蕴其深解，无所宣述。后少时卒于雒阳。有记云：'腾译《四十二章经》一卷，初缄在兰台石室第十四间中。腾所住处，今雒阳城西雍门外白马寺是也。'相传云：'外国国王尝毁破诸寺，唯招提寺未及毁坏。夜有一白马绕塔悲鸣，即以启王。王即停坏诸寺，因改招提以为白马，故诸寺立名多取则焉。'"又《事物纪原》卷七："汉明帝于东都城门外，立精舍以处摄摩腾、竺法兰，即白马寺也。腾始自西域，以白马驮经来，初止鸿胪寺，遂取寺名，创置白马寺，即僧寺之始也。"

周公作指南车，罗盘是其遗制；钱乐作浑天仪，历家始有所宗。

指南车，又称"司南车"，我国古代用来指示方向的一种机械装置，也用作帝王的仪仗车辆。它是利用齿轮传动系统，根据车轮的转动，由车上木人指示方向。其起源除周公说外，还有黄帝、风后等说法。《太平御览》卷七七五引《鬼谷子》："肃慎氏献白雉于文王。还，恐迷路，问周公，作指南车以送之。"又《宋书·礼志五》："指南车，其始周公所作，以送荒外远使。地域平漫，迷于东西，造立此车，使常知南北。鬼谷子云：'郑人取玉，必载司南，为其不惑也。'"〇罗盘，我国古代发明的用以指示方位的仪器，由有方位刻度的圆盘和中间装置一根可以水平转动的磁针构成，静止时大致指南、北方向。罗盘主要是利用地磁效应指示方向，而指南车主要是利用齿轮传动系统和离合装置来指示方向。两者原理不同，因此此处说罗盘为指南车所遗留的样式，是不太科学的。

浑天仪，我国古代根据浑天说用来演示天体在天球上运动的仪器，类似现代的天球仪。东汉张衡、三国陆绩、南朝宋钱乐之、唐代僧一行、元代郭守敬等都曾制造过高水平的浑天仪。《后汉书·张衡传》:“安帝雅闻衡善术学,公车特征拜郎中,再迁为太史令。遂乃研核阴阳,妙尽璇机之正,作浑天仪,著《灵宪》《算罔论》,言甚详明。”○《宋书·天文志一》:“(宋)文帝元嘉十三年,诏太史令钱乐之更铸浑仪,径六尺八分少,周一丈八尺二寸六分少,地在天内,立黄赤二道,南北二极规二十八宿,北斗极星,五分为一度,置日月五星于黄道之上,置立漏刻,以水转仪,昏明中星,与天相应。十七年,又作小浑天,径二尺二寸,周六尺六寸,以分为一度,安二十八宿中外宫,以白黑珠及黄三色为三家星,日月五星,悉居黄道。”

育王得疾,因造无量宝塔;秦政防胡,特筑万里长城。

育王,即阿育王,古印度摩揭陀国孔雀王朝国王,义译为“无忧王”。佛教传说,阿育王大兴佛事,到处建立佛塔,奉安佛舍利及供养僧众,赎免罪过。王所统领之国,共数八万四千,因敕令诸国建八万四千大寺,八万四千宝塔,共号曰“阿育王塔”。《魏书·释老志》:“佛既谢世,香木焚尸。灵骨分碎,大小如粒,击之不坏,焚亦不燋,或有光明神验,胡言谓之‘舍利’。弟子收奉,置之宝瓶,竭香花,致敬慕,建宫宇,谓为‘塔’。塔亦胡言,犹宗庙也,故世称‘塔庙’。于后百年,有王阿育,以神力分佛舍利,役诸鬼神,造八万四千塔,布于世界,皆同日而就。今洛阳、彭城、姑臧、临淄皆有阿育王寺,盖承其遗迹焉。释迦虽般涅槃,而留影迹爪齿于天竺,于今犹在。中土来往,并称见之。”

秦政,秦嬴政之省称,即秦始皇。《史记·秦始皇本纪》:“燕人卢生使入海,还,以鬼神事,因奏录图书,曰‘亡秦者胡也’。始皇乃使将军蒙恬发兵三十万人,北击胡,略取河南地。三十三年,发诸尝逋亡人、赘婿、贾人略取陆梁地,为桂林、象郡、南海,以適(谪)遣戍。西北斥逐匈奴。自榆中并河以东,属之阴山,以为四十四县,城河上为塞。又使蒙恬渡河,取高阙、阳山、北假中,筑亭障以逐戎人。徙谪,实之初县。禁不得祠。明星出西方。三十四年,適(谪)治狱吏不直者,筑长城及南越地。”裴骃集解:“郑玄曰:‘胡,胡亥,秦二世名也。秦见图书,不知此为人名,反备北胡。’”

叔孙通制立朝仪,魏曹丕秩序官品。

朝仪,古代帝王临朝的礼仪。《史记·刘敬叔孙通列传》略云:汉五年,已并天下,诸侯共尊汉王为皇帝于定陶,叔孙通就其仪号。高帝悉去秦苛仪法,为简易。群臣饮酒争功,醉或妄呼,拔剑击柱,高帝患之。叔孙通知上益厌之也，说上曰："夫儒者难与进取，可与守成。臣愿征鲁诸生，与臣弟子共起朝仪。"遂与所征三十人西，及上左右为学者与其弟子百余人，为绵蕞(音最)野外。习之月余，叔孙通曰："上可试观。"上既观，使行礼，曰："吾能为此。"乃令群臣习肄。汉七年，长乐宫成，诸侯群臣皆朝。于是皇帝辇出房，百官执职传警，引诸侯王以下至吏六百石以次奉贺。自诸侯王以下莫不振恐肃敬。至礼毕，复置法酒。诸侍坐殿上皆伏抑首，以尊卑次起上寿。觞九行，谒者言"罢酒"。御史执法举不如仪者辄引去。竟朝置酒，无敢讙哗失礼者。于是高帝曰："吾乃今日知为皇帝之贵也。"乃拜叔孙通为太常，赐金五百斤。叔孙通出，皆以五百斤赐诸生。诸生乃皆喜曰："叔孙生诚圣人也，知当世之要务。"

官品，官职的品第等级，此处指九品中正制，又称"九品官人法"，是魏晋南北朝时期中央政府的一种官员选拔制度。东汉延康元年曹魏建立前夕，由吏部尚书陈群提出。其主要内容是，在各州郡设置中正，掌管管辖内士人的察访、品评和荐举。按品评标准分为上上、上中、上下、中上、中中、中下、下上、下中、下下九等，谓之九品，作为吏部授官的依据。《三国志·魏书·陈群传》："文帝在东宫，深敬器焉……及即王位，封群昌武亭侯，徙为尚书。制九品官人之法，群所建也。"

周公独制礼乐，萧何造立律条。

《礼记·明堂位》："武王崩，成王幼弱，周公践天子之位，以治天下。六年，朝诸侯于明堂，制礼作乐，颁度量，而天下大服。"

《汉书·刑法志》："汉兴，高祖初入关，约法三章曰：'杀人者死，伤人及盗抵罪。'蠲(音捐，免除)削烦苛，兆民大说。其后四夷未附，兵革未息，三章之法不足以御奸。于是相国萧何攈摭(音郡直，采集)秦法，取其宜于时者，作律九章。"

尧帝作围棋，以教丹朱；武王作象棋，以象战斗。

丹朱，尧帝之子。据《太平御览》卷六三引《尚书》逸篇云："尧子不肖，舜使居丹渊为诸侯，故号曰丹朱。"《艺文类聚》卷七四："《博物志》(今本无)曰：'尧造围棋，丹朱善棋。'"又《路史·后纪十》："帝初取富宜氏曰皇，生朱。骜很媢克(傲慢暴戾，忌妒好胜)，兄弟为阋，嚚讼(奸诈而好争讼)嫚游而朋淫。帝悲之，为制弈棋，以闲其情，使出就丹。"又《资治通鉴》卷八〇："帝方与张华围棋。"胡三省注："《博物志》曰：'尧造围棋，以教子丹朱。'或曰：'舜以子商均愚，故作围棋以教之。'其法非智莫能也。"

象棋，亦作“象戏”。关于中国象棋的起源，有多种说法，如神农说、黄帝说、周武王说、战国说、韩信说、北周武帝（宇文邕）说等。明谢肇淛（音浙）《五杂组》卷六：“象戏，相传为武王伐纣时作，即不然，亦战国兵家者流，盖时犹重车战也。兵卒过界，有进无退，正是沉船破釜之意。其机会变幻，虽视围棋稍约，而攻守救应之妙，亦有千变万化不可言者。”又《事物纪原》卷九：“《太平御览》曰：‘象戏，周武帝所造。’而行棋有日月星辰之目，与今人所为殊不同。唐牛僧孺撰《元怪录》载：‘唐宝应元年，岑顺于陕州吕氏凶宅，夜闻鼙鼓之声，介胄人报曰：“金象将夜警也。”寤见铁骑长数寸，进曰：“天马斜飞度三疆，上将横行击四方。辎车直入无回翔，六甲次第不乖行。”乃有一马斜去三尺止，又一步卒横出一尺，后车进。已而于见处掘之，即古冢也。前有金象局，列马满枰。’其辞与势正今世所为者。是则此戏于此古冢初窆时，已与周武帝所造不同，而同名象戏也。《说苑》：‘雍门周谓孟尝君：“足下燕则斗象棋。”’亦战国之事乎？故今人亦曰，象棋盖战国用兵争强，故时人用战争之象为棋势也。”

文章取士，兴于赵宋；应制以诗，起于李唐。

文章取士，指宋神宗采纳王安石的建议，改定科举法，以经义、策论（即文章）取士。《宋史·选举志一》：“神宗笃意经学，深悯贡举之弊，且以西北人材多不在选，遂议更法。……他日问王安石，对曰：‘今人材乏少，且其学术不一，异论纷然，不能一道德故也。一道德则修学校，欲修学校，则贡举法不可不变。若谓此科尝多得人，自缘仕进别无他路，其间不容无贤；若谓科法已善，则未也。今以少壮时，正当讲求天下正理，乃闭门学作诗赋，及其入官，世事皆所不习，此科法败坏人材，致不如古。’既而中书门下又言：‘古之取士，皆本学校，道德一于上，习俗成于下，其人才皆足以有为于世。今欲追复古制，则患于无渐。宜先除去声病偶对之文，使学者得专意经术，以俟朝廷兴建学校，然后讲求三代所以教育选举之法，施于天下，则庶几可以复古矣。’于是改法，罢诗赋、帖经、墨义，士各占治《易》《诗》《书》《周礼》《礼记》一经，兼《论语》《孟子》。每试四场，初大经，次兼经，大义凡十道（后改《论语》《孟子》义各三道），次论一首，次策三道，礼部试即增二道。中书撰大义式颁行。试义者须通经、有文采乃为中格，不但如明经墨义粗解章句而已。”亦见于《续资治通鉴》卷二二〇。

应制以诗，此处指唐代进士科注重以诗赋取士，但至唐文宗时曾下诏罢试诗赋。《新唐书·选举志上》：“大抵众科之目，进士尤为贵，其得人亦最为盛焉。方其取以辞章，类若浮文而少实；及其临事设施，奋其事业，隐然为国名臣者，不可胜数，遂使时君笃意，以谓莫此之尚。……先是，进士试诗、赋及时务策五道，明经策三道。建中二年，中书舍人赵赞权知贡举，乃以箴、论、表、赞代诗、赋，而皆试策三道。大和八年，礼部复罢进士议论，而试诗、赋。文宗从内出题以试进士，谓侍臣曰：'吾患文格浮薄，昨自出题，所试差胜。'乃诏礼部岁取登第者三十人，苟无其人，不必充其数。是时，文宗好学嗜古，郑覃以经术位宰相，深嫉进士浮薄，屡请罢之。文宗曰：'敦厚浮薄，色色有之，进士科取人二百年矣，不可遽废。'因得不罢。"

梨园子弟，乃唐明皇作始；《资治通鉴》，乃司马光所编。

梨园子弟，原指唐玄宗（明皇）时梨园（故址在长安禁苑）宫廷歌舞艺人的统称，后泛指戏曲演员。《新唐书·礼乐志十二》："玄宗既知音律，又酷爱法曲，选坐部伎子弟三百教于梨园，声有误者，帝必觉而正之，号'皇帝梨园弟子'。宫女数百，亦为梨园弟子，居宜春北院。"亦见于《太平御览》卷五七四、卷五八三引《明皇杂录》。

《资治通鉴》，简称"通鉴"，北宋司马光所主编的一本长篇编年体史书，共二百九十四卷，上起战国初期，与《左传》相衔接，下迄五代末年，历经十九年编撰完成。宋神宗以其"鉴于往事，有资于治道"，故赐名为《资治通鉴》。《宋史·司马光传》略云：光常患历代史繁，人主不能遍鉴，遂为《通志》八卷以献。英宗悦之，命置局秘阁，续其书。至是，神宗名之曰《资治通鉴》，自制《序》授之，俾日进读。元丰五年，《资治通鉴》未就，帝尤重之，以为贤于荀悦《汉纪》，数促使终篇，赐以颍邸旧书二千四百卷。及书成，加资政殿学士。

笔乃蒙恬所造，纸乃蔡伦所为。

《艺文类聚》卷五八引《博物志》（今本无）："蒙恬造笔。"又《古今注·问答释义》："牛亨问曰：'自古有书契已来，便应有笔，世称蒙恬造笔，何也？'答曰：'蒙恬始造，即秦笔耳。以枯木为管，鹿毛为柱，羊毛为被，所谓苍毫，非兔毫竹管也。'"今按：根据出土文物和有关记载，早在蒙恬之前就已有毛笔存在。在新石器时代可能就出现了毛笔；商代的一些甲骨文字是用毛笔写出来的。在湖南长沙左家公山和河南信阳长台关两处战国楚墓里分别出土一支竹管毛笔，是目前发现最早的毛笔实物。

《后汉书·宦者传·蔡伦》："自古书契多编以竹简，其用缣帛者谓之为纸。缣贵而简重，并不便于人。伦乃造意，用树肤、麻头及敝布、鱼网以为纸。元兴元年，奏上之。帝善其能，自是莫不从用焉，故天下咸称'蔡侯纸'。"

凡今人之利用，皆古圣之前民。

凡是现在人们所使用的器物，都是古代圣贤的创造发明。《周易·系辞上》："是以明于天之道，而察于民之故，是兴神物以前民用。"孔颖达疏："'是兴神物以前民用'者，谓易道兴起，神理事物，豫为法象，以示于人，以前民之所用。定吉凶于前，民乃法之所用，故云'以前民用'也。"

[新增文]七联

钥同鱼样，取鱼目常醒；杖以鸠成，重鸠喉不噎。

注详见《器用》"杖以鸠名，因鸠喉之不噎；钥同鱼样，取鱼目之常醒"条。

飞軨是轻车别号，纨箑为素扇佳名。

飞軨（音凌），轻车名，车上有窗。《七发》："将为太子驯骐骥之马，驾飞軨之舆，乘牡骏之乘。"李周翰注："飞軨，轻舆也。"

纨箑，亦作"纨扇"，以细绢制成的团扇，古代时常为女子所持。注详见《器用》"何谓箑，亦扇之名"条。

翠华旗光摇汉苑，白玉管响彻唐宫。

翠华，用翠鸟羽毛饰于旗杆顶上的旌旗，为皇帝仪仗。古代诗文中常以翠华代指皇帝。《汉书·司马相如传上》载《上林赋》："建翠华之旗，树灵鼍之鼓。"颜师古注："翠华之旗，以翠羽为旗上葆也。灵鼍之鼓，以鼍皮为鼓。"〇汉苑，指汉朝皇家园林上林苑。

《太平御览》卷五八三引《明皇杂录》："天宝中，上（唐玄宗）命宫女子数百人为梨园弟子，皆居宜春北院。上素晓音律，时有马仙期、李龟年、贺怀智洞知律度。安禄山自范阳入觐，亦献白玉箫管数百事，皆陈于梨园。自是音响殆不类人间。"

米家书画船，足怡素志；齐子班兰物，可壮生平。

北宋黄庭坚《戏赠米元章二首》诗其一："万里风帆水著天，麝媒鼠尾过年年。沧江尽夜虹贯月，定是米家书画船。"任渊注："崇宁间，元章（米芾）为江淮发运，揭牌于行舸之上，曰'米家书画船'云。"

班兰，犹"斑斓"，颜色错杂鲜明。此处"班兰物"指班剑，即一种饰有花纹的木剑。汉代制度，朝服带剑；晋代之以木，谓之班剑。南朝谓之象剑，以为仪仗。《南史·张敬儿传》："既得开府，又望班剑，语人曰：'我车边犹少班兰物。'"今按：张敬儿是南朝齐将军，故称"齐子"。原文是写张敬儿贪得无厌，此处用作抒写雄心，与原文旨意不符。

毡氍毹，美人旧赠；金屈戌，良匠新成。

《太平御览》卷七〇八引东汉张衡《四愁诗》："美人赠我毡氍毹。"今按：通常版本作"美人赠我貂襜褕"。参见《器用》"毡毯曰氍毹"条。

屈戌，亦作"屈戌"，门窗、屏风、橱柜上的环纽、搭扣。唐李商隐《魏侯第东北楼堂郢叔言别……》诗："锁香金屈戌，殢酒（困酒）玉昆仑。"

乌金熟炭厚贻，翠羽编帘异制。

唐孟郊《答友人赠炭》诗："青山白屋有仁人，赠炭价重双乌银。驱却坐上千重寒，烧出炉中一片春。"参见《器用》"乌金，炭之美誉"条。

《洞冥记》卷二："元鼎元年，（汉武帝）起招仙阁于甘泉宫西。编翠羽麟毫为帘，青琉璃为扇，悬黎火齐为床，其上悬浮金轻玉之磬。浮金者，色如金，自浮于水上；轻玉者，其质贞明而轻。"又《初学记》卷二五引《洞冥记》："汉武帝二十年，起招灵阁，翠羽麟毫为帘。"

笭箵收于渔父，卷去夕阳；袯襫备于农人，披来朝雨。

笭箵（音凌星），打鱼时盛鱼的竹器，后亦总称渔具为"笭箵"。唐陆龟蒙《渔具诗并序》："所载之舟曰舴艋，所贮之器曰笭箵。"《渔具诗》其十五《笭箵》："谁谓笭箵小，我谓笭箵大。盛鱼自足餐，寘壁能为害。时将刷蘋浪，又取悬藤带。不及腰上金，何劳问蓍蔡。"又唐皮日休《奉和鲁望渔具十五咏》其十五《笭箵》："朝空笭箵去，暮实笭箵归。归来倒却鱼，挂在幽窗扉。但闻虾蚬气，欲生蘋藻衣。十年佩此处，烟雨苦霏霏。"

袯襫，注详见《器用》"袯襫是农夫之雨具"条。

技　艺

医士业岐轩之术，称曰国手；地师习青乌之书，号曰堪舆。

岐指岐伯，亦作“歧伯”，传说中的古代名医；轩指轩辕，即黄帝。相传岐伯曾与黄帝讨论医学，以问答形式写成《内经》（实系后人伪托）。故后来二人并称“岐轩”或“岐黄”，又称中医医学和医术为“岐（歧）轩之术”。《汉书·艺文志》：“方技者，皆生生之具，王官之一守也。太古有岐伯、俞拊，中世有扁鹊、秦和，盖论病以及国，原诊以知政。”○国手，才艺技能冠绝全国的人，尤其指棋艺、医道等。《国语·晋语八》略云：平公有疾，秦景公使医和视之，出曰：“不可为也。是谓远男而近女，惑以生蛊；非鬼非食，惑以丧志。良臣不生，天命不祐。若君不死，必失诸侯。”文子（赵武）曰：“医及国家乎？”对曰：“上医医国，其次疾人，固医官也。”

相传汉代有青乌子，也称“青乌公”或“青乌先生”，精通相地，著有《葬经》（亦名《青乌子》）一书，《新唐书·艺文志》有《青乌子》三卷，故后世称相地风水术为“青乌之术”。《抱朴子·内篇·极言》：“相地理则书青乌之说。”○堪舆，即“风水”，古时为术数之一种。指住宅基地或坟地的形势，也指相宅（即阳宅）、相墓（即阴宅）之法。“堪”为高处，“舆”为下处。《史记·日者列传》列有堪舆家，《汉书·艺文志》载有《堪舆金匮》十四卷。故后世称相地看风水的职业者为堪舆家，清钱大昕《恒言录》卷六认为：“古堪舆家即今选择家，近世乃以相宅图墓者当之。”《汉书·扬雄传上》载《甘泉赋》：“属堪舆以壁垒兮，梢夔魖而抶獝狂。”颜师古注：“张晏曰：‘堪舆，天地总名也。’孟康曰：‘堪舆，神名，造图宅书者。木石之怪曰夔，夔神如龙，有角，人面。魖（音虚），耗鬼也。獝狂亦恶鬼也。今皆梢（击）而去之。’”

卢医扁鹊，古之名医；郑虔崔白，古之名画。

《史记·扁鹊仓公列传》：“扁鹊者，勃海郡郑人也。姓秦氏，名越人。少时为人舍长，舍客长桑君过。扁鹊独奇之，常谨遇之。长桑君亦知扁鹊非常人也。出入十余年，乃呼扁鹊私坐，闲与语曰：‘我有禁方，年老，欲传与公。公毋泄。’扁鹊曰：‘敬诺。’乃出其怀中药予扁鹊：‘饮是以上池之水，三十日，当知物矣。’乃悉取其禁方书尽与扁鹊。忽然不见,殆非人也。扁鹊以其言饮药,三十日,视见垣一方人。以此视病,尽见五藏症结,特以诊脉为名耳。为医或在齐,或在赵。在赵者名扁鹊。”张守节正义:“《黄帝八十一难序》云:秦越人与轩辕时扁鹊相类,仍号之为扁鹊。又家于卢国,因命之曰卢医也。”

《新唐书·文艺传中·郑虔》:“虔善图山水,好书,常苦无纸,于是慈恩寺贮柿叶数屋,遂往日取叶肄书,岁久殆遍。尝自写其诗并画以献,帝(唐玄宗)大署其尾曰:‘郑虔三绝。’”〇崔白,北宋画家。北宋郭若虚《图画见闻志》卷四:“崔白,字子西,濠梁人。工画花竹翎毛,体制清赡,作用疏通。虽以败荷凫雁得名,然于佛道鬼神、山林人兽,无不精绝。”

晋郭璞得《青囊经》,故善天文卜筮;孙思邈得龙宫方,能医虎口龙鳞。

《晋书·郭璞传》:“璞好经术,博学有高才,而讷于言论,词赋为中兴之冠。好古文奇字,妙于阴阳算历。有郭公者,客居河东,精于卜筮。璞从之受业。公以《青囊中书》九卷与之,由是遂洞五行、天文、卜筮之术,攘灾转祸,通致无方,虽京房、管辂不能过也。璞门人赵载尝窃《青囊书》,未及读,而为火所焚。”

《太平广记》卷二一引《仙传拾遗》及《宣室志》:“开元中,复有人见(孙思邈)隐于终南山,与宣律师相接,每来往参请宗旨。时大旱,西域僧请于昆明池结坛祈雨,诏有司备香灯,凡七日,缩水数尺。忽有老人夜诣宣律师求救曰:‘弟子昆明池龙也。无雨时久,匪由弟子。胡僧利弟子脑,将为药,欺天子言祈雨,命在旦夕。乞和尚法力救护。’宣公辞曰:‘贫道持律而已,可求孙先生。’老人因至,思邈谓曰:‘我知昆明龙宫有仙方三十首,若能示予,予将救汝。’老人曰:‘此方上帝不许妄传,今急矣,固无所吝。’有顷,捧方而至。思邈曰:‘尔但还,无虑胡僧也。’自是池水忽涨,数日溢岸,胡僧羞恚而死。又尝有神仙降,谓思邈曰:‘尔所著《千金方》,济人之功,亦已广矣。而以物命为药,害物亦多。必为尸解之仙,不得白日轻举矣。昔真人桓闿谓陶贞白,事亦如之,固吾子所知也。’其后思邈取草木之药,以代虻虫水蛭之命,作《千金方翼》三十篇。每篇有龙宫仙方一首,行之于世。”亦见于《酉阳杂俎》前集卷二《玉格》。

善卜者,是君平詹尹之流;善相者,即唐举子卿之亚。

《汉书·王贡两龚鲍传序》:“(严)君平卜筮于成都市,以为:‘卜筮者贱业，而可以惠众人。有邪恶非正之问，则依蓍龟为言利害。与人子言依于孝，与人弟言依于顺，与人臣言依于忠，各因势导之以善，从吾言者，已过半矣。'裁日阅数人，得百钱足自养，则闭肆下帘而授《老子》。博览亡不通，依老子、严周(庄周)之指著书十余万言。"又《太平御览》卷五〇九引《高士传》："严遵字君平，蜀人。常卖卜成都市，日得百钱以自给。卜讫则闭肆下帘，以著书为事。扬雄少从之游，数称其德。李强为益州牧，喜曰：'吾得君平为从事，足矣。'雄曰：'君可备礼与相见，其人不可屈也！'王凤请交，不许，叹曰：'益我货者损我神，生我名者杀我身。'故不仕，时人服之。"〇《楚辞·卜居》："屈原既放，三年不得复见。竭知尽忠，而蔽障于谗。心烦虑乱，不知所从。乃往见太卜郑詹尹，曰：'余有所疑，愿因先生决之。'詹尹乃端策(蓍草)拂龟(龟壳)，曰：'君将何以教之？'"

《史记·范雎蔡泽列传》："蔡泽者，燕人也。游学干诸侯小大甚众，不遇。而从唐举相，曰：'吾闻先生相李兑，曰"百日之内持国秉"，有之乎？'曰：'有之。'曰：'若臣者何如？'唐举孰视而笑曰：'先生曷鼻(鼻子上翻)，巨肩，魋(音颓，大)颜，蹙齃(音鄂，鼻梁)，膝挛。吾闻圣人不相，殆先生乎？'蔡泽知唐举戏之，乃曰：'富贵吾所自有，吾所不知者寿也，愿闻之。'唐举曰：'先生之寿，从今以往者四十三岁。'蔡泽笑谢而去。"〇《史记·赵世家》："异日，姑布子卿见(赵)简子，简子遍召诸子相之。子卿曰：'无为将军者。'简子曰：'赵氏其灭乎？'子卿曰：'吾尝见一子于路，殆君之子也。'简子召子毋恤。毋恤至，则子卿起曰：'此真将军矣！'简子曰：'此其母贱，翟婢也，奚道贵哉？'子卿曰：'天所授，虽贱必贵。'自是之后，简子尽召诸子与语，毋恤最贤。简子乃告诸子曰：'吾藏宝符于常山上，先得者赏。'诸子驰之常山上，求，无所得。毋恤还，曰：'已得符矣。'简子曰：'奏之。'毋恤曰：'从常山上临代，代可取也。'简子于是知毋恤果贤，乃废太子伯鲁，而以毋恤为太子。"又《荀子·非相》："相人，古之人无有也，学者不道也。古者有姑布子卿，今之世梁有唐举，相人之形状颜色，而知其吉凶妖祥，世俗称之。"杨倞注："姑布姓，子卿名，相赵襄子者，或本无'姑'字。唐举，相李兑、蔡泽者。"

推命之人即星士，绘画之士曰丹青。

古时术数家认为人的命运同星宿的位置、运行有关，故把人的生年月日时配以天干地支成八字，按天星运数，附会人事祸福，这就是所谓的星命说；以此推算人的命运，即为推命。故替人占算命运的术士也称为"星士"。

丹青，丹砂和空青，两种可制作颜料的矿石；因丹、青之色不易消褪，故常用以代指绘画艺术，画师也被称为“丹青手”。北宋王安石《明妃曲二首》诗其一：“归来却怪丹青手，入眼平生未曾有。”

大风鉴，相士之称；大工师，木匠之誉。

风鉴，本指以风貌品人，后转指相人之术。北宋吴处厚《青箱杂记》卷四：“余尝谓风鉴一事，乃昔贤甄识人物，拔擢贤才之所急，非市井卜相之流，用以贾鬻取赀者。”

工师，本指主管各种工匠的官员，后称誉木匠为大工师。《孟子·梁惠王下》：“孟子谓齐宣王，曰：‘为巨室，则必使工师求大木。工师得大木，则王喜，以为能胜其任也。匠人斫而小之，则王怒，以为不胜其任矣。’”赵岐注：“巨室，大宫也。《尔雅》曰：‘宫谓之室。’工师，主工匠之吏。匠人，工匠之人也。”

若王良，若造父，皆善御之人；东方朔，淳于髡，系滑稽之辈。

王良，春秋末年晋国正卿赵鞅的御者。《孟子·滕文公下》：“昔者赵简子使王良与嬖奚乘，终日而不获一禽。嬖奚反命曰：‘天下之贱工也。’或以告王良。良曰：‘请复之。’强而后可，一朝而获十禽。嬖奚反命曰：‘天下之良工也。’简子曰：‘我使掌与女乘。’谓王良。良不可，曰：‘吾为之范我驰驱，终日不获一；为之诡遇(不依法驾御)，一朝而获十。《诗》云：“不失其驰，舍矢如破。”我不贯(惯)与小人乘，请辞。’”〇造父，周穆王的御者，为晋国赵氏的始祖。《史记·赵世家》：“造父幸于周缪王。造父取骥之乘匹，与桃林盗骊、骅骝、绿耳，献之缪王。缪王使造父御，西巡狩，见西王母，乐之忘归。而徐偃王反，缪王日驰千里马，攻徐偃王，大破之。乃赐造父以赵城，由此为赵氏。”〇《荀子·王霸》：“羿、蜂门(逢蒙)者，善服射者也；王良、造父者，善服驭者也。”杨倞注：“王良，赵简子之御，《韩子》曰‘字伯乐’；造父，周穆王之御。皆善御者也。驭，与御同也。”又《淮南子·览冥训》：“昔者王良、造父之御也，上车摄辔，马为整齐而敛谐，投足调均，劳逸若一，心怡气和，体便轻毕，安劳乐进，驰骛若灭，左右若鞭，周旋若环，世皆以为巧。”

《史记·滑稽列传》褚少孙增补东方朔：“(汉)武帝时，齐人有东方生名朔，以好古传书，爱经术，多所博观外家之语。……诏拜以为郎，常在侧侍中。数召至前谈语，人主未尝不说也。时诏赐之饭于前。饭已，尽怀其余肉持去，衣尽污。数赐缣帛，檐揭而去。徒用所赐钱帛，取少妇于长安中好女。率取妇一岁所者，即弃去，更取妇。所赐钱财尽索之于女子。人主左右诸郎半呼之‘狂人’。人主闻之，曰：‘令朔在事无为是行者，若等安能及之哉！’朔任其子为郎，又为侍谒者，常持节出使。朔行殿中，郎谓之曰：‘人皆以先生为狂。’朔曰：‘如朔等，所谓避世于朝廷间者也。古之人，乃避世于深山中。’时坐席中，酒酣，据地歌曰：‘陆沉于俗，避世金马门。宫殿中可以避世全身，何必深山之中，蒿庐之下。’”○《史记·滑稽列传》：“淳于髡者，齐之赘婿也。长不满七尺，滑稽多辩，数使诸侯，未尝屈辱。齐威王之时喜隐，好为淫乐长夜之饮，沉湎不治，委政卿大夫。百官荒乱，诸侯并侵，国且危亡，在于旦暮，左右莫敢谏。淳于髡说之以隐曰：‘国中有大鸟，止王之庭，三年不蜚又不鸣，不知此鸟何也？’王曰：‘此鸟不飞则已，一飞冲天；不鸣则已，一鸣惊人。’于是乃朝诸县令长七十二人，赏一人，诛一人，奋兵而出。诸侯振惊，皆还齐侵地。……威王八年，楚大发兵加齐。齐王使淳于髡之赵，请救兵，赍金百斤，车马十驷。淳于髡仰天大笑，冠缨索绝。王曰：‘先生少之乎？’髡曰：‘何敢！’王曰：‘笑岂有说乎？’髡曰：‘今者臣从东方来，见道傍有禳田者，操一豚蹄，酒一盂，祝曰：“瓯窭满篝（笼），污邪（低下的田地）满车，五谷蕃熟，穰穰满家。”臣见其所持者狭而所欲者奢，故笑之。’于是齐威王乃益赍黄金千镒，白璧十双，车马百驷。髡辞而行，至赵，赵王与之精兵十万，革车千乘。楚闻之，夜引兵而去。”○滑稽，有俳谐之意，现在泛指使人发笑的言语、行为和事态。《史记·滑稽列传》司马贞索隐：“滑，乱也；稽，同也。言辨捷之人，言非若是，说是若非，言能乱异同也。”同篇又曰：“《楚词》云：‘将突梯滑稽，如脂如韦。’崔浩云：‘滑，音骨。滑稽，流酒器也。转注吐酒，终日不已。言出口成章，词不穷竭，若滑稽之吐酒。故扬雄《酒赋》云：“鸱夷滑稽，腹大如壶，尽日盛酒，人复藉沽（借酤）”是也。’又姚察云：‘滑稽，犹俳谐也。滑，读如字；稽，音计也。言谐语滑利，其知计疾出，故云滑稽。’”

称善卜卦者，曰今之鬼谷；称善记怪者，曰古之董狐。

鬼谷子，战国时纵横家之祖，相传为苏秦、张仪之师。因隐居鬼谷山而得号，据传精通卜筮兵法，常入云梦采药修道。《太平御览》卷七二六引《春秋后语》：“苏秦事鬼谷子，学终辞归。道乏困行，以燕人蠡卜传说自给，各解臧获之裘。”

董狐，春秋时晋国史官。赵盾族弟赵穿曾攻杀晋灵公于桃园，董狐认为赵盾身为正卿，逃亡未越过国境，返回不讨伐乱臣，于是直书“赵盾弑其君”。孔子誉为“古之良史”。晋代干宝善于记述鬼怪神灵之事，时人亦以鬼之董狐相比。《晋书·干宝传》：“性好阴阳术数，留思京房、夏侯胜等传。宝父（指干宝父亲干莹）先有所宠侍婢，母甚妒忌，及父亡，母乃生推婢于墓中。宝兄弟年小，不之审也。后十余年，母丧，开墓，而婢伏棺如生。载还，经日乃苏。言其父常取饮食与之，恩情如生。在家中吉凶辄语之，考校悉验，地中亦不觉为恶。既而嫁之，生子。又宝兄尝病气绝，积日不冷，后遂悟，云见天地间鬼神事，如梦觉，不自知死。宝以此遂撰集古今神祇灵异人物变化，名为《搜神记》，凡三十卷。以示刘惔，惔曰：'卿可谓鬼之董狐。'"又《世说新语·排调》："干宝向刘真长（刘惔）叙其《搜神记》，刘曰：'卿可谓鬼之董狐。'"

称诹日之人曰太史，称书算之人曰掌文。

诹（音邹）日，商量选择吉日。《仪礼·特牲馈食礼》："特牲馈食之礼，不诹日。"郑玄注："诹，谋也。"〇太史，官名，殷、周始置。魏晋之前，史官与历官不分，太史既负责修史藏书，也掌管天时星历，诹日亦其职责之一。故后世恭称诹日之人为"太史"。

书算，记账、计算。〇掌文，即掌文官，掌管文翰的官员。《云仙杂记》卷一引《陶家瓶余事》："上神之，乃以墨分赐掌文官。"

掷骰者，喝雉呼卢；善射者，穿杨贯虱。

骰（音投）子，又叫"色子"，赌博时用以投掷。相传由博具五木演变而成。本作"投子"，后改用骨制作，故称"骰子"。古时樗蒲之戏，削木为子，共五个，一子两面，一面涂黑，画牛犊；一面涂白，画雉。有枭、卢、雉、犊、塞之名，为胜负之彩。其中掷出五子全黑的称为"卢"，是最高彩；四黑一白的称为"雉"，次于卢；其余四种称为"枭"或"犊"，为杂彩。因此，游戏者在掷五木时往往喊叫希望得到"卢"，即所谓的"呼卢"。〇喝雉呼卢，赌博投掷时，希望得彩而高声大叫。《晋书·刘毅传》："后于东府聚摴蒱大掷，一判应至数百万，余人并黑犊以还，唯刘裕及毅在后。毅次掷得雉，大喜，褰衣绕床，叫谓同坐曰：'非不能卢，不事此耳。'裕恶之，因挼（揉搓）五木久之，曰：'老兄试为卿答。'既而四子俱黑，其一子转跃未定，裕厉声喝之，即成卢焉。毅意殊不快，然素黑，其面如铁色焉，而乃和言曰：'亦知公不能以此见借！'"

穿杨，射中杨柳叶子。《战国策·西周策》："楚有养由基者，善射，去柳叶者百步而射之，百发百中。"〇贯虱，射中虱子。《列子·汤问》："甘蝇，古之善射者，彀弓而兽伏鸟下。弟子名飞卫，学射于甘蝇，而巧过其师。纪昌者，又学射于飞卫。飞卫曰：'尔先学不瞬，而后可言射矣。'纪昌归，偃卧其妻之机下，以目承牵挺。二年之后，虽锥末倒眥，而不瞬也。以告飞卫。飞卫曰：'未也，必学视而后可。视小如大，视微如著，而后告我。'昌以氂（牛尾）悬虱于牖，南面而望之。旬日之间，浸大也；三年之后，如车轮焉。以睹余物，皆丘山也。乃以燕角之弧、朔蓬之簳（音感，箭杆）射之，贯虱之心，而悬不绝。以告飞卫。飞卫高蹈拊膺曰：'汝得之矣！'"

樗蒲之戏，乃云双陆；橘中之乐，是说围棋。

樗（音初）蒲，亦作“摴蒱”，古代博戏名，盛行于汉代、魏、晋。后来泛称赌博为樗蒲。据《唐国史补》载，樗蒲的博具有子，有马，有五木等。人执六马，用五木掷采；采有十种，以卢、雉、犊、白为贵采，余为杂采。贵采得连掷、打马、过关，杂采则否。《太平御览》卷七二六引《博物志》（今本无）：“老子入西戎，造樗蒲。樗蒲，五木也。或云胡人亦为樗蒲卜。后传楼阴善其功。”〇双陆，古代博戏名，相传由天竺传入，盛行于南北朝及隋唐时。因局如棋盘，左、右各有六路，故名。马作椎形，黑白各十五枚，骰子掷采行马，白马从右到左，黑马反之，先出完者获胜。《事物纪原》卷九：“《续事始》曰：‘陈思王曹子建制双陆，置投子二。唐末有叶子戏，不知谁遂加至六。’按乌曹始置六博，老子置摴蒱。”

唐牛僧孺《玄怪录》卷三《巴邛人》：“有巴邛人，不知姓名，家有橘园。因霜后，诸橘尽收，余有两大橘，如三斗盎。巴人异之，即令攀摘，轻重亦如常橘。剖开，每橘有二老叟，鬓眉皤然，肌体红润，皆相对象戏，身长尺余，谈笑自若，剖开后亦不惊怖，但相与决赌。决赌讫，一叟曰：‘君输我海上龙王第七女髲（音必）发十两，智琼额黄十二枝，紫绢帔一副，绛台山霞宝散二庾，瀛洲玉尘九斛，阿母疗髓凝酒四钟，阿母女态盈娘子跻虚龙缟袜八緉（音两，双），后日于王先生青城草堂还我耳。’又有一叟曰：‘王先生许来，竟待不得，橘中之乐，不减商山，但不得深根固蒂，为愚人摘下耳。’又一叟曰：‘仆饥矣，须龙根脯食之。’即于袖中抽出一草根，方圆径寸，形状宛转如龙，毫厘罔不周悉，因削食之，随削随满。食讫，以水噀之，化为一龙，四叟共乘之，足下泄泄云起。须臾，风雨晦冥，不知所在。”亦见于《类说》卷一一引《幽怪录》。今按：后世多称象棋为“橘中乐”，亦称“橘中戏”“橘中趣”。如明代朱晋桢有《橘中秘》一书，辑录多种象棋谱。有时亦称围棋为“橘中乐”。

陈平作傀儡，解汉高白登之围；孔明造木牛，辅刘备运粮之计。

傀儡，用土木制成的偶像；亦指木偶戏。唐段安节《乐府杂录》：“傀儡子，自昔传云，起于汉祖，在平城为冒顿所围，其城一面，即冒顿妻阏氏（音烟支），兵强于三面。垒中绝食。陈平访知阏氏妒忌，即造木偶人，运机关，舞于陴间。阏氏望见，谓是生人，虑下其城，冒顿必纳妓女，遂退军。史家但云陈平以秘计免，盖鄙其策下尔。后乐家翻为戏。”〇《旧唐书·音乐志二》：“窟礧子，亦云魁礧子，作偶人以戏，善歌舞。本丧家乐也。汉末始用之于嘉会。齐后主高纬尤所好。高丽国亦有之。”

木牛流马，三国时诸葛亮发明的运载工具。《三国志·蜀书·诸葛亮传》："亮性长于巧思，损益连弩，木牛流马，皆出其意；推演兵法，作八阵图，咸得其要云。"〇《事物纪原》卷八："蜀相诸葛亮之出征，始造木牛流马以运饷。盖巴蜀道阻，便于登陟故耳。木牛，即今小车之有前辕者；流马，即今独推者是，而民间谓之江州车子。"

公输子削木鸢，飞天至三日而不下；张僧繇画壁龙，点睛则雷电而飞腾。

公输子，一作"公输般"，或云"鲁班（鲁般）"。《墨子·鲁问》："公输子削竹木以为鹊，成而飞之，三日不下。"又《淮南子·齐俗训》："鲁般、墨子，以木为鸢而飞之，三日不集。"

画龙点睛，比喻在诗文中用一二精髓的词句点明要旨。唐张彦远《历代名画记》卷七《张僧繇》："（梁）武帝崇饰佛寺，多命僧繇画之。……金陵安乐寺，四白龙不点眼睛，每云：'点睛即飞去。'人以为妄诞，固请点之。须臾，雷电破壁，两龙乘云腾去上天，二龙未点睛者见在。"

然奇技似无益于人，而百艺则有济于用。

奇技，常与"淫巧"合用，指过于奇巧而无益的技艺与制品。如《庄子》中的"屠龙之技"，就常用以比喻技能虽然高超，却无实际用处。《伪古文尚书·泰誓下》："（商纣王）郊社不修，宗庙不享，作奇技淫巧，以悦妇人。"孔颖达疏："奇技，谓奇异技能；淫巧，谓过度工巧。二者大同，但技据人身，巧指器物，为异耳。"又《庄子·列御寇》："朱泙漫学屠龙于支离益，单（殚）千金之家，三年技成而无所用其巧。"

百艺，各种技艺的总称。此处谓生活中的诸种技艺各有其用，有益于世。

［新增］十二联

青囊春暖，丹灶烟浮。

青囊，古代医生盛医书的囊，后借指医术。《后汉书·方术传下·华佗》："佗临死，出一卷书与狱吏，曰：'此可以活人。'吏畏法不敢受，佗亦不强，索火烧之。"张骥补注引《神仙纲鉴》："吴押狱者，每以酒食供奉，佗感其恩，告曰：'我死非命，有青囊未传，二子不能继业，修书与汝，可往取之。'吴至金城，取而藏之。佗知不免，大饮如醉而殂。吴奔役回家，问妻索书，妻曰：'纵学得神术，终使毙于狱中，故我以囊烧毁也。'吴叹恨不忆。"〇金赵之杰《许道宁群峰暮雪》诗："道士平生林野人，醉中拈出雪峰真。为君疗却烟霞癖，比似青囊药更神。"

丹灶，医生炼药或道士炼丹的炉灶。

膝里痒生，华佗有出蛇之妙术；背间痈溃，伯宗具徙柳之神功。

《三国志·魏书·方技传·华佗》裴松之注引《佗别传》曰："琅琊刘勋为河内太守，有女年几二十，左脚膝里上有疮，痒而不痛。疮愈数十日复发，如此七八年。迎佗使视，佗曰：'是易治之。当得稻糠黄色犬一头，好马二匹。'以绳系犬颈，使走马牵犬，马极辄易，计马走三十余里，犬不能行，复令步人拖曳，计向五十里。乃以药饮女，女即安卧不知人。因取大刀，断犬腹近后脚之前，以所断之处向疮口，令去二三寸。停之须臾，有若蛇者从疮中而出，便以铁椎横贯蛇头。蛇在皮中动摇良久。须臾，不动，乃牵出，长三尺所，纯是蛇，但有眼处而无童(瞳)子，又逆鳞耳。以膏散著疮中，七日愈。"亦见于《搜神记》卷三。

《南史·薛伯宗传》："时又有薛伯宗善徙痈疽。公孙泰患背，伯宗为气封之，徙置斋前柳树上。明旦痈消，树边便起一瘤如拳大。稍稍长二十余日，瘤大脓烂，出黄赤汁斗余，树为之痿损。"

陆宣公既活国又活人，范文正等为医于为相。

唐代陆贽，官至同平章事，后贬为忠州别驾，谥曰宣，故曰"陆宣公"。《旧唐书·陆贽传》："贽在忠州十年，常闭关静处，人不识其面，复避谤，不著书。家居瘴乡，人多疠疫，乃抄撮方书，为《陆氏集验方》五十卷，行于代。"

宋代范仲淹，官至枢密副使、参知政事，谥文正，故曰"范文正"。《能改斋漫录》卷一三："范文正公微时，尝诣灵祠求祷，曰：'他时得位相乎？'不许。复祷之曰：'不然，愿为良医。'亦不许。既而叹曰：'夫不能利泽生民，非大丈夫平生之志。'他日，有人谓公曰：'大丈夫之志于相，理则当然。良医之技，君何愿焉？无乃失于卑耶？'公曰：'嗟乎！岂为是哉？古人有云："常善救人，故无弃人；常善救物，故无弃物。"且大丈夫之于学也，固欲遇神圣之君，得行其道。思天下匹夫匹妇有不被其泽者，若己推而内之沟中。能及小大生民者，固惟相为然。既不可得矣，夫能行救人利物之心者，莫如良医。果能为良医也，上以疗君亲之疾，下以救贫民之厄，中以保身长年。在下而能及小大生民者，舍夫良医，则未之有也。'"

一枝铁笔分休咎，三个金钱定吉凶。

一枝铁笔，指算命先生推算准确，如铁一样确定不移。又似指扶乩(音机)之术，亦称“扶箕”“扶鸾”，两人合作以箕插笔，在沙盘上画出字句来作为神灵的指示，以此判定吉凶。因传说神仙来时均驾凤乘鸾，故名。起于唐代，明清时期盛行于士大夫间。〇休咎，吉凶，善恶。

三个金钱，古时占卜用龟甲、蓍草。据传，汉代京房始以铜钱代替龟蓍，通常用三个，以铜钱正反面的数目判断吉凶。《仪礼·士冠礼》：“筮与席、所卦者，具馔于西塾。”贾公彦疏：“筮法，依七八九六之爻而记之，但古用木画地，今则用钱。以三少为重钱，重钱则九也。三多为交钱，交钱则六也。两多一少为单钱，单钱则七也。两少一多为拆钱，拆钱则八也。”项安世云：“以京《易》考之，世所传火珠林者，即其法也。以三钱掷之，两背一面(即两个反面一个正面)为拆，两面一背为单，俱面为交，俱背为重。说与贾疏正同。”又《太平广记》卷二一七引《耳目记》略云：长庆之代，邺中有五明道士者，不知何许人，善阴阳历数，尤攻卜筮。成德军节度田弘正御下稍宽，而冒于财贿，诛求不息，民众怨咨。时王庭凑为部将，遣使于邺。既至，忽有微恙。数日，求医未能愈。因诣五明，究平生否泰。道士即为卜之，卦成，而三钱并舞，良久方定，而六位俱重。道士曰：“此卦纯乾，变为坤。坤，土也，地也。大夫将来秉旄不远，兼有土地山河之分。事将集矣，宜速归乎。”庭凑闻其言，遽自掩其耳。即辞魏帅而回。比及还家，未逾旬，值军民大变，弘正为乱兵所害。士大夫将校共推庭凑，庭凑再三退让，众不听，拥胁而立之。庭凑既立，甚有治声，朝廷称之。在位十三年卒。赠太师。初，庭凑之立也，遣人诣邺，取五明置于府。为营馆舍，号“五明先生院”。公曾从容问曰：“某今已忝藩侯，将来禄寿，更为推之。”道人曰：“三十年。愿明公竭节勤王，爱民恤物。次则保神啬气，常以清俭为心。必享殊寿。后裔兼有二王，皆公余庆之所致也。《春秋》所谓‘五世其昌，八世之后，莫之与京’。”公曰：“幸事已多。素无勋德，此言非所敢望。”因以数百金为寿。道士固辞不受，公亦固与之。载归其室，数日尽施之，一无留焉。

折葼获奴，应让杜生术善；破墙得妇，当推管辂神通。

葼(音总)，细树枝。《新唐书·方技传·杜生》：“杜生者，许州人，善《易》占。有亡奴者问所从追，戒曰：‘自此行，逢使者，恳丐其鞭。若不可，则以情告。’其人果值使者于道，如生语，使者异之，曰：‘去鞭，吾无以进马，可折道傍葼代之。’乃往折葼，见亡奴伏其下，获之。它日又有亡奴者，生戒持钱五百伺于道，见进鹞使者，可市其一，必得奴。俄而使至，其人以情告，使者以一与之，忽飞集灌莽上，往取之而得亡奴。众以为神。”

《三国志·魏书·方技传·管辂》裴松之注引刘太常语云：“路中小人失妻者，辂为卜，教使明旦于东阳城门中伺担豚人牵与共斗。具如其言，豚逸走，即共追之。豚入人舍，突破主人瓮，妇从瓮中出。”亦见于《异苑》卷九。

新雨行来，言从季主；琼茅索得，且问灵氛。

《史记·日者列传》略云：司马季主者，楚人也，卜于长安东市。宋忠为中大夫，贾谊为博士，二人即同舆而之市，游于卜肆中。天新雨，道少人，司马季主闲坐，弟子三四人侍，方辩天地之道，日月之运，阴阳吉凶之本。二大夫再拜谒，司马季主使弟子延之坐。坐定，司马季主复理前语，分别天地之终始，日月星辰之纪，差次仁义之际，列吉凶之符，语数千言，莫不顺理。宋忠、贾谊瞿然而悟，猎缨正襟危坐，曰：“吾望先生之状，听先生之辞，小子窃观于世，未尝见也。今何居之卑，何行之污？”司马季主曰：“今夫卜者，必法天地，象四时，顺于仁义，分策定卦，旋式正棋，然后言天地之利害，事之成败。昔先王之定国家，必先龟策日月，而后乃敢代；正时日，乃后入家；产子，必先占吉凶，后乃有之。自伏羲作八卦，周文王演三百八十四爻，而天下治。越王句践仿文王八卦，以破敌国，霸天下。由是言之，卜筮有何负哉！”

琼茅，亦作“藑茅”，一种灵草，古时用以占卜。《楚辞·离骚》：“索藑茅以筳篿(音廷团)兮，命灵氛为余占之。”王逸注：“索，取也。藑茅，灵草也。筳，小折竹也。楚人名结草折竹以卜曰篿。”王夫之通释：“筳，折竹枝。篿，为卜算也，楚人有此卜法。取藑茅为席，就上以筳卜也。”

燕颔虎头，识是封侯之相；龙瞳凤颈，知为王者之征。

《后汉书·班超传》：“班超字仲升，扶风平陵人，徐令彪之少子也。为人有大志，不修细节。然内孝谨，居家常执勤苦，不耻劳辱。有口辩，而涉猎书传。永平五年，兄固被召诣校书郎，超与母随至洛阳。家贫，常为官佣书以供养。久劳苦，尝辍业投笔叹曰：‘大丈夫无它志略，犹当效傅介子、张骞立功异域，以取封侯，安能久事笔研(砚)间乎！’左右皆笑之。超曰：‘小子安知壮士志哉？’其后行诣相者，曰：‘祭酒，布衣诸生耳，而当封侯万里之外。’超问其状。相者指曰：‘生燕颔虎颈，飞而食肉，此万里侯相也。’”今按：班超后平定西域，封定远侯。

《新唐书·方技传·袁天纲》：“武后之幼，天纲见其母曰：‘夫人法生贵子。’乃见二子元庆、元爽，曰：‘官三品，保家主也。’见韩国夫人，曰：‘此女贵而不利夫。'后最幼，姆抱以见，给以男，天纲视其步与目，惊曰：'龙瞳凤颈，极贵验也；若为女，当作天子。'"

识英布之封侯，果然不谬；知亚夫之当饿，真个无讹。

英布，秦末汉初之名将，初随项羽，封为九江王；后投奔刘邦，封为淮南王。《史记·黥布列传》："黥布者，六人也，姓英氏。秦时为布衣。少年，有客相之曰：'当刑而王。'及壮，坐法黥。布欣然笑曰：'人相我当刑而王，几是乎？'人有闻者，共俳笑之。"

周亚夫，周勃之子，曾平定吴楚七国之乱，迁为丞相，后以其子私买御物下狱，绝食而死。《史记·绛侯周勃世家》略云：条侯亚夫自未侯为河内守时，许负相之，曰："君后三岁而侯。侯八岁，为将相，持国秉，贵重矣，于人臣无两。其后九岁，而君饿死。"亚夫笑曰："臣之兄已代父侯矣，有如卒，子当代，亚夫何说侯乎？然既已贵如负言，又何说饿死？指示我。"许负指其口曰："有从(纵)理入口，此饿死法也。"居三岁，其兄绛侯胜之有罪，孝文帝择绛侯子贤者，皆推亚夫，乃封亚夫为条侯，续绛侯后。后迁为丞相。终受子牵连，入廷尉。因不食五日，呕血而死。

道士能知吉壤，竹策丛生；闽僧善觅佳城，湖灯呵护。

吉壤，指风水好的墓地。《太平广记》卷一三八引《唐年补录纪传》："唐王智兴始微时，尝为徐州门子。有道士寓居门侧，智兴每旦起持帚，因屏秽于道，必扫其道士之门，道士深感之。后智兴母终，辞焉。道士谓智兴曰：'吾善审墓地，若议葬，当为子卜之。'智兴他日引道士出视地，道士以智兴所执竹策，表一处，道士曰：'必窆此，君当寿，而两世位至方伯。'及智兴再往埋穴，其竹策有枝叶丛生，心甚异之，遂葬焉。"

佳城，指坟墓。元尤玘《万柳溪边旧话》："闽僧普明，喜为人相葬地。文简公(即尤袤)父云耕翁(即尤时亨)卒，普明遍相吴塘山之阳而葬之。文简公庐于墓者三年。其始葬方十日，月夜见万灯满湖，叱声震地，文简公惧，与二三僮仆栖隐乔松之下，空中闻曰：'此地发福三百年，彼人子有何德而畀之？速令发去。'又闻空中高声应曰：'尤时亨累世积德，袤又纯孝之子也。'空中又曰：'世德、纯孝，可当此地矣。其善护之。'此绍兴十四年秋事也。文简公服阕，即登上第，祖孙皆尚书，至不肖玘凡六世，而金紫未绝也。"

孙钟孝而致三仙，龙图酷而梦二使。

《异苑》卷四："孙钟，富春人，坚父也。与母居，至孝笃性，种瓜为业。忽有三年少，容服妍丽，诣钟乞瓜。钟为设食，出瓜，礼敬殷勤。三人临去，曰：'我等司命郎，感君接见之厚，欲连世封侯？欲数世天子？'钟曰：'数世天子，故当所乐。'因为钟定墓地，出门悉化成白鹄。一云：孙坚丧父，行葬地，忽有一人曰：'君欲百世诸侯乎？欲四世帝乎？'笑曰：'欲帝。'此人因指一处，喜悦而没。坚异而从之。时富春有沙涨暴出，及坚为监丞，邻党相送于上。父老谓曰：'此沙狭而长，子后将为长沙矣。'果起义兵于长沙。"亦见于《幽明录》。

明余象斗《地理统一全书》卷首："昔杨公得数代宰执之地，于处州武冈山，欲与龙图学士李唐卿。夜梦二使云：'地仙莫错，李龙图莅政苛刻，神人共怒，不宜居此福地，不日必死于非命。'后果十日飞符取其首级，此阴德之不积故也。又孙钟事母孝，种瓜为业，忽有三少年乞瓜，食毕，乃云：'奉荷丰馈，无以酬德，故来示子以葬地，欲四世天子耶？欲富豪耶？'遂令钟行百步勿顾，钟即顾于四十步间，见化成三鹤飞去。因葬其处，后生权，传亮，传休，传皓，四世果为吴主，此阴德之必报故也。"又《广事类赋》卷一五："《笔谈》：'贵贱本乎天命，盛衰系乎气数。地有此穴，则世有此人。苟非其人，则此穴昧而不显，得而复失。'昔唐李龙图莅政酷虐，杨公得数代宰执之地，欲以与之，梦二使叱之而止。孙钟孤孝，种瓜为业，三仙示以葬地，后四世为吴帝。然则不务积德而求美地，亦不达天人之故矣。"

动静方圆，还符四象；纵横阖辟，止争一先。

《新唐书·李泌传》："李泌字长源，魏八柱国弼六世孙，徙居京兆。七岁知为文。玄宗开元十六年，悉召能言佛、道、孔子者，相答难禁中。有员俶者，九岁升坐，词辩注射，坐人皆屈。帝异之，曰：'半千孙，固当然。'因问：'童子岂有类若者？'俶跪奏：'臣舅子李泌。'帝即驰召之。泌既至，帝方与燕国公张说观弈，因使说试其能。说请赋'方圆动静'，泌逡巡曰：'愿闻其略。'说因曰：'方若棋局，圆若棋子，动若棋生，静若棋死。'泌即答曰：'方若行义，圆若用智，动若骋材，静若得意(参透道理)。'说因贺帝得奇童，帝大悦曰：'是子精神，要大于身。'"〇《艺文类聚》卷七四引东汉班固《弈旨》曰："局必方正，象地则也。道必正直，神明德也。棋有白黑，阴阳分也。骈罗列布，效天文也。四象既陈，行之在人，盖王政也。"

《渊鉴类函》卷三二九引李岩《棋赋》："妙纵横阖辟之机，神出没死生之变。"〇《酉阳杂俎》前集卷一二《语资》："一行公本不解奕，因会燕公(即张说)宅，观王积薪棋一局，遂与之敌。笑谓燕公曰：'此但争先耳。若念贫道四句乘除语，则人人为国手。'"

飞两奁之黑白，争一纸之雌雄。

奁，即棋罐。北宋王安石《棋》诗："战罢两奁收黑白，一枰何处有亏成。"○南宋陆游《初夏闲居即事》诗："对弈两奁飞黑白，雠书千卷杂朱黄。"

《东坡志林》卷九（十二卷本）："张怀民与张昌言围棋，赌仆书字一纸，胜者得此，负者出钱五百足作饭会以饭仆。"

讼　狱

世人惟不平则鸣，圣人以无讼为贵。

不平则鸣，谓遇到不公正的待遇，就要发出不满的呼声。唐韩愈《送孟东野序》："大凡物不得其平则鸣。草木之无声，风挠之鸣。水之无声，风荡之鸣。其跃也，或激之；其趋也，或梗之；其沸也，或炙之。金石之无声，或击之鸣。人之于言也亦然，有不得已者而后言，其歌也有思，其哭也有怀。凡出乎口而为声者，其皆有弗平者乎？"

无讼为贵，谓善于判断争讼并不难，最可贵的是没有诉讼刑狱，这才是政治清明、社会太平的体现。《论语・颜渊》："子曰：'听讼，吾犹人也，必也使无讼乎！'"朱熹集注："范氏曰：'听讼者，治其末，塞其流也。正其本，清其源，则无讼矣。'杨氏曰：'子路片言可以折狱，而不知以礼逊为国，则未能使民无讼者也。故又记孔子之言，以见圣人不以听讼为难，而以使民无讼为贵。'"

上有恤刑之主，桁杨雨润；下无冤枉之民，肺石风清。

恤刑，亦作"钦恤"，指用刑慎重不滥，心存矜恤。《尚书・舜典》："钦哉，钦哉！惟刑之恤哉！"孔颖达疏："舜既制此典刑，又陈典刑之义，以敕天下百官，使敬之哉，敬之哉，惟刑之忧哉。忧念此刑，恐有滥失，欲使得中也。"○桁（音杭）杨，加在颈上或脚上的刑具。桁杨雨润，因君主体恤刑罚，故刑具桁杨也如雨露一样能滋润人的心田。《庄子・在宥》："今世殊死者相枕也，桁杨者相推也，刑戮者相望也。"成玄英疏："桁杨者，械也。夹脚及颈，皆名桁杨。"

肺石，赤色，形如肺，故名。古时设于朝廷门外，民有不平，可立于石上申冤。后演化为冤鼓、鸣冤鼓。《周礼·秋官·大司寇》："以肺石达穷民。凡远近茕独老幼之欲有复(申冤)于上(中央官员)，而其长(地方官员)弗达者，立于肺石三日，士(朝士)听其辞，以告于上而罪其长。"郑玄注："肺石，赤石也。"贾公彦疏："'肺石，赤石也'者，《阴阳疗疾法》：'肺属南方火。'火色赤，肺亦赤，故知名肺石是赤石也。必使之坐赤石者，使之赤心，不妄告也。"

虽囹圄便是福堂，而画地亦可为狱。

囹圄(音零羽)，监狱。《魏书·刑罚志》："显祖末年，尤重刑罚，言及常用恻怆。每于狱案，必令覆鞫，诸有囚系，或积年不斩。群臣颇以为言。帝曰：'狱滞虽非治体，不犹愈乎仓卒而滥也。夫人幽苦则思善，故囹圄与福堂同居。朕欲其改悔，而加以轻恕耳。'由是囚系虽淹滞，而刑罚多得其所。"

画地为狱，相传上古之时，刑律宽缓，于地上画圈，令犯罪者立圈中，以示惩罚，犹如后世的牢狱。后用作深嫉狱吏之词，极言狱吏之严酷苛刻。《汉书·路温舒传》载《尚德缓刑书》："故俗语曰：'画地为狱，议不入；刻木为吏，期不对(对案)。'此皆疾吏之风，悲痛之辞也。"颜师古注："画狱木吏，尚不入对，况真实乎。期，犹必也。议必不入对。"

与人构讼，曰鼠牙雀角之争；罪人诉冤，有抢地吁天之惨。

鼠牙雀角，原谓由强暴侵扰所引发的争端，后用作争讼之辞。《诗经·召南·行露》："谁谓雀无角，何以穿我屋？谁谓女无家，何以速我狱？虽速我狱，室家不足！谁谓鼠无牙，何以穿我墉？谁谓女无家，何以速我讼？虽速我讼，亦不女从！"《埤雅》："雀，物之淫者。鼠，物之贪窃者。故《诗》言雀角鼠牙，以譬强暴。"

抢地，亦作"枪地"，即以头叩地或撞地。西汉司马迁《报任少卿书》："当此之时，见狱吏则头枪地，视徒隶则心惕息(战兢恐惧)。何者？积威约之势也。"〇吁(音裕)天，呼天诉苦。《尚书·召诰》："夫知保抱携持厥妇子，以哀吁天，徂厥亡，出执。"孔颖达疏："以哀号呼天，告冤枉无辜。"又《伪古文尚书·泰誓中》："无辜吁天，秽德彰闻。"孔安国传："民皆呼天告冤无辜，纣之秽德彰闻天地。"

狴犴猛大而能守，故狱门画狴犴之形；棘木外刺而里直，故听讼在棘木之下。

狴犴（音必岸），传说中的兽名；后作为牢狱的代称。明杨慎《升庵集》（《四库本》）卷八一："俗传龙生九子，不成龙，各有所好。……四曰狴犴，形似虎，有威力，故立于狱门。"又明徐应秋《玉芝堂谈萃》卷三三引《怀麓堂集》云："狴犴，平生好讼，今狱门上狮子头是其遗像。"

棘木，古代听取讼词、进行审判的地方，故代指法庭。《礼记·王制》："成狱辞，史（掌文书者）以狱成告于正（掌诉讼的官吏），正听之。正以狱成告于大司寇，大司寇听之棘木之下。"又《初学记》卷二〇引《春秋元命苞》："树棘槐，听讼于其下。棘，赤心有刺，言治人者原其心不失赤，实事所以刺人，其情令各归实。槐之言归也，情见归实。"

乡亭之系有岸，朝廷之系有狱，谁敢作奸犯科；死者不可复生，刑者不可复属，上当原情定罪。

岸，通"犴"，古代乡亭的拘留所。《诗经·小雅·小宛》："哀我填寡，宜岸宜狱。"陆德明释文："《韩诗》作犴，音同。云乡亭之系曰犴，朝廷曰狱。"〇作奸犯科，为非作歹，干犯律条。三国蜀诸葛亮《出师表》："若有作奸犯科及为忠善者，宜付有司论其刑赏，以昭陛下平明之理，不宜偏私，使内外异法也。"

《汉书·路温舒传》载《尚德缓刑书》："夫狱者，天下之大命也，死者不可复生，绝者不可复属（音主，接）。"〇原情定罪，推究本情，量刑定罪。《汉书·王嘉传》："圣王断狱，必先原心定罪，探意立情，故死者不抱恨而入地，生者不衔怨而受罪。"

囹圄是周狱，羑里是商牢。

囹圄，周代监狱名。《礼记·月令·仲春之月》："命有司省囹圄，去桎梏，毋肆掠，止狱讼。"郑玄注："省，减也。囹圄，所以禁守系者，若今别狱矣。桎梏，今械也，在手曰梏，在足曰桎。肆，谓死刑暴尸也。《周礼》曰：'肆之三日。'掠，谓捶治人。"又《事物纪原》卷一〇："《急就章》曰：'皋陶造狱。'《风俗通》曰：'三王始有狱，夏曰夏台，商曰羑里，周曰囹圄。'《博物志》曰：'夏曰念室，商曰动止，周曰稽留。'"亦见于《初学记》卷二〇。

羑(音友)里，一作“牖里”，地名。相传西伯姬昌曾被纣王关押于此，故以羑里代称牢狱。《史记·殷本纪》：“(纣)以西伯昌、九侯、鄂侯为三公。九侯有好女，入之纣。九侯女不憙淫，纣怒，杀之，而醢九侯。鄂侯争之强，辨之疾，并脯鄂侯。西伯昌闻之，窃叹。崇侯虎知之，以告纣，纣囚西伯羑里。”又《侯鲭录》卷四：“三王各有狱之别名：夏曰夏台，商曰羑里，周曰囹圄。”

桎梏之设，乃拘罪人之具；缧绁之中，岂无贤者之冤。

桎梏(音至固)，刑具。桎即拘束犯人两脚的刑具，犹后世之脚镣；梏即拘束犯人两手的刑具，犹后世之手铐。《周易·蒙》：“初六：发蒙，利用刑人，用说(脱)桎梏。”孔颖达疏：“在足曰桎，在手曰梏。”

缧绁(音雷泄)，亦作“缧绁”，拘系犯人的绳索，引申为牢狱。《论语·公冶长》：“子谓公冶长，‘可妻也。虽在缧绁之中，非其罪也’。以其子妻之。”朱熹集注：“缧，黑索也。绁，挛也。古者狱中以黑索拘挛罪人。”

两争不放，谓之鹬蚌相持；无辜牵连，谓之池鱼受害。

鹬蚌相持，比喻双方争执不下，使第三者趁机得利。《战国策·燕策二》：“赵且伐燕，苏代为燕谓惠王曰：‘今者臣来，过易水，蚌方出曝，而鹬啄其肉，蚌合而箝其喙。鹬曰：“今日不雨，明日不雨，即有死蚌。”蚌亦谓鹬曰：“今日不出，明日不出，即有死鹬。”两者不肯相舍，渔者得而并禽(擒)之。今赵且伐燕，燕、赵久相支，以弊大众，臣恐强秦之为渔父也。故愿王之熟计之也。’惠王曰：‘善。’乃止。”

池鱼受害，即城门失火，殃及池鱼，比喻无端受牵连而遭祸害。《太平广记》卷四六六引《风俗通》：“城门失火，殃及池鱼。旧说池仲鱼，人姓字也，居宋城门，城门失火，延及其家，仲鱼烧死。又云，宋城门失火，人汲取池中水，以沃灌之，池中空竭，鱼悉露死。喻恶之滋，并伤良谨也。”

请公入瓮，周兴自作其孽；下车泣罪，夏禹深痛其民。

请公入瓮，亦作“请君入瓮”，谓以其人之道，还治其人之身。《资治通鉴》卷二〇四：“或告文昌右丞周兴与丘神勣通谋，太后(武则天)命来俊臣鞫之。俊臣与兴方推事对食，谓兴曰：‘囚多不承，当为何法？’兴曰：‘此甚易耳！取大瓮，以炭四周炙之，令囚入中，何事不承！’俊臣乃索大瓮，火围如兴法，因起谓兴曰：‘有内状推兄，请兄入此瓮！’兴惶恐，叩头伏罪。法当死，太后原之。二月，流兴岭南，在道，为仇家所杀。”亦见于《新唐书·酷吏传·来俊臣》附周兴。

下车泣罪，言不得已而用刑，比喻为政宽仁。《说苑·君道》："禹出见罪人，下车问而泣之。左右曰：'夫罪人不顺道，故使然焉，君王何为痛之至于此也？'禹曰：'尧、舜之民，皆以尧、舜之心为心。今寡人为君也，百姓各自以其心为心，是以痛之也。'《书》曰：'百姓有罪，在予一人。'"

好讼曰健讼，挂告曰株连。

健讼，指好打官司。《周易·讼》："《彖》曰：'讼，上刚下险，险而健，讼。'"孔颖达疏："上刚即乾也，下险即坎也，犹人意怀险恶，性又刚健，所以讼也。"今按：原文本应在"健"处断句，后人误把"健""讼"两字连读，自宋时已然。

挂告，指一件事情牵连出很多被告。又株连，亦作"株联"，谓一人有罪而牵连多人。《新唐书·奸臣传上·李林甫》："太子既定，林甫恨谋不行，且畏祸，乃阳善韦坚。坚，太子妃兄也。使任要职，将覆其家，以摇东宫。乃构坚狱，而太子绝妃自明，林甫计黜。杜良娣之父有邻与婿柳勣不相中，勣浮险，欲助林甫，乃上有邻变事，捕送诏狱赐死。逮引裴敦复、李邕等，皆林甫素忌恶者，株连杀之。"

为人解讼，谓之释纷；被人栽冤，谓之嫁祸。

释纷，解决纷争。语出《老子·第五十六章》："挫其锐，解其纷。"此处指为人调解、消除法律纠纷。《战国策·赵策三》略云：秦围赵之邯郸。魏王使客将军辛垣衍间入邯郸，劝赵王尊秦昭王为帝。此时鲁仲连适游赵，遂见辛垣衍，力陈帝秦之害。于是辛垣衍拜谢请去，不敢复言帝秦。秦将闻之，为却军五十里。适会魏公子无忌夺晋鄙军以救赵击秦，秦军引而去。于是平原君欲封鲁仲连。鲁仲连辞让者三，终不肯受。平原君乃置酒，酒酣，起，前，以千金为鲁仲连寿。鲁仲连笑曰："所贵于天下之士者，为人排患、释难、解纷乱而无所取也；即(若)有所取者，是商贾之人也，仲连不忍为也。"遂辞平原君而去，终身不复见。亦见于《史记·鲁仲连邹阳列传》。

嫁祸，移祸于人。《战国策·魏策一》略云：张仪为秦连横，说魏王曰："且夫秦之所欲弱莫如楚，而能弱楚者莫若魏。楚虽有富大之名，其实空虚，其卒虽众多，然而轻走易北(败北)，不敢坚战。悉魏之兵南面而伐，胜楚必矣。夫亏楚而益魏，攻楚而适(悦)秦，嫁祸安国，此善事也。"亦见于《史记·张仪列传》。

徒配曰城旦，遣戍是问军。

徒配，判徒刑发配做苦役。〇城旦，秦汉时的一种刑罚。《史记·秦始皇本纪》："令下三十日不烧，黥为城旦。"裴骃集解："如淳曰：'《律说》："论决为髡钳，输边筑长城，昼日伺寇虏，夜暮筑长城。"城旦，四岁刑。'"

遣戍，亦作"谪戍"，将犯罪的官吏或平民放逐至边地、军台以充守卫的刑罚，开始于秦朝，汉代因之。《史记·秦始皇本纪》："三十三年，发诸尝逋亡人、赘婿、贾人略取陆梁地，为桂林、象郡、南海，以適(谪)遣戍。"〇问军，问罪充军，充军是古代流刑的一种，即把罪犯解到边远地方去当兵或服劳役。充军之名始于宋代，其制至明最为完备。《明史·刑法志一》："流有安置，有迁徙，有口外为民，其重者曰充军。充军者，明初唯边方屯种。后定制，分极边、烟瘴、边远、边卫、沿海、附近。军有终身，有永远。"

三尺乃朝廷之法，三木是罪人之刑。

三尺，指法律。古时把法律条文写在三尺长的竹简上，故名。《新唐书·循吏传·李素立》："素立仕武德初，擢监察御史。民犯法不及死，高祖欲杀之，素立谏曰：'三尺法，天下所共，有一动摇，则人无以措手足。方大业经始，奈何辇毂下先弃刑书乎？'帝嘉纳，由是恩顾特异。"

三木，古代加在犯人颈、手、足上的刑具，即械、桎、梏，因当时皆为木制，故名。《汉书·司马迁传》："魏其，大将也，衣赭，关三木。"颜师古注："三木，在颈及手、足。"又《后汉书·马援传》："可有子抱三木，而跳梁妄作，自同分羹之事乎？"李贤注："三木者，谓桎、梏及械也。"

古之五刑，墨、劓、剕、宫、大辟；今之律例，笞、杖、死罪、徒、流。

五刑，古代的五种刑法，历代的内容不尽相同。相传虞舜之前，即有五刑之制，商、周时期是指墨、劓(音艺)、剕(音费)、宫、大辟(音譬)。墨刑即黥面；劓刑即割鼻；剕刑即断足；宫刑即腐刑，男子割势，女人幽闭；大辟是五刑中最重的一等，为死刑的通称。《尚书·舜典》："帝曰：'皋陶，蛮夷猾夏，寇贼奸宄。汝作士，五刑有服，五服三就。五流有宅，五宅三居。惟明克允！'"孔安国传："士，理官也。五刑，墨、劓、剕、宫、大辟。服，从也。言得轻重之中正。"

隋唐之时，五刑的名称有了很大变化。隋制《开皇律》，厘订五刑为笞、杖、徒、流、死，共二十个等级；《唐律》于各例之首列此五刑，明清律法相承沿用。笞刑，用小荆条或小竹板挞击罪犯臀、腿、背部的刑罚；杖，用大荆条或大竹板捶击罪犯臀、腿、背部的刑罚；徒刑，拘禁并强制罪犯从事劳役的刑罚；流刑，将罪犯遣送到边远地区服劳役的刑罚；死刑，隋唐以绞、斩为正刑，宋又加法外刑凌迟，明清再加法外刑枭首。《新唐书·刑法志》："其用刑有五：一曰笞。笞之为言耻也；凡过之小者，捶挞以耻之。汉用竹，后世更以楚。《书》曰'扑作教刑'是也。二曰杖。杖者，持也；可持以击也。《书》曰'鞭作官刑'是也。三曰徒。徒者，奴也；盖奴辱之。《周礼》曰：'其奴，男子入于罪隶，任之以事，置之圜土而教之，量其罪之轻重，有年数而舍。'四曰流。《书》云'流宥五刑'，谓不忍刑杀，宥之于远也。五曰死。乃古大辟之刑也。"〇《清史稿·刑法志二》："明律渊源唐代，以笞、杖、徒、流、死为五刑。自笞一十至五十，为笞刑五。自杖六十至一百，为杖刑五。徒自杖六十徒一年起，每等加杖十，刑期半年，至杖一百徒三年，为徒五等。流以二千里、二千五百里、三千里为三等，而皆加杖一百。死刑二：曰斩，曰绞，此正刑也。其律例内之杂犯、斩绞、迁徙、充军、枷号、刺字、论赎、凌迟、枭首、戮尸等刑，或取诸前代，或明所自创，要皆非刑之正。"

上古时削木为吏，今日之淳风安在；唐太宗纵囚归狱，古人之诚信可嘉。

削木为吏，相传上古之时，民风淳朴，官府刻木为吏，置之罪犯之家，犯人抱木吏自至公庭听讼。后来用为深嫉狱吏之词，极言狱吏之严酷苛刻。《汉书·司马迁传》："故士有画地为牢势不入，削木为吏议不对，定计于鲜也。"

《新唐书·刑法志》："太宗以英武定天下，然其天姿仁恕。初即位，有劝以威刑肃天下者，魏徵以为不可，因为上言王政本于仁恩，所以爱民厚俗之意，太宗欣然纳之，遂以宽仁治天下，而于刑法尤慎。四年，天下断死罪二十九人。六年，亲录囚徒，闵死罪者三百九十人，纵之还家，期以明年秋即刑；及期，囚皆诣朝堂，无后者，太宗嘉其诚信，悉原之。然尝谓群臣曰：'吾闻语曰"一岁再赦，好人喑哑"。吾有天下未尝数赦者，不欲诱民于幸免也。'"

花落讼庭闲，草生囹圄静，歌何易治民之简；吏从冰上立，人在镜中行，颂卢奂折狱之清。

花落讼庭闲，草生囹圄静，意谓官府清闲无事，落英缤纷；监狱安静无人，芳草青青。《新唐书·循吏传·何易于》："何易于，不详何所人及所以进。为益昌令。县距州四十里，刺史崔朴常乘春与宾属泛舟出益昌旁，索民挽緈(音律,系船的绳索),易于身引舟,朴惊问状,易于曰:'方春,百姓耕且蚕,惟令不事,可任其劳。'朴愧,与宾客疾驱去。盐铁官榷取茶利,诏下,所在毋敢隐。易于视诏书曰:'益昌人不征茶且不可活,矧厚赋毒之乎?'命吏阁诏,吏曰:'天子诏何敢拒?吏坐死,公得免窜邪?'对曰:'吾敢爱一身,移暴于民乎?亦不使罪尔曹。'即自焚之。观察使素贤之,不劾也。民有死丧不能具葬者,以俸敕吏为办。召高年坐,以问政得失。凡斗民在廷,易于丁宁指晓枉直,杖楚遣之,不以付吏,狱三年无囚。督赋役不忍迫下户,或以俸代输。馈给往来,传符外一无所进,故无异称。"亦见于唐孙樵《书何易于》。

吏从冰上立,人在镜中行,意谓廉正如冰清,洞察如镜明。《旧唐书·卢奂传》:"(卢怀慎)子奂,早修整,历任皆以清白闻。开元中,为中书舍人、御史中丞、陕州刺史。二十四年,玄宗幸京师,次陕城顿,审其能政,于厅事题赞而去,曰:'专城之重,分陕之雄。人多惠爱,性实谦冲。亦既利物,在乎匪躬。斯为国宝,不坠家风。'寻除兵部侍郎。天宝初,为晋陵太守。时南海郡利兼水陆,瑰宝山积,刘巨鳞、彭杲相替为太守、五府节度,皆坐赃巨万而死。乃特授奂为南海太守。遐方之地,贪吏敛迹,人用安之。以为自开元已来四十年,广府节度清白者有四:谓宋璟、裴伷先、李朝隐及奂。中使市舶,亦不干法。"亦见于《新唐书·卢奂传》。

可见治乱之药石,刑罚为重;兴平之粱肉,德教为先。

药石,药剂和砭石;泛指药物。粱肉,指精美的饭食。《后汉书·崔寔传》载《政论》:"盖为国之法,有似理身,平则养,疾则攻焉。夫刑罚者,治乱之药石也;德教者,兴平之粱肉也。夫以德教除残,是以粱肉理疾也;以刑罚理平,是以药石供养也。"

[新增文]十二联

乌台定律,象魏悬书。

乌台,御史台的别称,掌管法律的制定与执行。《汉书·朱博传》:"是时,御史府吏舍百余区井水皆竭。又其府中列柏树,常有野乌数千栖宿其上,晨去暮来,号曰'朝夕乌'。乌去不来者数月,长老异之。"

象魏,亦称"魏阙",周代制度,天子、诸侯宫门前皆以石雕砌二台,称为"阙"或"观"。因阙高巍巍然,故称"魏阙";又因此处悬诸教令,昭示于民,故又称"象魏"。《周礼·秋官·大司寇》:"正月之吉,始和,布刑于邦国都鄙,乃县刑象之法于象魏，使万民观刑象，挟日而敛之。”又唐长孙无忌《唐律疏议·进律疏表》：“布之象魏，与七曜而长悬。”此山贯冶子释文：“象魏者，《周礼·秋官》：‘正月之吉，悬刑象之法于象魏，使人观之。’象魏，雉门两观也。《纂要》云：‘日月五星谓之七曜。’《易·系辞》：‘悬象著明莫大乎日月。’言此律布之于宫门双阙，如日月五星长悬于天也。”

惟忠信慈惠之师，有折狱致刑之实。

《汉书·刑法志》：“犹求圣哲之上，明察之官，忠信之长，慈惠之师。民于是乎可任使也，而不生祸乱。”颜师古注：“上谓公侯也。官，卿佐也。长、师，皆列职之首也。”

折狱致刑，判断诉讼，施行刑罚。《周易·丰》：“《象》曰：‘雷电皆至，丰。君子以折狱致刑。’”孔颖达疏：“‘雷电皆至，丰’者，雷者，天之威动；电者，天之光耀。雷电俱至，则威明备，足以为丰也。‘君子以折狱致刑’者，君子法象天威而用刑罚，亦当文明以动，折狱断决也。断决狱讼，须得虚实之情；致用刑罚，必得轻重之中。若动而不明，则淫滥斯及，故君子象于此卦而折狱致刑。”

失入宁失出，须当念切于无辜；过义宁过仁，务必心存其不忍。

失入，古代谓审判官吏因过失将无罪者判为有罪，将轻罪者判为重罪；犯失入者应负法律责任，但所受处罚较故入者为轻、较失出者为重。失出，古代谓审判官吏因过失将有罪者判为无罪，将重罪者判为轻罪；犯失出者应负法律责任，但所受处罚较故出者、失入者为轻。《宋史·刑法志一》：“(宋太宗)雍熙三年，始用儒士为司理判官，令诸州讯囚，不须众官共视，申长吏得判乃讯囚。刑部张佖言：‘官吏枉断死罪者，请稍峻条章，以责其明慎。’始定制：‘应断狱失入死刑者，不得以官减赎，检法官、判官皆削一任，而检法仍赎铜十斤，长吏则停任。’”又《新唐书·徐有功传》：“窦孝谌妻庞为其奴怖以妖祟，教为夜解，因告以厌诅。给事中薛季昶鞫之，庞当死。子希瑊讼冤，有功明其枉。季昶劾有功党恶逆，当弃市。有功方视事，令史泣以告。有功曰：‘岂吾独死，而诸人长不死邪？’安步去。后(武则天)召诘曰：‘公比断狱多失出，何耶？’对曰：‘失出，臣小过；好生，陛下大德。’后默然。庞得减死，有功免为民。”〇无辜，亦称“不辜”，即无罪。《伪古文尚书·大禹谟》：“与其杀不辜，宁失不经(不合常法)。”孔安国传：“宁失不常之罪，不枉不辜之善，仁爱之道。”又《左传·襄公二十六年》：“善为国者，赏不僭(过分)而刑不滥。赏僭，则惧及淫人(坏人)；刑滥，则惧及善人。若不幸而过，宁僭无滥。与其失善，宁其利淫。”

北宋苏轼《刑赏忠厚之至论》:“《书》曰:‘罪疑惟轻,功疑惟重。与其杀不辜,宁失不经。’呜呼!尽之矣。可以赏,可以无赏,赏之过乎仁;可以罚,可以无罚,罚之过乎义。过乎仁,不失为君子。过乎义,则流而入于忍人。故仁可过也,义不可过也。”〇心存其不忍,即“不忍人之心”,怜悯心、同情心。《孟子·公孙丑上》:“孟子曰:‘人皆有不忍人之心。先王有不忍人之心,斯有不忍人之政矣。以不忍人之心,行不忍人之政,治天下可运之掌上。’”

察五声而审克,应尔精详;讯三刺以简孚,宜乎谨慎。

五声,亦称“五听”,古代审理案件的五种方法。《周礼·秋官·小司寇》:“以五声听狱讼,求民情:一曰辞听,二曰色听,三曰气听,四曰耳听,五曰目听。”郑玄注:“辞听,观其出言,不直则烦。色听,观其颜色,不直则赧然。气听,观其气息,不直则喘。耳听,观其听聆,不直则惑。目听,观其眸子视,不直则眊(音茂,昏花)然。”贾公彦疏:“五事惟辞听一是声,而以五声目之者,四事虽不是声,亦以声为本故也。”〇审克,审查核实。《尚书·吕刑》:“惟察惟法,其审克之。……其刑其罚,其审克之。”

三刺,古代的审讯定罪制度,狱官审结案件后,依次征求群臣、群吏和百姓的意见,而后进行判决。刺,讯问、征询之意,旧注训“刺”为“杀”,似不允当。《周礼·秋官·小司寇》:“以三刺断庶民狱讼之中:一曰讯群臣,二曰讯群吏,三曰讯万民。听民之所刺宥,以施上服、下服之刑。”郑玄注:“刺,杀也。三讯罪定则杀之。讯,言也。”〇简孚,核实可信。《尚书·吕刑》:“两造(原告、被告)具备,师听五辞。五辞简孚,正(处治)于五刑。五刑不简,正于五罚。五罚不服,正于五过。”孔安国传:“五辞简核,信有罪验,则正之于五刑。”

蒿满圜扉之宅,人怀天保初年;鹊巢大理之庭,世誉玄宗即位。

圜扉,狱门,亦借指牢狱。《释名·释宫室》:“(狱)又谓之圜土,言筑土表墙,其形圜也。”《北史·宋世良传》:“后拜清河太守。世良才识闲明,尤善政术。在郡未几,声问甚高。阳平郡移掩劫盗三十余人,世良讯其情状,唯送十二人,余皆放之。阳平太守魏明朗大怒云:‘辄放吾贼!’及推问,送者皆实,放者皆非。明朗大服。郡东南有曲堤,成公一姓阻而居之,群盗多萃于此。人为之语曰:‘宁度东吴会稽,不历成公曲堤。’世良施八条之制,盗奔他境。人又谣曰:‘曲堤虽险贼何益,但有宋公自屏迹。’齐天保初,大赦,郡无一囚,率群吏拜诏而已。狱内穞(音吕,野生的禾)生,桃树蓬蒿亦满。每日牙门虚寂,无复诉讼者,谓之神门。”

《新唐书·刑法志》:"玄宗自初即位,励精政事,常自选太守、县令,告戒以言,而良吏布州县,民获安乐。二十年间,号称治平,衣食富足,人罕犯法。是岁刑部所断天下死罪五十八人,往时大理狱,相传鸟雀不栖,至是有鹊巢其庭树,群臣称贺,以为几致刑错(刑法搁置不用)。"又《新唐书·奸臣传上·李林甫》:"大理卿徐峤妄言:'大理狱杀气盛,鸟雀不敢栖。今刑部断死,岁才五十八,而乌鹊巢狱户,几至刑措。'群臣贺帝,而帝推功大臣,封(李)林甫晋国公,(牛)仙客豳国公。"

赭衣满道,何其酷烈难堪;玄钺罗门,未免摧戕太甚。

赭(音者)衣,古代囚犯所穿的赤褐色衣服,亦借指犯人。《汉书·刑法志》:"至于秦始皇,兼吞战国,遂毁先王之法,灭礼谊之官,专任刑罚,躬操文墨,昼断狱,夜理书,自程决事,日县石之一。而奸邪并生,赭衣塞路,囹圄成市,天下愁怨,溃而叛之。"

玄钺,铁斧,杀人刑具。《古今注·舆服》:"金斧,黄钺也;铁斧,玄钺也。三代通用之以断斩。"又《隋书·刑法志》:"秦氏僻自西戎,初平区夏,于时投戈弃甲,仰恩祈惠,乃落严霜于政教,挥流电于邦国。弃灰偶语,生愁怨于前;毒网凝科,害肌肤于后。玄钺肆于朝市,赭服飘于路衢。将闾有一剑之哀,茅焦请列星之数。"

门有沸汤之势,抚念不安;巢无完卵之存,扪心何忍。

《新唐书·奸臣传上·李义府》:"(李义府)既主选,无品鉴才,而溪壑之欲,惟贿是利,不复铨判,人人咨讪。又母、妻、诸子卖官市狱,门如沸汤。"

《世说新语·言语》:"孔融被收,中外惶怖。时融儿大者九岁,小者八岁。二儿故琢钉戏,了无遽容。融谓使者曰:'冀罪止于身,二儿可得全不?'儿徐进曰:'大人岂见覆巢之下,复有完卵乎?'寻亦收至。"

虽辟以止辟,还刑期无刑。

辟以止辟,以死刑禁止死刑;一说,以刑罚制止刑罚。《伪古文尚书·君陈》:"辟以止辟,乃辟。"孔颖达疏:"刑罚一人可以止息后犯者,故云犯刑者乃刑之。"

刑期无刑,用刑罚制止犯罪,以达到无犯罪、不用刑的目的。《伪古文尚书·大禹谟》:"刑期于无刑,民协于中。"孔安国传:"虽或行刑,以杀止杀,终无犯者。刑期于无所刑,民皆命于大中之道。"

周礼有三宥之词，千秋可法；虞廷有肆赦之典，万古常称。

三宥(音又)，亦作"三侑""三又"，古代指犯人可以得到从宽处理、减免刑罚的三种情况。《周礼·秋官·司刺》："司刺，掌三刺、三宥、三赦之法，以赞司寇听狱讼。……壹宥曰不识，再宥曰过失，三宥曰遗忘。壹赦曰幼弱，再赦曰老旄(耄)，三赦曰蠢愚。"

肆赦，犹缓刑，赦免。《尚书·舜典》："眚灾肆赦，怙终贼刑。"孔安国传："眚，过。灾，害。肆，缓。贼，杀也。过而有害，当缓赦之。怙奸自终，当刑杀之。"

蝇集笔端，识赦书之已就；乌啼宵夜，知恩诏之将颁。

《晋书·苻坚载记上》："坚僭位五年，凤皇集于东阙，大赦其境内，百僚进位一级。初，坚之将为赦也，与王猛、苻融密议于露堂，悉屏左右。坚亲为赦文，猛、融供进纸墨。有一大苍蝇入自牖间，鸣声甚大，集于笔端，驱而复来。俄而长安街巷市里人相告曰：'官今大赦。'有司以闻。坚惊谓融、猛曰：'禁中无耳属之理("理"当作"垣")，事何从泄也？'于是敕外穷推之，咸言有一小人衣黑衣，大呼于市曰：'官今大赦。'须臾不见。坚叹曰：'其向苍蝇乎？声状非常，吾固恶之。谚曰："欲人勿知，莫若勿为。"声无细而弗闻，事未形而必彰者，其此之谓也。'"

《乐府古题要解》卷上："《乌夜啼》，宋临川王(刘)义庆造也。宋元嘉中，徙彭城王义康于豫章郡。义庆时为江州，相见而哭。文帝闻而怪之，征还宅。义庆大惧，妓妾闻乌夜啼，叩斋阁云：'明日应有赦。'及旦，改南兖州刺史。因作此歌，故其和云：'笼窗窗不开，夜夜望郎来。'"又《教坊记》："《乌夜啼》，宋彭城王义康、衡阳王义季，帝囚之浔阳，后宥之。使未达，衡王家人扣二王所囚院，曰：'昨夜乌夜啼，官当有赦。'少顷，使至，故有此曲，亦入琴操。"亦见于《乐府诗集》卷四八，所记较详。

无赦而刑必平，文中之论，夫岂全诬；多赦则民不敬，管子之言，亦非尽谬。

文中，即文中子。隋代著名学者王通，门人私谥文中子，其所著书亦名《文中子》(又称《中说》)。《文中子·王道篇》："子曰：'无赦之国，其刑必平；多敛之国，其财必削。'"

管子，即春秋时齐国名相管仲，相传他著有《管子》一书。《管子·法法》:“民毋重罪,过不大也。民毋大过,上毋赦也。上赦小过,则民多重罪,积之所生也。故曰:赦出则民不敬,惠行则过日益。”

孔明治蜀,所以不行;吴汉临终,于焉致嘱。

《三国志·蜀书·后主传评》:“(诸葛亮)经载十二而年名不易,军旅屡兴而赦不妄下,不亦卓乎!自亮没后,兹制渐亏,优劣著矣。”裴松之注引《华阳国志》曰:“丞相亮时,有言公惜赦者,亮答曰:‘治世以大德,不以小惠,故匡衡、吴汉不愿为赦。先帝亦言吾周旋陈元方、郑康成间,每见启告,治乱之道悉矣,曾不语赦也。若刘景升、季玉父子,岁岁赦宥,何益于治!’”

《后汉书·吴汉传》:“二十年,(吴)汉病笃。车驾亲临,问所欲言。对曰:‘臣愚无所知识,唯愿陛下慎无赦而已。’”

释道鬼神

如来释迦,即是牟尼,原系成佛之祖;老聃李耳,即是道君,乃为道教之宗。

如来,佛的别名。其梵文音译为“多陀阿伽陀”,义为如实道来而成正觉。又为释迦牟尼十种法号的第一种。《金刚经》:“如来者,无所从来,亦无所去,故名如来。”〇释迦牟尼,佛教始祖。亦称为“释迦文佛”“世尊”。族姓释迦,释迦牟尼义译为“能仁”,即释迦族的隐修者。姓乔答摩,名悉达多。为中印度迦毗罗国王净饭王长子,母名摩耶。《魏书·释老志》:“所谓佛者,本号释迦文者,译言能仁,谓德充道备,堪济万物也。释迦前有六佛,释迦继六佛而成道,处今贤劫。文言将来有弥勒佛,方继释迦而降世。释迦即天竺迦维卫国王之子。天竺其总称,迦维别名也。初,释迦于四月八日夜,从母右胁而生。既生,姿相超异者三十二种。天降嘉瑞以应之,亦三十二。其《本起经》说之备矣。……释迦年三十成佛,导化群生,四十九载,乃于拘尸那城娑罗双树间,以二月十五日而入般涅槃。涅槃译云灭度,或言常乐我净,明无迁谢及诸苦累也。”

老聃(音耽),即老子,姓李名耳,楚国苦县人,做过周朝的守藏史。孔子曾向他问礼，后退隐，著《老子》一书。注参见《老寿幼诞》“老子道君，在孕八十一年而始诞”条。〇道君，道教所称的仙尊。老子系道家的创始人，后来的道教推崇道家思想，他也被尊称为道教的祖师。

鹫岭祇园，皆属佛国；交梨火枣，尽是仙丹。

鹫（音就）岭，亦称“鹫峰”“鹫山”“灵山”，即灵鹫山，梵语音译“耆阇崛山”，为佛说法之地。山顶似鹫，鹫群又常集山顶，王舍城人因而名之。又因王舍城南尸陀林中多死人，诸鹫常来食之，还集山头，时人名为“鹫头山”。南宋法云《翻译名义集》卷三《众山篇》：“耆阇崛，《大论》云：‘耆阇名鹫，崛名头。是山顶似鹫。’《增一》：‘佛告诸比丘，此山久远同名灵鹫。’《观经疏》云：‘诸圣仙灵依之而住。’《西域记》云：‘宫城东北行三四里，至姞栗陀罗矩吒，此云鹫峰，亦云鹫台。旧云耆阇崛，讹也。既栖鹫鸟，又类高台。’应法师云：‘案梵本无灵义，此鸟有灵，知人死活，故号灵鹫。’”〇祇（音其）园，祇树给孤独园之略称，亦称“祇林”“祇洹精舍”等，印度佛教圣地之一，据传释迦牟尼曾住此说法二十余年。《一切经音义》卷一〇：“祇树，梵语也，或云祇陀，或云祇洹，或云祇园，皆一名也。正梵音云誓多 Jeta，此译为胜，波斯匿王所治城也。太子亦名胜，给孤长者，就胜太子，抑买园地，为佛建立精舍。太子自留其树，供养佛僧，故略云祇树也。”又北魏慧觉等译《贤愚经·须达起精舍品》：“佛告阿难：‘今此园地，须达所买；林树华果，祇陀所有。二人同心，共立精舍，应当与号“太子祇树给孤独园”，名字流布，传示后世。’”亦见于南朝齐僧祐《释迦谱》卷八。

交梨火枣，仙果名。《真诰》卷二：“玉醴金浆，交梨火枣，此则腾飞之药，不比于金丹也。”又旧题宋王逵《蠡海集·鬼神》：“老氏之言交梨火枣者，盖梨乃春花秋熟，外苍内白，虽雪梨亦微苍，故曰交梨，有金木交互之义。枣，味甘而色赤为阳，有阳土生物之义，故曰火枣。”〇交梨火枣，亦指内丹修炼。《云笈七签》卷五六《元气论》引《九皇上经》曰：“始青之下月与日，两半同升合成一，出彼玉池入金室，大如弹丸黄如橘，中有佳味甜如蜜，子能得之慎勿失。”注云：“交梨火枣，生在人体中，其大如弹丸，其黄如橘，其味甚甜，其甜如蜜，不远不近，在于心室。心室者，神之舍，气之宅，精之主，魂之魄。玉池者，口中舌上所出之液，液与神气一合，谓两半合一也。”

沙门称释，始于晋道安；中国有佛，始于汉明帝。

沙门，即僧徒。梵语音译为“室罗摩拏”，意译为“息心”或“勤息”，即勤修善法，止息恶行之义。《高僧传》卷五《释道安》：“初，魏、晋沙门，依师为姓，故姓各不同。安以为大师之本，莫尊释迦，乃以释命氏。后获《增一》、《阿含》，果称四河入海，无复河名；四姓为沙门，皆称释种。既悬与经符，遂为永式。”又《事物纪原》卷七：“称释：《高僧传》曰：‘出家从师命氏，晋道安受业佛图澄，澄姓帛氏，安以师莫过佛，遂以释为姓。’僧之称释，自道安始也。”

《后汉书·西域传》：“世传明帝梦见金人，长大，顶有光明，以问群臣。或曰：‘西方有神，名曰佛，其形长丈六尺而黄金色。’帝于是遣使天竺问佛道法，遂于中国图画形像焉。楚王(刘)英始信其术，中国因此颇有奉其道者。后桓帝好神，数祀浮图、老子，百姓稍有奉者，后遂转盛。”参见《制作》“汉明尊崇佛教，始立寺观于中朝”条。

篯铿即是彭祖，八百高年；许逊原宰旌阳，一家超举。

旧题西汉刘向《列仙传》卷上：“彭祖者，殷大夫也。姓钱名铿，帝颛顼之孙，陆终氏之中子。历夏至殷末，八百余岁。常食桂芝，善导引行气。”又《太平广记》卷二引《神仙传》略云：彭祖者，姓篯讳铿，帝颛顼之玄孙也。殷末已七百六十七岁，而不衰老。少好恬静，不恤世务，不营名誉，不饰车服，唯以养生治身为事。王闻之，以为大夫。常称疾闲居，不与政事。善于补导之术，服水桂、云母粉、麋角散，常有少容。然性沉重，终不自言有道，亦不作诡惑变化鬼怪之事。常闭气内息，从旦至中，乃危坐拭目，摩搦身体，舐唇咽唾，服气数十，乃起行言笑。其体中或瘦倦不安，便导引闭气，以攻所患。

《太平广记》卷一四引《十二真君传》略云：许真君名逊，字敬之，本汝南人也。真君弱冠，师大洞君吴猛，传《三清法要》。乡举孝廉，拜蜀旌阳令，寻以晋室棼乱，弃官东归。真君以东晋孝武帝太康二年八月一日，于洪州西山，举家四十二口，拔宅上升而去。唯有石函、药臼各一所，车毂一具，与真君所御锦帐，复自云中堕于故宅，乡人因于其地置“游帷观”焉。

波罗犹云彼岸，紫府即是仙宫。

波罗，梵语音译“波罗蜜”“波罗蜜多”之略称，意译为“度”“到彼岸”，即由此岸(生死岸)度人到达彼岸(涅槃、寂灭)。《大智度论》卷一二：“此六波罗蜜，能令人渡悭贪等烦恼染著大海，到于彼岸，以是故名波罗蜜。”

紫府，道教称仙人所居。《抱朴子·内篇·祛惑》：“及到天上，先过紫府，金床玉几，晃晃昱昱，真贵处也。”

曰上方，曰梵刹，总是佛场；曰真宇，曰蕊珠，皆称仙境。

上方，佛寺长老及住持说法之处曰方丈，故上人（僧人尊称）之方丈曰上方。原指山上的佛寺，后亦称寺庙之住持，因其所居在寺之最高深处也。◯梵刹（音诧），佛寺的美称。梵者，清净之义；刹者，"刹摩"之略称，地方之义。梵刹，本指清净佛土，后转为伽蓝之美称。一说，刹，梵名"刺瑟胝"，此指竿，即幡柱。僧人居处，当竖幡以告四方。《翻译名义集》卷七《寺塔坛幢篇》："又复伽蓝号梵刹者，如《辅行》云：'西域以柱表刹，示所居处也。'梵语刺瑟胝，此云竿，即幡柱也。《长阿含》云：'若沙门于此法中勤苦得一法者，便当竖幡以告四远。'"

真宇，神仙所居之处，亦指道观。◯蕊珠，亦作"蕊宫"，道家传说天上上清宫有蕊珠宫，为神仙所居。后泛指道观。《云笈七签》卷一一引《黄庭内景经·上清章》："闲居蕊珠作七言，散化五形变万神。"梁丘子注："蕊珠，上清境宫阙名也。"南宋陆游《秋波媚》词："曾散天花蕊珠宫，一念堕尘中。铅华洗尽，珠玑不御，道骨仙风。"

伊蒲馔，可以斋僧；青精饭，亦堪供佛。

伊蒲塞，梵语音译，指不出家的男性佛教徒。《后汉书·楚王英传》："英少时好游侠，交通宾客，晚节更喜黄老，学为浮屠斋戒祭祀。八年，诏令天下死罪皆入缣赎。英遣郎中令奉黄缣白纨三十匹诣国相曰：'托在蕃辅，过恶累积，欢喜大恩，奉送缣帛，以赎愆罪。'国相以闻。诏报曰：'楚王诵黄老之微言，尚浮屠之仁祠，洁斋三月，与神为誓，何嫌何疑，当有悔吝？其还赎，以助伊蒲塞桑门之盛馔。'"李贤注："伊蒲塞即优婆塞也。中华翻为近住，言受戒行，堪近僧住也。桑门，即沙门。"

青精饭，相传为太极真人首创，道家谓久服可以延年益颜。具体做法是取南烛（即黑饭草）枝叶煮汁，以其汁浸泡上好粳米，蒸饭曝干，坚而青碧。后佛教徒亦多于阴历四月八日（佛诞辰日）造此饭以供佛。唐杜甫《赠李白》诗："岂无青精饭，使我颜色好。"

香积厨，僧家所备；仙麟脯，仙子所餐。

香积厨，僧寺之食厨，取香义。后秦鸠摩罗什译《维摩诘所说经·香积佛品》："有国名众香，佛号香积，今现在，其国香气，比于十方诸佛世界人天之香，最为第一。彼土无有声闻辟支佛名，唯有清净大菩萨众，佛为说法。其界一切，皆以香作楼阁，经行香地，苑园皆香。其食香气，周流十方无量世界。时彼佛与诸菩萨方共坐食，有诸天子皆号香严，悉发阿耨多罗三藐三菩提心，供养彼佛及诸菩萨。”

麟脯，麒麟肉作成的肉干。《太平广记》卷六〇引《神仙传》：“麻姑至，蔡经亦举家见之。是好女子，年十八九许，于顶中作髻，余发垂至腰。其衣有文章，而非锦绮，光彩耀目，不可名状。入拜方平，方平为之起立。坐定，召进行厨，皆金盘玉杯，肴膳多是诸花果，而香气达于内外。擘脯行之，如柏灵，云是麟脯也。”

佛图澄显神通，咒莲生钵；葛仙翁作戏术，吐饭成蜂。

《晋书·艺术传·佛图澄》：“佛图澄，天竺人也。本姓帛氏。少学道，妙通玄术。永嘉四年，来适洛阳，自云百有余岁，常服气自养，能积日不食。善诵神咒，能役使鬼神。……（石）勒召澄，试以道术。澄即取钵盛水，烧香咒之，须臾钵中生青莲花，光色曜日，勒由此信之。”

《太平广记》卷七一引《神仙传》：“（葛）玄方与客对食，食毕漱口，口中饭尽成大蜂数百头，飞行作声。良久张口，群蜂还飞入口中，玄嚼之，故是饭也。”又《类说》卷三引《续仙传》：“葛玄师事左慈，与客对食，嗽口中饭，皆成大蜂，徐徐入口，却成饭粒。”亦见于《搜神记》卷一。

达摩一苇渡江，栾巴噀酒灭火。

《神僧传》卷四《达磨》：“梁武帝普通初至广州。刺史表闻，武帝遣使诏迎至金陵。帝亲问曰：‘朕即位以来，造寺舍经度僧，不可胜数，有何功德？’师曰：‘并无功德。’帝曰：‘何以并无功德？’师曰：‘此但人天小果，有漏之因，虽有非实。’帝曰：‘如何是真功德？’师曰：‘净智妙圆，体自空寂，如是功德，不以世求。’帝问：‘如何是圣谛第一义？’师曰：‘廓然无圣。’帝曰：‘对朕者谁？’师曰：‘不识。’帝不省玄旨。师知机不契。十九日遂去梁，折芦一枝渡江。二十三日，北趋魏境。寻至雒邑，初止嵩山少林寺，终日面壁而坐。”

噀（音汛）酒，喷酒。《太平广记》卷一一引《神仙传》略云：栾巴者，蜀郡成都人也。少而好道，不修俗事。时太守躬诣巴，请屈为功曹。待以师友之礼。后征为尚书郎。正旦大会，巴后到，有酒容。赐百官酒，又不饮，而西南向噀之。有司奏巴不敬。诏问巴。巴曰：“臣乡里以臣能治鬼护病，生为臣立庙。今旦有耆老，皆来臣庙中享，臣不能早委之，是以有酒容。臣适见成都市上火，臣故漱酒为尔救之，非敢不敬。当请诏问，虚诏抵罪。”乃发驿书问成都。已奏言：“正旦食后失火，须臾，有大雨三阵，从东北来，火乃止。雨着人皆作酒气。”

吴猛画江成路，麻姑掷米成珠。

《晋书·艺术传·吴猛》："吴猛，豫章人也。少有孝行，夏日常手不驱蚊，惧其去己而噬亲也。年四十，邑人丁义始授其神方。因还豫章，江波甚急，猛不假舟楫，以白羽扇画水而渡，观者异之。"亦见于《搜神记》卷一、《太平广记》卷一四引《十二真君传》。

《太平广记》卷六〇引《神仙传》："姑欲见蔡经母及妇侄，时弟妇新产数十日，麻姑望见乃知之，曰：'噫！且止勿前。'即求少许米，得米便撒之掷地，视其米，皆成真珠矣。方平笑曰：'麻姑年少，吾老矣，了不喜复作此狡狯变化也。'"亦见于《太平广记》卷七，"真珠"作"丹砂"。

飞锡挂锡，谓僧人之行止；导引胎息，谓道士之修持。

飞锡，僧侣外行好持锡杖，故称僧徒游方为"飞锡"。〇挂锡，亦作"挂单""挂搭"，行脚僧投寺院暂住之意。北宋睦庵善卿《祖庭事苑》卷八："西域比丘，行必持锡，有二十五威仪。凡至室中，不得著地，必挂于壁牙上，今僧所止住处，故云挂锡。"

导引，一作"道引"，取"导气令和，引体令柔"之意。原为中国古代强身除病的一种养生术，也是中医治疗方法之一。后为道教承袭，当作修仙之方法。《庄子·刻意》："吹呴呼吸，吐故纳新，熊经鸟申，为寿而已矣；此道引之士，养形之人，彭祖寿考者之所好也。"成玄英疏："导引神气，以养形魂，延年之道，驻形之术。"又《后汉书·方术传下·华佗》："佗语普曰：'人体欲得劳动，但不当使极耳。动摇则谷气得销，血脉流通，病不得生，譬犹户枢，终不朽也。是以古之仙者为导引之事，熊经鸱顾，引挽腰体，动诸关节，以求难老。吾有一术，名五禽之戏：一曰虎，二曰鹿，三曰熊，四曰猿，五曰鸟。亦以除疾，兼利蹄足，以当导引。体有不快，起作一禽之戏，怡而汗出，因以著粉，身体轻便而欲食。'普施行之，年九十余，耳目聪明，齿牙完坚。"〇胎息，古时道家修炼之术，如胎儿在母腹之中，鼻无出入之气，故名。《抱朴子·内篇·释滞》："得胎息者，能不以鼻口嘘吸，如在胞胎之中，则道成矣。"又《后汉书·方术传下·王真》："王真年且百岁，视之面有光泽，似未五十者。自云：'周流登五岳名山，悉能行胎息胎食之方，嗽舌下泉咽之，不绝房室。'"李贤注："习闭气而吞之，名曰胎息；习嗽舌下泉而咽之，名曰胎食。"

和尚拜礼曰和南，道士拜礼曰稽首。

和南，梵文的音译，亦译作"槃谈""婆南"，义译为"稽首""敬礼"。北宋赞宁《大宋僧史略》卷上："和南者，先意问讯也。……若西域相见则合掌，云和南。"

稽（音启）首，道士举一手向人行礼。《大宋僧史略》卷上："今文云顿首，而身不躬折，何为拜乎？又道流相见，交手叩头而云稽首，亦同也。"

曰圆寂，曰荼毗，皆言和尚之死；曰羽化，曰尸解，悉言道士之亡。

圆寂，佛教修行，以涅槃为最终目的。涅槃旧译"灭度"，新译"圆寂"。为诸德圆满俱足、诸恶寂灭净尽之义。故称僧尼之死为"圆寂"。〇荼毗，亦作"茶毗""荼维""阇毗"等，梵语音译，意译"焚烧"，指僧人死后火化。《一切经音义》卷二五："阇毗，或阇维，或荼毗。古云耶旬，此云焚烧也。"

羽化，指飞升成仙，取"变化飞升"之意。亦用作道教徒死亡的婉辞。《抱朴子·内篇·对俗》："古之得仙者，或身生羽翼，变化飞行。"又《晋书·许迈传》："（许迈）乃改名玄，字远游。与妇书告别，又著诗十二首，论神仙之事焉。羲之造之，未尝不弥日忘归，相与为世外之交。玄遗羲之书云：'自山阴南至临安，多有金堂玉室，仙人芝草，左元放之徒，汉末诸得道者皆在焉。'羲之自为之传，述灵异之迹甚多，不可详记。玄自后莫测所终，好道者皆谓之羽化矣。"〇尸解，道家认为修道者死后，留下形骸，魂魄散去成仙。其中溺死的称为"水解"，死于兵刃的称为"兵解"。《后汉书·方术传下·王和平》："北海王和平，性好道术，自以当仙。济南孙邕少事之，从至京师。会和平病殁，邕因葬之东陶。有书百余卷，药数囊，悉以送之。后弟子夏荣言其尸解，邕乃恨不取其宝书仙药焉。"李贤注："尸解者，言将登仙，假托为尸以解化也。"

女道曰巫，男道曰觋，自古攸分；男僧曰僧，女僧曰尼，从来有别。

觋（音檄），为人祷祝鬼神的男巫。《国语·楚语下》："古者民、神不杂，民之精爽不携贰者，而又能齐肃衷正，其智能上下比义，其圣能光远宣朗，其明能光照之，其聪能听彻之，如是则明神降之。在男曰觋，在女曰巫。"韦昭注："巫、觋，见鬼者。"又《荀子·正论》："出户而巫觋有事。"杨倞注："出户，谓出内门也。女曰巫，男曰觋。有事，祓除不祥。"

僧，梵语"僧伽"的省称，俗称"和尚"。尼，信佛出家的女子。梵语称女僧为"比丘尼"，简称"尼"，俗称"尼姑"。《魏书·释老志》："谓之沙门，或曰桑门，亦声相近，总谓之僧，皆胡言也。僧，译为和命众，桑门为息心，比丘为行乞。俗人之信凭道法者，男曰优婆塞，女曰优婆夷。其为沙门者，初修十诫，曰沙弥，而终于二百五十，则具足成大僧。妇入道者曰比丘尼，其诫至于五百。”又《大宋僧史略》卷上：“汉明帝听阳城侯刘峻等出家，僧之始也；洛阳妇女阿潘等出家，此尼之始也。”

羽客黄冠，皆称道士；上人比丘，并美僧人。

羽客，古代神话中有羽人之国，道教亦追求羽化成仙或飞升成仙，故称道士为“羽客”“羽士”。北宋陈舜俞《庐山记·叙山南》：“（南唐）保大中，道士谭紫霄来自闽中，赐号‘金门羽客’。”〇黄冠，道士之冠。相传黄帝服黄衣，戴黄冕，道教推崇黄、老，故道士冠服尚黄。《旧唐书·李淳风传》：“李淳风，岐州雍人也。其先自太原徙焉。父播，隋高唐尉，以秩卑不得志，弃官而为道士。颇有文学，自号黄冠子。”

上人，佛教称具备德智善行的人，后来作为对僧侣的敬称。《能改斋漫录》卷七：“唐诗多以僧为上人，如杜子美《巳上人茅斋》是也。按，《摩诃般若经》云：‘何名上人？佛言，若菩萨一心行阿耨菩提，心不散乱，是名上人。’《十诵律》云：‘人有四种，一粗人，二浊人，三中间人，四上人。’”〇比丘，亦称“苾刍”，梵语的译音，意译“乞者”“乞士”，以上从诸佛乞法，下就俗人乞食而得名。佛教指出家修行的男僧。按照佛教的章制，少年出家，初受戒，称为“沙弥”；到二十岁，再受具足戒，称为“比丘”。受过具足戒的女僧则称为“比丘尼”。

檀越檀那，僧家称施主；烧丹炼汞，道士学神仙。

檀那，亦作“檀越”，梵语音译“陀那钵底”，意译“布施”“施主”。《世说新语·文学》：“殷中军被废东阳，始看佛经。初视《维摩诘》，疑‘般若波罗密’太多；后见《小品》，恨此语少。”刘孝标注：“波罗密，此言到彼岸也。经云：‘到者有六焉：一曰檀，檀者，施也；二曰毗黎，毗黎者，持戒也；三曰羼提，羼提者，忍辱也；四曰尸罗，尸罗者，精进也；五曰禅，禅者，定也；六曰般若，般若者，智慧也。然则五者为舟，般若为导。导则俱绝有相之流，升无相之彼岸也。故曰波罗密也。’”又《翻译名义集》卷四《辨六度法篇》：“檀那，《法界次第》云：秦言布施，若内有信心，外有福田，有财物，三事和合，心生舍法，能破悭贪，是为檀那。布施有二种，一者财施，二者法施。财施者，所谓饮食、衣服、田宅、六畜、奴婢、珍宝，一切己之所有、资身之具，及妻子，乃至身命属他，为他财物，故云舍身，犹属财施。有所须者悉能施与，皆名财施也。法施者，若从诸佛及善知识，闻说世间出世间善法，若从经论中闻，若自以观行故知，以清净心，为人演说，皆名法施。”

烧丹，亦称“炼丹”，道教烧炼金石药物成丹，谓服之可以长生不老，成为神仙。又炼汞，道教修炼之术，指烧炼金石药物，以制成丹药。《至游子·阴符》：“阳者汞也，其性飞者也；阴者铅也，其性伏者也。圣人伏阳汞以炼其魄，飞阴铅以拘其魂。”又唐高骈《闻河中王铎加都统》诗：“炼汞烧铅四十年，至今犹在药炉前。不知子晋缘何事，只学吹箫便得仙。”

和尚自谦，谓之空桑子；道士诵经，谓之步虚声。

空桑子，僧人舍弃父母而遁入空门，佛家亦称“桑门”，教义本空，故和尚自称“空桑子”。《吕氏春秋·孝行览·本味》：“有侁氏女子采桑，得婴儿于空桑之中，献之其君，其君令烰人养之。”

步虚声，道士诵经之声。《异苑》卷五：“陈思王曹植字子建，尝登鱼山，临东阿。忽闻岩岫里有诵经声，清通深亮，远谷流响，肃然有灵气。不觉敛衿祗敬，便有终焉之志，即效而则之。今之梵唱，皆植依拟所造。一云：陈思王游山，忽闻空里诵经声，清远遒亮。解音者则而写之，为神仙声。道士效之，作步虚声也。”

菩者普也，萨者济也，尊称神祇，故有菩萨之誉；水行龙力大，陆行象力大，负荷佛法，故有龙象之称。

菩萨，梵语音译“菩提萨埵”之略称，意译“觉有情”。或译为“大士”，即“发大心的人”。《翻译名义集》卷一《三乘通号篇》：“菩萨，肇曰：‘正音云菩提萨埵。菩提，佛道名也；萨埵，秦言大心众生。有大心入佛道，名菩提萨埵。’……贤首云：‘菩提，此谓之觉；萨埵，此曰众生。以智上求菩提，用悲下救众生。’”

龙象，佛家称诸阿罗汉中修行勇猛、有最大力者为“龙象”。比喻能负荷大法者。《大智度论》卷三：“那伽，或名龙，或名象。是五千阿罗汉，诸阿罗汉中最大力，以是故言如龙如象。水行中龙力大，陆行中象力大。”

儒家谓之世，释家谓之劫，道家谓之尘，俱谓俗缘之未脱；儒家曰精一，释家曰三昧，道家曰贞一，总言奥义之无穷。

世，古称三十年为一世。○劫，梵语音译“劫波”的略称，意译“远大时节”；佛经称天地从形成到毁灭的过程为一劫，劫的时间长短，佛经有不同的说法。唐释道世《法苑珠林》卷一《劫量述意》：“夫劫者，盖是纪时之名，犹年号耳。”○尘，道家称一世为一尘。《太平广记》卷四五引《广异记》：“（丁约）因褫衣带内，得药类粟，以奉韦子威。又谓曰：‘郎君道情深厚，不欺暗室，终当弃俗，尚隔两尘。’子威曰：‘何谓两尘？’对曰：‘儒谓之世，释谓之劫，道谓之尘。善坚此心，亦复遐寿。五十年近京相遇，此际无相讶也。’言讫而出。”

精一，精粹纯一。《伪古文尚书·大禹谟》：“人心惟危，道心惟微，惟精惟一，允执厥中。”孔颖达疏：“人心惟万虑之主，道心为众道之本。立君所以安人，人心危则难安。安民必须明道，道心微则难明。将欲明道，必须精心。将欲安民，必须一意。故以戒精心一意。又当信执其中，然后可得明道以安民耳。”○三昧，佛教语，梵文音译，亦作“三摩提”或“三摩帝”，意为“定”“正定”等，即排除一切杂念，使心神平静。后引申为奥妙、诀窍。《大智度论》卷七：“何等为三昧？善心一处住不动，是名三昧。”隋慧远《大乘义章》卷九：“心体寂静，离于邪乱，故曰三昧。”○贞一，专一，守一。

达摩死后，手携只履西归；王乔朝君，舄化双凫下降。

《祖庭事苑》卷二：“初祖达摩自付法传衣之后，凡九载，示有涅槃，葬于熊耳山吴坂。后三年，有魏使宋云奉使西域，还见祖于葱岭，手携只履，语宋云曰：‘汝主已猒代，我归西国去。’云初不解。既归，帝果已崩。遂闻奏后魏孝庄帝。帝乃令发塔，但见一履，遂奉敕取于少林寺供养。自开元十五年，被窃去五台花严寺中，后亦失所在。”

注详见《衣服》“王乔属仙令，舄飞天外之凫”条。

辟谷绝粒，神仙能服气炼形；不灭不生，释氏惟明心见性。

辟谷，亦称“断谷”“绝谷”，即不吃五谷的意思，为古代的一种导引方法；后道教方士，乃附会为神仙入道之术。该教谓，人体中有“三尸”（亦称“三虫”）之邪怪，靠五谷而生，危害人体，经过辟谷修炼，可以除去三尸，达到长生不老。《史记·留侯世家》：“留侯性多病，即道引不食谷，杜门不出岁余。……乃学辟谷，道引轻身。”裴骃集解：“《汉书音义》曰：‘服辟谷之药，而静居行气。’”○绝粒，犹辟谷，道教以摒除火食、不进五谷为修炼方法。《北史·李先传》：“先少子皎，为寇谦之弟子，遂服气绝粒数十年，隐于恒山。年九十余，颜如少童。一旦，沐浴冠带，家人异之，俄而坐卒。道士咸称其得尸解仙道。”○服气，亦作“食气”，原是呼吸养生之方法，后被道教承袭，认为通过吐纳可以服食所谓“日月精华”，作为一种修仙之术。炼形，道教谓修炼形体，以求超脱成仙。

明心见性，佛教禅宗的主要修持方法，意谓“心”是可以转变的（转迷为悟），但“性”是永远不变的。因此，只要悟了自心本性（即佛性），就能成佛。《五灯会元》卷二：“益州保唐寺无住禅师，初得法于无相大师。乃居南阳白崖山，专务宴寂。经累岁，学者渐至，勤请不已。自此垂诲，虽广演言教，而唯以无念为宗。唐相国杜鸿渐出抚坤维，闻师名，思一瞻礼，遣使到山延请。时节度使崔宁亦命诸寺僧徒远出，迎引至空慧寺。……公又问：‘云何不生？云何不灭？如何得解脱？’师曰：‘见境心不起，名不生，不生即不灭。既无生灭，即不被前尘所缚，当处解脱。不生名无念，无念即无灭，无念即无缚，无念即无脱。举要而言，识心即离念，见性即解脱。离识心见性外，更有法门证无上菩提者，无有是处。’公曰：‘何名识心见性？’师曰：‘一切学道人，随念流浪，盖为不识真心。真心者，念生亦不顺生，念灭亦不依寂。不来不去，不定不乱，不取不舍，不沉不浮。无为无相活鲅鲅，平常自在。此心体毕竟不可得，无可知觉。触目皆如，无非见性也。’公与大众作礼称赞，踊跃而去。”

梁高僧谈经入妙，可使岩石点头，天花坠地；张虚靖炼丹既成，能令龙虎并伏，鸡犬俱升。

唐释道宣《续高僧传》卷五《释法云》：“初，云年在息慈，雅尚经术，于《妙法华》研精累思，品酌理义，始末照览。乃往幽岩独讲斯典，竖石为人，松叶为拂，自唱自导，兼通难解。所以垂名梁代，诚绩有闻。……尝于一寺讲散此经，忽感天华，状如飞雪，满空而下，延于堂内，升空不坠，讫讲方去。”又《妙法莲花经持验记》：“梁云光法师，未详姓氏。普通二年，招于内殿，讲解《法华经》，天雨宝华。天监中，帝以亢阳问志公，公曰：‘云能致雨。’帝因请讲《法华》，至其泽普洽，雨即大霔，高下沾足。”今按：宋朝无名氏《莲社高贤传》曾载道生法师宣讲《涅槃经》，群石皆为点头之事，但竺道生卒于南朝宋元嘉十一年，不属于梁代高僧。

据原注：张道陵七世孙张虚靖，学长生之术，遍游名山。炼丹既成，龙降虎伏，白日升天。临去，药器置于庭，鸡犬舐之，皆得升天。今按：此条出处不详。

藏世界于一粟，佛法何其大；贮乾坤于一壶，道法何其玄。

《五灯会元》卷八：“吕岩真人，字洞宾，京川人也。唐末三举不第，偶于长安酒肆遇钟离权，授以延命术，自尔人莫之究。尝游庐山归宗，书钟楼壁曰：‘一日清闲自在身，六神和合报平安。丹田有宝休寻道，对境无心莫问禅。’未几，道经黄龙山，睹紫云成盖，疑有异人。乃入谒，值黄龙击鼓升堂。龙见，意必吕公也，欲诱而进，厉声曰：‘座傍有窃法者。’吕毅然出，问：‘一粒粟中藏世界，半升铛内煮山川。且道此意如何？'龙指曰：'这守尸鬼。'吕曰：'争奈囊有长生不死药。'龙曰：'饶经八万劫，终是落空亡。'吕薄讶，飞剑胁之，剑不能入。遂再拜，求指归。龙诘曰：'半升铛内煮山川即不问，如何是一粒粟中藏世界？'吕于言下顿契，作偈曰：'弃却瓢囊摵碎琴，如今不恋汞中金。自从一见黄龙后，始觉从前错用心。'龙嘱令加护。"

《太平广记》卷一二引《神仙传》略云：壶公者，不知其姓名也。今世所有召军符、召鬼神治病玉府符，凡二十余卷，皆出自公，故总名"壶公符"。时汝南有费长房者，为市掾，忽见公从远方来，入市卖药，人莫识之。常悬一空壶于屋上，日入之后，公跳入壶中。人莫能见，唯长房楼上见之，知非常人也。长房乃日日自扫公座前地，及供馔物，公受而不辞。如此积久，长房尤不懈，亦不敢有所求。公知长房笃信，谓房曰："至暮无人时更来。"长房如其言即往，公语房曰："见我跳入壶中时，卿便可效我跳，自当得入。"长房依言，果不觉已入。入后不复是壶，唯见仙宫世界。公语房曰："我仙人也，昔处天曹，以公事不勤见责，因谪人间耳。卿可教，故得见我。"又《云笈七签》卷二八《二十八治》引《云台治中录》："施存，鲁人，夫子弟子。学大丹之道，三百年十炼不成，唯得变化之术。后遇张申，为云台治官，常悬一壶，如五升器大，变化为天地，中有日月，如世间。夜宿其内，自号'壶天'，人谓曰'壶公'，因之得道在治中。"

妄诞之言，载鬼一车；高明之家，鬼瞰其室。

载鬼一车，指荒诞无稽，亦指混淆是非，无中生有。《周易·睽》："上九：睽孤见豕负涂，载鬼一车，先张之弧，后说之弧。"

高明之家，地位尊贵的人家。西汉扬雄《解嘲》："高明之家，鬼瞰其室。"刘良注："是知高明富贵之家，鬼神窥望其室，将害其满盈之志矣。"

《无鬼论》，作于晋之阮瞻；《搜神记》，撰于晋之干宝。

《晋书·阮瞻传》："瞻素执无鬼论，物莫能难，每自谓此理足可以辩正幽明。忽有一客通名诣瞻，寒温毕，聊谈名理。客甚有才辩，瞻与之言，良久及鬼神之事，反覆甚苦。客遂屈，乃作色曰：'鬼神，古今圣贤所共传，君何得独言无！即仆便是鬼。'于是变为异形，须臾消灭。瞻默然，意色大恶。后岁余，病卒于仓垣，时年三十。"亦见于《搜神记》卷一六、《幽明录》。

《晋书·干宝传》："（干宝）性好阴阳术数，留思京房、夏侯胜等传。宝父先有所宠侍婢，母甚妒忌。及父亡，母乃生推婢于墓中。宝兄弟年小，不之审也。后十余年，母丧，开墓，而婢伏棺如生。载还，经日乃苏。言其父常取饮食与之，恩情如生。在家中吉凶辄语之，考校悉验，地中亦不觉为恶。既而嫁之，生子。又宝兄尝病气绝，积日不冷，后遂悟，云见天地间鬼神事，如梦觉，不自知死。宝以此遂撰集古今神祇灵异人物变化，名为《搜神记》，凡三十卷。以示刘惔，惔曰：'卿可谓鬼之董狐。'"

颜子渊，卜子夏，死为地下修文郎；韩擒虎，寇莱公，死作阴司阎罗王。

《太平御览》卷八八三引王隐《晋书》略云：苏韶字孝先，安平人也。仕至中牟令，卒。韶伯父第九子节在车上，昼日，韶自外入，乘马。日黑，又凭节车辕，求其为己改葬。……节问所疑，韶言："天上及地下事，亦不能悉知也。颜渊、卜商，今见在修文郎，凡有八人。鬼之圣者梁成，贤者吴季子。"后韶欲去，节留之，闭门下锁钥，韶为之少住。韶去，节见门故闭，韶已去矣。韶与节别曰："吾今见为修文郎，守职不暇得来也。"节执手乃别，自是遂绝。今按：卜商字子夏，与颜渊同为孔子弟子。

《隋书·韩擒传》："无何，其邻母见擒门下仪卫甚盛，有同王者，母异而问之。其中人曰：'我来迎王。'忽然不见。又有人疾笃，忽惊走至擒家曰：'我欲谒王。'左右问曰：'何王也？'答曰：'阎罗王。'擒子弟欲挞之，擒止之曰：'生为上柱国，死作阎罗王，斯亦足矣。'因寝疾，数日竟卒，时年五十五。"今按：韩擒即韩擒虎，唐朝避讳"虎"字，故省去。〇南宋叶寘《爱日斋丛抄》(佚文，见《说郛》卷一七)："独寇莱公事，出于《翰府名谈》。莱公南迁，再移光州，妾蒨桃泣曰：'妾前世师事仙人为侠，今将别去，公当为地下主者阎浮提王也。'不久亦亡。有王克勤，见公曹州境上，拥驴北去，后骑曰：'阎浮提王交政也。'果为阎罗王矣。《谈薮》云：'丁谓当国，逐李、寇二公，欲杀不可。既南贬，而文定复相。相传忠愍为阎罗王，世谓死活不得。'"又《永乐大典》卷一三一三六引刘斧《翰府名谈》："后公(寇准)南迁雷州，蒨桃泣曰：'妾无奇功，不升于仙；有薄效，亦不入于鬼。前世师事仙人为侠，尝有官为侍儿所鸩。妾往戮之，失于详审，孕已数月，是一戮而杀二人，受谴再入轮回。宿根有契，为公侍妾，今将别去。公当为地下主者，乃阎浮提王也。天符即下，宜集后事。'明日蒨桃果卒，公不久亦逝。"

至若土谷之神曰社稷，干旱之鬼曰旱魃。

社稷，古代帝王所祭祀的土地神和五谷神，亦用以代指国家。《周礼·春官·大宗伯》："以血祭祭社稷、五祀、五岳。"郑玄注："社、稷，土、谷之神，有德者配食焉。共工氏之子曰句龙，食于社；有厉山氏之子曰柱，食于稷。"

又《白虎通·社稷》："王者所以有社稷何？为天下求福报功。人非土不立，非谷不食。土地广博，不可遍敬也。五谷众多，不可一一而祭也。故封土立社，示有土也。稷，五谷之长，故立稷而祭之也。"

《诗经·大雅·云汉》："旱魃(音拔)为虐，如惔(音谈)如焚。"毛传："魃，旱神也。"孔颖达疏："《神异经》曰：'南方有人，长二三尺，袒身而目在顶上，走行如风，名曰魃。所见之国大旱，赤地千里。一名旱母。遇者得之，投溷中，即死，旱灾消。'"又《山海经·大荒北经》："有系昆之山者，有共工之台，射者不敢北乡(向)。有人衣青衣，名曰黄帝女妭(通"魃")。蚩尤作兵伐黄帝，黄帝乃令应龙攻之冀州之野。应龙畜水，蚩尤请风伯、雨师，纵大风雨。黄帝乃下天女曰妭，雨止，遂杀蚩尤。妭不得复上，所居不雨。叔均言之帝，后置之赤水之北。叔均乃为田祖。妭时亡之，所欲逐之者，令曰：'神北行！'先除水道，决通沟渎。"

魑魅魍魉，山川之祟；神荼郁垒，啖鬼之神。

魑魅魍魉，亦作"螭魅罔两"，鬼怪的总称，也用以比喻各种各样的坏人。魑魅，传说山林中能害人的精怪。《左传·文公十八年》："以御螭魅。"杜预注："螭魅，山林异气所生，为人害者。"又《史记·五帝本纪》："乃流四凶族，迁于四裔，以御螭魅。"裴骃集解："服虔曰：'螭魅，人面兽身，四足，好惑人。山林异气所生，以为人害。'"○魍魉，一作"蝄蜽"，传说中山川的精怪。《国语·鲁语下》："丘闻之：木石之怪曰夔、蝄蜽，水之怪曰龙、罔象，土之怪曰羵羊。"《说文解字》："蝄蜽，山川之精物也。淮南王说：'蝄蜽，状如三岁小儿，赤黑色，赤目，长耳，美发。'"又《左传·宣公三年》："故民入川泽、山林，不逢不若。螭魅罔两，莫能逢之。"杜预注："螭，山神，兽形。魅，怪物。罔两，水神。"

注详见《岁时》"桃符万户更新"条。

仕途偃蹇，鬼神亦为之揶揄；心地光明，吉神自为之呵护。

揶揄(音爷鱼)，戏弄，耍笑。《世说新语·任诞》："襄阳罗友有大韵，少时多谓之痴。"刘孝标注引《晋阳秋》曰："友字宅仁，襄阳人。少好学，不持节检。性嗜酒，当其所遇，不择士庶。……始仕荆州，后在(桓)温府，以家贫乞禄。温虽以才学遇之，而谓其诞肆，非治民才，许而不用。后同府人有得郡者，温为席起别，友至尤晚。问之，友答曰：'民性饮道嗜味，昨奉教旨，乃是首旦出门，于中路逢一鬼，大见揶揄，云："我只见汝送人作郡，何以不见人送汝作郡！"民始怖终惭，回还以解，不觉成淹缓之罪。'温虽笑其滑稽，而心颇愧焉。后以为襄阳太守，累迁广、益二州刺史。”

呵护，呵禁守护。《太上感应篇》：“太上曰：‘祸福无门，惟人自召；善恶之报，如影随形。’”又云：“夫心起于善，善虽未为，而吉神已随之；或心起于恶，恶虽未为，而凶神已随之。”

［新增文］十二联

菩提无树，明镜非台。

《景德传灯录》卷三略云：咸亨中有一居士，姓卢名慧能，自新州来参谒。师（弘忍大师）问曰：“汝自何来？”曰：“岭南。”师曰：“欲须何事？”曰：“唯求作佛。”师曰：“岭南人无佛性。若为得佛？”曰：“人即有南北，佛性岂然？”师知是异人，乃诃曰：“着槽厂去。”能礼足而退。便入碓坊，服劳于杵臼之间，昼夜不息。经八月，师知付授时至，遂告众曰：“正法难解，不可徒记吾言，持为己任。汝等各自随意述一偈，若语意冥符，则衣法皆付。”时会下七百余僧，上座神秀者，学通内外，众所宗仰，咸共推称云：“若非尊秀，畴敢当之？”神秀窃聆众誉，不复思惟，乃于廊壁书一偈云：“身是菩提树，心如明镜台。时时勤拂拭，莫遣有尘埃。”师因经行，忽见此偈，知是神秀所述，乃赞叹曰：“后代依此修行，亦得胜果。”其壁本欲令处士卢珍绘楞伽变相，及见题偈在壁，遂止不画，各令诵念。能在碓坊忽聆诵偈，乃问同学：“是何章句？”同学曰：“汝不知和尚求法嗣，令各述心偈？此则秀上座所述，和尚深加叹赏，必将付法传衣也。”能曰：“其偈云何？”同学为诵。能良久曰：“美则美矣，了则未了。”同学诃曰：“庸流何知？勿发狂言。”能曰：“子不信耶？愿以一偈和之。”同学不答，相视而笑。能至夜，密告一童子，引至廊下。能自秉烛，令童子于秀偈之侧写一偈云：“菩提本非树，心镜亦非台。本来无一物，何假拂尘埃。”大师后见此偈云：“此是谁作？亦未见性。”众闻师语，遂不之顾。逮夜，乃潜令人自碓坊召能行者入室，告曰：“诸佛出世为一大事，故随机小大而引导之，遂有十地三乘顿渐等旨，以为教门。然以无上微妙秘密圆明真实正法眼藏，付于上首大迦叶尊者，展转传授二十八世，至达磨届于此土。得可大师承袭以至于吾。今以法宝及所传袈裟用付于汝。善自保护，无令断绝。”能居士跪受衣法。今按：慧能，《坛经·自序品》作“惠能”；惠能偈语又作：“菩提本无树，明镜亦非台，本来无一物，何处惹尘埃。”

光明拳打破痴迷膜，爱欲海济渡大愿船。

《楞严经》卷一："即时如来举金色臂，屈五轮指，语阿难言：'汝今见不？'阿难言：'见。'佛言：'汝何所见？'阿难言：'我见如来举臂屈指，为光明拳，耀我心目。'"

大愿，愿众生成佛之心，或佛愿救众生之心。唐迦才《净土论》卷下："阿弥陀佛与观世音、大势至，乘大愿船，浮生死海，就此娑婆世界，呼唤众生，令上大愿船，送著西方。若众生有上大愿船者，并皆得去，此是易往也。"亦见于宋王曰休居士《龙舒净土文》卷二。

白足清癯，谁个未知禅味；赤髭碧眼，何人不是梵宗。

《高僧传》卷一〇《释昙始》："释昙始，关中人。自出家以后多有异迹。晋孝武太元之末，赍经律数十部往辽东宣化，显授三乘，立以归戒。盖高句骊闻道之始也。义熙初，复还关中，开导三辅。始足白于面，虽跣涉泥水，未尝沾湿，天下咸称白足和尚。"〇《诗人玉屑》卷二〇引《西清诗话》："近时诗僧祖可，被恶疾，人号癞可；善权者，亦能诗，人物清癯，人目为瘦权。可得之雄爽，权得之清淡。"

《高僧传》卷二《佛陀耶舍》："方至长安，(姚)兴自出候问，别立新省于逍遥园中。四事供养，并不受，时至分卫一食而已。于时罗什出《十住经》，一月余日疑难犹豫，尚未操笔。耶舍既至，共相征决，辞理方定，道俗三千余人皆叹其当要。舍为人赤髭，善解《毗婆沙》，时人号曰赤髭毗婆沙。既为罗什之师，亦称'大毗婆沙'。"又北宋陈师道《送伦化主》诗："赤髭白足可怜生，蹑跻担囊壮此行。"〇《祖庭事苑》卷三："初祖达磨大师眼有绀青之色，故称祖曰碧眼。"

法喜为妻，智度为母，无须询骨肉为谁；慈悲作室，通慧作门，不须问宅居何在。

法喜，谓闻佛法而喜。《维摩诘所说经·佛道品》："于是维摩诘以偈答曰：'智度菩萨母，方便以为父。一切众导师，无不由是生。法喜以为妻，慈悲心为女。善心诚实男，毕竟空寂舍。'"

后秦鸠摩罗什所译《妙法莲华经·法师品》："如来室者，一切众生中大慈悲心是。如来衣者，柔和忍辱心是。如来座者，一切法空是。"通慧，神通与智慧。又，一切的神通皆以智慧为体，故云"通慧"，意即通就是慧。相传佛经云：通慧为门，以法为室。

孙居士大啸一声，山鸣谷应；陈先生长眠数觉，物换星移。

《晋书·阮籍传》："籍尝于苏门山遇孙登，与商略终古及栖神导气之术，登皆不应，籍因长啸而退。至半岭，闻有声若鸾凤之音，响乎岩谷，乃登之啸也。遂归著《大人先生传》。"

《宋史·隐逸传上·陈抟》："陈抟字图南，亳州真源人。始四五岁，戏涡水岸侧，有青衣媪乳之，自是聪悟日益。及长，读经史百家之言，一见成诵，悉无遗忘，颇以诗名。后唐长兴中，举进士不第，遂不求禄仕，以山水为乐。自言尝遇孙君仿、獐皮处士，二人者，高尚之人也，语抟曰：'武当山九室岩可以隐居。'抟往栖焉。因服气辟谷历二十余年，但日饮酒数杯。移居华山云台观，又止少华石室。每寝处，多百余日不起。"又清褚人获《坚瓠续集》卷三："陈希夷居云台观日，多闭门独卧，累月不起。周世宗召入禁中，扃户试之，月余始开，抟熟睡如故。"

岩下清风，黑虎卖董仙丹杏；山间明月，彩鸾栖张叟绿[illegible]。

《太平广记》卷一二引《神仙传》："(董)奉居山不种田，日为人治病，亦不取钱。重病愈者，使栽杏五株，轻者一株。如此数年，计得十万余株，郁然成林。乃使山中百禽群兽，游戏其下。卒不生草，常如芸治也。后杏子大熟，于林中作一草仓，示时人曰：'欲买杏者，不须报奉，但将谷一器置仓中，即自往取一器杏去。'常有人置谷来少，而取杏去多者，林中群虎出吼逐之，大怖，急挈杏走，路傍倾覆，至家量杏，一如谷多少。或有人偷杏者，虎逐之到家，啮至死。家人知其偷杏，乃送还奉，叩头谢过，乃却使活。奉每年货杏得谷，旋以赈救贫乏，供给行旅不逮者，岁二万余斛。"

据原注："张虚靖天师隐龙虎山，结庐而处，有彩鸾栖鸣其上，作诗有'结庐高处无人到，夜半彩鸾栖绿筠'之语。"今按：此条出处不详。

赵惠宗火中化鹤，岂避烽炎；左真人盆里引鲈，不须烟浪。

元赵道一《历世真仙体道通鉴》卷四一："道士赵惠宗者，硖州宜都人，隶籍久之。得九天仙箓、三洞秘法，皆通晓。后居郭道山。唐明皇天宝末还硖。忽于郡之东北积薪自焚，僚庶悉往观之，惠宗怡然坐火中，诵度人经。斯须化为瑞云仙鹤而去。火既烬，其下草犹绿。"

《后汉书·方术传下·左慈》："左慈字元放，庐江人也。少有神道。尝在司空曹操坐，操从容顾众宾曰：'今日高会，珍羞略备，所少吴松江鲈鱼耳。'放于下坐应曰：'此可得也。'因求铜盘贮水，以竹竿饵钓于盘中，须臾引一鲈鱼出。操大拊掌笑,会者皆惊。操曰:‘一鱼不周坐席,可更得乎?’放乃更饵钩沉之,须臾复引出,皆长三尺余,生鲜可爱。操使目前鲙之,周浃会者。操又谓曰:‘既已得鱼,恨无蜀中生姜耳。’放曰:‘亦可得也。’操恐其近即所取,因曰:‘吾前遣人到蜀买锦,可过敕使者,增市二端。’语顷,即得姜还,并获操使报命。后操使蜀反,验问增锦之状及时日早晚,若符契焉。”亦见于《搜神记》卷一。

萧静曾餐芝似肉,安期更食枣如瓜。

《太平广记》卷二四引《神仙感遇传》:“兰陵萧静之,举进士不第。性颇好道,委书策,绝粒炼气,结庐漳水之上。十余年而颜貌枯悴,齿发凋落。一旦引镜而怒,因迁居邺下,逐市人求什一之利。数年而资用丰足,乃置地葺居。掘得一物,类人手,肥而且润,其色微红。叹曰:‘岂非太岁之神,将为祟耶?’即烹而食之,美,既食尽。逾月而齿发再生,力壮貌少,而莫知其由也。偶游邺都,值一道士,顾静之骇而言曰:‘子神气若是,必尝饵仙药也。’求诊其脉焉,乃曰:‘子所食者肉芝也,生于地,类人手,肥润而红。得食者寿同龟鹤矣。然当深隐山林,更期至道,不可自混于臭浊之间。’静之如其言,舍家云水,竟不知所之。”

《史记·封禅书》:“(李)少君言上(汉武帝)曰:‘祠灶则致物,致物而丹沙可化为黄金,黄金成以为饮食器则益寿,益寿而海中蓬莱仙者乃可见,见之以封禅则不死,黄帝是也。臣尝游海上,见安期生。安期生食巨枣,大如瓜。安期生仙者,通蓬莱中,合则见人,不合则隐。’”亦见于《史记·孝武本纪》。

夏郊有异神,祀处却转凶为吉;黎丘多奇鬼,惑时必以伪害真。

《左传·昭公七年》:“郑子产聘于晋。晋侯有疾,韩宣子逆客,私焉,曰:‘寡君寝疾,于今三月矣,并走群望,有加而无瘳。今梦黄熊入于寝门,其何厉鬼也?’对曰:‘以君之明,子为大政,其何厉之有?昔尧殛鲧于羽山,其神化为黄熊,以入于羽渊。实为夏郊,三代祀之。晋为盟主,其或者未之祀也乎?’韩子祀夏郊。晋侯有间(痊愈),赐子产莒之二方鼎。”

《吕氏春秋·慎行论·疑似》:“梁北有黎丘部,有奇鬼焉,喜效人之子侄昆弟之状。邑丈人有之市而醉归者,黎丘之鬼效其子之状,扶而道苦之。丈人归,酒醒而诮其子,曰:‘吾为汝父也,岂谓不慈哉?我醉,汝道苦我,何故?’其子泣而触地曰:‘孽矣!无此事也。昔也往责(债)于东邑人,可问也。’其父信之,曰:‘譆!是必夫奇鬼也,我固尝闻之矣。’明日端(专)复饮于市,欲遇而刺杀之。明旦之市而醉，其真子恐其父之不能反也，遂逝(往)迎之。丈人望其真子，拔剑而刺之。丈人智惑于似其子者，而杀其真子。”

唐时花月妖，畏见狄梁公之面；晋代枌榆社，愁逢阮宣子之柯。

《太平广记》卷三六一引袁郊《甘泽谣》：“素娥者，武三思之妓人也。三思初得乔氏青衣窈娘，能歌舞。三思晓知音律，以窈娘歌舞天下至艺也。未几，沉于洛水，遂族乔氏之家。左右有举素娥曰：‘相州凤阳门宋媪女，善弹五弦，世之殊色。’三思乃以帛三百段往聘焉。素娥既至，三思大悦，遂盛宴以出素娥。公卿大夫毕集，唯纳言狄仁杰称疾不来。三思怒，于座中有言。宴罢，有告仁杰者。明日，谒谢三思，曰：‘某昨日宿疾暴作，不果应召。然不睹丽人，亦分也。他后或有良宴，敢不先期到门？’素娥闻之，谓三思曰：‘梁公强毅之士，非款狎之人。何必固抑其性？若再宴，可无请召狄梁公也。’三思曰：‘傥(倘)阻我宴，必族其家。’后数日，复宴。客未来，梁公果先至。三思特延梁公坐于内寝，徐徐饮酒，待诸宾客。请先出素娥，略观其艺。遂停杯，设榻召之。有顷，苍头出曰：‘素娥藏匿，不知所在。’三思自入召之，皆不见。忽于堂奥隙中，闻兰麝芬馥，乃附耳而听，即素娥语音也，细于属丝，才能认辨，曰：‘请公不召梁公，今固召之，不复生也。’三思问其由，曰：‘某非他怪，乃花月之妖。上帝遣来，亦以多言荡公之心，将兴李氏。今梁公乃时之正人，某固不敢见。某尝为仆妾，敢无情？愿公勉事梁公，勿萌他志。不然，武氏无遗种矣。’言迄，更问，亦不应也。三思出见仁杰，称素娥暴疾，未可出。敬事之礼有加，仁杰莫知其由。明日，三思密奏其事，则天叹曰：‘天之所授，不可废也。’”

枌榆社，据《史记·封禅书》记载，汉高祖为丰人，枌榆为其家乡里社名，高祖初起兵时祷于枌榆社，后遂以枌榆为故乡的代称。此处指社数。《世说新语·方正》：“阮宣子(阮修)伐社树，有人止之，宣子曰：‘社而为树，伐树则社亡；树而为社，伐树则社移矣。’”

仍思大手入窗，公亮举笔；翻忆长舌吐地，壮士吹灯。

北宋张师正《括异志》卷三：“太子少保马公亮自言：少肄业于庐州城外佛寺。一夕临窗烛下阅书，有大手如扇，自窗伸于公前，若有所索。公不为视，阅书如故。如是比夜而至。公因语人，有道士云：‘素闻鬼畏雄黄，可试以辟之。’公乃研雄黄，渍水，密置案上。是夕大手又至，公遽以笔濡雄黄，大书一‘草’字。书毕，闻窗外大呼曰：‘速为我涤去，不然，祸及与汝。’公雅不为听，停烛而寝。有顷，怒甚，而索涤愈急，公不应。逮晓，更哀鸣而不能缩，且曰：‘公将大贵。我且不为他怪，徒以相戏而犯公，何忍遽致我于极地耶？我固得罪，而幽冥之状由公以彰暴于世，亦非公之利也。公独不见温峤焜犀照牛渚之事乎？’公大悟，即以水涤去‘草’字，且戒他日勿复扰人。怪逊谢而去。”

《太平御览》卷五七七引《语林》：“嵇中散(嵇康)夜灯下弹琴，忽有一人，面甚小，斯须转大，遂长丈余，单衣革带。嵇见之既熟，乃吹灯灭之，曰：‘耻与魑魅争光。’”亦见于《异苑》卷六、《太平广记》卷三一七引《灵鬼志》。

邹德润徙项王祠，莫须有也；牛僧孺宿薄后庙，岂其然乎。

《南史·萧琛传》：“(萧琛)后为吴兴太守，郡有项羽庙，土人名为‘愤王’，甚有灵验，遂于郡听事安床幕为神座，公私请祷。前后二千石皆于听拜祠，以轭下牛充祭而避居他室。琛至，著履登听事，闻室中有叱声。琛厉色曰：‘生不能与汉祖争中原，死据此听事，何也？’因迁之于庙。又禁杀牛解祀，以脯代肉。”亦见于《梁书·萧琛传》。今按：据上述记载，徙项王祠事应为萧琛所为，此处云邹德润，未知何据。

《太平广记》卷四八九引题名牛僧孺《周秦行记》略云：贞元中，牛僧孺举进士落第，归宛叶间。至伊阙南道鸣皋山下，会暮，失道。更十余里，行一道甚易，夜月始出，忽闻有异气如贵香，因趋进行，不知厌远。至一宅，门庭若富家。有黄衣阍人引之入，闻人帘中语曰：“妾汉文帝母薄太后，此是庙，郎君不当来，何辱至此？”太后又命使轴帘，避席曰：“妾故汉室老母，君唐朝名士，不相君臣，幸希简敬，便上殿来见。”遂请出高祖戚夫人、元帝王嫱与僧孺相见，复命宦官迎杨太真、潘淑妃、绿珠与会。诗毕，酒既至，太后曰：“牛秀才远来，今夕谁人为伴？”诸人皆辞，太后乃令王嫱侍寝，遂送入昭君院中。天将旦，洒泪而别。僧孺后就大安里，问其里人，里人云：“此十余里，有薄后庙。”僧孺却回，望庙宇，荒毁不可入，非向者所见矣。而衣上香经十余日不歇，竟不知其何如。今按：《周秦行记》的作者，历来说法不一。宋代即有人指出，此文乃李德裕门人韦瓘假冒牛僧孺所撰，意在诬陷、诋毁僧孺，近代学人多认同此说。

鸟兽

麟为毛虫之长，虎乃兽中之王。

《宋书·符瑞志中》："麒麟者，仁兽也。牡曰麒，牝曰麟。不刳胎剖卵则至。麕身而牛尾，狼项而一角，黄色而马足。含仁而戴义，音中钟吕，步中规矩，不践生虫，不折生草，不食不义，不饮洿池，不入坑阱，不行罗网。明王动静有仪则见。"又《孔子家语·执辔》："羽虫三百有六十，而凤为之长。毛虫三百有六十，而麟为之长。甲虫三百有六十，而龟为之长。鳞虫三百有六十，而龙为之长。倮虫三百有六十，而人为之长。"

东汉许慎《说文解字》："虎，山兽之君。"又《太平御览》卷八九一引《风俗通》："虎者，阳物，百兽之长也，能噬食鬼魅。"同卷引《风俗通》："呼虎为李耳。俗说虎本南郡中庐李氏公所化。为呼李耳因喜，呼班便怒。"

麟凤龟龙，谓之四灵；犬豕与鸡，谓之三物。

《礼记·礼运》："何谓四灵？麟、凤、龟、龙，谓之四灵。"

《诗经·小雅·何人斯》："出此三物，以诅尔斯。"毛传："三物，豕、犬、鸡也。民不相信，则盟诅之。君以豕，臣以犬，民以鸡。"

騄駬、骅骝，良马之号；太牢、大武，乃牛之称。

騄駬、骅骝，亦作"绿耳""华骝"，均在周穆王的八骏之列。《史记·赵世家》："造父幸于周缪王。造父取骥之乘匹，与桃林盗骊、骅骝、绿耳，献之缪王。缪王使造父御，西巡狩，见西王母，乐之忘归。"又《新论·求辅》："夫畜生贱也，然有尤善者，皆见记识。故马称骅骝、骥騄，牛誉郭椒、丁栎。"

太牢，盛牲的食器叫"牢"，大的叫"太牢"。古人往往把祭祀或宴会时并用牛、羊、豕三牲叫"太牢"；后又专指牛为"太牢"，羊为"少牢"。《大戴礼记·曾子天圆》："诸侯之祭，牲牛，曰太牢；大夫之祭，牲羊，曰少牢；士之祭，牲特豕，曰馈食。"〇《礼记·曲礼下》："凡祭宗庙之礼，牛曰一元大武，豕曰刚鬣，豚曰腯肥，羊曰柔毛，鸡曰翰音，犬曰羹献。"孔颖达疏："牛曰一元大武者，元，头也。武，迹也。牛若肥则脚大，脚大则迹痕大，故云'一元大武'也。

豕曰刚鬣者,豕肥则毛鬣刚大也。王云:'刚鬣,言肥大也。'豚曰腯肥者,腯即充满貌也。羊曰柔毛者,若羊肥则毛细而柔弱,故王云:'柔毛,言肥泽也。'鸡曰翰音者,翰,长也,鸡肥则其鸣声长也。犬曰羹献者,人将所食羹余以与犬,犬得食之肥,肥可以献祭于鬼神,故曰'羹献'也。"

羊曰柔毛,又曰长髯主簿;豕名刚鬣,又曰乌喙将军。

髯,泛指胡子。《古今注·鸟兽》:"羊,一名髯须主簿。"又《初学记》卷二九引《古今注》:"羊,一名长髯主簿。"

乌喙,乌黑的长嘴。明张岱《夜航船》卷一七:"羊曰柔毛,又曰长髯主簿。豕曰刚鬣,又云乌喙将军。韩狆,六国时韩氏之黑犬。楚犷、宋猎,皆良犬也。又曰:'大夫之家,无故不杀犬豕。'家豹、乌圆,皆猫之美誉。"

鹅名舒雁,鸭号家凫。

《礼记·内则》:"舒雁翠,鹄、鸮胖,舒凫翠。"郑玄注:"舒雁,鹅也。翠,尾肉也。鹄、鸮胖,谓胁侧薄肉也。舒凫,鹜也。"又《尔雅·释鸟》:"舒雁,鹅。"邢昺疏:"鹅,一名舒雁。今江东呼鴚。某氏云:'在野,舒翼飞远者为鹅。'李巡曰:'野曰雁,家曰鹅。'"

《尔雅·释鸟》:"舒凫,鹜。"郭璞注:"鸭也。"邢昺疏:"鹜,鸭也,一名舒凫。李巡曰:'野曰凫,家曰鹜。'"又《猗觉寮杂记》卷上引陈藏器《本草》云:"《尸子》云:'野鸭为凫,家鸭为鹜,不能飞翔,如庶人守耕稼而已。'"

鸡有五德,故称之曰德禽;雁性随阳,因名之曰阳鸟。

《韩诗外传》卷二:"田饶事鲁哀公而不见察,谓哀公曰:'臣将去君,黄鹄举矣。'哀公曰:'何谓也?'田饶曰:'君独不见夫鸡乎?头戴冠者,文也;足傅距者,武也;敌在前敢斗者,勇也;见食相呼者,仁也;守夜不失时者,信也。鸡虽有此五德,君犹日瀹(音月,煮)而食之者,何也?则以其所从来者近也。夫黄鹄一举千里,止君园池,食君鱼鳖,啄君黍粱,无此五德者,君犹贵之者,何也?以其所从来者远也。故臣将去君,黄鹄举矣!'哀公曰:'止!吾将书子之言也。'田饶曰:'臣闻:食其食者,不毁其器;阴其树者,不折其枝。有臣不用,何书其言为?'遂去,之燕。燕立以为相。三年,燕政大平,国无盗贼。哀公喟然太息,为之辟寝三月,减损上服。曰:'不慎其前,而悔其后,何可复得?'"亦见于《新序·杂事五》。

《尚书·禹贡》:"彭蠡既猪(潴),阳鸟攸居。"孔安国传:"随阳之鸟,鸿雁之属。"孔颖达疏:"日,阳也,此鸟南北与日进退,随阳之鸟,故称阳鸟。"

家狸、乌圆，乃猫之誉；韩卢、楚犷，皆犬之名。

《酉阳杂俎》续集卷八《支动》："猫，目睛暮圆，及午竖敛如綖。其鼻端常冷，唯夏至一日暖。其毛不容蚤、虱。黑者暗中逆循其毛，即若火星。俗言猫洗面过耳则客至。楚州谢阳出猫，有褐花者。灵武有红叱拨及青骢色者。猫一名蒙贵，一名乌员。"又清王初桐《猫乘》卷一："《蜩笑偶书》：'猫，一名家狸。'……《格古论》：'猫，一名乌圆，一名蒙贵。'《事物绀珠》：'猫曰狸狌，又曰狸奴，又曰狻猊。'"

《太平御览》卷九〇四引《广雅》："殷虞、晋獒、楚茹黄、韩卢、宋鹊，并犬属。"又《说文解字》："犷，犬犷犷不可附也。"段玉裁注："《吕氏春秋》：'荆文王得茹黄之狗。'《说苑》作'如黄'。《广雅》犬属有'楚黄'。《广韵》作'楚獚'。《经典释文》作'楚犷'。实一字也。"

麒麟、驺虞，皆好仁之兽；螟、螣、蟊、贼，皆害苗之虫。

《诗经·召南·驺虞》："于嗟乎驺虞！"毛传："驺虞，义兽也。白虎黑文，不食生物，有至信之德则应之。"《毛诗草木鸟兽虫鱼疏》卷下："驺虞，即白虎也，黑文，尾长于躯，不食生物，不履生草，君王有德则见，应德而至者也。"

螟、螣（音明特）、蟊（音毛）、贼，均为食苗的害虫，亦比喻为害人民者。《诗经·小雅·大田》："去其螟螣，及其蟊贼。无害我田稚！"毛传："食心曰螟，食叶曰螣，食根曰蟊，食节曰贼。"

无肠公子，螃蟹之名；绿衣使者，鹦鹉之号。

《抱朴子·内篇·登涉》："（山中）辰日称雨师者，龙也；称河伯者，鱼也；称无肠公子者，蟹也。"又唐唐彦谦《蟹》诗："无肠公子固称美，弗使当道禁横行。"

《开元天宝遗事》卷上："长安城中有豪民杨崇义者，家富数世，服玩之属，僭于王公。崇义妻刘氏有国色，与邻舍儿李弇私通，情甚于夫，遂有意欲害崇义。忽一日醉归，寝于室中，刘氏与李弇同谋而害之，埋于枯井中。其时，仆妾辈并无所觉，惟有鹦鹉一只在堂前架上。洎杀崇义之后，其妻却令童仆四散寻觅其夫，遂经府陈词，言其夫不归，窃虑为人所害。府县官吏日夜捕贼，涉疑之人及童仆辈，经拷捶者数百人，莫究其弊。后来县官等再诣崇义家检校，其架上鹦鹉忽然声'屈'。县官遂取于臂上，因问其故。鹦鹉曰：'杀家主者刘氏、李弇也。'官吏等遂执缚刘氏，及捕李弇下狱，备招情款。府尹具事案奏闻，明皇叹讶久之。其刘氏、李弇依刑处死，封鹦鹉为绿衣使者，付后宫养喂。张说后为《绿衣使者传》，好事者传之。"

狐假虎威，谓借势而为恶；养虎贻患，谓留祸之在身。

狐假虎威，比喻假借在上有权者的威势以恐吓他人。《战国策·楚策一》："荆宣王问群臣曰：'吾闻北方之畏昭奚恤也，果诚何如？'群臣莫对。江一对曰：'虎求百兽而食之，得狐。狐曰："子无敢食我也。天帝使我长百兽，今子食我，是逆天帝命也。子以我为不信，吾为子先行，子随我后，观百兽之见我而敢不走乎？"虎以为然，故遂与之行，兽见之皆走。虎不知兽畏己而走也，以为畏狐也。今王之地方五千里，带甲百万，而专属之昭奚恤；故北方之畏奚恤也，其实畏王之甲兵也，犹百兽之畏虎也。'"

养虎遗患，比喻纵敌留患。《史记·项羽本纪》："汉欲西归，张良、陈平说曰：'汉有天下太半，而诸侯皆附之。楚兵罢食尽，此天亡楚之时也，不如因其机而遂取之。今释弗击，此所谓"养虎自遗患"也。'汉王听之。"

犹豫多疑，喻人之不决；狼狈相倚，比人之颠连。

犹豫，比喻人之迟疑不决。《汉书·高后纪》："(吕)禄然其计，使人报产及诸吕老人。或以为不便，计犹豫未有所决。"颜师古注："犹，兽名也。《尔雅》曰'犹如麂，善登木'。此兽性多疑虑，常居山中，忽闻有声，即恐有人且来害之，每豫上树，久之无人，然后敢下，须臾又上。如此非一，故不决者称犹豫焉。一曰陇西俗谓犬子为犹，犬随人行，每豫在前，待人不得，又来迎候，故云犹豫也。"又《颜氏家训·书证》："《礼》云：'定犹豫，决嫌疑。'《离骚》曰：'心犹豫而狐疑。'先儒未有释者。案：《尸子》曰：'五尺犬为犹。'《说文》云：'陇西谓犬子为犹。'吾以为人将犬行，犬好豫在人前，待人不得，又来迎候，如此往还，至于终日，斯乃豫之所以为未定也，故称犹豫。或以《尔雅》曰：'犹如麂，善登木。'犹，兽名也，既闻人声，乃豫缘木，如此上下，故称犹豫。狐之为兽，又多猜疑，故听河冰无流水声，然后敢渡。今俗云：'狐疑，虎卜。'则其义也。"

狼狈，旧说为二兽名，比喻艰难困窘，亦比喻彼此勾结。《酉阳杂俎》前集卷一六《毛篇》："或言：狼狈是两物，狈前足绝短，每行常驾两狼，失狼则不能动，故世言事乖者称狼狈。"

胜负未分，不知鹿死谁手；基业易主，正如燕入他家。

《晋书·石勒载记下》："勒因飨高句丽、宇文屋孤使，酒酣，谓徐光曰：'朕方自古开基何等主也？'对曰：'陛下神武筹略，迈于高皇(刘邦)；雄艺卓荦，超绝魏祖(曹操)。自三王已来，无可比也。其轩辕之亚乎！'勒笑曰：'人岂不自知，卿言亦以太过。朕若逢高皇，当北面而事之，与韩、彭竞鞭而争先耳。脱遇光武(刘秀)，当并驱于中原，未知鹿死谁手。大丈夫行事当礌礌(磊磊)落落，如日月皎然，终不能如曹孟德、司马仲达父子，欺他孤儿寡妇，狐媚以取天下也。朕当在二刘之间耳，轩辕岂所拟乎！'其群臣皆顿首称万岁。"

《乌衣巷》诗："朱雀桥边野草花，乌衣巷口夕阳斜。旧时王谢堂前燕，飞入寻常百姓家。"

雁到南方，先至为主，后至为宾；雉名陈宝，得雄则王，得雌则霸。

《礼记·月令》："季秋之月，鸿雁来宾。"元吴澄《月令七十二候集解·寒露》："寒露，九月节。露气寒冷将凝结也。鸿雁来宾，雁以仲秋先至者为主，季秋后至者为宾。《通书》作'来滨'，滨，水际也，亦通。"又明陈三谟《岁序总考全集·九月》："鸿雁来宾：雁以仲秋先至者为主，季秋后至者为宾，如人之先登者为主，后登者为宾也。大曰鸿，小曰雁，鸿先来为主，雁后来为宾。《通书》作'来滨'，以为水际，非是。"

《搜神记》卷八："秦穆公时，陈仓人掘地得物，若羊非羊，若猪非猪。牵以献穆公，道逢二童子。童子曰：'此名为媪，常在地食死人脑。若欲杀之，以柏插其首。'媪曰：'彼二童子名为陈宝。得雄者王，得雌者伯(霸)。'陈仓人舍媪，逐二童子。童子化为雉，飞入平林。陈仓人告穆公。穆公发徒大猎，果得其雌。又化为石，置之汧、渭之间。至文公时，为立祠陈宝。其雄者飞至南阳，今南阳雉县是其地也。秦欲表其符，故以名县。每陈仓祠时，有赤光长十余丈，从雉县来，入陈仓祠中，有声殷殷如雄雉。其后光武起于南阳。"又《史记·秦本纪》："文公十九年，得陈宝。"张守节正义引《晋太康地志》所记，与此略有出入。

刻鹄类鹜，为学初成；画虎类犬，弄巧反拙。

刻鹄类鹜，雕刻天鹅不像，但还像只野鸭。比喻仿效虽不十分逼真，但还有些近似。画虎类犬，把虎画得像狗一样。比喻好高骛远，非但达不到目的，反而落为笑柄。《后汉书·马援传》："初，兄子严、敦并喜讥议，而通轻侠客。援前在交阯，还书诫之曰：'吾欲汝曹闻人过失，如闻父母之名，耳可得闻，口不可得言也。好论议人长短，妄是非正法，此吾所大恶也，宁死不愿闻子孙有此行也。汝曹知吾恶之甚矣，所以复言者，施衿结褵，申父母之戒，欲使汝曹不忘之耳。龙伯高敦厚周慎，口无择言(恶言)，谦约节俭，廉公有威，吾爱之重之，愿汝曹效之。杜季良豪侠好义，忧人之忧，乐人之乐，清浊无所失，父丧致客，数郡毕至，吾爱之重之，不愿汝曹效也。效伯高不得，犹为谨敕(谨慎)之士，所谓刻鹄不成尚类鹜者也。效季良不得，陷为天下轻薄子，所谓画虎不成反类狗者也。迄今季良尚未可知，郡将下车辄切齿，州郡以为言，吾常为寒心，是以不愿子孙效也。'"

美恶不称，谓之狗尾续貂；贪图不足，谓之蛇欲吞象。

狗尾续貂，比喻事物的美恶前后不相称。貂，指貂尾，古代皇帝的侍从人员用以作帽子上的装饰。南朝梁任昉《为范尚书让吏部封侯第一表》："金章有盈笥之谈，华貂深不足之叹。"李善注："虞预《晋录》曰：'赵王伦篡位，时侍中、常侍九十七人。每朝，小人满庭，貂蝉半座。时人谣曰："貂不足，狗尾续。"'"又《晋书·赵王伦传》："(司马伦)乃僭即帝位，大赦，改元建始。是岁，贤良方正、直言、秀才、孝廉、良将皆不试；计吏及四方使命之在京邑者，太学生年十六以上及在学二十年，皆署吏；郡县二千石令长赦日在职者，皆封侯；郡纲纪并为孝廉，县纲纪为廉吏。……其余同谋者咸超阶越次，不可胜纪。至于奴卒厮役亦加以爵位。每朝会，貂蝉盈坐。时人为之谚曰：'貂不足，狗尾续。'"

蛇欲吞象，比喻贪得无厌。《山海经·海内南经》："巴蛇食象，三岁而出其骨。君子服之，无心腹之疾。其为蛇青黄赤黑。一曰黑蛇青首，在犀牛西。"又《楚辞·天问》："一蛇吞象，厥大何如？"王逸注："《山海经》云：南方有灵蛇，吞象，三年然后出其骨。一或作灵。大或作骨。"

祸去祸又至，曰前门拒虎，后门进狼；除凶不畏凶，曰不入虎穴，焉得虎子。

前门拒虎，后门进狼，比喻一害刚去，又来一害。元赵雪航《评史》："窦氏虽除，而寺人之权从兹盛矣！谚曰：'前门拒虎，后门进狼。'此之谓也。"又《夜航船》卷一七引《鉴断》："汉和帝年才十四，乃能收捕窦氏，足继孝昭之烈。惜与宦官议之，以启中常侍亡汉之阶。语曰：'前门拒虎，后门进狼。'此之谓也。"

不入虎穴，焉得虎子，比喻不冒风险，不经危难，便不能取得成功。《后汉书·班超传》："超到鄯善，鄯善王广奉超礼敬甚备，后忽更疏懈。超谓其官属曰：'宁觉广礼意薄乎？此必有北虏使来，狐疑未知所从故也。明者睹未萌，况已著邪！'乃召侍胡，诈之曰：'匈奴使来数日，今安在乎？'侍胡惶恐，具服其状。超乃闭侍胡，悉会其吏士三十六人，与共饮，酒酣，因激怒之曰：

'卿曹与我俱在绝域,欲立大功,以求富贵。今虏使到裁(才)数日,而王广礼敬即废;如令鄯善收吾属送匈奴,骸骨长为豺狼食矣。为之奈何?'官属皆曰:'今在危亡之地,死生从司马。'超曰:'不入虎穴,不得虎子。当今之计,独有因夜以火攻虏使,彼不知我多少,必大震怖,可殄尽也。灭此虏,则鄯善破胆,功成事立矣。'众曰:'当与从事议之。'超怒曰:'吉凶决于今日。从事文俗吏,闻此必恐而谋泄,死无所名,非壮士也!'众曰:'善!'初夜,遂将吏士往奔虏营。会天大风,超令十人持鼓藏虏舍后,约曰:'见火然(燃),皆当鸣鼓大呼。'余人悉持兵弩夹门而伏。超乃顺风纵火,前后鼓噪。虏众惊乱,超手格杀三人,吏兵斩其使及从士三十余级,余众百许人悉烧死。"

鄙众趋利,曰群蚁附膻;谦己爱儿,曰老牛舐犊。

群蚁附膻,一群蚂蚁附在腥膻气味的东西上。比喻俗人追逐名利。《庄子·徐无鬼》:"羊肉不慕蚁,蚁慕羊肉,羊肉膻也。舜有膻行,百姓悦之,故三徙成都,至邓之虚,而十有万家。"又唐卢坦《与李渤拾遗书》:"大凡今之人,奔分寸之禄,走丝毫之利,如群蚁之附腥膻,聚蛾之投爝火。取不为丑,贪不避死;得以为荣,失以为辱。"

老牛舐犊,老牛舔小牛。比喻父母对子女的慈爱。《后汉书·杨彪传》:"彪见汉祚将终,遂称脚挛,不复行,积十年。后子修为曹操所杀,操见彪,问曰:'公何瘦之甚?'对曰:'愧无日磾先见之明,犹怀老牛舐犊之爱。'操为之改容。"

无中生有,曰画蛇添足;进退两难,曰羝羊触藩。

画蛇添足,比喻多此一举,反而弄巧成拙。《战国策·齐策二》:"楚有祠者,赐其舍人卮酒。舍人相谓曰:'数人饮之不足,一人饮之有余,请画地为蛇,先成者饮酒。'一人蛇先成,引酒且饮之,乃左手持卮,右手画蛇,曰:'吾能为之足。'未成,一人之蛇成,夺其卮曰:'蛇固无足,子安能为之足?'遂饮其酒。为蛇足者,终亡(失)其酒。"

羝羊触藩,公羊触到篱笆上,挂住了羊角。比喻进退不得。《周易·大壮》:"羝羊触藩,羸其角。……羝羊触藩,不能退,不能遂(进)。"孔颖达疏:"羝羊,羖羊也。藩,藩篱也。羸,拘累缠绕也。"

杯中蛇影,自起猜疑;塞翁失马,难分祸福。

杯中蛇影,亦作"杯弓蛇影",比喻疑鬼疑神,妄自惊扰。《太平御览》卷三四八引《风俗通》:"汲令应郴(一作"余祖父郴"),夏至日请主簿杜宣,赐酒。时北壁上悬赤弩,照于杯中,见其形如蛇。宣恶之,然不敢不饮,因得胸腹病,攻治不差(瘥)。郴后知之，过宣家，问疾之由，以为蛇入腹中。郴绕厅事，思惟良久，顾悬弩曰：'此是乎？'乃扶宣来，于故处设酒，杯中致复有蛇。因谓宣曰：'此壁上弩影耳，非有他怪。'宣意解，病即瘳。"又《晋书·乐广传》："尝有亲客，久阔不复来，广问其故，答曰：'前在坐，蒙赐酒，方欲饮，见杯中有蛇，意甚恶之，既饮而疾。'于时河南听事壁上有角，漆画作蛇，广意杯中蛇即角影也。复置酒于前处，谓客曰：'酒中复有所见不？'答曰：'所见如初。'广乃告其所以。客豁然意解，沉痾顿愈。"

《淮南子·人间训》："近塞上之人有善术者，马无故亡而入胡，人皆吊之。其父曰：'此何遽不为福乎？'居数月，其马将胡骏马而归，人皆贺之。其父曰：'此何遽不能为祸乎？'家富良马，其子好骑，堕而折其髀，人皆吊之。其父曰：'此何遽不为福乎？'居一年，胡人大入塞，丁壮者引弦而战，近塞之人，死者十九。此独以跛之故，父子相保。故福之为祸，祸之为福，化不可极，深不可测也。"

龙驹凤雏，晋闵鸿夸吴中陆士龙之异；伏龙凤雏，司马徽称孔明庞士元之奇。

龙驹凤雏，比喻聪明有为的孩子。《晋书·陆云传》："云字士龙，六岁能属文，性清正，有才理。少与兄机齐名，虽文章不及机，而持论过之，号曰'二陆'。幼时吴尚书广陵闵鸿见而奇之，曰：'此儿若非龙驹，当是凤雏。'后举云贤良，时年十六。"

伏龙，卧龙；凤雏，小凤。注详见《人事》"识时务者为俊杰"条。

吕后断戚夫人手足，号曰人彘；胡人腌契丹王尸骸，谓之帝羓。

彘，猪。《史记·吕太后本纪》略云：高祖宠爱戚夫人，常欲废太子刘盈，立戚夫人子如意。及高祖崩，吕后最怨戚夫人及其子赵王，乃令永巷囚戚夫人，而召赵王。……太后遂断戚夫人手足，去眼，煇(熏)耳，饮瘖药，使居厕中，命曰"人彘"。居数日，乃召孝惠帝观人彘。孝惠见，问，乃知其戚夫人，乃大哭。因病，岁余不能起。使人请太后曰："此非人所为。臣为太后子，终不能治天下。"孝惠以此日饮为淫乐，不听政。

羓，干肉。《新五代史·四夷附录一》："(耶律)德光行至栾城，得疾，卒于杀胡林。契丹破其腹，去其肠胃，实之以盐，载而北，晋人谓之'帝羓'焉。"亦见于《旧五代史·外国列传一》。

人之狠恶，同于梼杌；人之凶暴，类于穷奇。

梼杌，神话中恶兽名，亦比喻恶人。古代传说有浑敦、穷奇、梼杌、饕餮，号为“四凶”。《神异经·西荒经》：“西方荒中有兽焉，其状如虎而犬毛，长二尺，人面，虎足，猪口牙，尾长一丈八尺，搅乱荒中，名梼杌，一名傲很，一名难训。”又《左传·文公十八年》：“颛顼氏有不才子，不可教训，不知话言，告之则顽，舍之则嚚，傲很明德，以乱天常，天下之民谓之梼杌。”杜预注：“谓鲧。梼杌，顽凶无俦匹之貌。”

穷奇，神话中恶兽名，亦比喻凶人。《神异经·西北荒经》：“西北有兽焉，状似虎，有翼能飞，便剿食人。知人言语。闻人斗，辄食直者；闻人忠信，辄食其鼻；闻人恶逆不善，辄杀兽往馈之。名曰穷奇。”又《左传·文公十八年》：“少皞氏有不才子，毁信废忠，崇饰恶言，靖谮庸回，服谗蒐慝，以诬盛德，天下之民谓之穷奇。”杜预注：“谓共工。其行穷，其好奇。”

王猛见桓温，扪虱而谈当世之务；宁戚遇齐桓，扣角而取卿相之荣。

扪虱，形容放达任性，毫无拘束。注详见《人事》“无端倨傲，曰旁若无人”条。

扣角，叩击牛角。《吕氏春秋·离俗览·举难》：“宁戚欲干齐桓公，穷困无以自进，于是为商旅将任车以至齐，暮宿于郭门之外。桓公郊迎客，夜开门，辟任车，爝火甚盛，从者甚众。宁戚饭牛居车下，望桓公而悲，击牛角疾歌。桓公闻之，抚其仆之手曰：‘异哉！之歌者非常人也。’命后车载之。”又《史记·鲁仲连邹阳列传》：“宁戚饭牛车下，而桓公任之以国。”裴骃集解：“应劭曰：‘齐桓公夜出迎客，而宁戚疾击其牛角商歌曰：“南山矸，白石烂，生不遭尧与舜禅。短布单衣适至骭，从昏饭牛薄夜半，长夜曼曼何时旦？”公召与语，说之，以为大夫。’”今按：《艺文类聚》卷九四引《琴操》所记，与此略有出入。

越王式怒蛙，以昆虫之敢死；丙吉问牛喘，恐阴阳之失时。

式，通“轼”，古代车厢前用作扶手的横木，此处指低头在轼上表示敬意。《韩非子·内储说上》：“越王虑伐吴，欲人之轻死也，出见怒蛙，乃为之式。从者曰：‘奚敬于此？’王曰：‘为其有气故也。’明年之请以头献王者，岁十余人。由此观之，誉之足以杀人矣。一曰：越王句践（即勾践）见怒蛙而式之，御者曰：'何为式？'王曰：'蛙有气如此，可无为式乎？'士人闻之曰：'蛙有气，王犹为式，况士人之有勇者乎！'是岁，人有自到死，以其头献者。"亦见于《吴越春秋·勾践伐吴外传》。

《汉书·丙吉传》："吉又尝出，逢清道群斗者，死伤横道，吉过之不问，掾史独怪之。吉前行，逢人逐牛，牛喘吐舌。吉止驻，使骑吏问：'逐牛行几里矣？'掾史独谓丞相前后失问，或以讥吉。吉曰：'民斗相杀伤，长安令、京兆尹职所当禁备逐捕，岁竟丞相课其殿最，奏行赏罚而已。宰相不亲小事，非所当于道路问也。方春少阳用事，未可大热，恐牛近行，用暑故喘，此时气失节，恐有所伤害也。三公典调和阴阳，职当忧，是以问之。'掾史乃服，以吉知大体。"

以十人而制千虎，比言事之难胜；走韩卢而搏蹇兔，喻言敌之易摧。

《宋史·常安民传》："是时，元丰用事之臣，虽去朝廷，然其党分布中外，起私说以摇时政。安民窃忧之，贻书吕公著曰：'善观天下之势，犹良医之视疾，方安宁无事之时，语人曰"其后必将有大忧"，则众必骇笑。惟识微见几之士，然后能逆知其渐。故不忧于可忧，而忧之于无足忧者，至忧也。今日天下之势，可为大忧。虽登进忠良，而不能搜致海内之英才，使皆萃于朝，以胜小人，恐端人正士，未得安枕而卧也。故去小人不为难，而胜小人为难。……今用贤如倚孤栋，拔士如转巨石，虽有奇特瑰卓之才，不得一行其志，甚可叹也。猛虎负嵎，莫之敢撄，而卒为人所胜者，人众而虎寡也。故以十人而制一虎则人胜，以一人而制十虎则虎胜，奈何以数十人而制千虎乎？今怨忿已积，一发其害必大，可不谓大忧乎？'及章惇作相，其言遂验。"

蹇兔，跛足之兔。《史记·范雎蔡泽列传》："范雎拜，秦王亦拜。范雎曰：'大王之国，四塞以为固，北有甘泉、谷口，南带泾、渭，右陇、蜀，左关、阪，奋击百万，战车千乘，利则出攻，不利则入守，此王者之地也。民怯于私斗而勇于公战，此王者之民也。王并此二者而有之。夫以秦卒之勇，车骑之众，以治诸侯，譬若施韩卢而搏蹇兔也，霸王之业可致也，而群臣莫当其位。至今闭关十五年，不敢窥兵于山东者，是穰侯为秦谋不忠，而大王之计有所失也。'"司马贞索隐："《战国策》云：'韩卢者，天下之壮犬也。'是韩呼卢为犬。谓施韩卢而搏蹇兔，以喻秦强，言取诸侯之易。"亦见于《战国策·秦策三》。

兄弟似鹡鸰之相亲，夫妇如鸾凤之配偶。

注详见《兄弟》"患难相顾，似鹡鸰之在原"条。

鸾，凤凰之类的神鸟。旧时常以鸾鸟和凤凰比喻夫妻关系，如鸾凤和鸣、鸾交凤友、鸾孤凤只等。《说文解字》："鸾，亦神灵之精也。赤色，五采，鸡形。鸣中五音，颂声作则至。"又《左传·庄公二十二年》："初，懿氏卜妻敬仲。其妻占之曰：'吉，是谓凤皇于飞，和鸣锵锵。'"

有势莫能为，曰虽鞭之长，不及马腹；制小不用大，曰割鸡之小，焉用牛刀。

鞭长莫及，比喻力所不及。《左传·宣公十五年》："十五年春，公孙归父会楚子于宋。宋人使乐婴齐告急于晋。晋侯欲救之，伯宗曰：'不可。古人有言曰："虽鞭之长，不及马腹。"天方授楚，未可与争。虽晋之强，能违天乎？谚曰："高下在心，川泽纳污，山薮藏疾，瑾瑜匿瑕。"国君含垢，天之道也，君其待之。'乃止。"

割鸡焉用牛刀，比喻办小事不必用大力气，或喻大材小用。注详见《人事》"人微笑曰莞尔"条。

鸟食母者曰枭，兽食父者曰獍。

枭，俗名"猫头鹰"，旧传为恶鸟，生而食母。《史记·孝武本纪》："古者天子常以春秋解祠，祠黄帝用一枭、破镜。"裴骃集解："孟康曰：'枭，鸟名，食母。破镜，兽名，食父。黄帝欲绝其类，使百物祠皆用之。破镜，如貙而虎眼。或云直用破镜。'如淳曰：'汉使东郡送枭，五月五日为枭羹以赐百官。以恶鸟，故食之。'"

獍，又作"破镜"，传说中的恶兽名。《述异记》卷上："獍之为兽，状如虎豹而小，始生还食其母，故曰枭獍。"

苛政猛于虎，壮士气如虹。

苛政，残酷、繁重的政令。《礼记·檀弓下》："孔子过泰山侧。有妇人哭于墓者而哀。夫子式而听之，使子路问之，曰：'子之哭也，壹似重有忧者。'而曰：'然。昔者吾舅(公公)死于虎，吾夫又死焉，今吾子又死焉。'夫子曰：'何为不去也？'曰：'无苛政。'夫子曰：'小子识(志)之：苛政猛于虎也！'"亦见于《孔子家语·正论解》，"苛政猛于虎也"作"苛政猛于暴虎"。

《战国策·魏策四》："夫专诸之刺王僚也，彗星袭月；聂政之刺韩傀也，白虹贯日；要离之刺庆忌也，仓鹰击于殿上。"又《史记·鲁仲连邹阳列传》："昔者荆轲慕燕丹之义，白虹贯日，太子畏之；卫先生为秦画长平之事，太白蚀昴，而昭王疑之。"

腰缠十万贯，骑鹤上扬州，谓仙人而兼富贵；盲人骑瞎马，夜半临深池，是险语之逼人闻。

《古今事文类聚》后集卷四二引《小说》："有客相从，各言所志。或愿为扬州刺史，或愿多赀财，或愿骑鹤上升。其一人曰：'腰缠十万贯，骑鹤上扬州。'欲兼三者。"

《世说新语·排调》："桓南郡(桓玄)与殷荆州(殷仲堪)语次，因共作了语。顾恺之曰：'火烧平原无遗燎。'桓曰：'白布缠棺竖旒旐。'殷曰：'投鱼深渊放飞鸟。'次复作危语，桓曰：'矛头淅米剑头炊。'殷曰：'百岁老翁攀枯枝。'顾曰：'井上辘轳卧婴儿。'殷有一参军在坐，云：'盲人骑瞎马，夜半临深池。'殷曰：'咄咄逼人！'仲堪眇目故也。"

黔驴之技，技止此耳；鼯鼠之技，技亦穷乎。

唐柳宗元《三戒·黔之驴》："黔无驴，有好事者船载以入。至则无可用，放之山下。虎见之，庞然大物也，以为神。蔽林间窥之，稍出近之，慭慭(音印)然莫相知。他日，驴一鸣，虎大骇，远遁，以为且噬己也，甚恐。然往来视之，觉无异能者。益习其声，又近出前后，终不敢搏。稍近益狎，荡倚冲冒，驴不胜怒，蹄之。虎因喜，计之曰：'技止此耳！'因跳踉大㘎(音喊)，断其喉，尽其肉，乃去。"

《荀子·劝学》："螣蛇无足而飞，梧鼠五技而穷。"杨倞注："梧鼠，当为'鼫(音石)鼠'。盖本误为'鼯'字，传写又误为'梧'耳。技，才能也。言技能虽多，而不能如螣蛇专一，故穷(困窘)。五技，谓能飞不能上屋，能缘不能穷木，能游不能度谷，能穴不能掩身，能走不能先人。"参见南宋戴埴《鼠璞》"鼯鼠五技"条。

强兼并者曰鲸吞，为小贼者曰狗盗。

鲸吞，像鲸鱼吞食，多比喻以强吞弱，兼并土地。《左传·宣公十二年》："古者明王伐不敬，取其鲸鲵而封之，以为大戮，于是乎有京观，以惩淫慝。"杜预注："鲸鲵，大鱼名，以喻不义之人吞食小国。"孔颖达疏："裴渊《广州记》云：'鲸鲵，长百尺，雄曰鲸，雌曰鲵。目即明月珠也，故死即不见眼睛也。'周处《风土记》云：'鲸鲵，海中大鱼也。俗说出入穴即为潮水。'"

《史记·孟尝君列传》："齐湣王二十五年，复卒使孟尝君入秦，昭王即以孟尝君为秦相。人或说秦昭王曰：'孟尝君贤，而又齐族也，今相秦，必先齐而后秦，秦其危矣。'于是秦昭王乃止。囚孟尝君，谋欲杀之。孟尝君使人抵昭王幸姬求解。幸姬曰：'妾愿得君狐白裘。'此时孟尝君有一狐白裘，直千金，天下无双，入秦献之昭王，更无他裘。孟尝君患之，遍问客，莫能对。最下坐有能为狗盗者，曰：'臣能得狐白裘。'乃夜为狗，以入秦宫臧中，取所献狐白裘至，以献秦王幸姬。幸姬为言昭王，昭王释孟尝君。孟尝君得出，即驰去，更封传，变名姓以出关。夜半至函谷关。秦昭王后悔出孟尝君，求之，已去，即使人驰传逐之。孟尝君至关，关法鸡鸣而出客。孟尝君恐追至，客之居下坐者有能为鸡鸣，而鸡齐鸣，遂发传出。出如食顷，秦追果至关，已后孟尝君出，乃还。始孟尝君列此二人于宾客，宾客尽羞之。及孟尝君有秦难，卒此二人拔之。自是之后，客皆服。"

养恶人如养虎，当饱其肉，不饱则噬；养恶人如养鹰，饥之则附，饱之则飏。

《三国志·魏书·吕布传》："始，布因(陈)登求徐州牧，登还，布怒，拔戟斫几曰：'卿父劝吾协同曹公，绝婚公路；今吾所求无一获，而卿父子并显重，为卿所卖耳！卿为吾言，其说云何？'登不为动容，徐喻之曰：'登见曹公言："待将军譬如养虎，当饱其肉，不饱则将噬人。"公曰："不如卿言也。譬如养鹰，饥则为用，饱则扬去。"其言如此。'布意乃解。"亦见于《后汉书·吕布传》。

《晋书·慕容垂载记》："(苻)坚至渑池，(慕容)垂请至邺展拜陵墓，因张国威刑，以安戎狄。坚许之，权翼谏曰：'垂，爪牙名将，所谓今之韩、白，世豪东夏，志不为人用。顷以避祸归诚，非慕德而至，列土千城未可以满其志，冠军之号岂足以称其心！且垂犹鹰也，饥则附人，饱便高飏，遇风尘之会，必有陵霄之志。惟宜急其羁靽，不可任其所欲。'坚不从。"

隋珠弹雀，谓得少而失多；投鼠忌器，恐因甲而害乙。

隋珠弹雀，以隋侯的明月宝珠来弹射麻雀。比喻做事不知权衡轻重，得不偿失。《庄子·让王》："今且有人于此，以随侯之珠弹千仞之雀，世必笑之。是何也？则其所用者重而所要者轻也。"

投鼠忌器，用东西打老鼠，又怕砸坏老鼠附近的器具。比喻要打击坏人而又有所顾忌。西汉贾谊《治安策》："里谚曰：'欲投鼠而忌器。'此善谕也。鼠近于器，尚惮不投，恐伤其器，况于贵臣之近主乎！"

事多曰猬务，利小曰蝇头。

蝟务，亦作"猬务""猬集"，刺猬遍身皆刺，故以猬毛丛集比喻事物众多。

《夜航船》卷一七："猬似豪猪而小，其毛攒起如矢，言人事之丛杂似之，故事多曰'猬务'。"

蝇头，比喻利益微薄。北宋苏轼《满庭芳》词："蜗角虚名，蝇头微利，算来着甚干忙。"

心惑似狐疑，人喜如雀跃。

狐疑，旧传狐性多疑，因以指多疑无决断。《楚辞·离骚》："欲从灵氛之吉占兮，心犹豫而狐疑。"又《汉书·文帝纪》："方大臣诛诸吕迎朕，朕狐疑。"颜师古注："狐之为兽，其性多疑，每渡冰河，且听且渡。故言疑者，而称狐疑。"

雀跃，如雀之跳跃，形容欣喜。《庄子·在宥》："云将东游，过扶摇之枝而适遭鸿蒙。鸿蒙方将拊脾(髀)雀跃而游。云将见之，倘然止，贽然立，曰：'叟何人邪？叟何为此？'鸿蒙拊脾雀跃不辍，对云将曰：'游！'"陆德明释文："雀，本又作'爵'。司马(彪)云：'雀跃，若雀浴也。'一云：'如雀之跳跃也。'"

爱屋及乌，谓因此而惜彼；轻鸡爱鹜，谓舍此而图他。

爱屋及乌，爱其人而推爱及与之有关的人或物。《尚书大传·大战》："爱人者，兼其屋上之乌。"又《韩诗外传》卷三："武王伐纣，到于邢丘，轭折为三，天雨三日不休。武王心惧，召太公而问曰：'意者纣未可伐乎？'太公对曰：'不然。轭折为三者，军当分为三也。天雨三日不休，欲洗吾兵也。'武王曰：'然何若矣？'太公曰：'爱其人者，及屋上乌；恶其人者，憎其胥余。咸刘厥敌，靡使有余！'"

家鸡野鹜，亦作"家鸡野雉"，庾翼曾以家鸡自喻其书法，以野鸡比王羲之书法，褒贬之意昭然。后世则用以形容不同风格的书法。《太平御览》卷九一八引《晋书》："庾征西翼书，少时与右军齐名。右军后进，庾犹不分(忿)。在荆州与都下人书云：'小儿辈贱家鸡，爱野雉，皆学逸少书，须吾下当比之！'"又北宋苏轼《跋庾征西帖》："征西初不服逸少，有家鸡野鹜之诮，后乃以为伯英(张芝)再生。"

唆恶为非，曰教猱升木；受恩不报，曰得鱼忘筌。

教猱升木，教会猕猴攀爬树木。后用来比喻教唆坏人为恶。《诗经·小雅·角弓》："毋教猱升木，如涂涂附。"毛传："猱，猨属。涂，泥。附，著也。"郑玄笺："猱之性善登木，若教使其为之，必也。"

得鱼忘筌，捕到鱼就忘了筌。后用以比喻功成后就忘记了其赖以凭借的事物和条件。筌，捕鱼用的竹器。《庄子·外物》："荃(一作"筌")者所以在鱼，得鱼而忘荃；蹄者所以在兔，得兔而忘蹄；言者所以在意，得意而忘言。”

倚势害人，真是城狐社鼠；空存无用，何殊陶犬瓦鸡。

城狐社鼠，住在城墙里的狐狸，藏在土地庙里的老鼠。比喻仗势作恶的人。《晏子春秋·内篇问上》：“景公问于晏子曰：‘治国何患？’晏子对曰：‘患夫社鼠。’公曰：‘何谓也？’对曰：‘夫社，束木而涂之，鼠因往托焉。熏之则恐烧其木，灌之则恐败其涂，此鼠所以不可得杀者，以社故也。夫国亦有焉，人主左右是也。内则蔽善恶于君上，外则卖权重于百姓。不诛之则乱，诛之则为人主所案据，腹而有（宥）之，此亦国之社鼠也。’”亦见于《韩非子·外储说右上》，但为管仲劝诫桓公之辞。又《说苑·善说》：“且夫狐者人之所攻也，鼠者人之所熏也。臣未尝见稷狐见攻，社鼠见熏也。何则？所托者然也。”○《晋书·谢鲲传》：“及（王）敦将为逆，谓鲲曰：‘刘隗奸邪，将危社稷。吾欲除君侧之恶，匡主济时，何如？’对曰：‘隗诚始祸，然城狐社鼠也。’”敦怒曰：‘君庸才，岂达大理。’”

陶犬瓦鸡，陶土烧制的狗，瓦泥塑成的鸡。比喻毫无实用价值的东西。《金楼子》卷四：“夫陶犬无守夜之警，瓦鸡无司晨之益，涂车不能代劳，木马不中驰逐。”

势弱难敌，谓之螳臂当辕；人生易死，乃曰蜉蝣在世。

螳臂当辕，亦作“螳臂当车”“螳臂当辙”，螳螂举起前臂，想阻挡住车辕前行。比喻自不量力，亦用作甘死拼搏之意。《庄子·人间世》：“汝不知夫螳螂乎？怒其臂以当车辙，不知其不胜任也，是其才之美者也。”又《韩诗外传》卷八：“齐庄公出猎，有螳螂举足将搏其轮。问其御曰：‘此何虫也？’御曰：‘此是螳螂也。其为虫，知进而不知退，不量力而轻就敌。’庄公曰：‘以为人，必为天下勇士矣。’于是回车避之，而勇士归之。”

蜉蝣，成虫生命极短，因以喻人生短暂。《诗经·曹风·蜉蝣》：“蜉蝣之羽，衣裳楚楚。”毛传：“蜉蝣，渠略也，朝生夕死，犹有羽翼以自修饰。”孔颖达疏：“郭璞曰：‘似蛣蜣，身狭而长，有角，黄黑色。丛生粪土中，朝生暮死。猪好啖之。’陆玑《疏》云：‘蜉蝣，方土语也。通谓之渠略。似甲虫，有角。大如指，长三四寸。甲下有翅，能飞。夏月阴雨时，地中出。今人烧炙啖之，美如蝉也。樊光谓之粪中蝎虫，随阴雨时为之，朝生而夕死。’”又北宋苏轼《赤壁赋》：“寄蜉蝣于天地，渺沧海之一粟。”

小难制大，如越鸡难伏鹄卵；贱反轻贵，似鸴鸠反笑大鹏。

《庄子·庚桑楚》："庚桑子曰：'辞尽矣。曰奔蜂不能化藿蠋，越鸡不能伏鹄卵，鲁鸡固能矣。鸡之与鸡，其德非不同也，有能与不能者，其才固有巨小也。今吾才小，不足以化子。子胡不南见老子！'"成玄英疏："奔蜂细腰，能化桑虫为己子，而不能化藿蠋(大青虫)。越鸡小，不能伏(孵化)鹄卵；蜀鸡大，必能之也。言我才劣，未能化大，所说辞情，理尽于此也。"

鸴鸠，一作"学鸠"，即斑鸠。《庄子·逍遥游》略云：北冥有鱼，其名为鲲，化而为鸟，其名为鹏。鹏之徙于南冥也，水击三千里，抟扶摇而上者九万里。蜩与学鸠笑之曰："我决起而飞，枪榆枋，时则不至而控于地而已矣。奚以之九万里而南为？"

小人不知君子之心，曰燕雀焉知鸿鹄志；君子不受小人之侮，曰虎豹岂受犬羊欺。

鸿鹄，天鹅。《史记·陈涉世家》："陈胜者，阳城人也，字涉。陈涉少时，尝与人佣耕，辍耕之垄上，怅恨久之，曰：'苟富贵，无相忘！'庸者笑而应曰：'若为庸耕，何富贵也？'陈涉太息曰：'嗟乎！燕雀安知鸿鹄之志哉！'"

《增广贤文》："龙游浅水遭虾戏，虎落平阳被犬欺。"

跖犬吠尧，吠非其主；鸠居鹊巢，安享其成。

跖犬吠尧，比喻各为其主。《战国策·齐策六》："跖之狗吠尧，非贵跖而贱尧也，狗固吠非其主。"又《史记·淮阴侯列传》略云：汉初，蒯通劝韩信谋反，信不从。吕后乃与萧何定计，使武士缚信，斩之长乐钟室。高祖征军还，问："信死亦何言？"吕后曰："信言恨不用蒯通计。"高祖曰："是齐辩士也。"乃诏齐捕蒯通。蒯通至，上曰："若教淮阴侯反乎？"对曰："然，臣固教之。竖子不用臣之策，故令自夷于此。如彼竖子用臣之计，陛下安得而夷之乎！"上怒曰："亨之。"通曰："嗟乎，冤哉亨也！"上曰："若教韩信反，何冤？"对曰："秦之纲绝而维弛，山东大扰，异姓并起，英俊乌集。秦失其鹿，天下共逐之，于是高材疾足者先得焉。跖之狗吠尧，尧非不仁，狗因吠非其主。当是时，臣唯独知韩信，非知陛下也。且天下锐精持锋，欲为陛下所为者甚众，顾力不能耳。又可尽亨之邪？"高帝曰："置之。"乃释通之罪。

鸠居鹊巢，旧传鸠性拙，不善营巢，而取鹊巢居之。后用以比喻强占他人居处或措置不当。《诗经·召南·鹊巢》："维鹊有巢，维鸠居之。"毛传："鸤鸠不自为巢，居鹊之成巢。"

缘木求鱼,极言难得;按图索骥,甚言失真。

缘木求鱼,沿着树干爬上树去捉鱼。比喻方向或办法不对头,劳而无功。《孟子·梁惠王上》:“以若所为,求若所欲,犹缘木而求鱼也。”

按图索骥,按照画像去寻求良马。比喻办事墨守成规,不知变通。《太平御览》卷八九七引《符子》(应为《苻子》):“齐景公好马,命画工图而访之。殚百乘之价,期年而不得,像过实也。今使爱贤之君,考古籍以求其人,虽期百年,不可得也。”又明杨慎《升庵集》卷八一:“伯乐《相马经》有‘隆颡跌目,蹄如累麹’之语。其子执《马经》以求马,出见大蟾蜍,谓其父曰:‘得一马,略与相同,但蹄不如累麹尔。’伯乐知其子之愚,但转怒为笑曰:‘此马好跳,不堪御也。’所谓按图索骏也。”

恶人藉势,曰如虎负嵎;穷人无归,曰如鱼失水。

如虎负嵎,像老虎背靠山曲。比喻人凭险顽抗。《孟子·尽心下》:“有众逐虎,虎负嵎,莫之敢撄。”赵岐注:“撄,迫也。虎依陬而怒,无敢迫近者也。”

《庄子·庚桑楚》:“夫函车之兽,介而离山,则不免于罔罟之患;吞舟之鱼,砀而失水,则蚁能苦之。故鸟兽不厌高,鱼鳖不厌深。”成玄英疏:“其兽极大,口能含车,孤介离山,则不免网罗为其患害。吞舟之鱼,其质不小,波荡失水,蚁能害之。”

九尾狐,讥陈彭年素性谄而又奸;独眼龙,夸李克用一目眇而有勇。

九尾狐,传说中的奇兽。后用以比喻阴险奸佞的人。《山海经·南山经》:“青丘之山……有兽焉,其状如狐而九尾,其音如婴儿,能食人。食者不蛊。”又《儒林公议》卷上:“陈彭年被章圣(宋真宗)深遇,每圣文述作,或俾彭年润色之。彭年竭精尽思,以固恩宠,赞佞符瑞,急希进用。当其役虑时,虽寒暑燥湿不知也。有高信臣者,其中表也,馆于其家。见彭年足疾甚,每自朝归第,则亟就书室嘿坐端虑。或呼婢仆脱靴,则疮脓沾渍,亦不自苦。少求休息,一日旬浣,乘间步于廊庑,忽见红英堕地,讶曰:‘何花也?’左右对曰:‘石榴花耳。’彭年曰:‘此有榴树耶?’乃弥年所居之僦地也。其锐进如此。时人目为‘九尾狐’,言其才可谓国祥,而媚惑多岐也。乃参毗宰政,未几而亡。”

《新五代史·庄宗纪上》:“(李)克用少骁勇,军中号曰‘李鸦儿’。其一目眇,及其贵也,又号‘独眼龙’,其威名盖于代北。”

指鹿为马,秦赵高之欺主;叱石成羊,黄初平之得仙。

指鹿为马,本谓权臣擅作威福,亦用以比喻颠倒是非。《史记·秦始皇本纪》:“赵高欲为乱,恐群臣不听,乃先设验。持鹿献于二世,曰:‘马也。’二世笑曰:‘丞相误邪?谓鹿为马。’问左右,左右或默,或言马以阿顺赵高。或言鹿,高因阴中诸言鹿者以法。后群臣皆畏高。”

黄初平,一作“皇初平”。《太平广记》卷七引《神仙传》:“皇初平者,丹溪人也。年十五,家使牧羊,有道士见其良谨,便将至金华山石室中。四十余年,不复念家。其兄初起,行山寻索初平,历年不得。后见市中有一道士,初起召问之曰:‘吾有弟名初平,因令牧羊,失之四十余年,莫知死生所在,愿道君为占之。’道士曰:‘金华山中有一牧羊儿,姓皇字初平,是卿弟非疑。’初起闻之,即随道士去,求弟遂得,相见悲喜。语毕,问初平羊何在,曰:‘近在山东耳。’初起往视之,不见,但见白石而还,谓初平曰:‘山东无羊也。’初平曰:‘羊在耳,兄但自不见之。’初平与初起俱往看之。初平乃叱曰:‘羊起。’于是白石皆变为羊数万头。初起曰:‘弟独得仙道如此,吾可学乎?’初平曰:‘唯好道,便可得之耳。’初起便弃妻子留住,就初平学。共服松脂茯苓,至五百岁,能坐在立亡,行于日中无影,而有童子之色。后乃俱还乡里,亲族死终略尽,乃复还去。初平改字为赤松子,初起改字为鲁班。其后服此药得仙者数十人。”

卞庄勇能擒两虎,高骈一矢贯双雕。

卞庄,即卞庄子,又作“管庄子”,春秋时鲁国勇士。《战国策·秦策二》:“王不闻夫管与之说乎?有两虎诤人而斗者,管庄子将刺之,管与止之曰:‘虎者戾虫,人者甘饵也。今两虎诤人而斗,小者必死,大者必伤。子待伤虎而刺之,则是一举而兼两虎也。无刺一虎之劳,而有刺两虎之名。’”又《史记·张仪列传》附陈轸:“亦尝有以夫卞庄子刺虎闻于王者乎?庄子欲刺虎,馆竖子止之,曰:‘两虎方且食牛,食甘必争,争则必斗,斗则大者伤,小者死。从伤而刺之,一举必有双虎之名。’卞庄子以为然,立须(待)之。有顷,两虎果斗,大者伤,小者死。庄子从伤者而刺之,一举果有双虎之功。”

《新唐书·叛臣传下·高骈》:“高骈字千里,南平郡王崇文孙也。家世禁卫,幼颇修饬,折节为文学,与诸儒交,硁硁谭治道,两军中人更称誉之。事朱叔明为司马。有二雕并飞,骈曰:‘我且贵,当中之。’一发贯二雕焉。众大惊,号‘落雕侍御’。”

司马懿畏蜀如虎，诸葛亮辅汉如龙。

《三国志·蜀书·诸葛亮传》："九年，亮复出祁山，以木牛运。"裴松之注引《汉晋春秋》略云：诸葛亮复出祁山，破魏将郭淮等，宣王司马懿敛兵依险，军不得交，亮引而还。张郃劝司马懿进攻蜀军，宣王不从，故寻亮。既至，又登山掘营，不肯战。贾栩、魏平数请战，因曰："公畏蜀如虎，奈天下笑何！"宣王病之。

《世说新语·品藻》："诸葛瑾弟亮，及从弟诞，并有盛名，各在一国。于时以为蜀得其龙，吴得其虎，魏得其狗。诞在魏，与夏侯玄齐名；瑾在吴，吴朝服其弘量。"

鹪鹩巢林，不过一枝；鼹鼠饮河，不过满腹。

鹪鹩，小鸟；偃鼠，一作"鼹鼠"。《庄子·逍遥游》："鹪鹩巢于深林，不过一枝；偃鼠饮河，不过满腹。"成玄英疏："鹪鹩，巧妇鸟也，一名工雀，一名女匠，亦名桃虫，好深处而巧为巢也。偃鼠，形大小如牛，赤黑色，獐脚，脚有三甲，耳似象耳，尾端白，好入河饮水。"

弃人甚易，曰孤雏腐鼠；文名共仰，曰起凤腾蛟。

孤雏腐鼠，孤单的小鸟，腐烂的老鼠，比喻微不足道的人或物。《后汉书·窦宪传》："宪字伯度。父勋被诛，宪少孤。建初二年，女弟立为皇后，拜宪为郎，稍迁侍中、虎贲中郎将；弟笃，为黄门侍郎。兄弟亲幸，并侍宫省，赏赐累积，宠贵日盛，自王、主及阴、马诸家，莫不畏惮。宪恃宫掖声势，遂以贱直请夺沁水公主园田，主逼畏，不敢计。后肃宗驾出过园，指以问宪，宪阴喝(噎塞)不得对。后发觉，帝大怒，召宪切责曰：'深思前过，夺主田园时，何用愈赵高指鹿为马？久念使人惊怖。昔永平中，常令阴党、阴博、邓叠三人更相纠察，故诸豪戚莫敢犯法者，而诏书切切，犹以舅氏田宅为言。今贵主尚见枉夺，何况小人哉！国家弃宪如孤雏腐鼠耳。'宪大震惧，皇后为毁服深谢，良久乃得解，使以田还主。虽不绳其罪，然亦不授以重任。"

起凤腾蛟，像凤凰起舞，如蛟龙腾跃。形容文章优美，文名出众。《西京杂记》卷二："(扬)雄著《太玄经》，梦吐凤凰，集《玄》之上，顷而灭。"同卷："董仲舒梦蛟龙入怀，乃作《春秋繁露》词。"又《滕王阁序》："腾蛟起凤，孟学士之词宗；紫电清霜，王将军之武库。"

为公乎，为私乎，惠帝问虾蟆；欲左左，欲右右，汤德及禽兽。

《晋书·惠帝纪》："帝又尝在华林园，闻虾蟆声，谓左右曰：'此鸣者为官乎，私乎？'或对曰：'在官地为官，在私地为私。'及天下荒乱，百姓饿死，帝曰：'何不食肉糜？'其蒙蔽皆此类也。"

注详见《器用》"求人宥罪，曰幸开汤网"条。

鱼游于釜中，虽生不久；燕巢于幕上，栖身不安。

鱼游釜中，鱼在锅里游动。比喻身临绝境。《后汉书·张纲传》略云：时广陵贼张婴率众数万人，寇乱扬、徐间，积十余年，朝廷不能讨。安帝乃以张纲为广陵太守，纲将吏卒十余人，径造婴垒，申示国恩。婴闻，泣下，曰："荒裔愚人，不能自通朝廷，不堪侵枉，遂复相聚偷生，若鱼游釜中，喘息须臾间耳！今闻明府之言，乃婴等更生之辰也。"明日，将所部万余人与妻子面缚归降。

燕巢幕上，燕子在帐幕上做窝。比喻处境十分危险，随时有毁灭的可能。《左传·襄公二十九年》："(季札)自卫如晋，将宿于戚。闻钟声焉，曰：'异哉！吾闻之也，辩而不德，必加于戮。夫子获罪于君以在此，惧犹不足，而又何乐？夫子之在此也，犹燕之巢于幕上。君又在殡，而可以乐乎？'遂去之。文子闻之，终身不听琴瑟。"

妄自称奇，谓之辽东豕；其见甚小，譬如井底蛙。

辽东豕，比喻少见多怪、自命不凡的人。亦用作谦辞，喻自惭形秽。《后汉书·朱浮传》："伯通(彭宠)与耿侠游俱起佐命，同被国恩。侠游廉让，屡有降挹之言；而伯通自伐，以为功高天下。往时，辽东有豕，生子白头，异而献之。行至河东，见群豕皆白，怀惭而还。若以子之功论于朝廷，则为辽东豕也。"

井底蛙，比喻见识短浅的人。《庄子·秋水》："井蛙不可以语于海者，拘于虚(墟)也；夏虫不可以语于冰者，笃(固)于时也；曲士不可以语于道者，束于教也。"又《荀子·正论》："语曰：'浅不足与测深，愚不足与谋知。坎井(废井)之蛙，不可与语东海之乐。此之谓也。'"杨倞注："言小不知大也。司马彪曰：'坎井，坏井也。蛙，虾蟆类也。'事出《庄子》。"

父恶子贤，谓是犁牛之子；父谦子拙，谓是豚犬之儿。

《论语·雍也》："子谓仲弓，曰：'犁牛之子骍且角，虽欲勿用，山川其舍诸？'"何晏集解："犁，杂文。骍，赤也。角者，角周正，中牺牲。虽欲以其所生犁而不用，山川宁肯舍之乎？言父虽不善，不害于子之美。"

豚犬，本是轻蔑之称，后亦用以谦称自己的儿子。注详见《祖孙父子》"生子当如孙仲谋，曹操羡孙权之语"条。

出人群而独异，如鹤立鸡群；非配偶以相从，如雉求牡匹。

鹤立鸡群，比喻仪表出众或才华超群。《世说新语·容止》："有人语王戎曰：'嵇延祖卓卓如野鹤之在鸡群。'答曰：'君未见其父耳。'"亦见于《晋书·忠义传·嵇绍》。今按：嵇绍字延祖，嵇康之子。

雉求牡匹，野鸡求雄兽为对偶。比喻匹配不当。《诗经·邶风·匏有苦叶》："济盈不濡轨，雉鸣求其牡。"孔颖达疏："夫人违礼淫乱，不由其道，犹雉鸣求其牡也。今雌雉，鸟也，乃鸣求其走兽之牡，非其道。以兴夷姜，母也，乃媚悦为子之公，非所求也。夫人非所当求而求之，是犯礼不自知也。"又《毛诗序》："《匏有苦叶》，刺卫宣公也。公与夫人并为淫乱。"今按：夫人夷姜本为卫宣公的庶母，后两人私通。

天上石麟，夸小儿之迈众；人中骐骥，比君子之超凡。

《陈书·徐陵传》："徐陵，字孝穆，东海郯人也。母臧氏，尝梦五色云化而为凤，集左肩上，已而诞陵焉。时宝志上人者，世称其有道，陵年数岁，家人携以候之，宝志手摩其顶，曰：'天上石麒麟也。'光宅惠云法师每嗟陵早成就，谓之颜回。八岁能属文，十二通《庄》、《老》义。既长，博涉史籍，纵横有口辩。"亦见于《南史·徐摛传》附徐陵。

骐骥，千里马，指才能出众的人。《南史·徐勉传》："徐勉字修仁，东海郯人也。勉幼孤贫，早励清节。年六岁，属霖雨，家人祈霁，率尔为文，见称耆宿。及长好学，宗人孝嗣见之叹曰：'此所谓人中之骐骥，必能致千里。'又尝谓诸子曰：'此人师也，尔等则而行之。'"

怡堂燕雀，不知后灾；瓮里醯鸡，安有广见。

燕雀怡堂，比喻处在危险的境地却毫无察觉。亦指居安忘危，丧失警惕。《吕氏春秋·有始览·谕大》："季子曰：'燕雀争善处于一屋之下，子母相哺也，姁姁焉相乐也，自以为安矣。灶突决，则火上焚栋，燕雀颜色不变，是何也？乃不知祸之将及己也。'"亦见于《吕氏春秋·士容论·务大》，"季子曰"作"孔子曰"。又《孔丛子·论势》："先人有言：燕雀处屋（一作"堂"），子母相哺，煦煦焉其相乐也，自以为安矣。灶突决，上栋宇将焚，燕雀颜色不变，不知祸之将及已也。”

醯(音西)鸡，醋瓮中的小飞虫。《庄子·田子方》:“孔子见老聃……孔子出，以告颜回曰:‘丘之于道也，其犹醯鸡与！微夫子之发吾覆也，吾不知天地之大全也。’”郭象注:“醯鸡者，瓮中之蠛蠓。”

马牛襟裾，骂人不识礼义；沐猴而冠，笑人见不恢宏。

马牛襟裾，喻指衣冠禽兽。襟裾，泛指衣服。《符读书城南》诗:“潢潦无根源，朝满夕已除。人不通古今，马牛而襟裾。行身陷不义，况望多名誉。”

沐猴而冠，猕猴戴帽子。多比喻虚有仪表，目光短浅。注详见《衣服》“富贵不归，如衣锦夜行”条。

羊质虎皮，讥其有文无实；守株待兔，言其守拙无能。

羊质虎皮，原义谓羊披上虎皮，而怯弱的本质未变。后用以比喻虚有其表。《法言·吾子》:“羊质而虎皮，见草而说，见豺而战，忘其皮之虎矣。”

守株待兔，比喻拘于成法，不知变通；或妄图不劳而获，坐享其成。《韩非子·五蠹》:“宋人有耕田者，田中有株，兔走触株，折颈而死。因释其耒而守株，冀复得兔。兔不可复得，而身为宋国笑。今欲以先王之政，治当世之民，皆守株之类也。”

恶人如虎生翼，势必择人而食；志士如鹰在笼，自是凌霄有志。

《逸周书·寤儆》:“无虎傅(附)翼，将飞入宫，择人而食。”又《韩非子·难势》:“夫势者，便治而利乱者也，故《周书》曰:‘毋为虎傅翼，将飞入邑，择人而食之。’夫乘不肖人于势，是为虎傅翼也。”

注详见《鸟兽》“养恶人如养鹰，饥之则附，饱之则飏”条。

鲋鱼困涸辙，难待西江水，比人之甚窘；蛟龙得云雨，终非池中物，比人大有为。

涸辙之鲋，干涸车辙中的鲫鱼。比喻处于困境急待援助的人。注详见《贫富》“甦涸鲋乃济人之急”条。

注详见《科第》“得云雨而扬鬐，岂是池中之物”条。

执牛耳，谓人主盟；附骥尾，望人引带。

执牛耳，古时诸侯结盟，割牛耳取血，盛在珠盘里，由主盟者执盘让会盟者分尝或以血涂口，以示诚意信守，因称主盟者为“执牛耳”。《左传·哀公十七年》：“公会齐侯，盟于蒙，孟武伯相。齐侯稽首，公拜。齐人怒，武伯曰：‘非天子，寡君无所稽首。’武伯问于高柴曰：‘诸侯盟，谁执牛耳？’”杜预注：“执牛耳，尸(主)盟者。”

附骥尾，依附在良马的尾巴上。比喻依附他人以成名。《史记·伯夷列传》：“伯夷、叔齐虽贤，得夫子而名益彰。颜渊虽笃学，附骥尾而行益显。”司马贞索隐：“苍蝇附骥尾而致千里，以譬颜回因孔子而名彰也。”

鸿雁哀鸣，比小民之失所；狡兔三窟，诮贪人之巧营。

哀鸿，原意谓鸿雁哀鸣。后用以比喻流离失所而呻吟呼号的灾民。《诗经·小雅·鸿雁》：“鸿雁于飞，哀鸣嗸嗸(嗷嗷)。”毛传：“未得所安集则嗸嗸然。”

狡兔三窟，狡猾的兔子有好几个洞穴。比喻藏身的地方多，便于避祸。《战国策·齐策四》：“冯谖曰：‘狡兔有三窟，仅得免其死耳。今君(孟尝君)有一窟，未得高枕而卧也。请为君复凿二窟。’”

风马牛势不相及，常山蛇首尾相应。

风马牛，比喻事物之间毫不相干。风，畜类雌雄相诱；一说，放逸，走失。《左传·僖公四年》：“四年春，齐侯以诸侯之师侵蔡，蔡溃，遂伐楚。楚子使与师言曰：‘君处北海，寡人处南海，唯是风马牛不相及也。不虞君之涉吾地也，何故？’”杜预注：“牛马风逸，盖末界(边界)之微事，故以取喻。”孔颖达疏：“服虔云：‘风，放也。牝牡相诱谓之风。’《尚书》称‘马牛其风’。此言风马牛，谓马牛风逸，牝牡相诱，盖是末界之微事。言此事不相及，故以取喻不相干也。”

《孙子·九地》：“故善用兵，譬如率然。率然者，常山之蛇也。击其首则尾至，击其尾则首至，击其中则首尾俱至。”

百足之虫，死而不僵，以其扶之者众；千岁之龟，死而留甲，因其卜之则灵。

百足之虫，死而不僵，比喻某种旧事物消失了，但其势力或影响依然存在。百足，虫名，即马陆。三国魏曹冏《六代论》：“夫泉竭则流涸，根朽则叶枯。枝繁者荫根，条落者本孤。故语曰：‘百足之虫，至死不僵，扶之者众也。’此言虽小，可以譬大。”李善注：“《鲁连子》曰：‘百足之虫，至断不蹶者，持之者众也。'"

《庄子·秋水》:"庄子钓于濮水,楚王使大夫二人往先焉,曰:'愿以境内累矣!'庄子持竿不顾,曰:'吾闻楚有神龟,死已三千岁矣,王巾笥而藏之庙堂之上。此龟者,宁其死为留骨而贵乎?宁其生而曳尾于涂(泥)中乎?'二大夫曰:'宁生而曳尾涂中。'庄子曰:'往矣!吾将曳尾于涂中。'"

大丈夫宁为鸡口,毋为牛后;士君子岂甘雌伏,定要雄飞。

宁为鸡口,无为牛后,比喻宁可在小范围里独立自主,发挥才干,也不愿在大范围里受制于人,无所作为。《史记·苏秦列传》:"(苏秦说韩宣王曰)大王事秦,秦必求宜阳、成皋。今兹效之,明年又复求割地。与则无地以给之,不与则弃前功而受后祸。且大王之地有尽,而秦之求无已,以有尽之地而逆无已之求,此所谓市怨结祸者也,不战而地已削矣。臣闻鄙谚曰:'宁为鸡口,无为牛后。'今西面交臂而臣事秦,何异于牛后乎?夫以大王之贤,挟强韩之兵,而有牛后之名,臣窃为大王羞之。"司马贞索隐:"《战国策》云'宁为鸡尸,不为牛从'。延笃注云:'尸,鸡中主也。从,谓牛子也。言宁为鸡中之主,不为牛之从后也。'"张守节正义:"鸡口虽小,犹进食;牛后虽大,乃出粪也。"亦见于《战国策·韩策一》。

雌伏,谓屈居人下,无所作为。《后汉书·赵典传》附赵温:"温字子柔,初为京兆丞,叹曰:'大丈夫当雄飞,安能雌伏!'遂弃官去。遭岁大饥,散家粮以赈穷饿,所活万余人。"

毋跼促如辕下驹,毋委靡如牛马走。

跼促,又作"局促""局趣",拘束。《史记·魏其武安侯列传》略云:汉武帝时,魏其侯窦婴和武安侯田蚡相争,并论于朝廷。于是武帝征询朝臣意见。主爵都尉汲黯是魏其。内史郑当时是魏其,后不敢坚对。余皆莫敢对。上怒内史曰:"公平生数言魏其、武安长短。今日廷论,局趣效辕下驹。吾并斩若属矣!"裴骃集解:"张晏曰:'俯头于车辕下,随母而已。'瓒曰:'小马在辕下。'"

牛马走,如牛马般供奔走的仆人,常用作自谦之词。《报任少卿书》:"太史公、牛马走、司马迁,再拜言。"李善注:"走,犹仆也。言己为太史公掌牛马之仆,自谦之辞也。"

猩猩能言,不离走兽;鹦鹉能言,不离飞鸟。

《礼记·曲礼上》:"鹦鹉能言,不离飞鸟。猩猩能言,不离禽兽。今人而无礼，虽能言，不亦禽兽之心乎？夫唯禽兽无礼，故父子聚麀。是故圣人作，为礼以教人，使人以有礼，知自别于禽兽。”

人惟有礼，庶可免相鼠之刺；若徒能言，夫何异禽兽之心。

《诗经·鄘风·相鼠》：“相鼠有体，人而无礼。人而无礼，胡不遄死。”《毛诗序》：“《相鼠》，刺无礼也。卫文公能正其群臣，而刺在位承先君之化，无礼仪也。”

注详见《鸟兽》“猩猩能言，不离走兽；鹦鹉能言，不离飞鸟”条。

[新增文]十三联

百鸟鹞称悍，众禽鹤独胎。

鹞，今通称“鹞鹰”“鹞子”，一种猛禽，似鹰而较小。《说文解字》：“鹞，鸷鸟也。”又战国时楚国宋玉《高唐赋》：“雕鹗鹰鹞，飞扬伏窜。”

古人传说鹤为仙禽，或误以为胎生。南朝梁陶弘景《瘗鹤铭》：“相此胎禽，浮丘著经。”又南朝宋鲍照《舞鹤赋》：“散幽经以验物，伟胎化之仙禽。”又《本草纲目》卷四七《禽部一》：“八公《相鹤经》云：‘鹤乃羽族之宗，仙人之骥，千六百年乃胎产。’则胎、仙之称以此。世谓鹤不卵生者，误矣。”

提壶提壶，定是村中有酒；脱袴脱袴，必然身上无寒。

提壶，亦作“提壶芦”“提胡芦”，鹈鹕的别称，因鸣声而得名。北宋欧阳修《啼鸟》诗：“独有花上提葫芦，劝我沽酒花前倾。”又南宋朱熹《五禽言和王仲衡尚书》诗其一：“提胡芦，沽美酒，春风浩荡吹花柳。不用沙头双玉瓶，鸟歌蝶舞为君寿。只今一醉是君恩，昨日之愁愁杀人。”

脱袴，亦称“脱却破袴”，布谷鸟的别称，因鸣声而得名。北宋苏轼《五禽言》诗其二：“溪边布谷儿，劝我脱破袴。不辞脱袴溪水寒，水中照见催租瘢。”自注：“土人谓布谷为脱却破袴。”又《五禽言和王仲衡尚书》诗其四：“脱袴脱袴，桑叶阴阴墙下路。回头忽忆舍中妻，去年已逐它人去。旧袴脱了却不辞，新袴知教阿谁做。”

百舌五更头，学尽众禽之语；鹓雏九霄外，顿空诸鸟之群。

百舌，鸟名，俗称“反舌”。《淮南子·说山训》：“人有多言者，犹百舌之声。"高诱注:"百舌,鸟名,能易其舌效百鸟之声,故曰百舌。以喻人虽多言无益于事。"唐顾况《洛阳早春》诗:"一家千里外,百舌五更头。"又北宋文同《百舌鸟》诗:"众禽乘春喉吻生,满林无限啼新晴。……就中百舌最无谓,满口学尽群鸟声。"

鹓雏,亦作"鹓鸰",凤凰一类的鸟。《庄子·秋水》:"惠子相梁,庄子往见之。或谓惠子曰:'庄子来,欲代子相。'于是惠子恐,搜于国中三日三夜。庄子往见之,曰:'南方有鸟,其名为鹓鸰,子知之乎?夫鹓鸰,发于南海而飞于北海,非梧桐不止,非练实不食,非醴泉不饮。于是鸱得腐鼠,鹓鸰过之,仰而视之曰:"吓!"今子欲以子之梁国而吓我邪?'"

瓮中鸲鹆巧于人,江上白鸥闲似我。

鸲鹆(音渠域),鸟名,俗称"八哥"。《幽明录》:"晋司空桓豁在荆州,有参军翦(剪)五月五日鸲鹆舌,教令学语,遂无所不名,与人相问。顾参军善弹琵琶,鸲鹆每立听移时;又善能效人语笑声。司空大会吏佐,令悉效四坐语,无不绝似。有生齆鼻,语难学,学之不似,因内头于瓮中以效焉,遂与齆者语声不异。"

《冷斋夜话》卷二:"山谷(黄庭坚)寄傲士林,而意趣不忘江湖。其作诗曰:'九陌黄尘乌帽底,五湖春水白鸥前。'又曰:'九衢尘土乌靴底,想见沧洲白鸟双。'又曰:'梦作白鸥去,江湖水接天。'又作《演雅》诗曰:'江南野水碧于天,中有白鸥闲似我。'"

莺呼金衣公子,鹝号锦带功曹。

《开元天宝遗事》卷上:"明皇每于禁苑中见黄莺,常呼之为金衣公子。"

《埤雅·释鸟》:"绶鸟,一名鹝(音艺),亦或谓之吐绶。咽下有囊如小绶,五色彪炳。"又《夜航船》卷一七:"吐绶鸡,形状、毛色俱如大鸡。天晴淑景,颔下吐绶,方一尺,金碧晃曜,花纹如蜀锦,中有一字,乃篆文'寿'字,阴晦则不吐。一名寿字鸡,一名锦带功曹。"

鹘入鸦群,雄威岂敌;鸭去鸡队,气类不侔。

鹘入鸦群,比喻所当无敌。《北史·齐宗室诸王传上·上洛王思宗》附思好:"思宗弟思好,本浩氏子也,思宗养以为弟,遇之甚薄。少以骑射事文襄。及文宣受命,为左卫大将军。本名思孝,天保五年讨蠕蠕,文宣悦其骁勇,谓曰:'尔击贼如鹘入鸦群,宜思好事。'故改名焉。"

《太平御览》卷九一九引《风俗通》:"鸡伏鸭卵,雏成入水,鸡母随岸呼之，雏出而随母。鸭、鸡异类，能相随也。”又明陈士元《俚言解》：“痴鸡引鸭：俗有痴鸡引鸭之喻。《风俗通》：‘鸡伏鸭卵，雏成入水，鸡母随岸呼之，雏去而不随母，异类故也。’”

彪著羊，彪雄而羊败；罴敌犬，罴寡而犬强。

《太平广记》卷二四九引《国朝杂记》：“唐吏部侍郎杨思玄恃外戚之贵，待选流多不以礼，而排斥之。为选人夏侯彪之所讼，御史中丞郎余庆弹奏免。中书令许敬宗曰：‘固知杨吏部之败也。’或问之，宗曰：‘一彪一狼，共着一羊，不败何待？’”亦见于《南部新书》甲集。

北宋陈师道《罴说》：“晋人以犬猎，以五犬逐一罴。罴鸷而力，长于用大，所与敌者，皆天下强有力也。犬弱而捷，巧于用小，顾左而右，逐前而后，罴不能搏也。行不十数里，罴惫而伏，犬更前而杀之。兽之鸷者，爪莫如虎，齿莫如豕，而罴食之。故称勇力必曰罴。罴而受制于犬者，遇非其敌，困于群也。《诗》云：‘忧心悄悄，愠于群小。’罴之谓矣。”

猿献玉环，孙恪自峡山失妇；鹿随丹毂，郑弘从汉室封公。

《太平广记》卷四四五引《传奇》略云：广德中，秀才孙恪下第，游于洛中，娶袁氏女。后十余年，恪偕同妻儿赴任，经端州访峡山寺，袁氏献碧玉环于僧。斋罢，有野猿数十，连臂下于高松，而食于生台上。后悲啸扪萝而跃。袁氏恻然，遂裂衣化为老猿，追啸者跃树而去。将抵深山而复返视。恪惊惧，乃询于老僧。僧曰：“此猿是贫道为沙弥时所养。开元中，有天使高力士经过此，怜其慧黠，以束帛而易之。闻抵洛京，献于天子。时有天使来往，多说其慧黠过人，长驯扰于上阳宫内。及安史之乱，即不知所之。於戏！不期今日更睹其怪异耳。碧玉环者，本诃陵胡人所施，当时亦随猿颈而往。方今悟矣！”恪怅然，携二子回棹，不复赴任。

《后汉书·郑弘传》：“（弘）迁淮阳太守。”李贤注：“《谢承书》曰：‘弘消息繇赋，政不烦苛。行春天旱，随车致雨。白鹿方道，侠（夹）毂而行。弘怪问主簿黄国曰：“鹿为吉为凶？”国拜贺曰：“闻三公车辐画作鹿，明府必为宰相。”’”亦见于《艺文类聚》卷九五引谢承《后汉书》。

蛩蛩之皮，有可辟除疠瘴；狘狘之尾，殊堪却退烟岚。

蛩蛩（音穷），传说中的异兽，据说它的皮可以用来消除瘴气疫病。《山海经·海外北经》：“北海内……有素兽焉，状如马，名曰蛩蛩。”郭璞注：“即蛩蛩距虚也，一走百里，见《穆天子传》。”

狄狄，亦作“从从”，传说中的异兽，据说它的尾巴可以用来防御岚气（毒雾）。《山海经·东山经》：“又南三百里，曰栒状之山，其上多金玉，其下多青碧石。有兽焉，其状如犬，六足，其名曰从从，其鸣自诐。”又《事物纪原》卷一〇：“拘扶山有兽，状如犬而六足，尾长丈余，名曰狄狄，其鸣自呼。取其皮可御瘴疠。”

李愬设谋平蔡，藉声于鸭队鹅群；卢公觅句迁官，得力于猫儿狗子。

《旧唐书·李愬传》略云：由是（李愬）乘其（吴元济）不备，十月，将袭蔡州。十日夜，阴晦雨雪，大风裂旗旆，马慄而不能跃，士卒苦寒，抱戈僵仆者道路相望。自张柴行七十里，比至悬瓠城，夜半，雪愈甚。近城有鹅鸭池，愬令惊击之，以杂其声。贼恃吴房、朗山之固，晏然无一人知者。李祐、李忠义坎墉而先登，敢锐者从之，尽杀守门卒而登其门，留击柝者。黎明，雪亦止，愬入，止元济外宅。蔡吏告元济曰：“城已陷矣。”元济曰：“是洄曲子弟归求寒衣耳。”俄闻愬军号令将士云：“常侍传语。”乃曰：“何常侍得至于此？”遂驱率左右乘子城拒捍。田进诚以兵环而攻之。愬计元济犹望董重质来救，乃令访重质家安恤之，使其家人持书召重质。重质单骑而归愬，白衣泥首，愬以客礼待之。田进诚焚子城南门，元济城上请罪，进诚梯而下之，乃槛送京师。

《北梦琐言》卷七：“唐卢延让业诗，二十五举，方登一第。卷中有句云：‘狐冲官道过，狗触店门开。’租庸（度支使）张濬亲见此事，每称赏之。又有‘饿猫临鼠穴，馋犬舐鱼砧’之句，为成中令汭见赏。又有‘栗爆烧毡破，猫跳触鼎翻’句，为王先主建所赏。尝谓人曰：‘平生投谒公卿，不意得力于猫儿狗子也。’人闻而笑之。”

长乐宫中有鹿，衔残妃子榻前花；午桥庄外多羊，点缀小儿坡上草。

《青琐高议》前集卷六引《骊山记》：“既久，（田）翁复言曰：‘……宫中牡丹最上品者为御衣黄，色若御服。次曰甘草黄，其色重于御衣。次曰建安黄。次皆红紫，各有佳名，终不出三花之上。他日，近侍又贡一尺黄，乃山下民王文仲所接也。花面几一尺，高数寸，只开一朵，鲜艳清香，绛帏笼日，最爱护之。一日，宫妃奏帝云：“花已为鹿衔去，逐出宫墙不见。”帝甚惊讶，谓：“宫墙甚高，鹿何由入？”为墙下水窦，因雨窦浸，野鹿是以得入也。宫中亦颇疑异。

帝深为不祥。当时有佞人奏云："释氏有鹿衔花，以献金仙。帝园有此花，佛土未有耳。"帝亦私谓侍臣曰："野鹿游宫中，非佳兆。"'翁笑曰：'殊不知禄山游深宫，此其应也。'"

《云仙杂记》卷四引《穷幽记》："午桥庄小儿坡茂草盈里，晋公(裴度)每使数群白羊散于坡上，曰：'芳草多情，赖此妆点也。'"

羊舌氏虽为佳话，马头娘未是美谈。

《艺文类聚》卷九四："昔有攘羊者，以羊头遗晋叔向，向母埋之不食。后三年，攘羊事发，追捕向家，检羊，骨肉都尽，唯有舌在。国人异之，遂以羊舌为族。"又《左传·昭公三年》："肸之宗十一族，唯羊舌氏在而已。"孔颖达注："《世族谱》云：'羊舌氏，晋之公族也。羊舌，其所食邑名。'唯言晋之公族，不知出何公也。杜(杜预)云'同祖为宗'，谓同出一公，有十一族也。《谱》又云：'或曰：羊舌氏姓李，名果。有人盗羊而遗其头，不敢不受，受而埋之。后盗羊事发，辞连李氏。李氏掘羊头示之，以明己不食，唯识其舌存，得免，号曰羊舌氏。'杜言'或曰'，盖旧有此说，杜所不从，记异闻耳。"亦见于《左传·闵公二年》"羊舌大夫为尉"孔颖达疏。

马头娘，中国神话中的蚕神。《太平广记》卷四七九引《原化传拾遗》："蚕女者，当高辛帝时，蜀地未立君长，无所统摄。其人聚族而居，递相侵噬。蚕女旧迹，今在广汉，不知其姓氏。其父为邻邦掠去，已逾年，唯所乘之马犹在。女念父隔绝，或废饮食，其母慰抚之。因告誓于众曰，有得父还者，以此女嫁之。部下之人，唯闻其誓，无能致父归者。马闻其言，惊跃振迅，绝其拘绊而去。数日，父乃乘马归。自此马嘶鸣，不肯饮龁。父问其故，母以誓众之言白之。父曰：'誓于人，不誓于马。安有配人而偶非类乎？能脱我于难，功亦大矣。所誓之言，不可行也。'马愈跑。父怒，射杀之，曝其皮于庭。女行过其侧，马皮蹶然而起，卷女飞去。旬日，皮复栖于桑树之上。女化为蚕，食桑叶，吐丝成茧，以衣被于人间。父母悔恨，念之不已。忽见蚕女乘流云，驾此马，侍卫数十人，自天而下。谓父母曰：'太上以我孝能致身，心不忘义，授以九宫仙嫔之任，长生于天矣，无复忆念也。'乃冲虚而去。今冢在什邡、绵竹、德阳三县界，每岁祈蚕者，四方云集，皆获灵应。宫观诸化，塑女子之像，披马皮，谓之马头娘，以祈蚕桑焉。"又《搜神记》卷一四亦有类似记载。

辕门传号令，李将军椎飨士之牛；邑士起讴歌，时令尹留去官之犊。

《史记·李将军列传》："广廉，得赏赐辄分其麾下，饮食与士共之。……广之将兵，乏绝之处，见水，士卒不尽饮，广不近水，士卒不尽食，广不尝食。宽缓不苛，士以此爱乐为用。"又《后汉书·吴汉传》："又率骠骑大将军杜茂、强弩将军陈俊等，围苏茂于广乐。刘永将周建别招聚收集得十余万人，救广乐。汉将轻骑迎与之战，不利，堕马伤膝，还营，建等遂连兵入城。诸将谓汉曰：'大敌在前而公伤卧，众心惧矣。'汉乃勃然裹创而起，椎牛飨士，令军中曰：'贼众虽多，皆劫掠群盗，"胜不相让，败不相救"，非有仗节死义者也。今日封侯之秋，诸君勉之！'于是军士激怒，人倍其气。"

《三国志·魏书·常林传》裴松之注引《魏略》曰："建安中，(时苗)入丞相府。出为寿春令，令行风靡。……车，黄牸牛(母牛)，布被囊。居官岁余，牛生一犊。及其去，留其犊，谓主簿云：'令来时本无此犊，犊是淮南所生有也。'群吏曰："六畜不识父，自当随母。"苗不听，时人皆以为激，然由此名闻天下。"

花　木

植物非一，故有万卉之称；谷物甚多，故有百谷之号。

万卉，形容植物品种、数量之多。卉，草的总称。

《初学记》卷二七引杨泉《物理论》："粱者，黍稷之总名；稻者，溉种之总名；菽者，众豆之总名。三谷各二十，种为六十。疏(蔬)果之实助谷各二十，凡为百谷。故《诗》曰'播厥百谷'者。谷种，众种之大名也。"

如茨如梁，谓禾稼之蕃；惟夭惟乔，谓草木之茂。

茨，用茅草、芦苇盖的屋顶；梁，车梁。《诗经·小雅·甫田》："曾孙之稼，如茨如梁。"孔颖达疏："曾孙成王所税得禾谷之稼，其积聚高大如屋茨如车梁也。"

夭，茂盛；乔，高大。《尚书·禹贡》："厥草惟夭，厥木惟乔。"孔安国传："少长曰夭。乔，高也。"

莲乃花中君子，海棠花内神仙。

北宋周敦颐《爱莲说》："予谓菊，花之隐逸者也；牡丹，花之富贵者也；莲，花之君子者也。"

北宋沈立《海棠记序》："因搜择前志，惟唐相贾元靖耽著《百花谱》，以海棠为花中神仙，诚不虚美耳。"又《类说》卷七引《海棠记》："唐相贾耽著《百花谱》，以海棠为花中神仙。"

国色天香，乃牡丹之富贵；冰肌玉骨，乃梅萼之清奇。

《松窗杂录》："大和、开成中，有程修己者，以善画得进谒。修己始以孝廉召入籍，故上（唐文宗）不甚以画者流视之。会春暮，内殿赏牡丹花，上颇好诗，因问修己曰：'今京邑传唱牡丹花诗，谁为首出？'修己对曰：'臣尝闻公卿间多吟赏中书舍人李正封诗，曰："天香夜染衣，国色朝酣酒。"'上闻之，嗟赏移时。杨妃方恃恩宠，上笑谓贵妃曰：'妆镜台前宜饮以一紫金盏酒，则正封之诗见矣。'"亦见于《全唐诗话》卷三。

《夜航船》卷一六："袁丰之评梅曰：'冰肌玉骨，世外佳人，但恨无倾城之笑耳。'"又北宋毛滂《蔡天逸以诗寄梅，诗至梅不至》诗："冰肌玉骨终安在，赖有清诗为写真。"

兰为王者之香，菊同隐逸之士。

《艺文类聚》卷八一引蔡邕《琴操》："《猗兰操》者，孔子所作也。孔子聘诸侯，莫能任。自卫反鲁，隐谷之中，见香兰独茂，喟然叹曰：'夫兰当为王者香，今乃独茂，与众草为伍。'乃止车，援琴鼓之，自伤不逢时，托辞于香兰云。"

注见《花木》"莲乃花中君子"条。

竹称君子，松号大夫。

唐白居易《养竹记》："竹似贤，何哉？竹本固，固以树德，君子见其本，则思善建不拔者。竹性直，直以立身，君子见其性，则思中立不倚者。竹心空，空以体道，君子见其心，则思应用虚受者。竹节贞，贞以立志，君子见其节，则思砥砺名行、夷险一致者。夫如是，故君子人多树之，为庭实焉。"

《史记·秦始皇本纪》："二十八年，始皇东行郡县……乃遂上泰山，立石，封，祠祀。下，风雨暴至，休于树下，因封其树为五大夫。"《艺文类聚》卷八八引《汉官仪》："秦始皇上封太山，逢疾风暴雨，赖得松树，因复其道，封为大夫松也。"又《独异志》卷中:"始皇二十八年登封泰山,至半,忽大风雨雷电。路傍有五松树,荫翳数亩,乃封为五大夫。忽闻松上有人言曰:'无道德,无仁礼,而天下妄命,帝何以封!'左右咸闻,始皇不乐。乃归,崩于沙丘。"今按:五大夫为秦爵位名,在第九等,并非封五株松树为大夫也。

萱草可忘忧,屈轶能指佞。

《述异记》卷下:"萱草,一名紫萱,又呼为忘忧草,吴中书生呼为疗愁花。嵇中散《养生论》云:'萱草忘忧。'"又《养生论》:"且豆令人重,榆令人瞑,合欢蠲忿,萱草忘忧,愚智所共知也。"

屈轶,一作"屈佚"。《论衡·是应》:"儒者又言:太平之时,屈轶生于庭之末,若草之状,主指佞人。佞人入朝,屈轶庭末以指之,圣王则知佞人所在。"又《博物志》卷三:"尧时有屈佚草,生于庭,佞人入朝,则屈而指之。一名指佞草。"

筼筜,竹之别号;木樨,桂之别名。

筼筜(音云当),生长在水边的大竹子。西晋左思《吴都赋》:"其竹则筼筜箖箊。"李善注:"《异物志》曰:'筼筜,生水边,长数丈,围一尺五六寸,一节相去六七尺,或相去一丈。庐陵界有之。'"

木樨,又作"木犀",桂花的别称,以木材纹理如犀而得名。花有清香,有黄、白、红多种,黄花者称"金桂",白花者称"银桂",红花者称"丹桂"。

明日黄花,过时之物;岁寒松柏,有节之称。

明日黄花,古人多于重阳节赏菊,重阳过后,菊花逐渐枯萎。后人因用来比喻已过时的事物。明日,指重阳节后;黄花,菊花。北宋苏轼《九日次韵王巩》诗:"相逢不用忙归去,明日黄花蝶也愁。"又南宋开禧年间朝士《和徐渊子九日》诗:"呼儿为我整乌纱,不是无心学孟嘉。要摘金英满头插,明朝还是过时花。"

《论语·子罕》:"子曰:'岁寒,然后知松柏之后凋也。'"

樗栎乃无用之散材,楩楠胜大任之良木。

樗栎,比喻无用之材,多用作谦词。《庄子·逍遥游》:"惠子谓庄子曰:'吾有大树,人谓之樗。其大本拥肿而不中绳墨,其小枝卷曲而不中规矩,立之涂,匠者不顾。今子之言,大而无用,众所同去也。'"又《庄子·人间世》:"匠石之齐,至于曲辕,见栎社树。其大蔽数千牛,絜之百围,其高临山,十仞而后有枝，其可以为舟者旁(旁枝)十数。观者如市，匠伯(一作“石”)不顾，遂行不辍。弟子厌观之，走及匠石，曰：‘自吾执斧斤以随夫子，未尝见材如此其美也。先生不肯视，行不辍，何邪？’曰：‘已矣，勿言之矣！散木也，以为舟则沉，以为棺椁则速腐，以为器则速毁，以为门户则液樠，以为柱则蠹。是不材之木也，无所可用，故能若是之寿。’”

楩楠(音骈南)，亦作“楩柟”，皆大木。比喻栋梁之材。《汉书·司马相如传上》：“其北则有阴林巨树。楩柟豫章，桂椒木兰。”颜师古注：“楩音便，又音步田反，即今黄楩木也。柟音南，今所谓楠木。”又《初学记》卷三〇引《任子》：“凤为羽族之美，麟为毛类之俊，龟龙为介虫之长，楩柟为众材之最。是物之贵也。”

玉版，笋之异号；蹲鸱，芋之别名。

《冷斋夜话》卷七：“(苏轼)尝要刘器之同参玉版和尚，器之每倦山行，闻见玉版，欣然从之。至廉泉寺，烧笋而食，器之觉笋味胜，问：‘此笋何名？’东坡曰：‘即玉版也。此老师善说法，要能令人得禅悦之味。’于是器之乃悟其戏，为大笑。东坡亦悦，作偈曰：‘丛林真百丈，嗣法有横枝。不怕石头路，来参玉版师。聊凭柏树子，与问箨龙儿。瓦砾犹能说，此君那不知。’”

蹲鸱，大芋也，因其形似蹲伏的鸱鸟(猫头鹰)而得名。《史记·货殖列传》：“吾闻汶山之下，沃野，下有蹲鸱，至死不饥。”张守节正义：“蹲鸱，芋也。”又《颜氏家训·勉学》：“江南有一权贵，读误本《蜀都赋》注，解‘蹲鸱，芋也’，乃为‘羊’字。人馈羊肉，答书云：‘损惠蹲鸱。’举朝惊骇，不解事义，久后寻迹，方知如此。”

瓜田李下，事避嫌疑；秋菊春桃，时来迟早。

瓜田李下，比喻容易产生嫌疑的境地。古乐府《君子行》：“君子防未然，不处嫌疑间。瓜田不纳履，李下不整(一作“正”)冠。”

明佚名《七十二朝人物演义》卷三一：“桃花三月放，菊花九月开。一般根在土，各自等时来。”

南枝先，北枝后，庾岭之梅；朔而生，望而落，尧阶蓂荚。

《白孔六帖》卷九九：“大庾岭上梅，南枝落，北枝开。”

注详见《宫室》“蓂生神尧阶下”条。

苾刍背阴向阳，比僧人之有德；木槿朝开暮落，比荣华之不长。

苾刍，亦作“苾刍”，梵语，佛教僧人的总称。《翻译名义集》卷一《释氏众名篇》：“苾刍，古师云：含五义。一，体性柔软，喻出家人能折伏身语粗犷故；二，引蔓旁布，喻出家人传法度人，连延不绝故；三，馨香远闻，喻出家人戒德芬馥，为众所闻故；四，能疗疼痛，喻出家人能断烦恼毒害故；五，不背日光，喻出家人常向佛日故。”

木槿，亦作“木堇”，其花朝开夕谢，因用以比喻好景不常，或小人之心反复无常。《尔雅·释草》：“椵木槿，榇木槿。”郭璞注：“别二名也。似李树，华朝生夕陨，可食。或呼日及。亦曰王蒸。”又《淮南子·时则训》：“鹿角解，蝉始鸣，半夏生，木堇荣。”高诱注：“木堇，朝荣莫(暮)落，树高五六尺，其叶与安石榴相似也。”又李时珍《本草纲目》卷三六《木部三》：“木槿：时珍曰：‘此花朝开暮落，故名日及。曰槿曰蕣，犹仅荣一瞬之义也。’”又唐孟郊《审交》(又作《审友》)诗：“小人槿花心，朝在夕不存。”

芒刺在背，言恐惧不安；薰莸异气，犹贤否有别。

芒刺在背，形容惶恐不安。《汉书·霍光传》：“宣帝始立，谒见高庙，大将军光从骖乘，上内严惮之，若有芒刺在背。后车骑将军张安世代光骖乘，天子从容肆体，甚安近焉。及光身死而宗族竟诛，故俗传之曰：‘威震主者不畜，霍氏之祸萌于骖乘。’”

薰莸，比喻善人同恶人不可共处。《左传·僖公四年》：“一薰一莸，十年尚犹有臭。”杜预注：“薰，香草；莸，臭草。十年有臭，言善易消，恶难除。”又《孔子家语·致思》：“(颜)回闻薰、莸不同器而藏，尧、桀不共国而治，以其类异也。”

桃李不言，下自成蹊；道旁苦李，为人所弃。

蹊，小路。《史记·李将军列传》：“太史公曰：传曰：‘其身正，不令而行；其身不正，虽令不从。’其李将军之谓也？余睹李将军，悛悛(恂恂)如鄙人，口不能道辞。及死之日，天下知与不知，皆为尽哀。彼其忠实心诚信于士大夫也？谚曰：‘桃李不言，下自成蹊。’此言虽小，可以谕(喻)大也。”司马贞索隐：“姚氏云：‘桃李本不能言，但以华实感物，故人不期而往，其下自成蹊径也。以喻广虽不能出辞，能有所感，而忠心信物故也。’”

《世说新语·雅量》：“王戎七岁，尝与诸小儿游。看道边李树多子折枝，诸儿竞走取之，唯戎不动。人问之，答曰：‘树在道边而多子，此必苦李。’取之信然。”亦见于《晋书·王戎传》。

老人娶少妇，曰枯杨生稊；国家进多贤，曰拔茅连茹。

枯杨生稊，枯老的杨树重新生芽，比喻老夫娶少妻。稊，通“荑”，植物的嫩芽。《周易·大过》：“九二：枯杨生稊，老夫得其女妻，无不利。”王弼注：“稊者，杨之秀也。”

拔茅连茹，比喻递相推荐引进。《周易·泰》：“初九：拔茅茹以其汇，征吉。”王弼注：“茅之为物，拔其根而相牵引者也。茹，相牵引之貌也。”孔颖达疏：“拔茅茹者，初九欲往于上，九二、九三，皆欲上行，已去则从，而似拔茅举其根相牵茹也。以其汇者，汇，类也，以类相从。”

蒲柳之姿，未秋先槁；姜桂之性，愈老愈辛。

蒲柳，即水杨，在秋天很早凋零。《世说新语·言语》：“顾悦与简文(简文帝)同年，而发蚤白。简文曰：‘卿何以先白？’对曰：‘蒲柳之姿，望秋而落；松柏之质，经霜弥茂(一作“凌霜犹茂”)。’”

姜桂，指生姜、桂皮。《宋史·晏敦复传》：“时秦桧方力赞屈己之说，外议群起，计虽定而未敢行。勾龙如渊说桧，宜择人为台官，使击去异论，则事遂矣。于是如渊、施廷臣、莫将皆据要地，人皆骇愕。敦复同尚书张焘上疏言：‘前日如渊以附会和议得中丞，今施廷臣又以此跻横榻，众论沸腾，方且切齿，莫将又以此擢右史。夫如渊、廷臣庸人，但知观望，将则奸人也。陛下奈何与此辈断国论乎？乞加斥逐，杜群枉门，力为自治自强之策。’既又与焘等同班入对，争之。桧使所亲谕敦复曰：‘公能曲从，两地旦夕可至。’敦复曰：‘吾终不为身计误国家，况吾姜桂之性，到老愈辣，请勿言。’桧卒不能屈。”

王者之兵，势如破竹；七雄之国，地若瓜分。

势如破竹，情势的发展就像破竹子一样顺利。比喻战事节节胜利。注详见《器用》“迎刃而解，甚言事之易为”条。

战国七雄，指秦、楚、赵、韩、魏、燕、齐。瓜分，比喻像剖瓜一样分割国土或划分疆界。《战国策·赵策三》：“天下将因秦之怒，乘赵之敝，而瓜分之。”鲍彪注：“分其地如破瓜然。”

苻坚望阵，疑草木皆是晋兵；索靖知亡，叹铜驼会在荆棘。

草木皆兵，形容极度惊恐、疑惧。《晋书·苻坚载记下》：“坚与苻融登城而望王师，见部阵齐整，将士精锐，又北望八公山上草木，皆类人形，顾谓融曰：'此亦勍(劲)敌也，何谓少乎！'怃然有惧色。初，朝廷闻坚入寇，会稽王道子以威仪鼓吹求助于钟山之神，奉以相国之号。及坚之见草木状人，若有力焉。"

铜驼荆棘，形容大动乱或亡国后的残破景象。《晋书·索靖传》："靖有先识远量，知天下将乱，指洛阳宫门铜驼，叹曰：'会见汝在荆棘中耳！'"

王祐知子必贵，手植三槐；窦钧五子齐荣，人称五桂。

注详见《宫室》"晋公堂下植三槐，相臣地位"条。

《宋史·窦仪传》："仪学问优博，风度峻整。弟俨、侃、偁、僖，皆相继登科。冯道与禹钧有旧，尝赠诗，有'灵椿一株老，丹桂五枝芳'之句，缙绅多讽诵之。当时号为窦氏五龙。"

钼麑触槐，不忍贼民之主；越王尝蓼，必欲复吴之仇。

《左传·宣公二年》："晋灵公不君……犹不改。宣子(赵盾)骤谏，公患之，使鉏麑贼之。晨往，寝门辟矣，盛服将朝，尚早，坐而假寐。麑退，叹而言曰：'不忘恭敬，民之主也。贼民之主，不忠。弃君之命，不信。有一于此，不如死也。'触槐而死。"亦见于《国语·晋语五》。

蓼，辛辣之菜。《吴越春秋·勾践归国外传》："越王念复吴仇非一旦也。苦身劳心，夜以接日。目卧，则攻之以蓼；足寒，则渍之以水。冬常抱冰，夏还握火。愁心苦志，悬胆于户，出入尝之，不绝于口。中夜潜泣，泣而复啸。"

修母画荻以教子，谁不称贤；廉颇负荆以请罪，善能悔过。

《宋史·欧阳修传》："欧阳修字永叔，庐陵人。四岁而孤，母郑，守节自誓，亲诲之学。家贫，至以荻画地学书。幼敏悟过人，读书辄成诵。及冠，嶷然(超绝)有声。"

注详见《朋友宾主》"刎颈交，相如与廉颇"条。

弥子瑕常恃宠，将余桃以啖君；秦商鞅欲行令，使徙木以立信。

恃宠，依仗宠爱。《韩非子·说难》："昔者弥子瑕有宠于卫君(卫灵公)。卫国之法，窃驾君车者罪刖。弥子瑕母病，人间往夜告弥子。弥子矫驾君车以出。君闻而贤之，曰：'孝哉！为母之故，忘其刖罪。'异日，与君游于果园，食桃而甘，不尽，以其半啖君。君曰：'爱我哉！忘其口味，以啖寡人。'及弥子色衰爱弛，得罪于君，君曰：'是固尝矫驾吾车，又尝啖我以余桃。'故弥子之行未变于初也，而以前之所以见贤，而后获罪者，爱憎之变也。"

《史记·商君列传》:"令既具,未布,恐民之不信,已乃立三丈之木于国都市南门,募民有能徙置北门者,予十金。民怪之,莫敢徙。复曰'能徙者,予五十金'。有一人徙之,辄予五十金,以明不欺。卒下令。"

王戎卖李钻核,不胜鄙吝;成王剪桐封弟,因无戏言。

《世说新语·俭啬》:"王戎有好李,卖之,恐人得其种,恒钻其核。"

《史记·晋世家》:"晋唐叔虞者,周武王子而成王弟。初,武王与叔虞母会时,梦天谓武王曰:'余命女生子,名虞,余与之唐。'及生子,文在其手曰'虞',故遂因命之曰虞。武王崩,成王立。唐有乱,周公诛灭唐。成王与叔虞戏,削桐叶为珪,以与叔虞,曰:'以此封若。'史佚因请择日立叔虞。成王曰:'吾与之戏尔。'史佚曰:'天子无戏言。言则史书之,礼成之,乐歌之。'于是遂封叔虞于唐。唐在河、汾之东,方百里,故曰唐叔虞。"又《吕氏春秋·审应览·重言》:"成王与唐叔虞燕居,援梧叶以为珪,而授唐叔虞曰:'余以此封女。'叔虞喜,以告周公。周公以请曰:'天子其封虞邪?'成王曰:'余一人与虞戏也。'周公对曰:'臣闻之,天子无戏言。天子言,则史书之,工诵之,士称之。'于是遂封叔虞于晋。"亦见于《说苑·君道》。

齐景公以二桃杀三士,杨再思谓莲花似六郎。

《晏子春秋·内篇谏下》:"公孙接、田开疆、古冶子事景公,以勇力搏虎闻。晏子过而趋,三子者不起。晏子入见公曰:'臣闻明君之蓄勇力之士也,上有君臣之义,下有长率之伦,内可以禁暴,外可以威敌,上利其功,下服其勇,故尊其位,重其禄。今君之蓄勇力之士也,上无君臣之义,下无长率之伦,内不以禁暴,外不可威敌,此危国之器也,不若去之。'公曰:'三子者,搏之恐不得,刺之恐不中也。'晏子曰:'此皆力攻勍敌之人也,无长幼之礼。'因请公使人少馈之二桃,曰:'三子何不计功而食桃?'公孙接仰天而叹曰:'晏子,智人也!夫使公之计吾功者,不受桃,是无勇也。士众而桃寡,何不计功而食桃矣?接一搏猏(野猪)而再搏乳虎,若接之功,可以食桃而无与人同矣!'援桃而起。田开疆曰:'吾仗兵而却三军者再,若开疆之功,亦可以食桃而无与人同矣!'援桃而起。古冶子曰:'吾尝从君济于河,鼋(音元)衔左骖以入砥柱之流。当是时也,冶少不能游,潜行逆流百步,顺流九里,得鼋而杀之。左操骖尾,右挈鼋头,鹤跃而出。津人皆曰:"河伯也!"若冶(二字疑为衍文)视之,则大鼋之首。若冶之功,亦可以食桃而无与人同矣!二子何不反桃?'抽剑而起。公孙接、田开疆曰:'吾勇不子若,功不子逮。取桃不让,是贪也;然而不死,无勇也。'皆反其桃,挈领而死。古冶子曰:'二子死之,冶独生之,不仁；耻人以言，而夸其声，不义；恨乎所行，不死，无勇。虽然，二子同桃而节，冶专其桃而宜？'亦反其桃，挈领而死。使者复曰：'已死矣。'公殓之以服，葬之以士礼焉。"

六郎，唐武则天的宠臣张昌宗，排行第六，貌美，人称"六郎"。《旧唐书·杨再思传》："又易之弟昌宗以姿貌见宠幸，再思又谀之曰：'人言六郎面似莲花；再思以为莲花似六郎，非六郎似莲花也。'其倾巧取媚也如此。"亦见于《大唐新语·谀佞》《新唐书·杨再思传》。

倒啖蔗，渐入佳境；蒸哀梨，大失本真。

渐入佳境，比喻情况逐渐好转，或兴味逐渐浓厚。《世说新语·排调》："顾长康啖甘蔗，先食尾。人问所以，云：'渐至佳境。'"亦见于《晋书·文苑传·顾恺之》。

《世说新语·轻诋》："桓南郡每见人不快，辄嗔云：'君得哀家梨，当复不烝食不？'"刘孝标注："旧语：秣陵有哀仲家梨，甚美，大如升，入口消释。言愚人不别味，得好梨，烝食之也。"

煮豆燃萁，比兄残弟；破竹遮笋，弃旧怜新。

注详见《兄弟》"煮豆燃萁"条。

破竹遮笋，砍伐竹子而为竹笋遮荫。比喻喜新厌旧。

元素致江陵之柑，吴刚伐月中之桂。

南唐尉迟偓《中朝故事》卷下："宣皇朝，有术士董元素自江南来，人言能役使鬼神。上闻之，召见，状貌甚异。帝谓左右曰：'斯人不可测也。'留于翰林中宿。洎夜，召与语曰：'闻公颇有神术，今南中柑橘正熟，卿能致之否？'元素对曰：'此小事，请安一合于御榻前。'数刻间，有微风入幕，元素乃启其合，柑子满其中。奏曰：'此江陵枝江县柑子也，远处取恐迟。'上尝之，甚惊叹，谓之曰：'卿要物应不难也。'元素曰：'若非奉天命，臣何敢自取？自取必有阴谴。'"

《酉阳杂俎》前集卷一《天咫》："旧言月中有桂，有蟾蜍。故异书言：月桂高五百丈，下有一人，常斫之，树创随合。人姓吴名刚，西河人，学仙有过，谪令伐树。"

捐资济贫，当效尧夫之助麦；以物申敬，聊效野人之献芹。

尧夫，范纯仁字，范仲淹之子。《冷斋夜话》卷一〇："范文正公（范仲淹）在睢阳，遣尧夫于姑苏取麦五百斛。尧夫时尚少，既还，舟次丹阳，见石曼卿，问：'寄此久近？'曼卿曰：'两月矣。三丧在浅土，欲丧之西北归，无可与谋者。'尧夫以所载舟付之，单骑自长芦捷径而去。到家拜起，侍立良久。文正曰：'东吴见故旧乎？'曰：'曼卿为三丧未举，留滞丹阳，时无郭元振，莫可告者。'文正曰：'何不以麦舟付之？'尧夫曰：'已付之矣。'"

野人，乡野之人，农夫。注详见《人事》"谦送礼曰献芹"条。

冒雨剪韭，郭林宗款友情殷；踏雪寻梅，孟浩然自娱兴雅。

宋阙名集注《分门集注杜工部诗》卷一七《赠卫八处士》："夜雨剪春韭，新炊间黄粱。"苏轼(疑托名)注："郭林守见友人，夜冒雨剪韭，作炊饭。今洛阳汭人皆效之。"又《夜航船》卷一："郭林宗友人夜至，冒雨剪韭作炊饼。杜诗：'夜雨剪春韭。'"

元阴时夫《韵府群玉》："孟浩然尝于灞水，冒雪骑驴寻梅花，曰：'吾诗思在风雪中驴子背上。'"又《尧山堂外纪》卷二六："孟浩然，襄阳人，以字行。性爱梅，尝乘驴踏雪寻之。"又《夜航船》卷一："孟浩然情怀旷达，常冒雪骑驴寻梅，曰：'吾诗思在灞桥风雪中驴背上。'"今按：元代费唐臣杂剧《苏子瞻风雪贬黄州》云："为不学乘桴浮海鸱夷子，生扭做踏雪寻梅孟浩然。"明初朱有燉也创作有杂剧《孟浩然踏雪寻梅》，可见这一说法在当时很流行。但是孟浩然之语却同于晚唐郑綮之言，见《北梦琐言》卷七："唐相国郑綮，虽有诗名，本无廊庙之望。……或曰：'相国近有新诗否？'对曰：'诗思在灞桥风雪中驴子上，此处何以得之？'盖言平生苦心也。"

商太戊能修德，祥桑自死；寇莱公有深仁，枯竹复生。

《史记·殷本纪》："帝太戊立伊陟为相。亳有祥桑、谷共生于朝，一暮大拱。帝太戊惧，问伊陟。伊陟曰：'臣闻妖不胜德，帝之政其有阙与？帝其修德。'太戊从之，而祥桑枯死而去。"

《宋朝事实类苑》卷一一引《东轩笔录》(今本无)："乾兴元年二月，(寇准)贬雷州司户参军，皆(丁)谓所为也。赴雷州时，道出公安，剪竹插于神祠之前，而祝曰：'准之心若有负朝廷，此竹必不生。若不负国家，此枯竹当再生。'其竹果生。"又《宋史·寇准传》："在雷州逾年。既卒，衡州之命乃至，遂归葬西京。道出荆南公安，县人皆设祭哭于路，折竹植地，挂纸钱。逾月视之，枯竹尽生笋。众因为立庙，岁时享之。"亦见于《麈史》卷下。

王母蟠桃，三千年开花，三千年结子，故人借以祝寿诞；上古大椿，八千岁为春，八千岁为秋，故人托以比严君。

《博物志》卷八："汉武帝好仙道，祭祀名山大泽以求神仙之道。时西王母遣使乘白鹿告帝当来，乃供帐九华殿以待之。七月七日夜漏七刻，王母乘紫云车而至于殿西，南面东向，头上戴玉胜，青气郁郁如云。有三青鸟，如乌大，使侍母旁。时设九微灯，帝东面西向。王母索七桃，大如弹丸，以五枚与帝，母食二枚。帝食桃辄以核著膝前。母曰：'取此核将何为？'帝曰：'此桃甘美，欲种之。'母笑曰：'此桃三千年一生实。'唯帝与母对坐，其从者皆不得进。时东方朔窃从殿南厢朱鸟牖中窥母。母顾之，谓帝曰：'此窥牖小儿，尝三来盗吾此桃。'帝乃大怪之。由此世人谓方朔神仙也。"亦见于《汉武故事》。

严君，父亲。椿，亦作"椿庭"，对父亲的敬称。《庄子·逍遥游》："上古有大椿者，以八千岁为春，八千岁为秋。"

去稂莠，正以植嘉禾；沃枝叶，不如培根本。

稂莠，两种害禾苗的杂草。《旧唐书·太宗纪上》："太宗谓侍臣曰：'天下愚人，好犯宪章，凡赦宥之恩，唯及不轨之辈。古语曰："小人之幸，君子之不幸。""一岁再赦，好人喑哑。"凡养稂莠者伤禾稼，惠奸宄者贼良人。昔文王作罚，刑兹无赦。又蜀先主尝谓诸葛亮曰："吾周旋陈元方、郑康成间，每见启告理乱之道备矣，曾不语赦也。"夫小人者，大人之贼，故朕有天下已来，不甚放赦。今四海安静，礼义兴行，非常之恩，施不可数，将恐愚人常冀侥幸，唯欲犯法，不能改过。'"今按："养稂莠者伤禾稼，惠奸宄者贼良人"，出自王符《潜夫论·述赦》，惟"人"作"民"。亦见于《贞观政要·赦令》。

《新唐书·李大亮传》："时突厥亡，帝（唐太宗）遂欲怀四夷，诸部降者，人赐袍一领、帛五匹，首领拜将军、中郎将，列五品者赢百员。又置降胡河南。诏大亮为西北道安抚大使，使以绥大度设、拓设、泥熟特勒及七姓种落之未附者，峙粮碛口赈其饥。大亮上言：'臣闻欲绥远者必自近。中国，天下本根，四夷犹枝叶也。残本根，厚枝叶，而曰求安，未之有也。属者突厥倾国入朝，陛下不即俘江淮变其俗，而加赐物帛，悉官之，引处内地，岂久安计哉？今伊吾虽臣，远在荒卤。臣以为诸称藩请附者，宜羁縻受之，使居塞外，畏威怀德，永为藩臣。谓之荒服者，故臣而不内，所谓行虚惠，收实福。河西积困夷狄，州县萧条，加因隋乱，残耗已甚。臣愚愿停招慰，省劳役，使边人得就农晦，此中国利也。'帝纳其计。"亦见于《旧唐书·李大亮传》。

世路之蓁芜当剔，人心之茅塞须开。

蓁，通“榛”，荆棘。蓁芜，荆棘密布的荒芜之地。比喻世上的诸种不良现象。注详见《人事》“望开茅塞，是求人之教导”条。

[新增文]十一联

姚黄魏紫，牡丹颜色得人怜；雪魄冰姿，茉莉芬芳随我爱。

北宋欧阳修《洛阳牡丹记·花释名》：“姚黄者，千叶黄花，出于民姚氏家。此花之出，于今未十年。姚氏居白司马坡，其地属河阳，然花不传河阳，传洛阳。……魏家花者，千叶肉红花，出于魏相仁溥家。始樵者于寿安山中见之，斫以卖魏氏。……钱思公(钱惟演)尝曰：‘人谓牡丹花王，今姚黄真可为王，而魏花乃后也。’”

无名氏《茉莉》诗：“冰姿素淡广寒女，雪魄轻盈姑射仙。”

雪梅乍放，月明魂梦美人来；玉蕊齐开，风动珮环仙子至。

旧题唐柳宗元《龙城录》卷上：“隋开皇中，赵师雄迁罗浮。一日，天寒日暮，在醉醒间，因憩仆车于松林间酒肆傍舍，见一女子淡妆素服，出迓师雄。时已昏黑，残雪对(“对”应作“未销”)，月色微明。师雄喜之，与之语，但觉芳香袭人，语言极清丽。因与之扣酒家门，得数杯，相与饮。少顷，有一绿衣童来，笑歌戏舞，亦自可观。顷醉寝，师雄亦懵然，但觉风寒相袭。久之，时东方已白，师雄起视，乃在大梅花树下，上有翠羽啾嘈，相顾月落参横，但惆怅而尔。”又明高启《梅花九首》诗其一：“雪满山中高士卧，月明林下美人来。”

《剧谈录》卷下：“上都安业坊唐昌观，旧有玉蕊花，其花每发，若瑶林琼树。元和中，春物方盛，车马寻玩者相继。忽一日，有女子年可十七八，衣绿绣衣，乘马，峨髻双鬟，无簪珥之饰。容色婉约，迥出于众。从以二女冠、三小仆，仆者皆丱(音惯)髻黄衫，端丽无比。既下马，以白角扇障面，直造花所，异香芬馥，闻于数十步之外。观者以为出自宫掖，莫敢逼而视之。伫立良久，令小仆取花数枝而出。将乘马回，谓黄冠者曰：‘曩者玉峰之约，自此可以行矣。’时观者如堵，咸觉烟霏鹤唳，景物辉焕。举辔百余步，有轻风拥尘，随之而去。须臾尘灭，望之已在半空，方悟神仙之游。余香不散者经月余日。时严给事休复、元相国、刘宾客、白醉吟，俱有《闻玉蕊院真人降诗》。”

尼父试弹琴，发泗水坛前之杏；渔郎频鼓枻，寻武陵源里之桃。

注详见《师生》“孔子居杏坛”条。

东晋陶渊明《桃花源记》略云：晋太元中，武陵人捕鱼为业，缘溪行，忘路之远近。忽逢桃花林，芳草鲜美，落英缤纷。林尽得山，山有小口。初极狭，复行四五步，豁然开朗。屋舍俨然，鸡犬相闻，男女衣著，悉如外人。见渔人，乃大惊，设酒杀鸡作食。自云先世避秦时乱，率妻子邑人来此，遂与外人间隔。问今是何世，乃不知有汉，无论魏晋。既出，诣太守说如此。遣人随往寻之，遂迷不复得路。

九烈君原为异柳，支离叟必属乔松。

《云仙杂记》卷一引《三峰集》：“李固言未第前，行古柳下，闻有弹指声。固言问之，应曰：‘吾柳神九烈君，已用柳汁染子衣矣，科第无疑。果得蓝袍，当以枣糕祠我。’固言许之。未几，状元及第。”

元陆友《砚北杂志》卷下：“鲜于枢，字伯机，渔阳人也。少为郡吏，后以材选为行御史大夫掾。意气鲜豪，每晨出，则载笔椟与其长廷争是非，一语不合，辄欲弃去。……于废圃中得怪松一株，移植所居旁，名之曰支离叟。中岁益自刻苦读书，故自号困学。”又《尧山堂外纪》卷七〇：“鲜于伯机尝于废圃中得怪松一株，移植所居斋前，呼为支离叟，朝夕抚玩以为适。杭玛瑙寺僧温日观性嗜酒，时至伯机家索饮，醉即抱支离叟，或歌或哭。每索汤浴，伯机必躬进澡豆云。”

丈夫进学骎骎，勿效黄杨厄闰；男子为人卓卓，必如老桧参天。

骎骎（音侵），比喻学业进展迅速。黄杨厄闰，比喻人时运不济。《埤雅·释木》：“黄杨木性坚致难长，俗云：岁长一寸，闰年倒长一寸。”又北宋苏轼《监洞霄宫俞康直郎中所居四咏》诗其一《退圃》：“园中草木春无数，只有黄杨厄闰年。”自注：“俗说黄杨一岁长一寸，遇闰退三寸。”

男子汉做事应当卓而不群，就像苍松老桧直耸云天一样。宋吕本中《寄李商老》诗：“老桧参天可乞盟，粢食铏羹乃无味。如君高韵千载同，可更托身三数公。丈夫劲挺要长久，百万叩关一夫守。”

龙刍茂时，周穆王备供马料；水萍聚处，樊千里用作鸭茵。

龙刍，即龙须草。《述异记》卷上：“东海岛龙川，穆天子养八骏处也。岛中有草名龙刍，马食之，一日千里。古语云：‘一秣龙刍，化为龙驹。’”

《云仙杂记》卷四引《云林异景志》:"浮光多美鸭,太原少尹樊千里,买百只置后池,载数车浮萍入池,使为鸭作茵褥。"

灵运诗成,已入西堂之梦;江淹赋就,更闻南浦之歌。

《南史·谢方明传》附谢惠连:"(谢惠连)年十岁能属文,族兄灵运嘉赏之,云'每有篇章,对惠连辄得佳语'。尝于永嘉西堂思诗,竟日不就,忽梦见惠连,即得'池塘生春草',大以为工。常云:'此语有神功,非吾语也。'"又南朝梁钟嵘《诗品》卷中引《谢氏家录》:"康乐每对惠连,辄得佳语。后在永嘉西堂思诗,竟日不就,寤寐间,忽见惠连,即成'池塘生春草'。故尝云:'此语有神助,非我语也。'"今按:"池塘生春草",见谢灵运《登池上楼》诗。

南朝江淹《别赋》:春草碧色,春水渌波,送君南浦,伤如之何!

生成钩弋之拳,西山嫩蕨;剖出庄姜之齿,北苑佳瓠。

钩弋之拳,注详见《老幼寿诞》"弗陵太子,怀胎十四月而始生"条。北宋黄庭坚《观化十五首》诗其十一:"竹笋初生黄犊角,蕨芽已作小儿拳。试挑野菜炊香饭,便是江南二月天。"又南宋杨万里《初食笋蕨》诗:"庖凤烹龙世浪传,猩唇熊掌我无缘。只逢笋蕨杯盘日,便是山林富贵天。稚子玉肤新脱锦,小儿紫臂未开拳。只嫌岭外无珍馔,一味春蔬不直钱。"

庄姜之齿,《诗经·卫风·硕人》:"手如柔荑,肤如凝脂,领如蝤蛴,齿如瓠犀。"今按:此章实为赞美卫庄公夫人庄姜之美貌。又宋刘子翚《园蔬十咏》诗其四《瓠》:"溉釜熟轮囷,香清味仍美。一线解琼瑶,中有佳人齿。"

曾言水藻绿于蓝,始信山菰红似血。

曾经有人说过水中的藻草比蓼蓝还要绿;才相信山上的菰实像鲜血一样红。

元修蚕豆,自古称佳;诸葛蔓菁,迄今犹赖。

元修,即巢菜,亦称"野蚕豆"。北宋苏轼《元修菜并引》:"菜之美者,有吾乡之巢,故人巢元修嗜之,余亦嗜之。元修云:'使孔北海见,当复云吾家菜耶!'因谓之元修菜。余去乡十有五年,思而不可得。元修适自蜀来,见余于黄,乃作是诗,使归致其子,而种之东坡之下云。"

诸葛菜,即蔓菁,俗称"大头菜"。《刘宾客嘉话录》:"公(刘禹锡)曰:'诸葛所止,令兵士独种蔓菁者何?'绚曰:'莫不是取其才出甲者生啖,一也;叶舒可煮食,二也;久居随以滋长,三也;弃去不惜,四也;回则易寻而采之,五也;

冬有根可斸(音竹,掘)食,六也。比诸蔬属,其利不亦溥乎?'曰:'信矣。'三蜀之人今呼蔓菁为诸葛菜,江陵亦然。"

生姜盗母荽留子,尽付园丁;芦菔生儿芥有孙,频充鼎味。

生姜是要留母(块茎)来繁殖的,而香菜只要留下菜子,这些事都需交给园丁去做。故唐人谚语云:"生姜盗母荽留子",现在民间谚语依然说:"芒种栽姜,夏至偷娘。"意思是偷留母种待来年栽种。

芦菔,即萝卜。北宋苏轼《撷菜并引》:"吾借王参军地种菜,不及半亩,而吾与过子终年饱菜。夜半饮醉,无以解酒,辄撷菜煮之,味含土膏,气饱风露,虽粱肉不能及也。人生须底物,而更贪耶?乃作四句:'秋来霜露满东园,芦菔生儿芥有孙。我与何曾同一饱,不知何苦食鸡豚。'"

主要引用书目

一、经部

[1]《周易正义》,(三国魏)王弼、(晋)韩康伯注,(唐)孔颖达正义,(清)阮元校刻:《十三经注疏》,中华书局1980年版。

[2]《尚书正义》,(汉)孔安国传,(唐)孔颖达正义,(清)阮元校刻:《十三经注疏》,中华书局1980年版。

[3]《毛诗正义》,(汉)毛亨传,郑玄笺,(唐)孔颖达正义,(清)阮元校刻:《十三经注疏》,中华书局1980年版。

[4]《周礼注疏》,(汉)郑玄注,(唐)贾公彦疏,(清)阮元校刻:《十三经注疏》,中华书局1980年版。

[5]《仪礼注疏》,(汉)郑玄注,(唐)贾公彦疏,(清)阮元校刻:《十三经注疏》,中华书局1980年版。

[6]《礼记正义》,(汉)郑玄注,(唐)孔颖达正义,(清)阮元校刻:《十三经注疏》,中华书局1980年版。

[7]《春秋左传正义》,(晋)杜预注,(唐)孔颖达正义,(清)阮元校刻:《十三经注疏》,中华书局1980年版。

[8]《春秋公羊传注疏》,(汉)何休解诂,(唐)徐彦疏,(清)阮元校刻:《十三经注疏》,中华书局1980年版。

[9]《春秋穀梁传注疏》,(晋)范宁集解,(唐)杨士勋疏,(清)阮元校刻:《十三经注疏》,中华书局1980年版。

[10]《孝经注疏》,(唐)李隆基注,(宋)邢昺疏,(清)阮元校刻:《十三经注疏》,中华书局1980年版。

[11]《尔雅注疏》,(晋)郭璞注,(宋)邢昺疏,(清)阮元校刻:《十三经注疏》,中华书局1980年版。

[12]《论语注疏》,(三国魏)何晏集解,(宋)邢昺疏,(清)阮元校刻:《十三经注疏》,中华书局1980年版。

[13]《孟子注疏》,(汉)赵岐注,(宋)孙奭疏,(清)阮元校刻:《十三经注疏》,中华书局1980年版。

[14]《十三经注疏》(标点本),李学勤主编,北京大学出版社 1999 年版。

[15]《韩诗外传集释》,(汉)韩婴撰,许维遹校释,中华书局 1980 年版。

[16]《释名疏证补》,(汉)刘熙撰,(清)毕沅疏证,王先谦补,祝敏彻、孙玉文点校,中华书局 2008 年版。

二、史部

[1]《史记》,(汉)司马迁撰,(南朝宋)裴骃集解,(唐)司马贞索隐,(唐)张守节正义,中华书局 1959 年版。

[2]《汉书》,(汉)班固撰,(唐)颜师古注,中华书局 1962 年版。

[3]《后汉书》,(南朝宋)范晔撰,(唐)李贤等注,中华书局 1965 年版。

[4]《三国志》,(晋)陈寿撰,(南朝宋)裴松之注,中华书局 1982 年版。

[5]《晋书》,(唐)房玄龄等撰,中华书局 1974 年版。

[6]《宋书》,(南朝梁)沈约撰,中华书局 1974 年版。

[7]《南齐书》,(南朝梁)萧子显撰,中华书局 1972 年版。

[8]《梁书》,(唐)姚思廉撰,中华书局 1973 年版。

[9]《陈书》,(唐)姚思廉撰,中华书局 1972 年版。

[10]《魏书》,(北齐)魏收撰,中华书局 1974 年版。

[11]《北齐书》,(唐)李百药撰,中华书局 1972 年版。

[12]《周书》,(唐)令狐德棻撰,中华书局 1971 年版。

[13]《隋书》,(唐)魏徵等撰,中华书局 1973 年版。

[14]《南史》,(唐)李延寿撰,中华书局 1975 年版。

[15]《北史》,(唐)李延寿撰,中华书局 1972 年版。

[16]《旧唐书》,(后晋)刘昫撰,中华书局 1975 年版。

[17]《新唐书》,(宋)欧阳修、宋祁等撰,中华书局 1975 年版。

[18]《旧五代史》,(宋)薛居正等撰,中华书局 1976 年版。

[19]《新五代史》,(宋)欧阳修撰,(宋)徐无党注,中华书局 1974 年版。

[20]《宋史》,(元)脱脱等撰,中华书局 1977 年版。

[21]《元史》,(明)宋濂等撰,中华书局 1976 年版。

[22]《明史》,(清)张廷玉等撰,中华书局 1974 年版。

[23]《资治通鉴》,(宋)司马光撰,(元)胡三省音注,中华书局 1956 年版。

[24]《续资治通鉴长编》,(宋)李焘撰,中华书局 1979 年版。

[25]《战国策新校注》,缪文远著,巴蜀书社 1987 年版。

三、子部

[1]《老子道德经》，(三国魏)王弼注，(唐)陆德明音义，《二十二子》(缩印浙江书局汇刻本)，上海古籍出版社1986年版。

[2]《庄子》，(晋)郭象注，(唐)陆德明音义，《二十二子》(缩印浙江书局汇刻本)，上海古籍出版社1986年版。

[3]《管子》，(唐)房玄龄注，(明)刘续增注，《二十二子》(缩印浙江书局汇刻本)，上海古籍出版社1986年版。

[4]《列子》，(晋)张湛注，(唐)殷敬顺释文，《二十二子》(缩印浙江书局汇刻本)，上海古籍出版社1986年版。

[5]《荀子》，(唐)杨倞注，(清)卢文弨、谢墉校，《二十二子》(缩印浙江书局汇刻本)，上海古籍出版社1986年版。

[6]《尸子》，(清)汪继培辑，《二十二子》(缩印浙江书局汇刻本)，上海古籍出版社1986年版。

[7]《吕氏春秋》，(汉)高诱注，(清)毕沅校，《二十二子》(缩印浙江书局汇刻本)，上海古籍出版社1986年版。

[8]《扬子法言》，(汉)扬雄撰，(晋)李轨注，《二十二子》(缩印浙江书局汇刻本)，上海古籍出版社1986年版。

[9]《淮南子》，(汉)刘安撰，(汉)高诱注，(清)庄逵吉校，《二十二子》(缩印浙江书局汇刻本)，上海古籍出版社1986年版。

[10]《文中子中说》，(隋)王通撰，(宋)阮逸注，《二十二子》(缩印浙江书局汇刻本)，上海古籍出版社1986年版。

[11]《山海经》，(晋)郭璞传，(清)毕沅校，《二十二子》(缩印浙江书局汇刻本)，上海古籍出版社1986年版。

[12]《孟子正义》，(清)焦循撰，沈文倬点校，《新编诸子集成》，中华书局1987年版。

[13]《四书章句集注》，(宋)朱熹撰，《新编诸子集成》，中华书局1983年版。

[14]《庄子集解》，(清)王先谦撰，沈啸寰点校，《新编诸子集成》，中华书局1987年版。

[15]《列子集释》，杨伯峻撰，《新编诸子集成》，中华书局1979年版。

[16]《晏子春秋集释》，吴则虞撰，《新编诸子集成》，中华书局1962年版。

[17]《白虎通疏证》，(清)陈立撰，吴则虞点校，《新编诸子集成》，中华书局1994年版。

[18]《颜氏家训集解》(增补本),(北齐)颜之推撰,王利器集解,《新编诸子集成》,中华书局 1993 年版。

[19]《吕氏春秋校释》,(秦)吕不韦撰,陈奇猷校释,学林出版社 1984 年版。

[20]《新序》,(汉)刘向原著,李华年译注,贵州人民出版社 1994 年版。

[21]《说苑疏证》,(汉)刘向撰,赵善诒疏证,华东师范大学出版社 1985 年版。

[22]《搜神记》,(晋)干宝撰,汪绍楹校注,中华书局 1979 年版。

[23]《世说新语校笺》,(南朝宋)刘义庆撰,(南朝梁)刘孝标注,徐震堮校笺,中华书局 1984 年版。

[24]《开元天宝遗事十种》,(五代)王仁裕等著,丁如明辑校,上海古籍出版社 1984 年版。

[25]《朝野佥载》(唐)张鷟撰,赵守俨点校;《隋唐嘉话》,(唐)刘餗撰,程毅中点校,《唐宋史料笔记丛刊》,中华书局 1979 年版。

[26]《大唐新语》,(唐)刘肃撰,许德楠、李鼎霞点校,《唐宋史料笔记丛刊》,中华书局 1984 年版。

[27]《唐语林校证》,(宋)王谠撰,周勋初校证,《唐宋史料笔记丛刊》,中华书局 1987 年版。

[28]《渑水燕谈录》,(宋)王辟之撰,吕友仁点校,《唐宋史料笔记丛刊》,中华书局 1997 年版。

[29]《东轩笔录》,(宋)魏泰撰,李裕民点校,《唐宋史料笔记丛刊》,中华书局 1983 年版。

[30]《齐东野语》,(宋)周密撰,张茂鹏点校,《唐宋史料笔记丛刊》,中华书局 1983 年版。

[31]《邵氏闻见录》,(宋)邵伯温撰,李剑雄、刘德权点校,《唐宋史料笔记丛刊》,中华书局 1983 年版。

[32]《邵氏闻见后录》,(宋)邵博撰,刘德权、李剑雄点校,《唐宋史料笔记丛刊》,中华书局 1983 年版。

[33]《湘山野录》《续录》,(宋)文莹撰,郑世刚、杨立扬点校,《唐宋史料笔记丛刊》,中华书局 1984 年版。

四、集部

[1]《楚辞补注》,(战国)屈原等撰,(汉)王逸章句,(宋)洪兴祖补注,白化文等点校,中华书局 1983 年版。

[2]《文选》,(南朝梁)萧统编,(唐)李善注,影印南宋淳熙八年尤袤刻本,中华书局 1974 年版。

[3]《全上古三代秦汉三国六朝文》,(清)严可均辑,影印清光绪刻本,中华书局 1987 年版。

[4]《先秦汉魏晋南北朝诗》,逯钦立辑,中华书局 1983 年版。

[5]《全唐诗》,(清)彭定求等编撰,中华书局 1960 年版。

[6]《全唐小说》,王汝涛编校,山东文艺出版社 1993 年版。

[7]《全宋词》,唐圭璋编撰,中华书局 1999 年版。

[8]《诗话总龟》(前集、后集),(宋)阮阅编著,周本淳校点,人民文学出版社 1987 年版。

五、类书

[1]《艺文类聚》,(唐)欧阳询著,汪绍楹校,中华书局 1965 年版。

[2]《初学记》,(唐)徐坚等著,中华书局 1962 年版。

[3]《太平御览》,(宋)李昉等撰,中华书局 1960 年版。

[4]《太平广记》,(宋)李昉等编,中华书局 1961 年版。

图书在版编目(CIP)数据

幼学琼林笺注/刘富伟笺注.—济南:山东大学出版社,2018.10

(国家级高等学校特色专业建设丛书/单承彬主编)

ISBN 978-7-5607-5216-7

Ⅰ.①幼… Ⅱ.①刘… Ⅲ.①古汉语—启蒙读物②《幼学琼林》—研究 Ⅳ.①H194.1

中国版本图书馆 CIP 数据核字(2015)第 012869 号

责任策划:李孝德

责任编辑:李孝德

封面设计:张 荔

出版发行:山东大学出版社

社　　址　山东省济南市山大南路 20 号

邮　　编　250100

电　　话　市场部(0531)88368008

经　　销:新华书店

印　　刷:济南景升印业有限公司

规　　格:720 毫米×1000 毫米 1/16

34.75 印张 600 千字

版　　次:2018 年 10 月第 1 版

印　　次:2018 年 10 月第 1 次印刷

定　　价:46.00 元
